《侨乡文化研究》丛书

开放与跨越

多维视野下的海外华人与中国侨乡关系研究

郑一省 张 坚 编著

中国华侨出版社
·北京·

图书在版编目（CIP）数据

开放与跨越——多维视野下的海外华人与中国侨乡关系研究 / 郑一省，张坚编著. —北京：中国华侨出版社，2024.2

ISBN 978-7-5113-8688-5

Ⅰ.①开… Ⅱ.①郑…②张… Ⅲ.①华人—关系—侨乡—研究—中国 Ⅳ.①D634

中国版本图书馆CIP数据核字（2023）第245883号

开放与跨越——多维视野下的海外华人与中国侨乡关系研究

编　　著：郑一省　张　坚
策划编辑：应　浩
责任编辑：姜薇薇
装帧设计：杨　琪
经　　销：新华书店
开　　本：710mm×1000mm　1/16开　印张：31.25　字数：500千字
印　　刷：三河市华东印刷有限公司
版　　次：2024年2月第1版
印　　次：2024年2月第1次印刷
书　　号：ISBN 978-7-5113-8688-5
定　　价：98.00元

中国华侨出版社　北京市朝阳区西坝河东里77号楼底商5号　邮编：100028
编　辑　部：（010）64443056-8029　发行部：（010）64443051
网　　　址：http://www.oveaschin.com　E-mail：oveaschin@sina.com

如发现印装质量问题，影响阅读，请与印刷厂联系调换。

《侨乡文化研究》丛书概述

侨乡是华侨华人的故乡，是伴随着中国海外移民史的展开而出现的，是中国颇具特色的一个社会现象。自侨乡形成以来，海外华人就与侨乡发生着千丝万缕的联系，海外华人与中国的联系实际上是与其侨乡的联系，要理解并维系海外华人与侨乡的联系，对侨乡进行研究就必不可少。本丛书的特点在于：不单出版国内外学者的专著，还会推出海外学者的侨乡研究成果；以第一手资料和田野调查做出的侨乡研究成果为主，并出版国内华侨华人研究学者的著作，以及翻译出版国外有关华侨华人的研究著作。

一、研究目的

在总结前人学术研究成果的基础上，本丛书试图达到下述目标：其一，在阐述华侨华人文化和侨乡文化的基础上，探讨新时期海外华人与侨乡及中国的关系；其二，通过开展侨乡研究，推动学术发展，展示侨乡研究的最新成果；其三，切实对新时期华侨华人与侨乡的关系之历史与现状进行总结和思考，为政府侨务政策提供参考和为侨乡文化建设提供智力支持。

二、研究意义

关于侨乡的研究，学者们的研究成果已相当丰富，涵盖社会、经济、文化等方面，但就其研究成果而言，还存在以下几个方面的不足：第一，由于缺乏第一手侨乡社会的基本资料，研究方向偏向于大框架、大背景的梳理，往往以所谓的共识来理解具体侨乡的演变进程，缺少对侨乡深层结构和民众价值观念意识形态的关注；第二，在研究方法上，更多的是重视理论宏观意义上的研究，忽视了田野调查的重要性，其研究成果主要是对已有文献史料的剖析，不能真正理解侨乡社会自身的发展变迁；第三，从研究深度上，就事论事，缺乏关注其背后的社会变迁，导致侨乡研究在某种程度上而言缺乏现实意义。鉴于已有研究成果存在的不足，本丛书主要以大量的田野调查资料为基础，注重共时性与历时性研究的结合，力求对侨乡与华侨华人的相关问题做微观或中观研究，将侨乡放在国家社会发展的大框架中，在调控侨务政策、促进侨务工作适应性转型的大背景下，以侨乡本身作为出发点，深入开展切实性的系统性研究。本丛书汇集国内外学者专著，既有编著亦有译著，以第一手资料和田野调查做出的侨乡研究成果为主，从不同视角、不同层次较为系统地展示侨乡研究的相关成果。综上来看，本丛书不仅具有一定的学术意义，而且具有较强的现实意义。

三、研究内容

侨乡是中国特有的社会现象，是一个地区海外移民到一定程度的产物，是海外移民比较活跃的区域性社会，侨乡民众与海外华侨华人存在天然的情感联系，侨乡与海外华侨华人长期以来存在互动，互为影响。中国侨乡已经成为中国实现城市化进程的排头兵、领衔者，同时是中国与世界沟通联系的重要场地、桥头堡。《侨乡文化研究》丛书一定意义上是应学术与时代发展之需，在以往零散、独立研究著述的基础上再创新，形成全面、系统的序列性著作。丛书的研究内容主要体现在以下几个方面。

第一，侨乡文化。侨乡文化是侨乡研究的主要内容之一。侨乡由于有大量的海外移民，在中外文化交流与对撞中处于一个独特位置。在中国的近现代化进程中，侨乡民众具有一种开风气之先的侨乡文化形态，还具有一种对于西方文化不是照单全盘接收也不是简单的模仿，而是自觉或者不自觉地将外来文化与本土传统文化相结合所产生出的新的亦土亦洋的侨乡文化形态。侨乡文化的生命力在于与时俱进，不断创新，大力提倡，广泛弘扬。侨乡传统文化是需要保护和大力弘扬的，以便侨乡传统文化得以发扬光大，促进社会发展，推动人类进步，缔造世界文明。本丛书侨乡文化研究的内容涵盖了侨乡遗产、侨乡社会与文化史、当代侨乡社会现实问题、侨务理论与侨务工作等方面。

第二，华侨华人文化。海外华侨华人文化是源于中华文化、广泛地吸收了海外本土文化和西方文化，在海外的土壤中播种、成熟和发展起来的一种新型文化。它是华侨华人思维方式、价值取向、理想人格、伦理观念和审美情趣的集中体现。华侨华人是华侨华人文化的载体，研究华侨华人文化对于了解华侨华人这一族群的概况和侨乡具有特殊的意义。新时期，华侨华人文化的现代化过程是一个不断吸收中西方文化精髓的过程,同时是不断向先进文化模式变迁与完善的过程。如何把握好新时期华侨华人文化的现代化问题,也是本丛书所需要努力的一个方向。

第三,海外华人与侨乡的关系。海外华人与中国的关系历来是华侨华人研究的重要议题,海外华人与中国的关系主要表现为与其祖籍地的关系。侨乡作为华侨华人的家乡,是海外华人了解中国的一个窗口,是考察华侨华人与中国关系的一个重要方面和参照坐标,这不仅因为侨乡是海外华人与中国进行经济合作的主要区域,是海外移民影响祖籍地社会、文化的"独特风景线",还因为侨乡研究是透视海外华人与中国关系的实证性研究。可见,海外华人与侨乡之间的关系是十分密切的,两者间的联系主要表现在经济和社会文化方面。首先,海外华人与侨乡经济上的联系是推动侨乡社会发展的主要动力,自侨乡成立之日起,海外华人就以各种形式与侨乡存在联系,他们对侨乡的经济贡献是明显的,主要体现在侨汇、投资和捐赠公益事业上。侨汇是海外华人一直以来联系侨乡的重要纽带,其改善了侨眷家庭的生活水平。随着海外华人经济实力的不断壮大,他们不再局限于给祖籍地的亲属汇款,而是开始对侨乡进行投资建设,这直接推动了侨乡的经济发展。20世纪80年代中国的改革开放中乡镇企业经济发展出现了四种著名的模式,即苏南模式、温州模式、珠三角模式和晋江模式,其中,晋江模式就是侨乡利用海外资源进行现代化建设的典型例证。海外华人投资侨乡,促使侨乡形成外向型的经济结构。此外,海外华人还给侨乡引进了西方先进的技术和管理经验,为侨乡社会经济发展注入了新鲜血液,促进了就业和制度创新。其次,海外华人与侨乡的社会文化联系是多元的、多层次的,体现在建筑、民俗活动、捐资办学等各方面。在建筑方面,一些侨乡采用了西洋建筑文化,并结合自身文化,展示了中外文化交流的样态;在民俗活动方面,海外华人对宗族组织的复兴起到了举足轻重的作用,随着海外华人及其新生代与祖籍地互动的加深,越来越多的海外华人回乡谒祖,使侨乡的民间宗教信仰得以恢复;在捐资办学方面,海外华人素有捐资办学的优良传统,这促进了侨乡教育事业的发展。

海外华人与侨乡在经济、社会文化上的互动,在不同的时期有不同的特点,但毋庸置疑,这种互动联系在任何时期都产生着积极的影响,互动加强的正面影响是两者互利共生性的深化。随着全球化的发展,海外华人与侨乡的联系将日益紧密,在新时期更好地理解与把握两者之间的关系,从而服务于侨乡和国家的现代化建设,这是一项很有意义的工作。

《侨乡文化研究》丛书编委会

2014年3月

前　言

2019年10月12—13日，由广西壮族自治区侨务办公室、中国华侨华人研究所、广西民族大学、桂林旅游学院主办，广西华侨历史学会、桂林市归国华侨联合会、广西民族大学民族学与社会学学院协办，桂林旅游学院旅游管理学院、广西侨乡文化研究中心承办的第四届"海外华人与中国侨乡文化"学术研讨会在桂林举行，来自海内外的60余名专家学者参加了此次会议。

这本论文集是此次会议的成果，也是广西侨乡文化研究中心精心打造的《侨乡文化研究》丛书的第6本书。这本会议论文集总共收录了会议的46篇文章，涉及以下几个方面的内容。

一、有关华侨华人与中国改革开放的研究

20世纪80年代中国开始了划时代的改革开放，海外华人无论是在中国的改革开放初期，还是在目前都作出了重要贡献。厦门大学国际关系学院南洋研究院王付兵、林金官通过细致的实地调查，分析了华侨华人与连江这个新兴侨乡的关系，发现连江籍海外移民纷纷回乡投资兴办实业，这些企业已成为该县外向型经济发展的重要依托，为琯头镇带来了巨大外汇收入，获得不菲的捐赠。而新移民在移风易俗方面起了重要的推动作用，一定程度上也推动了连江侨乡民间传统文化的复兴。昆明学院人文学院许振政以昔马籍缅甸华侨、归侨为研究对象，认为他们对当地的贡献成为改革开放后云南边疆社会变迁的缩影；许振政研究了云南盈江县昔马镇的发展变化，认为改革开放后，特别是自20世纪80年代起，昔马乡出现更大规模的乡民前往缅甸谋生的热潮，深刻影响着这个侨乡社会的变迁。自20世纪80年代末起，一些先后通过经商致富且热心社会公益的缅甸华侨及归侨以各种方式捐资于昔马乡的教育事业，对当地教育条件的改善和教育事业的发展作出突出的贡献。华侨及归侨的捐资成为这个侨乡新兴的社会风气。缅甸学者杜温从缅甸华人庙宇的视角，讨论了闽南神明作为中国

改革开放的民间使者走访缅甸巡安保佑,与缅甸华人善信互动联谊。认为改革开放40多年来,民间神明闽王与开漳圣王地域祖神升格扮演了民间外交"文化使者"的角色,促进了缅甸华人与祖籍家乡之间的信仰文化交流,不仅体现了其重要性,而且缩小了中缅两地民间信仰的差异。福建社会科学院华侨华人研究所林新淦分析了"大侨务"观念对福建改革开放进一步深入的影响,认为福建侨力资源丰富,与港澳侨的渊源深厚、关系密切。港澳侨企业进入福建的时间早,分布区域集中。"大侨务"观符合海外华侨华人的新需求,是侨务资源可持续发展的必然要求。广西大学海洋学院林昆勇认为,东南亚华侨华人拥有一定的经济、科技实力和人才资源,并具有强烈的爱国情怀,他们的投资建设直接带动了我国沿海地区的繁荣发展。东南亚华侨华人是我国海洋文化的传承者,他们所具有的开拓创新、拼搏奋斗、海纳百川的包容和对外开放精神以及爱国情怀正是当前我国建设海洋强国所需要和所依托的重要力量。由承载海洋文化内涵的东南亚华侨华人助推海洋强国建设,对我国加快建设海洋强国起到了关键性的促进作用。

二、有关华侨华人与"一带一路"的研究

暨南大学国际关系学院华侨华人研究院陈奕平认为,海外华侨华人分布广、数量庞大、自身人脉广以及拥有融通中外的文化优势,在"一带一路"建设中,尤其是在人文交流和民心相通等方面发挥着重要作用,并建议从合作共赢思维、文化交流和认同、公共外交和国家形象构建等方面来看待华侨华人与"一带一路"的关系。中央社会主义学院刘芳彬认为华侨华人是链接"一带一路"民心相通建设的重要力量,华侨华人在助力民心相通中拥有双重感情认同、双重语言文化等独特优势,也面临着一些挑战。提出凝聚侨心侨力共建民心相通工程,要以创新思路引导华侨华人参与"一带一路"民心相通工程。广西艺术学院黄艺平以广西侨乡为切入点,分析华侨华人在广西"一带一路"发展中所具有的优势和在建设中发挥的作用,提出了四点促使华侨华人在"一带一路"建设中发挥作用与优势的举措:制定政策法规、搭建服务平台、形成激励机制和拓宽合作渠道。韩山师范学院潮学研究院杨锡铭探讨了新山华人的文化活动,认为其为实施"一带一路"倡议提供了一个可借鉴的典型,具有其现实意义。马来西亚新纪元大学学院教育学院王睿欣对马来西亚华人主体性进行了研究,认为马来西亚华人主体性的发展必定不是坦途,需要超越"族群利益"意识,克服"族群政治"的不公

正。华人族群建构的主体性力量即自主、自为发展的进程,也关乎其在"一带一路"建设中所扮演的角色。华侨大学国际关系学院胡越云认为在中马双方共建"一带一路"过程中,华人族群特殊的身份定位为双方的合作共赢提供了新的交涉路径,从而在马、中之间的政策沟通、经贸接洽上扮演着重要角色。嘉应学院政法学院叶小利分析了客家籍华侨华人的角色,认为民心相通是"一带一路"倡议建设目标体系中所要达到的其中一项。客属籍华人加强了梅州地区与海外的联系,客家华侨华人遍布全球,其中客属侨社在沟通居住地与祖籍地之间,通过其在海内外的文化交流活动,增进海内外华人甚至与侨居地居民之间的了解、在海外的社会公益事业,树立华人良好形象的同时,增加了当地人对华人的好感度,可以从塑造好华人族群良好形象、增加相互往来和加强慈善志愿服务的方式等方面选择新的方向和方式。

三、有关华侨华人社会的研究

随着全球化进程的加快,海外华人社会发生了巨变,华人社会由于新的移民而呈现出欣欣向荣的特征,与此同时,随着时代的发展,海外华人社会也呈现出在地化的趋势。澳大利亚粟明鲜以昆士兰中国人协会为例,探讨了在澳大利亚多元文化政策环境下中国大陆新移民社团,认为这些社团致力联络侨胞、加强与祖籍国联系和增进澳、中交往之同时,亦自觉地在当地传承和发扬中华文化,积极参与当地事务与活动,尤其是推动参与、创造条件积极融入当地主流社会,成为澳大利亚多元文化推行的参与者,是华人社区成为澳大利亚多元文化社会的一个组成部分的一股强劲推动力。印度尼西亚万隆天主教大学张智昌分析了印度尼西亚华人特有的泽海真人崇拜,印度尼西亚华人传统民间信仰与印度尼西亚信仰的融合,以及在构建华人社会中的作用。马来亚大学祝家丰、吴畹妤以槟城日新国民型中学增建威南二校为例,深入分析了目前马来西亚国民型华文中学面临的困境,认为威南日新国民型中学的建校过程从提出至建成皆由董事会以及建委会四处奔波而得来,建校对于这些董事而言并无利可言,支撑着他们走完这艰辛的漫漫长路的就只是守护华教的信念。广西社会科学院古小松描述了早期南下的明乡人的状况,大量明乡人被安置在湄公河三角洲地区,古小松认为他们为开发该地区,使其发展繁华,作出了不可磨灭的贡献。中国社会科学出版社历史与考古出版中心宋燕鹏探讨了19世纪以来英属槟榔屿地区广东社群的形塑途径,认为行政区划上属于福建省的汀州及诏安社群,在南洋槟榔屿却与广东省籍结合在一起,相邻的北马吉打州也是如此组合,显示出19世纪初槟榔屿和北马地区华人社群的特殊性,槟榔屿在19世纪形成广州府社群意识,以"五福书院广州府会馆"为活动中心,涵盖了清代广州府下属县份,其中包括增城、龙门的客家人,以及新会、台山等所谓"冈州"社群。北部湾大学北部湾海洋文化研究中心吴小玲探讨了海内外钦州籍华人社团,指出钦廉社团是钦廉人向外拓展的产物,其在为本籍同乡向所在国和当地政府争取合法权益、谋求福利方面起到了积极作用;它们积极为住在国的发展及祖(籍)国和家乡的建设作贡献;新时期钦廉社团为促进居住国与祖国的经济文化交流牵线搭桥。马来西亚博特拉大学洪丽芬分析了马来西亚华语的语码混用现象,认为马来西亚华人的语言使用中可能混用一种到三种华语之外的语言,华语中的当地语言色彩是相当明显的,这也造成华语与普通话有所不同。云南师范大学夏玉清探讨了"二战"前新西兰政府华人政策及其影响,认为新西兰华人政策主要包括移民政策和国内政策两个层面;在发展阶段上,新西兰华人政策发展呈现出从显性到隐性的发展过程;在执行方式上,新西兰华人政策是通过立法与执法来实现。新西兰华人政策的制定和实施,对当地华人的生存与发展产生了深刻影响,华人社会基本特征开始显现出来。广西民族大学郑一省探讨了泰国勿洞华人的原乡文化特征,认为其主要表现在各会馆的"乡绅文化""共祖文化",民间信仰的原乡神灵崇拜,以及浓郁的原乡饮食和婚姻丧葬文化。勿洞华人社会对原乡文化的坚守,可能是其处于泰国的边陲,以及华人在当地人口中的比重较大等原因所致,而这些对原乡文化的执着,则似乎使勿洞华人社会成为一个"族群孤岛"。长江师范学院李未醉分析了明代东南亚华人使臣,指出明代东南亚各国多次向明王朝派遣了使团,其中不少使团的使臣由华人充当。这些华人使臣在中国与东南亚的外交、经济往来和文化交流等方面发挥了桥梁作用。丽水学院华侨学院张小倩探讨了印度尼西亚邦加岛华人文化认同,认为有史以来邦加岛华侨华人始终保持较为强烈的华人文化认同。虽然经历过苏哈托时期的文化强制性同化,但是邦加华人的文化认同并未受到太大影响,特别是在偏远地区。与爪哇岛或其他华人人口较为密集的地区相比,当前邦加岛的华人文化认同更多的是靠身份和文化自觉。

四、有关侨乡社会与归侨的研究

侨乡是海外华人的故乡,海外华人与侨乡在经济、社会文化上的互动,在不同的时期有不同的特点。随着中国社会的发展，不同时期回国的归侨也发生了不同以往的变化。红河学院人文学院教授何作庆教授提出了利用多重史料研究边疆民族和侨乡的方法，认为汇编红河县马帮侨乡史料的特点和功能，可实现存史、资政、育人、团结的作用，有利于促进汉族与少数民族的和睦关系。华侨大学国际关系学院华侨华人研究院副教授王怡蘋以厦门"兑山村"为个案，阐述了传统侨乡居住形式的变化、生产方式的转变、社会权威的转移等一系列现代化变迁，认为由于居住形式变化、生产方式转变、社会权威转移，侨乡也"被动"地卷入了现代化轨道，宗族功能逐渐弱化乃至出现新的发展与变异。嘉应学院客家研究院夏远鸣以粤东客家侨乡为重点考察对象，认为以往的研究重点关注侨乡的海外部分与原乡内地部分，从侨乡社会代理人出发可以弥补侨乡与海外中间连接部分研究的不足。浙江大学城市学院马克思主义学院徐华炳教授以浙江桐庐县上王家村为个案，梳理该村与青田的血缘关系，通过叙述该村的出国史和社会变迁，建构一种华侨出国新场域——飞地侨乡。徐华炳简要概括了其特征，并希冀有更多学者能关注此类侨乡，共同推进该方向的研究。福建社会科学院吴元以江苏、浙江为例，探讨了民国时期华侨掀起了的投资国内高潮，认为华侨在华东地区投资的原因主要归结于政府积极的侨资引进政策、华侨寻找新的经济增长点、对新政府表示政治忠诚等；华侨大学国际关系学院华侨华人研究院路阳研究了丘汉平，其既积极参与创办华侨中学，也投身暨南大学从事华侨研究，同时撰写论著考察华侨教育，认为虽然受到所处社会历史条件的限制，丘汉平的不少思想观点和教育实践仍可以为我们提供一定借鉴和参考。上海社会科学院讲师夏雪探讨了上海市侨务系统运用大数据的案例，认为上海市在建设新型智慧城市的进程中，黄浦区侨办以"信息技术"为出发点，以"人"为落脚点，建立侨情数据库，立足精准为侨服务，是大数据时代创新工作模式的有效尝试。福建社会科学院华侨所副所长、研究员邓达宏进行福建永春县侨情实地调研后认为，该县十分重视华侨文化资源的保护和发展，主动涵养侨源，打造美丽侨乡和谐家园；广西师范大学历史文化与旅游学院硕士研究生洪雨探讨了20世纪中期越南华侨对中越边境解放的协助，认为重视双方发展的互动性、双向性，有利于增进中越双方友好关系，加强中国与其他东南亚国家的友好关系。桂林旅游学院张坚与广西师范大学硕士研究生潘宛钰研究了中越关系背景下的北部湾渔业变迁，认为当地渔业环境不断变迁，渔业生产生活受到两国关系的影响，渔民的安全、渔业的开发生产需要两国友好关系的保障。

五、有关移民与文化传播的研究

全球化不仅仅是经济的，也是一个移民的，更是一个文化迁移的过程，全球化进程下的移民既有国内跨区域的移民，也有国际跨国间的移民。移民的进程，不单是不同种族或民族跨地域或跨国度的迁移，随之而发生的也有不同文化的迁移与传播。华侨大学李勇、姜照、王娟对石狮彭田村迁台族人移民进程、移民世代以及家户类型视角的离散差异性进行了分析，揭示了离散的诸种差异性呈现，以及中国台湾移植型离散与其他华人离散类型的比较等。中山大学黎相宜、陈送贤以牙买加东莞移民为例，探讨发展中国家间的移民进行多层跨国实践的动力机制及其特征呈现，总结出东莞移民对其在牙买加浅层融入、深层区隔的社会遭遇的一种灵活反应与弹性选择，并认为其跨国实践具有多维度、多线层、多形态的特点。福建农林大学王晓与福建社会科学院童莹探讨了跨国留守儿童的现象，认为跨国留守儿童群体没有得到应有的重视。北京华文学院李嘉郁对"中国寻根之旅"夏令营自2010年转型后有关情况进行考察，分析夏令营变化的脉络与特点、功用，认为寻根之旅模式的建构和发展趋势也从一个方面显示了海外华文教育的多样性、差异性，引发了大家对华文教育功能及其工作目标的思考。海南师范大学唐若玲探讨冼夫人文化在东南亚的传播情况，认为冼夫人文化那维护国家统一、维护社会安定、关心民众福祉、促进社会进步的内核永远不会过时。暨南大学石沧金归纳梳理了关公信仰在国际中的传播历史，探析海外华人关公信仰的形态及动因，认为海外华人的关帝信仰内涵十分丰富，尤其体现在关帝信仰的相关活动和仪式上，多个国家的会馆及神庙在相关活动和仪式中进行跨国网络中的互动。福建社会科学院萧成在"一带一路"视域观照下，从文学角度对长篇小说《落番长歌》进行了深度剖析，认为《落番长歌》恰当地运用"文学历史学"和"文学地理学"的交织叙事方式，生动真实的历史与小说虚构故事的互文印证，或许无意间实现了"讲好中国故事"这一意图。温州大学的徐辉以浙江小百花越剧团为例，了解了该团成立的背景基础后，分析了它在海外传播的路径、演出剧目、演出地域以及影响。认为该团海外演出模式主要以舞台表演为中心，中国传统剧目的演出比较多，亚洲及东南亚国家和地区演出相对比较频繁，而应该在演出剧目和演出地域上有所创新和拓展。广西壮族自治区图书馆黄文波基于民国时期南宁私立华侨中学不定期出版的八期校刊，对南宁侨中的发展历史及留邕侨生生存与教育、思想与心理等状况进行了述评。

  本论文集呈现出一个特点,即作者们"走下去"和"走出去"的充分表现。换句话说,本论文集中的许多文章是作者深入基层社会,深入乡村、民间和社区,见微知著把握华侨华人研究的"脉搏"而产生出来的。该成果展现了学术界在海外华侨华人研究方面的水平,因为该研究成果视角多元且范围全面,不仅涉及了历史学、人类学、政治学、社会学等多学科,而且体现了多学科交叉融合的特点。总的来说,本论文集对于促进海外华侨华人、国际移民、侨乡文化等方面的进一步拓展研究具有非常重要的价值。

广西侨乡文化研究中心主任:郑一省
2020年5月

目 录

第一篇　华侨华人与中国的改革开放

华侨华人与侨乡连江的社会变迁/王付兵　林金官 …………………………… 2
闽南神明：中国改革开放的民间文化使者——拟从缅甸华人庙宇的视角
　　讨论/〔缅甸〕杜　温 ………………………………………………………… 15
缅甸华侨及归侨捐资与云南边疆侨乡教育的变迁——以盈江县昔马镇
　　为例的研究/许振政 ………………………………………………………… 26
论东南亚华侨华人与海洋强国建设/林昆勇　陆咿伊　张海龄 ……………… 41

第二篇　华侨华人与"一带一路"

华侨华人与"一带一路"人文交流：机遇与挑战/陈奕平 …………………… 50
华侨华人在"一带一路"建设中的作用与优势研究——以侨乡广西
　　为例/黄艺平　程　茜 ……………………………………………………… 60
华侨华人链接"一带一路"民心相通建设/刘芳彬 …………………………… 68
"一带一路"视域下马来西亚华人的主体性探究/王睿欣 …………………… 77
"一带一路"视野下的马来西亚新山华人文化活动刍议/杨锡铭 …………… 89
"希盟"时代马来西亚的现代化困境及其对"一带一路"的影响/胡越云 …… 101
客属侨社在促进居住地与祖籍地之间"民心相通"上的桥梁作用——以梅州
　　为例/叶小利 ………………………………………………………………… 112

第三篇 华侨华人社会

澳大利亚多元文化社会的融入实践——以昆士兰中国人协会为例/粟明鲜 ········ 122
马来西亚国民型华文中学的发展困境——槟州日新国民型中学增建威南
  二校为个案研究（2008—2017）/祝家丰 吴畹妤 ················ 138
明乡人对湄公河三角洲之开拓/古小松 ································ 158
跨越地缘与方言的认同准则——19世纪以来英属槟榔屿广东社群的形塑
  途径/宋燕鹏 ·· 166
近代以来海内外钦廉社团的历史作用探析/吴小玲 ···················· 176
从中青年华人闲聊看马来西亚华语的语码混用/洪丽芬 ················ 188
"二战"前新西兰的华人政策及其影响/夏玉清 ························ 199
泰国勿洞华人社会的原乡文化探析/郑一省 ·························· 210
明代东南亚华人使臣初探/李未醉 ·································· 227
印度尼西亚邦加岛华人文化认同的历史与现状探析/张小倩 ············ 237

第四篇 侨乡社会与归侨

红河县马帮侨乡纸质史料的收集整理探讨/何作庆 ···················· 254
现代化冲击中的侨乡——以厦门"兑山村"为个案/王怡蘋 ············ 266
侨乡社会的代理人——以粤东客家侨乡为重点考察对象/夏远鸣 ········ 287
血缘性、全球化与飞地侨乡的建构——以上王家村为实证/徐华炳 ······ 298
民国时期华侨投资华东地区研究（1911—1945）——以江苏、浙江为

中心的考察/吴　元 ………………………………………………… 314
丘汉平华侨教育思想与实践述略/路　阳 …………………………… 327
有效运用信息资源，精准服务侨界群众/夏　雪 …………………… 342
引智与引资并重　促进侨乡社会经济发展——福建永春县侨情实地调研
　　对策建议/邓达宏 …………………………………………………… 351
二十世纪中期越南华侨对中越边境解放的协助——以广西防城港市防城区为例/
　　洪　雨 ……………………………………………………………… 361

第五篇　移民与文化传播

差异性离散：清代彭田人向台湾的移居及其与祖乡的
　　关系/李　勇　姜　照　王　娟 ………………………………… 372
浅层融入、深层区隔与多层跨国实践——以牙买加东莞移民为例/
　　黎相宜　陈送贤 …………………………………………………… 396
另类的守望者——国内外跨国留守儿童研究进展与前瞻/王　晓　童　莹 …… 409
2010年以来"中国寻根之旅"夏令营发展探析/李嘉郁 ……………… 425
冼夫人文化在东南亚/唐若玲 ………………………………………… 435
关公信仰的国际传播及跨国网络/石沧金 …………………………… 444
"海上丝绸之路"上的《落番长歌》/萧　成 ………………………… 452
浙江小百花越剧团海外传播路径思考/徐　辉 ……………………… 462
民国时期南宁私立华侨中学校刊述评/黄文波 ……………………… 472

第一篇
华侨华人与中国的改革开放

华侨华人与侨乡连江的社会变迁

王付兵　林金官[①]

（厦门大学国际关系学院南洋研究院　福建厦门　361005）

前　言

连江是福建省的一个新兴侨乡。改革开放以来，在各级招商引资发展经济的优惠政策吸引下，连江籍华侨华人、港澳台同胞纷纷回乡投资兴办实业。据统计，截至2012年4月底，连江县共有在产在建侨台资企业60家，投资总额2.4亿美元，实际利用外资1.82亿美元，华侨华人投资的企业已成为该县外向型经济发展的重要依托。人数不少的新华侨华人为侨乡带来了巨大的外汇收入，如连江重点侨乡琯头镇金融机构一年存有2亿美元的外汇。改革开放至今，琯头镇获得华侨华人的捐赠共有3.5亿元。新华侨华人在移风易俗方面起了重要的推动作用，一定程度上也推动了连江侨乡民间传统文化如琯头镇拱屿村十番音乐的复兴。目前，"洋留守"儿童的人数已大大下降，他们可以通过视频，缩小和身处国外父母的亲情代沟。因为大量年轻人出国发展，造成连江本地劳动力缺乏，来自外省的打工者由此填补了本地劳动力的空缺。

连江是福建省的一个新兴侨乡。自20世纪80年代至今，该县到国外发展的有33万多人，到港澳的约有3万人。这些新华侨华人和老一代的华侨华人为侨乡连江的社会经济发展发挥了重要的作用。与福建其他重点侨乡晋江、南安、福清、长乐等研究相对丰富的情况相比，学术界对连江籍华侨华人的研究仍比较薄弱。本文拟通过笔者的实地调查和相关的文献来论述连江华侨华人尤其是新一代华侨华人对连江社会经济发展的重要作用。

[①] 王付兵，厦门大学国际关系学院副教授，研究方向：侨乡、华侨华人；林金官，厦门大学国际关系学院硕士生。

一、连江海外移民史简述

连江县,地处福建省东南沿海、闽江口北岸,东与台湾省、马祖列岛一衣带水,西傍省会福州,南扼闽江入海口,北控闽浙通道,是"福温古驿道"必经之路,素有"闽省门户"之美称,因形似展翼凤凰,故又有"闽都金凤"之雅号。西晋武帝时期(282年)即设县。全县总面积4280平方公里,其中,海域面积3112平方公里,陆域面积1168平方公里,辖22个乡镇270个村,总人口约62万。全县海岸线长209公里,有三湾(罗源湾、定海湾、黄岐湾)、三口(可门口、闽江口、敖江口),大小岛屿82座,天然港湾47处,是全国县级水产第二大县、海运第一大县和全省水产第一大县。连江境内山峦植被良好,江河纵横交错,又有丰富温泉资源,荣获"中国温泉之乡"和"全国十大温泉休闲基地"的美誉。[1]连江隶属福州市,通行闽东方言福州话。

连江是福建重要侨乡之一。早在宋代,连江人就曾前往东南亚及日本等地,但留居国外的人数无从稽考。据传,宋末有连江人到印度尼西亚爪哇,送当地酋长八罐茶叶精品,备受喜欢,酋长乃回赠一块土地,供垦植林木。该地至今仍被称为"八茶罐",并有华侨创办的八茶罐中心。[2]明崇祯十七年(1644年),城郊白沙村黄姓家族有人到日本经商,历经数十年,去世后葬于日本长崎崇福寺后山唐人墓地。[3]

近代,我国战乱、匪祸、苛政、灾疫频繁爆发,而西方殖民主义者为加紧掠夺东南亚等地资源,趁机在福建大量招募"契约华工"(俗称"猪仔"),到东南亚等地区充当苦力。有些连江人迫于生计,被迫充当华工,远赴南洋谋生。据统计,自清咸丰至民国初,连江属于"契约华工"身份出国的华侨约有110人。1949年8月连江解放后,部分地主、乡绅、国民党军政人员及地方武装团丁,慑于共产党成立的新生政权而逃往国外和台湾地区。有些台湾地区人员后来由于不满现实又移往其他国家。[4]

中华人民共和国成立后,连江人移居国外多有国外华侨亲友牵引,经正式

---

[1] 美国连江公会编:《金凤腾飞:美国连江公会二十周年特刊(2009)》,2009,第83页;连江县人民政府:《市政协来连调研"关于探索引进海外创新创业人才的思考"汇报材料》,2012年4月25日,第1页。
[2] 连江县地方志编纂委员会编:《连江县志》,方志出版社,2001,第1005页。
[3][4] 同上书,第1005—1006页。

申请批准出国。据记载从1957年至1966年上半年，出国的连江人人数有300多人。"文化大革命"期间，"海外关系"被称为"反动的关系"，因而申请出国的连江人极少。

连江人大量移居海外尤其美国，应是在改革开放以后。据1990年全面调查，连江海外乡亲共42326人，分布在五大洲30多个国家和地区。其中，侨居美国14424人，占总数的34.1%；印度尼西亚7676人，占总数的18.1%；新加坡2653人，占总数的6.3%；其余17573人，占总数的41.5%，分别侨居加拿大、越南、缅甸、荷兰、丹麦、马来西亚、西班牙、玻利维亚、澳大利亚、英国、法国、德国、菲律宾、泰国、日本、俄罗斯、巴西、阿根廷、智利、柬埔寨、厄瓜多尔、比利时、秘鲁、瑞士、瑞典、塞班、汤加、毛里求斯、巴拉圭、也门、老挝等国家和地区。[①]据我们了解，截至2002年10月底，连江县有华侨华人10.6万人，分布在38个国家。其中美国最多，有7万人左右。当时连江的华侨华人绝大多数都属于新华侨华人。

2009年出版的《金凤腾飞：美国连江公会二十周年特刊（2009）》则介绍到，连江县在外的华侨华人有34.4857万人，其中美国最多18.9232万人。他们多数是属于新华侨华人。在西班牙、阿根廷、澳大利亚的华侨华人也不少，分别为1.0186万人、1.8135万人、0.9709万人。这些地方的华侨华人绝大多数属于新华侨华人。在东南亚，以印度尼西亚、缅甸、新加坡为多，分别有2.2228万人、0.7551万人、0.6958万人。这些地方主要是老一代的华侨华人和新生代华侨华人。[②]

据了解，截至2012年4月底，连江县旅居海外华侨华人、港澳人士计33.2万人，主要分布在琯头、凤城、敖江、江南、马鼻、晓澳、浦口、东岱、黄岐等乡（镇）。其中，琯头镇是连江各镇中华侨华人最多的乡镇。据统计，2009年时，该镇就有华侨华人、港澳台同胞98583人，其中新一代华侨华人有83688人，主要居住在美国，该镇归侨、侨眷占全镇人口90%之多。2012年时，连江大约有海外华侨7.5万人，华人13.9万人，出国人员9.4万人，香港人士1.8万人，澳门人士0.6万人，分布在美国、日本、澳大利亚、英国、加拿大、德国、新西兰、法国、新加坡等59个国家和地区。当时全县归侨664人，侨眷6.6万人，出国

[①] 连江县地方志编纂委员会编：《连江县志》，方志出版社，2001，第1005—1006页。
[②] 美国连江公会编：《金凤腾飞：美国连江公会二十周年特刊（2009）》，2009，第119页。

人员眷属13万多人，海外华侨华人社团组织23个。旅居海外华侨华人主要从事餐饮业、制衣业或经商，少部分在政界或科技界等领域发展。[1]

笔者在参加我院和福建省侨办于2002年10月26日至11月1日联合举办的连江入户调查和社区问卷调查时，也发现连江新移民以在美国最多，他们多是在餐馆打工。在日本也有些新移民，他们则是打工，如做建筑工。笔者和同事、学生一行3人于2012年4月25日下午在连江访问回国的时任美国连江公会主席郑斌先生时，他告诉我们，在美国的连江新移民一般先是在纽约餐馆打工，有较强的经济基础后才开餐馆，一些甚至从事进出口贸易业。可见在21世纪初连江的海外新移民在国外主要以务工为主。

2019年3月中旬，据连江县侨联工作人员的介绍，我们了解到该县自20世纪80年代以来到国外发展的有33万多人，到港澳的有2万~3万人。近两年，连江人去柬埔寨发展的比较多，从事房地产、机械、港口、钢铁等行业。连江人在柬埔寨颇具实力，受到当地官方重视。柬埔寨福建总商会会长邱国兴是连江人，在他的带动下，一批连江人赴柬发展。近几年，连江人到美国、南非、巴西、阿根廷的也比较多。在美国打拼的连江乡亲，有的一个月大致可挣4000美元，他们主要做水泥工、电工、装修等行业。[2]

连江新移民的移民潮时间形成比长乐时间略迟些。以笔者调查到的琯头镇上坪村（2001年全村总人口含出国未注销身份者在内有1252人，该村新移民99%在美国，该村1961年就有3人移居到中国香港）来看，其出国人数的最高峰时间段在1993到1996年，分别为63人、75人、69人、80人，2000年时出去的人员也很多，有77人。[3]至2009年，琯头镇在海外的新一代美国华侨华人有83688人，多为新移民，主要居住在美国。[4]和亭江、长乐、琅岐等地一样，该县新移民的移民方式也主要是家庭团聚类移民和非正常渠道移民，其中以非正常渠道移民为多。从我们的调查来看，估计连江的新移民移往美国的有60%左右。此

---

[1] 美国连江公会编：《金凤腾飞：美国连江公会二十周年特刊（2009）》，2009，第85页；连江县人民政府：《市政协来连调研"关于探索引进海外创新创业人才的思考"汇报材料》，2012年4月25日，第1—2页。
[2] 笔者和博士生张东霞、硕士生林金官于2019年3月18日对连江县侨联詹立坤主席的访谈记录。
[3] 《侨乡社会经济调查社区问卷》（连江县琯头镇上坪村）。访问者：王付兵。访问时间：2002年10月29日。
[4] 美国连江公会编：《金凤腾飞：美国连江公会二十周年特刊（2009）》，2009，第85页。

外，在我们调查的时间段（2002年10月）里，我们了解到：连江人非正常渠道出国的时间较以往缩短了很多，一个多月的时间就够了，不像以前时间长的要1~2年，路线也不像以前那么曲折，而且合法出境非法入境的相当多，连江人已不愿意像之前那样靠坐船偷渡，1998年以后将非正常渠道移民出国费用的偿还改在国内进行，以逃避美国打击偷私渡。

二、人数不少的新移民为连江侨乡带来了巨大的侨汇收入

民国时期连江即有一定数额的侨汇。如1938年，连江所收的侨汇有981元法币。[①]1941年连江沦陷前，华侨对连江的汇款为15.92元法币。太平洋战争爆发后，侨汇中断。[②]

中华人民共和国成立后，受东南亚当地政权对华侨华人汇款国外的措施限制，连江县所收的华侨华人汇款额增长幅度不大。1950—1959年，每年平均侨汇2.7万元。20世纪60年代初，因我国国内暂时经济困难，我国政府采取特殊政策，允许华侨华人和港澳同胞从海外免税进口粮油、副食品以及化肥、种子等，开展生产、生活自救，因而相当部分侨汇转化为物资寄回，侨汇增加不多。1960—1962年每年侨汇平均不足4万元。1963年连江县人民委员会成立侨汇工作领导小组，鼓励侨汇，加强管理，同时由于经济好转，海外寄送粮油食品减少，侨汇增加到11.6万元。"文化大革命"中，受极"左"政策的错误影响，连江县所收的侨汇额大幅下降。1966—1975年，十年时间当地的侨汇仅56万元，年均5.6万元，比1963年减少一半。1976年10月"文化大革命"结束后，我国落实保护侨汇，恢复侨汇物资供应，使连江侨汇大幅度增长。1976—1990年，连江全县侨汇总额达2168.1万元，年均侨汇144.5万元，比"文化大革命"期间平均年均增加25倍。[③]

改革开放以来，连江人到国外移民的越来越多，连江成为一个新兴的侨乡。人数不少的连江籍海外新移民为连江侨乡带来了巨大的外汇收入，如连江重点侨乡琯头镇金融机构一年存有2亿美元的外汇。[④]

据我们的调查，连江县重点侨乡琯头镇的塘头村在20世纪90年代初，每

[①] 郑林宽：《福建华侨汇款》，载李文海主编《民国时期社会调查丛编（二编）·乡村社会卷》，福建教育出版社，2009，第774页。
[②][③] 连江县地方志编纂委员会编：《连江县志》，方志出版社，2001，第1012页。
[④] 笔者和博士生张东霞、硕士生林金官于2019年3月18日对连江县侨联詹立坤主席的访谈记录。

年获得的海外移民汇款是700万~800万美元；1997—1998年因新移民在当地定居，造成移民汇款数下降到每年300万~400万美元；21世纪初，移民汇款数又进一步下降。①连江县琯头镇下塘村，1990年获得的海外移民汇款约9000美元，1995年获得的海外移民汇款进一步增加，获得的海外移民汇款约48.6万美元，21世纪初，每年获得的海外移民汇款大约90万美元。②连江县琯头镇上坪村1998年到2001年，每年获得的海外移民汇款大约90万美元。③从我们课题组调查的情况看，连江在20世纪90年代初至21世纪初的头几年，有这么多的侨汇收入，与当时连江人大量移民美国，不少是非正常渠道移民，需要支付费用不高的出国费用（90年代初大约是1.8万美元，到2002年时要6万多美元）有关。根据我们多次调研的了解，在福州市沿海地区的侨乡亭江、长乐、连江、琅岐等地，非正常渠道移民的新移民成功移入美国后，开头几年的侨汇主要是用于偿还出国费用。他们在美国从事的行业主要是餐饮、服装厂、建筑业等。待出国费用还清后，他们的汇款才开始主要用于侨眷生活费用、家乡建房、捐赠公益事业等。

从2019年3月19日笔者和我院博士生张东霞、硕士生林金官在琯头镇的调研看，琯头镇年轻人多在国外打拼，挣来的钱也寄回国内。目前琯头镇有10多家银行，其中中国银行就有2家。每年寄回琯头的外汇有2亿多美元，仅中国银行就有1.5亿美元左右，累计存款达70亿元人民币。目前，在琯头镇居住的主要是老年人，他们一般把侨汇存在银行，而不是像福清、长乐人那样把国外挣的钱再投资。侨汇除了通过银行外，也有走地下渠道的。

三、连江籍海外移民对连江公益事业的捐赠

连江籍的海外移民在海外事业有成后，不忘桑梓，热心于家乡的公益事业。从目前收集到的文献看，民国时期连江籍华侨因人数不多，因而对连江的公益事业之捐赠似乎甚少。

中华人民共和国成立后至改革开放前，连江籍华侨华人对连江公益事业的捐赠主要在教育事业方面，捐资数额似乎也不多。例如，1957年5月，新加坡、印度尼西亚等地归侨50多人，捐资创设民办连江华侨补习学校，利用县城西郊

---

① 《侨乡社会经济调查社区问卷》（连江县琯头镇塘头村）。访问者：王付兵。访问时间：2002年10月28日，第3页。
②③ 《侨乡社会经济调查社区问卷》（连江县琯头镇下塘村）。访问者：王付兵。访问时间：2002年10月29日，第3页。

"三官堂"修建后作校址，设普通初中课程，当年招生300多名，其中华侨子女196名。1958年4月由县人民委员会教育科接办，更名为连江华侨中学，迁址敖江江南（原连江县委办公楼）。1963年转为公办。"文化大革命"中先后改名红卫中学、敖江中学、连江县第六中学。①

改革开放以来，随着大量新移民的涌现和逐渐在当地事业发展有成，加上对家乡的深厚感情，以及受中国传统文化"达则兼济天下"、光宗耀祖等的影响，连江籍海外移民对连江公益事业的捐助越来越多，数额越来越大，捐助项目的范围覆盖面也越来越广。他们在连江的公益事业捐赠为改革开放以来连江乃至国内其他地方的经济发展与社会进步作出了巨大的贡献。

从笔者目前收集到的资料来看，似乎在1991年以前，连江海外移民对连江的公益事业捐赠额，跟20世纪90年代中后期以后比少得多。这种现象和当时连江海外新移民的历史进程有很大关系。根据笔者的调查，连江海外新移民人数较多的时候在1993—1996年这一段时间。

据不完全统计，1978—1990年连江海外乡亲计有500多人次，共捐赠人民币765.6万元，支持家乡建设各项社会福利和公益事业。其中，捐资建设交通设施的有10项，合计金额221.5万元。捐建文化娱乐设施25项，累计金额177万元。捐资办学的捐赠金额最多，1980年至1990年连江共接受华侨华人的捐资306.6万元。此外，连江华侨华人对医疗卫生设施和设备、县华侨招待所、琯头侨联华侨招待所等项目也有捐资。当时一些华侨华人还进行现代交通和办公设备方面的实物捐赠，如赠送汽车、电器、复印机等。②

另据不完全统计，改革开放以来至2012年11月中旬，海外乡亲在连江县和国内其他地方捐资兴办公益事业金额累计11.59亿多元人民币，其中在连江县内的捐赠金额达2.5亿元人民币。旅菲华侨黄如论、美籍华人林尚德、香港同胞刘官政、旅加华侨陈兆在先生都受到福建省政府立碑表彰。其中以旅菲华侨黄如论对中国大陆捐赠的公益事业金额为最多。他在2006年获得中国慈善排行榜十大慈善家称号，2007年获民政部颁发的"中华慈善奖"。据报道，改革开放以来，曾在1986—1991年旅居菲律宾的华侨黄如论先后为中国大陆的公益事业捐资9.3亿元人民币，在北京、福建、江西、云南、重庆等地多处捐资兴建中小学教学楼、博物馆、医疗中心，修桥铺路，设立各类助学金、奖学金、孤寡老人

---

①② 连江县地方志编纂委员会编：《连江县志》，方志出版社，2001，第1011页。

赡养基金、扶养孤儿基金；其中，捐资1400万元，资助北京市政府和海淀区政府抗击非典，捐资1.2亿元人民币兴建云南师范大学附属世纪金源学校，捐资1.8亿元人民币兴建四年制本科大学江夏学院，向中国人民大学累计捐资1600多万元，捐资1000万元帮助兴建北京大学政府管理学院大楼。

美国连江公会2009年编印的《金凤腾飞：美国连江公会二十周年特刊（2009）》则说，据不完全统计，从开始改革开放至2009年，海外乡亲对连江家乡和国内其他地方公益事业的捐赠金额达13亿元人民币。[①]两者的统计略有出入。美国连江公会统计的捐赠金额比较大。是否与其统计的时间范围不同有关？因未见明确交代，笔者不敢妄加揣测。但不管怎么样，连江籍海外乡亲对国内其他地方的捐赠金额不少，当是一个明确的事实。

进入21世纪以来，连江县海外移民对连江的公益事业捐赠金额不少。据统计，2010—2011年，连江海外移民在家乡的捐赠总金额有9251万元，占同时期福州地区海外移民在家乡捐赠总金额的11%。[②]在福州地区各县市中排第二位，仅次于福清。在20世纪90年代至21世纪初的时候，连江的一些侨乡其实也得到了海外乡亲的热心捐赠，只是因为当时新移民刚刚出国不久，经济力量有限，捐赠的金额不是太多。如连江县敖江镇白沙村，据我们了解，1990—1993年得到海外乡亲的捐赠金额每年有40万~50万元人民币，1993—1996年得到的捐赠金额每年是60万~70万元人民币。到我们访问的那段时间2002年，每年得到的捐赠金额为100多万元人民币。这些捐赠款主要是用于修建学校130万元人民币，路50万元人民币，庙宇60万元人民币。村干部告诉笔者，该村一有公益事业兴办，海外乡亲就热心捐款。[③]

四、连江籍海外移民对连江的投资

民国时期连江籍海外移民对家乡的投资情况，从有限的文献来看，未见到记载。文献记载提到，连江籍海外移民在家乡投资兴业开始于1956年8月。当时连江籍海外华侨和在连江的归侨侨眷共集资663股，13260元，在连江县城西郊创办玉山华侨果牧场，面积750亩。到1957年，该农场已经开垦种植蜜桃、荔

---

① 美国连江公会编：《金凤腾飞：美国连江公会二十周年特刊（2009）》，2009，第84页。
② 《福州海外乡亲捐赠家乡公益事业达43.6亿》，2013年4月1日引用，来源：福建省侨办网站。
③ 《侨乡社会经济调查社区问卷》（连江县敖江镇白沙村）。访问者：王付兵。访问时间：2002年10月30日，第3页。

枝、龙眼和柑橘等果树700亩，培育果苗地30亩。还饲养奶牛和养殖淡水鱼。1958年经营收入6100元。由于效益不高，华侨退出投资，1965年农场划归国营东湖农牧场。1978年连江县财政偿还之前华侨入股的股金。①

改革开放以来，在各级政府招商引资发展经济的优惠政策感召下，连江籍华侨华人、港澳台胞纷纷回乡投资兴办实业。截至2012年4月底，连江县共有在产在建侨台资企业60家，投资总额2.4亿美元，实际利用外资1.82亿美元，华侨华人投资的企业已成为该县外向型经济发展的重要依托，在经济发展中起到了巨大的推动和促进作用。据介绍，近年来，连江籍华侨华人、港澳同胞看好连江巨大的市场潜力和发展前景，投资项目呈增多态势。该县外资企业资金来源主要是以欧美国家和地区的连江籍华侨华人投资为主。如旅居美国的连江乡亲陈惠投资创办的福州富佳机电制造有限公司，在连江县的工业企业中占据重要的地位。英属开曼群岛一广国际有限公司投资9000万美元在连江县成立的连江清禄鞋业有限公司，是一家劳动密集型出口企业，主要生产运动鞋、鞋面、鞋底材料及各种运动用品、服饰、器材等系列产品，安置就业2万～3万人，对增强连江县工业产量，推动第三产业发展，扩大就业机会具有十分积极的意义。连江籍的美国华人林尚德，1992年回国投资成立福州闽发房地产有限公司，1993年成立闽发集团有限公司，任董事长、总裁。现拥有房地产开发与建设企业、工业企业、商业企业和商业地产、高科技产业等。当前，连江籍华侨华人独资的企业越来越多，投资方式逐步向投入资金和技术转让发展，资金到位率逐年提高。②

时任连江县外侨办主任杨家炎介绍："连江人成了企业家后，就移民到国外去。家里搞企业的人，钱都是国外的亲人汇过来。目前，连江侨资企业最大家的是福泰钢铁，是从福州搬过来的。该企业因亏本资金2亿多元，现被承包给长乐人。青屿电厂也是侨资企业。连江的华侨华人在美国、巴西经济情况不好时，就回来投资国内房地产。……海外没身份的连江人，想在家乡投资时，县里帮忙注册，但因企业投资人要加上其兄弟姐妹的名字，造成海外的乡亲心里

---

① 连江县地方志编纂委员会编：《连江县志》，方志出版社，2001，第1011页。
② 连江县人民政府：《市政协来连调研"关于探索引进海外创新创业人才的思考"汇报材料》，2012年4月25日，第3—4页；美国连江公会编：《金凤腾飞：美国连江公会二十周年特刊（2009）》，2009，第110页。

很不踏实。"①可见，连江籍海外乡亲只要有资金，还是愿意回来投资创业的，但因他们有不少人是非正常渠道出去的，因而其要回来创业很不方便。

总之，新移民在连江县的投资对连江县的经济发展起了不小的作用。随着其实力的不断壮大，未来将是连江县经济发展和产业升级的一个重要力量。

五、连江籍海外新移民对连江移风易俗的作用

"十番"，又称"十欢""十盘"，是一种民间器乐合奏形式，与古代的宫廷音乐一脉相承。拱屿十番是福州市茶亭十番的分支。清朝时，福州茶亭名师来俤师傅被聘到连江县琯头镇拱屿村教习十番，将一身绝学倾囊教授，临走时还将伬谱相赠弟子。拱屿十番伬班从此技艺猛进。1978年，拱屿十番作为曲艺代表队，获得福建省《武夷之春》曲艺会演大奖。茶亭十番伬班因数次搬迁，以致风格流变。而拱屿十番藏于乡野，父子相承，兄弟相授，反而保持了原有风味。作曲家郭祖荣评价："拱屿十番的笛子高亢，胡琴有力，有着乡野的生气和韵味，从中可以感受到古代民间音乐的很好的传统。"据介绍，拱屿十番伬班的第二代关门弟子倪易泉，可以把一支箫吹得出神入化。可惜好景不长，随着学员纷纷出国谋生，伬班沉寂了10多年。

现在70多岁的董家宝先生，是拱屿十番伬班的第三代传人。他16岁就加入拱屿十番乐队"纯如轩"，演奏三弦和大胡，靠着自己的悟性，逐渐成为一名优秀的十番乐手。20世纪80年代末期，他下海经商，之后出国。乐队的其他乐手也相继出国打拼。拱屿的十番乐声冷清下来。2008年前后，因处理家事多次回乡的旅居美国的华侨董家宝，为不让祖辈的优秀文化失传，开始联络分散在美国各地的乐队成员。他们自掏腰包，十番古乐由此重新在琯头镇响起。2010年，董家宝拿出积蓄在镇区开了茶馆，兼作乐队的演奏及排练场所。2012年，拱屿十番乐队被邀请至北京，为中国音乐学院师生专场演出，演出资料作为中华古乐素材收藏于中国音乐学院资料库。同年，拱屿十番乐队受邀赴台湾地区展示、交流华夏古乐。2013年元宵节，拱屿十番乐队到纽约参加中国文化节活动，展示古乐乡音的魅力。同年，连江县十番音乐研究会在拱屿村成立，集合琯头、东岱、东湖等乡镇多支十番乐队的力量，合力打造连江十番的文化名

---

① 连江县政府外侨办杨家炎主任在"市政协来连调研汇报会"上的汇报，2012年4月25日上午。

片。①据我们的了解,当前十番古乐乐队面临经费短缺等困难,他们迫切希望当地政府将十番古乐打造成一张文化名片,向外推介。②

六、连江的"洋留守"儿童问题

改革开放以来,随着海外新移民人数的增加,在连江的重点侨乡琯头镇出现了众多的儿童寄养现象。这些儿童(俗称"洋留守")分为两类:一类是出生在中国,但是由于父母偷渡往国外,将孩子寄养在国内。另一类是出生在美国,由父母寄回国内养。

出生在国内的留守儿童,父母大多没有取得美国的"绿卡",一旦父母取得合法身份,这些儿童就会以家庭团聚为由前往美国。这类留守儿童在国内待的时间视其父母在国外取得合法身份的长短而定,有的在幼儿园或小学阶段就可以出国了,有的则要等到高中阶段才出去。

出生在美国的留守儿童,又称为"美国小公民"。根据美国国籍法的规定,凡是出生于美国并受其管辖的人,出生时就具有美国国籍,就是美国固有之公民,而不论其父母的国籍或者身份。但是美国法律规定,孩子必须由家长抚养或者雇用保姆,否则将会被剥夺抚养权。这对于海外移民来说极为不现实,如果将孩子留在身边,就意味着要么夫妻双方中的一方停工,要么夫妻双方继续工作,但必须请一个保姆来照顾孩子。这对以出国赚钱为目的的琯头移民来说,是难以接受的。所以将孩子寄回国内由亲人抚养是最好的方式。等孩子到了上幼儿园的年纪再送到美国去。此外,两国的法律也便于寄养行为的顺利实行。只要"小美国人"父母从纽约中国领事馆办理了寄养委托书,就可以把孩子送回中国寄养,中国亲戚凭借"小美国人"的相关证件和寄养委托书,签署好《承担寄养保证书》,就走完了"洋留守"儿童的寄养流程。2012年,福建福州市侨联统计,寄养在琯头的"美国小公民"约有2500人。随着移民美国的华人的生活逐渐稳定富裕,福州籍华人在美人数不断扩大,孩子抚养成本下降,送回来寄养的孩子越来越少,加上村庄老人不断去世或是跟随子女移民美国,连江籍海外移民跟家乡联系变得不再那么紧密,因而"洋留守"儿童数量呈逐年下降的趋势。

---

① 林丽明、林冰:《福建连江十番:古乐流响百年华侨助力传承》,《福建日报》2015年4月25日。
② 笔者和博士生张东霞、硕士生林金官于2019年3月19日对连江县琯头镇拱屿村十番古乐研究会的访谈记录,张东霞整理。

我们课题组在2019年3月19日上午，在连江县侨联的带领下访问了"洋留守"学生比例较高的连江县琯头金贝儿幼儿园。据了解，该幼儿园是一家私立幼儿园，在管理方面属于当地比较好的幼儿园。现有学生近230人，学生来自琯头镇各个村，"洋留守"儿童的比例以前约达80%，现在比例少了，主要是孩子的父母经济条件改善，有能力照顾孩子或者把老人接到国外，可以帮忙照看孩子，不必再送回国。谈及"洋留守"儿童的教育，园里的老师说也没有什么特别之处。考虑到师资等现实问题，虽然园里的"洋留守"儿童比较多，金贝儿幼儿园也没有开设英语课。据说是怕国内的英语发音不标准，到时会影响他们在美国更好地学英语。这些孩子大都是出生一两个月就被送回国内，由爷爷、奶奶或是姥姥、姥爷带大。没有老人能帮忙的，就把孩子交给关系比较近的亲属，等到孩子5岁左右，就由其父母再带出国。孩子父母在国外打拼得比较好，那么孩子等不到5岁就会被带到国外。这期间孩子的父母忙于生计，一般是不回国的。俗话说"隔代亲格外亲"，老人更容易溺爱小孩。以前老人还有一种得过且过的心理，毕竟带几年之后，孩子就出国了，索性任着小孩的性子。随着时代的进步，老人的教育观念也不断更新，注重对孩子行为习惯的培养。与父母远隔重洋，这些孩子主要靠视频和父母交流，幼儿园老师通过微信建立班级交流群，方便家长了解孩子的近况。[①]

七、侨乡"空心化"现象

连江侨乡大量的青壮年移民海外，导致侨乡的人口结构发生很大的变化，那就是侨乡"空心化"现象严重。

我们课题组于2019年3月18日在连江琯头镇调查时发现，这里处处是新移民出资在家乡建的好几层的洋楼。据了解，这里的一栋楼房要花费几十万到上百万元。这些洋楼目前住着的多是空巢老人。[②]

在侨乡琯头镇乡村，老人、妇女、小孩成为当地人口的构成主体，他们严重依赖新移民在国外的务工所得——侨汇，侨乡社会变成单纯的消费型社会。虽然琯头镇位于福州市近郊，拥有优良的港口，距离长乐国际机场仅40公里，

---

① 笔者和博士生张东霞、硕士生林金官于2019年3月19日对连江县琯头镇金贝儿幼儿园部分老师的访谈记录，张东霞整理。
② 笔者和博士生张东霞、硕士生林金官于2019年3月19日对连江县琯头镇侨联的访谈记录，王付兵整理。

省道、高速公路皆穿城而过，海陆空交通发达，但是琯头镇的工业、农业等发展却停滞不前。尽管有不少四川、湖南、安徽等省的外来务工人员涌入，但他们仅仅从事家政业（以保姆为主）和建筑业（主要为当地人建房、修墓等），对当地的产业发展贡献不大。① 如何结合实际人口结构情况，引导侨乡产业健康发展，将是当地政府面临的一个严峻问题。

此外，和福建其他新侨乡一样，当地教育也出现了"空心化"的现象。据了解，当地的小学生源不断流失，几乎每个班级都有陆陆续续出国的学生。琯头镇曾经有10多所小学，后因为生源不足，不得不并入镇中心校。改革开放以来的移民浪潮也大大改变了当地人对教育的态度。即使学生在学校胡作非为、不思进取，家长一般也不闻不问，因为在当地人眼中，出国赚钱才是唯一的"正道"。一般中学毕业后就开始准备出国了，要是没有出国还留在国内，就会被认为没有出息。相反，当地的英语培训班却办得火热，但也只是教交际英语和餐馆英语。

结　语

连江是福建省的一个新兴侨乡。自20世纪80年代以来该县到国外移民的有33万多人。改革开放以来，连江籍海外移民纷纷回乡投资兴办实业。海外移民投资的企业已成为该县外向型经济发展的重要依托。人数不少的新华侨华人为侨乡带来了巨大的外汇收入。改革开放至今，琯头镇获得了海外移民的不菲捐赠。新移民在移风易俗方面起了重要的推动作用，一定程度上也推动了连江侨乡民间传统文化的复兴。目前，"洋留守"儿童的人数已大大下降，他们可以通过视频，缩小和身处国外父母的亲情代沟。因为年轻人的出国发展，造成连江本地劳动力缺乏，来自外省的打工者由此填补了本地劳动力的空缺。侨乡的"空心化"现象对当地的中小学教育也产生了很大的影响。

---

① 笔者和博士生张东霞、硕士生林金官于2019年3月19日对连江县琯头镇侨联的访谈记录，林金官整理。

闽南神明：中国改革开放的民间文化使者
——拟从缅甸华人庙宇的视角讨论

〔缅甸〕杜　温[①]

前　言

中缅两国山水相连，交往密切，佛教文化交流作为中缅友好交流中极为重要的部分，在增进两国人民互相了解文化、推动两国友好往来方面都发挥了积极作用。特别是中华人民共和国成立后，20世纪50年代，中缅两国总理倡导和平共处五项原则。缅甸佛教徒自古以来想瞻礼中国佛牙舍利的强烈愿望得以实现。在1955年第一次迎奉至缅甸供奉。此次盛大的佛教文化交流被视为和平友好的象征。相隔40年后，中国改革开放40多年间于1994年、1996年和2011年缅甸国家领导层曾三次从北京西山灵光寺迎奉中国佛牙舍利到缅甸巡礼。两国领导人极为重视这几次的佛门盛事，不仅促进中缅友好更上一层楼，也体现了中国改革开放的力度以及在宗教文化方面对缅甸的影响。

特别是最近几年，让沉寂已久的华人庙宇和宗族社团苏醒。2017年闽王金身从中国福建省福州市起驾首次赴缅甸巡安，闽浙王氏宗亲135人不仅护送它到仰光古刹庆福宫，而且举办了仰光唐人区巡境活动。另外，中国漳州开漳圣王神明会旗两年暂奉于缅甸颍川总堂后，于2018年12月8—10日安奉于福山寺让众信敬香，举办了前所未有的第七届国际开漳圣王文化节联谊大会。

本文拟以作者亲身参与和观察的经验，以及在庆福宫和福山寺举办的上述两个国际性民间神明祭祀仪式案例来探讨闽南神明作为中国改革开放的"民间文化使者"，促使缅甸华人与闽南祖籍地开展民间信仰文化交流，从而增进两地民间的友好往来。

[①] 杜温，缅甸人，独立研究员，研究方向：宗教信仰。

一、仰光闽籍华人的信仰与古刹

缅甸6000万人口中，超过80%笃信佛教。缅甸华人指持不同方言的族群的统称，如福建人、广东人、云南人和果敢人，方言群之间在日常生活中都使用缅语或普通话来相互交往。大多数华人不仅跟缅甸人民一样笃信上座部佛教（俗称"小乘佛教"），也普遍信仰华族移民先民从中国或南洋移植到缅甸的民间神明，如大慈大悲观世音菩萨、天上圣母（妈祖婆）、关帝圣君、土地公等。血缘宗亲组织也在各自的会所供奉家乡移植过来的宗族或地域性神明，如开漳圣王、闽王王审知三昆仲等。

早期移民先辈从中国南方沿海一带纷纷来到南洋，他们先在马六甲、新加坡和槟城等地开垦，然后通过马六甲海峡再到缅甸落户。闽南神明香火也随之跨海在南洋各地散播，也分布在缅甸各地。当时移民先辈带着自家传统信仰的神明，纯粹是为了让神明保佑开疆拓土顺顺利利，落地生根平平安安。

1852—1854年第二次英缅战争结束后，英国殖民地政府占领沼泽地仰光。英殖民地政府对载重量50吨以下来仰光的帆船有免税优惠政策，促进了帆船贸易一度兴起与繁荣。当时英殖民地政府规划和开发建设仰光吸引了许多闽粤籍移民。在这种条件下，来自四方的移民华族方言群聚集在一起形成了仰光的唐人街。多数粤籍集中居住的地方称为"广东大街"，闽籍方言群大多居住在仰光海滨街华人码头附近。

闽粤籍的先辈们落地生根以后，各自方言群筹款建庙把家乡的神明香火供奉起来，在神明宝诞一起做祭祀和团聚。在仰光唐人区有英殖民地时代建的几座古刹，其中广东观音古庙是广东人建的，庆福宫和福山寺是福建人建的。

大多数闽籍移民做生意谋生，其中出现了仰光华人族群的闽籍精英商人，如邱台根（Khoo Kin）和苏品堂，他们曾经代表仰光市华族担任英殖民地政府处理华民事务的首任参议员（the first councilors representing Chinese community in Rangoon town）。据邱台根后代提供的口述资料：邱台根的哥哥邱福双参与创立马来西亚槟城的龙山堂，而邱台根在仰光领头建庆福宫、福山寺和龙山堂（邱氏宗族寺庙）。邱台根与苏品堂结为亲家，前者的公子邱瑞轩和后者之千金结为夫妻。他们甚至还通过姻亲扩大和跨越其姓氏社交网络。

据仰光市区发展史记载，在1795年仰光百尺路附近地区原来是一片莽草丛生的沼泽，那里就有华人码头。船员休息之处供奉着天上圣母（俗称"妈祖婆")。早期经营海商或舟人往返于中国与海峡殖民地之间,需要等待季节风才能航行,就纷纷在他乡聚落,在仰光海滨街形成舟人的聚集点。为了远航安全,于1861年颍川陈姓等仰光六大姓和来往于仰光与中国、南洋各地海商和舟人筹资建起了仰光福建观音亭。①

当时闽籍六大姓氏堂号(龙山堂、颍川堂、九龙堂、陇西堂、植德堂、芦山堂)联合发起兴建福建观音亭——庆福宫,宫内还设了福建公司(会馆),其目的是掌控当时中国福建沿海、马六甲海峡殖民地与仰光之间的帆船贸易活动,特别是稻米出口生意。

早期仰光闽籍六大姓血缘宗亲组织都有各自崇拜的祖神,如陈姓颍川堂奉祀开漳圣王;杨姓霞阳植德堂奉祀使头公;邱曾二姓龙山堂奉祀大使爷;林姓九龙堂奉祀妈祖天后;苏姓芦山堂奉祀保生大帝;李姓陇西堂奉祀其祖王和三太子爷哪吒,堂内还挂着孔子向李氏先祖老子问礼图,等等。颍川宗族除了祭拜开漳圣王以外,还供奉老虎爷,也与公众民间信仰文化有密切交融。

庆福宫(福建观音亭)公庙主祀妈祖和观音娘娘,还供奉释迦牟尼佛、山西夫子、保生大帝、福德正神、注生娘娘、老虎爷等。信奉者先拜玉皇大帝然后拜诸神。于1875年又联合兴建清水祖师庙福山寺,主祀清水祖师神明。

庆福宫1861年奠基,1864年落成。选邱台根为第一任总理人,有关庙宇所有文件由邱氏私家掌控。直到1894年邱台根过世,其公子作为龙山堂代表于1894年4月8日将本宫所有文件点交给六姓轮值管理。当时除了六姓之外还增加了荥阳堂、宝树堂、四美堂、江夏堂、汝南堂、清河堂等众堂代表与崇季堂代表尤光迎、王和尚和叶锦尚等为总理人。

1894年龙山堂轮值之年,因庆福宫原庙已陈旧,有15家宗亲社团"集同志议修葺":龙山堂、九龙堂、陇西堂、使头公司(植德堂杨氏)、颍川堂(陈)、芦山堂(苏)、荥阳堂(郑)、宝树堂(谢)、敦亲堂(高)、南阳堂(叶)、四美堂(庄)、崇季堂(尤、王、叶)、江夏堂(黄)、汝南堂(周)、清河堂(张)等。公举龙山堂邱瑞轩为董事人,杨天受为副董事人,颍川堂陈耀坤为出纳,龙山堂邱大本为唐山采购材料人。1897年11月6日启土,1899年5月22日兴工。扩建之新庙由木匠许水返所绘制设计图样,其仿照福建海

---

① 1861年兴建仰光福建观音亭(庆福宫)向英殖民地政府讨地人是陈祖吉,董事人陈祖传(也是1868年建德首任二董)(参见1861年立《庆福宫捐缘石碑》,碑文载于《庆福宫百周年庆典特刊》,1961,甲篇第4页、第30页)。

澄县霞阳社大使爷宫之形象。

庆福宫信托部由24姓氏宗亲团体各派一位代表（副理事长级别）组成：九龙堂（林，奉祀）、江夏堂（黄）、沈尤吴兴堂（沈尤）、刘氏公会（刘）、杜氏京兆堂（杜）、清河堂（张）、汾阳堂（郭）、植德堂（杨）、龙山堂（邱曾）、敦亲堂（高）、延陵联合会（吴）、四美堂（庄）、颍川堂（陈）、济阳柯蔡宗亲会（柯蔡）、宝树堂（谢）、汝南堂（周）、陇西堂（李）、南阳堂（叶）、燉煌堂（洪）、太原堂（王）、芦山堂（苏）、荥阳堂（郑）、高阳堂（许）、胡氏安定堂（胡）。

2018年7月颍川堂代表陈金辉被公举为庆福宫信托部的主任，领导闽籍24姓组成的信托部管理庆福宫和福山寺两座古庙的一切事宜，其中包括主持举办庆祝佛节、佛事盛会、神佛安龛，以及华人民间传统节庆（如农历春节、清明节等）。

二、闽南神明——民间文化使者

（一）闽王与开漳圣王

闽王和开漳圣王都是福建一带民间信奉的地域性神祇。例如，前者是供奉在福建省省会福州市鼓楼区庆城路祠堂内的主祀神五代闽国君王审知，后者是奉祀在福建漳州威惠庙的主祀神。

这两种信仰虽处于同一个地域，但从特定的信众看，闽王信徒多数为泉州和福州地区的王氏后裔，而开漳圣王信徒多数为漳籍人陈姓族群，漳州以外地区信仰开漳圣王的人较少，表明这一信仰基于地域关系的祖灵信仰。

《清流县志》曾记载："闽王庙，在嵩口。神姓王，名审知。唐封为忠懿王，梁封为闽王。"[1]被神化为闽王的王审知，五代十国时期闽国开国国王，909年至925年在位。淮南道光州固始（今河南省固始县）人，为王恁之第三子，也是王潮与王审邽之弟。出身贫苦，后在唐末民变期间，与两位兄长一起加入王绪的军队，随之转战福建。后统一福建，建立闽国。王审知注重教育，吸纳中原逃离战乱的人才，又积极发展海外贸易，使福建经济文化得到很大的发展。925年王审知在福州逝世。因三兄弟对福建发展贡献很大，福建人视其为乡土神明供奉，尊称王审知为"开闽尊王""开闽圣王"或"忠惠尊王"，与

---

[1] 林善庆编：《清流县志》（福建地方志丛书），本书记述了800余年清流建制以来的社会历史与自然状况，福建地图出版社，1947。（另可参见：林善庆等编纂：《历代清流县志》，厦门大学出版社，2017。）

两位兄长合称为"开闽三王"。福州市北郊莲花峰下的闽王纪念馆塑有闽王神像。福州闽王祠中,有宋太祖所赐匾额"八闽人祖"。2017年闽王信俗被列为福建省非物质文化遗产,以利于继续传扬闽王精神和信俗文化。

"开漳圣王"是中国历史上实有其人的神明,即陈元光将军(657—711),字廷炬,号龙湖,光州固始人。因为奉旨开发福建漳州,维护大唐统一,建功于国,造福于民,受到历代朝廷的褒封和百姓的尊崇,因此被神格化尊奉为"开漳圣王",百姓也称其为"陈圣王"。开漳圣王具有浓厚的地方集体祖神或陈姓宗族祖先英灵色彩,是跨姓氏、跨省县,甚至跨越国界传播到海外特别是南洋的神明。

17世纪荷兰人以巴达维亚(今印度尼西亚雅加达)为中心主导印度尼西亚、马来西亚、新加坡等海域,甚至通过缅甸与中国陆路商人进行贸易。据马来西亚王琛发博士的考证,当时开漳圣王信仰就已传播到南洋,巴达维亚出现了南洋最早的开漳圣王庙,后来陆续传播到南洋各地。如缅甸仰光的陈姓移民先辈于1846年就已经组织颍川公司奉祀"开漳圣王";新加坡陈姓先辈信仰开漳圣王可能早于保赤宫(主祀开漳圣王)的建庙年份1878年;马来西亚马六甲的青云亭也奉祀"开漳圣王"神明。

(二)中国改革开放的民间文化使者

第一个案例:2017年闽王金身赴缅甸

福州市闽王纪念馆位于福州晋安区新店镇莲花峰闽王王审知陵园旁,占地2000多平方米,由福州市古代建筑设计研究所按庆城路闽王祠(王审知故居)[①]格局设计,分为前后三进。该馆由闽台两地数百位闽王裔孙共同出资400万元人民币建成。该馆通过石制浮雕展示介绍王审知入闽,在福州兴学招贤、兴修水利、发展农桑、扩展海上贸易等一系列功绩。该馆寄托后人慎终追远的无限情怀,缅怀先祖的丰功伟绩。

来自闽台和海外的王氏宗亲都会前来春祭。信俗文化早已延伸至八闽大地,并传播到港澳台以及东南亚、日本等地。2008年至今该馆曾13次护送闽王金身赴台湾各地巡安祈福、安座供奉。

---

① 福州市鼓楼区庆城路的一座闽王祠,主祀五代闽国君王审知。该庙建于五代时期(946年),北宋时(976年)重修,现在的建筑为明代所建,是福州市级文物保护单位。祠堂内有晚唐至明代的碑刻,1961年成为福建省第一批文物保护单位。2017年其信俗被列为福建省非物质文化遗产。

2017年12月23—24日，受缅甸太原堂王氏家族会的邀请，闽王王审知金身从上述福州市闽王纪念馆起驾赴缅甸仰光唐人街巡安会香。1887年原属于与太原堂同一个团体的几个姓氏的堂号：仰光沈尤吴兴堂和旅缅叶氏南阳堂又团结起来协办巡安会香，真是可喜之事，犹如回到从前。本次巡安活动声势浩大，仪仗队长约百米，皆由交流团团员、太原王氏家族、沈尤吴兴堂、叶氏南阳堂等组成。仪仗队全部身着盛装，作古代帝王出巡阵仗。

据缅甸华文报《金凤凰报》报道，巡安路线如下：

"由庆福宫出发又返回原处结束，途中依次经过太原堂、吴兴堂、郭氏汾阳堂、福州三山总乡会、叶氏南阳堂、旅缅福建同乡会等32个仰光闽籍社团。缅甸太原堂王氏家族会理事长王清锦亲自抬轿，与轿夫一起稳步道中。从太原堂开始，每经一处，舞龙舞狮，敬香结彩。仰光各家堂前道路边设供桌香炉，各宗亲名望长辈长老举香而立。如遇设供宗亲，即行三进三退之古礼，将闽王神灵与各宗族神灵相互引荐。"

第二个案例：2018年第七届国际开漳圣王文化节联谊大会

缅甸颍川总堂宗亲们认为"承先启后，继往开来"是报答祖宗恩德的好方法。于是在2016年11月16日由陈大木理事长率团到中国台湾台中地区接受第七届国际开漳圣王文化节联谊大会承办权的旗帜，也是本堂有史以来首次承办国际性会议活动，与国际开漳圣王众信联谊交流，并且与陈氏大宗祠一起塑造了声播四方的良好形象，诸位宗亲及其年青一代在多元文化交融中不仅传承了中华文化中精诚团结的美德，亦用谐和同心的行动报答祖宗恩德。

颍川总堂为首的陈氏宗亲特别是新一代颍川后裔在缅甸将祖先陈元光的开拓精神和中华文化传统发扬光大，族人之间相亲相爱，守望相助，并奉献社会，与当地社会和谐共处。随着缅甸国家走向开放，电信业的发达，年青一代积极地传承开漳文化，继往开来。

缅甸颍川总堂创立于清道光二十六年（1846年），迄今有173年历史。该堂理事长率同人于2016年到台中接下承办"第七届国际开漳圣王文化节联谊大会"的举办权大会会旗，并在2018年12月8—10日在仰光圆满成功地举办了此届大会。联谊大会主题为"传承文化　继往开来"，开漳圣王大会会旗上的对联是"颍川六姓同宗俱仰光先贤开基立业光异域，缅邦众堂族亲深远愿后裔毋忘祖德振家声"。

大会期间，12月9日上午于福山寺隆重举行开漳圣王祭祀大典，来自世界各地的颍川公司和陈氏宗亲团体、仰光及缅属各地的颍川堂宗亲总共有600多人参加此次传统的祖王祭拜仪式。参会者当中，有来自中国福建省漳州地区的10个宫庙的134位代表，其宫庙包括中国漳州市开漳圣王文化联谊会、中国漳州官园威惠庙、漳州市开漳圣王文化联谊会龙海分会、中国福建漳州渡头威惠庙、中国福建漳州新桥威惠庙、中国漳州市龙文区檀林威惠庙、中国漳州市诏安县陈元光纪念馆、中国厦门圆海宫、中国福建厦门和安溪陈氏联谊会和中国福建省惠安南山集团。

来自中国台湾地区的有56人，其中台湾开漳圣王庙团发展协会39人，台湾乌日学田建兴宫17人。台湾开漳圣王庙团发展协会，台中市启兴宫，乌日学田建兴宫，彰邑威惠宫，陈府将军庙，北港昭烈宫的宗亲代表们都出席了这次联谊大会。中国香港陈氏宗亲总会21人，中国澳门陈族联谊会有9人也出席了大会。

来自东南亚各国的宗亲代表有新加坡保赤宫陈泓志理事长率团12人，马来西亚吉隆坡、槟城和柔佛州的陈氏宗亲有40人，印度尼西亚廖内省北干巴鲁市、巴淡和苏甲巫眉市的陈氏宗亲有46人，泰国陈氏宗亲总会有14人，柬埔寨陈氏宗亲总会1人参加联谊大会。

三、深层分析

（一）为什么能促成这两次民间信仰文化交流

能促成这两次民间信仰文化交流，以神明扮演的结缘与民间外交是不可分开的。缅甸华人和祖籍地乡亲都经历过相似的历史背景和命运。缅甸华人在1964年经历缅甸国家的收归国有政策，经济上曾一度遭受重大损失。1967年又一次排华风暴的挑战几乎摧毁了缅甸华人对祖籍的认同心，祖先从中国家乡移植过来的民间信仰和活动都保持低调。中国祖籍地人民信仰也遭受过了"文化大革命"的摧毁，自身的信仰不敢公开。可是人类本性就是"只要人还在，信仰就会在"，因此，两地人民内心深处仍然蕴藏着对民间的闽王和开漳圣王神明之信仰，虽然低调信仰和实践"断层"，但是以神缘作为交流的基础彼此都能相互理解和沟通。

另外，缅华子孙有龙性（指中华性），互联互通达三通。

早期移民华人先辈带着闽南家乡的神明香火袋来缅甸开疆拓土，落地生根累积钱财后就建起庙宇，把这些神祇香火供奉起来。他们的子孙后代认同自己血脉里流淌着龙的精神，继承祖先的民间信仰以及文化。

缅甸独立后，华侨华人经历不同政府的资政和时代的变迁，如1964年收归国有政策和1967年的排华风暴，导致缅甸华人保持低调度过了几十年的沉寂。

虽然缅甸宣布1996年为观光年，可是直至改革开放、经济腾飞的中国龙敲开了孤立的缅甸大门，才使邻国缅甸于2010年加大改革开放的步伐。

随之，居住在缅甸的华人结合再移居他国分布在世界各地的缅华子孙共同捐款，不仅一次次重修扩建这些庙宇，还利用人通（人际关系）、变通（办事手续变通）、信息通（通信网络）这三通达到了自己主动"先走出"缅甸到中国寻根朝拜家乡神明，从中国再"迎回来""神明文化使者"和"民间信仰文化使节团"。例如，2017年12月闽王金身护送团到仰光，安奉在仰光的历史古刹庆福宫前院让众信前来祭拜，甚至举办民间互动巡安宗教活动。又如，2016年"迎来"开漳圣王神旗安奉在颍川总堂两年，于2018年12月举办国际性开漳圣王文化节联谊大会。

（二）缅甸华人为什么认同闽王信仰和开漳圣王信仰

缅甸华人认同闽王和开漳圣王信仰的原因有以下几点：

其一，在家庭和宗族团体，缅甸华人受儒家思想孝文化的影响，有浓厚的祭祖情怀。缅甸太原王氏家族会会所内供奉有子乔公神明和闽王三昆仲。名誉理事长王钦良写的缅甸太原王氏家族会会歌："德馨始祖太子晋，开闽三王裔孙。繁衍金塔宝地，伊江丹伦之旁。金塔遍疆亚洲粮仓珍宝驰誉，油气丰盛我们的第二故乡。梯云南渡披荆斩棘勤俭持家，孕育瑞苗胞波贡献缅甸联邦。弘扬祖德敦亲睦族团结互助，共谋福利我们的宗旨理想，承先启后与时俱进发扬光大。"歌词里表明了王氏族亲及后裔认同自己是"德馨始祖太子晋，开闽三王裔孙"，也明确了该堂的宗旨理想"承先启后与时俱进发扬光大"。王氏宗亲们每年祭拜祖神，当晚也举行联欢晚会让宗亲联谊感情。

缅甸陈氏移民先辈早在1846年仰光未开发之时就组织了颍川公司（现在的陈氏宗亲团体"缅甸颍川总堂"的前身），在其会所供奉开漳圣王祖神，也跟东南亚的陈氏开漳圣王信徒有密切往来，其中也有马六甲土生华人富商陈金声和陈金钟[①]以及四方舟人等。1947年缅甸颍川总堂复办时，章程第一条里就有"本堂定名为开漳圣王宫或称颍川总堂"。缅甸独立后在宗教部注册时使用

[①] 已故陈金声和陈金钟是马六甲土生华人富商，英殖民地时代马六甲海峡与仰光之间海路帆船贸易的佼佼者。他们与仰光闽籍五大姓（含颍川陈氏先辈）共同捐资参与创建庆福宫（参见1863年立的庆福宫碑刻）。陈金声和陈金钟曾捐金"一千两百元"资助新加坡陈氏大宗祠的创建，名列大董事，非常认同海外陈姓族人追奉开漳圣王陈元光将军（现在的保赤宫建于1878年前，主祀开漳圣王）。

缅甸文名称为"Kai Zhang Sheng Ong Buddha—bardar Phaya Kyaung or Eng Chuan Tong"。

中国福建云霄开漳圣王巡安民俗是福建省漳州民俗文化（福建省级非物质文化遗产），据说闽南云霄县陈圣王信众把其信俗融入民俗活动，世代相传。每年农历二月十五开漳圣王诞辰，云霄县的圣王庙都会举办闽南特色的"桃神"或"巡城"民俗活动来纪念当年陈元光将军创建漳州后，常年带兵在闽南各地巡察四境，保障人民安居乐业的恩德。

缅甸颍川总堂原属于漳州陈姓族亲认同这种祖籍地的开漳圣王民俗活动。在庆祝建堂150周年和160周年之际，通过大众聚集形象地在缅甸仰光和曼德勒等大城市再现当年陈圣王巡境，关爱民众、备受拥戴的生动场景，展现了具有多元文化特色的民俗活动，从而扩大信徒群众对开漳圣王信仰的认同。

其二，炮火毁灭不了王氏宗亲认祖归宗的意志力。宗亲会所被"二战"炮火摧毁，王氏族人还是努力一次次重建。太原王氏家族会，简称"太原堂"，1910年组成。先贤供奉王氏始祖子乔公及开闽王审知公三昆仲神像。每年祖王诞辰日举行祭祀仪式及宗亲联欢宴会，中元节和除夕都有集体祭拜，历经30余年的会务活动直到日本侵缅时本堂原拼支坦会址不幸被炮火毁坏。1946年至1956年间筹得巨款，购买现在的会址，只荷坦59号三层楼。1987年重建新佛龛和修饰祖王金身。

其三，渴望寻根祭祖促使缅华人变通方法跨越困难。中国改革开放第一个十年（1978—1988）缅甸华人还是处在低调状态。第二个十年（1989—1999）之际，唤醒了邻国缅甸，虽然缅甸当时处于军政府掌握政权孤立时期，但是改革开放的中国给予了缅甸经济上的支持。这也是缅甸华商起死回生的机遇。缅甸军政府在整顿国家法规时，缅甸华人庙宇和华社都积极响应重新注册取得合法资格。

缅甸军政府资政时期，缅甸华人要持缅甸护照赴中国实在困难，可是渴望祭祖的情怀让他们采取其他变通方法最后还是梦想成真。例如，缅甸王氏太原堂接到上述会议邀请函后，虽动员宗亲报名参加组团，可是，1993年缅甸刚刚实行经济开放，要申请办理一本护照可能需要六七个月，没有护照就无法乘坐飞机赴太原参会。在这种非常时期，有宗长及其他五名宗亲报名。他们决定走陆路经瓦城（曼德勒）、腊戍到木姐边境口岸，办完通行证后通过滇缅边防进入云南省瑞丽，从瑞丽转昆明，然后昆明至四川成都，再转陕西西安，从西安至河北省石家庄市，到了石家庄暂时投宿归国华侨王秋原宗长的妹妹家里，然后与大会主办单位取得联系之后，开会前一天才从石家庄搭火车去太原市。走陆路历经半个月，经过六个省，越过千山万水和重重困难，吃了不少苦才抵达梦寐以求的祖籍地。缅华参会团凭借对祖先的情怀和坚强的意志力渡过重重难关，而且带着捐献款，真让主办单位感动不已。

（三）改革开放后，中国人为何传承民间信仰和信俗

改革开放后，中国人传承民间信仰和信俗，其原因是：

其一，礼与俗的关系。礼（周礼）是大礼，旧指皇帝法规（现指国家政策）；俗是小俗，旧指百姓民众（现指国民或公民）。即国家制度与草民的关系。草民会顺应国家政策。国家政策没有支持民间信仰和宗教的时候，草民就会保持低调。现在国家政策支持时，草民就公开民间信仰。

其二，《中华人民共和国非物质文化遗产法》已由中华人民共和国第十一届全国人民代表大会常务委员会第十九次会议于2011年2月25日通过，自2011年6月1日起施行。民间信仰被国家肯定，王审知信俗和开漳圣王信俗被公布为福建省级非物质文化遗产。[①]其民间信仰受到公众的保护，传承了民间文化。

其三，民间信仰合法化。中国改革开放后，民间信仰复兴与发展。国务院宗教局增设业务四司，正式把民间信仰纳入正规管理。2018年4月国家又发布第二个白皮书保障公民宗教信仰（包括民间信仰）自由。民间信仰公开化实现了民心的相互沟通，而且展开一系列的传承活动。

（四）缅甸华人民间信仰和祖籍福建家乡的民间信仰有差异吗

因为各处在两种不同环境、不同文明背景和不同国家制度。缅甸华人生活在小乘佛教的国度，日常生活中潜移默化受到佛教的影响，宗亲团体或华人庙宇都迎请释迦牟尼佛供奉，因为是缅甸公民表示尊重缅国的宗教，敬拜佛陀是自发的，也崇拜祖先移民当时奉祀的祖籍地的神明。

中国民间信仰，是以自然（天与地）崇拜和祖先崇拜为开端，后世逐渐形成道教作为载体，再包含儒教、汉传佛教以及普通民众对地域性有功的伟人和英雄等人物的崇拜。

神的建庙奉祀。旧时中国民间信仰被误认为封建迷信。"文化大革命"对

[①] 参见《福建省人民政府关于公布第五批省级非物质文化遗产代表性项目名录的通知》，闽政〔2017〕1号，福建省人民政府2017年1月11日（序号：47）；项目类别：民俗；项目名称：王审知信俗（福州、厦门）；申报地区或单位：福州市晋安区，厦门市同安区。

包括宗教和民间信仰在内的中国社会各个方面造成了灾难性的破坏。

1978年中国实行改革开放后,由于民间信仰在中国社会影响广泛,其地位逐渐恢复,在近年受到较多的重视,已成为中国社会不可忽视的宗教力量。中国政府不得不认可其存在的事实,与其禁之不绝,倒不如将之纳入政府的管理系统内。

福建省是全国最早认可民间信仰地位的,该省具有深厚的发展根基。2002年,福建省下发了《关于加强民间信仰活动管理的通知》,明确了对民间信仰活动的管理办法,正式将民间信仰纳入宗教事务部门的管理范围。2005年7月,中国国家宗教事务局增设业务四司,其主要职责是管理民间宗教信仰工作,这意味着党和国家不再笼统地以"封建迷信"来定性,正式认可民间信仰的合法地位。有专门负责四司工作的官员指出:"依照宪法精神要尊重公民个人选择民间信仰的权利。"

如何缩小这种差异呢?就是要进行民间信仰文化"对话"与交流。

结　语

民间的信仰文化交流和互动彼此有影响,并且可以增进民心相互理解和强化友谊。例如,2017年12月成功地举办闽王金身赴缅甸巡安会香活动后,据中新网福州记者报道,应中方的邀请,2018年4月20日缅甸太原王氏家族理事会理事长王清锦第一次率团参加在福州举办的第六届闽王文化旅游节,其间举行了海峡两岸暨海内外宗亲共祭开闽"三王"(王潮、王审邽和王审知三兄弟)大典,新加坡等东南亚国家及海岸两地的嘉宾和王氏宗亲,相聚福州市晋安区新店镇的闽王陵园闽王纪念广场,共祭开闽三王,敬香献花行三鞠躬礼。①

总而言之,改革开放40多年来,中国公民的宗教自由有了保障,民间信仰活动合法化,其活动跨越地域,迈向海外华人社会,以有机"信仰文化对话",达成共享文化空间。民间神明闽王与开漳圣王地域祖神升格扮演了民间外交"文化使者"的角色,促成了缅甸华人与祖籍家乡之间的信仰文化交流,不仅体现了其重要性,而且缩小了中缅两地民间信仰的差异。

---

① 据中新网福州记者2018年4月20日报道,《第六届闽王文化旅游节福州启幕　海内外王氏宗亲共祭闽王》。

缅甸华侨及归侨捐资与云南边疆侨乡教育的变迁
——以盈江县昔马镇为例的研究

许振政[①]

(昆明学院人文学院 云南昆明 650214)

前 言

盈江县昔马镇地处云南西部,是一与缅甸接壤的高寒山区,西、北与缅甸接壤,居民主要以汉族为主,另有傈僳族、景颇族等少数民族。这一地区原属永昌郡辖地,自明朝嘉靖三十九年(1560年)有人居住以来,至今已有450多年的历史。从清朝雍正四年(1726年)至昔马解放前(1950年),历经总约、抚夷、区、乡各时期。新中国成立后,历经乡、区、公社、区、乡、镇各个时期。1996年4月划出所辖那邦村另设那邦镇之前,昔马行政区划名称多次更换,但辖区基本不变。2002年,昔马乡改称"昔马镇"。[②]它是云南省德宏州中唯一和腾冲县、龙陵县、大理市喜洲镇、红河县迤萨镇并称的重点侨乡。[③]

据盈江县年鉴记载:2011—2012学年,昔马镇有学校7所,其中,初级中学1所,"完小"3所,"分小"3所,小学有教学班55个,中学有教学班17个,中学考取普通高中位列全县山区乡镇前列。[④]昔马镇的教育事业是经过晚清私塾教育上百年变迁和发展而来的,与这一地区各个时期重视和热心教育的人士以及

[①] 许振政,福建三明人,昆明学院人文学院教师,历史学博士,讲师,研究方向:东南亚华侨华人史、云南华侨华人与侨乡社会。本文系云南省教育厅科学研究基金项目《"昔马侨乡"贫困归侨困境研究》。

[②] 昔马镇志编纂委员会编:《昔马镇志》,德宏民族出版社,2012,第55页。

[③] 云南省地方志编纂委员会编:《云南省志·侨务志》(卷六十五),云南人民出版社,1992,第63—69页。

[④] 盈江县史志办公室编:《盈江年鉴·2013(卷)》,德宏民族出版社,2013,第93页。

经济、政治、文化的发展和社会变革密不可分。特别是中国改革开放以来，昔马籍的缅甸华侨、归侨或侨商等人士的捐资为此侨乡教育的发展作出了突出的贡献。

一、民国时期至改革开放初期昔马乡教育的状况

据盈江县昔马镇史志记载：元代之前，昔马属永昌郡辖地，是一无人居住的荒原。1560年，崩龙族（按：新中国成立后改称"德昂族"）曾游居昔马阿水山等地，后又迁移往他处。1571年，景颇族从缅北江心坡迁移到昔马。1658年，傈僳族从勐典黑河迁移到昔马茅草坡一带。1669年，汉族李登科、杨和保、祝朋英等从腾冲游猎到昔马，试种稻谷得穗后迁居至此。此后，陆续有其他姓氏汉族及景颇族等迁移到昔马。[①]

至光绪年间，昔马的人户增多，对文化的需求增加，但少有到内地求学者。1899年，昔马李氏宗族建草堂为宗室塾堂，是昔马民众受教育的发端，历时4年后停办。民国时期，昔马抚夷段文洪于1916年从腾冲请人到昔马新月巷办塾堂。此后，在地方抚夷和乡绅的重视和支持下，昔马民众从本地或腾冲聘请塾师开办塾堂。1932年，在原昔马抚夷张有林出面聘人开办的私塾中，除汉族学生外，亦有景颇族和傈僳族接受教育，如景颇族的李文正、李文孝、李文钦，傈僳族的余德才等。[②]其中，蚌林景颇族李文正于1951年被人民政府选送到云南民族学院（按：即今云南民族大学）学习深造。[③]

1936年，昔马区长李文华[④]与原抚夷张有林及乡绅商议于荒地开辟一校址（按：现为昔马中心小学所在地），用地方公款建盖两间草房，合并私塾，聘请莲山籍教师开办新学。教师用方言教学，实行"年薪月职"，即学生报名交费供老师全年薪金，农闲开课为月职，学生曾达百余人。后因有教师吸食鸦片等原因，开办年余后停办。[⑤]

民国时期提倡普及新文化，推行"省立"正规小学，即国家调派公费教师，学生交费，按国家统一的教材办学。1937年，云南省教育厅批示在莲山办

[①] 昔马镇志编纂委员会编：《昔马镇志》，德宏民族出版社，2012，第6—8页。
[②] 同上书，第215—216页。
[③] 同上书，第11页。
[④] 李林祚：《昔马史志》（修订版、打印稿），2017年8月14日，第297—298页。
[⑤] 昔马镇志编纂委员会编：《昔马镇志》，德宏民族出版社，2012，第216—217页。

一所"省小"。昔马区长李文华竭力争取在昔马建立"省小",与乡绅普查本地人户并上报。省教育厅派人到昔马核实,确认该地区待受教育的人数、文化基础及其他人文条件均符合办学要求,遂批准在昔马建立"省小"。1938年,云南省教育厅派韦姓校长(保山人)和教师张履和(剑川人)等到昔马,将原来实行"年薪月职"的小学改称"云南省立莲山昔马小学",推举李文华、张有林为董事长,何自增、王德财为财务管理人员。这一小学的建立满足了昔马各民族接受教育的愿望,学生增至200余人,其中,景颇族和傈僳族学生有10余人。学校自筹设备,扩增校舍,分班开课,设全日制四、二分段的六年学制,即一至四年级为初小,五至六年级为高小。其中,高小开全课,课本分为国语、算术(包括珠算在内)、历史、地理、三民主义、音乐、图画、体育等。董事会成员带头提倡戒吸鸦片,但韦校长不愿戒除且怠惰教育。次年,省教育厅调派李树槐(鹤庆人)为校长,李廷杰(鹤庆人)为教务主任,二人教育有方,严明校纪,密切联系群众,学校学生增至300余人,教师10多人,其中,有两位女教师。学校成立童子军,增设5~6岁儿童随习班,夜办青年文化实习班。女学生开设手工编织课,男学生开设竹编家具类实习课。学生积极参与社会活动,每逢赶集日上街头演讲,开展抗日救国宣传,宣传新思想和废除封建迷信、解缠足等。[①]

1940年,昔马"省小"在河边寨成立分校,盖草堂为校舍,有腾冲人韦清成等4位教师,学生100余人。大寨也建有分校,有教师4人、学生90余人。1942年,日寇南进,内地教师回家,"云南省立莲山昔马小学"历时4年后停办。日本投降后,1945年9月,云南省教育厅派陈崇卫为校长,与田、朱、裴等姓教师到昔马复办"省小"。1949年3月,陈崇卫校长和其他教师因莲山设治局李心和到昔马派收款项而离去。地方民众推举李祖德继任校长。后因昔马民众忙于反贪官污吏、反暴抗虐的斗争,复办的"云南省立莲山昔马小学"历时3年半左右又停办。昔马"省小"前后办学累计7年半左右,培养学生达600余人,自始至终仅有1班高小毕业,第一名何显迹、第二名李祖德、第三名李儒登。[②]其中,李祖德曾被推举为"云南省立莲山昔马小学"校长,李儒登后来担任昔马乡侨联首任主席。

---

① 昔马镇志编纂委员会编:《昔马镇志》,德宏民族出版社,2012,第217页。
② 同上书,第217—218页。

中华人民共和国成立后,党和政府重视教育事业。1951年,派出校长尹培川及其他教师等到昔马办学,将"云南省立莲山昔马小学"改为"莲山小学",政府工作队的江冰(军人)为政治助理校长。1951年10月,政务院规定小学修业年限为五年一贯制,但昔马仍按四、二分段六年制全日制办学,使用国家统一的教材,编班为一至六班,五、六年级的学生多为原"省小"学生(年纪在15~19岁),全校共有学生400余人。1953年,昔马"莲山小学"改为"昔马小学"。1955年,国家调入"昔马小学"任教的教师达22人。学校开始教授新拼音,教授普通话,教学质量得到空前的提高,学生达500余人。同时,学校派教师到各村庄辅导夜校,受教青年增多,使自然村具备设立分校条件。自1957年起,"昔马小学"改称"昔马中心小学"。[1]

1960年,全国掀起大办半工半读学校的高潮。1960年3月,昔马教师王兴尧带领高小和小学毕业生择地盖土基墙草房,办起"工读"班,分早晚上文化课,多为农技类课程。在营盘坡小学,还成立了农业初中班。后因国家经济政策调整,工读班和农业班招生困难,经区委决定而停办。[2]

1965年,昔马各村社掀起办耕读小学的热潮,箐河寨、新月巷、古永寨三个村社办起农村业余扫盲班、早脱班。后来,唯有箐河小学办学延续下去。1968年,驻箐河社的部队小分队迁移到箐河寨北郊建营房后,箐河社将社管会迁入原小分队所住的房屋,箐河小学也来社房上课。1971年冬,小分队撤离,箐河小学又迁入营房办学,并正式定名为保边大队全日制"保边小学"。开始只有1个教学班,后增至3个班,学生近百人,教师2~4人。1953年,"昔马小学"教师队伍调换办分校,黄伞坡小学得以建立,教师一人办学到三年级,四至六年级到"昔马小学"就读。"大跃进"期间,黄伞坡小学停办,1962年复办,校址几度迁移,到1966年才稳定下来。到1979年,因为教师增多,黄伞坡小学开始成为"完小"。[3]

新中国成立后,昔马地区除上述汉族聚居的村社开办学校外,人民政府也重视云南边疆少数民族教育。1952年,政府在蚌林傈僳族聚居的大寨创办昔马第二所完全小学(分校),取名"蚌林小学"。1955年5月,政府将学校迁到蚌林景颇族寨,改为"昔马团结小学",成为当地首个以双语、双文教学的全日

---

[1] 李林祚:《昔马史志》(修订版,打印稿),2017年8月14日,第224—225页。
[2] 同上书,第225页。
[3] 同上书,第228—229页。

制、半寄宿的完全小学。1965年,"勒排小学"创办,此前自1953年起昔马的黄伞坡、蚌林、黄莲河、营盘坡等村社都正式开办全日制分校。因此,1965年的昔马除"昔马中心小学"外,分设5所分校。因各村社办起"社办小学","昔马团结小学"复称"蚌林小学"。"昔马团结小学"是昔马培养各少数民族干部的母校,为本乡少数民族干部的选拔培育奠定了良好的文化基础。①

昔马创办中学的历史始于1970年。当年由郑维伦、尚兴禹老师为主导,在箐河寨北郊原部队小分队营房办初中班。初始只有一个班,学生24人,半年后因学校环境不适合而迁到"昔马中心小学"办学,称"附设初中班"。后县教育局调派本科学历的段朝光到昔马任教,增收初中3个班,学生96人,中小学教师和领导班子为同一套。因中学办学质量逐渐提高,1983年9月定名"昔马中学",学生增至204人。1985年3月,昔马中小学正式分设,中学迁到原部队营房开办,教师15人,其中,多数教师具有大专学历,郑维伦正式成为昔马中学校长。每年招收新生两个班,学生达300余人。②

由上述可见,昔马作为云南边疆地区,自1669年有汉族人户居住起,230年后才有汉族为本宗室子弟教育而开设的私塾。1936年以前,昔马教育为私塾教育阶段。民国后期昔马的"新学"教育因时局变化的影响,未能正常和长期办学。新中国成立后,昔马开始真正普及为广大民众和各民族服务的正规小学教育。经过15年左右的办学,昔马的中学教育虽得以独立分设,但因国家正处于改革开放初期,政府财力有限,昔马中学的教学环境和设施简陋,并没有专门为办学而建立的校舍和教学楼。

二、昔马乡民向缅甸的迁移与回流及侨乡社会的形成

昔马自1571年有景颇族迁居以来,特别是汉族于1669年迁入后至1942年前,人户不断增加。据1938年昔马申办"省立小学"的人口统计:有傈僳族191户984人,景颇族154户788人,汉族692户4152人,共计1037户5924人。1942年2月起,因日寇侵入缅甸后曾多次侵扰昔马,昔马民众大批离开家园而向四面山冈躲避,部分人家在抗战胜利后不再返回原家园。③

据笔者走访和史志记载:在1942年之前,除景颇族、傈僳族有部分人户在

---

① 李林祚:《昔马史志》(修订版,打印稿),2017年8月14日,第230—232页。
② 同上书,第232页。
③ 同上书,第57—59页。

迁徙过程中移居到缅甸外，此地虽有汉族乡民前往缅甸赶马帮谋生、经商，但基本未闻在缅甸定居的情形。因此，此前这一地区的人户主要以迁入为主，抗战后期及此后一段时期以迁到缅甸为主（亦有回流者），主要有如下几次迁移。

昔马乡民第一批较大规模迁往缅甸发生于1946年，当时迁往缅甸纳婆、昔马拱分别有30户和10户，约220人，部分人家不再返回昔马。第二批迁居缅甸发生于1950年昔马解放前后，共迁出约50户280多人，其中，一部分人因反对苛征的动荡局势而迁出，另一部分人是因担心形势对自身不利。第三批迁往缅甸主要发生于1958年。受各种因素影响，昔马民众无论是汉族，还是少数民族，皆闻风而动，像云南边疆其他地区民众一样卷入"外逃"①之风。各村寨都有不少人迁去缅甸，有的村寨（如傈僳族的村寨）走得精光。这期间共迁出600多户，其中，"半出户"②有150多户，外出户占昔马总户数的60%以上。数年后，这批外出乡民约有150户返乡。因此，第三批迁居缅甸的昔马人约450户2000多人。③

在上述三次昔马乡民外迁潮流中，除第三批迁移入缅有不少原居昔马的景颇族和傈僳族外，第一批和第二批外迁者主要是昔马汉族乡民。初始外迁的汉族聚居地主要是缅北的纳婆、花椒河，也有辗转到缅北密支那、帕敢、火奔等地者。

1964—1965年，受缅甸三岔口以昔马人为首、反共的土匪的祸害，以及这股土匪窜到缅甸南散坝制造"木如坎事件"④的影响，加上1962—1963年兴起的"克钦独立军"（亦称"山兵"）和缅甸政府军频繁发生战事，不少外迁入缅的昔马汉族乡民重返昔马，为数约有150户，多数为半出户。他们返回后基本得到落户而重新成为社员。⑤

"文革"期间，昔马频受各种运动冲击，主要是汉族受影响，傈僳族和景颇族受影响较少。例如，1968—1970年"文革"进入"清理阶级队伍运动"和"一打三反运动"阶段，部分昔马乡民被列为清理和打击对象，引起社会波动，外迁约20户（改革开放后，政府落实政策，多数返回家园）。⑥自1970

---

① 何明：《开放、和谐与族群跨国互动——以中国西南与东南亚国家边民跨国流动为中心的讨论》，《广西民族大学学报》（哲学社会科学版）2012年第1期。
② 许振政：《缅甸归侨、侨眷李林祚访谈记录》，2015年8月5日采访于盈江县城。
③ 李林祚：《昔马史志》（修订版，打印稿），2017年8月14日，第57—58页。
④ 同上书，第209页。
⑤⑥ 同上书，第57页。

年6月起，昔马作为盈江县的试点，开展一年多的"政治边防运动"（简称"政边"运动），搞刑讯逼供，挖出许多所谓的"特务组织"和"美蒋特务分子"，被吊打致死者多人，致残者数十人。①

有受访者告诉笔者，昔马有二三百人在"政边"运动时被定为特务，有的被送去"劳改"，后来都得到平反。因缺少安全感，一些受迫害的家庭或怕受牵连的乡民在运动之中或之后逃往缅甸，有的在国内落实平反后及时归来，有的直到大规模战乱才归来。

总的来说，1946—1987年缅北战乱前，昔马乡民主要以外迁到缅甸为主，有些人是"文革"结束后才去的缅甸。因中缅两国各自形势都曾不稳定，昔马乡民除一部分人在伊洛瓦底江西部坝区住下外，不少人择居于伊洛瓦底江东部距离家乡不远的缅北地区，这些昔马乡民有的经常在侨居地和祖籍地之间往返。②

1987年5月，缅甸奈温政府对"克钦独立军"发动大规模的军事围剿。受此战乱影响，缅北山区来自中国的边民除暂时就地躲藏到山林避祸，以及逃往缅甸其他地区外，许多人选择逃回中国。几天之内有数千人通过昔马进入中国境内，原籍属昔马的约200户，达一二千人。当时昔马乡政府临时将他们安置在营盘坡至岔河一带。数个月后，原籍为昔马的多数回流乡民在临时管制撤除后到昔马各村寨投靠亲友，或回自己祖籍地老宅居住。初始，另有六七十户因老宅房屋年久破败倒塌，或被亲属占去使用等因素，因而在岔河沿公路两侧方圆一公里左右搭建茅草屋暂居下来。

中国改革开放后，特别是自1989年起，昔马掀起上缅甸玉石场（简称"上场"，主要是前往缅甸帕敢玉石场）的热潮。当时昔马乡民无论是汉族，或是傈僳族、景颇族，还是男女老少（主要以青壮年男子为主），先后有数千人"上场"。他们当中主要以有户籍的汉族乡民为主，也有部分"上场"者为1987年因缅北战乱而回流的缺失中国户籍的原昔马乡民。这一"上场热"在20世纪90年代中期前持续高涨，20世纪90年代后期逐渐消退。"上场热"期间，人心向外。

例如，有受访的乡民、侨眷称，1974—1975年出生的昔马青壮年多数"上

---

① 李林祚：《昔马史志》（修订版，打印稿），2017年8月14日，第174页。
② 许振政：《缅甸归侨、侨眷李林祚访谈记录》，2016年9月9日采访于盈江昔马镇，记录于许振政：《云南侨乡研究（调研）资料》（第3册），第98—100页。

场"去了,(有的寨子办)白事都没人抬(棺材)。当时昔马社会上有这样的说法,即"不到玉石场,不是昔马人"。①

正因为在不同时期出国谋生或定居的乡民众多,昔马乡成为盈江县乡镇之中华侨、归侨、侨眷最多的地方,也是德宏州内所有乡镇中无可相比的侨乡。②1987年2月7日昔马乡成立"昔马华侨联谊会",推选缅甸归侨李儒登为第一届侨联主席。同年,昔马乡统计国内公民数为9371人,共有侨务对象11396人。其中,华侨和港澳同胞8244人(就分布地区而言,多数寄居于缅甸,同时分散在泰国、日本、韩国、澳大利亚、斐济、美国等国家,共有侨胞7592人,另有在香港、台湾的同胞652人;就民族成分而言,汉族7501人、景颇族303人、傈僳族440人),归侨1020人(汉族914人、景颇族52人、傈僳族54人),侨眷2132人(汉族1854人、景颇族93人、傈僳族185人)。③

经昔马乡党委、政府和侨联联名申请,为促进昔马经济社会的发展,1990年11月9日德宏州政府同意其命名为"昔马侨乡",希望其成为名副其实的社会主义新侨乡。④2002年1月,昔马乡撤乡设镇。

三、缅甸华侨及归侨捐资对改革开放后昔马乡教育的贡献

昔马地处高寒山区,雨量大、雨季长、霜期长、日照短,这些自然气候条件不利于农作,致使乡民耕不足食,又因别无产出,人稠地枯后势必有外出谋生者。但是,在昔马早期的历史中,少有外出缅甸赶马帮或经商者成为巨富。在改革开放早期之前,昔马乡没有为文教事业而作捐资的情形,仅有少数致富的个人乐于捐资为家乡社会公益如修桥、铺路、建造饮水设施等作一些贡献。

据《昔马史志》记载,道光年间(1821—1850),昔马大寨人简以成赶马经商,在昔马蛮赛河中游建造木板桥一座,取名"老简桥"。同样是昔马大寨人的王正坤在缅甸玉石场发财后,将"老简桥"改建为石板桥,后被称为"老板桥",该桥于1984年被洪水冲垮。缅甸华侨、昔马籍侨商寸待助于1986年捐

---

① 许振政:《缅甸侨眷QQ访谈记录》,2015年9月5日采访于盈江昔马镇,记录于许振政:《云南侨乡研究(调研)资料》(第2册),第148页。
② 盈江县归国华侨联合会:《盈江县昔马华侨中学教学楼落成》,《侨联动态》(第二期),1990年9月16日。
③ 李林祚:《昔马史志》(修订版,打印稿),2017年8月14日,第216页。
④ 同上书,第217—218页。

资于黄莲河建造石拱桥，取名"思乡桥"。1988年，缅甸华侨、昔马籍侨商张景松捐资于山梁子河建造一石拱桥，取名"永胜桥"。①此外，1960年寸守福捐资400元修建了黄莲河的"寸家井"。②

改革开放后，昔马籍的缅甸华侨及归侨开始捐资于昔马乡教育事业源于盈江县政府和昔马乡政府对昔马乡教育事业发展的重视，以及"昔马中学"发展的迫切需要。1985年"昔马中学"搬离"昔马中心小学"后，虽暂时解决了校舍的困难，但部队营房作为学校很不适合，学校采取一系列措施仍不能从根本上解决办学困难的问题。为把学校办得更好，多让一部分小学毕业生升入初中，昔马乡党委、政府认为新建一所中学非常必要，而且应该尽快解决。为此，乡党委、政府和教育主管部门多次召开联席会议研究建校资金筹集、校址选定规划等问题，于1986年9月成立昔马中学筹建领导小组。为便于更广泛动员群众和国内外侨商、侨眷及热心教育的各界人士，又将领导小组扩大为中学董事会，在乡政府设立办事处。发出告全乡人民书，同时写报告向各有关部门反映情况以求得支持和帮助，并通过侨眷和境内侨商与"昔马旅缅华侨联系会"联系，通过他们做爱国侨胞、侨商的工作，还积极做校址的选定、规划和动员群众搬迁。③

昔马乡侨联组织成立后，为推动新建"昔马中学"，侨联主席李儒登等热心宣传鼓动，一些热心家乡社会公益的缅甸华侨、归侨和侨商亦努力推动。自1987年起，在乡党委、政府及县侨联的指导下，昔马侨联与昔马籍的缅甸华侨、归侨和侨眷等进行广泛接触，以书信和其他方式对外联系，利用传统佳节召开座谈会共45次，参与的侨胞达586人次。通过话家常、叙往事，宣传党的方针政策，如"一视同仁，不得歧视，根据特点，适当照顾"的原则，广泛开展改革开放政策和侨务政策的宣传工作。④1987年春，针对昔马人形成居住在国内外的人口相差不多、旅缅华侨华人不得办华文学校、侨商在祖国改革开放中回国经商等问题，在寸待助捐资建筑的"思乡桥"的庆典会上，李儒登谈到昔马乡的教育事业，认为"学校立则教育兴，教育兴则民智开"，倡议兴办"昔马

---

① 李林祚：《昔马史志》（修订版，打印稿），2017年8月14日，第8—21页。
② 中共昔马镇委员会、昔马镇人民政府编：《恩泽千秋：昔马侨乡捐资纪念册》（非正式出版），第28页。
③ 同上书，第9页。
④ 李林祚：《昔马史志》（修订版，打印稿），2017年8月14日，第216页。

华侨中学",与会人士就此达成共识。①

　　昔马籍的缅甸归侨、侨商多数经营玉石生意,且多数云集于盈江县城。以缅甸华侨左显仁为代表的侨商,为联络昔马籍的商界人士为家乡的经济建设和文化教育事业的发展而热心奔忙。因此,经商的昔马籍华侨、归侨开始不仅为家乡捐资修桥、铺路,而且准备捐资帮助推动家乡教育事业的发展,准备捐资赞助建设"昔马中学"。②

　　1987年3月16日,由昔马乡的县政协委员联络小组向县政协提出"在昔马创办一所华侨中学"的议案,建校资金来源计划:一是请政府支持主要部分;二是依靠侨胞捐资;三是昔马民众和在外地工作的人员赞助。不久,此提案获通过。1988年3月19日,昔马华侨中学董事会成立,由21人组成,其中,昔马籍缅甸华侨2人,后董事会成员扩增为24人,确定校址在瓦窑坡及处理各项事宜。1989年9月9日,盈江政府批复:"同意新建三层楼全框架混合结构教学楼一栋,投资33.8万元,资金由省教育局下拨县教育局的经费中拨款15万元,省侨办补助4万元,华侨捐资5.67万元,其余由民众和干部职工等筹集。"教学大楼于1989年9月28日动工,至1990年8月20日竣工。1990年9月4日,昔马乡隆重举行庆典,原"昔马中学"正式更名为"昔马华侨中学"。这一中学教学大楼实际造价为47万元,从选择校址到建筑教学大楼,多方拼凑资金达60多万元,是社会各界人士共同捐资的结果。新建的"昔马华侨中学"除国家拨款为主建设教学大楼外,1991年华侨张景儒捐资20万元建设教师住房21套,1991年华侨余本祥、余本正兄弟捐资10万元建筑石挡墙、围墙,1995年以华侨李继成捐资23万元为主建筑三层钢混结构实验楼一栋(定名为"继成实验楼"),1996年华侨余本林捐资10万元建设学生宿舍和伙食堂及其他附属设备,2003年归侨杨生贤捐资3万元建筑篮球场、排球场。此外,县教育局教委拨款和当地筹款共9万元,为学校配备物理、化学、生物等实验教学仪器。学校设有计算机室,配有30台计算机。新建后的"昔马华侨中学"教学设施质量明显提高,实验教学走向标准化、规范化和制度化。③

---

① 李林祚:《昔马史志》(修订版,打印稿),2017年8月14日,第233页。
② 同上书,第216—217页。
③ 参见李林祚:《昔马史志》(修订版,打印稿),2017年8月14日,第233页;中共昔马镇委员会、昔马镇人民政府编:《恩泽千秋:昔马侨乡捐资纪念册》(非正式出版),第23—31页。

在"昔马华侨中学"校园内一面石刻的"捐资光荣榜"上，刻录了1986年至2005年对该校作出捐资贡献的个人和单位，他们或为缅甸华侨、归侨、侨眷和侨商老板，或为普通的昔马乡民或在昔马工作的公职人员等，或为企业单位及员工，他们所捐资的数额有几百元、上千元、数万元、数十万元不等。其中，2005年的捐资是为了改善学校教师住房条件，多为以本镇村社小组为名义的捐资，个人为此捐资数额较大的情形在1000元至1万元，如捐资1万元的有杨登维、屈绍集、何成孝，捐资3000元的有施正助、何成相、杨林树等。①

上述"捐资光荣榜"刻录的捐资数额较大的个人多为往返于缅甸与中国之间的昔马籍侨商，他们一般具有多重的社会身份，或为缅甸华侨、侨商，或作为归侨而投资、经商于国内。正是这些缅甸华侨、归侨，还有昔马乡社会各界和上级政府部门共同改变了"昔马中学"独立分设办学初期教学环境和教学条件不适、教学设施简陋的历史，推动昔马乡中学教育向正规化办学方向的发展。从此，"昔马华侨中学"初具规模，为昔马的"普九"打下了坚实的物质基础。②

自2001年起，"昔马华侨中学"连续5年被县委、县政府、县教育局评为"先进单位"，名列全县中学中考前茅，获县级奖励50人次，州级奖励2人次。③

昔马籍缅甸华侨、归侨和侨商对昔马乡小学教育事业的捐资和赞助突出表现为"昔马保边华侨兴华小学"的建设。由箐河小学演变而来的"保边小学"最初只是在部队撤离后的营房办学，随着教学班级和学生人数的增加，特别是到了20世纪90年代初期，"保边小学"的教室和住房因为年久失修而成为危房。为此，在1993—1995年，缅甸华侨、侨商左显仁（按：昔马保边村古永寨人）为该校另择校址新建，以其个人为主的捐资从50万元增至72万元，后又增至84万元。此外，1996年缅甸华侨、侨商左太助捐资1.2万元修建篮球场，2002年缅甸华侨（侨商）杨登维捐资1万元、学校社区筹资合计20余万元投入建设教师宿舍等。新择校址而建的"保边小学"共投资106万余元，占用的土地为社区农民贡献的承包责任田。为褒扬左显仁对昔马教育事业的贡献，经云南省人民政府和德宏州人民政府批准，将"保边小学"冠名为"昔马保边华侨兴华小

---

① 许振政：《云南侨乡研究（调研）资料》（第1册），2013年8月17日摘记，第10—15页。
② 中共昔马镇委员会、昔马镇人民政府编：《恩泽千秋：昔马侨乡捐资纪念册》（非正式出版），第9页。
③ 李林祚：《昔马史志》（修订版，打印稿），2017年8月14日，第234页。

学"。为此，左显仁被授予该校名誉校长的头衔。①"兴华"二字取自左显仁经营的商号"兴华玉器有限责任公司"，左显仁为该公司的总经理。2002年，云南省人民政府侨务办公室为表彰左显仁对云南教育事业的贡献，授予他"侨爱之星"的荣誉称号。②

自2004年起，"昔马保边华侨兴华小学"成为昔马镇三所完全小学之一，昔马的营尖小学和勒排小学三至六年级并入该校。2004年该校获昔马镇党委、政府授予的"先进集体"称号，2005年被昔马镇评为"云岭先锋"工程安全文明校园。③

在缅甸华侨、归侨、侨眷、侨商和国内社会各界捐资帮助新建"昔马华侨中学""昔马保边华侨兴华小学"的社会风气影响下，昔马地区的其他小学也在不同时期得到缅甸华侨、归侨、侨商和社会各界人士的捐资。

中华人民共和国成立后，昔马最先设立的小学由"云南省立莲山昔马小学"更名为"莲山小学"，之后更名为"昔马小学"及"昔马中心小学"。在历届党委和政府关照下，该校建设以国家拨款为主，也有不少爱国爱乡的华侨及该校毕业生和在校生为母校的建设而捐资。如1990年，缅甸华侨、侨商张景儒捐资2万元为母校"昔马中心小学"建筑一间钢混结构的图书室。1994年，"昔马中心小学"改名为"昔马华侨中心小学"。1998年，该校通过省、州"普六"的验收，是昔马乡三所重点"完小"之一，后曾发展成为盈江县第二大小学，生源来自昔马下辖的三个行政村的28个村寨。2001年被评为县级"文明学校"，2002年通过省、州"实验教学普及"的验收。2004年，将栗树园的全体学生和黄莲河小学的三年级至六年级及昔马镇直属机关单位的适龄少年并入该校。④2005年12月28日开工、2006年11月28日竣工的"昔马华侨中心小学"教学楼工程投资68万元，其中，上级部门拨款57万元，昔马镇党委筹资3万元，海内外侨胞、校区社区干部群众、单位干部职工及校友共捐资8万元。

黄伞坡小学的办学除国家拨款、学校自筹资金外，曾得到社会各界赞助24

---

① 参见李林祚：《昔马史志》（修订版，打印稿），2017年8月14日，第228页；中共昔马镇委员会、昔马镇人民政府编：《恩泽千秋：昔马侨乡捐资纪念册》（非正式出版），第29页。
② 中共昔马镇委员会、昔马镇人民政府编：《恩泽千秋：昔马侨乡捐资纪念册》（非正式出版），第22页。
③ 李林祚：《昔马史志》（修订版，打印稿），2017年8月14日，第228—229页。
④ 同上书，第225—226页。

万元。学校的大门和围墙是缅甸华侨李仕福捐资2万元、李林耀捐资0.5万元共建的。为适应"普六"教育，2004年黄伞坡小学成为昔马镇三所重点"完小"之一，将红木树小学并入，蚌林小学三年级至六年级也并入此校，学校正式定名为"昔马黄伞坡小学"。①

黄莲河小学方面：1989年，寸待助捐资16万元重建黄莲河小学钢混结构二层楼一栋及其他附属建筑，尤仲财捐资0.8万元新建学校大门，杨光航捐资0.75万元建筑学校围墙。营尖小学方面：1991年，左林珠捐资1万元、杨明相捐资5000元、谷怀忠捐资5000元、杨发邦捐资500元、申光成和董保能等8人捐资600元共建校舍；1996年，杨登孝捐资5000元修建学校校门。勒排小学方面：2003年，康永文为纪念母校捐资3.5万元重建教室。②

需要特别提及的是，改革开放后，在昔马籍缅甸华侨、归侨和侨商捐资支持家乡教育事业的社会风气中，捐资帮助学校建设者众，但少有华侨、归侨、侨商等个人捐资帮助学生个人的升学或求学等情形。有资料记载的仅有的事例如下：

2003年，由中共昔马镇委员会、昔马镇人民政府编撰的《恩泽千秋：昔马侨乡捐资纪念册》收录了一份1997年11月9日盖有"盈江县昔马乡教育组"公章的由缅甸华侨、归侨、侨商余本林（按：此册刊印前已去世）捐资给大专学生资金发放的花名册，名册上列了三个汉族男生的名字及他们考取的大学，以及各奖励3000元及家长签领奖金等信息，他们分别为杨玉龙（考取北京林业大学）、张永毕（考取云南省公安专科）、左显浩（考取大理师专），合计发放奖金9000元。③

笔者2013—2017年及2019年通过对昔马侨乡的调查和走访，了解到昔马籍缅甸华侨、归侨或侨商对家乡学校建设的捐资基本结束于2005年，之后少有像以往一样捐资教育事业的情形。

有受访的缅甸归侨称：一方面和现在的昔马籍商人的生意不如20世纪90年代好做有关；另一方面是因为国家比以前富裕了，昔马侨乡学校的建设不用像

---

① 李林祚：《昔马史志》（修订版，打印稿），2017年8月14日，第229页。
② 同上书，第225—232页。
③ 中共昔马镇委员会、昔马镇人民政府编：《恩泽千秋：昔马侨乡捐资纪念册》（非正式出版），2003年，第26页。

当年那样由政府拨款结合群众筹捐，基本为国家财政拨款而建造。①

在记录昔马籍缅甸华侨、归侨或侨商等对家乡修桥、铺路、教育等社会公益进行捐资的《恩泽千秋：昔马侨乡捐资纪念册》中，一方面特别表彰了愿意捐资的侨胞的赤诚之心，称赞他们"爱心捐助，泽被后世""留得满园桃李香"等；另一方面也在纪念册中特别刊印说明"不是每一个有钱人都能做到的"。②

关于"昔马华侨中学"的"捐资光荣榜"为何只刻录到2005年，一位受访的本校教师称：本校此前担任校长的个人其社会关系较广泛。2006年前盈江县地区教育硬件或基础设施的投建因为政府财力不足，需要靠当地筹资一部分加以解决。自2006年起国家对学校建设的投入多，本校校长工作的重心放于教学。另外，因为以往有部分华侨老板的文化素质不高，不理解学校的做法，曾有以捐资为资本算人情账，寻求学校对其个人或亲属的孩子在教育方面进行照顾，这样不利于学校对学生正常的管理和教学，因此，自2006年起学校少有和华侨老板有交涉以寻求捐资。③

虽然华侨或归侨、侨商捐资于昔马教育事业的情形基本终结于2005年，但在近几年间，也有部分热心社会公益的缅甸归侨、侨商以有别于以往的形式捐资赞助家乡的教育事业。例如，在昔马镇团结村的"黄伞坡小学"实施了5～6年的对教师教学成绩突出的奖励，即在小学升初中考试中，如该校学生在本镇的三所"完小"（按：另两所"完小"为"昔马华侨中心小学"及"昔马保边华侨兴华小学"）中成绩排名第一（以学生的平均分来排名和评定），教师（班主任）将得到2000元的奖励，另两所"完小"并无此类措施。在这五六年间，"黄伞坡小学"有3～4次取得排名第一的成绩。实行这样的奖励，是为了本村小学能留住优秀的教师，教出好成绩，更好地培育人才。最初，是由本村热心教育事业的缅甸归侨、侨商李仕福提出的，并由其实施奖励。近些年其生意不如以前，因此改由团结村的公共财务支出款额继续对教学成绩突出的教师进行奖励。④

---

① 许振政：《缅甸归侨、昔马镇团结村支书李林刚访谈记录》，2019年8月25日采访于昔马镇团结村，记录于许振政：《云南侨乡研究（调研）资料》（第3册），第185页。
② 中共昔马镇委员会、昔马镇人民政府编：《恩泽千秋：昔马侨乡捐资纪念册》（非正式出版），2003年，第28—32页。
③ 许振政：《云南侨乡研究（调研）资料》（第2册），第147—151页。
④ 许振政：《云南侨乡研究（调研）资料》（第3册），第185页。

结　语

作为云南边疆社会和地区，昔马文化教育事业的演变和发展历经了晚清时期和民国早期的"私塾"教育阶段，以及民国后期的"新学"教育阶段和新中国成立后的"公学"教育阶段，它和中国的社会变革密不可分。中国改革开放后逐渐奠定的社会环境和经济基础，使这一地区教育开始真正步入迅速发展的时期。

改革开放前，因为经济建设的曲折探索和社会动荡，昔马乡民曾大批迁移到缅甸谋生，在一定程度上奠定了昔马作为侨乡兴起的社会基础。改革开放后，一方面中国经济建设逐渐走入正轨，国家和社会经济日渐繁荣，使政府有更多的财力支持云南边疆地区的教育事业；另一方面改革开放初期也促使具有出国谋生传统的昔马乡民前往缅甸谋生及寻求致富的商机，一些基本是汉族的缅甸华侨或归侨通过在中国或缅甸的经商而率先致富起来，他们在中国政府财力有限的情况下通过捐资这一回馈和服务社会的方式为推动家乡教育事业的发展作出特殊的贡献。因此，昔马乡无论作为侨乡的兴起和发展，还是教育事业在昔马籍缅甸华侨、归侨或侨商和国家社会其他各界的共同推动下获得发展，都是中国改革开放后云南边疆社会变迁和发展的缩影。

论东南亚华侨华人与海洋强国建设

林昆勇[①]　陆咿伊　张海龄

（广西大学海洋学院　广西南宁　530004）

东南亚华侨华人是中国提升自身国际形象和增强政治、经济与文化影响力的一支重要的力量。[②]东南亚华侨华人作为中国与东南亚各国友好关系发展、文化交流、经贸合作的重要桥梁，不仅在提升中国国际形象方面，而且在增强中国国际软实力方面，都发挥着重要的作用。新形势下，"构建海洋命运共同体"成为中国协调处理南海问题的新理念，构成了中国建设海洋强国的指导思想，对中国加快建设海洋强国具有特别显著的意义。海洋强国建设是一项系统性工程，涉及海洋政治、海洋经济、海洋军事、海洋文化、海洋社会等多个领域内容。[③]东南亚华侨华人"认同"中华文化，始终与祖国命运相关联，不仅在历史上对中国革命和社会发展起促进作用，而且在当今仍是中国最重要的海外资源，是海洋强国建设的一支重要力量。

一、从海洋文化研究的视角看东南亚华侨华人与海洋强国的关系

从海洋文化研究的视角来看，东南亚华侨华人不仅象征着一种拼搏向上、开拓进取、开放交流的海洋精神，更承载着中华文化海外传播和中外文化交流的重要媒介。同时，东南亚华侨华人的历史命运与中国海洋强国地位紧密相连。东南亚地区是华侨华人的主要聚居地（见图1）。据统计，2007年，在东南

---

① 林昆勇，广西大学海洋学院副教授，研究方向：华侨华人、海洋文化。
② 宋敏锋：《东南亚华侨华人对中国软实力建构的作用——以"亲诚惠容"理念为视角》，《东南亚纵横》2014年第6期。
③ 宋双双：《论中国的海外移民与海洋强国建设》，博士学位论文，中共中央党校，2014，第2页。

亚的华侨华人总人口数约3348.6万人，约占东南亚总人口的6%，占全世界华侨华人总人数的73.5%。[①]

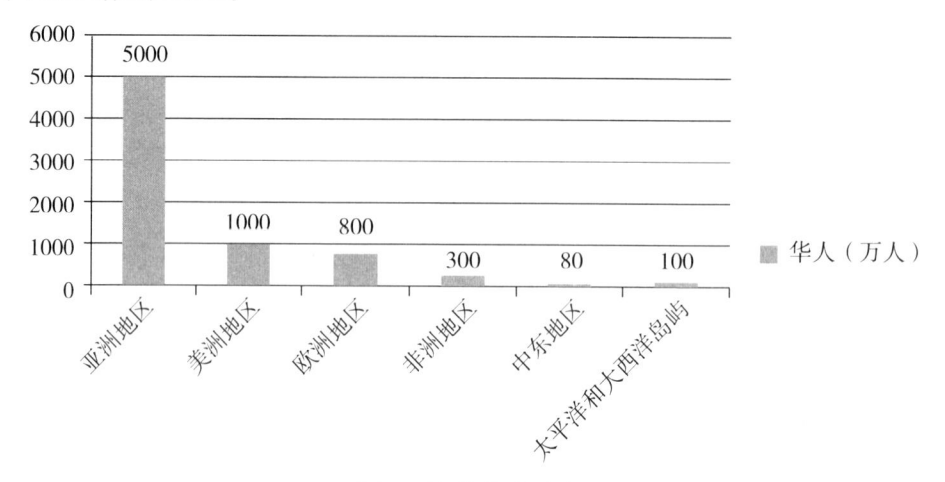

图1 海外华人分布

（一）华侨华人是中国特色海洋精神的传播者

早在汉朝时期，中国先民就开辟了海上丝绸之路，直至罗盘针的诞生，在明朝时期，就创造了"郑和七下西洋"的航海壮举，凭借着质量优良的船只，航行远至红海与非洲东海岸，带去了中国特有的物品和文化，与途经的各国进行商品贸易与文化交流。郑和下西洋，向海外诸国传播了先进的中华文明，也加强了海外各国之间的文化交流。在我国海洋事业长达千年的发展历史中，逐渐形成了具有中国特色的海洋精神，如冒险、开发、包容、重义轻利、礼尚往来等优秀的品格，它们伴随着一代代人传递至今。

"天行健，君子以自强不息"，先侨们自强不息，漂洋过海，敢为人先，在东南亚闯出了一片天地，打下了坚实的生存发展空间，同时积累了丰富的物质财富。抗日战争时期，在中国生死存亡之际，华侨华人们展现出了强烈的爱国主义精神，他们积极参与抗日救国的行动，积极宣传抗日，为抗日前线捐赠物资，为抗日战争作出了巨大的贡献；在新中国成立后，百废俱兴，中国迫切需要人才，许多华侨知识分子毅然返回祖国，参与祖国的建设，其中有为"两弹一星"作出巨大贡献的钱学森、邓稼先等。他们的英雄事迹对当代的海内外中华儿女有着深刻的教育意义和启示。

---

① 邱小鹃：《21世纪海上丝绸之路建设中东南亚华侨华人的作用》，《郑州航空工业管理学院学报》2018年第3期。

（二）华侨华人是中华文化的转播者

中国传统文化伴随着移民者移居东南亚开始"落地生根"，在东南亚，华人与母国在很大程度上是通过文化来联系的，他们在所在国讲汉语、学习中文、过中国传统节日。教育是传统文化传承、传播最有效的方式，教育能让新一代的华人了解中国的历史、文化、现状，对文化的传承具有无法替代的地位。在东南亚各国中，马来西亚是保存华文教育最好的国家。据统计，目前马来西亚有华文小学1294所，华文独立中学60所，华文大专3所，加上改制国民性中学78所，学生总数有80万左右；菲律宾有131所华文学校，在校生在千人以上的就有26所。[①]东南亚华侨华人的文化是多元的，他们世代生活在所在国，深受当地文化的影响，这种文化的交融，极大地促进了中国和东南亚国家的文化交流。东南亚华侨华人通过庆祝春节等中国传统节日、举办文化讲座等方式，也成为弘扬中国文化的主要途径。

（三）华侨华人是中国宗教民俗的传播者

在人类的文明与进展中，宗教信仰是一种历史最为长远、分布最广泛、影响最为深远的社会文化现象，具体表现形式为寺庙、佛像、教堂。中国人一向信奉各种神祇，不但信奉神话传说里的诸神，还信奉古代的儒家圣人、英雄人物等。海洋宗教信仰的发展与传播离不开向海外移民的华人，无论是"普天均雨露，大海静波涛"的妈祖女神，还是"千处祈求千处应，苦海常作度人舟"的南海观世音，这些流传在中国的神话，都在东南亚得到了很大的发展。在泰国曼谷，有七圣妈庙、天后宫，主祀妈祖，洛坤等地建有天后宫、天后庙。在缅甸，创建于1838年的丹老天后宫是缅甸华侨最早建立的庙宇，由当地华侨社团共同管理，后经四次重修，如今已成为缅甸四大古庙之一。[②]

在马来西亚柔佛州的新山，由当地华社举办的古庙游神活动，每年都吸引数十万民众参与其中，盛况空前，2012年马来西亚政府更将其列为国家非物质文化遗产。[③]而这些祭祀活动，也为华侨华人们提供了与当地居民交流沟通的机会，他们可以通过这些活动进行文化之间的交流，增进族群之间的感情；这些周期性的祭祀活动，也能增加华侨们的凝聚力，保持他们的族群意识。

---

① 赵健：《华侨华人：建设21世纪海上丝绸之路的独特力量》，《玉林师范学院学报》2015年第3期。
②③ 邱小鹛：《21世纪海上丝绸之路建设中东南亚华侨华人的作用》，《郑州航空工业管理学院学报》2018年第3期。

二、从海洋经济研究的视角看东南亚华侨华人与海洋强国的关系

从海洋经济研究的视角来看,东南亚华侨华人的发轫与中国沿海城市航海贸易的产生和发展密切相关,并随着"一带一路"倡议纵深推进,中国海外贸易网络的扩大而遍布世界各地。

(一)东南亚华侨华人是海洋经济贸易合作的主要参与者

东南亚华侨华人经过长期的发展,经济基础雄厚,经商人才辈出,据估算,全球华侨企业的总资产约4万亿美元,其中东南亚华侨华人经济总量约为1.1万亿美元,占据全球华侨经济总量超1/4。改革开放以来,国家把对外开放的重点放在华侨华人身上,发挥他们的带头作用,把吸引华侨华人资金纳入经济特区的建设方针。一大批的华人企业家在纺织业、钢铁业、旅游业等领域崛起,甚至在某些国家的一些行业有着举足轻重的地位。以泰国和印度尼西亚为例,据统计,在2000年,华人资本在泰国制造业总资本中大约占90%,纺织业占60%,钢铁业占70%,制糖业占60%,运输业占70%,商业占80%左右;而在印度尼西亚,华人以总人口4%的比例创造了该国经济份额的80%。[①]

华侨华人与中国经济贸易的方式主要分为两种:一种是直接投资,直接引进资金,参与祖国的经济建设。改革开放以来,据估算,2014年,全球华商总资产约5万亿美元,其中,80%集中在亚洲,特别是东南亚地区(见图2)。由此可

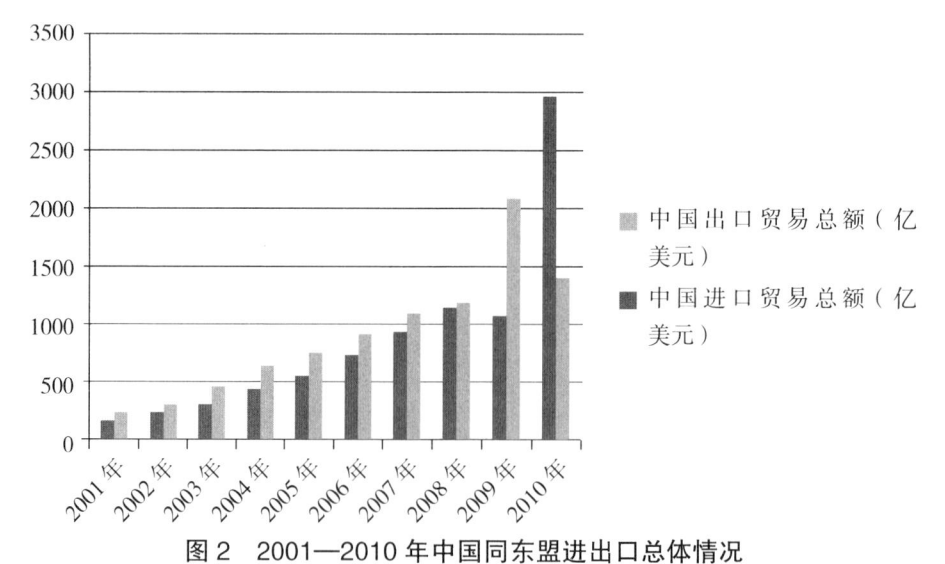

图2　2001—2010年中国同东盟进出口总体情况

[①] 宋敏锋:《东南亚华侨华人对中国软实力建构的作用——以"亲诚惠容"理念为视角》,《东南亚纵横》2014年第6期。

见，华侨华人对中国的经济建设作用是巨大的。另一种是间接投资，他们为中国建设提供技术支持、人才资源，弥补了我国在建设发展中所紧缺的物资。

（二）华侨华人是"21世纪海上丝绸之路"的主要建设者

海上丝绸之路有东海航线和南海航线，东海航线主要前往日本和朝鲜，南海航线主要前往东南亚和印度洋地区。习近平主席在2013年10月出访东盟国家时提出，中国愿同东盟发展好海洋合作伙伴的关系，共同建设"21世纪海上丝绸之路"。"五通"是中国与东南亚国家共建21世纪海上丝绸之路的合作重点。东南亚华商以所在国为基点，以世界各地为市场，形成了一张国际化的经营贸易网，这张贸易网把世界各地的华商联系在一起，创造了更多的商业合作贸易，同时激发了所在国当地居民的创业积极性，吸引了更多的外国企业投资中国市场。21世纪海上丝绸之路想要在各个层面达到互通，首要消除的就是交流上的隔阂，增强尊重互信，在这一方面，华侨华人长期定居在所在国，熟悉当地的语言和文化，同时他们也不同程度地了解中国文化，了解两国之间的文化差异和心理差异，所以他们天然就是中外文化交流的载体，是推动21世纪海上丝绸之路建设不可或缺的力量。

（三）华侨华人是中国沿海城市建设的重要力量——以天津为例

2015年《政府工作报告》指出，要完善"一带一路"合作机制，需要充分发挥海外华侨华人的作用，"以侨为桥"。华侨华人是实现中国梦的特殊力量，他们作为连接世界各地区的天然桥梁，不仅可以增强我国的硬实力，也在很大程度上推动了中国软实力的发展。在华侨华人的助力下，无论是人才资源、资金资本、文化资本都得到了很大的提升，它们极大地推进我国城市现代化建设进程，成为提升城市核心竞争力的关键因素。

从人才资源来看，华侨华人凭借着自身独特的身份，服务天津开展高端人才和项目的政策咨询，凭借着产业发展良好的前景，在天津滨海新区带领团队落户创业，激发了当地创新创业的活力。

从资金资本来看，拥有"京津走廊"的天津，吸引着大量的侨商来此投资，促使天津企业加强了与海外的沟通交流和社会联系。目前已经有先后十几批"一带一路"周边国家的海外侨团赴"侨梦苑"侨商产业聚集区与园区进行交流合作，这种交流与合作必然会转化为城市经济发展的软实力。

从文化资本来看，海外华商企业拥有丰富的文化资本。自2015年以来，天津的文化资源建设迎来了高潮，这一高潮的起点是"侨博会"的举办，该会展以侨商的著名商品为展销,得到了海外华人的积极响应和参与,吸引了东南亚数百家侨商企业参展,这对于天津的文化资源建设是一座里程碑。城市拥有的文化资源越多,最终实现软实力效果的可能性越大,这一会展必将成为天津文化资源软实力建设的标志。

三、从海洋政治研究的视角看东南亚华侨华人与海洋强国的关系

从海洋政治研究的视角来看,对东南亚华侨华人的政策构成了我国海洋战略的重要组成部分,对东南亚华侨华人的关注又成为中华民族捍卫南海领土主权和领海权益的重要依托。随着近百年的发展,东南亚华侨华人经济地位逐步提高,得到了当地政府的认同,华侨华人在其所在地参政议政的机会越来越多。

（一）东南亚华侨华人是政治沟通的有力促进者

政策沟通是"一带一路"建设的重要保障,是沿线各国合作的前提和基础,是政府间友好交流、增进互信、达成共识的重要途径。"二战"后,双重国籍问题得到解决。华侨华人纷纷放弃中国国籍,加入所在国国籍。伴随着东南亚华侨经济实力的不断增强,其参政议政的能力逐渐提升,他们有足够的影响力去改变所在国政府的政治理念,增进所在国对中国的理解和信任。在中国刚提出"一带一路"这一倡议时,国际社会对中国这一倡议充满质疑,许多周边的国家保持着观望的态度。伴随着一些华人商业领袖在"一带一路"中发现机遇,认为这关乎发展中国家的切身利益,并呼吁周边国家政府积极参与到"一带一路"的队伍中来。

（二）东南亚华侨华人有很大的政治影响力——以马来西亚为例

据统计,马来西亚总人口约2800万人,其中华人约有700万人,占马来西亚总人口的24.6%,是马来西亚的第二大族群。马来西亚华人的政治地位虽然远不如当地的马来人,但是仍然比东南亚其他国家高一等。马来西亚前总理马哈蒂尔曾就华人在马来西亚历史进程中的地位与作用给予颂扬,认为马来西亚发展"历史不能没有华人"[1]。现如今,马来西亚华人可以参与议政,并且可以组建自己的执政党,在马来西亚政府中,华人目前所担任的职务最高已达到部长级别,国会议员中,华人议员占了1/3,他们可以帮助引导社会舆论,传递中国正面形象。随着中国的国力不断增强,"中国威胁论"也在国际上流传;除此之

---

[1] 方长平、侯捷:《华侨华人与中国在东南亚的软实力建设》,《东南亚研究》2017年第2期。

外，由于历史的原因，祖国尚未完全统一，"台独"分子借助西方一些黑暗势力，大肆宣传、歪曲、恶意抹黑中国的国际形象。对此，海外华侨华人做出了积极的反击，他们在所在国积极地维护中国权利和形象。

（三）东南亚华侨华人在中国与东南亚国家关系发展中扮演重要角色

近代以来，东南亚华侨华人在中国政治经济变革与社会文化变迁中扮演着极其重要的角色，成为推动中国现代化发展的重要力量。新中国成立后，东南亚华侨华人逐渐成为影响中国外交的重要因素，特别是在华侨华人聚集的东南亚地区，华侨华人凭借着其独特地位及其与中国的广泛联系，在中国与东南亚国家关系发展中扮演着极其重要的角色。一方面，通过华侨华人社会向东南亚国家宣传中国的海洋政治经济变革与海洋社会文化发展，构建和平、友谊、文明的海洋命运共同体新形象，提升中国在南海周边东南亚国家的美誉度、信任度与认同度，从而争取东南亚国家民众对中国建设海洋强国的好感、信任与支持。另一方面，通过加强与东南亚华侨华人华文媒体的交流与合作，向东南亚华社全面、真实、客观地报道中国的发展，并通过东南亚华文媒体与华人社会传播中国海洋文化与中国的构建海洋命运共同体战略。

第二篇
华侨华人与"一带一路"

华侨华人与"一带一路"人文交流：机遇与挑战

陈奕平[①]

（暨南大学国际关系学院华侨华人研究院　广东广州　510632）

自2013年中华人民共和国国家主席习近平提出"一带一路"倡议以来，华侨华人积极参与"一带一路"建设，迎来参与中国发展和自身拓展的重要机遇。海外华侨华人分布世界各地，数量庞大，拥有一定的经济实力、广泛的人际关系以及融通中外的文化优势，在"一带一路"建设，尤其是在人文交流和民心相通等方面能发挥独特且重要的作用，具体体现在中华文化传播、公共外交和中国国家形象建构等方面，但发挥海外华侨华人的作用也面临着一些困难和挑战。

一、华侨华人参与"一带一路"建设的机遇

海外华侨华人与中国互动涉及多种因素，包括住在国政策、华社发展、新时代中国的发展及全球影响等。概论而言，全球经济复苏乏力背景下中国快速发展带来的机会，"一带一路"建设取得的成就，华侨华人寻根意识与"再华化"，以及"中国热"的溢出效应，这些都为华侨华人参与"一带一路"建设提供了重要的机遇。

（一）新时代中国发展与华侨华人的作用

面对当前复杂的国内外形势，党的十九大报告明确提出："实现中国梦离不开和平的国际环境和稳定的国际秩序。必须统筹国内国际两个大局，始终不渝走和平发展道路、奉行互利共赢的开放战略。全方位外交布局深入展开。全面推进中国特色大国外交，形成全方位、多层次、立体化的外交布局，为我国发展营造了良好外部条件。实施共建'一带一路'倡议……倡导构建人类命运

[①] 陈奕平，暨南大学国际关系学院华侨华人研究院教授，研究方向：华侨华人与国际关系、侨务。

共同体，促进全球治理体系变革。我国国际影响力、感召力、塑造力进一步提高，为世界和平与发展作出新的重大贡献。"

"一带一路"建设中需要稳定的安全环境，这就需要了解当地的政治经济形势，也需要与当地政府进行政策沟通和安全合作。华侨华人熟悉当地的形势，有广泛的人脉，是确保"一带一路"项目安全的重要力量。就民心相通而言，文化"走出去"或中华文化传播是文化兴国建设的重要组成部分，也是提高国际影响力、感召力、塑造力的重要方式。这为海外华人社区传承中华文化提供了重大的机遇。

（二）华侨华人寻根意识与"再华化"

当前海外华侨华人的主体是新华侨华人与华裔新生代[1]，约占华社人口的85%。与老华侨相比，新华侨华人与华裔新生代具有不同的特点：第一，文化层次高，专业人士多，实力逐渐增强。华侨华人多数重视教育，子女受教育程度普遍较高。由于教育程度高，新华侨华人成为专业人的比例较高。海外有数以百万计的华人专业人才，高度集中在北美，欧洲和东南亚也有相当数量。2013年，在美国的华人科学家和工程师有445000人，在中国大陆出生的华人有438000人，这些高层次华侨华人在科技、经济领域的影响力正逐渐增强。第二，政治参与意识逐渐增强。第三，祖（籍）国和家乡意识及中华文化认同相对老华侨华人淡薄，注重投资环境和回报，按照市场规律和制度规定办事。

虽然华裔新生代对祖（籍）国和家乡的意识及中华文化认同相对淡薄，甚至面临"失根之忧"，但在国内外一系列因素影响下，其寻根意识在慢慢增强，出现一定程度的"再华化"。公开承认自己的华人族群身份并以这种身份为自豪是华人"再华化"的重要表现。以印度尼西亚为例，2000年的印度尼西亚全国人口普查显示，仅有240万人即全国总人口的1.2%，承认自己的族群身份为华人。而到了2010年，这一比例则增加至3.7%，即880万人承认自己为华人。[2]此外，近年来，菲律宾、泰国的多位政要也公开承认自己的华人身份背

---

[1] 新华侨华人：一是中国改革开放后移居国外并取得永久居留权或加入当地国籍的大陆移民；二是20世纪中期移居国外并取得永久居留权或加入当地国籍的香港、澳门、台湾地区移民。估计近千万人。华裔新生代：长期定居海外的老一代华侨华人和新华侨华人的后代。新华侨华人和华裔新生代约占华社人口的85%。

[2] ［新加坡］刘宏：《中国崛起时代的东南亚华侨华人社会：变迁与挑战》，《东南亚研究》2012年第6期。

景，这与几十年前的状况大为不同。

总体来看，这种对自身华人身份及中华文化认同的回潮受到多方面因素影响。首先，从国际层面看，中国经济的崛起及其在全球范围内影响力的不断提升增强了海外华人的自豪感和自信心。其次，在国家层面，华人居住国日益宽松的政治文化政策为"再华化"创造了良好的社会氛围，而祖籍国中国的发展一定程度上也为华人的生存和发展提供了更多机遇。最后，海外新移民的增加也促进了"再华化"现象的产生。新移民离开祖籍国的时间不久，相较于土生华人，新移民对中国的认同感更强，更倾向于在当地恢复和建构自己熟悉的中华文化，客观上为当地华人重拾或增强华人文化增添了助力。

但是，需要指出的是，"再华化"现象的产生和发展并非均衡性的。不同国家的"再华化"程度不尽相同，甚至有些国家会因担心"再华化"现象，从而采取一些措施抑制这一现象的蔓延。另外，即使是在同一国华人群体内部也有差异，一部分华人出现了"再华化"倾向，还有一部分华人则更加明确了自身的当地认同。这种差异产生与不同国家华人社会自身的特点及住在国政府对这一现象的认知有着密切关系。但总体来看，随着中国的进一步发展，"再华化"现象仍将持续存在，这将为中华文化在海外的传承创造更大的机遇和空间。

（三）"中国热"的溢出效应

伴随着中国的日益崛起和发展，"中国热"也开始在全球范围内持续升温。各国对中国的关注已不再仅仅是高速发展的经济，而是开始逐步扩展到更深的文化领域。从横向看，"中国热"使中华文化加速传播到更多的国家和地区。随着中外相互联系程度的进一步加深，有越来越多的人开始接触和认识中国文化。从纵向看，"中国热"也使得中华文化的传播深度进一步延伸。人们对中华文化的关注不仅仅是器物层面的传统手工艺品、建筑、书法，或者传统的节日习俗，中华文化中更深层次的信仰、道德、哲学、世界观等也日益受到世界的关注。中国的"和谐世界""人类命运共同体"理念在世界舞台上的声音也越来越响亮，中华文化的深层内涵正为越来越多的人所认知。

当前，全球范围内"汉语热"的兴起集中体现了"中国热"所带来的中华文化的溢出。语言是一个民族的重要特征之一，也是认识一国文化的重要窗口。近年来，汉语为越来越多的国家所重视。从2016年起，南非就将汉语作为第二外语纳入国民教育体系；而根据爱尔兰政府公布的2017—2026年外语教学战略，从2022年起，汉语也将成为爱尔兰高考的科目之一。就在不久前的2月

23日，沙特阿拉伯宣布将汉语纳入国内所有教育阶段的课程。此外，俄罗斯计划在2019年全国统一考试（俄罗斯高考）中将汉语正式纳入外语科目选项；肯尼亚也将从2020年起将中文作为外语选修课纳入中小学课堂。据统计，截至目前，全球已有近70个国家和地区，通过颁布法令、政令等形式，将汉语教学纳入国民教育体系。虽然不少国家是出于方便与中国经济往来的目的推广汉语，但学习汉语客观上使汉语所承载的中华文化被越来越多的人了解。更重要的是，通过学习汉语，更多人拥有了进一步了解和认知中国及中华文化的有力工具，中华文化的海外传承力也因此大大加强。海外华人是中华文化传播与传承的重要力量，"中国热"的兴起及中华文化影响力的提升将进一步唤起海外华人传承中华文化的自信心和自豪感。

二、华侨华人参与"一带一路"建设面临的挑战

目前，海外华侨华人已超过6000万人，分布在全球198个国家和地区，其中4000万人分布在"一带一路"沿线国家，其经济实力雄厚，科技实力增强，参政热情益高，华文媒体影响力提升，侨胞社团力量逐步壮大，是"一带一路"建设中的重要力量。统战部副部长、国侨办主任许又声提出侨务工作的"五个服务"：为创新型国家建设服务；为"一带一路"建设服务；为推进中外人文交流服务；为加强公共外交服务；为海外侨胞和归侨侨眷服务。这五个方面实际也是华侨华人在"一带一路"建设中可以发挥作用的领域。

华侨华人参与"一带一路"建设面临很好的机遇，也能够发挥重要的作用[①]，但也面临着一些困难和挑战。

（一）国家间关系、住在国政策和舆论的影响

华侨华人住在国与中国之间关系波动或交恶都会影响对华态度，影响当地华侨华人的生存和发展，也会影响华侨华人参与"一带一路"建设。典型的例子就是20世纪70年代中国—越南关系的恶化，以及印度尼西亚苏哈托执政时期的政策，对华侨华人生存和发展的影响。

当前，一些国家对华侨华人的忠诚仍存疑虑，对华人社团发展及参与中国和平发展仍然有不少限制。比如，美国等西方国家掀起新一轮"中国威胁论"，孔子学院受到波及，当地华侨华人就受到极大的影响。2018年7月30日，

---

① 陈奕平：《华侨华人与"一带一路"软实力建设》，《统一战线学研究》2018年第5期。

美中政策基金会主席、美国国会图书馆中国服务处前主任王冀（Chi Wang）在香港英文媒体《南华早报》发表《随着美国对华恐惧情绪日益严重，华裔人士正面临前所未有冷战》一文，表达对社会怀疑华人忠诚的不满。文章写道：当今美国，与冷战年代麦卡锡主义"相似的氛围正在我们的社会中形成。……恐惧和猜疑不仅限于国会听证会，这种情绪已经蔓延到每个政府部门，甚至美国社会的每个角落。如今，即便中国留学生和美籍华人也已经受到波及"。他说，虽然在美国生活了70多年，退休前为美国政府工作了50年，"我的华裔背景使我变得不再值得美国社会信任，……我发现自己在这个无比熟悉的环境里不再受到欢迎了"，"自从踏上美国的土地以来，我从未有过今天这样的感受"。

（二）"一带一路"建设和中外人文交流存在的问题

"一带一路"建设五年多来取得了令世界瞩目的成绩，但也面临系列挑战，包括：一些国家对中国的战略意图有怀疑；大国博弈，出于地区影响力的竞争，不仅自己排斥"一带一路"倡议，而且设法加以遏制；如何保障中国资金和企业的安全。同时，我们也要注意到，"一带一路"建设，尤其是过剩产能转移对中小华商的影响，以及华侨华人与中国的密切交往可能引发居住国对其忠诚度的怀疑。

在文化"走出去"和"一带一路"人文交流方面，也有值得反思的地方。比如：人文交流的内涵不明确；人文交流在"一带一路"建设中的定位不太清晰；政府相关部门的协调不够；官方色彩较浓，民间角色不够突出；对内话语和对外话语的区别重视不够；合作共赢思维有待加强；人文交流成效评估缺乏；等等。[①]

具体而言，以下几个方面值得重视：

第一，文化"走出去"主体之间的协调需要加强。目前，从中央到地方的文化、新闻出版广电和教育等部门，侨办和侨联等"五侨"机构，涉外文教机构、归侨社团、华侨农（林）场、文化团体与社会组织等，都开展了形式多样、内容丰富的中华文化海外交流与传播活动。部分海外中华文化交流与传播活动存在同质、同类型文化项目竞争，同期展演过于频繁的现象，造成文化资源不必要的浪费与重复，表明国内机构在赴外文化活动的组织、沟通与协调方

[①] 曹云华：《关键是民心相通——关于中国—东南亚人文交流的若干问题》，《对外传播》2016年第5期；庄礼伟：《中国式"人文交流"能否有效实现"民心相通"？》，《东南亚研究》2017年第6期。

面还不够顺畅。如何避免海外文化活动之间的同质化、无序竞争，构建多层次、高效的协作机制是当前亟待解决的问题。

第二，文化"走出去"的客体主要是海外华侨华人，当地主流人群较少。无论是中国影视剧还是文化产品，主要还是华语世界在接受。根据对现有活动的统计，大多数的文化活动传播对象主要是具有一定中华文化基础的华侨华人，对主流人群影响有待提升。同时，即便是华侨华人，受众也主要是成年华侨华人，尤其是新华侨华人，而对华侨华人新生代的文化需求调研不够深入细致，文化交流与传播的实效有待提升。

第三，文化"走出去"的提法容易产生误解。文化"走出去"字面理解是当下将中华文化传播到海外，让人觉得是站在中国角度看问题。其实，中华文化传播到海外已经有2000年历史，汉代即有中国人移民东南亚。世世代代居住在海外的数千万华侨华人早已把中华文化带到当地，并且发扬光大，他们才是在海外传承中华文化的主力。

第四，文化"走出去"存在重场面、轻内涵和影响力的问题。从目前文化交流与传播手段来看，虽然近年出现了不少新颖的交流与传播形式，但总体来讲文艺表演所占比重过大，在参加人员、节目形式与内容、演出地点等方面调整力度不大，尚需进一步补充与开发新的文化交流与传播项目。

第五，部分文化"走出去"项目开展不够完善，授人以口实，成为"妖魔化"中国的噱头。由于中外在文化、宗教、习俗等方面存在某些差异，加上部分国家舆论环境复杂，我国开展的文化交流与传播活动中难免会产生一些误解，容易被当地反华政客和其他政治派别作为借口，在意识形态领域故做文章，从而挑起当地民众对华政策的误解与国际争端。

第六，文化产业的结构有待优化，展现中华文化魅力的带动作用有待加强。虽然中国文化产品近年来出口稳定增长，甚至联合国教科文组织统计研究所（UIS）的报告中称"中国成为文化产品最大出口国"，但实际上，中国多数文化产品还是制造业生产的器物产品，如乐器、录影带、光盘等，甚至在视觉艺术的出口统计里还包括金银珠宝。

（三）华社自身因素的影响[①]

华侨华人在中华文化传承中一直发挥着独特而重要的作用，但我们也要看

[①] 代帆、石沧金、李爱慧、彭伟步和宗世海对本部分撰写也有贡献。

到，华侨华人传承中华文化面临不少挑战：第一，新移民子女和华裔新生代正面临"失根之忧"，文化传承面临"断裂"危机；第二，华人社区组织的完善和协调尚不尽如人意，和谐侨社建设任重道远；第三，华文媒体面临发展的瓶颈，迫切需要解决传播力和影响力问题；第四，华文学校面临专业管理、经费等巨大困难，以及正确处理华语教育和中华文化传承关系的问题；第五，华人社区中华文化传承还面临住在国政策的影响，需要解决如何在多元文化背景下的生存和发展问题，以及祖籍国和祖籍地如何支持华人社区进行中华文化传承。

可以说，华人社区中华文化传承面临文化认同、组织管理、媒体传播、学校教育等方面的挑战。

第一，海外华人的文化认同问题。海外华人是一个结构和文化差异很大的群体，其对"故土""家国"和"文化之根"的认同渐趋多元化，而且随着海外华人认同的本土化，华裔新生代面临"失根之忧"和"身份认同危机"。据研究，海外唯一一个以华人为主体的国家——新加坡，只有27.5%的大学生具有强烈的中华根意识，67.5%的大学生表示中华根意识已不强烈。因此，如何增强海外华人尤其是华裔新生代对祖（籍）国的了解和情感，传承和发扬历经数千年形成的中华文化，使其更好地发挥介绍真实中国、引导国际舆论、塑造中国形象的重要作用，使其成为中国海外友好力量的重要支撑，这已成为中国政府日益重视也亟待解决的问题。

第二，华人社团传承中华文化的组织实施能力问题。作为"华社三宝"之一的华侨华人社团既是中华传统文化的承载者，也是传承发扬中华传统文化的积极推动者。近年来，随着海外华人人数的迅猛增加以及社会经济实力的不断增强，华侨华人社团也越发复杂和多样化，社团在数量、规模和功能等方面均已发生了明显的改变，其国际化和跨国化趋势进一步加强。然而，当前海外华人社团也面临着一系列问题，主要有：①不少传统华人社团成员年龄日益老化，年轻人加入者不多，社团出现会员断层现象，后继乏人；②华人社团内部存在消极的分裂、分化现象，山头主义、帮派现象经常给华人社会带来困扰，影响华人社会的形象与力量；③与早期的传统华人社团相比，目前的华人社团在传承发扬华人传统文化方面的功能似乎有所削弱。因此，如何完善华人社团、机构的组织和机制建设，加强华人社团之间的协调和团结，构建中华文化传承的运作体系，就显得十分急迫和重要。

第三，华文媒体传播中华文化的传播力和影响力问题。华文媒体一直是华人社会传承中华文化的重要工具与平台。在当地主流媒体，尤其是西方媒体和"英语世界"的强势包围下，传统华文传媒面临多媒体冲击、同业竞争、资金短缺、人才匮乏、传播力弱、话语权微等多种挑战，加上经营管理不甚理想，传播方式明显单一，在多数国家的整体生存能力与影响力有待提高。正如国侨办前主任裘援平所说，传统华文传媒到了"革新图存的重要关口"。而新媒体的动员能力也较薄弱，很难担负影响当地主流媒体和主流社会的舆论的重任。因此，当前迫切需要解决华文媒体革新图存的问题，在此基础上探讨华文媒体在中华文化传播中的作用、路径、机制及传播力和影响力问题。

第四，华文学校如何通过华文教育提升文化传承质量的问题。华文学校是海外华侨华人社会的重要支柱，华文教育被称为一项"留根"和"护根"工程，不仅有助于海外华侨华人持久保持自身的民族特性，增强华侨华人社会的凝聚力，还有利于中华文化在海外的弘扬。但目前华文学校由于管理问题、经费问题以及专业水平问题，在教学质量、效率方面仍然需要改善，这是传承中华文化的前提和基础。同时，住在国语言教育政策以及中国侨务部门和教育部门等的政策措施对华文教育影响很大。

三、对策建议

（一）合作共赢思维：华侨华人参与"一带一路"建设的原则

现实主义权力观强调竞争性和排他性，追求相对收益，即使欧美软实力理论也倾向从竞争性视角看待中国软实力的建构与运用，"大部分都持一种零和观点，以消极而非积极的心态看待中国软实力的发展"，"着眼点还是为提醒西方政府如何应对中国软实力上升可能带来的问题以及西方政府的应对之策"。

海外侨胞在居住国的表现力、影响力是祖（籍）国感召力和影响力的重要一环，是促进民心相通的基础之一，但要发挥海外侨胞的作用，我们认为还要有共赢思维。过去，我们更多地强调华侨华人对中国在经济、科技等方面的贡献，但随着中国的强大，西方某些国家政府和民粹分子总是戴着"有色眼镜"看中国，危言耸听地渲染"中国威胁论"，华侨华人有时被诬蔑为"第五纵队"和"黄色间谍"。为驳斥这样的诬蔑，消除华侨华人居住国政府和民间的顾虑，我们应当继续强调"三个有利于"的原则[①]，强调作为软实力的海外华人资源的"共赢性"，即对华侨华人、居住国和中国等多方的贡献，重点在于人文交流与民心相通。

（二）文化认同：文化传承和民心相通的基础

文化认同是一种身份认同，是对相同文化的认可，并由此产生深层次的心理积淀。通过使用相同的文化符号、遵循共同的文化理念、秉承共有的思维方式和行为规范，进而形成一种亲近感和归属感。

华人由于在住在国长期的生活过程中形成了独特的文化，华人文化为适应当地生存的需要，与中华文化有些不同，但是与中华文化同宗同源，与中华文化有无法割舍的联系。优秀的中华文化是支撑中华民族绵延发展的精神支柱，是维系海外侨胞的重要纽带，海外侨胞是中华文化的重要传承者和传播者，推动中外友好交流、传播中华文化的积极力量，在增强中华文化国际影响力等方面都扮演着重要的角色。

当然，我们应注意到如今大多数华人都已加入住在国国籍，成为住在国公民，在政治上效忠于住在国。侨务工作要尊重华人对住在国的政治认同和效忠，引导海外华人立足本地，努力促进当地社会经济的发展，增强自身在住在国的社会地位，充分融入当地社会并为住在国民众所接纳。在这样的前提下，华侨华人才能更好地在当地传承中华文化，为中国发展及居住国和中国关系发展贡献力量。

（三）大侨务：中国侨务工作的新格局

从中国角度，建议完善相关政策。具体包括：

第一，在策略制定上，应重视文化交流、理解和认同，加强联谊，增强文化认同。通过侨乡文化活动和联谊活动等平台，系牢乡情与文化纽带，通过办好侨领研习班等活动提升侨团建设和社会服务的能力水平。

第二，落实"大侨务"精神，构建从中央到地方的多层次、多部门协调发展的高效传播体系。

第三，充分认知和重视政府部门之外的文化事业单位和民间组织的作用。

[①] 中国政府一向强调"三个有利于"的原则，就是要有利于海外华侨华人长期生存和发展及当地社会经济文化的发展，有利于发展我国同华侨华人住在国的友好合作关系，有利于推进我国现代化建设和祖国统一。

第四，发挥文化类公司等市场力量的作用，打造文化产品交流平台。

第五，构建常态的跨国联通机制，能够将中国从事涉侨文化交流工作的各相关部门、事业单位、媒体、民间组织与海外华社文化教育机构、华文媒体、社团等紧密联系在一起，设立网状覆盖的文化服务站点（中心），维持四通八达的跨国文化输送"通道"。

第六，打造"互联网+文化侨务"，以信息系统建设体现并支撑文化侨务工作，以资源共享为基础，以信息共享交换体系和资源目录体系为指引，实现信息资源的共享和应用。

（四）大协作：华侨华人参与"一带一路"建设的机制

在全球化的今天，多元文化观逐渐成为主流，不但在美国和欧洲被广泛认可，在东南亚也逐渐被接受。在这种多元文化发展的趋势下，越来越多的国家对华侨华人表现出更多的善意和尊重。正是这种善意和尊重，使得华侨华人在居住国更加积极地传承中华文化，展现中华文化的魅力。

但我们也要注意到，一些国家对华侨华人的忠诚仍存疑虑，对华人社团发展和文化传承仍然有不少限制，这就需要华侨华人团体积极争取，从合作共赢和人类命运共同体视角，推动政府出台更有利的政策，改善政策和舆论环境。同时，祖（籍）国的支持和引导对华侨华人参与"一带一路"建设至关重要，但需要有大局意识，在符合住在国政策及两国关系大前提下进行，完善华侨华人参与"一带一路"建设的方式、方法，构建可持续的、多方参与的"一带一路"建设体系和机制。当然，文化认同和文化传承是海外华人社会生存发展的根基和纽带，也是"一带一路"民心相通的前提，其核心是提升"华社三宝"华人社团、华文媒体、华文学校的组织协作力、传播力、影响力等问题。

华侨华人在"一带一路"建设中的作用与优势研究

——以侨乡广西为例

黄艺平　程　茜[①]

（广西艺术学院　广西南宁　530022）

前　言

据粗略统计，目前海外华侨华人总数达6000万人之多。历史上，华侨华人曾经为国家的独立和富强作出过重要贡献，如在抗日战争、解放战争等时期大批华侨捐物捐款，甚至亲自参加到抗日战争中来，为抗日战争的胜利发挥了重要作用。"一带一路"是共同发展的战略构想，自提出以来获得了广大沿线国家的支持，也为华侨华人与国内的交流互动再次提供了历史的机遇。那么，他们在"一带一路"建设过程中有何种优势？又可以发挥什么样的作用呢？从中国的角度而言，又该采取何种举措来保障和促进这一交流发展呢？

当前，华人与华侨对于"一带一路"建设的作用不断受到重视，从中央政府到地方政府甚至是个人在此方面的信息都日益增多。例如，全国政协委员、致公党中央副主席、中国侨联副主席李卓彬就曾指出："'一带一路'建设中既要发挥好国有骨干企业的关键作用，又要重视以侨资侨智为代表的侨资源的独特作用，做好市场运作和信息沟通，助力于中国企业走出去，配合各方力量抓住机遇，助力形成利益共同体，维护中国海外利益。"同时，国务院侨办原

[①] 黄艺平，广西艺术学院教授，跨文化传播学硕士生导师，美国东康州大学、西俄勒冈大学访问学者，研究方向：跨文化传播学、少数民族文化研究及翻译学；程茜，广西艺术学院教授，跨文化传播学在读硕士生。

副主任、党组成员赵阳也曾经指出:"我们要认真贯彻习近平总书记的重要指示,抓住历史机遇,重视侨务工作,在实施'一带一路'倡议中充分发挥海外侨胞的独特作用,推动中国企业成功走出去,深深扎下根,与所在国实现合作共赢,在与沿线国家共同发展中促进世界和平。"虽然当前国内学者们对于华侨华人在建设"一带一路"过程中的作用已经有所认知,但对于此方面的研究往往局限于重要人物的谈话分析和理论阐述,较少结合实际情况进行探讨。因此,本文以中国著名的侨乡之一——广西籍华侨华人与广西在"一带一路"建设语境下的社会经济建设为例,试图探讨华侨华人在此过程中的优势与作用和国内应该采取的举措。

一、华侨华人在广西"一带一路"发展中所具有的优势

广西是中国第三大传统侨乡,有着大量的华侨华人。据考证,广西人移居国外始于宋朝时期,至今已有上千年的历史。广西的华侨华人分布于世界各地,这与广西的地理特征和地理位置有着莫大的关系。广西位于中国南方,拥有1500公里的海岸线和800多公里长的国境线,与多个东南亚国家接壤或是隔海相望,是连接东南亚的桥头堡。因而很早以前,广西人就有到东南亚各国闯荡谋生或是经由东南亚到世界其他地方移民的习惯。因而,在广西的华侨华人中,移居东南亚的人数最多。而东南亚既是我国的近邻,又是我国海上丝绸之路必经的重要节点,华侨华人在"一带一路"发展过程中具有得天独厚的优势。

一是跨语言优势。华侨华人由于原籍中国,自幼便掌握了中国的语言,中国语言是他们的第一语言,不经意间这成为华侨华人参与"一带一路"建设的重要优势。因为语言是人际沟通的主要工具,是人们交流思想、组织社会生产、开展社会斗争、推动历史前进的必要手段。它既随着社会的产生而产生,又随着社会的发展而发展,是一种社会现象。同时,由于地域和历史等方面的原因,又具有特殊性。中国是个语言大国,各个民族甚至是各个地方都有自己的独特发音方式。以广西为例,很多华侨华人的故乡都有着独特的故乡语言,有的说客家话,有的说壮话。例如,在南宁地区,当地人主要以南宁白话进行交流。如果华侨华人回国创业,由于没有语言障碍,沟通容易,他们非常容易打破合作双方的心理态势,达成交流合作的协议。另外,如果是中国企业想要"走出去",华侨华人也因为具有当地语言的优势,可以发挥交流介质的作

用，助力国内企业在海外的业务拓展。

二是跨文化优势。在沟通交流的过程中，对于对方文化的了解是尊重双方的前提，也是交流得以进行下去的前提，这就要求交流的双方具有跨文化交际的能力，以克服文化障碍，达成双方意愿。例如，中国人尊崇儒家文化，以和为贵、尊老爱幼、讲究孝道。而在中国的家庭文化里，讲究的是内外有别、上下有序，各种亲疏关系分得清清楚楚。这些都是与中国人进行人际交往中需要掌握的原则。而在中国域外的一些国家，他们的家庭文化就与中国的家族文化大有区别。例如，在欧美国家中，他们不大讲究辈分关系，各种辈分的人进行交流时随意性更强。同样地，在一些西方文化里，也更看重利益的成分，遵循的是利己思想，"和"的思想被放在了次要的位置。又如，在中国，讲究集体主义，集体的利益高于个人利益，因而人们会更愿意听从作为集体领头人的领导人的要求，更尊重领导。而在西方一些国家，讲究个人主义，个人利益被放置到了更高的位置，他们并不会像中国人那样尊重领导。而这些文化差异，是人际交流中的重要内容，显示出各种不同的民族心理，其重要性不言而喻，甚至决定着交流的成功和失败。而在传统风俗习惯方面，中外国家也大有区别。例如，广西人有过三月三的习俗，国外就没有。中国人非常看重中秋节的团圆意义，而国外则不一定看重这方面。华侨华人出生于祖国，自幼接受国内的教育，加上耳濡目染，对于祖国的文化有着较好的理解。又由于华侨华人在移居他国之后，对于移居国的生活方式、思维习惯等方面的文化也会有着全面的了解，构成了华侨华人在"一带一路"建设中的跨文化优势。

三是资金和技术优势。由于长期在海外打拼，中国人的聪明头脑和吃苦耐劳的民族性格使得很多的华侨华人在海外取得了事业上的成功，部分杰出的华侨人物积累了大量的财富，他们能在"一带一路"的建设过程中发挥重要的作用。一方面，他们拥有资金优势，完全可以对祖国进行投资，也可以在所在国与中国企业进行合作，共同获取财富。另一方面，他们拥有技术优势。比如，管理的技术。由于长期在海外经营，大量接触到世界的一些先进经营理念，这也可以为中国参与"一带一路"建设的企业提供借鉴。又如，生产的技术。部分华侨华人所进行的工业生产的技术优于国内在此方面的技术，形成了技术优势，可以为国内企业的"走出去"提供帮助，同样可以作为国内"引进来"的企业服务于"一带一路"建设。

四是影响力优势。华侨华人的母国发展状况、华侨华人本身的发展状况对于华侨华人在所居住国的社会地位有巨大的影响。当前，一方面，由于中国日益强大，在经济建设等方面取得了巨大成功，在世界中的地位越来越高，这客观上提升了华侨华人的地位；另一方面，由于华侨华人长期居于所在国，且华侨华人在当地大都取得了事业上的成功，客观上为当地的发展作出了巨大的贡献，他们作为一股力量对当地社会往往也具有较大的影响力。这是由于经济上的成功往往会导致政治地位的上升。在经商之余，华侨华人往往还会参与当地政府管理、开办学校、创办报刊、举行和参与各类社会活动，将华侨华人的事业推上高峰，因而华侨华人作为团体在所生活的国家会拥有较高的社会地位，具有较强的话语权和较大的影响力。在"一带一路"推进的过程中，这就能对所在国的决策形成一定的良性影响，助力于中国与所在国家在政治、经济和文化领域的交流合作，这是华侨华人的影响力优势。

二、华侨华人在广西的"一带一路"建设中的作用

广西作为连接东南亚的门户，积极响应国家的"一带一路"倡议，致力于让广西企业的"走出去"与"一带一路"沿线进行交流合作，也致力于把国外资金和技术的"引进来"。具体来说，近年来，广西全面实施开放带动战略，以"南向通道"为载体，以重大项目和标志性工程为抓手，主动融入"一带一路"建设，有效服务于国家开放大局。在2019年9月21日召开的第16届中国—东盟博览会、中国—东盟商务与投资峰会上，广西壮族自治区党委书记鹿心社更是指出："广西愿与各方一道，进一步深化各领域的友好交流和务实合作，为建设更加紧密的中国—东盟命运共同体、共建'一带一路'作出新的更大贡献。"在这一过程中，华侨华人独特的优势决定了他们能在广西的"一带一路"建设中起到不可替代的重要作用。中国侨联副主席隋军指出，"一带一路"是共商共建共享之路，华侨华人是"一带一路"建设的重要力量，是中国与"一带一路"沿线国家和地区民心相通的重要桥梁和纽带。华侨华人在"一带一路"建设中的作用主要体现在如下几个方面。

1.华侨华人可以成为政治、经济、文化交流的桥梁

由于中国是华侨华人出生的母国，在祖国有过或长或短的生活经历，因而，他们掌握了出生地的语言、了解出生地的生活习俗，也对中国的民族心理习惯、文化传统等有较好的了解。此外，虽然华侨华人本人离开了家乡，但还是会有一部分亲戚朋友留在家乡，有健全的人际关系网络。同时，华侨华人生

活于新的环境,也掌握了当地的语言,有了自己的事业,有当地的人际关系网络,也对当地的风土人情、生活习惯、社会现状和办事流程都有了较好的了解,也在当地建立起了自己的社会关系。因此,华侨华人最有资格成为中国与这些国家进行沟通交流的桥梁,是国内了解国外的窗口,可以提供给国内比如商业发展等方面的众多信息,也是国外了解中国的窗口,可以为国外人员提供中国的关于"一带一路"建设等方面的各类信息。

2.华侨华人可以成为中国形象的代表

一旦到达新的国家,华侨华人就成为国外民众能最多和最先接触到的中国人,成为所在国人民了解中国的主要渠道,因而他们的形象很大程度上会影响当地人对于中国人乃至中国的印象。因为所在国的绝大多数民众不可能亲自到中国来现场了解中国的状况,在他们看来,来自中国的华侨华人就代表着中国的面貌。这也是华侨华人的优势,当然也是挑战。因为形象既有正面的,也有负面的。长期以来,华侨华人吃苦耐劳、聪明智慧、礼貌谦让,在商业上往往能取得成功,为国外民众了解中国树立了正面的形象。改革开放以来,中国的综合国力得到了极大增强,国家稳定、经济发展、文化日益繁荣,已经成为世界上具有重要影响力的政治、经济和文化大国甚至是强国,在政治上追求的是共同发展的人类命运共同体,在经济上则讲究互利共赢、合作互利,在文化上则大力倡导文化自信,体现出朝气蓬勃、和谐友爱的面貌。如果华侨华人能够把中国这些积极的形象通过自身的语言和形象表达出来,将会非常有益于中国国家形象的提升。

3.华侨华人可以成为国内投资的重要力量

长期以来,华侨华人都有着深厚的故国、故乡情结,愿意为家乡的发展贡献力量。在侨乡广西,华侨华人投资开办的企业随处可见,华侨捐助的学校和教学建筑也很多,展现出华侨华人的爱国情结和强大的经济实力。当前,中国的经济蓬勃发展,在"一带一路"倡议的推动下,既鼓励企业进行对外投资,到所在国开办企业,也希望能引进外资,与包括侨胞在内的国外企业进行合作,以加强、加快国家经济的发展。对于广西而言,当前正建设北部湾经济圈,需要大量的投资和技术,很多华侨华人由于多年在海外打拼,拥有了自己的产业和技术,由于对于母国情况的熟悉,他们在国内投资方面具有得天独厚的优势。因而,"一带一路"的发展,不仅有利于国内企业,对于华侨华人也是重大的机遇,是难得的进行国内投资的时机。

4.华侨华人可以成为中国企业与当地进行经济合作的推动者

由于华侨华人在当地具有一定的影响力和一定的话语权,也由于华侨华人具有的语言优势和跨文化优势,他们也可以成为中国企业"走出去"与"一带一路"沿线国家进行合作的穿针引线者。近年来,在大力引进外资之余,中国政府也鼓励中国企业到国外进行投资。因而华侨华人可以在中国企业"走出去"的过程中发挥作用。具体来说,他们可以向当地政府和企业推介中国企业,推介中国企业项目,也可以向中国企业介绍当地的投资环境、投资方向、投资风险等方面的情况,从而推动中国与"一带一路"沿线国家的经济合作。

5.华侨华人可以为"一带一路"的发展提供辅助服务

由于中国企业"走出去"的历史相对较短,对于国外的投资流程、风险等方面的知识储备不足,缺少此方面的资源和人才。又由于各个国家有着各个国家的具体情况,是投资之前必须考量的因素,因而中国企业的"走出去"急需大量的辅助服务。比如,在法律问题上,国与国之间的法律体系和条文大有区别,这是中国投资者必须考虑的问题。比如,在商品和消费心理上,各个国家的民众的观念也是各有不同的。又如,在企业开办的流程问题上,各国对于企业开办的管理也是不一样的。华侨华人可以充分发挥这方面的作用,提供此方面的资源和人才等方面的服务,帮助中国企业克服投资过程中遇到的困难,解决投资过程中产生的一些问题,从而在"一带一路"建设中实现双赢。

三、促使华侨华人在"一带一路"建设中发挥作用与优势的举措

华侨华人虽然有服务于国内经济社会建设的自发意愿,但是想要华侨华人在"一带一路"发展过程中的作用和优势得到充分发挥,需要社会各界的共同努力,需要各国团结协作,以调动他们的积极性,提高他们的参与度。从国内方面具体来说,可以采取下列举措。

1.制定政策法规,让华侨华人的服务有序进行并能得到保障

让华侨华人在"一带一路"发展中充分发挥作用,离不开政策法律法规对于这类行为的保障;同时,政策法规也是华侨华人的服务得以有序、高效进行的前提,可以免除他们的后顾之忧,让他们可以放心大胆地进行投资和合作。近年来,从中央到地方都对华侨华人参与社会经济建设的作用高度重视,各地政府都出台了一些政策法规对这类行为予以保障,客观上促进了华侨华人服务"一带一路"建设的行动。中共十九大代表、国务院侨办副主任谭天星在党的

十九大召开后接受中新社专访时指出："应进一步完善政策、优化平台，找准结合点，让侨胞在回国投资、创新以及在国际合作中得益，特别是在'一带一路'互联互通中发挥独特作用。"可见，针对当前的情况，制定更多切实可行的政策法规也是必需的。

2.搭建服务平台，让华侨华人的服务渠道畅通

华侨华人服务于"一带一路"，需要搭建高层次的平台，让华侨华人可以更加便利地参与其中。例如，从政府的层次而言，应成立专门的机构来促进华侨华人的参与，简化各种服务流程，提高社会各界服务于华侨华人投资合作的能力；同时，还可以通过举办各类博览会、商品交易会等方式提供交流的机会；也可以举办各种专题论坛，通过不断探讨和交流提升华侨华人服务于"一带一路"建设的水平。在此方面，近年来国内召开了较多的峰会，如2018年10月在广西北海也举办了"2018海外华侨华人与'一带一路'建设研讨会"、2019年8月在深圳举行的"华侨产业跨界战略发展峰会"、2019年4月在河南郑州举行的"海外华侨华人高端人才助力创新发展峰会"。它们客观上营造了积极的氛围，也提供了交流合作的渠道，探讨了交流合作的策略，非常有益于华侨华人参与国内经济建设的行动。

3.形成激励机制，在互利共赢中合作

激励机制是推动人们积极主动地参与社会活动的有效手段。它既包含了物质激励，也包含了精神激励。华侨华人参与"一带一路"建设，既有他们作为华人的那份祖国情结和民族情怀，也是因为他们可以从中获得商机和利益。因而，要进一步根据当前"一带一路"建设的实际情况，研究激励机制，使华侨华人与国内参与方都可获得相应的利益。在物质上，让他们能获得因参与"一带一路"建设的合理红利；在精神上，则可以奖励那些在"一带一路"建设中作出过重大贡献的华侨华人。推动华侨华人在自发自愿的基础上，迸发出更大的热情，从而更加积极地参与"一带一路"的建设。

4.拓宽合作渠道，让华侨华人发挥更大的作用

虽然，华侨华人与国内的合作已经存在悠久的历史，也有着一定的渠道。但是在"一带一路"的语境下，中国的开放程度是前所未有的，与沿线国家的合作力度也是前所未有的，它为国外企业和个人提供了更广泛的合作范围和更广阔的合作前景，产生了一些此前不曾有过的合作领域。例如，当前中国在金融业方面也进行了开放，带来了更多的商机。因而，要不断地拓宽合作渠道，

将合作交流向政治、经济、文化等方面更加深入地推进,让华侨华人可以更大范围、更大力度地参与"一带一路"建设。

结　语

由于华侨华人熟悉祖国及所在国的状况,具有跨语言、跨文化、资金技术等方面的优势,因而可以归国创业,也可以在所在国发挥桥梁的作用,还可以致力提升中国国家形象,助力于"一带一路"的推进和发展。广西由于其地域特点成为中国三大侨乡之一,应实行各种积极的举措,如采取制定政策法规、搭建服务平台、形成激励机制、拓宽服务渠道等来推进华侨华人服务于"一带一路"的行动,最终实现中国国家经济发展和华侨华人自身发展的双赢局面。

华侨华人链接"一带一路"民心相通建设

刘芳彬[①]

（中央社会主义学院　北京　100081）

前　言

"一带一路"建设是构建人类命运共同体的重要实践平台。它秉持共商共建共享的原则，旨在借用古代丝绸之路的历史符号，高举合作共赢、和平发展的旗帜，积极发展与沿线国家的经济合作伙伴关系，共同打造政治互信、经济融合、文化包容的利益共同体、命运共同体和责任共同体。当前，"一带一路"建设的主要内容是实现政策沟通、设施联通、贸易畅通、资金融通和民心相通。"五通"之间相互联系、相互影响。其中，民心相通属于软实力范畴，是"一带一路"建设顺利实施的关键。

一、民心相通是"一带一路"建设的社会根基

"一带一路"倡议提出以来，中国政府秉持"亲、诚、惠、容"的外交理念，以开放合作、互利共赢的精神，积极推进构建区域利益共同体，契合了丝路沿线国家发展的共同需求和愿望，得到沿线国家和国际社会的高度关注和认同。五年多来，"政策沟通范围不断拓展，设施联通水平日益提升，经贸和投资合作又上新台阶，资金融通能力持续增强，人文交流往来更加密切"。尽管随着"一带一路"的推进，我们在这一地区的经济投入很大，但是，我国协和万邦、睦邻友好的外交准则并未完全渗透于各国人民。相反，在欧美污名化中国的"渗透论""霸权论""锐实力论"等舆论宣传下，很多民众对"一带一

[①] 刘芳彬，中央社会主义学院副教授，研究方向：华侨华人、中华文化与港澳台海外统战工作。

路"建设抱有猜忌和恐惧的心态，严重影响了中华民族复兴所需要的和平的国际环境，影响了"一带一路"倡议和"构建人类命运共同体"理念在国际舞台上的人心认同。从根本上讲，告诉世界一个真实的中国、增进中外人文交流、推进中外民心相通，已是摆在决策层和学界面前的一个刻不容缓的重大课题。

"国之交在于民相亲，民相亲在于心相通"，"惟以心相交，方成其久远"。推进民心相通建设，需要深刻把握民心相通的内涵及其与"一带一路"建设的互动关系。其一，"民"在这里是个泛指，指的是各个层次的所有人，不仅包括普通民众，还包括各级政府官员、社会精英。"民心相通"是指中国与"一带一路"沿线各个国家和地区人民通过沟通相互了解、相互认知、相互信任，进而达到友好合作、共商共建共享未来"命运共同体"的共识境界。其二，民心相通是"一带一路"建设的重要内容之一，与政策沟通、设施联通、贸易畅通、资金融通并驾齐驱，构成"一带一路"建设的全方位、立体化工作格局。其中，民心是最大的政治，是最基础、最坚实、最持久的互联互通，是其他"四通"的重要基础。只有增进相关国家和地区的人民对"一带一路"理念的理解认知，塑造积极友好的社会共识氛围，促进中外民心相通，才能为"一带一路"建设顺利推进夯实民意基础，筑牢社会根基。可以说，民心相通建设既是目标也是手段，没有民心相通做努力方向，"一带一路"建设的目标体系就不够完善均衡；没有民心相通做基础保障，"一带一路"建设也很难行稳致远。习近平总书记强调，国家关系发展，说到底要靠人民心通意合。"要坚持经济合作和人文交流共同推进，注重在人文领域精耕细作，尊重各国人民文化历史、风俗习惯，加强同沿线国家人民的友好往来，为'一带一路'建设打下广泛社会基础"，"要切实推进民心相通，弘扬丝路精神，推进文明交流互鉴，重视人文合作"。

二、华侨华人参与"一带一路"民心相通建设的独特优势

共建"一带一路"倡议源于中国，机会和成果属于世界。华侨华人居住在世界各地，与住在国民众同舟共济、友好相处，是中国联通世界的重要桥梁，是中国与世界发展的独特机遇。贯彻落实"一带一路"建设，参与"一带一路"民心相通工程，广大华侨华人具有丰厚的优势资源。

（一）"一带一路"沿线的华侨华人资源

我国是侨务资源大国，有6000多万海外侨胞分布在世界近200个国家和地

区。①其中，影响较大的各类华侨华人社团2.5万多家，华文学校近2万所，华文传媒包括报纸、电台、网站等1000余家，②遍布各地的中餐馆、中医诊所、中国城、唐人街等几十万个。这是一支庞大的力量，一个宝贵的资源库，是沟通中外的重要平台和媒介，在传播中华文化、促进中外友好合作、文化交流互鉴中可以发挥不可替代的作用。

"一带一路"沿线各国是海外华侨华人的聚集区，特别是东南亚是海外侨胞最集中、历史最悠久的地区，蕴藏着巨大的潜能。从人数规模看，4000多万华侨华人生活在东南亚地区③，国际人才众多，经世代繁衍，他们已经深深融入当地，成为当地民族的组成部分，与当地社会形成各种盘根错节的关系，具有广泛的人脉资源。从经济实力看，东南亚地区是传统的华商资本集中地，有着成熟的商业网络。据2016年的数据统计，全球华商企业资产总额约4万亿美元，其中，东南亚华商经济总量为1.1万亿至1.2万亿美元。④东南亚证券交易市场上市企业中，华侨华人经济实力雄厚。香港《亚洲周刊》国际华商500强名单显示，新加坡和马来西亚各有64家和48家企业上榜，泰国上榜企业11家，菲律宾14家，印度尼西亚6家。⑤泰国华侨华人在商业、金融、制糖、运输、纺织和农产品加工中具有重要地位。近年来，随着华商资本的不断积累，东南亚华商在经营上已经实现了规模化和多元化。在资本运营上，集团化和国家化的趋势在加强，成为当地经济的重要支柱，在当地影响巨大，是推进"一带一路"建设中民心相通的重要力量。

（二）华侨华人助力民心相通的独特优势

共建"一带一路"，推动区域合作发展、和平稳定，是包括华侨华人在内的全人类孜孜以求的共同愿望和奋斗目标。长期以来，侨居各地的华侨华人尊重住在国的历史、文化及价值理念，与当地各族裔人民和平相处、共同生存和

---

① 许又声：《国务院关于华侨权益保护工作情况的报告》，中国侨网，2018-04-26。http://www.chinaqw.com/sqfg/2018/04-26/187402.shtml。
② 风生：《华媒："一带一路"建设华人优势独特担当多种角色》，中国新闻网，2019-07-22。http://www.chinanews.com/hr/2019/07-22/8902694.shtml。
③ 杨牧：《国侨办主任裘援平：海外侨胞是建设海上丝路重要力量》，人民网，2014-09-18。http://finance.people.com.cn/n/2014/0918/c387602-25683937.html。
④ 谢俊、申明浩：《海外粤商研究》，载于《世界华商发展报告（2018）》，第167页。
⑤ 林善浪、沈笃彬：《论"一带一路"建设中侨务优势的发挥》，中国侨网，2016-10-26。http://www.chinaqw.com/jjkj/2016/10-26/109632.shtml。

发展，建立了深厚的友谊，为中国与住在国关系发展、住在国经济社会发展、中国参与全球化发挥了积极作用，他们是推进中外民心相通可资倚重的独特力量，具有不可替代的独特优势。

其一，双重情感认同。海外侨胞都具有强烈的双重情感，他们既对中国感情深厚，也对居住国忠诚负责。华侨华人对中国和居住国的双重感情认同是促进中国与住在国民心相通的最可信赖的载体。他们从心底里希望中国与住在国友好相处，而自己则非常愿意充当祖（籍）国与住在国之间的牵线搭桥友好使者，释疑解惑，增进所在国与祖（籍）国的了解互信。历史上，很多华人精英在促进中外关系、中国同一些国家建立外交关系中发挥了重要作用。比如，中国与马来西亚的建交、中印（印度尼西亚）复交、中韩建交以及中新建交，马来西亚华人李引桐、印度尼西亚华人实业家唐裕等功不可没；20世纪70年代中美握手言和，美籍华人陈香梅、杨振宁等从中穿针引线，发挥了不可替代的重要作用；近年来，中国与120多个国家的300多个城市建立关系，在缔结友好省市、友好城市、发展政府和民间的合作与交流方面，海外侨胞也都做了大量的工作。

其二，双重语言文化优势。华侨华人的跨国经历赋予他们独特的知识结构储备：既懂中国又懂住在国；既熟悉两个国家的语言文化、政治历史、风土人情，明晰两国政府和民众的思维方式和文化习惯，又了解中外文化、社会环境、法律制度等方面的差异，在推进中外文化交流合作、中外文明互鉴共通等方面，可以发挥不可替代的作用和影响。同时，长期的跨国生活和工作使得海外华侨华人社会逐渐形成具有鲜明特色的"侨文化"。这一文化既传承中华优秀文化基因，又汲取住在国文明、文化营养，具有明显的跨文化、跨地域特点，使得华侨华人能够自由游弋在两种文化之间，成为中华文化与其他文化交流、沟通的桥梁和使者。所以，华侨华人所具有的双重文化浸润优势，可以准确把握中国文化与住在国文化的"异同点"和"共振点"，可以"采用外国人听得懂、易接受的话语体系和表达方式生动鲜活地"宣传和介绍中国，讲好中国故事，传播好中国声音，促进中华文明与当地文化的交流互鉴，促进"一带一路"民心相通。

其三，与当地社会的深度融合优势。海外侨胞分散在世界几乎所有国家和地区，在各地扎根发展，甚至几代人都绵延生活在当地，与当地社会深度融合。作为当地社会的重要组成部分，华侨华人为当地社会的建设与发展作出了积极贡献。随着华侨华人社会的内部演变和代际交替，新华侨华人、华裔新生代正在成为华侨华人社会新兴的中坚力量。华侨华人在世界各国人数渐长、融入日深、人脉广阔。他们在危机事件公关、消除误解、信息咨询以及促进中国与各国人民的友好和信任中，可以发挥不可替代的"人脉中介"作用。

其四，跨国流动优势。当前，各国联系交流的不断增强仍然是世界主流，世界人口的跨国流动日趋频繁。华侨华人利用全球化时代的高度流动性和便于联系性，搭建起跨越地理、文化、政治边界的华侨华人网络。他们或往来于住在国与中国之间，或游走于世界各国，促使各国人民在交流中超越隔阂、在互鉴中超越冲突，为中外民心相通可以发挥桥梁和纽带作用。

三、凝聚侨心侨力共建"一带一路"民心相通工程的路径选择

华侨华人是中国大发展的独特机遇，是"一带一路"民心相通建设可资倚重的可靠力量。2015年3月，国家发展改革委、外交部、商务部联合发布的《推动共建丝绸之路经济带和21世纪海上丝绸之路的愿景与行动》实施方案提出，"发挥海外侨胞以及香港、澳门特别行政区独特优势作用，积极参与和助力'一带一路'建设"。[①]积极挖掘海外侨胞所蕴藏的能量服务于国家发展，是实现中华民族伟大复兴和构建人类命运共同体战略目标的内在要求。

（一）华侨华人参与"一带一路"民心相通建设面临的挑战

1.广大海外侨胞的政治认同、对祖（籍）国的人心认同程度以及生活环境差异性大

"单一制"国籍政策下，海外侨胞分为"华侨"和"华人"两大类。华侨是指定居国外的中国公民；华人（特指外籍华人）主要指已加入外国国籍的原中国公民及其外国籍后裔，或中国公民的外国籍后裔。由于华侨与外籍华人国籍身份的不同，导致两者政治认同、政治效忠对象不同，在国内外政治上、法律上的权利与义务不同。据侨务部门统计，海外侨胞6200万，其中华侨600多万，占海外侨胞总人数不足10%；外籍华人5000多万，[②]占海外侨胞总人数的92.3%。这就意味着海外华社的主体是"外籍华人"，意味着绝大部分海外侨胞

---

① 《推动共建丝绸之路经济带和21世纪海上丝绸之路的愿景与行动》，新华网，2015-03-28。http://www.xinhuanet.com//world/2015-03/28/c_1114793986.htm。
② 许又声：《国务院关于华侨权益保护工作情况的报告》，中国侨网，2018-04-26。http://www.chinaqw.com/sqfg/2018/04-26/187402.shtml。

的生活方式、生活态度已经由旅居转为定居、由落叶归根转为落地生根,深度融入当地社会,认同当地社会的社会制度、文化价值。海外华社完成了由华侨社会向华人社会的转变。正如新加坡内政部前部长黄根成指出的:"东南亚的华人已经不再是一群旅居者。他们没有意思重新回返中国。他们已经选择在东南亚各地安家落户,养儿育女。他们的前途和他们居留国的前途是息息相关的。"[①]严格区分华侨华人的国籍界限是我国侨务工作的重要原则之一。

2.国家间关系、住在国政策和舆论会影响华侨华人的参与

华侨华人处于中国、住在国、国际社会的三维空间,国际局势的变化、华侨华人住在国与中国之间关系波动或交恶都会影响其对华态度,影响当地华侨华人的生存和发展,也会影响华侨华人参与中国发展和建设的积极性。比如,当前美国等西方国家掀起新一轮"中国威胁论",当地华侨华人就受到极大的影响。2018年7月30日,美中政策基金会主席、美国国会图书馆中国服务处前主任王冀(Chi Wang)在香港英文媒体《南华早报》发表《随着美国对华恐惧情绪日益严重,华裔人士正面临前所未有冷战》一文,表达对社会怀疑华人忠诚的不满。文章写道:当今美国,与冷战年代麦卡锡主义"相似的氛围正在我们的社会中形成。……恐惧和猜疑不仅限于国会听证会,这种情绪已经蔓延到每个政府部门,甚至美国社会的每个角落。如今,即便中国留学生和美籍华人也已经受到波及"。他说,虽然在美国生活了70多年,退休前为美国政府工作了50年,"我的华裔背景使我变得不再值得美国社会信任,……我发现自己在这个无比熟悉的环境里不再受到欢迎了","自从踏上美国的土地以来,我从未有过今天这样的感受"。[②]最近,随着中美贸易摩擦的逐步升级,美国以"中国渗透"为名目,污蔑孔子学院是中国在美扩张政治影响、进行价值传播的工具,并对赴美留美的中国学生冠以"开展非传统间谍活动"的罪名进行无端滋扰,给在美华侨华人积极参与中美之间正常交流、沟通中美民众之间的友谊增加了很多不利因素。

3.中国与"一带一路"沿线国家之间人文交流发展不平衡

"一带一路"的发展极不平衡,一些国家民众对"一带一路"极为陌生。

---

① 见1994年元月,黄根成在新加坡举行的"东南亚华人文化、经济与社会国际学术研讨会"开幕典礼上的讲话。
② 王冀:《随着美国对华恐惧情绪日益严重,华裔人士正面临前所未有冷战》,观察者网,2018-08-04。http://www.guancha.cn/ChiWang/2018-08-04-466837-2.shtml。

部分海外侨胞对"一带一路"高度关注,但对于"一带一路"倡议的内涵、原则以及相关的政策措施以及"走出去"的企业情况等并不了解,存在很多困惑。我国媒体大量的正面宣传报道,很难赢取当地民众的理解和支持。另外,相关部门对于人文交流的内涵不明确;人文交流在"一带一路"建设中的定位不太清晰;政府相关部门的协调不够;官方色彩较浓,民间角色不够突出;对内话语和对外话语的区别重视不够;合作共赢思维有待加强;人文交流成效评估缺乏;等等[①],都不利于"一带一路"倡议的有效落实。

(二)创新思路引导华侨华人参与"一带一路"民心相通工程

1.引导侨胞发挥华社"三宝"优势,着力宣介中华文化的精神价值和世界意义

文化的交流和沟通是民心相通的基础。海外华社的三大支柱:华文教育、华文媒体、华人社团是中华文化在海外传播传承的重要载体,是当地民众和政府了解中国、认知中华文化最直接的媒介。随着中国在国际社会影响力的不断提升,"汉语热"持续升温,极大增强了华侨华人的中华文化认同和民族自豪感,为海外华文教育、华文传媒的发展壮大提供了良好的国际环境,也为"一带一路"视野下深化跨文化交流、沟通提供了重要的社会基础。值得注意的是,在海外弘扬中华文化,首先要从文化的交流沟通开始,才能打通彼此的心灵,避免"各说各话"的尴尬。我们要引导侨胞充分发挥华社"三宝"的资源优势,通过多样化的形式和途径,生动鲜活地向住在国社会宣介中华文化的精神价值和世界意义,增加中国与各国人民友谊,促进中国与沿线国互信互联互通。弘扬中华文化,"关键要把中华文化的精神标识提炼出来、展示出来,要把传统文化的当代价值、世界意义提炼出来、展示出来"。而不应仅仅停留在舞个狮子、包个饺子、耍套功夫以及书法美食、唐装汉服等符号化的平面维度上,不能满足于向国际社会提供一些表层的文化符号上。同时,宣介中华文化促进中外人文交流不能厚古薄今,更要注重展示当代中国的发展进步、当代中国人的精彩生活,推动反映当代中国发展进步的价值理念、文艺精品、文化成果走向海外,既要贴近中国实际、贴近国际关切,又要入乡随俗贴近国外受众,影响主流人群,为"一带一路"建设的贯彻落实和中华民族伟大复兴的中

---

① 曹云华:《关键是民心相通——关于中国—东南亚人文交流的若干问题》,《对外传播》2016年第5期。

国梦营造良好的舆论环境。

2.引导侨胞讲好"合作共赢"的故事,传递中国和平友好的声音

"合作共赢"是共建"一带一路"的原则,讲好"合作共赢"的故事是促进民心相通的着力点。从国际移民史的角度考察,中国一直是一个移民输出国,但中国人移居海外的历史,总体上看是一部和平移民史:没有掠夺、没有殖民、没有扩张、没有霸权,没有弱肉强食的炮舰政策、没有强加于人的不平等条约、没有干涉别国内政引起的文明冲突,也没有过强制性文化输出。中华民族是一个爱好和平的民族,和为贵、求同存异是中华文化的优秀传统、核心理念,反映在国际关系上就是协和万邦。自古以来,在处理中国和周边国家的关系时,坚持"礼"的制度与"道义"话语权:安边为本、睦邻为贵,以德服人、怀柔远人、天下归心。这与西方国强必霸的逻辑完全不同。历史上,海外侨胞凭着勤劳勇敢善良与当地民众"同舟共济""共同奋斗",为当地社会的发展作出巨大贡献。比如,东南亚的早期开发、巴拿马运河的开凿、北美太平洋铁路等,都承载了中国人与当地民众的共同记忆和共同智慧。我们可以引导侨胞从中国与当地"共享的历史"中挖掘"命运共同体意识",讲好"合作共赢"的故事,传递好中国和平友好的声音。

3.引导侨胞参与公共外交,塑造中国和平友好的国际形象

国家形象是民心相通建设的重点。近年来,为了在国际社会重塑国家形象,我国出台了很多大型国家形象工程,如孔子学院、文化"走出去"、媒体"走出去"、纽约时代广场的中国人形象等,投入巨大的人力、物力和财力,取得一定成就,但效果远不如预期,存在很多问题。海外侨胞联通中外的民间身份可以发挥不可替代的作用。其一,在国外,每一个华人就是一张中华民族的名片、中国的一块牌子,代表着中国的形象,是住在国政府、当地民众了解中国、认知中国的重要载体。其二,无论是国家形象的塑造还是国家形象"走出去",都需要具有充分的海外知识,具有对当地社会民情、社情的充分了解。海外华文媒体、社团可以以民间的方式避免"官宣的政治色彩"、以"当事人"的身份给当地民众以"亲切感、信任感",客观报道中国的发展,展现有血有肉、有优点有缺点、有成绩也有失误的真实中国。其三,广大海外侨胞可以充分利用他们融通中外的优势,熟练地游刃于中外文化之间,以住在国公共舆论运作规则,针对不同地区、不同对象,运用各地区、各群体听得懂的语言和思维方式,讲清楚中华优秀传统文化的价值精髓和世界意义,"阐释好中

华文明政治共同体的独特政制之道、中华文明民族共同体的民族和谐之道、中华文明文化共同体的包容开放之道、中华文明命运共同体的和平发展之道"[1]，全方位展示中国和平、和谐、务实、求同存异等正面形象，有效消除他们对中国国家形象的误解。

结　语

"一带一路"建设旨在实现政策沟通、设施联通、贸易畅通、资金融通、民心相通。其中，民心相通既是目标也是手段，是其他"四通"的重要保障，是"一带一路"建设顺利实施的社会根基。广大华侨华人穿行于中外两个国家、两种制度，携跨文化、跨文明、融通中外的资源优势，是"一带一路"民心相通建设的独特机遇。积极挖掘华侨华人所蕴藏的巨大潜能，服务于"一带一路"建设、服务于中华民族伟大复兴是党和国家的一项重要任务。当然，我们也应注意到如今大多数华人都已加入住在国国籍，成为住在国公民，在政治上效忠于住在国。尊重外籍华人的政治选择、民族情感，维护华人的合法权益，鼓励引导华人做中外友好联谊的"超级联系人"，涵养中外民心相通的人脉资源，始终是我们工作的出发点和归宿。

---

[1] 潘岳：《中华共同体与人类命运共同体》，《学习时报》2018 年 12 月 19 日。

"一带一路"视域下马来西亚华人的主体性探究

王睿欣[①]

(马来西亚新纪元大学学院教育学院　马来西亚　吉隆坡)

前　言

几百年来,一批又一批中国人漂洋过海,在这片土地上落地生根,艰苦创业,繁衍发展,为马来西亚经济繁荣、社会进步、社会和谐、种族和睦作出了重要贡献,他们"是中马友谊与合作的亲历者、见证者、推动者。到中国投资兴业,捐资助学,推动两国文化交流,为中马关系发展牵线搭桥。没有华侨华人的努力,就没有中马关系今天的大好局面"。因此,马来西亚华人作为海外华人之表率,不仅是马来西亚国家建构和社会发展的主体,而且在"一带一路"倡议的实施中发挥着举足轻重的作用。然而,其主体性地位一直处于被悬置的状态,鲜少被社会、研究者甚至华人自身关注。因而,对马来西亚华人的主体性进行探究不仅对促进马来西亚华人走向自主、自为发展十分必要,而且对确立其在"一带一路"中的角色亦显得重要。

一、主体性:马来西亚华人族群建构的理论基础

所谓主体,就是指实践活动的承担者,它只有在与实践客体的对应关系中才能获得其规定性。具体来讲,主体就是从事一切实践活动的人,包括个体、社会集团乃至整个人类。人通过自己的实践活动使自身处于一定的主客体关系中,并作为这种关系的建立者和推动者,获得、表现和确认自身的能力、作用

[①] 王睿欣,马来西亚新纪元大学学院教育学院助理教授。

和地位。因此，人必须充当主体，才能具有主体性。主体性不是人天生具备的，只有在认识与改造世界的实践过程中才能获得，并表征为人的能动、创造和自主活动的地位和特性。[1]

马来西亚是一个主要由马来人、华人和印度人组成的多元种族的国家。华人作为第二大族群，在马来西亚兴邦建国已有600多年的历史，通过自身不断的发展与实践逐渐融入马来西亚的历史发展进程中，为马来西亚的社会发展作出了重要贡献，从而逐渐成为国家建构的主体力量之一。马来西亚华人发展的历史也是其主体性不断生成和实现的过程，是其族群的能动性、创造性和自主性得以不断开发和确认的过程。这种主体性不仅存在于华人与马来西亚政治、经济、文化、教育等客体事物的对象性（主体—客体）关系之间，而且存在于华人与马来西亚其他族群的社会交往（主体—主体）关系之中，华人经由这两种关系形成的实践活动而获得和确证自身得以在马来西亚安身立命、发展绵延的族群力量和主体地位。华人的主体性发展水平越高，主体意识越强，对自身发展的自为、自觉、自主的程度也就越高，其族群建构的力量也就越强。因此，主体性的确立与发展是马来西亚华人族群建构的关键。

当今时代是一个呼唤主体性又产生主体性的新时代，华人的主体性问题在"一带一路"倡议不断推进的背景下日益凸显，已不再是一个纯粹的理论问题，而是与华人的生存和发展，与马来西亚社会的稳定和进步密切相关的现实问题。当然，确立华人的主体性，就要确立华人社会实践活动的主体性；强调华人的主体性，就要强调华人社会实践活动的主体性。因为主体性"要求的是明确人在活动中的主体地位，人的主体性也只能在活动中形成和在活动中表现出来，活动的主体性是人的主体性的外在标志和现实证明"[2]。目前，对马来西亚华人主体性的理论认识和社会实践都存在不足，没有很好地体现对华人的主体关怀，也没有形成华人较强的主体意识。所以从哲学视角聚焦华人的主体性，将其放在马来西亚社会发展、华人自身发展的历史背景中，结合华人的社会实践活动进行分析和讨论，从而为马来西亚华人的族群建构提供理论基础，这无论对于马来西亚华人的发展，还是对于马来西亚的社会发展来说都具有理论价值和现实意义。

---

[1] 李德顺：《价值论》，中国人民大学出版社，1987。
[2] 袁贵仁：《主体性与人的主体性》，《河北学刊》1988年第3期。

二、马来西亚华人主体性的历史之维：压抑的主体性

华人在马来西亚聚居始于15世纪初的马六甲王朝，而后16世纪初叶马来西亚便进入了长达450年之久的殖民时代。这一时期，华人主要作为移民而带有较明显的中国属性，其主体性通过其在马来西亚独立前殖民社会的实践活动得以初步显现。

（一）华人在马来西亚殖民时代的实践活动

华人的主体性最初主要显现在马来西亚的经济活动中。首先，提供重要的劳力资源。18、19世纪，马来西亚的锡矿场、橡胶种植园、棕树种植园以及槟城、新加坡贸易港口的开辟吸引了大量的中国移民到来，作为矿工、农耕者、劳工、商人，他们对经济发展起了较大的作用并超过了其他种族。[1]其次，提供资本。华人依靠移民资本和"通过自身的财富、巧妙地利用族群组织和秘密会社，促进了资本和市场网络的形成与发展"[2]。尽管华人在经济领域发挥了重要作用，但华人资本很大程度上受制于殖民资本而处于附属地位。[3]

由于处于外来殖民者和本土苏丹的双重统治之下，再加上普遍认同中国，华人当时并没有过多关注和参与马来西亚本土的政治活动，从而形成一定的政治影响力。因此，华人的作用在政治和经济领域有非常不同的表现，在政治领域的作用较殖民统治者和马来人要少，在经济领域的作用虽次于殖民统治者，但明显大于马来人。为了让众多华人后裔受教育，建立私塾成为当时华人文化传承的主要方式。五四运动后，私塾纷纷跟随中国的教育改革，转变、重组为新式的华文学堂，从此华文教育在马来西亚兴起。随着教育水平的不断提高，华文报刊开始出现，到了"一战"前得以大量出版，极大地丰富了华人的文化生活。与此同时，基于地缘、血缘、业缘的华人社团开始建立，一定程度上加强了华人的团结和紧密程度，但一个共存共荣的华人社会并不存在。[4]

（二）华人在马来西亚殖民时代的主体性表现及其分析

综合华人在马来西亚独立前殖民时代的经济、政治、文化等活动，可以看

---

[1] 李其荣：《论华人在马来西亚现代化中的作用》，《中南民族大学学报》（人文社会科学版）2010年第6期。
[2] Nicholas Tarling .The Cambridge History of Southeast Asia，Vol.3.（London： Cambridge University Press. 1999），P.143。
[3] 韩方明：《华人与马来西亚现代化进程》，商务印书馆，2002。
[4] 颜清湟：《一百年来马来西亚华社所走过的道路》，《南洋问题研究》2005年第3期。

到华人的作用和影响：在经济领域，积极参与并发挥了一定的作用，但仍处于有限的范围内；在政治领域，则基本处于一个被动接受、不参与的状态；在文化领域虽有较大的发展，但主要局限于华人社会内部，并未对马来西亚社会产生较大的影响。总体而言，这个时期华人的能动、创造等主体特性已初步显现出来，但非常缺乏自主性，对影响和制约自身存在、发展的主客观因素较缺乏独立、自由、自决和自己支配自己的权利和可能。

从主观因素看，马来西亚独立之前的殖民时代，华人主要来自中国移民，因而保持着较大的中国属性和移民社会的不稳定性，在政治、经济、文化上与中国保持着较密切的联系。除了在中、马之间的海上贸易中扮演重要角色外，其在马来西亚的政治活动大多是中国政治的延伸，这突出表现在对中国抗日战争的支持和帮助上；在思想文化上，基本上承袭着中国传统的思想文化和风俗习惯。[1]华人所持有的这种中国属性及其不稳定性使其具有较强的"侨民意识"，即把自己视为外来的"寄居者"，而不是国家的"主人"，所以对寄居的这片土地缺乏参与感和"主人翁"意识。从客观因素看，马来西亚殖民时代的社会处于传统、殖民和现代三重力量的作用下，传统的苏丹统治依然存在，并与势力日渐强大的殖民统治结合在一起，同时某些现代的政治制度要素如议会、选举等逐渐被引入马来西亚的政治结构中。与此对应，马来西亚的经济结构也体现为占据支配地位的现代殖民经济，处于被支配地位的传统自然经济和处于二者之间的华人商品经济的结合，由此便形成了特有的种族经济结构"即马来人主要从事自给自足的农业生产，居住在乡村，华人则多从事种植园经济、矿山经济和商业贸易，居住在城市和矿区"[2]。因此，马来西亚虽然处于殖民统治之下，但苏丹仍是马来属邦和马来联邦的主要统治者，这使马来人能较多地涉入政治事务；由于缺乏参与政治事务的历史背景和较强的中国属性，再加上殖民者采取鼓励华人经济参与、限制华人政治参与的政策，华人没能在政治上发挥一定的作用，但在经济上却远远超过马来人。占据政治优势的马来人和占据经济优势的华人形成了族群利益不平等的社会关系结构，这种结构与殖民统治者"分而治之"的统治策略密不可分，也为独立后马来西亚族群问题的产生埋下了隐患。

---

[1] 许云樵、蔡史君：《新马华人抗日史料（1937—1945）》，文史出版私人有限公司，1984。
[2] 李毅：《马来西亚工业化进程中的技术学习与技术进步》，厦门大学出版社，2003。

（三）华人在马来西亚殖民时代的主体性特征

殖民时代的主、客观因素很大程度上制约着华人在马来西亚作为主体的自主存在。一方面，华人被自身的"中国属性"局限；另一方面，华人迫于生存压力而不得不被殖民统治者和苏丹的强权束缚。华人因此而无法对剥削、压迫、独断专横的统治进行否定和抗争，也没有意愿根据自己的需要来改变马来西亚的现实，确立自己的主体地位，从而对自己所处的主、客观条件缺乏自决的权力和可能。这种自主性的缺乏在很大程度上使华人沦为被驯服和被利用的工具，受人摆布而"不由自主"，其对自身所处的政治、经济等对象性关系以及与殖民者、苏丹、马来人的社会交往关系都没有较大的自主能力。因而，华人对马来西亚历史发展的作用与影响，既不同于移民对故土国，也不同于国民对本国的作用。[①]由于缺乏较强的主体建构的自主性，缺乏一定的对自身实践活动及其成果的自主权，华人的作用和影响即主体性被压抑在较小的空间内，没有得到充分而完整的确立，更无法能动和创造地施展发挥，作为华人族群建构的力量还未真正形成。

三、马来西亚华人主体性的现实之维：重构的主体性

1957年马来西亚宣告独立，并由马来人、华人、印度人这三大种族组成了联盟政府，马来西亚由此进入了国家建构和现代化进程中。这一时期，华人作为国民而具有越来越强的本土属性，其主体性通过自身在马来西亚现代化进程中的实践活动得以确立和生成。

（一）华人在马来西亚独立后现代化进程中的实践活动

华人的主体性在马来西亚经济现代化的过程中得到彰显。首先，华人作为人力资源推动着马来西亚经济的现代化进程。华人在这一时期的受教育程度普遍高于其他种族，主要工作在第二、第三产业部门，并成为技术人员和专业职业者的主要族群来源，因而"要在经济生活中的劳动力中取代华人的地位是极其困难的"[②]。其次，华人资本为马来西亚的经济现代化作出了重要贡献。独立后较宽松的多元经济发展政策使华人资本有了很大的发展，20世纪70年代新经济政策的实施，限制了华人工商业发展的空间，华人资本未能得到充分发展而

[①] 韩方明：《华人与马来西亚现代化进程》，商务印书馆，2002。
[②] 吴元黎：《华人在东南亚经济发展中的作用》，汪慕恒、薛学了译，厦门大学出版社，1989，第60页。

被迫转移到国外，从而间接刺激了华人工商业的现代化和一体化。①20世纪90年代，"国家发展政策"的出台为华人资本带来新的发展契机，华人工商业有机会参与国家的建设项目并能涉入制造业、金融业、能源及交通运输业、高科技产业等领域。近年来，华人经济总量不断扩大，实力不断增强，其资本越来越具有本土化、多元化、集团化、国际化的特点。截至2010年，马来西亚华人企业在全球华商中的地位仅次于新加坡位居第二，因而在国民经济中占有重要的地位。

华人的主体性在马来西亚政治现代化的过程逐渐显现。首先，华人先后成立了马华公会、民政党、民主行动党等政党，在历届政府中都有多名华人担任部长。其中马华公会是马来西亚最大的华人政党，曾长期作为执政的国民阵线成员之一，为谋求和维护华人的正当权益作出了积极贡献。而在近些年来的大选中，华人选票越来越成为执政党和反对党都想争取的关键票，从而具有影响政局发展的特殊意义，这也促使政府更加重视华人的政治诉求。②2018年的第14届大选，由民主行动党、人民公正党等反对党组成的希望联盟赢得了胜利，实现了马来西亚建国60年来的首次政党轮替。其中以华人为主的民主行动党获得了大多数的华人选票，不仅取得了槟城的执政权，成为执政党之一，也使得新政府中的华人部长达到了十多位。其次，华人通过约4000个组织健全的社团参政、议政，维护华人的利益，在马来西亚的政治生活中发挥了重要作用。这些社团作为华人社会的民间组织与重要的民间力量，"对民意的了解和把握往往优于华人政党，因此，华社常常通过社团组织出面，直接向政府提出政治诉求"③，进而对政府政策的制定与实施产生影响。

华人的主体性在马来西亚文化现代化的过程逐渐形成。首先，华文教育经过200年的发展，形成了完整的教育体系、规范的教学体制和大众化的学习群体，这在中国之外的世界各国是绝无仅有的。近年来，非华裔学生进入华文学校学习成为一种现象，其就读人数呈直线上升趋势。目前，非华裔学生人数已占据华文小学学生总人数的15%，接近10万人，华文小学因此成为各源流小学中不同种族学生就读比例最高的学校。这说明华文教育已不再囿于华裔而成为马来西亚更多族群乃至全民的教育资源，成为中华文化传播和文化交流的重要

---

① 颜清湟：《华人贡献与马来西亚的进展》，载文平强、许德发编《勤俭兴邦——马来西亚华人的贡献》，华社研究中心，2009。
② 梅玫、许开轶：《当代马来西亚华人的政治参与》，《长江论坛》2014年第2期。
③ 许梅：《独立后马来西亚华人的政治选择与政治参与》，《东南亚研究》2004年第1期。

阵地。其次，马来西亚也是海外华文媒体历史最久、数量最多、体系最全的国家，其华文报纸的日销售量已超过马来文报和英文报，[①]华人文学以及众多华人文化活动的展开与推进，为华人和其他族群的相互了解提供了平台，很大程度上促进着当地多元文化的融合与发展。

（二）华人在马来西亚独立后现代化进程中的主体性表现及其分析

综合华人在马来西亚独立后现代化进程中的经济、政治、文化等活动，可以看到一个共存共荣的华人社会形成并发展起来，其对马来西亚社会的作用和影响体现为：经济领域，华人的能力得到了更大的发挥，就其经济规模、行业分布、资本特点等要素而言，已经在马来西亚经济发展中扮演着不可替代的角色；政治领域，华人虽然缺乏参政的历史背景，同时受到诸多政治上的限制，但凭借其长期保持的经济优势争取到了更多的政治权益，从而拥有与其他东南亚国家华人相比更多的政治参与空间，这在海外华人社会中是绝无仅有的；文化领域，华人有了更多元、更深层次的发展，并且将这种文化影响力扩展到了非华裔族群中，对社会产生了更大范围的影响，从而成为马来西亚多元文化的建设者。总体而言，华人的能动、创造等主体特性在马来西亚现代化进程中已得到了确立和发展，华人对自身社会实践活动有了较大的自主性，对影响和制约自身存在、发展的主客观因素有了较多的独立、自由、自决和自己支配自己的权力和可能。

从主观因素看，马来西亚独立前后，华人积极申请公民权，从而完成了从"移民"到"国民"的转变，"本土属性"开始形成并不断提升，从而一定程度上克服了其具有的"中国属性"，华人真正把自己当成国家的主人，对马来西亚的认同和感情也由浅到深，并通过不断地适应和融入积极、主动地参与国家建构。经济上以国家建设为根本，并与马来人真诚合作，共同促进经济发展；政治上以独立、自主的政党和社团的组织形式主动表达诉求，寻求与其他政党的合作；思想文化上，通过各种方式和途径实现着中华文化与其他族群文化的相互交融和良性互动。从客观因素看，虽然历史原因形成了马来人主导政治的局面，但以种族为基础的多党联盟执政的政治制度的建立，能够较多容纳不同政党及其所代表的不同族群的利益要求，形成解决族群矛盾和冲突的政治均衡结构。[②]这使

[①] 王睿欣：《从交往理性的维度看马来西亚华人在"21 世纪海上丝绸之路"构建中的角色》，《榆林学院学报》2019 年第 3 期。
[②] 韩方明：《华人与马来西亚现代化进程》，商务印书馆，2002。

华人政党能够参与执政联盟,分享权力,从而在经济、文化等方面为华人赢得一定的权益和地位。[①]在这种政治制度产生的政治权力的干预和参与下,马来西亚形成了国家资本、华人资本、外国人资本、马来人资本共存的经济结构。因此,虽然由于各种因素形成了马来人主导政治和"国家资本"的局面,但华人在政治、经济方面的力量仍不可忽视,在马来西亚现代化进程中的作用不可替代。

(三)华人在马来西亚独立后现代化进程中的主体性特征

马来西亚独立后现代化进程中的主、客观因素生成了华人在马来西亚作为主体的自主存在。一方面,华人的"本土属性"极大地激发了其参与马来西亚现代化建设的热情和积极性;另一方面,基于族群的多党联盟执政的政治制度确立了华人作为国族建构主体的资格和权利。华人因此能够对不公正、不公平的政策和制度进行否定和抗争,能够根据自己的需要来改变社会现实,彰显自己的主体地位,从而对自己所处的主、客观条件具有了自决的权力和可能。这种自主性的生成在很大程度上使华人成为自身的主人,不再作为"工具"受人支配和摆布,而是自主地去认识现实并采取行动,其对所处的多元民族国家的现实有了较大的自主能力:以"和谐共生"的理念为指引,以政治适应、经济发展和文化融入的不断实践,克服族群之间的纷争和矛盾,寻求与主体民族——马来人的合作与沟通,从而体现华人对马来西亚国族建构的意义和价值。[②]因此,华人对马来西亚国家建构及现代化的作用与影响,完全是国民对本国的作用。由于具有较强的主体建构的自主性,拥有对自身实践活动及其成果的自主权,华人的作用和影响即主体性得到了释放与重构,并得以能动和创造地施展和发挥,作为华人族群建构的力量真正形成并发展起来。

四、马来西亚华人主体性的未来之维:实现的主体性

经过100多年的发展变革,马来西亚华人已从殖民时代的"寄居者"蜕变成了国家建设的"主人",已从一个"移民社会"蜕变成独立国家的重要组成部分[③],其被压抑的主体性得到了释放而确立并重构。由于主、客观因素的限制以及自身自主能力的限制,华人主体性的发展还存在困境,其主体性只有在对客

---

① ② 吴前进:《海外华人的和谐理念与实践方式——马来西亚华人社会的发展经验》,载于聂德宁、李一平、王虎主编《中马关系与马来西亚华人研究国际学术研讨会论文集》,厦门大学出版社,2013。
③ 颜清湟:《一百年来马来西亚华社所走过的道路》,《南洋问题研究》2005年第3期。

观现实和主观能力的超越中才能得到真正实现。

（一）华人主体性的困境

从马来西亚华人的历史与现实看，其主体性的困境主要在于：

其一，华人主体性的迷失。首先，华人主体身份的分裂。一方面，华人特别是新生代已经融入马来西亚的国家生态结构中，并通过自身的实践活动成长为较成熟的马来西亚公民，从而对马来西亚产生了较强的国家认同。所以，华人希望通过"马来西亚人"这一完全"本土属性"的身份，融入主流社会，实现自身权益和社会地位的提升，体现华人对于国家发展的价值和意义。另一方面，华人所具有的自然民族属性及其在历史和现实中与中国存在的多层次关系，使其不得不在文化意义上追寻和保持自身的"中国属性"，这种"中国属性"在多元民族文化的交融中日渐式微，但在文化被政治化以及族群间的猜忌、误解下反倒被强化。这构成了马来西亚华人主体身份的分裂：一个是中国的，另一个是马来西亚的。[1]其次，华人主体价值的迷失。华人的主体价值包含两个方面：满足马来西亚社会发展合理需要的工具性价值和满足自我发展合理需要的本体性价值，以及这两个方面的协调统合。而在工具理性过度膨胀的现代性社会中，华人的工具性价值得到了过度的重视和发展，其存在的价值片面化为经济等功利性效益，精神、人文素养以及由此实现华人自身的幸福，这些本体性价值则几乎被排除在华人主体性发展的目的之外，成为鲜少问津的内容。工具性价值与本体性价值失谐造成了马来西亚华人在文化以至政治上只有形式而无思想内涵的迷失，以及文化不能深化的困境。[2]

其二，华人主体性的"边缘化"。华人通过自身主体性的确立和发展不断展现了对马来西亚的作用和贡献，并企图以此获得国家建构的中心位置，但国家独立已经60多年，中心的位置对华人来说仍然遥不可及。因为独立之初，马来人便通过宪法的形式确立了自己的特权，从而取得政治上的主导权。此后的发展过程中，由于拥有宪法和政治权力上的优势，马来人借此不断强化其人口、经济和文化上的优势地位，推行马来人优先的政策，华人的权益则因此受到体制性的压抑和限制，再加上华人处于少数地位，且自身所拥有的政治权力

---

[1] 何国忠：《马来西亚华人：身份认同、文化与族群政治》，华社研究中心，2002。
[2] 何启良：《马来西亚华人政治分析的几个问题》，《明报月刊》1989年第4期；何国忠：《马来西亚华人：身份认同、文化与族群政治》，华社研究中心，2002。

有限，因此即使华人政党是执政党之一，即使华人通过激烈的抗争也无法改变自身所处的不平等地位。①这种状况体现为华人在政治、经济、文化教育上"当政不当权""当家不做主"的尴尬处境。受内部政治力量对比和族群政治所限，目前即使在新政府内部，华人依然处于少数地位，在政治上的权力并没有获得多大改观。因此，华人独立发挥主导作用的空间实际较为狭小，其主体性一直存在被"边缘化"的危机。这一危机的根源在于马来西亚的族群政治，而族群政治的存在则来自"族群利益"意识的无孔不入，即个体意识到自己之所以可以享用比别人更多的资源或被剥夺应有的资源，是因为他隶属于某一族群的特殊身份。也就是说，族群身份是决定社会分配的基础之一。②因此，华人在资源分配中一直居于劣势，在各种社会结构中马来人是主、华人是副。③

（二）华人主体性的超越

华人只有在对其主体性的困境进行克服，对制约其发展的现实因素进行超越的基础上才有可能真正实现其主体性。

首先，消解主体性的偏执。主体性的偏执在马来西亚社会主要体现在两个方面。一是"绝对主体性"的偏执。人或群体通过各种对象性活动确立自我意识，在确立自我的同时确立了他者，"这种绝对化的自我和他者的结果就是使作为他者的真理具有了独立性和绝对性"④，"自我"之外的一切"他者"包括其他具有主体性的人或群体都成了"自我"的对立面，必须进行控制和征服。正是基于绝对主体性的思想，马来西亚不同族群一直处于彼此之间分立、互相竞争之中，难以形成共同体意识，而华人不得不在被绝对化的"他者"的位置上重新界定"自我"，从而出现"自我"主体性的迷失。二是主体"工具性价值"的偏执。绝对主体性采取的是一种物质主义的基本价值取向，这种价值取向将主体性价值片面化为实用的经济、政治等工具性价值。这不仅造成了主体之间关系的客体化，"自我"之外的"他者"一律被当作工具来对待，而且"自我"也陷于被工具"异化"的危险之中。"工具性价值"的偏执很大程度上造成了马来西亚社会本体性价值的缺失，个体和族群无法从情感、心灵、人文等精神层面寻找和确立自我存在的价值，也无法真正从文化和精神层面去理

---

① 周兴泰：《马来西亚华人社会推动中马"一带一路"合作研究》，《八桂侨刊》2018年第4期。
② 张茂桂等：《族群关系与国家认同》，业强出版社，1993。
③ 何国忠：《马来西亚华人：身份认同、文化与族群政治》，华社研究中心，2002。
④ 才金龙：《国际关系理论中的主体性问题研究》，《教学与研究》2014年第10期。

解和尊重彼此，这也是族群及其文化课题被政治化的原因。"绝对主体性"的偏执和主体"工具性价值"的偏执造成了马来西亚社会"族群利益"意识的泛滥和"族群政治"不公的现实。只有消解这两方面的偏执，华人才能具有实现其主体性的可能。

其次，建构国家命运共同体。绝对主体性思想已经成为一种统治模式，规制着马来西亚社会的认识和实践方式，也带来了族群政治的负面效益，如族群自我中心化倾向和工具性行为方式，华人主体性的迷失和边缘化不过是这种认识和实践方式的表现结果。消解绝对主体性的偏执，就需要将主体性置于族群交往关系中，经由自我与他者关系的审视而得以重新建构。在交往中，只有每个族群被其他族群视为与自己是同样的主体的时候，每个族群即便是少数族群都具有平等的地位和权力，每个族群才能获得自己的确定性，每个族群的主体性只有通过自我与其他族群的"交互主体性"才能建立。[①]当每个族群的主体性都得以承认和声张，超越族群和族群意识的"马来西亚人"身份和"马来西亚"意识便有可能通过相互理解、开放包容、合作共生的社会交往关系形成，每个族群包括华人才能真正实现自身的主体性。（这种情形在某些时候隐现于马来西亚社会，并且显示出族群关系处理得越好，国家的成长越快，各族群的发展越好。）这种可能指向的是基于马来西亚国家建构的命运共同体：不以族群利益画线，不搞排他性的政策安排，各族群之间相互尊重，理性对话，相互包容各自在文化、思想上的不同，在非同一性的共生交往中谋求各个族群的共同发展，从而实现"和而不同"和整个国家的进步。国家命运共同体以"去绝对主体性"为基础，通过各族群在国家建构实践中达成意见一致的文化价值观和行为规范，形成对这一实践的归属感和认同感，通过多维度、总体性的交往实践活动，确立各族群共同主体的关系，由此实现各族群在各个层面特别是精神文化层面的发展及其相互交往，从而推动各族群主体性的实现。

结　语

对马来西亚华人主体性的探究既要基于历史，又要立足现实，更要指向未来。马来西亚华人的主体性是在对主、客观因素不断地克服与超越中确立和发

---

① 蒋家军：《现代社会中人的主体性矛盾及其自我超越》，《无锡商业职业技术学院学报》2018 年第 3 期。

展起来的，是其在政治、经济、文化、教育上不断发挥作用的过程，也是其自主性、能动性、创造性不断提升的过程。马来西亚华人主体性的发展必定不是坦途，而超越"族群利益"意识，克服"族群政治"的不公，是其主体性实现必须面对和解决的关键课题。此课题解决的程度将关系着华人族群建构的主体性力量即自主、自为发展的进程，也关乎其在"一带一路"中所扮演的角色。当然，此课题的解决不仅需要外部客观力量的改变，而且需要华人能动、创造能力的施展，本文所作的探讨希望对此有所助益。

"一带一路"视野下的马来西亚
新山华人文化活动刍议

杨锡铭[①]

(韩山师范学院潮学研究院　广东潮州　521041)

新山是马来西亚柔佛州首府,位于欧亚大陆的最南端,与新加坡隔海相望。独特的地理位置,使其成为海上丝绸之路的重要节点。新山是华侨华人的聚居地之一,华人的文化活动跌宕起伏,近年来高潮迭起,声誉远播。关于新山华人的文化活动,安焕然在《"文化新山"的边城风景——战后马来西亚新山华人社会文化研究》[②]一文中,具体地考察与讨论了新山华人社会在当地的历史和现实的情境中,基于本土关怀的自觉,如何进行华人文化再建构的历程,论述了华人文化"为什么"延续,"如何"在调适于本土的境域中延续华人的传统,并且建构起属于自身的文化。舒庆祥在《马来西亚柔佛新山华人文化研究》[③]中述说了柔佛天猛公王朝的兴起、新山华人的移植及中华文化在新山的传承,借此说明柔佛与中国数百年来关系渊源的深厚与互动;指出柔佛苏丹执行与贯彻的"柔佛民族"理念及中国推出的"一带一路"倡议,给新山华人文化注入了新的动力。本文拟依据近十余年来本人多次到访新山的实地考察,以及与新山华社交往的体会,简要叙述近年来新山华人文化活动的发展历程及其对于实施"一带一路"倡议的意义,以期抛砖引玉。

[①] 杨锡铭,广东潮州人,韩山师范学院潮学研究院特聘研究员,潮州市侨联原主席。
[②] 安焕然:《"文化新山"的边城风景——战后马来西亚新山华人社会文化研究》,博士学位论文,厦门大学,2009。
[③] 舒庆祥:《马来西亚柔佛新山华人文化研究》,硕士学位论文,华侨大学,2017。

一、作为海上丝绸之路重要节点的新山，是以潮州人为主体的华人首先开发起来的

柔佛新山的兴起，直接得益于甘蜜（Uncaria Gambier）的广泛种植。甘蜜是一种含丹宁酸（Tannin，或称"鞣酸"）的植物，高约8尺，采其叶在铜锅中熬煎成膏晒干，有特殊光泽，可供鞣皮、染色之用，另可作丝绸之染料，也是咀嚼槟榔所不可少的配料，在当时是一种重要的经济作物。19世纪欧洲纺织业和皮革业的发达，刺激了甘蜜价格的攀升，从而激发了以潮州人为主的华人种植甘蜜的积极性。19世纪40年代，现在的柔佛州、新加坡和印度尼西亚的廖内群岛，都属于当时的柔佛王朝统治的疆域。彼时的柔佛还是一片荒芜之地，河流众多，人烟稀少。掌握柔佛王朝大权的天猛公（Temenggong）依伯拉欣（Ibrahim）为了开发柔佛，实行"港主制度"[①]，招徕以潮州人为主体的大批华人前来开垦种植甘蜜和胡椒。[②]1844年10月，与天猛公依伯拉欣关系密切的潮州人陈开顺（原籍为现潮州市潮安区东凤镇）率领乡亲，从新加坡来到现在的新山，取得天猛公正式发出的开发柔佛之第二张港契，成为陈厝港的港主。陈开顺领导的义兴公司，成为天猛公依伯拉欣的忠实支持者，协助其巩固在柔佛的统治地位，从而成为受当地统治者认同的唯一的政治势力，陈开顺也因此成为柔佛历史上第一位华人甲必丹（Kapitan）（华人领袖）。在这种有利的客观环境下，一批又一批的潮州人如潮水般地涌进柔佛地区。1860年，天猛公依伯拉欣和陈开顺相继去世，阿武峇加（Abu Bakar）继任天猛公。之后，早在1853年

---

① 港主制度源自廖内群岛（今属印度尼西亚）曾经风行一时的耕种制度。19世纪中期，柔佛的统治者为开发柔佛，通常选择在河与河（主要是支流）交汇的地带发展。当时的华人胡椒和甘蜜种植者向柔佛的统治者申请一张港契（Surat Sungai）作为其"开港"的准证，从事开垦土地种植甘蜜和胡椒。其时，潮籍华人习惯称河边为"港"，故称开港者为"港主"（Kangchu）；称港主之辖地为"港脚"（Kangkar），均为潮州话发音。

② 有关柔佛开发历史，前贤多有著述，可参阅许云樵：《柔佛的港主制度》《柔佛华人拓殖史》，载《新山中华商会庆祝银禧纪念特刊》，新山中华商会，1970。潘醒农：《马来亚潮侨通鉴》，南岛出版社，1950；《回顾新柔潮人甘蜜史》，载《新加坡潮州八邑会馆成立七十周年纪念特刊》，潮州八邑会馆，2000，第208—214页。郑良树：《论潮州人在柔佛的开垦和拓殖》，载《潮州学国际研讨会论文集》，暨南大学出版社，1994，第841—854页；《柔佛州潮人拓殖与发展史稿》，南方学院出版社，2004。王琛发：《马来亚潮人史略》，艺品多媒体传播中心，1999。安焕然：《马来西亚柔佛潮人的开垦与拓殖》，载《潮人拓殖柔佛原始资料汇编》，南方学院出版社，2003，第623—650页。舒庆祥：《走过历史》，彩虹出版有限公司，2000。

已是柔佛的一名港主的陈旭年迅速成为当地最大的港主,并且在1870年受委为华侨侨长(Major China),领丞相衔,成为当地的华人领袖。[1]陈旭年原籍是现广东省潮州市潮安区彩塘镇金砂乡,据说他曾与天猛公阿武峇加结拜为兄弟。

郑良树教授曾著文论述潮州人对开垦及拓殖柔佛扮演的重要角色和作出的贡献,指出新山开埠时"共有19条港,全部为潮州人所开辟"[2]。随着大量的潮州人的涌入,柔佛尤其是首府新山得到迅速的垦殖。潘醒农先生曾写道:"传说谓仅柔佛州,即有138条港之多,潮侨开辟者占有十分之九,以陈厝港开辟最早。"[3]"早期新山的开拓以潮州人为主,他们多数集中在纱玉街、陈旭年街活动。从新山公市商业总会、渔业商会与菜业商会所提供的历届理事名单等资料中得知,早期潮人几乎垄断了新山公市(包括渔业、菜业)及京果杂货的批发、买卖等行业。"[4]据马来亚官方统计,1911年柔佛州的潮州人占该州总人口的31.59%,位居第一位。此后,一直保持在第二、第三位之间。[5]正是由于以潮州人为主体的华人披荆斩棘,开荒种植,荒芜的新山逐渐变成富饶的种植园,甘蜜、胡椒、橡胶等远销世界各地,从而奠定了其作为今天的马来西亚第二大城市的基础。

二、新山华人文化带有浓厚的潮州文化特色

大量潮州人的涌入,使新山华人文化带有浓厚的潮州文化特色,民众以潮州的文化风俗为时尚。当年新山有"小汕头"之谓,正是反映此一客观事实。[6]

潮州话一度成为当地主要的通用语言。潘醒农先生在《潮侨溯源集》一书中写道:"新山华人之中,昔时以潮州人占多数,当年有'小汕头'之称。在

---

[1] 关于陈旭年事迹,可参阅潘醒农:《马来亚潮侨通鉴》,南岛出版社,1950,第133页。
[2] 郑良树:《论潮州人在柔佛的开垦和拓殖》,载《潮州学国际研讨会论文集》,暨南大学出版社,1994,第852—853页。
[3] 潘醒农:《马来亚潮侨通鉴》,南岛出版社,1950,第53页。
[4] 南方学院华人族群与文化研究中心:《柔佛潮人史料合作计划工作纪行》,南方学院出版社,2003,第59页。
[5] 郑良树:《论潮州人在柔佛的开垦和拓殖》,载《潮州学国际研讨会论文集》,暨南大学出版社,1994,第853页。
[6] 郑良树:《序·潮州义兴与柔佛的开发》,载《柔佛州潮人拓殖与发展史稿》,南方学院出版社,2004,第XVI页;许武荣:《马来亚潮侨印象记》,马来西亚出版社,1951,第9页;潘醒农:《马来亚潮侨通鉴》,南岛出版社,1950,第42—43页。

柔佛开荒的港主也多数是潮州人。"①"自（19世纪）30年代之后，纯属潮州人的乡团或成员人数以潮州人为居多的各式团体纷纷成立。其数目之多，为其他华族方言集团之冠，这是华社的另一特色。"②由是，不难想象当时的新山，潮州话成为当地主要通用语言，特别是商业语言。"有一句话足以说明早期潮州话在新山华社广泛流行的程度：不懂潮州话，就不是新山人。"③虽然后来在新山的华人中，福建人和广肇人等其他方言族群的人口不断迁入，逐渐形成潮州、客家、广肇、福建、海南华人五帮，但潮州人仍占多数，潮州话仍然保持着"一语通新山"的"官方话"之地位，当地的福建人、广肇人、海南人及客家人都开口闭口潮州话，并享用潮州文化。④

潮州人带来了自己信奉的神明。最早开辟的陈厝港，1844年就设立灵山宫，供奉玄天上帝，该宫据说是陈开顺所建。⑤之后复陆续盖建了大伯公庙、镇安古庙、柔佛古庙、同奉善堂（主祀宋大峰祖师），以及德教会紫书阁等⑥。

除庙宇外，华文学校、义山等公共场所也相应建立。"在地方上之一切公共事业，大部分亦由潮侨首先创办。以新山一地而论，新山过去所有公共事业，如具有历史之宽柔学校、绵裕亭义山、柔佛古庙等，均由潮侨设立；经过一个时期，方由整个华侨公所接理。"⑦

潮州人的传统节庆，在新山一样红火。"尤其是到了农历的七月廿七，巴刹的中元节的庆祝活动最为热闹，一直拜到（午夜）12点。那时候，如果进入巴刹绕一圈出来，两只眼睛一定会被香枝的烟火熏得发红。"⑧潘醒农先生曾引林锦成所述之早期柔佛游神盛况："据传柔佛新山，每逢阴历正月二十日，为游神之期，全柔各港之港主，须各派出航船一艘，灯笼一对，前赴新山参加神游，盛极

---

① 潘醒农：《潮侨溯源集》，金城出版社，2013，第52页。
② 舒庆祥：《潮州人与新山息息相关》，载《走过历史》，彩虹出版有限公司，2000，第46页。
③ 同上书，第47页。
④ 郑良树：《序·潮州义兴与柔佛的开发》，载《柔佛州潮人拓殖与发展史稿》，南方学院出版社，2004，第XVII页。
⑤ 洪德荣口述：载《潮人拓殖柔佛原始资料汇编》，南方学院出版社，2003，第55页。
⑥ 同上书，第88页。
⑦ 潘醒农：《马来亚潮侨通鉴》，南岛出版社，1950，第43页。宽柔学校为马来西亚最著名的华文学校，其创始人中有两位是潮州人。详见郑良树：《文教建设·柔佛州潮人拓殖与发展史稿》，南方学院出版社，2004，第245—265页。
⑧ 林潮州口述：载《潮人拓殖柔佛原始资料汇编》，南方学院出版社，2003，第90—91页。

一时云。"①

潮州人对新山的影响，还突出表现在饮食文化上。"潮州人独有的美食，如粿条汤、粿条仔、肉骨茶，现已成为人们的最爱。"②

可以说，由于潮州人占多数，长期以来，潮州文化是新山华人文化中的主流。

三、新山的华人文化已经成为当地文化的有机组成部分

现在的新山是一个多民族多元文化共处的城市。新山的居民来自三大族群：华人、马来人和印度裔。华族按其方言分为潮州、广肇、客家、福建、海南，俗称华人五帮。在这样一个多元文化共处的城市中，新山的华人文化经历几多跌宕起伏和磨合的过程，目前已经成为当地文化的有机组成部分。陈徽崇、陈再藩两位华裔文化人，先后获授"马来西亚国家文化人物"称号，"廿四节令鼓"和柔佛古庙游神分别被列为马来西亚国家非物质文化遗产，就是明证。

"廿四节令鼓"是1988年由新山知名文化人陈徽崇、陈再藩以中国广东狮鼓为基础编排而成的一种鼓舞，用24个狮鼓来代表中国农历的24个节令，配以中国书法艺术为24面单皮鼓"刻背"，将鼓、24节令、书法艺术、文化香火汇集成一体。2009年，"廿四节令鼓"被列为马来西亚国家非物质文化遗产。

柔佛古庙游神源自潮州地区的"营大老爷"民俗，在新山已流传100多年。每年农历正月二十，新山的潮州、福建、客家、广肇和海南等华人五帮善信簇拥古庙中五位神明金身出游，整个活动包括游神前的亮灯仪式、净洗街道仪式、众神出銮、众神夜游、众神回銮等，一连五天。现已经成为当地的嘉年华会，2012年春节被马来西亚政府列为国家非物质文化遗产。

据笔者多次到访新山的亲身观察，在新山这样一个多民族多元文化的城市中，华人传统的文化活动，不但没有使华族民众与当地其他族群产生隔阂或相互排斥，反而有利于和睦相处，促进相互了解。"正月营老爷"（柔佛古庙游神）和"三月初三锣鼓响"潮州乡音民俗庙会，已经成为新山人民的共同节日。华人社团举办的"潮味十足陈旭年""中秋提灯"等文化活动，当地三大

---

① 潘醒农：《马来亚潮侨通鉴》，南岛出版社，1950，第43页。
② 舒庆祥：《潮州人与新山息息相关》，载《走过历史》，彩虹出版有限公司，2000，第47页。

族群各有节目表演，不但柔佛州的行政领导出席，也吸引了当地其他族裔人民共同参与，现场体现出各族人民互相包容和谐共处的景象。

四、20世纪末以来，新山华人文化活动十分活跃

近年来，新山的华人社团在自身不断努力的同时，也加强了与原乡特别是潮汕地区的联系，在新山举办一些具有潮州传统文化特色的活动，并不断将这些活动推向高潮，主要表现为以下几点。[①]

1.通过传统节庆推陈出新弘扬华人文化

一是把元天上帝神诞办成潮州民俗文化庙会。农历三月初三元天上帝神诞的传统酬神活动在新山已传承逾百年之久，以往仅是单纯祭拜神祇的活动。2002年，时任柔佛潮州八邑会馆会长李树藩约请新山文化名人陈再藩一起讨论，决定以潮剧与潮州大锣鼓为主轴，加上其他文娱节目及潮州传统美食，将其转变为包含潮州乡音和民俗文化的三天庙会，名之为"三月初三锣鼓响"[②]。自开办以来，每年庙会的内容和主题不断推陈出新，生动活泼，吸引了众多当地华人和其他族裔民众参加。先后开办的活动有：潮人儒雅的参拜仪式、潮剧（包括折子戏清唱）、潮乐、潮州大锣鼓、潮州歌谣、潮曲卡拉OK、潮州木偶戏、潮州讲古、儿童庙会、潮人书刊出版、民俗讲座、潮州文化展览、潮州剪纸、潮州美食、平安宴和侨批展等。因而，"虽是为神庆诞，'三月初三锣鼓响'的宗教色彩并不浓，倒像是一个承载和复兴潮州文化的'文化节'"[③]。经过十余年的发展，"三月初三锣鼓响"已成为新山的文化品牌。

二是赋予柔佛古庙游神活动新的内涵，使之成为全民参与的嘉年华会。新山华社强调在柔佛古庙中由五帮共同奉祀五位主神，是新山华社互相协作、团结互助、"五帮共和"的古庙精神的体现。新山中华公会和柔佛古庙管委会把活动规模逐年扩大，增加文化创意，突出多姿多彩的文艺表演，凸显朝气蓬勃的现代气息。游神成了新山五帮会馆弘扬"五帮共和"古庙精神的良性竞技场。游神之前，参与团体特别是五帮会馆都会用足心思，比创新、比人气，精心打造"秘密武器"，呈献最好的节目，彰显本帮的实力。如龙狮舞得出神入

[①] 资料来源于本人考察及新山陈泰昌、陈再藩、黄培贤、孙彦彬等提供的有关资料，特此鸣谢。
[②] 李树藩：《文化缘起》，载《三月初三锣鼓响·十年回顾》，柔佛潮州八邑会馆，2011，第7页。
[③] 安焕然：《"三月初三锣鼓响"的乡音共鸣》，载《星洲日报·边缘评论》，2011；又见《三月初三锣鼓响·十年回顾》，柔佛潮州八邑会馆，2011，第10页。

化，而且创意无限，单是舞龙，就出现过草龙、香火龙、气球龙、风车龙、灯泡龙、七彩荧光烟火龙，每年都有让人期待的新花样。最近几年每逢正月二十日晚的众神夜游，挤满在新山市的主要街道观看的民众约有30万之众。晚上10时左右巡游队伍进入市区时，游神活动达到高潮，护轿者与善信们一路上不停地喊着"兴啊、发啊"，民众情绪高涨，整个新山仿如沸腾起来。

此外，还结合有关节庆开展一系列华人文化活动。例如：在中秋节期间举办中秋提灯庆典活动；在千禧年的2000年1月9日，举办以潮州文化特色为主的"鼓乐齐鸣千禧文化展演会"；自2008年开始每年举办潮州传统成人礼——集体"出花园"仪式；等等。

2.把历史老街"陈旭年街"打造成中华文化街

"陈旭年街"是以当年开发新山的华人领袖陈旭年命名的老街，也是当年华人垦殖新山的历史见证。近年来，新山中华公会、柔佛潮州八邑会馆等华人社团以此为场所，举办各种华族传统文化活动，从而使之成为文化传承的基地。其中，2010年1月30日由新山中华公会文化街工委会主催，[①]柔佛潮州八邑会馆主办，柔佛颍川陈氏公会、新山镇安古庙，以及柔佛南洋同奉善堂共同协办的"潮味十足陈旭年"活动，是首个在"陈旭年街"举办的以潮州籍贯为主题的大型活动。现场除了摆卖潮州味十足的传统食品外，还有潮州戏曲演唱、潮州大锣鼓、潮州歌册、潮州讲古等，吸引了众多人士参加。

3.收集、研究和展示华族历史资料

2001—2002年，柔佛潮州八邑会馆联合柔佛州其他10间潮州会馆与马来西亚南方学院合作，展开"搜集柔佛潮人史料合作计划"。南方学院50多位师生深入柔佛各地，收集整理潮人史料，出版《潮人拓殖柔佛原始资料汇编》及《柔佛潮人史料合作计划工作纪行》。2004年，马来西亚知名学者郑良树教授在此基础上出版专著《柔佛州潮人拓殖与发展史稿》，把潮州人对柔佛州的拓殖史实第一次系统地介绍给世人。新山中华公会出资120万马币将原会址改建成新山华族历史文物馆，于2009年10月落成开幕，成为全马华人社团首创的地方性历史文物馆。馆内共展出华人先贤开辟新山的300余件宝贵文物，以及近千件

[①] "主催"是马来西亚华社的习惯用语。如果举办活动时出现"主催"的情况，主催单位通常在这项活动上只扮演幕后角色，真正执行筹办工作的是主办单位，也就是说，主催单位把主办权交给了主办者。如此次"潮味十足陈旭年"活动，新山中华公会文化街工委会负责主催，只提供场地上的方便和赞助若干经费，而由柔佛潮州八邑会馆主办。

具有重要历史价值的文件，直观地反映出华族开发新山的历史。2009年12月10日，柔佛潮州八邑会馆以庆祝成立75周年为契机，举办了一场反映潮州人开发新山历程的晚会"一台百年潮州戏"等。

4.频繁开展与原乡的互动，特别是双向文化交流

近年来，新山华社认识到，新山的华人文化主要源自广东潮汕地区等原乡，到原乡寻根溯源，吸收文化营养，有助于保持华人文化的旺盛活力。自2007年起，柔佛潮州八邑会馆及其青年团、新山中华公会等经常组团到访中国原乡寻根，考察民俗，进行文化交流，还曾专门组团访问位于潮州市彩塘镇的"从熙公祠"[①]和陈旭年的后裔。近年来，新山华人社团与潮汕地区的汕头市、潮州市和揭阳市，以及广州、梅州、厦门等地的相关部门建立了联系，特别是与潮州市、汕头市的侨务部门、电视台和韩山师范学院、潮州王伉传统文化研究会（潮州青龙古庙）、汕头市潮汕历史文化研究中心等关系密切。

与此同时，新山华人社团也多次邀请原乡有关部门和专家学者到访，协助开展文化活动。韩山师范学院前后两任院长薛军力教授、林伦伦教授和该院知名的教授，潮州市、汕头市的专家学者等分别应邀到新山作有关潮州文化的专题演讲。潮汕的艺术家和民俗专家多次赴新山，在"三月初三锣鼓响"潮州乡音民俗庙会上献艺。例如，2008年韩山师范学院旅游系派出三位潮菜大师参与潮州美食展卖会，2009年汕头市的赵澄襄女士到新山举办中国潮汕剪纸艺术展，2010年汕头市潮语讲古大师王敏到新山讲古[②]，2011年潮州市青年摄影家协会到新山参与"返乡里，去潮州"摄影展、潮州市小天使潮剧团赴新山演出潮剧节目，2012年潮州市潮州大锣鼓队、汕头市大型英歌舞队到访新山做现场表演等。潮州电台还多次组织潮剧票友赴新山开展潮剧潮曲交流活动。这些使新山的华人文化活动更加丰富多彩，吸引更多的民众参与其中。

五、近年来新山华人文化活动的作用

根据笔者观察，近年来新山华人文化活动的蓬勃发展，有如下的主要作用：

[①] 从熙公祠位于潮州市潮安区彩塘镇金砂管理区斜角头，是当年陈旭年发达后回故乡建造的，现为中国国家级重点保护文物单位。
[②] 讲古，即讲故事，有点儿类似说书，是讲古艺人用潮州话对小说或民间故事进行再创作和讲演的一种传统语言表演艺术形式。

1.加强华人的凝聚力

新山华人社团举办的文化活动,使华人社团增强了自身凝聚力,尤其是激发了年轻的华人后裔参与社团及其文化活动的热情。2002年首届"三月初三锣鼓响"庙会的成功举办,潮州八邑会馆"深获潮人乡亲与其他籍贯乡团的赞赏,进而对本会另眼相看"[1]。曾特地从外地到新山参加游神活动的青年摄影师罗浩庭写道:"一直以来,会馆对于我的概念,是每年派发奖学金的组织;而会所,则是年长的会员聚集的地方,大家聊天搓麻将的去处。那年轻人呢?根本不会对会馆的活动感兴趣。这次的新山之行,颠覆了我的固有想法。一个庙会的活动,结合五个会馆的推动,那股力量,呈几何级数倍增,把新山华人的乡土情怀,表现得那么的激情和豪迈……因为背上的不仅仅是一尊神像,而是背负着先祖的承担……这样的活动,让年轻一辈付出的汗水得到光荣的回报。"[2]笔者十几年来与新山华社保持着密切的联系,据笔者观察,现在新山华人社团的成员除年长者之外,还有许多年轻人。这些年轻人都是社团活动的活跃分子,而且乐此不疲。也正是由于年轻人的参与,新山中华公会、柔佛潮州八邑会馆等华人社团显示出勃勃生机。

华人社团的凝聚力得到增强,华人族群也相应更加团结。柔佛潮州八邑会馆前会长陈泰昌先生说:"本会馆应时果断地创办'三月初三锣鼓响'民俗庙会,将祝寿仪式办得更盛大、更庄严,同时注入潮人民俗文化元素,让乡亲们参与演出,使庙会活动更具活力。这对传承和发扬潮人文化,团结乡亲起了积极的作用。"[3]马来西亚《星洲日报》曾经刊登郑梅娇的文章《回归"方舟的记忆"》。作者认为:"通过民俗文化活动,使我们虽飘摇于外却能团结于内;通过文化召唤,时空已无阻我们感染先贤最初开疆辟土的勇气与精神;对新山这小汕头而言,这不只是潮州人的聚会,它更是属于新山整体华裔的活动。"[4]"今天,在新山,义兴公司的精神还是非常深厚和强烈;新山的社会领袖,正是善用义兴这一股文化资产来团结华族社会,并且为华族文教拼搏,和

---

[1] 陈文杰:《三月初三锣鼓响·回忆与感想》,载《三月初三锣鼓响·十年回顾》,柔佛潮州八邑会馆,2011,第12页。
[2] 该文内容由陈再藩先生向笔者提供,特此鸣谢。
[3] 陈泰昌:《打造新山潮人的"民俗庙会品牌"》,载《三月初三锣鼓响·十年回顾》,柔佛潮州八邑会馆,2011,第6页。
[4] 郑梅娇:《回归"方舟的记忆"》,转载于《三月初三锣鼓响·十年回顾》,柔佛潮州八邑会馆,2011,第94页。

当年义兴的先贤团结各方言群开辟柔佛州没有两样。"①柔佛潮州八邑会馆前会长李树藩先生评价"三月初三锣鼓响"庙会时说:"元天上帝圣寿的庙会终于降临了……数以千计的老少同乡,将古庙挤得水泄不通,乡音乡情洋溢古庙,是那么温馨,那么的亲切!"②

2.华人文化在新山得到弘扬,乡情乡谊进一步密切

如上所述,新山华人在举办文化活动的同时,也频密开展与原乡的双向文化交流。双方的往来互动,使新山的华人增强对原乡及其文化特别是潮州文化的认同,从而使新山的华人文化得到了比较好的传承。马来西亚的《中国报》2010年1月31日曾刊登吴淑滨写的《传统节日上演——陈旭年街重现潮味》一文,报道了在陈旭年街开展的文化活动给当地带来的新景象。该文作者写道:"现场除了摆卖潮州味十足的传统食品外,还有多项潮州戏曲演唱、潮州大锣鼓、潮州歌册、潮州讲古等,分别在中央舞台、马来西亚华人文化协会柔州分会会所及十字街口老店前表演,让民众可在各个定点欣赏表演演出,颇有新意……潮州传统节目一一上演,让年轻一辈认识传统文化,更让老一辈的有如坠入时光机,沉醉在昔日小汕头风华情景里,如痴如醉。"接受该文作者采访的民众反映说:"这些活动让孩子明白潮人文化,是一个很好的活动平台,使人们多认识潮州文化。"曾玉珠则写道:"这场'潮味十足陈旭年'的活动,有朗朗上口的潮州歌册、精彩的潮剧献唱、潮人讲古文化漫步、可口的潮人小吃,以及潮人民俗文化等丰富多彩的节目,令这条老街充满了潮州乡音,也使得新山小汕头当年的景象仿佛再现。"③

当地不少潮州人经常通过上网浏览《潮州日报》《汕头日报》的内容,通过网络观看潮汕地区电台和电视台的潮剧潮曲潮语节目,潮州广播电视台因此成为新山华社到访潮州的参观单位之一。④曾任柔佛潮州八邑会馆青年团负责人的孙彦彬,还创设网站介绍潮州,很受欢迎。

---

① 郑良树:《麻坡与新山,柔佛州双城记》,载《柔佛潮州八邑会馆七十周年纪念特刊》,柔佛潮州八邑会馆,2004,第113页。
② 李树藩:《文化缘起》,载《三月初三锣鼓响·十年回顾》,柔佛潮州八邑会馆,2011,第7页。
③ 曾玉珠:《文化街活动纪实》,载吴华、舒庆祥编选《陈旭年与文化街》,新山华族历史文物馆,2010,第176页。该文原载《新山华讯》2010年第48期,新山中华公会,第22—26页。
④ 笔者在与新山的朋友的接触中,常被告知他们经常通过网站了解潮州情况。近年来,新山不少潮州人到访潮州时,还专门到潮州广播电视台做客。笔者于2014年10月、11月两月,曾应来宾要求分别安排柔佛哥打丁宜和笨珍的潮州会馆客人到访潮州广播电视台。

对华人文化的认同也带动了回原乡寻根的热情。柔佛潮州八邑会馆青年团于2010年11月组织"潮州文化寻根摄影行"活动，到潮州寻根。居住在新山的马来西亚著名儿童文学作家马汉（原名孙速藩）先生，出生于马来西亚。其父原籍是现潮州市潮安区沙溪镇，早年到马来西亚谋生，之后与故乡失去联系。在潮州市侨联的协助下，70多岁的马汉先生找到自己祖籍故乡，并于2008年年底带领全家三代来到潮州故乡寻根。此后，马汉及其儿子孙彦彬连续在马来西亚的华文报刊上发表文章，介绍潮州和潮州文化，还将父子所写的文章于2012年结集成《情牵潮州》一书出版。时任柔佛潮州八邑会馆会董的黄培贤在潮州市侨联的协助下，在现属梅州市丰顺县留隍镇找到了他的祖父和祖母的故乡，并于2010年6月底专程到祖籍与亲人团聚，之后与其亲戚往来频密。黄培贤首次寻亲回到新山后，在当地报纸和网站发表《亲情纽带剪不断》一文，叙述其对故乡和亲人的情感。[①]

3.提高了新山的社会知名度，促进当地经济社会的发展

近年来，新山华人的文化活动日益受到各方的关注，每次举办活动都吸引各地大量民众前来观光旅游，引起相关学者的研究和众多媒体的重视。不仅当地媒体及时报道，潮州电视台和汕头电视台也曾几次到新山采访，制作专题节目，介绍新山华人的文化活动。中国中央电视台、广东电视台、凤凰卫视等媒体也先后到新山作专题采访报道。可以说，华人的文化活动使原来在马来西亚属于边城的新山，迅速提高了能见度，也促进其逐渐成为投资热土。近年来碧桂园、绿地等大型中资企业相继在新山投资开发，带动了当地经济的发展。

六、余论

马来西亚柔佛州首府新山处于欧亚大陆最南端，是海上丝绸之路的重要节点。以潮州人为主的华人，很早就来到柔佛开垦拓殖，经商贸易。受19世纪欧洲纺织业和皮革业发达的刺激，印度尼西亚廖内群岛一种名为甘蜜的野生植物，因其可以作为鞣皮和染布的材料，身价倍增，引发了潮州人种植的兴趣。而在19世纪期间，柔佛的统治者天猛公实行"港主制度"进行开荒垦殖，遂招徕如潮水般涌入的潮州人以新山为中心，延及柔佛内地，披荆斩棘广种甘蜜。甘蜜因此成为当地尚未种植橡胶之前的主要经济作物，也是当时柔佛的重要经

[①] 该文又见于《潮州乡音》2010年第3期。

济命脉。以潮州人为主体的华人从辛勤垦殖甘蜜开始，进而广种胡椒、橡胶等经济作物，促进了柔佛经济的迅速发展，成就了今天柔佛州新山市的繁荣之基础。与此同时，华人所带来的文化在与其他族群的磨合过程中，逐渐融合成为当地文化的有机组成部分，其文化活动也为各族群所共同接受。

近年来，新山华人在开展与原乡的双向文化交流活动中了解到，伴随着"一带一路"倡议的实施，马来西亚将成为"一带一路"的桥头堡，新山也将迎来新的发展机遇，因而积极响应"一带一路"倡议。2015年10月，广东省第六届粤东侨博会在潮州市召开期间，新山中华公会、柔佛潮州八邑会馆促成新山市和依斯干达特区组团参加，并在潮州市举办"亚洲'新好望角'依斯干达特区历史、文化与旅游贸易座谈会"，希望在中国"一带一路"建设中，进一步加强与祖籍的联系，进而吸引世界各地的潮州人到依斯干达特区投资，促进新山的进一步发展。2016年1月14日，新山中华公会、新山中华总商会及南方大学学院联合举办"亚洲大陆'新好望角'依斯干达经济特区对话21世纪海上丝绸之路国际研讨会"。研讨会的主讲嘉宾包括马来西亚前副首相慕沙希淡、柔佛州务大臣拿督斯里莫哈末卡立，依斯干达特区发展局首席执行员拿督依斯迈，柔佛州旅游、商贸与消费事务委员会主席拿督郑修强，中国银行马来西亚分行副行长许赞军，中国华侨大学海上丝绸之路研究院副院长许培源等。

国之交在于民相亲，民相亲在于心相通。"一带一路"倡议旨在借用古代丝绸之路的历史符号，高举和平发展的旗帜，积极发展与沿线国家的经济合作伙伴关系，秉承共商、共建、共享原则，共同打造政治互信、经济融合、文化包容的利益、命运和责任共同体。在实施"一带一路"倡议中，民心相通是政治互信、经济融合、文化包容的重要基础。

在实施"一带一路"倡议中，如何做到民心相通？笔者认为，近年来新山华人文化活动，就是一种民心相通的活动。新山的华人文化已经融入当地社会，当地民众喜闻乐见，听得懂，能接受。在建设"一带一路"过程中，借助已经融入当地社会的华人文化，开展相关活动，带动中国与"一带一路"沿线国家的双向交流，解疑释惑，促进民心相通，进而建立政治互信、经济融合和文化包容，是一条重要途径，可以取得事半功倍的成效。因此，新山华人的文化活动，为实施"一带一路"倡议提供了一个可资借鉴的典型，具有其现实意义。

"希盟"时代马来西亚的现代化困境及其对"一带一路"的影响

胡越云[①]

(华侨大学国际关系学院　福建厦门　362021)

　　自从提出"一带一路"倡议，中国与东盟的紧密程度一直呈直线上升状态。丝路基金中的400亿美元以及亚投行投资的1000亿美元已经用于亚洲的基础设施建设。在对东盟十国的投资中，仅仅用于马来西亚东海岸衔接铁道工程的低息贷款就达到891亿元人民币。[②]从这些数据我们可以直观地看出中国与东盟尤其是马来西亚在"一带一路"倡议下的合作现状。另外，2013年中马两国正式建立了全面战略伙伴关系。在习近平总书记提出"一带一路"倡议后，马来西亚作为海上丝绸之路上的重要一环，是最早对"一带一路"倡议作出响应和从"一带一路"倡议中获利颇丰的国家。

　　然而，在美国的带领下，当前全球出现一股强劲的民粹主义与逆全球化浪潮，马来西亚国家与社会转型期面临的现代化难题既有其特殊性，又具其普遍性。

一、经济增长缺乏动力

　　马来西亚的工业化、城市化建设在马哈蒂尔的执政期内实现了飞速的发展，马哈蒂尔也因此被称为"马来西亚国家现代化之父"[③]。由于马哈蒂尔在

[①] 胡越云，博士，华侨大学国际关系学院，研究方向：华侨华人、国际关系。
[②] 《中国承建马来西亚东海岸衔接铁道工程并提供891亿元低息贷款》，https://www.guancha.cn/neighbors/2016_11_01_379045.shtml，登录时间：2019年6月30日。
[③] 骆永昆：《马来西亚总理马哈蒂尔》，《国际研究参考》2018年第6期。

执政期间起死回生的辉煌政绩以及对马来西亚作出的巨大贡献，各方对于马哈蒂尔的重新执政都寄予了厚望。希望联盟的成员党希望能在马哈蒂尔的带领下巩固执政党地位，华人希望能够得到族群平等地位，马来人则希望新政府依然能够保障马来人的优先地位，而新生一代具有公民意识的选民则更希望看到马来西亚政治的革新，对社会福利、族群关系、政府建设等提出了更多现代化要求。马来西亚各界均期望马哈蒂尔老马识途，能像当初任首相时一样，大力革新，推动马来西亚民主化、现代化进程重新出发。

从1979年开始，马来西亚的国民经济总产值就不断呈现下滑趋势，在1985年时更是达到了历史上最低的-1.02%，人民生活处境艰难。1981年，马哈蒂尔在马来西亚经济遭遇"寒冬"时接任总理。当年，马来西亚的GDP增速下降至6.94%，为1976年以来的最低点。[①]马哈蒂尔上台执政后，实行了一系列工业化建设措施和计划，将制造业作为今后发展的主要目标，重点发展以本国资源为基础的劳动密集型产业，如橡胶、石油和非重金属矿业，建立和发展知识和技术密集型产业，鼓励和促进出口，促进了马来西亚GDP指数的迅速回稳，在1988年达到了9.98%。之后，马来西亚的经济数值一直保持稳定状态，1996年更是达到了前所未有的10%。[②]成为东南亚地区经济增速最快的国家之一，跻身"亚洲四小虎"[③]的行列。其现代化的成就表现突出，例如，马来西亚有了自己的汽车品牌——宝腾汽车，有了当时的世界最高建筑——吉隆坡双子塔，有了79667公里（2003年）的高速公路，有了俘获马来西亚人的"2020宏愿"梦想。[④]

20世纪90年代马来西亚的经济发展在政策推动下突飞猛进，"自由放任政策""新经济政策""国家发展政策"的实施，使马来西亚成为"亚洲四小虎"之一。尽管在1997年亚洲金融危机的席卷之下，马来西亚经济发展受到严重打击，但步入21世纪后，经济动力十足，即使2008年出现全球经济危机，马来西亚的经济在国际形势和国内政策的推动下依然平稳发展。马来西亚总理纳吉布在2015年5月21日提呈国会第十一大马计划（11MP）。该五年经济蓝图的重

---

① GDP growth（annual %）-Malaysia. https：//data.worldbank.org/indicator/NY. GDP.MKTP.KD.ZG?locations=MY.
② 同上。
③ "亚洲四小虎"是指泰国、马来西亚、菲律宾和印度尼西亚四个国家，其经济在20世纪90年代同80年代的"亚洲四小龙"（中国香港、中国台湾、新加坡和韩国）一样突飞猛进。
④ ［新加坡］马凯硕、孙合记：《东盟奇迹》，翟崑、王丽娜等译，北京大学出版社，2017，第162页。

点，包括最新的经济和财政预测，以及新基建计划的推出等。①"大马计划"从建国开始到现在，每五年一次，对国家经济发展作出具体规划，更好地为国家经济服务，是国家在经济领域从一而终的政策选择和战略规划，具有极强的现实性。

马来西亚现今经济发展也遇到了一定问题，政府债台高筑，有学者认为马来西亚现今经济动力不足的情况源于过早地结束了工业化进程。②新上台的政府不仅需要大幅提升马来西亚的经济发展，更要解决政府债务问题。马哈蒂尔在竞选期间，主要针对纳吉布贪污问题进行攻击，其中最重要的就是抨击纳吉布政府对中国投资合作的引进。在竞选中马哈蒂尔宣称在执政后将对纳吉布政府所主持的合作项目进行彻底的清查，并将此项计划列入了希望联盟"百日新政十大诺言"③。现今马来西亚的经济从2017年开始就得到了部分回升，经济呈现出缓慢的复苏状态，"希盟"政府亟须解决的是政府的负债问题。2018年5月30日，上任不久的马哈蒂尔就宣布成立希望基金，号召民众捐款救国来解决国家债务问题。马来西亚财政部部长林冠英称政府的债务已经达到1万亿林吉特。④

除了国家负债问题之外，马来西亚的经济构成结构也存在问题。马来西亚主要依靠石油和天然气资源的出口贸易，很容易导致进出口结构的单一化，国际价格的影响以及资源的不可再生性都使得经济充满了不稳定性。要想促进马来西亚政治走向民主化，就必须解决作为基础的经济问题，经济发展不稳定、政府债台高筑不仅无法使政府腾出心力来进行政治民主化改革，人民的需要得不到满足，而且很可能会在下次大选中产生新的政党轮替。解决马来西亚经济发展问题不仅仅是政治发展的基础，更是马来西亚走向民主化的强大支柱。

---

① 《第十一大马计划：2020年人均收入1.5万美元》，http://www.mofcom.gov.cn/article/i/dxfw/cj/201506/20150601015267.shtml，登录时间：2019年6月30日。
② Jomo K. S.（2001），Southeast Asia's Industrialization: Industrial Policy, Capabilities and Sustainability, Palgrave Macmillan, 2001 和 Jomo K. S.（2013）Industrializing Malaysia: Policy, Performance, Prospects, Routledge, May 13.
③ 张淼：《马来西亚大选后的经济形势及对我国在马投资的影响》，《亚太安全与海洋研究》2018年第6期。
④ Ministry of Finance Malaysia, Explaining the facts behind Malaysia's RM1 Trillion of Liabilities, http://www.treasury.gov.my/index.php/en/gallery-activities/press-release/item/3809-press-release-explaining-the-facts-behind-malaysia%E2%80%99s-rm1-trillion-of-liabilities.html〔2018-10-15〕。

二、政治发展方向不明

（一）巫统与反对党合作带来的竞选压力

大选已经落下帷幕，但是巫统却没有消失，在大选之前反对派在马来西亚政治生态中占有重要地位，与执政联盟形成了所谓的"两线政治"体制。[①]大选后，巫统作为在野党，对执政党有着莫大的威胁。在纳吉布政府贪污事件之后，马来西亚前执政党巫统的两位曾任部长的重量级议员宣布退党，被土著团结党吸收，这也令巫统国会议席数被原居第二的人民公正党追平。[②]巫统为了能够重新回到执政党地位，面对下一届大选作出了多方准备，首先是对巫统内部进行改革，在新一轮的巫统党选采取了开放所有党职竞争的党选方式，终止了以往选举时最高职务不选举的专制做法，这一选举制度的改革被视为巫统党内民主的复苏。虽然巫统内部的积弊与旧习无法在短时间内得到改变，但是巫统作为统治了马来西亚61年的执政党，其党派内部的权力组成结构以及政治文化管理惯性依然存在巨大的生命力，且对希望联盟产生威胁。如今作为在野党的巫统，扮演着监督者的角色，不仅仅是监督民主制度的顺利进展，更是在监督新政府的政策实施，以便随时有机会能取而代之。

光靠巫统一家的力量是远远不够的，2019年3月5日，巫统与反对党协商委员会召开会议商讨巫伊合作问题，其主要内容是确定正式的合作关系，商讨即将来临的补选，使用统一标志，并将合作延续至下一届大选。这一会谈的召开将之前各界对于巫统的合作意向预测进行了落实，巫统与反对党在历史上就曾经有过合作关系，曾经一起为了争取国家独立，捍卫土著利益而战斗，如今的巫伊合作中，反对党方面更是积极表明了自己的态度，认为过去巫伊因关系紧张而衍生的问题可以解决，他们将主要以教众的感受为先，并且不会在巫伊合作中要求处于主导地位。巫统和反对党的合作才是令马哈蒂尔所带领的希望联盟要重点忌惮的所在。

（二）"希盟"内部复杂难调的政党关系

在"509大选"之后，希望联盟共计获得了113席的国会议席[③]，但是希望

[①] 骆永昆：《马来西亚政治变局探析》，《和平与发展》2018年第5期。
[②] 《议员接连退党巫统不再独占马国会最大党位置》，中国新闻网，http://www.jl.chinanews.com/gnyw/2018-09-20/46814.html。
[③] "Representatives Statistics for the House of Representatives," Parliament of Malaysia.http://www.parlimen.gov.my/resources/themes/parlimenv3/images/layout/bg-ctop-banner.png.

联盟本身内部的政党关系构成复杂，希望联盟由民主行动党、土著团结党、人民公正党和国家诚信党组成，其中马哈蒂尔所领导的土著团结党的国会议席只有13个席位，反而成了国会中的少数党。在希望联盟中，土著团结党所占比重较少，安瓦尔夫妇所带领的人民公正党拥有50个国会席位，被看作希望联盟内部的实际把控者。马哈蒂尔在希望联盟内部的处境是尴尬的，一方面源自马哈蒂尔曾经作为巫统的领导人担任首相，其他党派都是反对党，如今马哈蒂尔作为新的合作者与昔日反对党共事，不可避免地会产生摩擦。另一方面源于马哈蒂尔与安瓦尔·易卜拉欣之间复杂的历史。安瓦尔被捕正是在马哈蒂尔担任总理的任期内，安瓦尔曾经作为马哈蒂尔一手扶植的亲信而受到大力栽培，但是在20年前，却因为涉嫌强奸罪被马哈蒂尔宣布解职，被捕入狱。此番大选前马哈蒂尔与安瓦尔的和解，让外界倍感震惊的同时，也看出了其进一步合作的意向。安瓦尔在接受采访时表示，与马哈蒂尔的和解实际上是非常困难的决定，家人也是在经历痛苦挣扎之后才选择了接受。直到马哈蒂尔赢得大选他才感到释怀。马哈蒂尔曾在大选后公开表示要纠正自己一生中最大的错误，在1～2年之后让安瓦尔做接班人，但是在2019年6月23日召开的记者会上，马哈蒂尔表示自己最多再干三年，随后将把位置让给自己此前的助手安瓦尔·易卜拉欣。这在之前所言时间上又得到了延长。对于马哈蒂尔而言，目前土著团结党的式微，以及与人民公正党之间可能存在的矛盾，都容易影响马哈蒂尔的威信。

（三）选民的高度期待

马哈蒂尔所带领的希望联盟能够获得大选胜利的最重要的原因在于人民对纳吉布政府的失望，用替换政府的方式来换取马来西亚新的改变。处于变化中的马来西亚政府没有完全做好应对马来西亚变化的准备，使得马来西亚经济下滑，国内对于种族问题的抗议声不断，要求提高生活水平、福利待遇、就业机会的呼声越来越大，这些曾经导致巫统下台的原因如今变成了对希望联盟的期待。对于马来西亚而言，"马来主义"的问题一直存在，马来人的优先地位被写进宪法，华人与印度人拥有公民权，在执政党政治措施的不断加持下，华人和印度人的地位受到影响，同时作为华人政党的马华公会由于没有切实地维护华人利益，遭到华人群体的不满，认为其为巫统服务。在1969年全国第三届大选中就曾经因为种族冲突爆发了5·13事件。官方将其定义为华人与马来人的种族冲突，但是华人认为是一场针对性屠杀事件。以后只要非马来人社会、民间团体或反对党发起平等权益抗争运动，就会有激进人士重提5·13事件用来警告和威胁。[1]随着时间的推移,新一代受过良好知识教育的马来人与华人不断涌现,公民意识不断觉醒,对于种族问题也有了新的见解。华人与马来人之间需要解决矛盾,加之民主行动党执政后,华人群体更希望自身境遇得到改善。马哈蒂尔作为曾经"马来主义"的高度提倡者、土著团结党的领导,要在种族问题中做好权衡也是目前要面临的问题。选民对于马哈蒂尔政府能够带领马来西亚走向新纪元的高度期待,造就了马哈蒂尔更大的压力与困境。

三、族群关系矛盾重重

(一)在多元族群国家建立国家共识的难题

马来西亚是一个多元种族群国家,以马来人、华人和印度人三大族群为主。其中马来人在当地族群所占人口比重最大,超过总人口的65%,华人总数居第二位,占25%,第三大族群是印度人,占7%~8%。[2]马来人占多数在政治选票上占优势,华人和印度人则在经济上拥有"关键选票",种族问题将不再是政治的核心问题。因此,国阵内部强调种族主义和国民身份的认知差距的政见是不会被大多数国民和国家政治现实接受的。例如,之前的主要执政党巫统过于强调马来人议程、马来人主权,忽略了国阵联盟内部其他成员党,从而破坏了国民阵线的团结政策,导致内部成员党之间出现貌合神离。希望联盟执政后,不再过于强调"马来人的马来西亚",而是强调各族人民"马来西亚人"的国民身份,主要通过发展国民经济,强调马来西亚国民发展和提高国家竞争力来实现马哈蒂尔早年间提出的"2020宏愿",将马来西亚晋升至先进国和高收入国的行列。

(二)华裔的经济地位与马来人的政治地位具有内在矛盾

由于华人族裔经济处于相对优势地位,与拥有政治特权的马来人形成内在冲突。族裔经济最早出现于1980年,泛指少数族裔群体成员从事的经济活动,包括任何移民或少数族裔的商家业主拥有并经营的企业。[3]也就是指族裔群体所拥有的经济实体。随着时代快速发展,该概念的内涵也不断被丰富,莱特

---

[1] 范若兰、廖朝骥:《追求公正:马来西亚华人政治走向》,《世界知识》2018年第12期,第17—19页。
[2] 廖小健:《战后马来西亚族群关系研究》,博士论文,暨南大学,2007。
[3] Bonacich E, Modell J. *The Economic Basis of Ethnic Solidarity: Small Business in the Japanese American Community*, Berkeley and Los Angeles: University of California Press, 1980.

等人在1994年指出要从两个方面理解族裔经济。一是"所有权",指族裔群体成员拥有和经营的企业,既包括雇主也包括同族的雇员和不支付报酬的家庭劳力;二是"控制权",指族裔群体成员所控制的雇工渠道即就业网,包括引导同族成员进入非同族成员拥有和经营的企业和行业,甚至进入主流劳务市场及政府部门的渠道。[1]族裔经济可以简单理解为不同族裔群体所有的且受其影响的部分国家经济。本文的族裔经济不局限于其传统的意义,即只关注某一聚居区内相同族群形成的固定经济模式,而是从宏观的角度来理解,即一国内同一族裔群体的经济实力。这样界定范围的原因在于随着时代的发展,经济因素不再闭塞,而是通过不同的行为主体、行为客体、行为途径渗透到不同的地域和领域。因此,不能把关注点只放在族裔群体单一的聚居区内部,应对某一国家内部族裔所形成的大范围经济全面分析。

华人是马来西亚经济建设的重要力量,无论是中华人民共和国成立初期还是如今国内现代化建设时期,其始终是马来西亚经济发展的核心支撑。从宏观的层面来看,华人经济分量在马来西亚经济总量中占比较高且特点鲜明:一方面与政府的联系十分密切,通过政商合作扩大华人影响力;另一方面与该地区和国际上的华人群体积极进行经贸往来合作,发展国家各个领域的经济贸易。马来西亚先后提出的"新经济政策""2020宏愿""国家发展政策""多媒体超级走廊""生物谷"以及每五年一次的"大马计划"等计划中,华人经济对马来西亚的经济发展贡献都是巨大的。

在马来西亚历史发展过程中,华人族群通过在经济领域的积极作用扩大政治权利,所以发展经济始终是华人族群的首要目标。马来西亚良好的宏观经济环境为华人族群经济发展创造了较为有利的条件,[2]华人经济在此情况下也获得了巨大发展。从公司企业占比方面进行考量,华人族群所占的比重一直居于前列,如表1所示,这是马来西亚第十个五年计划的数据,大致可以总结出华人经济在马来西亚国家经济中的重要性。2010年5月,马来西亚最大的20家上市公司(以市值计算)中有9家是华商企业,其中有大众银行、凯业集团(IOI)等。[3]

---

[1] Light, Ivan, George Sabagh, Mehdi Bozorgnehr, and Claudia Der—Martirosian. *Beyond the Ethnic Enclave Economy*, Social Problems, 1994.
[2] 刘文正:《21世纪初马来西亚华商的经济地位》,《东南亚纵横》2013年第7期。
[3] 同上。

表1　2004年、2006年、2008年马来西亚有限公司不同族群的股份持有情况[①]

拥有类别	2004年 马币（百万令吉）	百分比（%）	2006年 马币（百万令吉）	百分比（%）	2008年 马币（百万令吉）	百分比（%）
马来人	100037.2	18.9	120387.6	19.4	127407.6	21.9
华人	206682.9	39.0	263637.8	42.4	203092.1	34.9
印度人	6392.6	1.2	6967.8	1.1	9564.6	1.6
其他	1897.3	0.4	2608.8	0.4	698.8	0.1
代理公司	42479.1	8.0	41185.7	6.6	20547.2	3.5
外国人	172279.6	32.5	187045.8	30.1	220530.8	37.9
总计	529768.7	100.0	621833.5	100.0	581841.2	99.9

从就业率来看，如表2所示，华人族群的就业率始终居于第二，但是也可以注意到华人族群整体就业率呈现一种下降趋势，而土著族群的就业率呈现一种不断上升的状态，究其根源在于马来西亚的"马来人至上"的观念，马来族群的经济地位正在不断提高，努力追赶其政治地位。

表2　马来西亚2000—2017年族群就业比例[②]

年份	马来西亚公民/非马来西亚公民					
	总比例（%）	总占比例（%）	马来人（%）	华人（%）	印度人（%）	其他（%）	外国人（%）
2000	100.0	90.0	55.5	26.1	7.4	1.0	10.0
2001	100.0	90.3	55.9	26.0	7.5	0.9	9.7
2002	100.0	90.2	56.0	25.8	7.5	0.9	9.7
2003	100.0	90.2	56.0	25.4	7.4	0.9	9.9
2004	100.0	90.2	56.0	26.0	7.3	0.9	9.8
2005	100.0	89.9	56.3	25.4	7.4	0.9	10.1
2006	100.0	90.1	56.5	25.3	7.4	0.9	9.9

---

① 《第十个马来西亚计划（2011—2015）》，（马来西亚）政府出版局，2011。
② 《马来西亚资讯数据信息》，https://mysidc.statistics.gov.my/index.php?lang=en#，登录时间：2019年6月30日。

续表

年份	总比例（%）	总占比（%）	马来西亚公民/非马来西亚公民				
			马来人（%）	华人（%）	印度人（%）	其他（%）	外国人（%）
2007	100.0	90.1	56.9	25.1	7.1	1.0	9.9
2008	100.0	90.2	57.3	24.9	7.1	0.9	9.8
2009	100.0	90.2	57.6	24.7	7.0	0.9	9.8
2010	100.0	85.9	55.7	23.1	6.4	0.6	14.1
2011	100.0	85.8	55.5	23.2	6.5	0.6	14.2
2012	100.0	85.8	56.0	22.8	6.4	0.6	14.2
2013	100.0	84.3	55.4	22.1	6.2	0.6	15.7
2014	100.0	84.8	56.1	21.9	6.3	0.5	15.2
2015	100.0	84.9	56.2	21.9	6.2	0.6	15.1
2016	100.0	84.4	55.7	21.9	6.1	0.7	15.6
2017	100.0	84.5	56.1	21.7	6.1	0.7	15.5

从华商经济贡献率方面来看，2018年福布斯发布全球亿万富豪榜，马来西亚有14位富豪上榜，其中华商有12位。这些华商都建立了跨国性的大型企业集团，其资产规模达500多亿美元，其行业分布在农林业、制造业、建筑业、金融业、矿业、服务业、能源及交通运输业等领域。[①]总的来说，在马华人经济的体量和实力是不容小觑的，表现形式是具体且全面的。相应地，马来西亚华人始终追求与其经济地位相应的社会地位，不断对族群平等发出诉求。

不过，在全球化的大环境和多民族的内环境下，虽然马来族、华族和印度族等有冲突和矛盾，但各族群对一国的发展和政治的稳定是持有高度认同的，只要各族的基本生存发展和建设要求都能够得到满足就有利于搁置一些本来异常尖锐的族群矛盾。没有什么是发展不能解决的问题，如果没能解决，说明这个国家还是没有发展好。因为经济增长带来的社会繁荣有助于一定程度上化解因种族不公平而产生的怨恨情绪。当马来西亚致力走向民族国家时，执政党通过掌握政权，推行一系列的政策举措，让统治阶级吸取以往族群关系恶化的教训，制定一套合法、合理的民族政策让所有的国民认可。虽然"民族国家建

---

① 《福布斯富豪榜郭鹤年蝉联马首富》，http://www.sinchew.com.my/node/1733952，登录时间：2019年4月16日。

构"的最理想化的目标是促进国家内部的一体化和实现国内政局稳定,创造"国家认同"和"民族认同",并使得两者完美统一,最终实现"一种文化、一个国家、一个民族"。但民族认同不等于族群认同,多族群国家的民族认同是族群整合的结果。[1]马来西亚作为一个多族群国家,由于国家建构中取得了一定的成就,不同族群的人们对国家和政府的认可度较高,没有因为多族群的存在而发生大规模的族群冲突。但执政党想进一步促进族群之间的关系,还需要在几个不同族群认同的基础上创造出一种新的认同,并且这种认同一定是要超越族群认同的。但在民族认同的塑造过程中,如果政府主导的相应的政策、制度和体制发生偏差或者倾向于主体族群,其他族群就会感到自己受到了不公正待遇,为了争取自己的权益,他们就会强化而不是弱化族群认同,进而不利于民族认同的形成,因此,马来西亚民族国家建构还面临着重要任务。

四、"希盟"政府突破现代化困境的举措及其对"一带一路"的影响

在中马双方共建"一带一路"过程中,华人族群特殊的身份定位为双方的合作共赢提供了新的交涉路径,如举办各项论坛、研讨会等活动探讨"马中关系""一带一路"等议题,马华公会推出"一带一路"《十大经济方略》,并成立"一带一路资讯中心",从而在马、中之间的政策沟通、经贸接洽上扮演着重要角色。[2]然而,由于马来西亚的发展成果多被巫统朋党瓜分,官僚体系的系统性腐败也引发城市中产阶级普遍不满,"一带一路"项目受到累及。

"509大选"之后,"希盟"政府将东海岸衔接铁道公司和中国的合作马上停工。[3]中马共建"一带一路"的过程受到了阻碍,在马华人经济与中国的合作机遇也受到了一定的影响。秉持亚洲价值观的马哈迪,领导"希盟"政府,与东盟其他国家一样实行"平衡外交"政策。精明的马哈迪为马来西亚的现代

---

[1] 孙振玉:《试析马来西亚构建种族和谐社会之前景》,"文化多样性与当代世界"国际学术会议,2016,北京;孙振玉:《马来西亚的马来人与华人及其关系研究》,甘肃民族出版社,2008。
[2] 王睿欣:《从交往理性的维度看马来西亚华人在"21世纪海上丝绸之路"构建中的角色》,《榆林学院学报》2019年第3期。
[3] 《为维护国家利益,铁路公司指示东铁停工》,https://www.malaysiakini.com/news/432668,登录时间:2019年6月30日。

化而计深远,一方面在中美贸易战中表达站队中国立场的同时,不断要求与中国重新谈判"一带一路"项目;另一方面则积极"向东学习",开展与日本、韩国的经贸合作,同时不断增强美马之间的军事合作,以求三角平衡,为马来西亚现代化发展开拓出辗转腾挪的国际空间。

客属侨社在促进居住地与祖籍地之间"民心相通"上的桥梁作用

——以梅州为例

叶小利[①]

（嘉应学院政法学院　广东梅州　514700）

民心相通是"一带一路"倡议建设目标体系中所要达到的其中一项，其为其他四通提供坚实的民意基础，又是"一带一路"倡议中所要达到的，形成民众之间相互理解、尊重与合作的可持续友好往来之目标。从《推动共建丝绸之路经济带和21世纪海上丝绸之路的愿景与行动》中可看出，"一带一路"的民心相通可大致从教育、文化、旅游、卫生、科技、就业、智库、志愿者服务、媒体等几个方面开展。由谁、如何促进这些方面的工作展开呢？海外华侨华人及其团体在其沟通两地的原有工作中可进一步发挥桥梁作用。客家华侨华人遍布全球，其中客属侨社在沟通居住地与祖籍地之间，通过其在海内外的文化交流活动，增进海内外华人甚至与侨居地居民之间的了解、在海外的社会公益事业，树立华人良好形象的同时，增加当地人对华人的好感度，可以从塑造好华人族群良好形象、增加相互往来和加强慈善志愿服务的方式等方面选择新的方向和方式。

一、海外客属侨社通过其在海内外的文化交流活动，增进海内外华人甚至与侨居地居民之间的了解，拉近距离、增加互信

（一）海外客属侨社积极组建恳亲团，回乡探亲、旅游

海外客属侨社中积极组建恳亲团，回乡探亲、旅游、进行文化交流的社

[①] 叶小利，嘉应学院政法学院，研究方向：华侨华人。

团，不得不提新加坡茶阳（大埔）会馆，30多年来不定期回梅恩亲。2019年新加坡茶阳（大埔）会馆回乡恳亲团一行280余人，先后到百侯名镇旅游区、张弼士故居、县陶瓷馆、李光耀故居等地进行参观，感受家乡深厚的文化底蕴和优美的风光。恳亲团成员表示，今后将加强沟通交流，努力为两地在文化、旅游、经贸等方面的发展创造更多合作交流的机会，共同推进大埔各项事业的繁荣发展。[1]

在泰国华人九属会馆中，影响仅次于潮州会馆的泰国客家总会，下辖28个客属会馆、进德学校、亚洲商学院和六座庙宇、四座义庄，泰国客家总会不定期组织会员回梅恩亲。据笔者了解有些泰国华人还在梅州购买房产，如泰国《世界日报》记者李菊芳在梅州购买了客天下房产，经常携其泰国泰人儿媳和孙儿回梅州度假。由于泰国跨族裔通婚多，华人携带居住国本土族裔的亲属来中国回梅探亲、旅游甚至购买房产的情况也会越来越多，届时，随着华侨华人及其海外本土亲属友人来往两地越来越多，对中国、对侨乡梅州了解越来越多，不仅华侨华人是中外友好交流的使者，其海外亲属友人相信也将会是得力的友好使者。

印度尼西亚梅州会馆是海外最主要的客属社团之一，于2002年1月由熊德龙、黄德新、李世镰等印度尼西亚侨贤发起，虽然成立时间较晚，但是在团结印度尼西亚各地梅州客家人、弘扬客家精神、联络感情、促进合作，促进客家人与印度尼西亚各族群和睦相处等方面作出了积极的贡献。2019年印度尼西亚梅州会馆组织270多人的"中秋寻根之旅"访问团回梅州考察。其间举办了印度尼西亚梅州会馆中秋寻根之旅联欢晚会，晚会上既有梅州家乡风格浓郁的客家山歌等，又有印度尼西亚梅州会馆的团友们带来的特色民族音乐与舞蹈，如印度尼西亚传统乐器昂格隆演奏《哎哟妈妈》、巴厘岛民族舞《tari janger bali》、加里曼丹岛民族舞《tari enggang》、巴达维亚地区舞蹈《kipas betawi》、苏拉威西岛民族舞《tari badindin》[2]等。共叙乡谊的同时，印度尼西亚乡亲带来的印度尼西亚音乐、歌曲、舞蹈等也让梅州市民感受到了浓浓的异国风采，实现了中外文化的交流，印度尼西亚梅州会馆充分发挥了其桥梁纽

---

[1] 大埔县广播电视台：《新加坡茶阳（大埔）会馆回乡恳亲团来埔关心家乡发展变化》，梅州网，https://www.meizhou.cn/2019/1114/604316.shtml，访问日期：2019年11月14日。
[2] 《梅州侨联通讯》编辑部：《印度尼西亚梅州会馆中秋寻根之旅联欢会在客天下举办》，《梅州侨联通讯》2019年第3期。

带的作用。

（二）海外客属侨社积极响应寻根之旅

马来西亚嘉应属会联合会、马来西亚雪隆嘉应会馆等会馆积极响应"中国寻根之旅梅州冬令营"，在居住国组建华裔回乡体验客家文化。

"中国寻根之旅梅州冬令营"已经举办了30届，已有九个国家的600多名华裔青少年参加。它为华裔青少年与家乡架起沟通的桥梁，让他们更了解梅州和客家文化，并通过他们将客家优秀传统文化传播到海外，促进国际文化融合发展。同时，还通过举办海外侨社中青年研习班和海外华文学校华裔老师培训班，让学员将在梅州的所见所闻带回各自国家，把客家文化、客家知识讲述给海外华裔。深入我市各地与学生交流互动，参观客家古民居、古村落、名人故居和纪念馆，学习客家陶艺制作、客家历史、客家山歌、客家话、中华武术等，加深了对客家文化的认识。

从最近五年来看，积极响应的海外客属侨社有马来西亚嘉应属会联合会、马来西亚雪隆嘉应会馆（2015年）、新加坡应和会馆与丰顺会馆、马来西亚雪隆嘉应会馆（2016年）、新加坡丰顺会馆和马来西亚丰顺会馆（2017年）、印度尼西亚万隆客属联谊会、马来西亚雪隆嘉应会馆（2018年）、马来西亚嘉应属会联合会、马来西亚霹雳嘉应会馆（2019年）。

除了东南亚的客属侨社外，毛里求斯仁和会馆也多次组织华裔青年夏令营来梅州开展活动，仁和会馆是毛里求斯最大的客家社团，140年来在致力团结毛里求斯的客家人、传播中华文化、传承客家精神、促进中毛友谊等方面做了大量工作，比如促进毛里求斯鸠比市与梅县区友城之间的交流合作。

（三）海外客属侨社资助侨乡学生海外交流

印度尼西亚工商会馆中国委员会执行主席、印度尼西亚《国际日报》董事长熊德龙等印度尼西亚梅州会馆的侨贤发起"梅州学生印尼行"系列活动，该活动计划组织500名梅州有关学校的学生分批次访问印度尼西亚，2018年，梅县区南口中学为第一期访问团，2019年梅县区松口中学和大埔县虎山中学为第二期访问团。访问团到印尼雅加达、万隆等地开展"一带一路"学术交流，访问印度尼西亚百年华文学校八华学校、雅加达崇德三语学校、万隆崇仁中学等。八华学校与梅州松口中学颇有渊源，梁映堂是八华学校创校人之一，其孙梁世桢在松口中学捐建梁锡佑礼堂，是为纪念父亲梁锡佑先生而捐建。"梅州学生印尼行"让师生了解印度尼西亚风土人情，同时进行了中印尼文化交流，使得中印尼师生各有所得，可以此掀开青年学子的文化交流新篇章①，以期将来更好地共促中印尼友好。

（四）海外客属侨社组建的跨国联络网络，促进了多地华人之间的交流

世界客属恳亲大会缘起于1971年9月28日香港崇正总会举行的第一届世界客属恳亲大会，每两年举办一次，由世界各地的客属会馆承担在居住地的举办，目前已在亚、美、非三大洲11个国家和地区举办了30届，规模逐渐扩大，已由单纯的恳亲联谊，发展为融经济合作、文化交流和学术研讨为一体的活动载体。大会举办期间，来自世界各地的客属会馆、侨领和乡亲会聚一堂，促进各地客属华侨华人之间的往来和交流。如2019年第30届世界客属恳亲大会在马来西亚吉隆坡举办，由马来西亚客家公会联合会主办，此次大会主题是"天下客家，永续共荣"，全球20多个国家和地区、100多个客家组织参加了大会。此次大会活动有首长会议、客家文化学术论坛、客家青年高峰论坛及客家楷模奖颁奖典礼等。

二、海外客属侨社通过其在海外的社会公益事业，树立华人良好形象的同时，增加当地人对华人的好感度

（一）开设中文学校、中文培训班和展览等，让更多人认识中文和中华文化

笔者2017年在泰国调研所知，泰国客家总会下辖进德学校在泰国中文学校中是佼佼者，早在2005年该校就设立了汉语培训营，培训营不仅让学生习得和提升中文，同时让学生了解祖国的美丽河山、优秀文化。而泰国客家总会下辖的亚洲商学院是在泰客家人设立的第一所大学，1998年成立，面向当地招生，设立了会计、计算机、市场营销、旅游等专业，使学生掌握了必要的商业理论知识，教授中英泰三语，同时从中国大陆聘请中文教师教授中文，并且与广西贺州学院开展学术交流项目等。

在泰国南部城市合艾，合艾客家会馆与宋卡王子大学普吉孔子学院合作开设中文培训班，其提供教学场地和中文教师，教授小学生中文，学员中除了华裔新生代还有许多当地本土泰人小学生，虽然只是周末上课，但学员们表现出极大的热情。

---

① 《梅州侨联通讯》编辑部：《"梅州学生印尼行"系列活动第二期举行》，《梅州侨联通讯》2019年第3期。

泰国丰顺会馆常年拨款赞助华人办好各类学校的中文教育，捐献100万铢（泰币）赞助中华语文中心作为建校基金，同时还向泰国教育部门捐助奖学金。

（二）海外客属在侨居地热心慈善，回馈和造福当地社会

在捐赠和经营医院方面。在泰国，创办102年的泰国天华医院，由潮州（梅县伍淼源）、客家、广州肇庆、福建、海南的五位侨领筹建，发展到今天，中医部免费为当地人提供中医的诊治，西医部提供价廉质优的诊治。此外，还有泰国客家总会资助的崇正公立医院，为现代化医院，为侨胞和当地人提供医疗救助服务，广受好评。合艾侨团联合会筹建的泰国合艾中华慈善院（养老院）为当地老人提供养老服务，由在合艾的华侨华人筹办的合艾同声善堂医院，为当地人提供优质的医疗服务。

新加坡茶阳（大埔）会馆自2008年开始不定期举办"客家美食慈善嘉年华"，在2012年第二届的"客家美食慈善嘉年华"活动中，为广惠肇留医院共筹得55万元善款。2018年第三届"客家美食慈善嘉年华"活动，这次活动还得到兄弟会馆包括永定会馆、丰顺会馆、应和会馆、惠州会馆以及柔南大埔同乡会等客属团体的支持，此次活动在推广客家美食文化的同时为广惠肇留医院筹募至少20万元善款，帮助到那里求诊的弱势群体。新加坡茶阳（大埔）会馆2007年捐献30万元予南洋理工大学孔子学院设立"世界华文文学奖"；2011年捐献30万元赞助新加坡管理大学设立"柯玉芝法律图书馆"，在提升新加坡的文化与教育方面贡献绵薄之力。

在积极参与赈灾方面。泰国客家总会总是积极救助泰国水灾受灾民众，积极捐助善款、物资给予泰国南部水灾灾民，1998年，其参加泰助泰救国运动，捐献泰助泰资金。2010年11月印度尼西亚火山喷发给当地造成极大灾害，印尼梅州会馆社会福利部主任黄祯祥率团一行9名医生以及1名药剂师一连两天，在灾区开展义诊并捐助救济品。

澳大利亚维省东帝汶华裔中老年会，积极参加澳大利亚"清洁日"活动，义务到公园去收拾垃圾；为墨尔本皇家儿童医院和东帝汶医院捐款。维省客属联谊会热心公益，积极参加各种义卖筹款，2001年，新南威尔士州政府在上议院组织山火筹款义卖，联谊会会长捐助3万澳元。[①]澳大利亚客属协会在悉尼筹建博爱西区高龄宿舍时，筹得捐款近2万澳元。

---

① 罗可群：《澳大利亚客家》，广西师范大学出版社，2008，第85页。

2019年借世界针灸学会联合会、中国中医科学院与毛里求斯卫生部签署关于中医针灸领域的合作意向书之际，毛里求斯的客属侨社仁和会馆积极参与其中的中医针灸项目落地毛里求斯。仁和会馆主动提供场所，开设中医中心，来自中国的针灸专家团队在中医中心为当地侨胞进行健康咨询及义诊活动，并与毛里求斯维多利亚医院几十位医生举行座谈交流，为当地民众提供中医药服务。

（三）海外客属侨社通过宗教活动促进相互理解

笔者2017年在泰国调研所知，泰国曼谷唐人街的庙宇中，泰国客家总会下辖的汉王庙、福德祠（大伯公庙）等庙宇，其中当地泰人也会来祭拜，一些宗教仪式他们也会出席，如原乡的汉王庙、福德祠（大伯公庙）等神仙偶像请来泰国时，他们通过参加宗教仪式，以此了解华人神仙偶像的来龙去脉，进而理解华人的信仰。

（四）海外客属侨社通过具有中华特色的文化、艺术和体育活动等，让更多的当地人了解中华文化

2018年11月，加拿大多伦多客家联谊会举办了客家历史文化遗产展，该展览展出富有客家特色的饮食、建筑、服饰、客家迁徙图等人文图片，让更多当地华人和主流族裔更好地了解中华文化、客家文化。多伦多客家联谊会于2013年成立，致力传承、保护与弘扬客家文化，参与华人社区建设，并为积极丰富加拿大多元文化、促进中加友好作出贡献。

新加坡茶阳（大埔）会馆的客家歌唱团参与国内外演出逾70场，让更广域的人们听到客家山歌。在体育活动方面，新加坡茶阳（大埔）会馆还赞助和举办"茶阳杯高尔夫球赛""茶阳杯象棋赛""茶阳杯乒乓赛""保龄球赛"等赛事，在当地取得良好反响。

（五）海外客属开设图书馆和研究室，保持文化传承的同时，激发和激励客家等中华文化的研究

新加坡茶阳（大埔）会馆创设了客家文物馆、客家文化研究室、客家影音资料室和图书馆。新加坡茶阳（大埔）会馆还出版《茶阳之声》会讯，此外还出版了不少有关客家文化研究的专题论著，如《新加坡典当业纵横谈》《百年公德被南邦——望海大伯公庙纪事》《永远说不完的课题——客家文化论集》等。客家文化研究室还与新加坡国立大学中文系合作，赞助或协助该系研究生进行客家文化研究，并联合主办客家文化研讨会、学者讲座、交流会等，鼓励

国内及海外学人进行研究，并有意赞助专家学者将研究成果出版成书，借此弘扬客家及中华文化，目前已经出版了《走进客家社会——田野考察、文化研究》《新加坡客家会馆与文化研究》《会馆、社群与网络：客家文化学术论集》《中国与东南亚客家：跨域田野考察与论述》等著作。

2018年，新加坡茶阳（大埔）会馆还借160周年会庆，举办以"亮丽歌舞暖客情"为主题的"客家文娱大会演"，中国大埔县文艺团体受邀参加演出，把广东汉剧·汉乐、客家山歌、民间传统文化等宣传大埔的好作品一一向海外乡亲展演，受到海外乡亲和友好人士的好评。

在泰国，泰国客家总会设立客家文化中心，泰国丰顺会馆设立华人图书馆，让泰国华人传承中华文化和了解乡情的同时，对外开放，也让当地人有另一渠道了解中华文化。

马来西亚客家公会联合会主办的第30届世界客属恳亲大会客家论坛，2019年7月18—20日在马来西亚吉隆坡举行，此次大会联合马来西亚人文与社会科学院、拉曼大学中华研究院和马来西亚新纪元大学学院共同举办，会后联合会会长张润安建议设立基金探讨客家课题。

在印度尼西亚，雅加达客家博物馆由印度尼西亚客属联谊总会筹建，博物馆通过馆藏文献、图片以及生产生活工具等历史文物，介绍客家人漂洋过海来到印度尼西亚群岛开拓创业、落地生根，与印度尼西亚各民族携手建设国家的奋斗史。时任印度尼西亚总统苏西洛曾说，客家博物馆的建立有助于印度尼西亚人民了解印度尼西亚客家人的历史和文化，对推动社会多元化和民族融合有重要作用。

三、关于海外客属侨社在促进侨居地与祖籍地之间"民心相通"上的桥梁作用的一些思考

过去和现在，海外客属侨社在促进居住地和祖籍地之间人文交流方面起到了积极的桥梁沟通作用，但对于如何更好地促进居住地和祖籍地民众之间的相互理解、尊重与合作的可持续友好往来的"民心相通"，在其未来发展上可以有以下可能的新的方向性、方式上的选择。

（1）首先在海外客属侨社传承中华文化的情况下，塑造好华人族群在当地的良好形象，这是华人族群在当地社会的立足之本，也是客家华人在促进居住地和祖籍地之间人文交流方面起到积极的桥梁沟通作用的立足之本。如何塑

造良好形象，最佳途径应当是在当地社会公益、慈善加大积极参与的力度；而后，发掘华人与当地人共同开发、建设当地的历史和共同记忆，以此增加华人在当地的发声权，让华人的声音在当地能够让主流社会愿意听到、听进去，这样才能在推动居住地和祖籍地之间人文交流时有更大的分量。

（2）海外客属侨社可利用其海外网络，让更多的海外华侨华人以及新生代华裔及其家人回家乡看看的同时，也让更多的祖籍地侨乡人"走出去"看看海外华人和海外社会，增进彼此间的了解，共促中国和当地国的友好往来。如"梅州学子印尼行"活动，广东省客属企业家考察团在马来西亚客家公会联合会邀请下考察马来西亚等都是"走出去"交流的良好方式，此外也可以让海外客属侨社在祖籍地开展海外侨情大讲堂之类的公益社会讲座，让祖籍地的民众了解海外的风土人情。中国有句古语"来而不往非礼也"，只有经常地"你来我往"，才能更好地促进居住地和祖籍地两地民众之间的相互理解和相互尊重。

（3）海外客属侨社可利用其在侨居地的资源，让有志于海外志愿服务的义工服务海外华人，在当地社会进行社会公益活动和志愿者服务，帮助居住地赈灾、扶危济困的同时，增加当地人对华人的好感度，从而增进两地人民之间的友好情谊，以润物细无声的方式实现"民心相通"。

第三篇
华侨华人社会

澳大利亚多元文化社会的融入实践
——以昆士兰中国人协会为例

粟明鲜[①]

（澳大利亚）

【摘要】 昆士兰中国人协会是在澳大利亚多元文化政策环境下以中国大陆新移民为主成立的华人社团，他们致力联络侨胞、加强与祖籍国联系和增进澳、中交往之同时，亦自觉地在当地传承和发扬中华文化，积极参与当地事务与活动，尤其是推动参与、创造条件积极融入当地主流社会，成为澳大利亚多元文化推行的参与者，是华人社区成为澳大利亚多元文化社会的一个组成部分的一股强劲推动力。

【关键词】 多元文化；华人社区；中国人协会；融入

一、引 言

昆士兰中国人协会（Mainland Chinese Society Queensland Inc.）成立于1995年，是在澳大利亚实施多元文化政策之后由来自改革开放后之中国大陆新移民组成的第一个以大陆中国人为主的非营利、非宗教及非政治的华人社团。因该群体受教育程度较高，融入主流社会与保持自身文化传统的理念较强，自成立后，举办各种活动，加强与主流社区联络与融入的同时，也不遗余力地传承和推广中华文化，是昆士兰州颇具影响力的华人团体。

本文通过对该社团的成立、成员的学历背景、组织结构、举办的活动以及所起的作用等几个方面的概述，分析其自觉地在保持与发扬本族群固有文化传统的同时融入澳大利亚主流社会的路径，以及在促进本地华人社区成为澳大利

[①] 粟明鲜，澳大利亚独立研究员，研究方向：澳大利亚华人历史、中国近代史和国际关系。

亚多元文化组成部分中所起的作用。

二、澳大利亚的多元文化政策与华人移民

澳大利亚是一个移民国家。自1973年开始，澳大利亚正式废除实施了大半个世纪之歧视和排斥亚裔的"白澳政策"，而正式接受不同文化背景和种族的移民后，又借鉴此前自20世纪60年代开始就在全国实施多元文化主义并颇见成效的加拿大，于当年正式宣布推行多元文化政策。

自1788年首批英国人登陆悉尼（Sydney）开始，澳大利亚作为大英帝国的殖民地，便长期以盎格鲁—撒克逊族占人口的大多数。虽然从1851年开始，澳大利亚因发现金矿而吸引了大批以中国人为主的亚裔族群前来淘金并一同开发建设这块土地，比如，1861年澳大利亚的人口统计数据显示，仅仅在淘金热兴起十年后在澳大利亚出生的华人居民就有38258人，占当时全澳总人口的3.4%，是当时仅次于英伦三岛移民的第二大群体[1]，但其工作和商业成就受到了欧裔居民和当地政府的严重歧视和排斥，他们的居住和移民也受到了严格的限制[2]；在此后遍布全澳的排华浪潮中，在澳华人人口急剧下降。由此发展到1901年澳大利亚各殖民地脱离英国的殖民统治而成立澳大利亚联邦时，主张"白澳主义"已成为朝野共识，继而颁布排外拒亚的"白澳政策"[3]，白人至上成为其基本国策，从而使澳大利亚成为不列颠特征极为明显的种族和文化同质社会[4]。从澳大利亚人口构成便可说明这一问题：1891年，全澳总人口中，87%具有英国血统；十年后即到澳大利亚联邦成立时，由于华人人口的进一步下降，英国血统的人口比例上升到95%；而在其他非英裔族群中，人口数量最多的德裔只占总人口的

---

[1] Kathryn Wells（5th），"The Australian gold rush"，http://australia.gov.au/about-australia/australian-story/austn-gold-rush。
[2] 沈正明：《浅论澳大利亚历史上的中国人》，《杭州大学学报》（哲学社会科学版）1993年第3期。
[3] 有关澳大利亚"白澳政策"的详细论述，详见：John Fitzgerald, Big White Lie: Chinese Australian in White Australia, Sydney: University of New South Wales, 2007。亦见张秋生：《"白澳政策"的兴衰与二战后澳大利亚对华移民政策的重大调整》，《八桂侨刊》2014年第1期；张安德：《试论"白澳政策"的渊源、演变及其终结》，《湖北大学学报》（哲学社会科学版）1995年第2期。
[4] John Richard, Australia: A Cultural History (The Present and the Past), London: Addison-Wesley Longman Ltd, 2 edition (January 1, 1997), pp.222—231.

1%，人口数量次之的华裔只有0.8%。[1]到第二次世界大战结束，澳大利亚的华人人口数量更是下降到历史最低。根据中澳协会（Australia-China Association）提供的数据，截至太平洋战争结束前的1945年6月30日的资料显示，澳大利亚总人口为7391692人，而当时在澳登记为中国侨民的华人人数，总共只有7656人。[2]其在各州具体分布如下。

表1 澳大利亚中国侨民人数

州别	男性（人）	女性（人）	总计（人）
昆士兰（Queensland）	2272	24	2296
新南威尔士（New South Wales）	2885	365	3250
维多利亚（Victoria）	1331	125	1456
南澳（South Australia）	64	9	73
西澳（Western Australia）	456	55	511
塔斯马尼亚（Tasmania）	64	6	70
总计	7072	584	7656

第二次世界大战带给澳大利亚深刻的教训。战时，在全国只有700多万人口的情况下，澳大利亚实行全民总动员，不仅派军参与盟国在欧洲抵抗德意轴心国的战争，也全力以赴地在广袤的太平洋上与盟军并肩战斗，抵御南侵日军。但通过参与战争，澳大利亚当局已经充分认识到，人力不足给国家安全造成了极大的威胁，故在战时便有智库建议增加人口，以防御外敌，联邦政府对此深以为然。于是，1945年战争结束后，澳大利亚开始实施开放移民政策，以增加国家人口。[3]在政策实施初期，澳大利亚政府期望能够维持以英国凯尔特人

---

[1] 详见澳大利亚国家档案馆档案：Population of Chinese in Australia, NAA: A433, 1949/2/8505。1901年澳大利亚联邦成立时，华人人口为22753人，全澳总人口则为3773301人。
[2] 见澳大利亚国家档案馆档案：Australia - China Co - operation Association: Readmission and position of Chinese in Australia (Contains Progress, Second and Third reports of the Australia - China Association and a booklet produced by the Association entitled "China and the White Australia Policy"), NAA: A433, 1946/2/1428。该档案统计显示，上述数字仅指那些年龄在16岁以上之登记在册的中国侨民。换言之，16岁以下的那些中国侨民以及那些属于大英帝国属地（亦即已经归化入籍者）之中国侨民，并不在此数字之内。因此，即使加上这些没有被统计进去的华人人数，则当时澳大利亚的华人人口也就只有1万多人。
[3] Charles A. Price, "Post - war Immigration: 1947 - 98". *Journal of the Australian Population Association*. Vol. 15, No. 2 (1998), pp. 115-129.

（Anglo Celtic）为主的人口结构，将外来移民和英籍人士的比例维持在1∶10，与澳大利亚政府早在联邦成立时就已实施的排外政策相呼应。然而，该项政策具体实施起来却很难保持初衷。当时，有1000万名原籍为南斯拉夫、拉脱维亚、乌克兰和匈牙利等地的战时纳粹集中营难民和战俘，战后因各种原因无法返回祖籍地。澳大利亚虽然企图维持其"纯正"的英国种族人口，但增加国内的人口数量为当时之要务，并且战后英国本身亦需要大批劳力，难以满足澳大利亚的移民需求。于是，在不得已的情况下，澳大利亚政府从1947年开始，决定以每年12000人的数目接收这批难民，以充实国家人口。在上述政策实施的七年期间，总共为澳大利亚增加了170万人口。与此同时，战后至20世纪50年代，澳大利亚也与美国、瑞士、比利时、西德、意大利、丹麦、西班牙和希腊等十多个国家相互签订入境条约，大量吸纳这些国家的移民以增加人口。[1]此外，战后澳大利亚所实施的科伦坡计划，援助亚洲国家的经济发展，接受来自邻近亚洲国家的留学生[2]，亚裔移民包括华人移民由此也逐渐增多。由是，在战后短短数年，澳大利亚就已成为以色列之外的第二个拥有最多移民的国家，人口数量急剧攀升[3]；而由此形成的人口结构，亦无可避免地变得越来越"非英籍"。虽然从国家安全的角度出发，是促使澳大利亚政府开放移民政策吸纳不同族裔的其中一个主要原因，而战后移民政策所带来的多元人口，却为后来的多元文化政策提供了基本的社会条件。[4]

---

[1] Department of Immigration and Citizenship (Australia). 2001. Immigration to Australia During the 20th Century – Historical Impacts on Immigration Intake, Population Size and Population Composition – A Timeline, https://web.archive.org/web/20080801014246/http://www.immi.gov.au/media/publications/statistics/federation/timeline1.pdf.
[2] Charles S. Blackton, "The Colombo Plan", *Far Eastern Survey*, Vol. 20, No. 3 (1951): 27-31；详情参阅孙瑞阳：《澳大利亚"科伦坡计划"研究》，硕士学位论文，河南大学，2017。
[3] 澳大利亚统计局提供的资料显示，1955年，澳大利亚人口达到8177342人，1960年升至10242076人，1970年达到12793034人，1980年增长到14588405人，1990年达16960597人。详见：World Population Review, "Australia Population 2019", http://worldpopulationreview.com/countries/australia-population/.
[4] 有关澳大利亚移民政策的变化，详见杨洪贵：《从同质社会到多元社会——二战后澳大利亚民族问题的由来》，《世界民族》2001年第5期；杨洪贵：《二战后澳大利亚非英语移民政策的演变》，《世界民族》2005年第5期；王宇博：《战后移民与澳大利亚种族主义的衰落》，《当代亚太》2002年第10期；王宇博：《20世纪中期澳大利亚移民政策的变化》，《苏州大学学报》（哲学社会科学版）2009年第3期。

澳大利亚政府在1973年实行的多元文化政策，就是在把澳大利亚国家利益置于首位之前提下，尊重全体公民的平等与自由等合法权利，维护社会公正与公平，体现不同族群和文化的多样性，是政府处置移民与不同族群的基本国策，也为各不同文化背景的族群保持和发扬其自身文化和习俗提供了保障。经过40多年的实践，澳大利亚的多元文化取得了极大的成功。2017年，联邦政府发布的多元文化政策声明，进一步肯定了其在国民认同和社会发展上所取得的成功，并表示将继续执行这一国策。[①]

也正是得力于澳大利亚的多元文化政策，澳大利亚的华人数量如是得以急剧发展，尤其是20世纪80年代末至90年代初，大批来自中国大陆的留学生进入澳大利亚学习，他们大多分布于澳大利亚的几个主要城市。据统计，此后的三年间，即到1992年底，总计有约4万名中国留学生涌入澳大利亚求学。1989年6月，澳大利亚总理霍克代表澳大利亚政府宣布：凡该年6月27日已经在澳的中华人民共和国公民，将被允许以一特殊类别的临时入境许可在澳大利亚临时居住四年。而且他还应允，在这四年以内或之后，这些中国公民将不会在违反其意愿之情况下被要求返回中国，除非他们严重地违反了澳大利亚的法律。换言之，四年临居之后，这些人可以申请永久定居，并且可望成为澳大利亚公民。[②]1993年11月1日，澳大利亚联邦政府移民部决定，凡在1992年3月1日以前来澳的中国留学生（包括其他形式来澳的中国人），皆可取得澳大利亚永久居留权。由是，这批人包括他们的家人最终得以留下来定居，从而成为华人社区的新群体。显然，这是随后来自中国大陆"移民潮"出现的一个主要推动因素。[③]根据2016年澳大利亚人口普查结果所列出的表格，便是这段时期在澳华人数量增长的最好总结。

[①] Multicultural Australia: United, Strong, Successful—Australia's Multicultural Statement, https://www.homeaffairs.gov.au/mca/Statements/english-multicultural-statement.pdf. 关于澳大利亚多元文化主义政策的成功，可见澳大利亚反种族歧视专员2016年的一个演讲：Tim Soutphommasane, The Success of Australia's Multiculturalism: Speech to Sydney Institute, 9 March 2016, https://www.humanrights.gov.au/about/news/speeches/success-australias-multiculturalism。

[②] James Jupp, *The Australian People: An Encyclopaedia of the Nation, Its People and Their Origins* (Cambridge; New York; Oakleigh, Vic.: Cambridge University Press, 2001), pp. 223-224.

[③] Jia Gao, "Negotiating State Logic: How Chinese Students Obtained Residence in Australia", *The Journal of Migration & Society*, Vol.1, No.1 (2010): 35-66.

表2 澳大利亚华人数量

年份	华人人口数量（人）	增长率（%）
1986	201331	—
2001	556554	7.01
2006	669896	3.78
2011	866205	5.27
2016	1213903	6.98

三、昆士兰中国人协会的成立

昆士兰（Queensland）位于澳大利亚的东北部，地域广大，面积仅次于西澳大利亚。1859年之前，昆士兰附属于英国在此最早的殖民地新南威尔士，此后才成为一个单独的英国殖民地。1901年，澳大利亚联邦成立，昆士兰便成为澳大利亚的一个州。

根据记录，华人最早进入昆士兰始于1847年。在其后的日子里，因昆士兰北部金矿的发现，导致了新的一轮淘金热，吸引了大批中国广东省珠江三角洲及四邑（新会、台山、开平、恩平四个县）地区的民众前来寻梦发展。到1881年，该地华人人口达到11229人，占当时昆士兰总人口的5.3%，是华人在昆士兰总人口比例中的最高纪录。[1]华人不仅在昆士兰的淘金史上占据了重要的一页，同时在发展昆士兰的农业，尤其是甘蔗、香蕉和蔬菜等种植业方面，作出了极大的贡献。[2]然而，随着欧洲移民对华人和其他亚裔移民的歧视和排斥以及政府的打压，华人在昆士兰的人口数量迅即减少。十年后，昆士兰华人移民降至8574人；1911年，减到5518人；到1921年，只剩下3585人。[3]只是在澳大利亚政府于20世纪70年代废除了"白澳政策"之后，昆士兰的华人人口数量才有了较大的增长。1996年的澳大利亚人口普查统计表明，昆士兰的华人人口约

---

[1] Noreen Kirkman, "From minority to majority: Chinese on the Palmer River gold-field, 1873-1876", in: Henry Reynolds (ed.), *Race Relations in North Queensland*. (Townsville: James Cook University, 1993), pp. 243-257.

[2] 详见: Cathie May, The Chinese community in Far North Queensland, Townsville: James Cook University, 1974; Conor Johnson, The Chinese Contribution to Agriculture in the Cairns District from 1870 to 1920, Townsville: James Cook University, HI3284。

[3] "The Chinese in Australia", *The Year Book Australia* 1925, https://www.abs.gov.au/ausstats/abs@.nsf/featurearticlesbytitle/4A6A63F3D85F7770CA2569DE00200137?OpenDocument.

为3万人。如果考虑到因统计而产生的误差及一些未被统计在内的因素,我们有理由相信,昆士兰州的华人人口当在4万左右或更多。[1]虽然相较悉尼和墨尔本(Melbourne)两大城市囊括了澳大利亚三十几万以上的华人人口,昆士兰的华人人口尚不算很多,但较之在战后二十几年里昆士兰州华人人口数量变化不是很大的情况,上述华人人口的增加显然已经是有了很大改变。

与20世纪80年代末90年代初澳大利亚华人人口大幅增长相适应的是,大批以中国大陆新移民为主而创设的华人社团于悉尼和墨尔本等大都市相继出现。[2]而在昆士兰州,则是直到1995年,那些在80年代末90年代初来自大陆的留学生根据上述1993年11月1日的移民部决定而得以最终居留下来之后,才在该州首府布里斯班(Brisbane)成立了首个以大陆移民为主体的社团——昆士兰中国人协会。

1995年底,由在昆士兰大学工作的袁先智博士和刚刚从该校毕业的张凌博士等人倡导,以散布于昆士兰州东南部地区(主要是布里斯班和黄金海岸[Gold Coast]地区)的6000~7000名来自中国大陆的新移民为主体的昆士兰中国人协会,正式宣告成立。当时,在昆士兰州布里斯班地区居住的中国大陆出生的新移民人数已达5000人之众。在这个新移民群体中,有相当多的一部分聚集于布里斯班市的三间大学或医学科技及其他各类科学研究机构,或任职,或求学;但大部分则散布于各种政府机构及公营部门、各类工商企业或者是自营其业。这一群体有如下特征:一是大多数皆已获得在澳定居权,但尚未完全安顿下来;二是大多数人皆曾在出国前接受过高等教育,荟萃了各行各业精英,且都是青壮年;三是内部凝聚力不够。虽然三间大学里皆有中国学生学者联谊会之

---

[1] 粟明鲜、蒋中元主编《多元文化园地的耕耘者——昆士兰华人社区杰出人物选》,澳大利亚昆士兰中国人协会,2000,第2页。自20世纪90年代之后,由于大批来自中国大陆的留学生和商业及技术移民涌入,2016年人口普查资料显示,当年昆士兰华人人口已经达到137019人。见:The Population Experts, "Queensland Chinese Population", https://profile.id.com.au/s_queensland/chinese-population#n-400。

[2] 详情参阅:Xiumei Guo, Immigrating to and Aging in Australia: Chinese Experiences, PhD theses at Murdoch University, Australia, 2005. 此外,关于20世纪80年代末90年代初在澳中国移民及其日后发展,亦可参阅金凯平:《澳洲梦:一个留学生的现代淘金故事》,上海文艺出版社,2006。在80年代末到90年代初,以大陆新移民为主成立了各式各样的华人社团,尤以悉尼华人社区表现最为显著,达上百个社团之多。见龚陆林:《漫谈在澳洲生活的N个'想不到'(四)》,http://www.shzgd.org/renda/zgd/node10940/node10943/u1a1779578.html。

类的组织，但所联系的面仍较窄，涉及的范围不大，相互间了解与沟通的机会和渠道有限。在这种情况下，如何为这一新移民群体加强其相互间的联系提供一个场所和平台，对于尽快适应或者如何协助该群体在当地的安居乐业，尽展所长，使之更多地参与社区的各项活动，积极融入当地社会成为其中一员，亦即成为澳大利亚多元文化社会的一个组成部分，并在其中保持和发扬其本身固有的文化和传统，以及发挥其各自的专业优势，在进一步发展澳大利亚的多元文化及沟通澳亚商业经济与社会文化等联系方面有所作为，成为摆在该群体面前的一个重要问题。因应这种需求，一群热心人士就经由上述袁先智和张凌等人牵头，多方联络与奔走，在1995年12月10日成立了该协会，并于1996年4月正式完成注册程序。①

如前所述，该新移民群体中许多人因工作、学习和就业等现实问题尚未完全安顿下来，这也包括协会的组织者，因此，协会建立后，会务亦受到了影响。昆士兰中国人协会成立约一年后，因负责人袁先智博士赴加拿大工作，张凌博士则需要经常奔波于澳中贸易等事务，其他的协会理事也大多忙于开办和维持自己的事业，在如何维持该会正常运转方面，显得力不从心。为解决上述问题，开展会务，该会的几位负责人便商之于一年多之前曾参与该会早期筹办活动的陈帆先生和粟明鲜博士等人，由他们再联络一批志同道合的人士，在1997年初组成临时理事会，负责完善该会的章程和组织架构，再重新选举出新的理事会，拓展该会活动。也就是说，以陈帆为首的新理事会成立后，昆士兰中国人协会的各项活动才得以全面展开。

经过临时理事会认真讨论和修改，昆士兰中国人协会的章程得以完善。根据章程，昆士兰中国人协会是一个非营利、非政治及非宗教的以具有中国血统并认同中华文化之人士为主而组成的华人社区组织。其宗旨在于加强这一群体与各社团及会员之间的联谊、交流及互助，在力所能及的情况下为会员及社群提供一定程度上的社区服务；通过文化交流，弘扬中国文化，促进在多元文化社会的相互了解和融入；并期望在促进澳中之间科技、文化和经济的交往与合作等方面能有所作为。自其成立之日起，昆士兰中国人协会的基本会员主要由那些来自中国大陆之新移民所组成，也吸引了来自其他地区和国家的许多华人

---

① 详情见鬼谷子：《聚四海精英，会八方朋友——小记新近成立的昆士兰中国人协会》，《昆士兰中国人协会通讯》第一期（1997年3月［该会内部流通，下同］）。该文亦可查询昆士兰中国人协会网站：http://www.queenslandchinese.org.au/site2010/introduction.php。

或华裔人士参加。

一个强有力的组织机构是成功开展会务的保证。在昆士兰中国人协会章程中，也将会员大会和理事会的关系予以厘清，即前者是最高权力机构，后者为常设执行机构，由选举出来的12人组成（其后改为13人），每届任期二年；理事会在会长的领导下，统筹安排协会的所有活动。

在明确了协会宗旨及完成了上述组织建设之后，选出了以陈帆为会长的新的理事会，昆士兰中国人协会的各项会务活动也就由此展开。

四、昆士兰中国人协会的活动

加强新移民之间的联络与沟通，协助其尽快及更好地融入新定居的澳大利亚社会，是昆士兰中国人协会的最基本职能。自1997年开始，理事会便依靠会员中的各类专业人士，利用他们所具备的不同领域的专业知识，组织一系列的联谊活动以及各类讲座，一方面是为这些新移民之间的沟通联络提供一个平台；另一方面也从职场规则、税务、福利、子女教育、公民义务等方面的专业讲座介绍，协助大家更好地安顿下来，适应这个社会。

作为一个社团机构，一旦遇到同族群中有人遭遇到困难，及时组织救助最有效的办法便是募捐，一是体现互助精神，二是彰显协会济困解难的功能。比如，1997年下半年，在得知一位原籍上海的童姓新移民身患肠癌情况堪虞之后，理事会便立即动员起来，为其组织募捐，并通过各种途径在医疗及护理等方面提供协助。[1]虽然这位新移民最终不治身亡，但在得知其病情到其病逝期间，昆士兰中国人协会始终如一地为其提供帮助。事实上，在慈善救困援助侨胞这方面，早期的华人会馆（例如，在墨尔本已有165年历史的四邑会馆）所具备的功能和作用，便是昆士兰中国人协会所追求和要达到的目标。[2]为此，每逢祖国遭遇水灾、地震和其他困难，昆士兰中国人协会便组织募捐，支援灾区，以表达海外侨胞的关注和心意。而作为澳大利亚的新公民，对于定居国所遭遇的风灾、火灾、水灾、旱灾等，也同样予以极大的关注，提供各种途径捐款赠物，以实际行动证明尽到了作为这个多元文化大家庭中成员应尽的义务。甚至在国际上其他地方发生重大灾难时，比如2004年印度尼西亚海啸所导致的惨

---

[1] 详见陈帆：《伸出你的手》，《昆士兰中国人协会通讯》1997年11月第5期。
[2] 王玉娟：《沟通与融合：新加坡华人宗乡会馆与中国新移民》，《东南亚研究》2013年第5期。

相，昆士兰中国人协会也组织捐献，表达爱心。此外，1998年，一位尚未入籍的侨胞因文化习俗不同加上语言不通造成家庭冲突而被拘受审，昆士兰中国人协会理事会也派人陪同中国驻澳大使馆外交人员前往探望，了解案情；同时，秉着实事求是的精神，与华人社区中的其他团体协作，支持抗辩，直到他在1999年获得无罪释放。[①]

源于此，昆士兰中国人协会在发挥其传统功能和作用上，所关注的范围并不仅仅限于华人新移民群体，也总是创造条件与华人社区中的其他社团包括历史较为悠久的社团建立联系，共同为社区提供服务。比如，适逢布里斯班华社中有一批已经退休的年长人士，包括来自中国大陆的依亲老人、早期移居澳大利亚已处退休状态和来自其他地区的同年龄层次的华人移民，当时尚未有社团为他们提供各种不同类型的活动，昆士兰中国人协会便为他们成立了"益壮之友会"俱乐部，并设法向政府相关部门申请到相应的补助金，及时举办一些活动，让他们的退休生活显得丰富多彩，在这块多元文化的土地上安度晚年。[②]而当1998年5月印度尼西亚发生排华暴乱屠杀华人的事件时，许多印度尼西亚华人避难来到布里斯班，昆士兰中国人协会在其后举办联谊活动时，便邀请他们参加，对其遭遇予以慰问，以表达与他们同为炎黄子孙血浓于水的情谊。

在拓展协会本身会务之同时，昆士兰中国人协会也不断地扩大与当地其他社团的联系，甚至加入昆士兰华人论坛（代表华社各团体利益的一个机构），在其中发出自己的声音，以体现全体华人在维护华人社区福祉和利益的诉求和行动中步调一致。此外，华人社区在布里斯班中国城推广的各项与中国文化艺术相关的活动中，昆士兰中国人协会都组织人力和物力积极参与。与此同时，也加强与其他族裔团体的联络与合作。比如，1997年9月，昆士兰中国人协会与在布里斯班的其他四十几个民族社团共同签署《多元文化、人权及民族平等联合宣言》，成为反种族主义和种族歧视社区联盟（Alliance-Communities Against Racism and Discrimination）的成员，并通过与这些不同族裔的社区组织排球和篮

---

① 详见："昆士兰华人之声李绍晟致中国大使馆一秘孙中瑞电（传真），1999年3月24日"及"昆士兰中国人协会粟明鲜致李绍晟电（传真），1999年3月25日"，昆士兰中国人协会档案（未刊）。
② 编者：《夕阳映余晖，大地爱晚晴——中国人协会"益壮之友会"成立》，《昆士兰中国人协会通讯》1998年1月第6期。大约两年后，益壮之友会因活动越来越多，所吸引的来自不同地域和背景的华裔年长人士也越来越多，遂从昆士兰中国人协会独立出来，向政府工商局注册组会，继续开展与其相关的各项文化艺术及康乐活动。

球等体育比赛及文化交流活动，增加相互间的了解。1998年大选，越南裔社区的一位社团领袖意欲参选问政，昆士兰中国人协会对其予以大力支持，并派人助选。昆士兰中国人协会的这些活动，旨在让民族社区包括主流社区认识和了解自己作为华人社区一个新群体的代表，以及他们融入澳大利亚社会的努力与能力。

作为代表来自中国大陆的新移民群体的组织，昆士兰中国人协会自然十分关心祖国的发展，利用一切机会在澳大利亚当地推介中国，自觉地配合时事与时局的发展，抓住机会，举办各种不同形式的活动和讲座，以宣传中国的文化与社会进步，让更多的当地人了解和认识中国。[①]比如，1997年是香港回归中国之年。理事会决定利用这个机会举办"香港回归座谈会"，由学者、媒体人和华社领袖及知名人士等出席，对香港回归的历史意义与前景进行热烈的讨论，让人们更深入地了解中国百年历史的变化。到下一年，再次举办"香港回归一周年座谈会"，特别邀请香港特区政府驻澳大利亚办事处负责人和中国驻澳大使馆参赞任录参加，介绍香港回归后的社会与经济发展进程，对其前景予以讨论，在当地社区引起很大反响，效果显著。[②]1999年澳门回归时，昆士兰中国人协会也同样举办大型庆祝活动，中国驻澳大使馆政务参赞章均赛特别从堪培拉赶来参加，显示出了中国大陆新移民在当地华社中之影响力与日俱增。到2000年，中国成功获得了2008年奥林匹克运动会在北京的举办权。昆士兰中国人协会抓住这一良机，举办大型庆祝晚会，邀请当地社区及各族裔团体人士参加，共同庆祝，以分享这一荣誉。2005年，是中国抗日战争也是世界反法西斯战争胜利60周年。昆士兰中国人协会为此举办座谈会，邀请当地学者、华社人士以及抗战殉国将领后裔参加，重温这段中国的历史。鉴于座谈会是在澳大利亚这

---

① 这些讲座与活动，内容丰富，涵盖面广，从下列由笔者为该会在当地华文报纸上撰写的若干宣传推广文章可见一斑：《五千年中华文明的支柱之一：中医药学——关于中华文化系列讲座"为什么中医药学会历久不衰，而走向全世界"》，《移民镜报》2005年9月17日；《当代中国电影的缩影——写在五彩缤纷中国电影回顾展之前》，《移民镜报》2005年9月24日；《玉与中国文化传承——关于中华文化系列讲座"辨玉说翠"专题》，《移民镜报》2005年10月8日；《关于"儒家文化传统与现代教育"讲座》，《移民镜报》2005年10月15日；《黄钟大吕有知音——关于中国古典音乐欣赏讲座及傅晶教授》，《移民镜报》2005年10月22日；等等。

② 鬼谷子：《香港能继续保持繁荣发展——昆士兰中国人协会举办的"香港回归座谈会"简述》，《昆士兰华商周报》1997年6月1日。

块土地上举行，与会者亦着重强调指出，在抗击日本军国主义的侵略中，澳大利亚与中国同为盟国，皆对这一胜利作出了各自的贡献。

在加强与其他社区团体联络互动的同时，昆士兰中国人协会所要展示的不仅仅是这一日益扩大的群体本身所具有的良好教育背景以及对当地社会的回馈，同时在展示如何传承和发扬他们祖居地所具有的灿烂文化背景与悠久历史传统。为此，理事会举办各项文化活动，推动和促进中华文化的发展及获得当地主流社会的认同。冀望通过这些活动，吸引当地不同族裔社区及主流社会人士的参与，从而达到介绍自己，推介中华文化之目的。其最著名的活动，是在布里斯班组织大型的中国文化艺术节。

昆士兰中国人协会成立伊始，理事会就充分地认识到，要扩大自身影响，让本身就多元的华人社区以及澳大利亚主流社区认识自己并在当地推广和促进中华文化，组织大型的中国文化艺术节不失为一个有力途径。决定举办这一活动的主要依据，在于当地华人新移民中，有相当多的一些人在移居澳大利亚之前就曾在中国各文化领域部门工作，从事文化艺术的专门人才众多，自身的资源就很丰富；如能将其充分利用，有效地组织起来并按规循序操作，事实上就是一支宣传推广中华文化的有生力量。因此，自1998年开始，该会就在布里斯班组织"布里斯班中华文化艺术节"，随后又分别在2000年、2001年、2003年、2005年、2008年和2009年连续成功地举办了六届；此后，布里斯班中华文化艺术节就被固定下来，成为布里斯班华人社区的一个重要活动，每隔一年举办一届，到2019年，已经是第17届。

布里斯班中华文化艺术节之宗旨与定位是：①传承、推广和促进中华文化；②为不同文化背景之族群了解和认识中华文化与传统提供条件及体验之机会；③以承载中华文化之活动来丰富澳大利亚奉行的多元文化主义之内涵；④展示澳大利亚当地社区生活方式与社会活动之多样性；⑤促进中华文化活动成为澳大利亚当地社区文化与活动之一个不可分割的部分。为此，中华文化艺术节上的内容，就不仅仅是中国的民族歌舞与乐器表演，还有书法艺术、中国功夫、中华美食、中华服饰、中医针灸、各类中国工艺品的展示以及中国时事和历史文化的讲座等。为吸引更多当地不同族群的参与，举办中华文化艺术节的场所，基本上都是布里斯班市当地中小学的礼堂和户外活动场地。参与上述活动的不仅仅是当地华人社区的各类文化艺术精英，也邀请中国大陆不同省份的文化艺术团体前来参加，同时还和当地主流社会的文艺表演机构合作，也邀请昆士兰州的其他族裔团体共同参与，使之成为中、西文化交融的一个大平台，促进中、西文化艺术的相互了解和交流。使之在展示中华文化的同时，兼具多元化之性质。随着中华文化艺术节规模的不断扩大，其活动也已移到位于布里斯班市中心的市政厅大剧场和广场上举办。

昆士兰中国人协会筹办和组织中华文化艺术节，其目的是让更多的人，包括本社区和主流社会了解自己，认识中华文化，从而达到推广和促进中华民族的文化和艺术在澳大利亚多元文化社会的顺利发展。为此，申请并获取澳大利亚联邦政府、昆士兰州政府和布里斯班市政府的社区活动援助基金赞助，让澳大利亚的联邦、州和地方（市）三级政府的相关部门认识和了解自己，并获得支持和资助，也就成为其理事会致力达成的目标。经昆士兰中国人协会理事会一番努力与争取，就于1997年申请到了布里斯班市政府的1000澳元资助，作为为长者举办各项活动之经费。次年，又分别从昆士兰州政府和布里斯班市政府申请到各项资助经费共计23000多澳元，用于举办首届布里斯班中华文化艺术节项目经费和开展其他相关的活动。1999年，从昆士兰州政府申请到多元文化活动赞助基金7900澳元，并同时从布里斯班市政府申请到6000澳元经费，用于组织宣传当地华人社区长者在促进和推动多元文化事务与活动中的贡献[①]，以及作为举办2000年的第二届布里斯班中华文化艺术节之专项费用。到2000年，再获得布里斯班市政府6500澳元赞助，作为次年举办的第三届布里斯班中华文化艺术节的启动基金。2001年，从澳大利亚联邦政府多元文化事务部获得20000澳元赞助，用于开展中华文化的组织调研及相关活动。2002年，再次从昆士兰州政府获得7500澳元资助，为次年举办的第四届中华文化艺术节奠定了基础。此后，布里斯班市政府和昆士兰州政府将布里斯班中华文化艺术节作为华人社区活动的一个重大节目立项拨款，使其成为昆士兰华人社区的固定活动。也正是由于该会理事会的主要成员们多年来锲而不舍地发展和保持这种与澳大利亚各级政府的不断联络与沟通，使昆士兰中国人协会的社会知名度在短期内大为提高。在其举办布里斯班中华文化艺术节时，来自上述三级政府的官员和议会成员皆与其他族裔社团及当地主流社团的团体人士一起，应邀出席参与，以示对该项活动的支持。由此可见，昆士兰中国人协会在推广中华文化及融入澳大利

[①] 该项目的结果，详见粟明鲜、蒋中元主编《多元文化园地的耕耘者——昆士兰华人社区杰出人物选》，澳大利亚昆士兰中国人协会，2000。

亚社会的过程中所作出的不懈努力及良好效果。

与此同时，昆士兰中国人协会从其建立起就已达成共识，要在澳大利亚这块多元文化土地上更好地传承与弘扬中国文化与传统，因此，为其后代开办周末中文学校，具有重要的现实意义和历史意义。1997年，昆士兰中国人协会理事会就开会决定，筹组自己的周末中文学校。随后，几位也是来自中国大陆的新移民全力投入筹办一所周末中文学校——苗苗中文学校中。昆士兰中国人协会参与了策划，但最终放弃了筹组自己的中文学校，转而全力支持苗苗中文学校的筹建和开办，并积极协助其申请政府的援助经费及联络中国的领侨部门，以获得由中国国务院侨办主导编辑出版的相关中文课本，方便教学。[①]这一年，苗苗中文学校在布里斯班开学，成为布里斯班由大陆新移民创办的第一间周末中文学校。[②]此后，又有其他的大陆新移民在布里斯班等地开办了新的中文学校，加上原有的由来自台湾、香港等地的华人移民开办的中文学校，成为传承中华文化和传统的主要基地。对于这些中文学校的发展和开展的教学及相关活动，昆士兰中国人协会都一如既往地予以支持和协助。

五、余　论

昆士兰中国人协会的社区服务以及活动轨迹表明，其所代表的这些华人新移民，在成为澳大利亚公民后，因其所受过的良好教育，使之能较为顺利地适应当地的生活与工作，迅速沉淀下来，积极融入社会。而昆士兰中国人协会的最主要活动，就是鼓励这些新移民积极参与当地活动，融入当地社会，为澳大利亚社会的进步与发展贡献一己之力。这是因为，只有扎根于定居的这块土地，成为当地社会的一分子，才能更好地将自身所具有的文化传统与主流文化相结合，成为澳大利亚多元文化的一个重要组成部分，也才能有效地推动和促进中华文化在当地的发展与弘扬光大。为此，凡主流社会团体的公开活动，一旦受到邀请，昆士兰中国人协会均组团参与，包括许多志愿者服务项目，以及

---

① 陈帆：《春色满园——苗苗中文学校成立前后》，载粟明鲜、刘小英、王永红主编《昆士兰华教之光——苗苗中文学校二十周年纪念专辑》，昆士兰苗苗中文学校，2017，第186—187页；粟明鲜：《顺势而成——写在苗苗二十华诞之际》，第188—190页。
② 详见粟明鲜、刘小英、王永红主编《苗苗二十年——风雨历程回顾与学生作品选》，昆士兰苗苗中文学校，2017；粟明鲜、刘小英、王永红主编《昆士兰华教之光——苗苗中文学校二十周年纪念专辑》，昆士兰苗苗中文学校，2017。

澳大利亚境内发生的各种火灾、水灾和风灾的筹款赈济活动。比如，每年6月的昆士兰日庆祝活动，多由州政府出面组织当地社区的各种团体参与各项活动，以体现昆士兰州以及澳大利亚这个社会多元文化之特质。对于这项活动，昆士兰中国人协会多以不同的形式和内容参与其间，就是加强与主流社会联络和沟通的一个例子。

与此同时，昆士兰中国人协会也利用各种机会组织澳大利亚的当地工商企业和学生访问中国，让他们以直观的形式耳闻目睹中国社会的发展与进步，体验中国的文化与传统，促进其对中国的客观了解和认识。在这些华人新移民中，有许多此前在中国便是各行各业的精英，他们中的一些人定居下来后，得以在当地的中小学工作。于是，他们就因工作的便利，利用当地学校的假期，在此期间组织当地中小学生去中国游学。通过这样的活动，让这些澳大利亚的年青一代近距离地接触和体验中国文化，从而培养其对中华文化的兴趣。而那些活跃在工商业界的新移民，则在与当地澳大利亚工商企业与团体的商业交往中，经常组织小规模访团前往中国，一方面加强澳中之间的商业贸易往来，另一方面也让他们加深对中国社会与文化的了解。这种互动式的文化交流碰撞，旨在更好地向澳大利亚主流社会介绍和宣传中华文化和传统，反过来更有利于让中华文化成为澳大利亚多元文化的组成部分。

此外，作为已经归化为澳大利亚公民的华人新移民，在受益于这个社会对自己的权利保护时，就必须为这个社会承担责任。为达到这个目的，应该积极主动，而非消极被动，以改变以往华人给外界留下的只顾自己生活和内部事务而不问当地政治和事务的形象。昆士兰中国人协会认为，鼓励和支持华人参政和在新移民及其后代中培养参政从政的意识，是表现华人新移民公民意识和以国家和社会主人翁的态度融入主流社会的一个途径。为此，在其成立后，就在这方面不遗余力。1997年，昆士兰中国人协会便加入反对以一国党领袖为主所倡导的种族歧视的阵营，其后也利用各种机会，参加到澳大利亚各级政府的选举中，支持当地政客参选，例如澳大利亚前总理陆克文（Kevin Rudd）1998年参选国会议员，昆士兰中国人协会得知后便派人助选。对于华人参政，昆士兰中国人协会也是积极支持和配合。昆士兰中国人协会深信，澳大利亚这个以移民为主组成的国家，华人是少数族裔，只有积极问政和参政，才能充分表达自己的诉求，才能为在这块定居的土地上推广和促进中华文化的发展创造条件，因而对来自不同地域的华裔人士参政，都全力支持。比如对曾担任昆士兰州议员的蔡伟民（来自中国香港地区）和现任布里斯班南区的市议员黄文毅（来自台湾地区），昆士兰中国人协会都积极参与其筹款活动及参与其助选团队。

上述澳大利亚昆士兰中国人协会的发展历程及其活动表明，他们顺利定居下来，是得力于澳大利亚的多元文化氛围和宽松的移民政策，而他们在推广中华文化的过程中自觉地融入当地社会的实践，又是澳大利亚多元文化政策成功的一个案例。

马来西亚国民型华文中学的发展困境

——槟州日新国民型中学增建威南二校为个案研究
（2008—2017）

祝家丰　吴畹妤[①]

（马来亚大学中文系　马来亚大学教育学院）

前　言

　　华人自离开中国大陆而漂泊到世界各地谋生后，由于须适应在各地域不同的国情而衍生出各种有异的调适方式。现今多数的海外华人虽口操华语或华语方言，但作为其载体的华文教育在世界各国却拥有迥异的命运。作为海外华人一分子的马来西亚华人虽面对国家机关实施之单元教育政策的深刻影响，却能发展出一支独特且蕴含着非凡韧力的华文教育体系，此现象可属罕见。马来西亚的华文教育体系可以说是在中国以外发展得最完善和肩负着薪传中华文化重任的体系。有鉴于马来西亚政府实施单元的国民教育政策以形塑由马来族为主导的国族，所以华文教育面对了一系列的国家教育政策与法令的冲击。马来西亚的华文教育长期面对各种不利其发展的束缚，但其得到华人社群的鼎力支持与抗争已使它衍生为令人敬佩的华教运动。马来西亚华人这股捍卫华文教育的精神，主要是源自他们把华校与华文教育视为传承中华文化和语言及赓续华人族裔认同的最重要载体。

　　马来西亚的华文教育若从1819年在槟城建立的第一间私塾——五福书院算起，已有200年的历史。其悠久的历史说明了华校与华文教育一直以来都受到华

[①] 祝家丰，马来亚大学中文系高级讲师，研究方向：华侨华人与国际关系；吴畹妤，马来亚大学教育学院硕士生。

人社群的重视。马来西亚教育部数据显示，2011年已有96%的华裔家长把其子女送进华文小学（华小）以接受母语教育。自1957年独立以来，虽然华小已被纳入国民教育体系，但它一直不能享有与国民小学（马来文小学）同等的地位。华小也因此面临一系列的问题。作为华小的接轨，华文中学其实面临的问题更复杂与尖锐。由于华小和泰小的存在是马来西亚各族群政治上的妥协，为了有效实施单元教育政策，政府也把重点放在中学教育。因此，政府把各种教育政策导向和资源都放在国民中学以吸引三大民族的学生。但华文中学的存在无疑成了实施单元教育政策的绊脚石，因为许多华小毕业生的首选升学之路是华文中学。有鉴于此，马来西亚的政府采取了改制华文中学的举措和把不接受改制的华文中学，即独立中学（独中）排斥在国家教育体制之外。虽然改制华文中学（国民型中学）已被接受纳入国家中学教育体制，但政府依然在各个方面限制其发展，尤其在增建新的国民型中学上。这可从改制初期（1961年）的78所国民型中学到2018年的82所看出端倪。本文以槟州日新国民型中学增建威南二校作为个案，深入研究和探讨马来西亚国民型中学的发展困境。

一、马来西亚与槟城华文中学发展概述

华人在19世纪中叶后开始大量移入马来亚。他们当时胼手胝足，从事开采锡矿，种植甘蜜、橡胶和胡椒等各种经济活动。虽然他们是来自华南地区的低层农民，本身甚少受教育，但他们了解教育的重要性。因此在辛劳地赚取生计之余，亦尽其所能在当地兴建华文学校，让他们的子女有机会接受华文教育。通过华文教育，他们希望子女能学习方块字和受到中华文化的熏陶，尤为重要的是把他们培养成才。在他们当中乃至现今华社里流传了这么一句话："再穷也不能穷教育。"他们在没有得到政府资助的情况下，出钱出力，艰苦兴办华文教育。这就造成了马来西亚境内华人聚居的城镇，处处都有华文学校的设立。

马来西亚华文教育的滥觞可追溯至19世纪初叶之际，当时华人私塾教育已经在华族聚居的槟城、马六甲及新加坡等地陆陆续续地出现了。为了解决子女的教育问题，他们就在会馆、宗祠、神庙或其他简陋的地方建立私塾。这些私塾以方言媒介教授《三字经》《百家姓》《千字文》或《四书》《孝经》之类的经典古籍，以及书法、珠算等。新马第一所私塾是于1819年在槟城创办的五福书院。马来西亚华文教育的发轫一般都以这所私塾的设立为开始。接下来由于大量妇女的到来而促使华人新生代激增，因此私塾在教育需求的压力下纷

纷在各地设立。根据海峡殖民地政府1884年的海峡教育年报，当时槟城有私塾五十二所、新加坡五十一所、马六甲十二所。由于这些在海峡殖民地开始兴盛的私塾不符合英殖民政府的意愿和利益，因此英殖民政府从来不认真考虑为华人设立华文学校，也不认为设立华校是他们的责任。虽然英殖民政府对当时的英校与马来学校提供各种援助，但对于华社里的华文私塾、学堂，政府实际上是不照顾它们的。英殖民政府对发展初期的马来亚华文教育之态度是放任、漠视与看轻的，但也不严加干预。

由于这些早期华人私塾各自授收各方言群子弟，这使得当时的华人社会生活在各自的帮群里而出现隔阂的现象。此现象一直维持至1888年，槟城南华义学的设立才带来了革新。当时槟城的闽、粤华人社会为了改善私塾教育的帮群缺陷而在光绪十四年（1888年）创办了南华义学。由南华医院的闽、粤董事们透过以方言群的合作方式创办这所学校。此所义学的设立不但使闽、粤籍贫家子弟亦有受教育机会，尤为重要者，该校能透过各方言群之间的合作，制定出一套具规模的管理制度，使该校除了在管理上趋向系统化和制度化，同时又吸收其他民族学校的现代管理精神和方法，成为一所极富时代作风的学校。

20世纪初叶为马来亚华校走向现代化的开始，其导源乃为中国所进行的教育改革。当时的中国政府在经历了鸦片战争（1840—1842）和甲午战争（1894年）的战败耻辱后，已觉悟到要富国强兵及走向现代化，改革教育正是当务之急。于是在1898年采纳维新派的主张，进行教育改革以建立现代式的教育制度和新式学堂。这一连串的教育改革措施，不但在中国国内实施，同时推广到海外。马来亚的华人便在这种情况下受到中国教育改革之影响而展开兴学运动，筹办新式学校。

马来亚第一所现代化华校是1904年在槟城设立的中华学校。那一年，当各地旧式学塾教育还普遍流行之际，在张弼士的领导及一批侨领的策划下，槟城的华社即创办了此所学校，为马来亚于南洋地区华文教育掀起新的一章。随着槟城中华学校的开办，马来亚各地华人竞相仿效，纷纷成立新式华文学校。旧有的私塾也改为新式学堂，因此兴起了华社的全民办学的热潮。作为新马华人聚居的重镇，槟城华校如雨后春笋般地设立可说成为这一区域的楷模。譬如，紧接着中华学校的创办，槟城华社于1905年设立了慈善学校，1906年更创办邱氏新江学校、光福学校及林氏两等学校，1908年则建立了商务与崇华学校。槟城名校，钟灵学校（小学）亦于1917年建校，其中学则在1923年创办。

二、教育法令与国民型华文中学的出现

英殖民政府在1920年以前对马来亚华校基本上是采取放任的态度,也不加以管制并让华校自由发展。但随着《1920年学校注册法令》的颁布,英殖民政府显然对华校的蓬勃发展存有戒心。此项法令表面上虽谓用来管制所有学校,实际上乃蓄意加以控制和监管华校。英殖民政府强行实施此项法令是因为当时马来亚的华校深受中国政治思想,特别是具有鲜明反殖与民主意识的五四运动之影响,这是英殖民政府所不能容忍的。因此,这项法令的背后目的是要阻止各种政治思潮影响华校和阻止师生参加政治活动,以免危害英殖民政府的利益。

虽然英殖民政府在1924年开始津贴华校,但数额微不足道。第二次世界大战后,英殖民政府还继续给予符合补助条例的华校津贴,但英殖民政府给予津贴是要达到控制华校的目的。接下来,英殖民政府发布1951年的《巴恩报告书》和《1952年教育法令》,华文教育再次受到摧残。马来亚独立后的《1957年教育法令》虽正式接纳华文小学进入国家教育体系,但华文中学却在四年后面临严峻的考验。当时联盟政府颁布的《1961年教育法令》在1962年1月1日开始实施。英殖民政府停止向华文中学提供部分津贴,只提供全面津贴给那些愿意接受改制的华文中学。拒绝接受改制的学校便被排除在国家教育体制之外,成为华文独立中学(独中);至于那些接受改制的华文中学则成为马来西亚独有的国民型中学。

在《1961年教育法令》冲击下,当时马来亚的华文中学的董事部需作出艰难的抉择。有鉴于华文中学仍需要政府的经费才能继续办学,因此在种种诱劝、约束和妥协的情形下,改变了许多学校原本不愿改制的态度(张晓威,2009:86)。当时马华公会领导层利用其在各地华校董事部的影响力,大力宣传改制后的中学将保有三分之一的课程以华文作为教学媒介,并鼓励华文中学接受改制。在如此的局面下,不接受改制的中学兵败如山倒,因此在1961年的70所华文中学里只有16所坚持独立,其余54所接受改制(见表1)。

表1 接受改制为国民型中学的华文中学

州属	所数	校名
吉打	4	亚罗士打吉华、双溪大年新民、居林觉民、亚罗士打新民
槟城	9	钟灵、槟华女中、菩提、协和、圣心、中华、修道院、日新、恒毅

续表

州属	所数	校名
霹雳	14	太平华联、江沙崇华、和丰兴中、怡保三德、怡保圣玛利亚、怡保培南、怡保育才、怡保霹雳女中、华都牙也育群、金宝培元、美罗中华、安顺三民、实兆远南华、红土坎天定
雪兰莪	6	八打灵公教、吉隆坡尊孔、吉隆坡中华、巴生光华、加影育华、适耕庄育群
森美兰	3	芙蓉振华、马口启文、庞劳中华
马六甲	3	马六甲育民、浮罗士邦华文中学、马六甲华文中学
柔佛	4	昔加末昔华、利丰港培华、丰盛港培智、笨珍培群
彭亨	8	文东启文、文东公教、劳勿中竞、金马伦中学、立卑中华、关丹中华、文德甲华联、直良华侨
登嘉楼	1	中华维新
吉兰丹	2	哥打峇鲁中华、哥打峇鲁中正

资料来源：郑良树（2003：85）。

表2则为因不接受改制而成为独立中学的10所华文中学。

表2 拒绝接受改制的华文中学

州属	所数	校名
槟城	1	韩江
霹雳	2	怡保深斋、班台育青
雪兰莪	4	坤成、循人、巴生兴华、巴生滨华
森美兰	2	芙蓉中华、波德申中华
马六甲	1	培风

资料来源：郑良树（2003：86）。

由于槟城在《1961年教育法令》实施之前已发生了钟灵中学在1956年接受英殖民政府的津贴而成为全津学校之例，此事对该州华校接受改制影响深剧。因此，当时槟州一共有9所华文中学接受改制，即钟灵、槟华女中、中华、菩提、协和、恒毅、修道院、圣心及日新国民型中学。一方面，有鉴于钟灵中学在改制前就已特别重视英文科。例如1954年其高中部除了华文一科外，其他数理化学及史地商科等全是英文课本，并以英语教学，其学生参加政府公开考试成绩斐然，因此成为其他华文中学仿效的对象。另一方面，处在一个多元语言、文化及民族的环境里，槟城人希望在英校及华校之间开辟出第三种学校，即钟灵路线。这种心态造成槟城的华裔家长把注重三语教学的国民型中学列为其子女首选的学校。所以槟州的国民型中学都面对学生爆满之忧，时至2016年此类学校共有10所，其增加的一所是新设立于1986年的北海钟灵国民型中学。

三、国民型华文中学的发展困境

为了把单一源流这个教育最终目标发展成为现行的目标，政府在1995年大选结束后便在隔年提出了《1996年教育法令》以取代已实行三十五年之久的《1961年教育法令》。根据这项新法令，全马仅有两类中学那就是国民中学与私立中学。这意味着，政府已把国民型中学归类为国民中学。国民型中学遭国民中学取代让国民型中学在这项法令中失去了应有的合法地位。虽然政府当年为了让华文中学安心接受改制成为国民型中学时曾保证会对国民中学和国民型中学一视同仁，但就目前的情况而言改制中学是名不副实的国民中学。82所国民型中学处于不受政府和华社重视的尴尬地位。对于国民型中学的发展，政府也只是抱持着忽视的态度。目前有大部分的国民型中学每周只有三节中文课，只有少数国民型中学有五节至七节的中文课。除了中文节数，基本上改制中学的校务与国民中学无异。在教育局，官员会把国民型华文中学称为"改制中学"（Conforming School）。但马来西亚华社普遍上统称这类学校为"华中"。

马来西亚行动方略改制中学发展委员会主席张金祥表示，尽管国民型中学2012年起取得一点点突破，但政府还是没有履行当年对改制中学的承诺。如今的突破只是当年政府对改制中学的小部分承诺，并没有彻底解决国民型中学长期以来面对的种种问题。他指出，全国78所国民型中学如"私生子"般，不仅要面对硬体设备及拨款不足的问题，还要面对严重师资不足的问题，这些都是老调问题，多年来悬而未决。

在拨款方面，国民型中学不像其他国中。因此它们只能另寻资金来源以供学校发展。而发展学校的经费主要来源便是董事会、家教协会、校友会以及华社。由于得到的拨款非常少，校方在维持学校日常开销上显得吃力。校方必须自行承担水电费以及排污费等。对于学校的硬体建设的发展、提升以及维修，校方的资金来源更是贫乏。有些被忽略的国民型中学因缺乏资金维修导致校舍年久失修，设备残旧，有的更成了危楼。其中拥有95年历史的吉隆坡富都国民型女子中学，存在校舍桌椅残旧、地板洋灰破损、白蚁蛀蚀、空气闷热等问题，碍于资金问题必须由校工与师生修补。由于校内的电线已久未更换，经常在上课中途断电，更一度因漏电而发生小火警。校舍的板制楼梯也因多次遭受白蚁蛀蚀而摇摇欲坠。为了筹得足够的维修经费，该校家协也只能筹办千人宴，宴开一百席向华社筹募资金。此外，芙蓉振华中学分校在升格为二校前，政府只拨给振中每月2000令吉的水电费，导致总校与分校各获得每月1000令吉的水电费开销，根本不够应付，于是该校便于2008年7月11日宣布争取分校成为二校。

虽然接受改制时政府承诺了对国民型中学一视同仁，但事实是无论在政策还是行政上，华文国民型中学的发展是受限的。就以拨款来说，国民型中学获得的拨款数额比国民中学少得多。而且每当政府作出特别发展拨款给政府资助学校（Sekolah Bantuan Kerajaan）时，国民型中学总是被遗漏。政府没实行当年所提出的一元对一元的承诺，造成了一些拥有较强较积极的董事会和家协的国民型中学之校舍堂皇；一些董事会与家协较弱的国民型中学，校舍成了危楼，增建计划搁置，有的甚至连桌椅都无资金添置。由此可见，董事会与家协对于一所国民型中学的发展是非常重要的。国民中学与国民型中学的差别就在于国民中学没有董事会组织。国民型中学的校产主权属董事会，校长则是管理人。当《1996年教育法令》公布后，教育部通令要取消国民型中学的董事会，以便让国民型中学成为国民中学。若当时董事会被取消了，如今国民型中学的发展情况是无法想象的。

华文中学在20世纪60年代接受改制后，发展情况缓慢而且申请建校或迁校的过程也很艰辛。由于全马高达90%的华小学生毕业后都会选择就读国民型中学和国民中学，因此导致国民型中学的数量与学生人数不成正比，从而出现了供不应求的状况。为了解决人数不断增长的问题，校方只能申请兴建国民型中学分校或迁至更广阔的校园。但直至如今，成功得到兴建分校与二校准证以及成功迁校的例子并不多。根据时任教育部副部长韩春锦的办事处所发的文告，教育局自1999年至2004年共批准增建一所新的国民型中学分校即芙蓉振华中学分校及三所国民型中学的迁校申请。其中两所已成功搬迁并启用，即吉打吉华国民型中学及雪州巴生中华国民型中学。另外一所还未搬迁的是吉隆坡尊孔国民型中学。截至2017年，全国国民型中学从78所增至82所。目前，政府批准全国国民型中学建分校与二校情况如下（见表3）。

表3　政府批准全国国民型中学建分校与二校情况（2012—2017）

	项目	学校类别	进展
1	芙蓉振华中学	由分校转换为二校	2012年获批文，2014年才正式成为行政独立的新中学

续表

	项目	学校类别	进展
2	槟州威南日新国民型中学	二校	2012年获增建批文，2017正式启用
3	峇央峇鲁恒毅国民型中学	分校	2013年获增建批文，2017正式启用
4	加影育华国民型中学	二校	2016年12月获批文，面对资金不足，建校工程未展开
5	雪州八打灵公教二校	二校	申请中
6	吉打吉华三校	—	申请中
7	双溪大年新民二校	—	申请中
8	槟州一所	—	申请中
9	霹雳州一所	—	申请中

资料来源：《星洲日报》，2016年11月18日。

2012年之前华社申办国民型中学分校或二校的过程更耗时，北海钟灵和芙蓉振华都耗时十年才建成（见表4）。

表4 自接受改制时期至2011年期间的国民型中学申办分校或二校概况

州属	校名	建分校原因	建分校 / 二校 获批准年份	分校建成年份	概况
槟城	北海钟灵	北海华小毕业生逐年增长但威北地区却没有国民型中学	1979	1986	1976年开始欲建分校，十年后分校校舍竣工启用，成功申请为行政独立的国中
吉打	吉打吉华二校	吉打每年有大量毕业生欲到吉华国民型中学就读但学额有限	1983	2004	校政隶属吉华国民型中学直至1986年才成功申请为行政独立的国中，但与他校共用校舍校园。2004年才有自己的校地
森美兰	芙蓉振华	总校校园面积不到2英亩。学生人数逐年增加，发展受到土地限制	1995	2005	20世纪90年代初申请建分校，1995年大选前获批准，2005年开课，但由于它是非行政独立中学因此校长需兼顾两校行政工作。直至2007年申请把分校改为二校，但延至2014年才获得行政独立通令

资料来源：笔者自网上或报刊上收集资料后自行整理。

国民型中学的迁校过程更艰辛和冗长，譬如日新中学就用了十二年时间才成功迁校；尊孔中学的迁校可说是遥遥无期，十五年过去了还在原地踏步。表5详列各种迁校过程。

表5 自接受改制时期至2017年期间的国民型中学迁校概况

州属	校名	迁校原因	获批准年份	成功迁校年份	概况
霹雳	太平华联国中	国中与独中共用校地	—	1966	得到政府拨地迁校，把学校产权还予华联独中
槟城	日新中学	国中与独中共用校地	1980	1992	长达十年的时间解决新校地问题
雪兰莪	巴生中华	国中、独中与华小共用校地	1999		迁校过程遭官员刁难，不能使用政府保留地
槟城	菩提中学	国中、独中、小学、幼稚园及佛教学院五校共用校地	2007	2009	费时三年至四年时间完成申请至搬迁工作，迁校经费靠华社资助
吉隆坡	尊孔中学	国中与独中共用1英亩校地	2004	—	教育部以新校地是保留地为由要求校方自行另觅新校地

资料来源：笔者自网上或报章上收集资料后自行整理。

四、日新国民型华文中学的现况与发展困境

作为一所国民型中学，日新国中同样面临师资短缺问题。截至2018年，全校共有一百八十七位教师，其中的四位教师已由教育局委派但仍未到职。教师不足的情况随着越来越多教师的退休而加剧，因此校方只能使用董事会与家协给予的拨款聘请临时教师以解燃眉之急。此外，校内的华裔教师比率已从2016年的80%下降至2017年的70%，2018年更是下滑至63%。全校的华文科教师只有二十名。根据日新国中洪贵蕊（1/2/2018）副校长，学校在不久的将来将面临华文教师的断层，因为目前学校的华文老师皆已有一定的年纪，年轻的华文教师

已不多见。

除了师资短缺，日新亦面临着资金的问题。由于国民型中学被政府列为半津贴学校，因此政府每月只支付教职员的薪金以及每年4万至5万令吉，即平均每月5000令吉的水电费津贴。然而学校每年会耗用24万令吉的水电费，即平均每月近2万令吉的水电费。除了水电费，学校每月仍需支付3000余令吉的污水处理费用。学校每年举办的种种活动如运动会、迎春日等也都需要支出不少的费用。这些支出远远超出了政府所给予的津贴，因此校方只能依靠董事会、家协以及校友们的拨款与捐助才能正常运作。日新国民型学校在初被升级为卓越学校时，政府承诺每年会拨下10万令吉供校方使用，但近两年来这项拨款已石沉大海。

此外，由于学生人数不停增加，董事会以及校方为了让学生在舒适不逼仄的环境下求学，便于2017年7月开始动土建两栋需耗资2000万令吉新的六层高教学楼与四层高行政楼，并计划于2018年百年校庆前完工。日新国民型中学校长林钿安在受访时表示，硬体设备的发展是日新作为一所国民型中学所面临的最大困境。为了能够使学校得到良好的发展，校方只能向董事会、家协、校友以及华社募款集资，因为政府所答应的款项往往迟迟未拨，即使拨下的款项也非常有限。

五、日新国民型中学兴建威南日新的原因

兴建威南日新国民型中学的建议之所以被当地华社提出及被日新国民型中学董事会接纳，主要是有三大原因。其一，槟州的国民型中学与华小毕业生数量无法成正比，因而导致了国民型中学供不应求的情况发生。其二，全槟州的国民型中学分布不均匀，导致地区的录取名额受限。其三，威南没有国民型中学，所以华小毕业生需到其他地区的国民型中学就读，交通不便成为威南华小生必须面对的问题。

（一）槟州国民型中学供不应求

华文中学在20世纪60年代接受改制后，当时的华社鼓吹起反对改制中学，纷纷把子女送到独立中学接受正统的华文教育，然而这种情况在北马区却是相反的。胡万铎先生认为北马区的国民型中学也非常重视中文，相较之下，北马区的独立中学缺少了国民型中学中英双语并重的优势，所以北马区家长才会倾向于把孩子送入国民型中学。1989年11月20日《通报》所报道的资料显示，自

1983年以来，槟州至少有95%的华裔家长会将小学毕业后的子女送进国民型或国民中学，进入槟城五间独立中学就读的州内华小毕业生每年平均只有3%至4%而已。

槟州华裔家长为子女在选择小学毕业后要就读的中学，只有国民型中学的名校和非名校之选，而且绝大部分都是排队争进名校。小学生在小学六年努力读书的目标，就是为了在小六评估政府考试中考取优异的成绩，以便能挤入名校。不少因在小六评估中考取不到优异成绩的学生在申请不到国民型中学后，只能到国民中学就读。根据2010年的统计，进入独中、国民型中学和国民中学的华裔生的比例分别是1：2：7，这表示60所独中和78所国民型中学大约只收了30%的华裔生，其余70%无可避免地上了国中。这70%的华小毕业生在小学时期就在华文学习环境接受教育，但国民型中学的不足导致他们必须快速适应以马来文为主的学习环境。

（二）槟州国民型中学分布不均

槟州因隔着海而分为槟岛区以及威省区。槟岛区以东北区与西南区区分，拥有较为广阔土地的威省区则分为威北、威中以及威南三区。威省地区的总人口在槟城总人口中占55%，比槟岛总人口多了15%。全槟城州共有12所国民型中学，然而只有3所学校处于威省地区。由此可见，威省区的国民型中学与人口无法形成对比，因而导致供不应求的状态发生。

（三）减轻日新国民型中学的负担

日新国民型中学的学生总人数平均每年有三千三百六十名，全校共有一百八十七名教师，其中仅有二十名是中文教师。若以中文教师以及学生的比例来看便是1：168，即一名中文教师对一百六十八位学生。日新国民型中学从中一至中六共有八十八班，平均一班有三十八名学生。学生人数众多的情况让教师的负担加重，学生也无法在宽敞舒适的情况下求学。日新国民型中学董事长高级拿督斯里郑奕南表示分校一旦建成后，估计至少将会吸纳威南区两千名学生，大大分担了大山脚日新中学的负担。

（四）交通不便

目前，威南当地拥有人口222060人，威南七所小学每年毕业生超过一千名。经槟州政府近年来开始大量发展该区，再加上槟城第二大桥苏丹阿都哈林大桥已建好，威南的交通更四通八达，当地人口会不断增加。虽然如此，这里至今仍没有一所国民型中学。因为邻近都无国民型中学的设立，所以只能到威中日新国民型中学就读，这令学生们面临交通不便的难题，造成家长诸多不满。

六、兴建威南日新二校的困境与挑战

（一）建二校过程中的困境

1.建校准证条件变质

由于马来西亚教育政策趋于推行一个源流制度以促进各族人民的团结，因此国民型中学欲获得建校准证是非常困难的。马来西亚政治因素更是使华裔在保留自身的中华文化特征时困难重重。准证的批准是威南日新国民型中学兴建的最大挑战，但适逢五年一次大选，政府大派政治糖果，因此威南日新的建校准证于2012年2月3日被批准了。根据教育部的信件，教育部的批准是根据以下的条件与条款：

学校种类：国民中学（SEKOLAH MENENGAH KEBANGSAAN）

校名：威南日新国民型中学Ⅱ（或其他受威南日新董事会认可的校名）

校址：由威南日新董事会准备

学校建筑：由威南日新董事负责

每周华文课节数：两百分钟（五节）

校长资格：具备华语教育背景

董事会成员：50%官委方可成立

媒介语：马来语

学生来源：公开给所有种族

从以上的条款来看，教育部所批准的建校准证中有四项已变质的条款，即学校种类、每周华文课节数、董事会成员以及学生来源。日新董事基于建校准证内的四项影响国民型中学特征的条件向教育部提出上诉。2012年10月4日，教育部驳回了日新董事呈交的上诉申请。教育部驳回威南日新的申请所给予的理由：第一，由于教育法令中已无国民型中学的存在，因此校名只允许为SEKOLAH MENENGAH KEBANGSAAN JIT SIN Ⅱ 即威南日新国民中学，SMJK JIT SIN Ⅱ 校名只可用作行政用途。第二，教育部也以国民型中学已不存在于法令中为由驳回了华文成为必修课的申请，并列明了只有国语、英语、数学、科学、历史以及道德教育才是必修课。由于华文不可被列为必修课，因此教育部也提出了让校方把原本一周六节华文课的申请改为一周五节。第三，威南日新国民型中学必须接纳各源流的学生，而非只限于收纳华小毕业生。这数项规定的提出代表着威南日新将与普通的国民中学无异。对此，校方再次向教育部作出了上诉以捍卫国民型中学的华校特征。从提出申请至无数次的上诉的整个过程足足耗费了校方长达五年的时间。

2.校地险失

在建校土地方面，土地发展商阿沙士世界（ASAS DUNIA）于2009年8月19日答应捐出华都村一片市价1000万令吉的8英亩地段供威南日新建校。校地问题原本已解决但准证迟迟未批，导致了土地问题的衍生。日新国民型中学董事长高级拿督斯里郑奕南表示，筹建国民型中学是威南华裔人士长久以来的意愿，在发展商答应捐出土地后，教育局曾派人勘察，董事部亦予以全力的配合，但至今始终没有给予答案。发展商在提出捐赠土地时，注明了建委会必须在2011年8月19日前得到教育局的建校批准，因为这片土地的保留期为两年。然而两年后，董事会仍未成功获得教育部的正式批准信，董事会面临着失去获赠土地的问题。所幸的是，经董事会与发展商再次商讨，以及槟州首长林冠英要求发展商暂时保留这片地后，发展商同意将土地保留期延后两年即自2012年1月18日至2014年1月18日。随着威南日新于2012年2月顺利获得了教育部的正式批准信，土地产权成功转换予董事会后，校地问题也顺利解决了。

3.屡遭刁难

教育部于2012年正式批准了成立威南日新的申请。然而，这仅仅只是批准学校的成立。一所新学校的建立需要申请并通过教育部的四个程序：一是申请成立学校PERMOHONAN PENUBUHAN SEKOLAH；二是申请建立学校建筑 PERMOHONAN MEMBINA BANGUNAN SEKOLAH；三是申请入伙准证 MEMOHON KELULUSAN MENDUDUK PREMIS；四是注册学校 PENDAFTARAN SEKOLAH。威南花费了五年的时间成功获得了第一个程序的批准。然而接下来每一个程序也在教育部的百般刁难下花费了另一个五年才通过。单是注册学校这一项就需一年至两年的时间，在这期间董事会被教育部以董事部仍未正式注册为由退回申请多达四次。此外，其中最遭刁难的地方便是申请建立学校建筑的程序。教育部在董事部呈交信件时屡屡不批，这导致董事会无法申请豁免建筑消费税。学校建筑的图测也因为教育部一直更改的规定如：课室不可以超过规定的尺寸，整栋学校建筑不可多过四十间课室，实验室的数量与标准而一再被退回。

此外，就在学校硬体设备已接近完工之际，前来勘察的教育部官员勒令董事部在七天内把SEKOLAH MENENGAH JENIS KEBANGSAAN（SMJK）的校名撤下。在董事部透过各种管道与教育部协商后，最终教育部要求威南日新注册为SEKOLAH MENENGAH KEBANGSAAN（SMK），但允许学校使用国民型中学的方式运作。2017年2月槟州教育局发出了一封信函，要求威南日新必须依据教育部的数项条件才能批准注册学校的申请。

（1）学校的指示牌必须列明：日新国民中学Ⅱ
（SEKOLAH MENENGAH KEBANGSAAN JIT SIN Ⅱ）
（2）学校的所有信笺必须使用：日新国民中学Ⅱ
（SEKOLAH MENENGAH KEBANGSAAN JIT SIN Ⅱ）
（3）学校的官方印章必须使用：日新国民中学Ⅱ
（SEKOLAH MENENGAH KEBANGSAAN JIT SIN Ⅱ）

2017年3月6日，槟州教育局再度发出一封信函，通知威南日新可以在行政上继续使用威南日新国民型中学（SEKOLAH MENENGAH JENIS KEBANGSAAN JIT SIN Ⅱ）为校名。虽然威南日新最终得以以国民型中学方式运作并拥有保留华校特征的权利，但这是由槟州教育局发出的信件所允许的。中央教育部的信件中并没有明文允许学校使用国民型中学的运作方式，因此威南日新在中央教育部仍处于尴尬的灰色地带。

2012年11月28日，威南日新国民型中学建委会邀请时任首相纳吉布出席来年5月19日的校舍动土礼。2013年5月19日，威南日新国民型中学举行校舍动土礼。由于首相当日无法出席，根据官方礼仪，当日便由槟州首席部长林冠英主持动土礼。这件事遂引起了时任副首相兼教育部长丹斯里慕尤丁的不满。他在出席槟城的活动时表示，由于威南日新兴建校舍的动土礼只邀请槟州首席部长出席，却没有邀请中央政府代表出席，因此他向媒体宣布拒绝拨款2000万令吉予威南日新建委会，建校的费用都让建委会自行解决。丹斯里慕尤丁这项决定并未事先告知威南日新建委会，建委会在透过媒体得知这个令华社心寒的消息后立即召开紧急媒体新闻发布会，澄清建委会并没有把动土礼政治化或对政党偏私。

威南日新在建校过程中面临的最大问题就是董事部仍未注册因此屡遭刁难。由于教育部规定学校必须在学校建筑与设备完工后才可以入学，学校有了校长后，有了校长的签名方可成立董事部。威南日新国民型中学于2016年正式成立董事会，但由于学校在2017年年末才迎来第一任校长，因此董事部尚未正式注册，还未具法律效用，因此每当董事部到教育局呈交申请信件时，教育部便以董事部尚未被注册为由刁难。信件上以董事会署名的信件不断被退回，而原因是教育部认为未注册的董事会没有立场代表威南日新国民型中学。身份尴尬的董事会只能忍气吞声，继续重复着无数次信件退回又呈交的过程。由于威南日新的印花税多达70万令吉，因此董事会便向财政部申请豁免印花税，这一项申请却也遭财政部因没有注册的董事部而故作刁难。截至2018年3月，教育部总监已批准了注册董事会的申请，但教育部部长仍未批准以致董事会仍未成功获得注册。

4.资金缺乏

准证问题被批准以及解决后，资金缺乏是建委会面临最大的问题。威南日新校舍的建筑费多达205000000.00令吉。打桩的费用为1318269.20令吉。由于威南日新共有四层至八层楼的校舍，所以必须耗资419000.00令吉安装几架升降机。此外，全校的防火系统也需耗资345000.00令吉，冷气则需耗资675000.00令吉。另外，建筑系统的杂费也需大约55000.00令吉。学校的硬体系统如科学室安全系统以及操场等20个项目工程预计花费2709575.00令吉。而以上的消费税就高达1080000.00令吉。威南日新建委会屡屡向首相纳吉布以及教育部递交要求拨款的信件但都没有得到回应。董事部于2016年2月28日曾呈交一封要求拨款200000.00令吉作为建委会基本运作基金的公函予教育部也没下文。槟州华教事务协调委员会每年都会拨款予槟州华校，但前提是学校工程必须处于动工状态。根据教育部规定，一所学校若想建校就必须筹足80%的建校资金在户口内方可开始动土建校。由于学校一日尚未开始动工，华社便没有信心学校是否建得成，因此自然不会带动捐款。为了让学校得到动土的批准，董事会只能暂时向当地华团借钱凑足80%之建校款项，让申请动土程序可以顺利进行（倪德春，5/2/2018）。

（二）困境的解决方案

威南日新建委会在面对教育部的刁难时只能采用强硬与妥协兼施的方式与教育部协商。威南日新建委会认为在一些可以退让的时候稍作退让是无碍的，但若抵触了国民型中学的特征就必须采取强硬的手段，坚持防守不退让。日新国民型中学董事基于建校准证内的四项变质条件，即校名日新国民中学Ⅱ（SEKOLAH MENENGAH KEBANGSAAN JIT SIN Ⅱ）、华文课的节数一星期只有五节（两百分钟）、学校董事会成员必须有50%是政府代表方可成立，以及学生公开给所有种族,提出了上诉。董事会通过丁福南、再纳阿比丁以及许子根向教育部长反映后,教育部部长口头上答应更改,他同意威南日新运作一切就以槟州日新国民型中学为依据,包括了华文课每周六节以及董事会的官委人数只占20%。至于学生要公开给所有种族这项条件,日新董事会认为既然教育部愿意退一步,董事会也愿意招收所有种族的学生,但其唯一的前提是必须是华小毕业生。

威南日新国民型中学董事会成员在呈交信件至教育部时,常因董事会尚未注册的尴尬身份,遭受教育部三番四次把信件退回的刁难。对此,董事会便向教育部提出:若教育部再三番四次地阻拦他们,那他们便把建校重担交还予教育部,要教育部完成建校的工程并自行向华社交代。由于建委会已向人们筹募了大部分的建校基金,教育部也只好退让,让接下来的书信文件可以流畅地来往。此外,教育部官员到威南日新进行勘察时曾勒令董事会把SEKOLAH MENENGAH JENIS KEBANGSAAN(SMJK)的校名要在七天内撤下并换上SEKOLAH MENENGAH KEBANGSAAN(SMK)。威南日新董事会认为一旦把校名撤下,学校将完全成为一所国民中学,因此他们坚持不向教育部妥协。董事会四处奔波向马华公会求助,再透过政党向教育部协商。威南日新董事会以学校多达3000万令吉的建校基金都是来自民众,若学校由一开始的国民型中学被迫改成了国民中学,董事会该如何向民众交代为由,让教育部撤销更改校名的要求。最终,教育部与威南日新建委会只能各退一步,教育部只要求威南日新注册为SMK,所以威南日新国民型中学注册为国民中学,文件以及校名仍可继续使用SMJK。

由于建校的申请程序烦琐,若要等到已完成的阶段被批准后才可以进行下一个工程,整个建校过程预计会耗时超过十年。因此,威南日新建委会只能被迫先斩后奏,在等待上阶段的批准时便开始着手进行建校工程。待教育部发现时,威南日新董事会只能呈交信件以四个理由向教育部解释这次的失误并道歉。第一,威南日新建委会于2012年和2014年获得教育部和首相纳吉布各别拨下的100万令吉以及300万令吉建校基金,为了不让通货膨胀导致建筑费用提高,建委会才快速进行建筑工程。第二,威南日新建委会于2014年觐见教育部部长和教育部总监时,对方并未反对威南日新国民型中学于2016年开课的建议,因此,建委会为了赶在2016年前让校舍竣工便忽略了先等待建立学校建筑的申请批准后才可开始施工的规定。第三,威南日新建委会与国阵地方领袖商量后决定开始施工，以作为国阵政府在第十三届大选来临前履行了支持国民型中学建校这个承诺的表现。第四，威南日新建委会在2016年初积极地向教育部索取建立学校建筑的申请批准信，当时教育部作出的反应是委派一团教育部、槟州教育局以及区域教育部门的官员于2016年4月15日到威南日新建筑工地视察。当时的视察团是由教育部教育政策规划以及研究组（Bahagian Perancangan dan Penyelidikan Dasar Pendidikan）秘书长所带领。秘书长当时口头上告诉董事会和校方建立学校建筑的批准文件无法在批准日期发出，但他肯定威南日新可于2017年正式开课。虽然威南日新董事会事后需要向教育部道歉，但所幸提早进行建校工程，校舍才得以在2017年前落成，按期开课。威南日新校舍于2016年7月31日正式完工后，威南日新董事会需要申请入伙准证。为了能赶在2017年开课，威南日新董事会向市议会、消防局以及水务局等索取暂时的保证信，以便向教育部保证建筑方面已没问题，学校也在还没正式获得入伙准证的情况下就匆匆开课了。直至2017年6月2日，威南日新国民型中学才获得入伙准证。

威南日新国民型中学是一所非控制中学，代表学生无须在小六评估测验中考获佳绩也可以申请就读威南日新国民型中学。为了让威南日新国民型中学可以塑造如大山脚日新国民型中学般的优良校风，董事会非常积极地控制学生的素质。由于非控制中学的学生是由教育部所调派，董事会无权干涉教育部的调派，所以威南日新董事只能非直接地控制（Indirect Control）学生之录取，也就是在新生报到日当天亲自过滤学生，遴选一些较为中上等的学生。

资金的问题顺利解决后，师资问题也是董事部需要解决的难题。由于教育部官员事务繁忙，导致调派师资至威南日新的进度会十分缓慢。此外，董事部亦担心教育部会委派多位马来裔的教师至威南日新进而改变华文中学的性质。因此，董事部便一手包办寻找适合的教师人选。经董事部联络各校教师后，所幸共有十一位华裔教师自愿申请调派至威南日新，与董事会一起把学校从零建立起来。为了让威南日新能够塑造如大山脚日新的优良校风，董事部特从大山脚日新国民型中学申请吴美珍教师到威南日新任职行政副校长。

由于威南日新国民型中学建校作为一所国民型中学而无法获得政府全数津贴，高达3000万令吉的建校资金只能依靠华社的帮助。由于3000万令吉建校基金非常庞大，威南日新国民型中学建委会只能采用边筹款边建校的策略。为了筹获3000万令吉巨额，威南日新国民型中学建委会积极地四处奔走募款，透过各种渠道申请拨款。除了四处奔走，建委会成员也自行捐款。其中，主席李振兴以及副主席拿督吴文君就各自捐出了大约20万令吉,以期达到抛砖引玉的效果。

威南日新国民型中学建委会自2012年便积极向各个地区的中元普度组织接洽,希望能够加入各社区的中元节筹募活动。2012年的中元节,威省各地盂兰盛会组织为建委会筹获了30万令吉。不过由于各地的社团组织都需要在中元节募款以进行各地的发展,因此2013年威南日新建委会的筹募情况减少了许多。此外,马来西亚皇帽集团赞助了两千份《光华日报》于各社区的中元节晚宴上义卖报纸,还提出凡在中元节期间各街区的晚宴上所出售的每瓶啤酒中的50仙盈利将作为威南日新国中建校基金(李振兴,10/2/2018)。威南日新国民型中学建委会在每一年中元筹募活动时都会靠义卖报纸、彩票、啤酒以及金砖固本向当地热心人士募款。威南日新国民型中学建委会是以3令吉买入彩票再以10令吉卖出的方式募得款项。2014年,尚欠1760万令吉的威南日新国民型中学建委会向槟州中元联合会提出了庆赞中元街区筹款的申请,但因申请不符合资格而遭该会的审核小组拒绝。遭拒后,威南日新国民型中学建委会只能把希望放在威省中元街区的筹募活动上。另外,每年都会在中元节为华教筹募的慈善组织"报界、议员、名人、善士慈善之友"也于2014年为威南日新国民型中学建委会筹到了6088令吉。这些中元节筹募活动都由建委会亲自奔波出席,身兼重任的建委会主席更是坚持每一场筹募活动都会到场。

除了透过盂兰盛会组织义卖筹款以外,威南日新国民型中学建委会亦透过慈善晚宴以及义演或活动筹募建校基金,当地也不乏商家和民间组织发动义卖活动。威南建委会以及当地华社的努力筹募使得威南日新国民型中学成功突破了1000万令吉。2013年6月14日,威南日新国民型中学建委会在威南敬群小学主办了威南日新建校基金慈善晚宴。当晚,超级摩托车爱心组和裕兴燕窝行的各种义卖盈余都捐给建委会作为建校基金。威南日新建委会于2012年8月3日晚上9时为由马来西亚皇帽集团所赞助主办的《十大义演》正式成立工委会。2012年10月26日,在威南华都小学学校礼堂举行的《十大义演》成功为威南日新国民型中学筹获660万令吉的建校基金。2015年10月,SYABAS Expo活动公司主办的教育慈善嘉年华为威南日新国民型中学成功筹到了10037令吉。2015年12月17日,由威南日新国民型中学建委会主办,丹斯里黄荣盛局绅全民团结慈善基金会协办的软件设备基金慈善千人宴在高渊培德华小礼堂顺利举行,这项千人宴成功为建委会筹得2062205令吉。

此外，中央政府与槟州政府亦数度拨款予威南日新国民型中学。在威南日新建委会成立不久后，槟州首长林冠英于2012年3月16日特别拨出了10万令吉予威南日新国民型中学作为建校基金。教育部副部长拿督魏家祥也宣布教育部将拨款100万令吉作为建校的鼓励。首相纳吉布于2012年在马华公会的常年大会上答应批准以outright grand（无条件拨款）的形式拨出30万令吉予全国的国民型中学。全马共有66所国民型中学被教育部选中获得这笔国民型中学特别拨款，而威南日新国民型中学也在拨款名单中。2013年8月27日，威南日新国民型中学正式获得了这笔20万令吉的津贴，这项拨款主要是让国民型中学可以提升校内的基本设施。教育部邀请威南日新国民型中学的代表参加于2013年9月4日举办的移交支票仪式，并在邀请函上注明此拨款是政府对于国民型中学设施提升作出努力的一个证明。同年，首相署也另外拨出了一笔300万令吉的款项予威南日新国民型中学作为建校基金。2015年12月16日，教育部拨下了一笔50万令吉的津贴予威南日新国民型中学作为学校维修津贴。2018年，槟州政府在制度化拨款下亦拨了10万令吉予威南日新国民型中学作为提升新校舍设备的资金。

慈善家以及发展商的捐献与资助使威南日新国民型中学得以建校成功。土地发展商阿沙士世界（ASAS DUNIA）除捐献校地外，也扩建外环交通公路、提供红泥填土、水供接驳和排水系统等工程，替校方省下了200多万令吉的建筑费用。另外，发展商也报效了两间位于校地旁的店屋予威南日新国民型中学董事部。在距离3000万令吉建校基金目标还有差距，建委会情绪都很低落时，威南日新国民型中学建委会委托高巴三万李氏橡胶的经理向吉隆坡总部申请李氏基金会的拨款。李氏基金会捐献800万令吉作为建校基金，这无疑是给予建委会的一注强心剂。此外，日新国民型中学校友丹斯里拿督巴杜卡黄荣盛博士少校教授局绅前后认捐了500万令吉，拿督斯里秦祥发捐献了20万令吉，亿润家私厂也捐赠二十五张教职员办公桌。这些捐献让威南建委会成功筹获3000万令吉的建校基金。

威南日新国民型中学从零至今日校舍竣工，威南日新国民型中学董事长李振兴说："庞大的3000万令吉建校基金，全部都是从热心华教人士口袋中捐出绝非易事！每一分钱都募集着为华教的故事，每一砖每一瓦的砌成都有着爱护华教的远大期望。"丹斯里拿督巴杜卡黄荣盛博士少校教授局绅曾说，威南日新的建校计划很幸运地获得人才济济的团队配合，所以符合了三大条件，即有优秀的发起人和领导人来成为建委会的领袖，在教育系统方面拥有资深的经验和策划能力的领袖，有能力带动整个社会的热心华教的善长仁翁出钱出力对华教作出贡献。

结　语

日新国民型中学于2012年因大选临近，所以获得政府批准建威南日新国民型中学这颗政治糖果。虽然建校已获批准，但过程中仍有许多刁难与难关须渡过。作为一所已改制为政府中学的国民型中学，理应与同属政府中学的国民中学有着相同的待遇。国民型中学与国民中学的差别仅在于董事会的成立以及华文课节数的多寡，就因为国民型中学坚持维护华校特征，不愿意妥协放弃华社的母语，所以遭到国家教育部的各种不平等对待。鉴于此，华社只能依靠自身的力量把国民型中学支撑起来。董事会成为国民型中学的支柱，强大的董事会让国民型中学自强不息，反之，较弱的董事会只能让学校处于唯唯诺诺的窘境。

虽然建校期间面临了建校条件变质、校地险失、屡遭相关部门刁难以及资金缺乏等问题，威南日新国民型中学于2017年落成新校舍正式开课。从提出建校建议至正式开课耗时长达十年。虽然2017年已开课，但碍于资金仍缺乏，所以整所学校建筑物的软体设备以及一部分的硬体设备至今还未完善。威南日新国民型的建委会与董事会在面对教育部的刁难时，只能采用强硬与妥协兼施的方式与教育部周旋。虽然威南日新国民型中学建委会与董事会最后都有办法让教育部通融，但这些通融不过是行政上的通融，教育政策从未因此而改进。国民型中学在教育法令中依然处于尴尬的地位，仍会导致那些日后想建校或迁校的国民型中学必须面对这些千篇一律的困境。

威南日新国民型中学的建校过程从提出至建成皆由董事会以及建委会四处奔波而得来。建校对于这些董事而言并无利可言，支撑着他们走完这艰辛的漫漫长路的就只是守护华教的信念。董事会与建委会的坚持与牺牲让日新国民型中学建威南分校，这桩在马来西亚教育制度下几乎不可能被实现的事情变成了事实。虽然过程中的挫败让他们有过想放弃的念头，但全威南人的希望都背负在他们身上，已无退路只能咬紧牙关接着走。威南日新国民型中学落成后，建委会与董事会的努力成为马来西亚华社的一段佳话。

明乡人对湄公河三角洲之开拓

古小松[①]

(广西社会科学院　广西南宁　530000)

一、南下的明乡人

湄公河三角洲及周边地区的发展历史可以分为两段,以17世纪、18世纪为转折点,此前为柬埔寨的一部分,人们称其为"下柬埔寨",此后则是安南后黎朝阮氏政权在鲸吞了占婆之后,继续往南蚕食侵占了该地区。

安南后黎朝建立于15世纪上半叶,在经历了1527年的莫登庸篡位形成南北朝后,1558年阮潢南下镇守顺化,1592年郑松击灭莫茂洽,此后安南形成北郑南阮分据格局。自此,阮氏政权不断往南发展,先是1693年完全鲸吞占婆,然后就是再往南把下柬埔寨作为侵占的下一个目标,将其并入安南,成为今日越南的南部地区。

1644年,清军进关,入主中原,清朝建立,明朝灭亡。明朝宗室先后在南方建立政权抵抗清军。1649年9月,清军由南雄入广东。在围困广州10个月后,1650年11月攻陷广州。1654年,清军攻下肇庆,以及雷、廉、潮、惠等府。1661年,吴三桂率清军入缅,永历帝12月被缅王引渡清朝,并于次年4月在昆明为吴三桂所杀,明统终止。

南明灭亡后,大批不愿剃发易服、臣服清朝的中国人流亡东南亚,其中相当数量来到安南,尤其是湄公河三角洲地区。

17世纪中叶,安南地区处于北郑南阮分治时期,在后黎朝的旗帜下,郑氏家族统治北方,阮氏家族治理今越南中部地区。经过多年的相互攻守,双方都

[①] 古小松,广西社会科学院研究员,出版有《越南文化》《东南亚文化》等著作。

已无法吞并对方，只好对峙共存。阮氏政权无力北进，则往南发展。开拓南方，需要人力，大量中国人的到来正好迎合阮氏政权南进的需要。

面对大批中国官民的涌入，郑氏与阮氏采取的对策有所不同。郑氏政权因临近中国，大批接纳南来的华人，"恐惹起清朝之干涉"，故虽未拒绝华人入境，但对他们居留的条件相当严厉。1663年8月，当局令各处地方官员调查管辖区域内的居民，"清国人之流寓者，别以殊俗适宜区处报告之"。1666年官府命令居留越南的外侨入籍，衣服居处与当地同俗。1696年当局再次令华人"皆依越南习俗，使用衣服言语"。边境地区居民不得"仿效清国言语风俗，违者罚之"。而阮氏政权则为了增强国力，扩张疆土，采取"广招流民"政策，对源自外国的流民来者不拒，给予经商、定居等方便，设立特殊的华人村社——明香社。南方阮主把他们当作一支可以利用的力量，安置到水真腊东浦①，借中国人之力，开疆拓土。

据研究，明乡人原称"明香"，意指明朝香火。明朝的一些遗民相继流亡后不少人想维持明朝的香火，因而组织了"明香社"作为进入安南后的聚居地。安南中部会安1650年有"明香社"，1695年形成"大唐街"。1698年阮氏政权在湄公河三角洲设置嘉定府。嘉定府设有镇边营和藩镇营。"于是唐人子孙居镇边者，立为清河社，居藩镇者，立为明乡社，并为编户清河社。"②这些"明香社"既是早期华侨聚居处，又是社团组织。后来明香人不断与当地越人及高棉人通婚，逐渐发展成一个土生族群。这一趋势，引起当局的担忧。于是，1826年7月，越南阮朝明帝命将"北客旧号明香，均改着明乡"。此后，明香人改为明乡人。

明乡人主要居住在湄公河三角洲，也有小部分居住在会安等顺广地区。永清镇"查温江在后江下流之东，广十四寻，深七寻，距镇南五十七里……市肆稠密，华人、唐人、高蛮汇集之地"③。"波忒江在后江下流之南，距镇南百十七里，广三十寻，深七尺……华民、唐人、高蛮杂居，街市络绎。"④河仙"芹渤港在镇之西，距镇西百六十五里半，广四十九丈，深五尺……旧为绵獠

---

① 湄公河三角洲一带，原属柬埔寨，今为越南南部。
② ［越］郑怀德：《嘉定城通志》（中越文版）卷3，越南同奈综合出版社，2005，第214页。"明乡"之名始于此。
③ ［越］郑怀德：《嘉定城通志》（中越文版）卷2，越南同奈综合出版社，2005，第154页。
④ 同上书，第155页。

旷地，华民流徙，聚成仙乡村落，唐人、高棉、阇婆，现今稠密"①。

明乡人以及后来的中国人，勤劳勇敢，披荆斩棘，越南南部的胡椒园、桑林，大多是华侨华人所开创的。沧海桑田，湄公河三角洲地区由过去的莽荒沼泽之地，变成今日的鱼米之乡，西贡一带成为世界著名粮仓，华侨华人尤其是明乡人之功不可没。

今日越南，过去的明乡人由于光阴荏苒、日月星移，以及当局政策导向等因素，他们大多已演变成为当地的主体民族京族。即使有一些仍自认为是华人，但如今在越南已很难分清楚谁是明乡人了。

二、明乡人对湄公河三角洲的开拓

湄公河三角洲及周边地区成为一个经济发达的地区，与华侨华人前赴后继的开发是分不开的，尤其是早期的明乡人。从17世纪开始，明乡人在开垦荒地，发展农业；输入技术，发展工商业，建设城镇，发展交通水利；设立学校，发展思想文教事业等方面，呕心沥血，流血流汗，不遗余力，建立了骄人的历史功绩。"其出力垦地者，维唐人为勤，而海网江簅、行商居贾，亦唐人主其事矣。"②

首先，开垦荒地，发展农业。

永清镇"波涞海门广九里余，潮深六寻，汐深十尺，在后江末流……沿边江海，灌莽丛杂，内皆土阜，唐人、高蛮多栽芬烟、萝卜、瓜果，殊甚美硕"③。"美清海门广十里，潮深十二尺，汐深四尺。西岸守所，华民、唐人、高蛮店舍稠密，栽植芬烟、瓜果，晒干作鰕。"④

河仙镇"陇奇江在镇治之西，青山屏障白水之玄。为郑玖初年南来，作高棉屋牙辰开荒占据，招集华人、唐人、高棉人、阇婆人会成村市之地"⑤。"灵琼山距镇北百二十里，奇秀清高，蓊笼岑寂，流泉活泼。西北多林阜，东南多田泽，华人、唐人、高棉人参杂居耕，亦称膏腴之地。"⑥

---

① ［越］郑怀德：《嘉定城通志》（中越文版）卷2，越南同奈综合出版社，2005，第187页。
② ［越］郑怀德：《嘉定城通志》（中越文版）卷6，越南同奈综合出版社，2005，第566页。
③ ［越］郑怀德：《嘉定城通志》（中越文版）卷2，越南同奈综合出版社，2005，第159—160页。
④ 同上书，第160页。
⑤ 同上书，第188页。
⑥ 同上书，第174页。

其次，发展工商业。

边和镇"铁丘（俗名岗炉退）在福江之北，距镇东十九里，由全真江潮洄北行三里半，为铁炉市。丘阜崎岖，林麓茂盛，铁艺人会市，开炉锻煮，俱纳铁课，矿苗兴旺。嘉隆十年辛未，福建人李京秀、林旭三征税起造，法制精工，得铁良好"①。"农耐大铺在大埔洲西头。开拓初，臣上传将军招致唐商，营建铺街。瓦屋粉墙，岑楼层观，炫江耀日，联络五里。经画三街，大街铺白石甃路，横街铺蜂石甃路，小街铺青砖甃路。周到有砥，商旅辐辏，洋舶江船收风投椗，舳舻相衔，是为一大都会。富商大贾，独此为多。"②

定祥镇"八翣江在兴和江上流，为镇极北界。……道前半里，华民、唐人、高棉杂聚。交易山林原泽土产货物，有巡司所往收脚屯税课，十分收一"③。

河仙镇"龙川道（在今坚江省河仙市）莅所在镇之东滨海际，外海多巨鳞，江多鳄鱼。古高棉地，号即哥毛，化验黑水也……道前铺市，华唐、高棉凑集，暹船多来贸易焉"④。

再次，建立城市村镇。

人口的聚集，工商业的发展，促使明乡人在湄公河三角洲及周边地区各地建设了许许多多的大小城镇。今日西贡有"东方巴黎"之称，就是17世纪、18世纪由华人作为重要力量参与建设起来的。

潘安镇"柴棍铺（今西贡堤岸）距镇南十二里。当官路之左右，是为大街。直贯三街，际于江津，横以中街一，下沿江街一，戈相贯穿，如田字样。联檐斗角，华唐杂处，长三里许。货卖锦缎、瓷器、纸料、珠装。书坊、药肆、茶铺、面店、南北江津，无物不有。大街北头，本铺关帝庙。福州、广州、潮州三会馆分峙左右。大街中之西天后庙，稍西温陵会馆。大街南头之西漳州会馆……是都会闹热一大铺市"⑤。

永清镇"真森山在高蛮真森府地，距永济河中流西北滨十里。……华民、唐人列居比屋，结村会市，以从山林川泽之利"⑥。

---

① ［越］郑怀德：《嘉定城通志》（中越文版）卷2，越南同奈综合出版社，2005，第23页。
② ［越］郑怀德：《嘉定城通志》（中越文版）卷6，越南同奈综合出版社，2005，第543—544页。
③ ［越］郑怀德：《嘉定城通志》（中越文版）卷2，第106页。
④ ［越］郑怀德：《嘉定城通志》（中越文版）卷6，第566页。
⑤ 同上书，第521—522页。
⑥ ［越］郑怀德：《嘉定城通志》（中越文版）卷2，第123—124页。

"河仙镇（在今坚江省河仙市）署坐干向巽，以平山为后护，苏州为前案，溟海堑其南，东湖濠其前。三面土垒，自杨渚至右门，长百五十二丈半；右门至左门，百五十三丈半；左门至船厂，出东湖三百八丈半；各高四尺，厚七尺。濠广十尺……以大铺皆莫琼公旧时经营，胡同穿贯，店舍络绎，华民、唐人、高棉、阇婆类聚以居，洋舶江船往来如织，海陬之一都会也。"① "唐人六铺（街）所坫属：明渤大铺，名博新铺，明渤奇树铺（旧名核棋），明渤鲈溪所（旧名沥越处），明渤土丘坫（旧名林坫），富国唐人属（从前龙川道管辖。嘉隆十八年十一月补从河仙隶属）。"②

最后，发展文教事业。

明乡人及后来的华侨华人的到来，给湄公河三角洲及周边地区带来了中原文化。他们以中国的制度与文化为样板，开办学校，建立庙宇，学习中国的诗书经典。《嘉定城通志》载，"国人皆学中国经籍，间有国音乡语，亦取书中文字声音相近者，随类而旁加之。如今类则旁加金，木则加木，言语则加口之类，仿六书法，或假借、会意、谐声，以相识认"③。当地渐渐濡染华风，成为"衣冠文物之邦"。

边和镇很早就建立了文庙和关帝庙。"文庙在福正县平成、新赖二村地，距镇西二里半"，1715年初建，1794年"重加修建。中为大成殿、大成门。东神库，西育圣词。前砌横墙，左金声门，右玉振门。前庭正中建奎文阁，悬钟鼓于其上。左崇文堂，右隶礼堂。外周方城，前为文庙门，左右二仪门……常年春秋二丁，钦命总镇官分番行礼，以镇官、督学分献，余皆陪祀"④。关帝庙建于1684年，"甲子正和五年四月吉日"。"关帝庙在大埔洲南三街之东，面瞰福江，殿宇宏丽，塑像高丈余后观音观，外包砖墙，石麟蹲于四隅，与大街西头福州之会馆，东下广东之会馆为三大祠。"⑤

在潘安镇，明乡人建造了佛寺。"觉林寺在锦山冈，距半壁垒之西三里……世宗甲子七年春，明乡社人李瑞隆捐资开建。寺宇庄严，禅关幽静，诗

---

① ［越］郑怀德：《嘉定城通志》（中越文版）卷6，越南同奈综合出版社，2005，第564—566页。
② ［越］郑怀德：《嘉定城通志》（中越文版）卷3，越南同奈综合出版社，2005，第380—381页。
③ ［越］郑怀德：《嘉定城通志》（中越文版）卷4，越南同奈综合出版社，2005，第407页。
④ ［越］郑怀德：《嘉定城通志》（中越文版）卷6，第534—535页。
⑤ 同上书，第537页。

人游客，每于清明重九闲暇之日，三五成群，开琼筵以坐花，飞羽觞而联句，俯视市肆嚣尘，远挤于眼界之外，可堪游赏。"①

文化建设成就最突出的是河仙镇，鄚玖"建招英阁，以奉先贤。又厚币以招贤才，自清朝及诸海表俊秀之士，闻风来会焉，东南文教肇兴自公始。渐渐德洽化行，人多美行……辰我孝武皇帝绝交州之贡，大一统之兴，制定礼乐，法度重新，改易衣服，依汉朝品制，命我公尊奉。公喜奉上命，遂制衣服冠帽、兴学校，而风俗华美备焉"②。

三、杨彦迪、陈上川与鄚玖

在安南众多的明乡人中，有两批人最为突出，他们是杨彦迪、陈上川、鄚玖带领的中国移民，其中杨彦迪、陈上川率领的是一支南明抗清部队，鄚玖带领的则是从雷州南下的移民。

（一）杨彦迪、陈上川③

1679年（康熙十八年），"大明国广东省镇守龙门水陆等处地方总兵官杨彦迪、副将黄进，镇守高、雷、廉等处地方总兵官陈胜才（陈上川）、副将陈安平等率领兵弁门眷三千余人，战船五十余艘，投来京地思容、沱㶞（今瀚海门，隶广南营）二海港。奏报称大明国逋播臣，为国矢忠，力尽势穷，明祚告终，不肯臣事大清，南来投诚，愿为臣仆。时以北河屡煽，而彼兵远来，情伪未明，况又异服殊音，猝难任使。然他穷逼投奔，忠节款陈，义不可绝。且高蛮国东埔（嘉定古之别名）地方，沃野千里，朝廷未暇经理，不如因彼之力，委以辟地以居，斯一举而三得矣。爰命犒劳嘉奖，仍准依原带职衔，封授官爵，令往农耐以居，拓土效力。并开谕高棉国王知之，以示无外。杨、陈等

---

① ［越］郑怀德：《嘉定城通志》（中越文版）卷 6，越南同奈综合出版社，2005，第 504—505 页。
② ［越］武世营：《河仙镇叶镇鄚氏家谱》，载《岭南摭怪等史料三种》，中州古籍出版社，1991，第 233 页。
③ ［越］陈上川（1626—1715），1641 年考试录入高州府学。1644 年，清军入关后加入了永历政权的抗清行列，被驻守台湾的郑成功任命为高、廉、雷三州总兵。1679 年三藩之乱被清朝平定后，陈上川不愿成为清朝子民，与副将陈安平率 3000 人，乘坐 50 艘战船赴广南沱㶞港（今岘港），请求并得到阮主阮福濒的庇护，被封为胜才侯，"嘉定都督"。1720 年 10 月 23 日，陈上川在今越南平阳逝世。死后受到当地人的尊崇，立庙祭祀。明命、绍治年间，越南皇帝册封他为"上等神"。

诣阙谢恩，奉旨进行。龙门将杨等兵弁船艘，驶进秋鬣（今名雷鬣）大小海门（俱属定祥镇），驻扎于美湫处（在今定祥镇莅所）。高、雷、廉将陈等兵弁船艘，驶进芹滁海门，驻扎于同狔处盘辚地方（在今边和镇莅所）。辟地开荒，构立铺市，商卖交通，唐人、西洋、日本、阇婆商舶凑集，中国华风已渐渍，蔚然畅于东埔矣"①。杨陈率领的3000多人，是17世纪开发今越南南部地区人数最多的一批移民，而且是一支军队，既有很强的战斗力，也有很强的开发和生存能力。他们的到来，柬埔寨当局难以拒绝。他们不但把这片蛮荒之地开发成鱼米之乡，而且为阮氏政权占据下柬埔寨作出了巨大的贡献。

这支部队开垦荒地作出的贡献，至今仍受到当地人的敬重和崇拜。为了纪念开发湄公河三角洲功勋卓著的先驱陈上川将军，当地人在永清镇后江大洲、藩镇的新安社、镇边的新邻村、平阳省从政村等处，建筑祠庙，香火不绝。在永清镇，1700年，"显宗乙卯九年（黎熙宗正和二十年，大清康熙三十八年）七月，高棉国匪秋筑区碧、南荣、求南垒，劫掠商民。龙门将统兵胜才侯陈上川防驻瀛洲，以事驰报。……其陈将军屡与贼战，彼素敬畏，后亦于此处立祠。与藩镇之新安社、镇边之新邻村慨慕其开垦之功，而庙亦香火不绝"②。

（二）郑玖

关于郑玖南下湄公河三角洲发展的事实，《河仙镇叶镇郑氏家谱》与《嘉定城通志》的记述相近，而所记述的时间则有所差异。

郑氏家谱载，"河仙镇者，乃真腊高棉国属地，呼为忙坎，华言芳城也。初明末大乱，我莫太公玖（于明永历九年乙未五月初八日生），雷州县人，因不堪胡虏侵扰之乱（于辛亥年十七岁），越海投南真腊国为客，乡居而有宠，国王信用焉。凡商贾诸事，咸为公理。……遂用财贿赂国宠姬及其幸臣，使说许公往治忙坎地，所以招四方商旅，资益国利。望月而许之，署为屋牙。于是招来海外诸国，帆樯联络而来。其近华、唐、獠、蛮，流民丛集，户口稠密，自是公声德大振"③。这里说郑玖南下的时间为1671年。

---

① [越]郑怀德：《嘉定城通志》（中越文版）卷3，越南同奈综合出版社，2005，第207—209页。
② [越]郑怀德：《嘉定城通志》（中越文版）卷6，越南同奈综合出版社，2005，第560—563页。
③ [越]武世营：《河仙镇叶镇郑氏家谱》，载《岭南摭怪等史料三种》，中州古籍出版社，1991，第231页。

而《嘉定城通志》说的是1680年，"初，大明国广东省雷州府海康县黎郭社人鄚玖，于大清康熙十九年……不服大清初政，留发南投于高蛮国南荣府，见其国柴末府华民、唐人、高蛮、阇婆诸国凑集，开赌博场，征课，谓之花枝，遂征买其税。又得坑银，骤以致富。招越南流民于富国、陇棋、芹渤、奉贪、沥架、哥毛等处，立七村社，以所居相传常有仙人出没于河上，因名河仙云"[①]。

1708年，"戊子十八年（黎裕尊永盛四年，大清康熙四十七年）秋八月，封广东省雷州人鄚玖为河仙镇统兵"[②]。河仙地区在内政上维持独立状态，但从名义上已归入越南版图。1735年，鄚玖病逝，阮主追封鄚玖为开镇上柱国大将军武毅公，让其儿子鄚天赐继承"河仙镇总兵"一职。1747年，柬埔寨发生宫斗，内战延续多年。王族匿螉噂逃到河仙请求支援。1757年，鄚天赐领兵护送匿螉噂归国夺取王位。

1771年，暹罗吞武里王朝郑信王派军占领河仙，杀害鄚天赐及一些家眷。1787年，暹罗国王拉玛一世把鄚天赐儿子鄚子生送到河仙，河仙鄚氏一度归附暹罗。1802年越南阮朝统一全国，1809年派兵占领河仙，废掉鄚天赐孙子鄚公榆，此后河仙地区一直在越南的管辖之下。

[①] ［越］郑怀德：《嘉定城通志》（中越文版）卷3，越南同奈综合出版社，2005，第320—322页。
[②] 同上书，第214页。

跨越地缘与方言的认同准则

——19世纪以来英属槟榔屿广东社群的形塑途径

宋燕鹏[①]

(中国社会科学院,中国社会科学出版社 北京 100720)

前 言

众所周知,海外华人社群的形塑,往往并无明显的规律可循。因为每个地区华人的祖籍地都大相径庭,由此就造成各地华人社群的形塑途径各不相同,具有相当明显的在地化的特色。这就需要学者对所研究的区域做深入的调查和研究,方能躲开"板块化"的研究模式。马来西亚由马来半岛上的九个州属和加里曼丹岛北部的东马(包括砂拉越和沙巴)组成,九个州属其中槟榔屿、马六甲和新加坡原来属于海峡殖民地,华人称为"三州府",霹雳、雪兰莪、森美兰、彭亨组成马来联邦,华人称为"四州府",吉兰丹、丁加奴、柔佛、吉打、玻璃市组成马来属邦,华人称为"五州府"。其中马六甲最早由葡萄牙和荷兰人先后殖民统治,1824年的时候转入英国手中。槟榔屿1786年由英国人开埠,是英国在马来半岛最早的殖民地,也是最初海峡殖民地的首府。英国人在1819年开辟了新加坡,并且在1832年的时候将海峡殖民地首府也迁到那里。槟榔屿的地位虽然降低,但是其作为马六甲海峡上重要的中转枢纽,依然保持着积极的发展态势。随着槟榔屿开埠,华人大量涌入,在很短的时间内就遍布乔治市。华人到异乡,都要寻求组织的保护,在槟榔屿,无论血缘还是地缘,都成为他们在面临新的形势下的选择。笔者曾经对英属槟榔屿福建社群在19世

[①] 宋燕鹏,中国社会科学出版社编审、历史与考古出版中心副主任(主持工作),研究方向:中国古代社会史、马来西亚华人史。

和20世纪初年的形塑做了初步考察。[①]下面拟探讨英属槟榔屿广东社群的形塑途径，以考察地缘和方言在华人寻求组织保护时的取向和作用。

一、大埔与汀州永定及潮州的方言与地缘认同

（一）英属槟榔屿大埔人与汀州永定人的客家认同

大埔县居于岭南山脉东端，地处广东省东北部，居韩江中上游，东北与福建省漳州平和县、龙岩市永定区为邻，东南与潮州市饶平县接壤，西北与梅县为邻，处于梅州市的东北角。面积2475平方公里，人口50多万。全县除了高陂部分村庄讲潮州话外，都操客家话。历史上大埔县先后属于万川县和海阳县，明成化十四年（1478年）立饶平县，嘉靖五年（1526年）分饶平县的清远、滦州二都设立大埔县，治所在茶阳，属潮州府。乾隆三年（1738年）析部分村庄归新设立的丰顺县。全县总计3社17甲，这种行政设置一直持续到清末。1958年大埔县才划归梅县地区管辖，正式与潮州脱离行政隶属关系。

汀州府位于闽西，管辖有永定、上杭、长汀、连城、武平、宁化、清流、归化（明溪）八县（操客家话）。在英属槟榔屿地区，南来的大埔人依据原乡的地缘认同，与汀州永定人早早就建立了紧密的联系。道光八年（1828年）槟榔屿广东暨汀州府诏安县买义冢山地，功德碑名单显示各自按照中国的行政区划来捐款。有：汀州府题银八十一元，大埔县题银十五元。汀州府包括永定县。咸丰十年（1860年）《广东省暨汀州众信士新建槟屿福德祠并义冢凉亭碑记》中，就出现了"永大馆捐银叁拾大元正"，此时汀州已经不见，有了"永大馆"，顾名思义，永定人和大埔人已经联合起来成立地缘组织，可知汀州主要是永定人，后来发展为"永大会馆"。

汀江是福建西部最大的河流，属于韩江上流。其主流源于宁化县木马山，南流至大埔县三河堤，与梅江合流为韩江，全长200余公里。汀江水系河流，大多河面狭窄，河水湍急，多险滩。但即便如此，历史上水路航运还是被人们广泛利用。在那些普通船只无法通行的河道上，当地居民也会制作特殊船只，以便最大限度地利用水陆交通。把山区土特产运到汀州城，再把食用油、盐巴、布匹运回山区。这样，汀江水系贯穿南北的主流和众多支流，与其他水系的水

[①] 广东省哲学社会科学"十三五"规划2016年委托课题《马来西亚广东华侨移民史》（项目编号：GD16TW08-3）阶段成果。

路和陆路相互连接，形成汀江流域地区的交通运输网络。更主要的是，汀江主流还在大埔县三河堤与梅江流域合流为韩江后继续南流而下，流经海阳县竹竿山终于走出山区进入韩江平原，进而经潮州，在汕头入海。于是汀江水系把散落在群山的村落彼此连接起来，而且把山区和平原、海洋连接起来。包括永定人的汀州人和梅州、大埔人都是沿着这条水道离开崇山峻岭，经由汕头港，最后到达马来亚的。

大埔县位于汀江流域南端，不仅与永定县接壤，而且因汀江而与闽西南汀江流域各县一衣带水，因此，大埔居民与闽西南汀江流域各县居民之间，自古以来就有着极为密切的交往。可以说，大埔话与汀州话之间的同类性，既是汀江流域客家一体性的反映，也是汀江流域客家一体化的结果。

在马来亚地区，永定人和大埔人联合起来组织地缘组织的，还有新加坡的丰永大会馆，是丰顺、永定、大埔三县组织。[①]永定人与大埔人的紧密联系，加上槟榔屿早期福建人主要指的是闽南人，闽南人排斥其他福建省籍人葬入福建公冢，故而行政上隶属于福建的汀州及漳州诏安客家人只能葬入广东暨汀州公冢，这种情况虽然在19世纪后期李丕耀掌管福建公冢的时候按照福建省的行政区域作出修改，但是直至1939年广东暨汀州公冢才拒绝了汀州人的葬入。

（二）包括大埔人的潮州认同

大埔人的原乡大埔县虽然属于潮州府，却在潮州府东北部的万山之中。大埔县与整个粤东山区一样，山多田少，"按天下诸县治多面南，独埔邑朝宗北向，天梯华表，气势峥嵘，波嶂茶山，烟云回互，三河水位四郡之要冲，九峻峰亦群盗之巢穴，山众而田畴转寡，地僻而要隘偏多"[②]。在清代潮州九县中，大埔的地理环境最为恶劣，又地处粤东北和福建交界山区，偏僻难行，使这里在潮州九县中的地位最低。加上大埔县绝大多数是操客家话者，使得这里对潮州府的认同并不十分强烈。

但是在遥远的英属槟榔屿，潮州人南来较晚，最早的落脚点是威斯利省的Batu Kawan，他们在那里种植甘蔗并发展制糖业，在那里潮州人的共同信仰是供奉玄天上帝的万世安庙。道光八年（1828年）槟榔屿广东暨汀州府诏安县买义冢山地，功德碑名单有：题银式百卅四元。咸丰十年（1860年）《广东省暨

[①] 曾玲：《新加坡华人宗乡文化研究》，中国社会科学出版社，2019。
[②] 光绪《潮州府志》卷五《形势》。

汀州众信士新建槟屿福德祠并义冢凉亭碑记》中，"潮州公司捐银陆拾大元正"，潮州公司和永大馆并列，可见早期潮州人的认同里是不包含大埔人的。但是1864年在潮州公司的基础上，许栳合、黄遇冬等先贤创立了韩江家庙。有地缘组织，为何还要创立家庙，根据已知的说法是"奉祀各邑列祖列宗，祭典岁凡再举，旨在'思源报本'而'承先启后'，借以'敦睦乡情'而'联络梓谊'，与中国一般家庙立场相同"[1]。其实目的很明确，就是利用家庙的祖先崇拜信仰，以吸引和整合潮州地区的不同人群，涵盖当时潮州府下辖的九个县，即潮安、揭阳、普宁、澄海、潮阳、惠来、饶平、丰顺、大埔，正因如此，如今韩江家庙的匾额有"九邑流芳"和"九美齐荣"。韩江家庙也就名正言顺地把操客家话的大埔人纳入潮州人内。

二、海珠屿大伯公：英属槟榔屿的客家认同

除了大埔和永定客家，其他客家也很早就已经下南洋到达槟榔屿。另外，重要的客家人社群有嘉应、惠州和增城客家。嘉应客家南来槟榔屿很早，嘉庆六年（1801年）就已经申请到大伯公街门牌22号现址地契：系英国东印度公司，驻威尔斯太子岛长官李斯爵士所签押，发给仁和公司者。日期是1801年11月2日。列号"P389"。道光十一年（1831年）会馆在广东暨汀州义山，建嘉应总坟一座。

本会馆成立于1801年，清嘉庆六年辛酉，距莱特占领槟城（1786年）后之十五年。为马星历史最悠久之乡会。唯从前名称不一：最初称"仁和公司"，继后又称"客公司"或"嘉应馆""嘉应州公司""嘉应会馆"，数名并用，不以为异，盖此乃置产时，所用各种不同之名称而已。

嘉庆八年（1803年）癸亥，农历正月十三日灯节，祭祀时，会馆当事人，在该三八九号地契背面，用中文批明：本馆首事头家，乃是历年轮值所做，此屋契纸，应由轮值者保管，不得私自按押……道光十一年戊戌，本会馆在广东暨汀州义山，建嘉应总坟一座，位居第二公家中央，甚得形势之胜，规模亦颇宏伟。

至迟道光二年（1822年）六月初六，惠州属同人已组织惠州公司，当时有归善县（今惠州市惠阳区）李兴以墨西哥银325元购得砖瓦屋两间及地皮一段，无条件捐赠给惠州同乡充作会馆。当成立时，凡居住乡村僻地之同乡，因事至槟城者，均以会馆为憩息之所，从中国南下的同乡也通过会馆为调班，深入

---

[1] 许崇知：《槟榔屿潮州会馆史略》，《南洋文摘》总第55期，1964年，第36—37页。

内陆开拓农业及矿业。1825年，在海峡殖民地记录文件里，已经记载了"惠州馆"，160名会员。

增城人南来很早，增城和龙门籍联合组织最早的是仁胜公司，始创于1801年（因为1801年嘉应会馆地契上已标明仁胜公司在其北侧），1825年，在海峡殖民地记录文件里，已经记载了"仁胜馆"，16名会员。虽然增城加入了客家五属，但是因为增城境内还有大量的广府人，因此也在广州府内积极活动，形成跨越方言和地缘的现象。

除了海珠屿大伯公庙的管理层由五属组成，五属还成立了"惠州、嘉应、大埔、永定、增城五属公所"，正式由神庙组织转型为地缘组织。以五属为基础，1939年还成立了客属公会，以容纳五属以外的客家民众。

三、五福书院广州府会馆：广州府社群集聚

大家都看到了19世纪槟榔屿福建社群对广东暨汀州社群压倒性的优势，殊不知在广东暨汀州社群内部，广州府人也进行了自己的集聚。在槟城白云山的广东暨汀州第一公冢，有一块刻着"清乾隆六十年（1795年）清显考字廷贤曾公之坟墓广东广州府香邑"的墓石。"香邑"就是"香山"，这是最早被发现的一座墓碑，也是最早以县份为单位来集聚。说明广州府籍华侨在槟榔屿开埠不久就已经到达此处谋生。据《清史稿》，广州府下辖14县，依次是南海、番禺、顺德、花县、东莞、从化、龙门、新宁、增城、香山、新会、三水、清远、新安。在1828年的时候只有9个县有一定规模。在1860年的时候，一些县份地缘组织就建立起来了。咸丰十年（1860年）时的《广东省暨汀州众信士新建槟屿福德祠并义冢凉亭碑记》中，宁阳馆就是新宁县（后来的台山县）的籍贯组织，实力强大，捐银贰佰，名列第二，仅次于义兴馆捐壹仟伍佰壹拾陆元零三钱陆分伍厘。义兴馆就是义兴公司，虽说是由四县府（新宁县、新会县、惠州府、肇庆府）人组成，然而大权几乎全操在新宁人手上。[①] 仁胜馆是增城龙门人的地缘组织，1801年就在嘉应会馆旁边建立了。从清馆是从化和清远县籍的联合组织，冈州是隋朝新会郡改名之后的旧称，治所在今新会县。所以冈州馆是新会人为主的地缘组织，包含新会、台山、开平、恩平、鹤山、赤溪六邑。

---

① 古冈州六邑总会特刊委员会编：《马来西亚古冈州六邑总会特刊》，庇能台山宁阳会馆，1964，第68页。

而伍积贺和伍积齐是新会人，也单独捐款。南海、顺德、香山（香邑）也都成立了自己的地缘组织，东安馆是东莞和新安县籍的联合组织。上述县份地缘组织是县份联合或单独成立的模式，一直持续到今天。

广州府事实上有14县，但是"五福书院"自述自己只包括广州府12县，也就是排除了新宁县（宁阳县，后来的台山县）和新会县籍人。这两县在早期英属槟榔屿属于实力较强的两个县份社群。新宁县、新会县和惠州府、肇庆府联合起来组成义兴会，能够在1860年捐款名单上名列第一，而新宁县的宁阳馆捐款名列第二，新会人伍氏兄弟单独又捐款，这个后来被视为私会党的组织在当时风头无两。相比之下，广州府其他12县，除后来增城人郑景贵崛起带领五福书院外，并未涌现出太多有实力的领袖。所以在当时12县，有8个县或是单独或是联合，都成立了自己的地缘组织。只有花县、三水还未成立会馆。新宁（台山）和新会人没有参加广州府会馆的情况，并没有一直持续。因为如今槟城新会会馆主席钟卓佃兼任广州府会馆理事。但是何时进入则有待进一步考察。

四、肇庆府与琼州府的认同

广东省肇庆府共有16县，即高要、四会、新兴、高明、鹤山、开平、恩平、广宁、封川、云浮、开建、郁南、罗定、德庆、阳春、阳江。肇庆府会馆究竟创自何年，因年湮代远，无可稽考。又因日本南侵，首陷槟榔屿，执事者为免招麻烦，而尽将历年之档案记录付诸一炬。是故本会馆初期之人文史迹，无从考究。据本屿广东暨汀州第一公冢之福德祠并义冢凉亭碑记内刻有"肇庆会馆捐银壹拾伍元正"之字。时为前清咸丰十年（1860年）。由此证明我肇庆府同乡远在1860年已有互相联络，集体活动。又据在第一公冢之肇庆府总坟碑刻明"同治四年重修"。此又证明肇庆府同乡在1865年以前就建立总坟，祭慰先贤。

据年长者谓肇庆府会馆初期建于本屿之中路，但年代不详。现今肇庆府会馆位于调和路馆址，系于1921年3月、4月间肇庆府之先贤深知合群之伟大，互相联络之可贵，乃纷纷献捐协助扩建，终于购得本屿调和路126号之矮脚楼为会所，作为祭祀先祖及举办社会福利慈善事业活动场所，使肇庆府同乡联络大为方便。后又感旧屋楼不合应用乃将之重修改形，于民国十一年（1922年）12月12日举行重修落成典礼。

琼州是如今的海南岛，孤立于广东省外，方言上海南话自成一派，构成五大方言之一。南来槟榔屿时间很早，槟城海南会馆位于槟城南华院街（旧称

"新海南公司街")。根据史料,海南人约于1866年前由海南岛乘船南来,在槟城落脚;在义兴街海记栈对面,租屋设馆供奉天后圣母(海南话叫"婆祖")。1895年买下现今馆址地段,兴建馆宇。海南先贤于1925年开办益华学校。天后宫于1997年完成重修。今天我们看到的海南会馆、天后宫和益华学校三位连成一体,见证了海南先贤的远见和对社群的贡献。1895年海南先辈们把天后宫从义兴街迁移到目前的新宫址,当时居民把那条街道称作"新海南公司街"。(当时的"公司"相当于现在的"会馆"之称。)该宫内除奠立天后圣母外也摆放水尾圣娘位及一百零八兄弟公位。每年的农历十月十五(也是会馆的成立日)都大事庆祝。

万宁人是海南人中除文昌籍外人数较多的县份社群。早期万宁人南来不少,但"鉴于无联络乡谊之组织,难于守望相助,互通音信,乡人遂萌创立乡会之宏志"。1948年,乡贤文怀朗、纪继蕃、李明华、林开芳、陈庆瑛、黄斯禄、萧士文、纪子宝、莫国良、许世初、李维盛、许福州、赵宏广、许启甲等,召集乡人,多次座谈,商讨乡会成立事宜。而后征求会员、物色会所、申请注册。租赁楼宇,开展会务,会员300余人。1949年1月1日,举行成立典礼。1954年外埠加入会员亦极其踊跃,会员达到1000余人。

海南岛之东,滨海之区,有会同、乐会二邑,明清之季,均属琼州府治。民国肇始,改会同为琼东县。其南有万泉河,发源于本岛黎母山,蜿蜒东流,经乐会东北注海,与琼东县一水之隔,二邑风土语言相似,生活习惯亦同。民性活泼,直爽沉雄,且谦虚其心,宏大其量,有勤朴耐劳之素质,有冒险进取之精神,因地近海隅,故二邑之少壮辈,多梯山航海,远涉重洋,乘风破浪,南渡谋生。[①]但是北马没有乡会之设立,若一盘散沙。1980年6月16日,邑人假槟城中路帝皇酒楼聚餐,席中提起琼乐同乡散居北马各地者为数不少,但是缺少同乡会之组织,并提议创组北马琼乐同乡会,获得与席者一致支持。经过准备,1980年12月1日正式注册,1981年1月1日政府在宪报上公布:北马琼乐同乡会为马来西亚之注册团体,注册准证2333号。

五、公冢:槟榔屿广东暨汀州认同的边界

1786年槟榔屿开埠,英人在早期虽然设立过华人甲必丹,但很快就废除

---

① 《北马琼乐同乡会组织缘起》,载《马来西亚琼乐会馆联合会成立特刊》,1988,第105页。

了。并未有直接的华人管理机构。闽粤大量华人涌入，人口迅速增加，很快就有了义山的需求。1801年，广东暨汀州义山就已经出现了。这是广东省籍和福建省籍的汀州联合起来的标志，原因在于南来福建省籍主要是闽南人，排斥了操客家话的汀州永定客家，而永定客家就只好和包括嘉应、大埔、惠州等客家人在内的广东省籍联合起来，组成"广东暨汀州公冢"，广东省籍和福建省汀州籍联合起来组织社团的，还有吉打州。这是早期两地操闽南话的所谓"福建人"的人数上占压倒性优势，排斥永定客家社群的结果。嘉庆六年（1801年），现存于槟榔屿广东暨汀州公冢的"广东义冢墓道志"，迻录如下：

> 槟屿之西北隅有义冢焉。其地买受广阔，凡粤东之客，贸易斯埠，有不幸而物故者，埋葬于此。其墓曰义冢，乃前人创置。第其溪水环绕，路道崎岖，登临涉水，是以复筑墓道桥梁，以便祭扫行人。……阳则可以存乡亲睦娴任恤之谊，阴则可以安死者异地羁旅之魂，此一劳而永逸者也。我粤东东南距海，民之航海以为营生，层帆巨舰以捆载而归者，大率于洋货者居多。然而利之所在，众则共趋，一遇死亡，若不相识，尚何赖乎乡亲乎？……得一义冢以聚之，而生前则为腹心之朋，死后则为义祭之友，何异于生前之握手以盟心，眷眷乎桑梓之亲，怡怡乎客旅之爱，何殊故土之群居而族处茫茫长夜，郁郁佳城，或亦乐异地如故园矣。是则所以安羁旅之魂者此也。……[1]

碑文其中有一些关键句子可以解析。"凡粤东之客，贸易斯埠，有不幸而物故者，埋葬于此"，此处"粤东"不是指广东东部，而是广东的意思。因为旧时"粤西"指广西，"粤东"指广东。也就是凡是籍贯"粤东"的，不幸在此地病故者，可以埋葬此公冢。这就是公冢（义山）对社群边界进行形塑的表现。"阳则可以存乡亲睦娴任恤之谊，阴则可以安死者异地羁旅之魂"，"睦娴任恤"出自雍正《圣谕广训》："古者五族为党，五州为乡，睦娴任恤之教由来尚矣。"指的是乡里和睦安宁，有诚信并给予别人帮助，即"守望相助"的意思。公冢的存在，就是对生活在槟榔屿的广东暨汀州籍人，可以保持"守望相助"的情谊。而对死者，则可以使其寄居异乡之人的魂魄得以安宁。"得一义冢以聚之，而生前则为腹心之朋，死后则为义祭之友，何异于生前之握手以盟

---

[1] 碑刻现存槟榔屿广东暨汀州公冢，笔者2019年3月30日田野所得。

心，眷眷乎桑梓之亲，怡怡乎客旅之爱，何殊故土之群居而族处茫茫长夜，郁郁佳城，或亦乐异地如故园矣"，所指的就是公冢在生或死两个方面所起到的维系"桑梓之亲"的作用。

道光八年（1828年），广东暨汀州公冢扩充坟场，在槟榔屿的广东暨汀州及诏安县人士以府、县及州的结盟方式捐献金钱。名单如下：

广东省暨汀州府诏安县捐题买公司山地银两刻列于左

潮州府题银贰百卅四元／新宁县题银贰百一十四元五钱／香山县题银一百零三元半／汀州府题银八十一元／惠州府题银七十七元一钱半／增城县题银七十四元四钱半／新会县题银七十四元六钱又三元／嘉应州题银柒十六元七钱五／南海县题银五十七元半／诏安县题银四十四元半／顺德县题银四十四元二钱半／从化县题银四十元／清远县题银四十元／番禺县题银廿柒元贰钱五／大埔县题银十五元[①]

从题名可以发现1828年槟榔屿广东暨汀州社群的内部构成。除了潮州、惠州、汀州、嘉应四地是以州府的大地缘来捐献，大埔县虽然也属于潮州，但是在潮州府之外单独捐献。诏安县在行政上属于福建省漳州府，由于南来的多是客家人，所以也被闽南人排斥而进入广东暨汀州公冢。其次广州府下属的新宁、香山、增城、新会、南海、顺德、从化、清远、番禺各县都单独行动，反映了此时南来广州府各县的人数众多。而槟榔屿广东暨汀州公冢就是槟榔屿广东暨汀州会馆的前身，会馆管理公冢。

结　语

总的来说，槟榔屿广东暨汀州社群形塑的特点有：第一，行政区划上属于福建省的汀州及诏安社群，在南洋槟榔屿却与广东省籍结合在一起，相邻的北马吉打州也是如此组合，显示出19世纪初槟榔屿和北马地区华人社群的特殊性。第二，大埔县在清代属潮州九县之一，是唯一几乎完全操客家话的县份，虽然在槟榔屿有自己的大埔同乡会，但与槟榔屿主要操潮州话的社群并未完全分道扬镳，大埔社群依然在槟榔屿潮州社群内活动，并且迄今槟榔屿潮州会馆

---

① 碑刻现存槟榔屿广东暨汀州公冢，笔者2019年3月30日田野所得。

董事还有大埔人。这与马来亚地区的吉隆坡、新山、新加坡等地以"潮州八邑会馆"为名，公开表明排除大埔人明显不同。第三，槟榔屿在19世纪形成广州府社群意识，以"五福书院广州府会馆"为活动中心，涵盖了清代广州府下属县份，其中包括增城、龙门的客家人，以及新会、台山等所谓"冈州"社群。能够跨越方言群依照州府行政区划的地缘来形塑广州府的地缘认同，这与槟榔屿南来广州各县份社群人数众多有关，也与槟榔屿广东省内惠州、潮州、嘉应各地缘社群势力相对强大有关。而这一认同，在马来亚地区再无二家。

近代以来海内外钦廉社团的历史作用探析

吴小玲[①]

(北部湾大学北部湾海洋文化研究中心 广西钦州 535000)

廉州今指合浦县廉州镇,历史上廉州包含今合浦、浦北、北海三地,明清时期的廉州府则管辖今合浦、浦北、北海、钦州、灵山、防城。钦州即今钦州市,明清时其范围含今钦州、灵山、防城,在清光绪三十一年(1905年),设廉钦道。清末民初,廉钦道改称"钦廉军政府",辖合浦、钦州、灵山、防城四县,民间俗称"钦廉四属","钦廉"为简称,其范围与今广西北部湾沿海的三个地级市——北海市、钦州市、防城港市(除上思县外)基本相同。钦廉地区地处中国大陆的最南端,与越南接壤,背靠中国大陆,面向南海。从地形上看,北枕山地,南濒海洋,地势北高南低,自东北至西南依次分布着大廉山、六万大山、十万大山等,在山脉与海洋之间的丘陵地带广泛分布着山间盆地,由河流冲积而成南流江三角洲平原和钦江三角洲平原,江水流经两大平原后独流入海。由于北面环山、南面环海,依靠江河与内陆相通。自古以来,钦廉地区的对内交往相对不便,但对外交往相对便利,形成对内闭塞、对外开放的局面。自汉武帝设合浦郡后,这里便是汉代海上丝绸之路的始发港,是中原通过岭南与东南亚、南亚各国进行经济贸易、文化交流的窗口。在2000年的海上丝绸之路史上,钦廉人为"海上丝绸之路"的繁荣和发展作出了积极的贡献。近代以来,钦廉人的足迹遍布全世界各地,在海外以东南亚地区尤其是越南居多。他们往往结团成社,互助互济。对于钦廉海外社团活动的研究,目前学术界的研究鲜有涉及,黄镛琨《广西海外社团的历史和现状》[②]、赵和曼《广

[①] 吴小玲,北部湾大学北部湾海洋文化研究中心主任,教授,研究方向:区域海洋文化、华侨华人文化。

[②] 黄镛琨:《广西海外社团的历史和现状》,《八桂侨史》1996年第2期。

西籍海外社团研究》①对广西海外社团作了研究，其他文章在研究钦廉籍海外华人及粤商的海外贸易时有所涉及，但基本上没有专题提及钦廉社团，本文试对此进行探讨。

一、海内外钦廉会馆建立的情况

1.钦廉籍人在国内各地建立的留京或留省学会

"廉钦会馆"作为最早出现的钦廉社团，于清道光十五年（1835年）在北京成立。该会馆位于北京宣武门外的粉房琉璃街69号，与福建晋江会馆南馆、四川龙锦会馆、山东汶水会馆、广东新会会馆、广东廉州会馆、安徽怀宁会馆、江西萍乡会馆、河南会馆、山西汾水会馆、福建延平会馆、江西万载会馆、天津会馆、湖南会馆、广东阳江会馆、江苏会馆等位于同一街巷，是目前在京存留不多的少数会馆之一。据北京档案馆所辑的《北京会馆档案史料》述："本馆为道光十五年，由廉钦同乡购置，以作廉钦举子赴京会考之试馆。当时房屋老旧，后作部分翻新。旧时门牌为路西三十一号，占地258亩，有房58间。掌馆人苏乾初、杨登睦。"②当年，抗法名将冯子材入京时曾居于此会馆。据相关记载，1864年7月，太平天国天京陷落，清廷大封"功臣"，冯子材因功被赏穿黄马褂、封骑都尉世职。8月，冯子材进京述职，一直到1865年秋，他被派往两广督办军务，都寄住此会馆。

钦廉留省学会（钦廉会馆），位于广州南堤（位于广州市越秀区沿江中路239号，现黄埔军校同学会旧址），始建于何时有待考证。但在1922年合浦留省学会（1931年改称"广州合浦学会"至今）成立前，原广东钦廉四属（钦县、合浦、灵山、防城四县）的同乡初到省城多在钦廉会馆落脚，它曾作为广东省内五大本土会馆之一，成为钦廉籍学子到省赶考的容身之所。据说在清末民初，钦廉会馆的建设得到抗法名将刘永福的支持，刘永福所部的士兵大多为当年的黑旗军将士，且大多是钦廉人，他们的家眷到穗，都往往得到钦廉会馆的帮助。20世纪30—40年代，钦廉人陈铭枢、陈济棠、香翰屏、林翼中等治粤，钦廉会馆地位显赫，吸引大批钦廉籍商人出资赞助会馆，会馆出资帮助学生读书、同乡渡过难关。由于广州是华南地区的商业大都会，钦廉会馆主要是商业

---

① 赵和曼：《广西籍海外社团研究》，《八桂侨史》1987年第2期。
② 北京市档案馆编：《北京会馆档案史料》，北京出版社，1997。

性会馆。由于钦廉等地秀才要到广州参加乡试，钦廉会馆又具有试馆性质。据1926年出版的《全国都会商埠旅行指南》载，钦廉会馆是当时各省设在广州的25所会馆之一。①1924年，黄埔军校驻省办事处、黄埔军校同学会、中国青年军人联合会先后进驻该馆。

广州合浦学会原名"合浦留省学会"，1922年10月2日由伍瑞锴、岑麒祥等合浦籍中山大学学生在省城广州文德路发起成立。1931年由陈铭枢、香翰屏、林翼中、陈济棠、蒋光鼐、蔡廷锴等著名爱国将领募捐为广州合浦学会购买房产。根据合浦县档案馆永久保存的《广州合浦学会征信录》（1930年5月印制）记载，当时由陈铭枢、香翰屏、林翼中、陈玉昆、廖愈簪、沈载英、王崇周、苏陈亮、廖国器、王广轩、陈玉衡、李绍钦、张国元、黄维玉、刘树南、吴佩瑜、伍瑞锴、罗光颖、沈载和、林国佩、范德星、张枚新、黄质文、王定华24人发起募捐，计有373人捐款，共捐大银32656.04圆（叁万贰仟陆佰伍拾陆元零肆分），为广州合浦学会购置新坐落在广州小北路门牌161号、163号、165号（新编门牌87号、89号、91号）的一座两间并联的三个门面的三层洋楼。广州合浦学会曾作为广东省、广州市的中共地下联络点、南路钦廉活动策源地，对新民主主义革命的胜利作出了历史贡献。改革开放以来，广州合浦学会成为服务在穗原合浦籍人士工作和学习的群众性学术团体，广东省广州市与合浦地区交流合作的平台，培养优秀人才、支援家乡建设、推动社会进步、促进祖国统一的纽带。

广州钦县学会、广州防城学会、钦廉旅韶同乡会等，其性质与上述基本相同。由于抗战时广东省府曾迁往韶关，于是在广州的钦廉同乡们便随同迁移到韶州的省府改为钦廉旅韶同乡会。

2.海外钦廉社团

海外钦廉社团，最早是钦廉人与广肇、雷州、琼州、潮州、福建等地的客家人在咸丰十年（1860年）组建的"越南堤岸七府公所"，其次是清光绪九年（1883年）由北海下南洋的广东廉州府、高州府和广西博白县人组建的"新加坡广西暨廉州高州会馆"。民国时期有海防钦廉琼崖会馆，1935年成立了新加坡广东会馆（钦廉人参与了发起）。

---

① 据1926年出版的《全国都会商埠旅行指南》载，广州有会馆24所，广东本省有肇庆、八邑（潮属八邑）、嘉属（嘉应州）、惠州、钦廉，外省有奉直、山陕、江西、江苏、福建、四川、云贵、云南、广西、湖北、湖南、安徽、杭嘉湖、浙绍、宁波、金陵、漳州、渭州（疑指莆田）、新安。

越南堤岸七府公所1860年成立，地址在越南堤岸。七府即七邦：广肇、潮州、福建、福州、琼州、客家和海南邦。海南邦包括琼州以外的海南岛地区、广东雷州以及今广西的钦州、北海、合浦等地。各邦轮流公推人选，负责评定货价和排难解纷。各邦设本邦的会馆，代表本邦同乡向当地政府交涉有关事务，开展体育活动，联络乡情，为慈善机构和社会公益事业募捐，排解同乡之间的纠纷等。有些县的同乡成立本县的同乡会，每年举行春秋二祭，联乡谊，叙亲情。

新加坡广西暨廉州高州会馆，其前身是1883年成立的新加坡三和会馆。1883年，旅居新加坡的广西博白人庞敦武、高州人揭志松、廉州人许爱廷、张祺福、廖式合等人共同发起筹组该会馆，地址在新加坡惹兰勿刹409号2楼。其中庞敦武担任会馆总理（1959年正副总理改称正副会长），由于初期会员来自高州之石城（今廉江）、水东（今电白）、梅菉（今吴川）、廉州府之合浦、广西之博白五县，故称"五合公司"。此后以高州一府、廉州一府以及广西一省为基础，广招会员，将"五合公司"改名为"三和公司"，其含义是三属同人和衷共济，和睦团结，以达和气生财。1891年6月8日，该公司根据当时的社团法令正式注册，又改名为"三和会馆"。1970年，又在"三和会馆"名称前冠以"高廉桂"三字。由于合浦（故称"廉州"）早已划入广西，为了符合地理版图和实际情况，该会馆于1993年改名为"新加坡广西暨高州会馆"。到1985年，三和会馆会员有2000多人，广西籍会员占81%。会徽是三环相扣呈"品"字形的图案，三环内分别是"桂""高""廉"三个字，代表广西、高州和廉州（合浦），两边是对联。其宗旨是联络乡情，增强团结，开展互助合作。

海防钦廉琼崖会馆，由广西钦廉同乡会与琼崖（海南）同乡会于1920年前后联合组建，地址在越南海防市中华街。主要负责人，最初是广西合浦或钦州人，20世纪30年代是合浦籍的"豆腐四"。会员最多时超过1000人，多数是广西钦州、合浦（含今北海和浦北）、灵山和防城等地人。该会馆宗旨是联络乡谊，互助团结，帮助初到越南海防一带的同乡解决就业以及少数人的暂时生活困难。贫病会员可向会馆申请救济金，不幸逝世的可葬在叻啡山会馆坟场。逢清明节，会馆均组织会员前往坟场扫墓，祭奠先人。经费来源于所属同乡的捐款，以及会馆10间铺屋产业的出租收入。到1953年，由于种种原因，该会馆被迫解散。[①]

新加坡广东会馆（Singapore Kwangtung Huikuan）是新加坡华人的地缘社

[①] 广西地方志编纂办公室：《广西通志·广西侨务志》，广西人民出版社，1994，第20页。

团。1935年10月，粤籍绅商出席曾经宸的东宾园宴会时，李伟南、杨缵文、林文田、曾纪宸、陈开国、符致建、李德初、魏森泰等各方言群侨领，共同倡议建立广东会馆，以联系粤籍社团和人士的感情，为粤人谋福利，为社会服务，为国家效力。于是在大家同意下开始筹备。1937年9月25日获准注册成立。首任会长李伟南。成立时，正值中国抗日战争全面爆发，于是集中力量从事抗日救亡和对粤省水灾的筹赈救灾工作。1942年新加坡沦陷，会务停顿。1946年复办，致力团结属下四种方言群社团和人士，为粤籍人士谋福利；积极参与新加坡人民争取民族独立斗争，并投入经济恢复和建设中去，为新加坡的经济腾飞作出应有贡献。至1981年拥有团体会员73个，离号会员87个，个人会员约1500个。

越南合浦同乡会成立于1935年，会址设在当时的中越边境广东防城县东兴镇（今广西省东兴市）永金街。发起负责人为陈兰章和宁宗甫。最盛时会员有1000多名，他们多是越南芒街、下居等地的陶瓷工、织布工以及店员等劳动者。同乡凡交两元西纸或东洋券即为会员。初到越南或在越南失业的同乡，一般都由会所介绍到越南各地做工，该会还免费接待并出证明给经过东兴回合浦的同乡，使之路过关卡免受刁难或勒索。经费来源于富有华侨捐赠和会费收入。在镇郊购有坟场，旅居越南的合浦籍华侨多运灵柩落葬此坟场，无钱埋葬的由该会出资办理。该会约于1945年停止活动。

台北广东钦廉同乡会：1975年成立。1975年，由于北越统一越南，不少在南越的钦廉同乡陆续来到台湾地区。为了团结乡亲、加强互助，时为"立法委员"的阮乐化神父，发起成立"钦廉同乡会"，该团体成员最初大多数是原广东钦州、廉州四属合浦、钦县、灵山、防城去台的台湾地区军政退役人员，后来主要是钦廉去台人员的后代，在美国、澳大利亚、欧洲及中国台北、中国香港等地设有分支机构。该团体已逐步成为具有世界性影响的海外华人民间重要团体。

20世纪60—70年代成立的有越南侬族相济会（1969年），旅港合浦钦县灵山防城同乡会（1964年），越南同奈省隆庆市钦廉同乡会。

20世纪80年代以来成立的有美国旧金山越南华裔联谊会、美国三藩市越南华侨互助联谊会、美国二埠印支华裔联谊会、美国三藩市钦廉同乡会、澳大利亚雪梨钦廉同乡会、澳大利亚维省钦廉同乡会、美国钦廉同乡会、美国钦廉灵防同乡会、美国屋仑钦廉同乡会、美国三藩市姑苏群岛联谊会等。还有香港钦廉四属同乡联谊总会等。

美国越南华裔互助联谊会1984年成立，地址在美国加利福尼亚州屋仑市。该会的宗旨是联络印支华人感情，服务大众，会员多是广西人，1990年连任会长寥桂林是广西合浦籍人。会员每人每年交会费12美元，所需经费主要靠顾问和名誉会长资助，每年召开1～2次聚餐式的会员大会。该会有1个会所，雇请1人料理会务，为新移民办理住房和寻找工作，填写各种表格及申请福利金等，也为其他侨胞的生老病死、解决家庭纠纷等服务。该会与家乡广西经常互访，关系密切。

澳大利亚钦廉同乡会由原钦县、合浦、灵山、防城四县的澳大利亚老乡组成，于1992年9月13日成立。地址在悉尼的卡市（Cabramatta，这是华人会集的地方）旁的2 Second AV Canley Vale。

旅港合浦钦县灵山防城四属同乡会，1969年由钦廉四属人士在香港注册成立，后集资购置会所。

香港钦廉四属同乡联谊总会，于2009年5月7日在香港成立。

二、海内外钦廉社团组织的特点

1.海内外钦廉社团的建立经历了三个阶段，与钦廉人经济和政治实力的变化有关系

第一个阶段是19世纪30年代至20世纪30年代，钦廉籍人在国内各地建立的留京或留省学会，在海外建立的公所、会馆等，如北京钦廉会馆、钦廉留省学会、广州合浦学会、广州防城学会、越南堤岸七府公所（1860年）、新加坡广西暨廉州高州会馆（1883年）等。这一时期，各会馆的活动内容传统性强，比较单一，以地缘性组织的形式出现，这些同乡社团不但为同乡谋福利，而且关心祖国的兴亡，集中表现在辛亥革命中，钦廉籍华侨华人社团为革命捐了不少钱财。海外会馆大多数附建于相邻地区的会馆中，反映了海外钦廉人经济实力不强以及与高雷等地的渊源关系。

第二阶段是20世纪20年代后期到50年代成立的会馆、同乡会等团体，大多为海外会馆，如新加坡广东会馆（1935年）、海防钦廉琼崖会馆（1920年）、越南合浦同乡会（1935年）等，这些团体虽然仍以地缘性组织的形式出现，但其活动范围不断扩大，而且有了较为明确的宗旨，活动内容逐步丰富，有了相对稳定的经费来源。会馆和同乡会不但起到联乡谊、聚乡情，为同胞解决实际困难的作用，而且以为社会、为国家效力为主要目标，政治目标较为明确。新

加坡广东会馆以联络粤籍社团和人士的感情,为粤人谋福利,为社会服务,为国家效力为目标。甚至有较为明确的爱国的政治目标,即集中力量从事抗日救亡和对粤省水灾的筹赈救灾工作。会馆还有相对稳定的经费来源,如海防钦廉琼崖会馆经费来源于所属同乡的捐款,以及会馆10间铺屋产业的出租收入。[①]越南合浦同乡会经费来源于富有华侨捐赠和会费收入。

第三个阶段是20世纪60—70年代以来出现的社团组织,主要是钦廉人在东南亚以外地区建立的同乡会,共有10多个,绝大多数分布在美洲国家,少数在亚洲。特别是20世纪80年代以来在美国成立的一系列华裔及华侨社团,如旧金山越南华裔联谊会、美国三藩市越南华侨互助联谊会、美国二埠印支华裔联谊会、美国三藩市钦廉同乡会、澳大利亚雪梨钦廉同乡会、澳大利亚维省钦廉同乡会、美国钦廉同乡会、美国钦廉灵防同乡会、美国屋仑钦廉同乡会、美国三藩市姑苏群岛联谊会等,与当时国际形势的变化有着密切的联系。首先是1978年越南大规模排华,一批越南华侨辗转经过第三国到达美国等地,或者再回到广东、广西、福建等地安置后又通过亲缘关系陆续移民到美国等地。其次是中国改革开放的不断深入,一批中国人走出国门、走向海外,新移民大量增加,20世纪80—90年代成为海外华侨华人社团成立的高峰期。最后是中国大力落实侨务政策,在国内外产生了良好影响,为华人社团进一步发展创造了有利条件。

2.钦廉社团是钦廉人向外拓展的产物,其活动地域范围从相对落后国家向发达国家发展,构成显现多样性,甚至推动建立了世界性钦廉社团联合组织

钦廉地处中国的南部边陲,一直处于中国的边海防前线,历来是边远偏僻人烟稀少之地。明清时期实行海禁,更使这里变成人少地多之地。由于广东、福建一带地少人多,加上朝廷招募粤东、闽西的客家人来此开荒,清光绪二年(1876年),《中英烟台条约》签订,北海开埠后,钦廉地区成为"下南洋"的开放前沿,吸引了大批广州府、高州府商人前来开发。钦廉地区成为移民的集中之地,逐步形成血缘亲近、地缘密迩、语缘同系、文化归属感强、族群认同度高的钦廉团体。同时因为其地理位置,成为移民的再次移出地。一批祖籍广东、福建的广府人和客家人在移居地钦廉留居一段时间后,往往选择再次迁移,钦廉人开始遍布中国的京城及各省省会,同时,他们也把自己重乡邻的习俗带到各地,组成了会馆、同乡会等,共济共助,共同在异乡发展。随着钦廉

[①] 广西地方志编纂办公室:《广西通志·广西侨务志》,广西人民出版社,1994,第20页。

人移居地区的扩大，海外钦廉社团的地域范围从相对落后的越南等印支地区扩展到新马泰等发展中国家，再扩大到北美、西欧和澳大利亚的发达国家，其构成显现多样性。20世纪70年代以前，钦廉籍华侨华人在海外的居留地以越南居多，从20世纪70年代中期至80年代初，印支地区华人大量流向欧美澳大利亚，其中不少是钦廉人士，如在20世纪70年代末，由于越南当局排华，仅钦州、防城籍华侨华人流落到美国洛杉矶的就有6000多人。[1]经过近10年的艰苦奋斗，他们中的不少人在居住国站稳了脚跟，事业有成，组织社团的愿望迫切。而且对所在地区的代表性、会员单位构成的多样性等方面产生了影响，以新侨为主体的同学会、以经贸为主体的华商会、以科技为主体的华侨华人协会也纷纷成立。

成立于2006年的世界钦廉同乡会是联系最广泛的钦廉海外社团组织，自2006年9月以来，世界钦廉恳亲大会每两年举办一届，已相继在澳大利亚费菲市、美国洛杉矶市、中国香港、越南同奈省隆庆市和中国防城港市等地举办，成为影响越来越大的国际华人盛会之一，海内外钦廉人恳亲联谊、经济合作、文化交流的主要载体。[2]世界钦廉恳亲大会协办委员会牵头组建"世界钦廉总会"，团结海内外钦廉社团和乡贤开展大会筹备、管理工作，以及恳亲联谊、文化教育、招商引资、公益慈善等活动，推动世界钦廉恳亲大会可持续发展。在团结全球钦廉人，服务北部湾地区经济社会发展中发挥着举足轻重的作用。它不但是钦廉华侨华人的海外社团组织，而且是广西华侨华人社会的支柱和核心。[3]同时反映了钦廉籍海外华人从居住地、居住国的小团结走上了世界性的大团结。

3.钦廉社团在传承传统文化方面有其独特之处

崇信观音，建观音庙。观音菩萨是最早进入钦廉民间并为渔民信奉的女性海神，后来逐步演变成为送子观音，与钦廉民间重视宗祠、子嗣的传统有关系。明末清初，最早移居越南的钦廉人是明朝抗清力量的余部，他们移居与中国一河之隔的越南海宁地区，或者是越南南部的堤岸地区。在法国统治越南时期，他们虽然被登记为"艾族、农人、侬族"等，但始终强烈地认同"中国人、广东人和钦廉人"，所操白话、艾话与钦廉乡音无异，所行风俗习惯与钦廉乡亲无异，其所居之处，中华文化得到传承和发扬。如他们把广东人笃信观

---

[1] 陈平润：《分布在世界各地的广西籍华侨华人》，《八桂侨史》1991年第1期。
[2] 朱新华：《防城港：侨商聚港城 携手话发展》，载《防城港日报》2017年10月23日。
[3] 王璇：《与广西血脉相连 桂籍华侨华人社团服务家乡发展》，载《南宁日报》2009年5月26日。

音的传统带到了居住地,在家庭里供奉有观音,承载精神信仰。当生活相对稳定下来后,往往会筹资建观音庙,以供人们敬香拜祭。据说,以前在越南,凡是有观音庙的地方,都有钦廉人。现越南胡志明市内最大的一座观音庙就是钦廉华侨筹资建设的,每年当地华人都会在这里举办多场慈善活动,救贫扶困。澳大利亚维省钦廉同乡会成立后也筹资建了观音庙。

筹资建华文学校及捐资助学。移居东南亚各地的钦廉人在居住国最初多以干苦力为生,他们饱受没有文化的痛苦,认为要提高自身的社会经济地位,首先要提高教育文化水平,因而对兴力教育、使自己的子女掌握科学文化知识的重视性很高,并通过社团予以实施。为此,新加坡三和会馆在成立之初就于1946年创办了三和学校,先后由会员李秀添、吴惠贞、黄兆祺三人担任义务校长,全校教师八名,学生200人六个班,直办至1956年改为政府津贴的学校。进入20世纪60年代,由于新加坡、马来西亚、泰国等地的国民学校,分别以英语、马来语、泰语为主,华文教育受限制,许多当地华人(以钦廉籍华人居多)为了使自己的子女懂得华文,坚持办华文学校,但这些学校由于得不到政府的津贴,办学经费有困难,会馆除了发动乡亲捐款,还采取各种办法筹集资金资助学校。三和会馆在1954年还给南洋大学捐款1000元,每年资助粤闽桂籍合办的启文学校。

钦廉地区的风俗习惯较好地得到保留和传承。钦廉是古骆越之地、中原汉族南迁之地,明清以来,广府人和客家人大量迁来。钦廉特有的多元文化元素开始形成,它以骆越文化为基础,接受并融会了中原文化、楚文化、巴蜀文化的影响及基督教文化、佛教文化、近代西方文化等文化因素,同时保留了自己的独特性。移居世界各地的钦廉人保留有原住地的风俗文化,大年三十杀鸡宰鸭炸扣肉,用"三牲"或"五牲"祭祖,同时做糖糕、包粽子;初一、十五食斋,喜投标、乐捐,还有"斩大番""烧番塔"等活动。钦廉人无论居于何处,不忘根本,乐于行善积德。

三、海内外钦廉社团的作用

1. 钦廉社团首先是钦廉人结团成社,互助互济的组织

各地钦廉会馆和同乡会基本上都带有一定的经济功能:一是联乡谊,叙乡情。随着移居各地的钦廉人的增多,在一些商人的运作下,散布在当地的同乡得以组织起来,共同建立了会馆,平时有了聚集联谊、叙乡情的场所。如越南堤岸七府公所的各邦组织开展体育活动,联络乡情,为慈善机构和社会公益事

业募捐，排解同乡之间的纠纷等。广州钦廉会馆、合浦会馆主要起到商业性会馆的作用。二是施行善举。通过会馆或同乡组织，不但"病则医药，故则殓埋"，解决同乡们初到他乡的驻足歇宿问题，还为一批贫困子弟的上学提供了帮助。广州钦廉会馆成为钦廉籍学子到省赶考的容身之所。当年刘永福的黑旗军将士在移防广东后，他们的家眷到穗，都往往得到钦廉会馆的帮助。20世纪30—40年代，在钦廉人陈铭枢、陈济棠、香翰屏、林翼中治粤期间，大批钦廉籍商人出资赞助会馆，会馆出资帮助学生读书、同乡渡过难关。三是起到文化传承的作用。会馆及同乡会具有一定中介组织的功能，能够沟通分布在各行各业的同乡之间的关系、传承乡土文化，创造土客交融的途径。广州钦廉会馆接待钦廉到广州参加乡试的秀才，兼具试馆性质。

2.钦廉社团在为本籍同乡向所在国和当地政府争取合法权益、谋求福利方面起到积极作用

钦廉籍人身处异国他乡，无论是生存还是发展事业都不容易。这些社团组织为钦廉人在海外的发展解决了不少难题。他们不仅为本籍同乡向所在国和当地政府争取合法权益，还常举办各种公益慈善事业，为同乡谋求福利。越南堤岸七府公所成立后，各邦设本邦的会馆，代表本邦同乡向当地政府交涉有关事务，开展体育活动，联络乡情，为慈善机构和社会公益事业募捐，排解同乡之间的纠纷等。海防钦廉琼崖会馆帮助初到越南海防一带的同乡解决就业以及少数人的暂时生活困难。贫病会员可向会馆申请救济金，不幸逝世的可葬在叻啡山会馆坟场。逢清明节，会馆均组织会员前往坟场扫墓，祭奠先人。越南合浦同乡会为初到越南或在越南失业的同乡介绍做工，免费接待并出证明给经过东兴回合浦的同乡，使之路过关卡免受刁难或勒索。在镇郊购有坟场，旅居越南的合浦籍华侨多运灵柩落葬此坟场，无钱埋葬的由该会出资办理。新加坡三和会馆在1979年设会员子女勤学奖励金，每年在馆庆的宴会上对学习成绩优良的会员子女发放奖励金。从1980年起，每年对60岁以上的老人颁以敬老度岁金。1983年5月5日，举行建馆100周年大庆，当地国会议员和东南亚其他国家的广西同乡代表参加盛会。[1]

3.钦廉社团积极为住在国的发展及祖（籍）国和家乡的建设作贡献

海外钦廉社团积极服务于居住国的经济社会发展，如新加坡的三和会馆响

---

[1] 广西地方志编纂办公室：《广西通志·广西侨务志》，广西人民出版社，1994，第20页。

应政府号召，积极投入推广华语、敬老守时和讲礼貌的运动。新加坡广东会馆致力团结属下四种方言群社团和人士，为粤籍人士谋福利；积极参与新加坡人民争取民族独立斗争，并投入经济恢复和建设中去，为新加坡的经济腾飞作贡献。钦廉社团的领导人多为工商业者，具有一定的经济实力。他们率领各社团为谋求同乡的福利，又为促进所在国和居住地经济的发展作出贡献。据不完全统计，目前钦廉籍归侨侨眷和海外侨胞超过200万人，分布在越南、新加坡、美国、加拿大、澳大利亚、法国、英国、德国、瑞典、丹麦、比利时和中国台湾、香港、澳门等世界数十个国家及地区。他们勤劳勇敢，艰苦奋斗，对住在国的发展及祖（籍）国和家乡的建设作出重要贡献。有不少人成为侨界骄子。如在越南，有法属越南海宁农人自治区创建领袖、前越南共和国国会上议员、前越南共和军上将黄亚生，前越南共和军少将、前越南共和国丰盈省省长兼芹苴市市长张英贵，前越南共和国金瓯省海燕特区司令及创建人、中华民国侨选立法委员、天主教神父阮乐化，以及前越南共和国时期的准将李德君，国会议员黄家球上校、彭光甫中校、李少光少校、叶亚生少校、林发、傅能权，少数民族议会议员马玉辉，新闻部华文检阅主任廖源，建丰省省长黄济元上校，平顺省海宁郡郡长叶春景中校、冼锦和少校，西贡都城议员黄振成、黄家祺等。在中国香港，已故大澳灵隐寺住持灵溪和尚、词学泰斗罗慷烈、作家黄谷柳、乐坛歌后梅艳芳、作曲家陈培勋、建筑师香灼玑和美籍教育家、科学家陈树柏等均是钦廉人，还有国际篮联前主席程万琦、导演潘垒、影星吕良伟、作家叶辉、企业家陈耀璋、女歌星杨丞琳、美国国际科技大学校长陈耀军等。

分布在各地的钦廉同乡会以各种形式为祖国和家乡的建设作贡献。台北"钦廉灵防同乡会返乡访问团"近30年来多次到广西参访及探亲。访问团重点考察了广西的经济社会发展状况，参观了经济开发区、边境口岸、港口、企业、学校等，详细了解招商项目，收集各种资料，回去后宣传广西，发动亲友来广西考察投资。[1]美国钦廉灵防同乡会商务考察团多次回国在钦州市、北海市、防城港市各地参观考察，积极为家乡建设献计献策。澳大利亚钦廉灵防同乡会捐建防城华侨福利院；开展"光明之行"活动，为患白内障眼疾侨胞治疗，为患近视的中小学侨生验光配发眼镜；对防城港市贫困归侨，特别是对归

---

[1] 杨强、蒋志强：《台湾"钦廉灵防同乡会返乡访问团"在桂参访探亲》，中国新闻网，2004-04-18。

侨贫困生的学业，多次给予资助。①

4.新时期以来钦廉社团为促进居住国与祖国的经济文化交流牵线搭桥

进入新时期以来，随着对外交往的扩大，海内外钦廉社团的组成已发生了很大变化，社团聚集了一批在政治上有影响、社会上有地位、经济上有实力、专业上有造诣的钦廉人，他们大多热爱祖籍地，关心祖籍故乡的发展。近年来，在钦廉海内外社团组织推动下，各地钦廉人及海外华商纷纷回乡考察项目，投资发展事业。钦廉灵防同乡会多次组团回国在广西沿海地区考察，关注和支持家乡事业发展，充分发挥联系广泛的优势，推介海外工商界的朋友到广西沿海投资创业，为广西沿海地区的开放开发、招商引资牵线搭桥。香港钦廉四属同乡联谊总会在支持贫困地区的教育文化事业，弘扬爱国、爱港、爱家乡精神，建设和谐社会，共谋同乡福利，继承中华传统，弘扬钦廉文化，参与家乡建设，两岸经贸交流与合作等方面发挥了积极的作用。与广西沿海各地在经贸、文化、教育、科技等各个领域建立了密切的合作关系。而每届中国—东盟博览会上，都有钦廉社团组织的华商参加。

---

① 许向进：《澳洲钦廉灵防同乡会向广西防城港捐资助学》，中国新闻网，2012-03-22。

从中青年华人闲聊
看马来西亚华语的语码混用

洪丽芬[①]

(马来西亚博特拉大学现代语言暨传播学院)

一、处在多语文化社会的马来西亚华人

马来西亚是一个多元种族的国家，主要由马来族、华族、印度族以及其他少数民族组成。截至2017年的统计数据显示，在马来西亚全国人口约3204万人中，华族只占20.8%。[②]马来西亚的社会是多语社会，一般流通的语言包括被赋予国语地位的马来语，还有处于第二语言地位的英语，以及各民族的母语，如华族的华语和印度族的淡米尔语。马来西亚华人不是单语族群。大多数华人说华语[③]、闽南语、粤语、客家话等祖籍方言或地方方言，不少华人也会说英语和马来语。一般来说，马来西亚华人从学校教育学习华语、马来语和英语，从家里的长辈或从学校的朋友和工作上的同事，甚至从电台广播和电视剧学习了华人方言，如客家话、海南话、潮州话、福州话、广西话，还有粤语和闽南语。虽然华人说的语言种类不限母语，但是并非每个人都掌握社会中每种语言。举例来说，有的华人可以说流利的华语，可是英语和马来语都不流利；有的华人会说闽南语和广东话，可是完全听不懂福州话。

---

① 洪丽芬（ANG Lay Hoon），马来西亚博特拉大学现代语言暨传播学院副教授、硕博导师，研究方向：马来西亚华人社会语言和文化。
② 摘自 *Malaysia Demographics Profile* 2018，https://www.indexmundi.com/malaysia/demographics_profile.html，浏览日期：4/17/2019。
③ 本文一律采用"华语"指在马来西亚使用的汉语，而不采用"汉语"，以示马来西亚和中国汉语在语音和词汇上的差异。

马来西亚的多语现象是复杂的，当地华人的谈话带有明显的马来西亚色彩，不难与中国的普通话区别开来。其中一个主要差异点在于华人在谈话中往往混杂使用不同的语言，这种现象在语言学中称为"语码混用"。

二、语码混用

语言是文化的代码，与文化共生、共存。[①]语码混用往往代表着个人或整个群体的语言运用方式。语码混用是指在话语中将其他语言的各种元素，如词缀、字、词和短句嵌入，形成超过一种语言的话语。[②]以下例1是三位男性青年的谈天节录，可以说明当地语言的混用。华青A，27岁，工厂员工；华青B，25岁，公司职员；华青C，25岁，电脑技术员。他们在吉辇，马来西亚霹雳州北部的一个城镇，聊着他们一位名叫铨能的朋友，描述这个朋友与众不同的胡子。

例1：

华青C：哇，那个铨能（注：指他们的一位朋友）的geng（广东话：劲、厉害）哦！他转过来耳朵旁边这里啊，好像一个圈出来的，一个圆形哦！

华青A：好像那个ang mo lang（闽南话：红毛人，即白种人，外国人的泛称）的头发这样啊？

华青C：没有，圆形哦，geng（广东话：劲、厉害）哦！他这边一个圆形哦！就这样扩出来。就这样一圈一圈一圈出来哦！不是卷你知道吗，他是他的那个好像我们头发，你看我们……我们这边有shape（英语：形状）的嘛，但是他是这样，这样向外的咯！一个圆形的。

华青B：他的基因……他的……他的基因发展比较特别呱！

华青C尝试向华青A和华青B描述铨能独特的胡子。他以赞叹的口吻，描述那胡子卷翘的程度，从侧面看就如圆圈。每根胡子都往外向上翘，就如许多圈圈。这三人虽然说着华语，但是在短短的几句话中就混用了广东话、闽南话和英语。这三位华青混用了一个闽南词、一个广东词重复两次，以及一个英语词汇。广东词geng的混用特别有意思，华青C在第二次形容铨能的胡子时，依然转换成广东话geng（广东话：劲），有将广东话geng替代了华语原有词汇之势。撇

[①] 游汝杰、邹嘉彦：《社会语言学教程》，复旦大学出版社，2004，第164页。
[②] Eyamba G. Bokamba, 1989, Are there syntactic constraints on code-mixing? World Englishes, Vol.8（3）, pp.277–292.

开发音的差异不谈,这样的话语方式明显与一般普通话有差别。这种语码混用是马来西亚华人语言使用的普遍现象。

三、马来西亚华语中的当地语言成分

本文在马来西亚的多语文化背景上,收集了10份华人闲聊的实地录音作为材料,再从掺杂的语言种类和数量两个主要角度,确认马来西亚华人在华语的谈话中所出现的其他语言词汇或短语,探讨华语中的语码混用现象。

这10份话语材料参加人数一共34个人,每份话语由一组人在谈话,每组三人或四人,包括男女和不同年纪的成年华人。表1列明了这34个人的背景和录音资料。

表1 说话者的背景和录音资料

组	编号	地点	性别	年龄（岁）	工作	话题	华语百分比(%)	其他语言百分比(%)
1	A	玻璃市	女	30	店主	小孩问题、怀孕、闲事	69.16（30.84）	英 1.44 马 1.00 广 0.06 闽 28.34
	B		女	28	店员			
	C		女	25	店员			
	D		女	26	书记			
2	A	吉打	男	30	工程师	午饭后活动、朋友、旅游、午饭、电玩、比赛	91.15（8.85）	英 8.34 马 0.42 广 0.06 闽 0.03
	B		男	26	业务发展员			
	C		男	26	软件发展员			
	D		男	25	人力资源职员			
3	A	加影	女	26	编辑	身材、旅游、女子、女友、手机、开玩笑	94.06（5.94）	英 2.78 马 0.25 广 2.24 闽 0.07 客 0.60
	B		男	26	商人			
	C		男	26	修车员			
	D		男	26	修车员			
4	A	诗巫	女	26	销售员	工作、开玩笑、旅游、游戏、男女朋友、遗传	68.98（31.02）	英 3.29 马 0.30 闽 0.44 泰 0.88 福 26.11
	B		男	25	销售员			
	C		男	28	主管			

续表

组	编号	地点	性别	年龄（岁）	工作	话题	华语百分比(%)	其他语言百分比(%)
5	A	槟城	女	26	书记	开玩笑、疾病、工作、婚礼	94.53（5.47）	英 3.00 马 0.16 广 0.07 闽 2.24
5	B	槟城	女	26	书记			
5	C	槟城	女	28	会计师			
6	A	太平	女	27	电脑技术员	旅游、往事、手机、皮肤病	95.88（4.12）	英 2.88 马 0.21 广 0.63 闽 0.40
6	B	太平	女	27	老师			
6	C	太平	女	26	老师			
7	A	古晋	男	31	公司职员	食物、游戏、家人、工作、大学	94.83（5.17）	英 3.42 马 0.67 广 0.73 闽 0.29 日 0.06
7	B	古晋	男	28	电脑技术员			
7	C	古晋	男	27	公务员			
8	A	加影	女	25	摄影师	男女朋友、疾病、鬼故事	93.55（6.45）	英 4.77 马 0.10 广 0.84 闽 0.05 客 0.69
8	B	加影	女	25	学生			
8	C	加影	男	30	销售员			
9	A	巴生	女	25	行政人员	布置、孩子取名、充电器	85.67（14.33）	英 7.34 马 0.63 广 0.09 闽 6.27
9	B	巴生	女	26	游泳教练			
9	C	巴生	女	28	行政人员			
10	A	吉隆坡	女	50	书记（东甲）	食物、工作、闲话、假期	89.08（10.92）	英 7.59 马 0.76 广 1.30 闽 1.27
10	B	吉隆坡	女	25	书记（吉隆坡）			
10	C	吉隆坡	女	29	书记（巴生）			
10	D	吉隆坡	女	40	书记（北霹雳）			

注：英（英语）；马（马来语）；广（广东话）；闽（闽南话）；福（福州话）；客（客家话）；日（日语）；泰（泰语）。

实地录音在马来西亚不同地点进行，分布于马来西亚数个州和城市，即马来半岛西海岸的玻璃市、吉打、槟城，霹雳的太平、吉隆坡，雪兰莪的巴生和加影，也有东马沙捞越的古晋和诗巫。谈话者有21名女性和13名男性，年龄介于25岁到50岁之间，但是以25岁到30岁居多。各组的谈话者都相互认识，有些是工作伙伴关系，有些是朋友或老同学。他们属于中等工作阶层，有销售员、技术人员、公司职员、教师，也有主管、店主。各组谈话氛围轻松，谈论的话题多样化，基本上围绕着朋友、家人、工作、生活、美食、旅游、闲暇娱乐等主题。

每一组的成员基本上都来自相同的地区，除了第10组。第10组的录音在吉隆坡进行，但是四位女性说话者其实来自不同地方，10A来自柔佛东甲小镇，10B是吉隆坡当地人，10C来自雪兰莪巴生，而10D来自霹雳州北部。其他九组的成员年龄都很接近，唯第10组四人的年龄差距最大，最年轻的是10B，25岁，而最年长的是10A，50岁。虽然如此，若将她们四人的语言混码数据与其他九组相比，大致上并没有特别不同之处。这初步反映了语码混用是21世纪初这个时期以及中青年这个年龄层华人语用的普遍现象。

除了说话者的背景，表1也列出华语在各谈话中所占的概率，最低是68.98%（在沙捞越州诗巫的第4组），而最高是95.88%（在马来半岛霹雳太平的第6组）。另外华语比率偏低的一组是在玻璃市的第1组，69.16%。其余各组都在90%左右，10组平均87.69%。华语偏高的比率说明了谈话者普遍上都是用华语进行谈话。

另外，表1也列出了在每一组所混用的其他语言种类和比率。在这里需要先说明的是，由于这次采集的录音数量有限，而且受到当地主要语言群、谈话者的语言教育背景等内部和外部条件限制，这份报告里的发现并不能推断马来西亚华人整体的语码混用，而只能提供几个案例的大概情况。

若逐一察看每一组混用的语言，那么从混用的语言种类来看，明显可见，英语、马来语和闽南话是最多组混用的语言。这三种语言并排第一，一共10组混用这三种语言。除了华语之外，英语、马来语和闽南话是每一组都混用的语言。广东话则排第二，一共9组混用广东方言；客家话和福州话排第三和第四，前者有两组，而后者只有一组采用。

英语的混用率一般介于1.44%到8.34%，10组平均4.49%。马来语的混用率一般介于0.10%到1.00%，10组平均0.45%。混用最多英语的是第2组吉打的4位25～30岁年轻男士，8.34%；另外英语混用率也相当高的是第10组来自不同地方的4位女士，英语混用率是7.59%；还有第9组在巴生的3位女士，英语混用率是7.34%。这3组都是工作人士，是行政人员、书记或教练。

与英语相比，虽然同样都有10组混用马来语，但是马来语的混用率比英语低得多。一般有关政府行政相关的地名、路名、建筑名称、马来传统食物，华人多直接采用马来原名，将之混用在华语中。

从混用的语言种类可见，英语和马来语在马来西亚华人族群中非常普及。马来语作为马来西亚国语，是学校里必修、必考的语言，也是华人与当地其他族群的主要沟通用语，而英语是马来西亚当地的主要第二语言。英语和马来语偏高的混用率反映了这些谈话者对这两种语言的接受程度相当高。

在华人方言方面，一共10组混用闽南话，9组混用广东话，两组掺杂客家话，还有一组掺杂福州话。华人方言的混用与闲聊材料采集地点可能相关。除了吉隆坡和诗巫，其他的地点基本上是闽南话为主的地区。吉隆坡以广东人占多数，而诗巫以福州人最多。在闽南语流行的地区采集材料，可能是造成闽南话混用偏高的原因。

闽南话的混用率一般介于0.03%到2.24%，10组平均3.94%。混用最多闽南话的是第1组玻璃市的四位女士，高达28.34%，混用率非常高。除了社会环境和语言群的外部因素，他们的工作环境和语言习惯相信也是因素之一。第9组巴生的3位女士混用闽南话也比较多，达6.27%。闽南话是英语之外，中青年华人经常混用在华语口语中的华人方言。

广东话的混用率一般介于0.06%到2.24%之间，是闽南话之外经常混用在华语中的华人方言。在这次调查中，唯一没有混用广东话的是在诗巫的第4组。广东话在沙捞越诗巫并不如福州话普及。

客家话的混用率不高，在0.60%至0.69%之间。客家话只出现在都是在加影（第3组和第8组）的两组男女青年的谈话中。虽然太平也有不少客家人，可是在太平第6组的3位27岁左右的青年女子并没有混用客家话。

福州话的混用率最低，只有一组，即在诗巫的第4组中出现，这反映了福州话的使用区域比较集中，福州话不是每个华人都懂得的方言。虽然如此，福州话在这组的谈话中占26.11%，这个比率非常高，说明了诗巫华人普遍会说福州话的情况。

从语言数量来看，每一组的当地语言数量没有一个规定，但是都在4种到5种语言之间。一般的推断是，混用的当地语言数量多、比率高，所反映的当地色彩就比较强。譬如，在加影的第8组，两女一男，年龄25岁和30岁，除了一人是学生，另两人是摄影师和销售员。三人在谈论男女朋友、疾病和鬼故事时，混用多达5种其他语言，即英语（4.77%）、广东话（0.83%）、闽南话（0.05%）、客家话（0.69%），还有马来语（0.10%）。短短20分钟的谈话，就糅合了6种语言。虽然华语是主要语言，占93.55%，其他语言只占6.45%，不过六种语言不时交叉显得特别突兀，让人一听就知道是国外有当地色彩的华语。

四、马来西亚华语中的当地语言成分实例

以下部分提出华语中掺杂当地语言的例子，摘自十组录音的转录。这些例子分成两大类：第一类是分别带英语、马来语、闽南话、广东话、客家话和福州话的华语转录例子；第二类是带两种或三种当地语言色彩的华语转录例子。

（一）华语与其他语言的混用

在十组华语谈话录音中，不时听到非华语的词汇或短语。这些非华语都是谈话者熟悉的当地语言。以下抽选出现英语、马来语、闽南话、广东话、客家话和福州话的话语，让实例自然清楚地解释当地语言在华语中的混用情况。

1.掺杂英语

在沙捞越古晋，第7组的7C（男，27岁，公务员）在谈到电脑游戏时，说了几个英语词：Search game（意思：搜索游戏）、Top（意思：上面）、Bottom（意思：下面）、Garena（意思：Garena是一个数字娱乐平台，在东南亚和中国台湾开发和发布电脑在线游戏和移动数字内容）、Create game（意思：开发游戏）。7A（男，31岁，公司职员）在回应的时候，也一样采用Garena英文原名。值得注意的是，7C在表达相同的词语时，都混用相同的英语词语。例2中的Garena、Search-game和Bottom就是很好的证明，而这些都是电脑游戏的术语。

例2：

7C：而且哦，好像你们两个Search game，跟我Search game哦，我在Top的话，你在Bottom，我们很难遇到，遇到在一起，虽然电脑在一起，很少，除非你玩，玩那Garena啦，你Create game，我去Bottom。

7A：Garena不好玩，过时了！

2.掺杂马来语

在吉打，第2组的2C（男，26岁，软件发展员）在谈到去怡保游玩和当地美食的时候，混用了马来文goreng pisang，goreng是"炸"，pisang是"香蕉"，

意思是"炸香蕉",见例3。炸香蕉是马来族的小吃,将香蕉剥皮,将果肉蘸面糊,放进热油中炸,便宜又好吃。马来原文应该是pisang goreng,死译成"香蕉炸",但是许多华人都说依照华语文法,说成goreng pisang,刚好符合华语文法"炸""香蕉"。2C在同一句子中,先用广东话说了怡保著名的粤式菜肴"芽菜鸡"(涮豆芽和白斩鸡),再用马来语说马来常见小吃"炸香蕉",都还原了食物在原语的原名。

例3:

2D:Ipoh(马来语:怡保,地名,即霹雳州华人聚居的城镇)有什么东西好吃?

2A:很多啊!

2D:每次去都没有什么。

2C:nga choi gai(广东话:芽菜鸡,马来西亚粤式菜肴),goreng pisang(马来语:炸香蕉)。

3.掺杂广东话

在例4,在加影的第3组谈论他们的朋友,阿良的桃花运。3A(女,26岁,编辑)以广东话"货"指阿良的女朋友。在广东话中,"货"带贬义,把女子当货色来看待,表明这些男女关系只是逢场作戏,并不认真。3C(男,26岁,修车员)也一样以"货"指阿良的女友,而且问是哪一个,隐喻阿良的女朋友并不止一个。果然,3D(男,26岁,修车员)迫不及待的反应,阿良那么多女朋友,到底3A问的是哪一个。3A以广东话指明那个已有家庭的"有夫之妇",提高了戏谑之意。

例4:

3A:哎,他的four(广东话:货,贬称女朋友)叫什么名了啊?

3C:他的four(广东话:货,贬称女朋友)?哪一个?

3D:这样多个!很多个哦!

3A:最新那个you fu ji fu(广东话:有夫之妇)啦!

4.掺杂闽南语

在例5,在玻璃市,第1组的1B(女,28岁,店员)为两个小女儿的前景操心。她希望以后她女儿可以念医科,考妇产科专业。她以闽南话开头,pat dao,意思是"以后,将来"。1C(女,25岁,店员)马上就以闽南话斥责1B像疯了一样,没好好想,把女儿逼得太紧了,因为1C认为念医科太难了。1A(女,30

岁，店主）没意见，认为念妇产科，以后就当医生，社会地位高，是很好的职业。她也像1B一样，以闽南话开头，liao ma，意思是"然后，就"。1B先以英文yes强力赞同1A。1B还补充说，妇产科是赚钱的职业，"因为每个人都会生孩子"，永远有顾客，是"不会断的生意"。她又混用了两小句闽南话，diam khua lang se khia，意思是"一直看顾人们生孩子"，以及wu lui，意思是"有钱"，好生计。1D（女，26岁，书记）并不苟同1B的想法，她以闽南话打趣地说，看别人生看得太多了，各种生产的血淋淋画面恐怕留下阴影，自己反而不敢生小孩。短短五个话轮，四位女士都说了话，每个人都混用了闽南话。有的是一整句，如1C和1D。有的是一小句，如1B，或者是句首一小部分而已，如1B和1A。

例5：

1B：Pat dao（闽南话：以后，将来）我的两个女儿不知道要读什么，我叫她读妇产科。

1C：Ki siao ar.（闽南话：发疯吗？）

1A：Liao ma（闽南话：然后，就）做医生。

1B：Yes（英语：对），妇产科diam khua lang se khia（一直看顾人们生孩子），永远wu lui（闽南话：有钱），不能断的这样的生意，哦，因为每个人一定有生的嘛！

1D：ka ki sua em gar se（闽南话：自己反而不敢生）。

5.掺杂客家话

在例6，在吉隆坡附近的加影，第8组的8C（男，30岁，销售员）向另两人投诉他背部的问题，往往早上起身感到僵硬，转不了身。他以英语okay来开始他的话，以拿到话轮。提到背部僵硬干扰时，他以英文stiff强调"僵硬"的情况。过后，他混用一句客家话："所以要帮我刮痧咯！"可能就是摘自中医师的话，而那中医师或许就是跟他说客家话。

例6：

18C：Okay，后面有点stiff，因为很硬。哈哈哈哈。suo yi oi bong ngai guat salo（客家话：所以要帮我刮痧咯！）。

6.掺杂福州话

在马来西亚半岛，福州话不如广东话和闽南话普及。但是，在东马，特别是诗巫，福州话是当地的主要方言。在例7，在诗巫的第4组4A（女，26岁，销售员）就在华语之前，先说了一小句福州话。与其他例子不同的是，混用福州话的部分一般都比较长，超越一个词语。4A告诉其他人，她没在电话里下载游戏，没有新的游戏。这部分是用福州话说的，强调她没玩手机游戏。虽然手机里有一些游戏，可是不是她下载的，而是她弟弟以前弄的。估计她的手机是她弟弟的旧电话，现在让她使用了。值得注意的是，4A提到电脑术语"下载"，她是混用英语download来表达的。

例7：

4A：ngui dian wa dei se na zuan nie nia，mo lor（福州话：我电话最多只有这样而已，没有了），而且那些东西还是我弟弟download（英语：下载）下来的，不是我的，没有了，就这样。

（二）混用的语言数量和种类

掺杂当地语言的词汇或短句是马来西亚华语的特色。许多掺杂形式是一种语言的嵌入，如以上例1到例7。但是也有一些时候，说话者在一个话语中掺杂两种甚至三种语言。以下列出话语中有两种或三种语言的话语例子。

1.两种语言

在例8，第2组的2B（男，26岁，业务发展员）和2C（男，26岁，软件发展员）谈论在旅游景点吃美食最令人感到厌烦的事。2C引用另一朋友的经验分享，通常排队花上40分钟是很普遍的事。2C混用了英语standard来强调排队时间的一般标准就是那么久。2B建议他找当地导游，因为导游比较清楚如何安排寻吃的行程才不会浪费太多时间。2B先混用了马来语（Ipoh），再混用英语（tour guide），接着又混用马来语（agak‐agak）。短短一句话中，2B就在华语中掺杂两种语言——马来语和英语。从2C到2B，一人一句连续两句话，每一句都混用其他语言。单2B一句话，就混用了三个其他语言的词语。

例8：

2C：他讲排个40分钟是很standard（英语：标准、典型的）的。

2B：酱紫（华语：这样子）啦，如果你要去Ipoh（马来语：怡保，地名，即霹雳州华人聚居的城镇）哦，你一定要找一个tour guide（英语：导游），找一个人带你去吃那些好吃的，因为他知道那个时间是agak‐agak（马来语：大概）怎样的嘛！

2.三种语言

在十组谈话中，可以找到掺杂三种语言的例子。在吉隆坡的第10组谈话中，来自不同地方的四位女书记在餐馆里点一些菜吃。10A（女，50岁，书记）用华语向另外三人投诉她上回吃午餐时点菜，不但吃不饱还出了错。在例9，她描述，当时她点了一些配菜，即蔬菜、米饭、炸薯条和玉米。前三种配菜，她混用英语说vege、rice、French fries；最后一种配菜，她混用马来话，说jagung。后来，上菜了，她混用广东话，提到鸡胸肉。因此，她在一轮说话中就混用了三种语言。不但如此，混用语言并不限于一次，可能超过两次。譬如，除了vege、rice、French fries，10A也说quarter，还有英语名字，Diana。

例9：

10A：就是vege（英语：vegetable，蔬菜）、rice（英语：米饭，很可能是炒饭）、French fries（英语：炸薯条）、jagung（马来语：玉米）那些，每个人有两个。可是你们的Diana（英语：人名，女性）就说什么，我们女孩子吃很少的，一人quarter（英语：四分之一份，指整只鸡的四分之一）就好，这样咯，所以就弄错了咯。我们的先给你们Babyland（英语：贬称那些犹如小孩子的年轻人）拿咯，这样咯。最后来就整碟，是全部gai hong yok（广东话：鸡胸肉）一块块，Nana（马来语：人名，女性）吃到一块，阿琪吃到一块，那个又吃到一块，就……

结　语

本文在马来西亚10个不同地点，收集了10份华人以华语闲聊的录音，简单地从语言种类和数量两个主要角度，探讨谈话中出现的非华语元素，确认语码混用的现象。

纵观10份谈话语料，可以发现一个共同点，即每一组在使用华语谈话时，都混杂其他语言。没有一份语料从一开始到结束就只说华语，唯每组华语的纯度并不一致。混用得最多的是英语、马来语和闽南话。其他语言如广东话、客家话或福州话则不规则地出现在一些谈话中。一句话中可能混用一种到三种华语之外的语言，包括华人籍贯方言。这些语言都是马来西亚非常普遍的语言。因此，华语中的当地语言色彩是相当明显的，这也造成华语与普通话有所不同。

"二战"前新西兰的华人政策及其影响

夏玉清[①]

(云南师范大学 云南昆明 650050)

华人真正开始移民新西兰是在晚清政府与列强签订《北京条约》之后的1866年。当华人进入新西兰后随即引起当地社会对华人议题的广泛讨论。1881年，新西兰政府在综合考虑各种利益之下针对华人制定了第一部华人移民法案。随着华人移民进程的推进，新西兰政府根据政治经济状况而相应出台或修改华人政策，形成一整套管理和控制华人移民的体系。新西兰政府根据有关条例来实现对华人社会的统治和管理，内容涵盖华人社会各个方面。在这种排斥华人政策的主导下，新西兰华人社会相应产生了变化。概言之，新西兰政府华人政策的实施对华人社会形成和发展产生了深刻影响。

一、中国人的移入和华人问题的产生

第一批有组织移往新西兰的12名华人在1866年2月抵达奥塔哥，他们主要来自澳大利亚的维多利亚金矿区。[②]在此之前，1853年爱德华·吉本·韦克菲尔德领导的新西兰公司就在惠灵顿召开会议，讨论引进华人劳工以填补有些地区劳动力缺乏问题，只因后来遭到反对而不得不放弃。[③]这段时间，华人在新西兰的人数微乎其微，几乎可以忽略不计。但此后情况发生了变化。截至1881年，华

[①] 夏玉清，山东省济宁市人，历史学博士，副教授，云南师范大学华文学院华侨华人研究所副所长，研究方向：华侨华人。
[②] Tan, Chee Beng. *Chinese transnational networks*（London: Routledge, 2007）, p.154.
[③] Stuart, Peter Alan. *Edward Gibbon Wakefield in New Zealand: His Political Career*, 1853-4. Wellington.

人人数达到了5033人。① 新西兰华人社会雏形隐约可见。然而，华人的不断发展最终引起了当地社会的广泛讨论。无论是政府当局还是主流社会都将华人视为问题，只是民间和政府关注视角有所不同而已。

英国自1840年与毛利人签署《怀唐伊条约》后，正式开始对新西兰进行统治。到1853年，英国在新西兰成立代议制政府，以加强管理和开发新西兰。此时新西兰政府华人政策是大英帝国殖民统治的一环。英国的政策是要把新西兰创造成为一个"更公平的南太平洋英国"，华人移民则可以为其实现目标提供支持。但是，当华人在新西兰迅速增长时，英国政府深感不安。1878年，英国决定与美国合作，共同限制华人移民。② 同属英帝国的澳大利亚排华暗流早已涌动，并专门在墨尔本组织召开太平洋会议，讨论殖民地的"华人问题"③。英属殖民地的华人政策与国际排华运动交织在一起。这为新西兰社会主张排华政策的人提供了口实。

新西兰政府在未拟定排华政策之前，当局对华人议题进行了激烈辩论，并形成了以下三种观点：其一，主张急剧排华的议员们认为，政府不应该等到新西兰形成与加利福尼亚、旧金山、夏威夷等地同等华人规模时才开始面对。他们敦促政府应该马上采取措施阻止华人涌入。议员里弗斯甚至说，如果政府不能采取一些措施来加强实施人头税，他会自己想方设法单独行动。④ 这些人辩称道：他们并不把人数如此之少的华人视为巨恶，只是害怕演变成大规模华人涌入新西兰，所以才极力推动排华法案。⑤ 其二，主张走中间路线的官员则认为应该在排华政策和新西兰利益之间寻找平衡。1878年，巴兰斯勋爵在给惠灵顿公众集会的信件中谈到：华工与奴隶贸易无异，都是建立在资本家剥削劳动力的基础上。如果政府不能保障所有阶级平等取得财富和机会，不限制华人移民将会成为一场国家灾难。因此，主张通过立法来满足新西兰对华人的需要，同时通过禁运、征收人头税等方式对新西兰"不需要"的华人加以拒绝。⑥ 其三，不主张设立任何排斥华人移民门槛的人，则认为：那些视华人为洪水猛兽的人，

---

① "Results of the Census", *Poverty Bay Herald*, January 12, 1883.
② "Suppression of Chinese Immigration", *Auckland Star*, April 20, 1878.
③ "Conference on the Chinese Question", *Waikato Times*, September 11, 1880.
④ "Parliamentary", *Thames Star*, August 23, 1878.
⑤ "Capt. Russell on Chinese Immigration", *Hawke's Bay Herald*, August 30, 1879.
⑥ "The Hon J. Ballence on the Chinese Qestion", *Wanganui Herald*, December 21, 1878.

夸大了华人对新西兰的负面影响，指出华人在这片土地上发挥了积极作用。[1]他们认为限制华人移民完全没有依据。排华不仅与英国自身所秉持的政治理念相抵触，亦不利于新西兰社会发展。况且，华人在客观上根本不具备威胁新西兰社会的任何条件。随着时间的推移，此类主张也被淹没在排华浪潮之中了，主张限制华人移民的观点占了上风。激进派与温和派的差别只是要在多大程度上限制或排斥华人。这种政治上的争执并非空穴来风。有证据表明部分议员早期曾在矿区寻求华工的选票支持。[2]而后来选举过程中议员们对华人议题的表态纷纷转向排斥或抵制，也与当时新西兰政治生态有很大关系。

在1881年以前，新西兰所谓的"华人问题"是国际环境、国内政治经济状况以及移民状况交互作用的结果。其中，新西兰政治经济发展情况最为关键。经济上，资本主义发展对廉价劳动力的需求与国内劳动力偏少之矛盾，引发了工商业者同劳工阶层的矛盾。移民本可以缓和二者之间的矛盾，但是华工出国的贸易性质决定了二者矛盾无法弥合。华人成了劳工阶层对富人阶层说不的替罪羔羊。政治上，代议制政府渴望从劳工阶层获取选票，政府对华人议题的节制被劳工阶层的狂热淹没，抛弃了英国与晚清政府所签订的华工协议。华人形象被塑造了出来，并为确立排华政策制造口实。尽管华人注意到情势的不妙，但发出的声音毕竟微弱，不足以撼动新西兰社会的狂热与偏执。

二、移民限制政策对华人社会的影响

新西兰排斥华人移民政策始于1881年，国会三度通过《华人移民法案（1881）》。该法案规定：任何到达新西兰的船舶，如果船上华人人数超过每10吨一位华人的比例，船主、租船人等将被起诉，不过每位超额华人罚款不能超过10镑。[3]当时有议员提出，该法案只有在华人人口达到欧洲人口2%时才能执行，但结果遭到否决。[4]显示出新西兰社会推行排华政策的迫不及待。这是新西兰政府第一次立法限制华人移民，人头税成为政策的主要内容。在确立限制华人移民的政策基调后，各类配套法令也着手修改和制定。1882年，新西兰通过所谓的限制低能乘客法案。此项法案虽未直接针对华人移民，但是将移民是否

---

[1] "House of Representatives", *Evening Post*, August 23, 1878.
[2] New Zealand. Parliamentary debates. *Wellington: Govt. Printer*, 1871, p. 407.
[3] New Zealand, New Zealand Statutes, *Wellington: Govt. Printer*, 1881, p. 301.
[4] "Legislative Council", *Daily Telegraph*, July 6, 1881.

存在缺陷的责任加诸进行华工贸易的船主身上。1888年，新西兰国会对1881年的华人移民法案进行修订。将原先的每人/10吨降到每人/100吨的比例，对相关人违反规定的处罚程度大大加强，如不接受惩罚则面临牢狱之灾。①修订后的法案相比之前更为严厉。与华人移民人数增长同步，各类法令条文对华人移民的掣肘愈强。1890年，新西兰政府中止移民亲属的特殊照顾，进一步缩窄华人潜在移民的渠道。1896年的华人移民法案再次增加压力，将人头税提高到100镑，将华人移民的数量限制在每200吨一人的比例。②这个阶段，新西兰政府不仅专门针对华人制定移民政策，还有就亚裔移民制定相关的法令。这些移民法令往往同华人移民法双管齐下、相互协调，以最大限度限制华人移民。

如果说1907年以前新西兰主要采取直接措施限制华人移民的话，那么此后新西兰对华人移民的限制则更为隐蔽和灵活。1907年，新西兰再次修订华人移民法案，此次法案规定：任何前往新西兰的华人，如果不能证明能够阅读100个英文单词，那么将被视为非法移民。③逃避测试的华人将被处以12个月监禁，而将华人带入新西兰的轮船公司将要被罚款50镑。④政府认为，通过增加人头税限制华人移民已经失效。因为华工可以通过雇主来支付这笔费用，从而使华工滞留时间延长。⑤通过教育测试则可以将大多数华工阻挡在新西兰国门之外。此后，新西兰政府未再就华人移民直接拟定相关政策，而是制定相关移民政策时加以统筹考虑。随着"一战"的结束，大量军人回国复员，与华人的矛盾又再次激化。1919年的《排斥不良移民法案》虽只字未提华人，但在第五条款规定司法部有权驱逐任何"不良移民"⑥，其用意不言自明。此条款虽遭到少数议员反对，最终还是三度通过。同时，新西兰政府在移民问题上试图寻找某种平衡。1920年的移民限制法修正案中反映了这一点。它一方面放宽英帝国臣民及其后裔自由出入新西兰的条件；另一方面又不断收紧华人等其他民族出入新西兰的权利。⑦20世纪30年代后新西兰华人移民政策开始有所改变。自1934年开始

---

① New Zealand, *New Zealand Statutes*, （Wellington：Govt. Printer，1888）, pp. 123–124.
② New Zealand, *New Zealand Statutes*, （Wellington：Govt. Printer，1896）, p. 43.
③ "The Chinese Immigrant", *Wanganui Herald*, November 14, 1907.
④ "The Chinaman Restrictions on Immigration", *Evening Post*, November 14, 1907.
⑤ Campbell and Persia Crawford, *Chinese coolie emigration to countries within the British Empire* (London：P. S. King & Son Ltd), 1923, p. 83.
⑥ New Zealand, *New Zealand Statutes*, （Wellington：Govt. Printer，1919）, p. 161.
⑦ New Zealand, *New Zealand Statutes*, （Wellington：Govt. Printer，1920）, p. 78.

新西兰不再收取华人人头税。这个阶段的华人移民政策与1907年之前的相比，不再是赤裸裸的排斥，转而采取虚伪、粉饰的方式来限制华人移民。

从社会规模上看，新西兰华人社会较小。在这段时期内，华人人口不断减少，从1881年的5033人到1936年的2943人，最少的时候只有2147人。[1]政策执行上往往较政策预定目标走得更远，因而对华人社会造成了持久压制。具体来讲，新西兰是通过一系列方式来实现抑制华人人口增长。关于华人女性移民，1904年，有人向教会委员会写信鼓励华人妻子移民新西兰。认为这有助于华人家庭生活，提升华人及其他民族的道德水准。[2]但政府从未考虑这一问题。相反，一旦发现不符合法律规定的华人妇女移民就立刻提起诉讼，审判的结果通常是该女子连同其丈夫被处以罚款。[3]加之，此时华人大多是下层人民，上缴人头税或是通过语言测试，对他们来说都是不堪之重。有些华人为了移民新西兰选择偷渡方式，以逃避人头税或语言测试。法令规定那些帮助华人移民进行偷渡的人将一同被处予巨额罚款。[4]被抓捕之后则立即被遣送回中国。那些通过正常途径移民的华人则大部分无法通过语言测试。即使侥幸取得移民资格，如果超过期限也难逃被遣送的噩运。可想而知，华人人数在此种政策下很难获得增长。

三、新西兰华人经济状况影响

从社会经济状况来看，华人政策对新西兰华人经济产生了很大影响。新西兰社会对华人的主要反对意见主要源于经济方面。[5]政府出台的相关法律条文并不多，但对华人经济产生的实际影响则是深刻的、全面的。这种影响既涵盖了早先华人主要从事的金矿行业，也囊括了华人后来广泛发展的种植业、洗衣业、家具业、零售业等诸多领域。

在经济领域，华人主要从事金矿开采。从1878年的数据来看，人数为4433人（其中女性9人），他们当中的大部分（3397人）都是从事与金矿开采有关的

---

[1] Ronald Skeldon, *Reluctant Exiles: Migration from Hong Kong and the New Overseas Chinese* (Hong Kong: Hong Kong University Press), 1994, p.218.
[2] "A Perilous Proposal an Open Door for Chinese Women", *New Zealand Free Lance*, December 3, 1904.
[3] "Chinese Appeal Fails", *Evening Post*, September 14, 1916.
[4] "Two Chinese Fined", *Marlborough Express*, May 3, 1919.
[5] "The Chinese Problem", *Ellesmere Guardian*, June 28, 1927.

职业。①对于华人的到来与欧洲矿工之间的竞争，民众认为：这将使欧洲矿工必须降低自己的薪资，才能取得与华人同等的竞争力，这对欧洲矿工来说是不公平的。②此种论调只看到华人劳动力低廉导致劳工竞争加剧，却无视矿主们贪婪地剥削华人劳动力。不仅如此，他们还指控华人移民带来了疫病，是一类需要"被检疫"的人，③将肮脏、丑陋、野蛮等各种标签强加给华人移民。虽然华人从事金矿开采的人数很多，但华人在整个新西兰金矿生产量所占的份额并不大，主要份额都掌握在新西兰国家银行、新南威尔士银行等机构手中。但新西兰社会指责华人藏金运金之声却此起彼伏。1915年，新西兰总理曾亲自向公众解释此类谣言不足为据，④但最终还是没有成功说服公众。排华政策对华人淘金行业的冲击，成为华人职业结构转变的重要原因。

在水果零售业中，华人带给当地水果商的竞争压力相当大。欧洲人水果零售商在惠灵顿、奥克兰及基督城等地召开会议商讨如何应对华人竞争，通常会议结果都将政府视为问题的症结。他们督促政府应该认真考虑阻止华人对果蔬零售行业的垄断，并指责政府对此不闻不问。⑤而新西兰政府对此不予回应的态度，客观上助长了他们对华人果蔬零售商的无端指责。在家具行业，政府的态度则有所不同。1913年，来自新西兰家具行业企业主与劳工代表团的压力，使得总理表态他将尽他所能来阻止华人经济的拓展。他认为"亚裔工人不应该被允许与本地劳工进行竞争，这对新西兰人民和贸易来说都是一种伤害"⑥。在贸易领域，1921年当新西兰家畜联盟要求彻查华人从中国进口的鸡蛋质量时，政府不顾国内鸡蛋供给的不足，依然有意停止从中国进口鸡蛋。⑦新西兰对华人经济的排挤，损害了从事两地贸易的华商利益，也影响了两地贸易的发展。以上事实表明：新西兰政府在面对华人经济与其国内经济竞争之时，基本上采取保护国内经济的态度。但具体到各个行业时则又有所区别，对华人经济的影响程度则略有差异。生产性行业和零售业比贸易行业的冲突更激烈，而华工阶层受

---

① "John Chinaman's Occupations", *Poverty Bay Herald*, April 16, 1880.
② "The Chinese on the Goldfields", *Otago Daily Times*, February 14, 1868.
③ "The Quarantined Chinaman", *West Coast Times*, April 19, 1877.
④ "Chinese Hoarding Gold", *Poverty Bay Herald*, June 15, 1915.
⑤ "A Chinese Monopoly", *Ohinemuri Gazette*, May 27, 1908.
⑥ "The Chinese and The Furniture Trade", *Press*, August 6, 1913.
⑦ "Egg-Pulp Question", *Evening Post*, March 26, 1921.

到的冲击较华商阶层亦来得大。

可以说，新西兰社会对华人的观感呈现出一种矛盾心态，在"华人必须离开"与"华人不必离开"之间徘徊。大多数劳工阶层认为必须赶走华人。这种排华情绪当中还夹杂着阶级反抗的特点，他们号召劳工阶层要对富人们说不。[①]相反，多半的地主和工商业者则不赞成华人离开新西兰，他们认为盎格鲁-撒克逊精神不会因为华人的到来而毁灭，况且华人对新西兰经济发展的价值显而易见，因此劝导人们不必恐惧。[②]这种心态上的矛盾正是新西兰社会阶级矛盾的反映。令人遗憾的是，华人却成为劳工阶级与资产阶级矛盾的替罪羊。对立情绪随着事态发展演变为实际冲突。白人劳工阶层率先行动。1879年，旅馆和饭店工人组织了一个大型会议，讨论采取措施阻止饭店和旅馆大规模雇用华人，号召公众抵制那些雇用华人的饭店和旅馆。[③]随后成立的反华团体不断增多。他们组织会议公开讨论反对华人措施，并向政府施加压力。而政府的态度亦发生了变化，对华人与其他种族纠纷往往采取偏袒态度，导致针对华人的犯罪活动急剧增加。政府在某种程度上被劳工阶层的偏狭绑架。尽管华人社会提醒政府应该"给予华人公正和平等"[④]，并向公众说明华人并不是他们想象的那样。

四、阻碍与限制华人融入当地社会

族群政策是新西兰排华政策的组成部分，其核心是建立一个"白色新西兰"国度。它主要通过阻隔华人与当地民族的社会经济交往来实现。随着华人从金矿行业向园艺业、洗衣业发展，毛利人和白人妇女开始受雇于华人业主，华人因此与毛利人、白人等土著民族通婚慢慢多了起来，尤以与毛利人通婚为多。但是，这种结合在政府眼里是"不幸"的，所以他们觉得有必要采取"保护"措施来阻止这种趋势。[⑤]例如，1921年新西兰政府就下令禁止华人在萨摩亚岛与当地民族结婚，若违反规定将被严厉处罚。[⑥]华人与当地民族社会经济交往的扩大本来是正常现象，但是新西兰政府对华人的忧虑阻止了民族融合发展态

---

① "The Chinaman Must Go"，*Auckland Star*，December 11，1878.
② "The Chinaman Needn't Go"，*Auckland Star*，December 12，1878.
③ "The 'Yellow Agony' in New Zealand"，*Poverty Bay Herald*，October 3，1879.
④ "A Chinaman's Complaint"，*West Coast Times*，May 8，1876.
⑤ "Asiatic Menace"，*Evening Post*，July 13，1929.
⑥ New Zealand，*New Zealand Statutes*，（Wellington：Govt. Printer，1921），p.88.

势，挑起了华人与当地民族的冲突。讽刺的是，虽然毛利人和华人都被白人种族主义者视为劣等民族，但是他们在炫耀对毛利人的同化能力时却高喊着建设"白色新西兰"的口号。[1]显然，这样的族群政策无益于新西兰各民族之间的交往与融合。

政府排华政策致使华人与当地民族的关系呈现出冲突与融合并存的状态。由于华人人口男女比例极不平衡，华人男性只能选择同其他民族通婚。新西兰政府不仅不承认华人与白人的结合，还对华人与毛利人、萨摩亚人之间的通婚横加干预。为了阻止华人与萨摩亚人通婚，政府曾考虑允许华人妻子来到新西兰，但是又因担心遭遇来自工党的反对而搁浅。[2]在经济往来方面，在洗衣业、园艺业等行业，华人雇用当地人比较普遍。被雇用的一般是白人或毛利人的女性，华人与白人、毛利人通婚随之增多。众议院就此开始讨论如何"保护"这些女性，进而采取立法否定此类雇佣关系。[3]排华政策还纵容了其他族群对华人的攻击。1905年，一名叫作莱昂内尔·特里的英裔男子利用当时政府排华政策的倾向在海宁街杀害了一名华人，但此人最终却以精神病被判处终身监禁。[4]而排华势力一直同情他，并于1911年在新西兰各地请愿释放莱昂内尔·特里。鉴于此，华人通过惠灵顿中国领事馆向新西兰总理表达希望政府不要受外界干扰而释放他。[5]政府虽然没有最终释放他，但是也没有判处应受的刑罚。政府采取纵容、暧昧的态度处理此类案件，对华人与当地民族关系的影响甚为恶劣。新西兰政府华人政策对当地民族关系危害颇重，阻隔了华人与当地民族的正常交往，加剧了华人处境的艰难。

五、新西兰华人的认同分化

新西兰社会对华人的斥责之一就是华人不能归顺，然而此时政府在归化政策上却千方百计阻挠华人融入主流社会。这也印证了新西兰排华政策的理由

---

[1] Ip, Manying, Unfolding History, Evolving Identity: The Chinese in New Zealand, (Auckland: Auckland University Press, 2003), p.110.
[2] "No Pleasing Them", Ohinemuri Gazette, September 29, 1920.
[3] "To Protect Maori Girls", Evening Post, July 19, 1929.
[4] Bronwyn Sell, Law Breakers and Mischief Makers: 50 Notorious New Zealanders, (Auckland: Allen and Unwin, 2009), pp. 88-90.
[5] "Terry and The Chinaman", Poverty Bay Herald, July 8, 1911.

本身就是一个虚假的命题。1882年，新西兰议会通过的《外侨法修正案》中规定：入籍费用减至两先令六便士，唯独华人不能减。①到1896年，《限制亚裔法案》的出台标志着华人归化新西兰籍大门的关闭。因为，该法案明确规定任何华人都禁止归化，加入新西兰籍。在此情况之下，从1882年至1894年，入籍新西兰的移民总共3026个，华人只有298个。②排斥华人的归化政策效果由此可见一斑。1923年，当局又规定归化之人不仅要有良好的品质、具备丰富的英语知识，而且身体不能有任何残疾，所谓云云。华人入籍新西兰之可能还是微乎其微。此后，入籍之条件虽有所改变，但还是相当苛刻。

华人侨居当地被视为外国人，不能享受新西兰本国的福利待遇自是可以理解。但那些已经归化的华人照样不能享受任何福利则另当别论。早在1898年新西兰政府制定的《老年人退休金法案》中就规定：包括华人或其他亚裔，不管归化与否，该法案都不适用于他们。③为了达到排斥华人以及亚裔之目的，政府在1900年修改相关《老年人退休金法案》的相关条款，以便那些归化的欧裔移民获得老年退休金。④同样，1911年通过的《寡妇救济金》也把华人族群排除在外。而1913年、1926年的两次救济法案仍是维持以往规定。其实，华人不但不能享受此类福利法，还要背负损害新西兰本地居民福利的罪名。因为对华人占用公共福利资源的指责已经甚嚣尘上了。⑤总体而言，新西兰政府将华人排除在福利体系之外本身就是歧视，此种政策表明了新西兰政府是拒绝而非要求华人的认同。

政策上的歧视还延伸为文化上的恶意贬低，新西兰人总带着他者眼光戏谑华人的风俗习惯。在1870年7月奥塔哥举行的一场华人葬礼上，很多当地市民前往观看。在观看完华人葬礼整个流程后，市民们的好奇心得到了满足，并认为不能错过这样一个如此"快乐而庄严"的仪式。⑥虽不能说尽是贬低华人却也流露出几分轻蔑之意。此外，华人的宗教信仰、穿着打扮也都成了讥讽对象。不

---

① New Zealand, *New Zealand Statutes*, （Wellington: Govt. Printer, 1882）, p. 146.
② E.J.Von Dadelszen, *New Zealand Official Yearbook*, （Wellington: Dept. of Statistics, 1892）, p. 91.
③ New Zealand, *New Zealand Statutes*, （Wellington: Govt. Printer, 1898）, p. 58.
④ New Zealand, *New Zealand Statutes*, （Wellington: Govt. Printer, 1900）, p. 183.
⑤ "Chinese Labour Condemned", *Taranaki Harald*, September 11, 1905.
⑥ "A Chinese Funeral in Otago", *North Otago Times*, July 8, 1870.

过，新西兰社会还存有一丝理性声音。华人的遭遇令部分人士审视东西方文明交往心态。他们这样说道：基于人类拥有的共性，我们反对粗鲁地对待华人。我们不能横怒，因为这将给文明基督教国家蒙羞。①他们强调新西兰社会造成了华人目前处境的艰难，并驳斥了那些针对华人的指责。

受新西兰华人政策影响，华人认同呈现出"两极化"发展趋势。从当时历史条件来看，新西兰在法令中多次限制或禁止华人入籍，而晚清政府亦禁止华人加入新西兰国籍，华人的中国认同因此强化。而自新西兰排华政策确立以后，华人的处境不断恶化。在新西兰政府没有提供任何保护措施的情况下，华人多次通过新西兰政府表达希望设立领事馆的愿望。②晚清政府亦通过各种场合，表达对新西兰政府华人政策的不满，并派出考察团调查情况。经多番交涉，最终晚清在1908年设立领事馆。第一任驻惠林顿领事黄荣良到任后，即驳斥了"黄祸论"，"因为华人根本没有侵略意识，无意侵占其他民族的奶油和面包。同时，他还鼓励华社不用惧怕'黄祸论'的叫嚣"③。到1911年，驻新领事夏廷献坦言华人情况有所改善，华人与新西兰人感情更加融洽。④领事馆带领华人每年庆祝双十节、纪念"七七事变"等活动都增强了华人社会对中国的认同。与此同时，新西兰华人政策也促进了一部分人的认同转向当地。信仰基督教是华人适应当地社会的重要途径之一，华人借以改变自身"异教徒"的形象，努力寻求获得当地社会的认同。华人社会的领导层当中以信仰基督教者居多。与华人主动寻求中国认同相比，他们对当地的认同则带有被迫的意味。普遍弥漫的排华情绪让华人受到歧视排斥，使得他们不想当华人。⑤可以说，华人社会认同在新西兰排华政策背景之下开始裂变，自然的融合进程因此被扭曲。华人的中国认同虽然与民族主义思潮发展有关，但是新西兰华人政策是华人认同中国的重要推手，这一点则是无疑的。

六、结论与讨论

综观上述，新西兰政府的华人政策的最大特点在于其系统的法律体系。从

---

① "John Bull V John Chinaman"，*North Otago Times*，July 14，1871.
② "A Chinese Petition"，*Nelson Evening Mail*，March 15，1902.
③ "A Plea for The Chinese"，*Hawera & Normanby Star*，September 2，1909.
④ "The Yellow 'Peril'"，*Hawera & Normanby Star*，December 29，1911.
⑤ 杨汤城、丁身尊：《新西兰华侨史》，广东人民出版社，2001，第117页。

宏观层面上看，华人政策包括两个层面：其一，涉及华人移民方面的法律，力图从源头上阻止华人入境；其二，涉及当地华人社会事务方面，以加强控制和管理华人社会。从具体内容来看，主要有以下几个方面：从方式上看，新西兰政府排斥华人政策主要通过法律来确立；从阶段上看，新西兰华人政策经历了从赤裸裸排斥到虚伪、粉饰的发展过程；从内容上看，新西兰华人政策不仅包括移民源头方面，还包括对当地华人的控制和管理。总体上，新西兰华人政策呈现出由外而内、多面干预的特点。

在此背景下，新西兰华人的生存与发展尤为艰难。从1881年至1937年，新西兰华人政策不断调整，力求将华人驱逐出新西兰。相对于本土居民来说，华人人数其实微乎其微；与其他族裔移民相比较，华人明显是一个弱势移民群体。因华人移民人口数量少的缘故，新西兰华人的社会结构呈现出规模小的特点；华人经济受排华政策影响略有不同，生产性行业和商业较之于贸易领域所受到的影响较大，劳工阶层的处境较之于华商阶层更为艰难。华人融入新西兰本土的进程受阻使得华人认同中国的倾向逐步发展。族群关系也在此背景下呈现出冲突与融合并存的状态，华人与当地民族之间的紧张关系则是常态。在新西兰政府政策的影响下，华人社会的面貌发生了很大变化，新西兰华人社会因此形成了自身独具的特点、结构与形态。不过，这个时期成为新西兰华人社会发展的重要阶段，华人社会建构与整合的条件在此过程中日趋成熟，为华人社会日后的发展奠定了基础。

泰国勿洞华人社会的原乡文化探析

郑一省[①]

(广西民族大学　广西侨乡文化研究中心　广西南宁　530006)

一、泰国勿洞华人的来源及结构

勿洞属于泰国的也拉府,是泰国的最南端,也就是泰国南部,即常说的泰南地区。资料显示,勿洞总人口有6万左右,华人大约占一半,马来人和泰人等民族占一半。[②]据访谈,最开始勿洞主要是华人占多数,后来由于华人再次逐渐移居到泰国其他地方,如合艾、曼谷等地,致使当地的华人人口减少,而当地的马来人生育子孙没有节制,以及泰国其他地方的民族时有移居此地,故这些民族的人口数便逐渐接近华人的人口数。

在南洋,有所谓"客家人开埠,广府人旺埠,潮州人(福建人)占埠"的说法,而这些似乎在泰国勿洞也有所体现。勿洞的华人主要分为六大方言群,即广西人、客家人、潮州人、广府人、福建人和少部分海南人。按一般的说法,最先来到勿洞的是客家人,随后是广府人、福建人,其后是广西人,最后是潮州人。据访谈,在勿洞这五大方言群中,早期或现在从事种植的主要是客家籍华人和广西籍华人。客家人先从梅县等地乘船来到槟城,再行走到勿洞,寻找适合耕种的土地,先来到现在广西人耕种的地方,觉得那里土地比较贫瘠,于是深入更深的密林处开垦。一位卢姓的客家籍华人说道:

[①] 郑一省,博士,广西民族大学教授,博士生导师,广西侨乡文化研究中心主任,《八桂侨刊》主编,研究方向:华侨华人、东南亚民族和国际关系。
[②] 泰国勿洞市政府提供的资料。据《泰国勿洞八桂堂成立二十周年纪念特刊》载,"勿洞县为桂籍同乡最众的地方,全县人口约4万人,桂籍同乡即有七十波仙以上,誉诚为'广西村'"。(见邓深元:《勿洞八桂堂创立二十周年》)

"我的叔伯堂哥带着一群卢家人,我阿爸也跟着寻找地方开发,从马来亚来到勿洞地区,看见这里与家乡梅县西洋的条件一样,因为我们住在山顶的人,无所谓山高,所以向当地的政府申请了一万两千莱土地开垦,全部是我们卢家人,后来随着人口的增加,我们卢家的子孙又向密林深处开垦,再往里面就是由其他的华人开垦了。"[1]

客家籍华人至今还保存着一个名叫"祝发达"的,也叫sijiluo,即现在华人称呼的"四条(支)碑"(四公里)的村落(街区)。这个四条(支)碑,主要是客家人在公路两旁聚居,久而久之便成为一个公路两旁的(村落)街道或市集。

客家籍华人早期主要是以开发者姿态,即开垦芭场或种植橡胶、旱稻,或其他农作物为主。在客家籍华人所从事的种植经济稍有发展后,一部分有财产积累的客家籍华人便在逐渐建立起的勿洞地区开设商店,如开设药店、杂货店等。据调查,目前客家籍华人的后辈有许多人已经将其祖辈的芭场变卖,纷纷移居到泰国的其他地方生活,这既有当时马共的影响,也有觉得勿洞发展机会不大,便重新开拓其他地区。正因如此,客家籍华人在勿洞的种植园和街面上的商店逐渐减少,比如曾在勿洞药店占半壁江山的客家药店,只剩下同安堂等几家了,而一些种植园主的后代要么卖掉自己祖辈的胶园,要么将这些胶园让人代管。目前在勿洞的客家籍华人,有许多是老年人或留守儿童,而大多数年轻人则前往泰国其他地区谋生了。

勿洞的广府籍华人的先辈主要来自广东肇庆等,也就是现在的广府地区,他们从中国来到南洋大多是从新加坡上岸,然后来到马来亚开采锡矿。一位广肇会馆的理事长谈到勿洞的广府人时说道:

"勿洞有百多年的历史,我们广肇人到勿洞,刚开始是开锡矿的,是从新加坡上岸,向北一直到马来亚的霹雳州,来到马泰边界的地方开采锡矿,这里有锡矿带,像勿洞的整个山脉都有锡矿。郑佛生是我们广肇人的领袖,他是新兴县人。他带了很多同乡,坐船到新加坡来到勿洞开锡矿,那时是靠手工进行开采,所以开采锡矿很辛苦。郑佛生开锡矿发达后,就开始开发和建设勿洞。"[2]

据访谈,广府人郑佛生及其家族带了50多个新兴县的同乡来到泰国和马来亚交界的地方开锡矿,开锡矿赚钱后,便在勿洞进行建设,当时勿洞街面上除

---

[1] 2019年7月26日笔者在泰国勿洞与卢先生的访谈录。
[2] 2019年笔者在泰国勿洞广肇会馆与其理事长李先生的访谈录。

了马来人，基本上没有什么人。郑佛生家族在勿洞建立了一家"利生米店"，从也拉府的农民那里收购米卖给当地人。同时还在勿洞开了一家"利生药店"和一家"利生杂货店"。郑佛生家族带领广肇人开发了现在的大半个勿洞，如现在的观音寺、真空道堂、隧道，以及田径场等地方，都是郑佛生家族带领广肇人开发出来的。一条至今还存在的"新兴街"，以及一条"三哈路坦街"，便是广府人开发和使勿洞旺埠的例证。

勿洞广西籍华人的先辈早期来南洋，主要先登陆和开垦在马来亚。据说，广西人来到南洋主要从两个地方登陆，一是在新加坡登陆，后渡过柔佛海峡，进入柔佛州，现主要分布在柔佛州的古来、居銮、拉央拉央等地。二是从槟城登陆，从槟城登陆的广西人稍后为"开疆拓土"则沿着马来亚的霹雳州北上进入泰国的南部，最后到达勿洞。据泰国勿洞广西会馆三年庆祝特刊叙述：

"广西籍同胞在六七十年前从祖国南来泰国勿洞。勿洞在四十年代前是我属同胞大量定居的地方，我同胞几十年来胼手胝足栉风沐雨，几经艰辛，毅力坚强地创立了自己的家园，长期为这个边陲的重镇的繁荣贡献自己的力量。在勿洞所有的乡村和市内，广西人居多，故称勿洞为'广西村'是有史可据的。"[①]

据调查，广西籍华人目前从事的行业仍是以种植橡胶、榴梿等为主，也有一部分从事旅游、建筑和保险等行业。目前在泰国曼谷的封祖超，开始就是从事旅游业，问其为何从事旅游业，他说从事旅游业需要有一定的条件。当时也就是20世纪80—90年代，泰国逐渐开放，有许多来自中国台湾和香港地区，以及新加坡的华人游客到泰国旅游。由于"二战"后（1945—1955）泰国政府对泰华学校的取缔[②]，以及1955—1975年对泰国华文教育的限制，致使泰国的华文教育低迷，特别是导致20世纪50—70年代出生的泰国华人普遍华语欠缺，即不会华语。[③]而封祖超所在的勿洞，由于处于泰国的边陲，当地的华人人数较多和集中，泰国政府对当地华文教育的控制执行力度较弱，促使诸如封祖超这样的华人掌握了较好的中文，又由于当地华社流行"白话"（广东话），促使勿洞的广西籍华人凭借着这些语言优势，不少人参与旅游业。

---

① 泰国勿洞广西会馆编：《泰国勿洞广西会馆三年庆祝特刊》。
② 据学者统计，1946年底，暹罗（泰国于1945年恢复暹罗国名）有华校500所左右。至1956年，减至198所。同时对华校各种资源进行严格限制，短短14年间取缔了华校300多所，载周南京、黄昆章《华侨华人百科全书教育科技卷》，中国华侨出版社，1999。
③ 2019年8月3日笔者在曼谷与封祖超的访谈录。

至于勿洞的潮州籍华人,据说是最后一个来到这里的族群。其实,在整个泰国潮州籍华人最多,所以勿洞也是潮州籍华人所选择的谋生之地。据勿洞潮州会馆史料记载,来到勿洞的潮州人是来自中国潮汕一带,背井离乡,在泰国最南端的也拉府勿洞落地生根。潮州籍华人的先辈来到勿洞有一部分从事种植业,如种植蔬菜、水果等,也有一部分人推着手拉车在街头售卖食品、杂货等。据记载,潮州会馆的第一任至第四任主席(1994—2014)都曾担任勿洞华人的最高机构"勿洞慈善堂"理事长,以及勿洞中华学校董事长,可以说明潮州籍华人在当地的角色,即从一个侧面说明"潮州人占埠"的现象。

在这五大方言群中,目前广西籍华人占很大一部分,是五大方言群总和的一半,其次是客家人、潮州人、广府人和福建人。在五大方言群外,还有一些海南人,不过所占的比例非常少,这可从海南人在勿洞至今还没有建立会馆而得知。

二、泰国勿洞华人的原乡文化

原乡文化,即祖籍地文化。这种文化是一种地道的源文化,也就是祖籍地土生土长而形成的文化,其具有一种原生性,即根基性的特征,这种文化似乎是与生俱来的一种文化现象。在勿洞,当地华人的原乡文化主要体现在以下几个层面。

(一)会馆和宗亲会等社团的原乡文化

所谓会馆或宗亲会等社团的原乡文化,即会馆或宗亲会等社团内外结构凸显了原乡的文化特征。与东南亚其他华人社会一样,勿洞华人社会有着五大方言群,即广西人、客家人、广府人、福建人和潮州人。此外,还有少数的海南人。资料显示,勿洞华人社会的五大方言群在早期都建立了自己的社会组织,见表1。

表1 勿洞华人帮权结构

社团名称	建立的时间	方言群
八桂堂	前身为"八桂互助会",成立于1973年	广西人(早期有少量客家人、福建人加入)
泰南广西会馆	1979年6月8日成立"勿洞泰国广西会馆"	广西人
福建会馆	前身为"鸣凤音乐社",成立于1949年。1980年注册为"勿洞福建会馆"	福建人

续表

社团名称	建立的时间	方言群
客家会馆	1955年先倡议组织"勿洞客属联络办事处",向泰国客属总会申请获批准为"泰国客属总会驻勿洞干事办事处"。至60年代因会员人数增加又改为"勿洞客属分会",后在80年代改为"勿洞客家会馆"	客家人
潮州会馆	前身为"潮声乐社",建立于1947年。1966年为"德教会紫虹阁",至1982年申请注册为"互助会",正式命名为"勿洞潮州会馆"	潮州人
广肇会馆	前身为"广肇音乐社",成立于1967年。1975年正式注册为"广肇会馆"	广府人
慈善堂	建立于佛历2505年,即1962年	五大方言群,即广西人、福建人、客家人、潮州人、广府人。慈善堂由客属会馆、潮州会馆、广肇会馆、八桂堂、福建会馆五属会馆各选派7人,共35人组成理事会,理事30人,监事5人。理事长1人,每届以五属会馆理事长年龄最高者先后轮流担任,直至轮流满后,则依照该秩序轮流担任。副理事长4人,由其余四属理事长分担
李氏宗亲会	1964年	李氏宗亲
梁氏宗亲会	1965年	梁氏宗亲

从以上五大方言群的社团和宗亲会的名称,以及参与者来看,都凸显了原乡文化外结构特征。所谓原乡文化外结构,即物的表征,也就是物的外在特征。例如,五大方言群的社团都显现了一种祖籍地文化,即用原乡的地名,构成一个地缘性社团。换句话说,福建人建立了福建会馆、潮州人建立了潮州会馆、广府人建立了广肇会馆、客家人建立了客家会馆,而广西人则建立了两家

社团，即八桂堂和泰南广西会馆。有一些华人也利用血缘关系，根据自己的姓氏建立宗亲会组织，即血缘性社团，如李氏宗亲会、梁氏宗亲会等。无论是地缘性名称还是血缘性名称，其都构成了原乡文化的外在结构。

所谓原乡文化的内在结构，即其文化内涵。在勿洞华人社会，华人社团和宗亲会所凸显的原乡文化的内在结构，主要体现在两个层面。一是华人社团和宗亲会的"乡绅文化"或"乡贤文化"[①]；二是华人社团的"共祖文化"。

所谓华人社团和宗亲会的"乡绅文化"或"乡贤文化"，是其秉承了原乡的母土文化，即在漫长的中国历史进程中，一些在乡村社会建设、风习教化、乡里公共事务中贡献力量的乡绅（乡贤）而形成的"乡绅文化"或"乡贤文化"。在勿洞华人社团和宗亲会，这种"乡绅文化"或"乡贤文化"嵌入社团和宗亲会的结构中，即表现在管理层，也就是精英和领袖层面。在海外华人社团中，成为社团的领袖不外乎三种人：一是有经济实力的人，二是有威望（名望）的人，三是热心侨社事业的人。在泰国勿洞华人社团领袖中，前两种人在社团领袖中扮演着十分重要的角色。这些领袖都类似"乡绅"阶层，即在当地华人圈中有经济实力和威望的人士。例如，曾任八桂堂第一届理事长的黄敬南就是当地的一名实业家，20世纪50年代他就拥有森泰火锯厂、森泰木材五金行等，在广西籍华人中很有名望。在勿洞广西籍华人的呼吁下，"黄敬南乡贤允予出马领导"，建立"八桂互助社"，当选八桂互助社正理事长，由1973年至1976年任八桂堂理事长期间督划建功德堂、报恩祠。

所谓华人社团的"共祖文化"，即不同家族或不同籍贯的人供奉同一个祖先，这是在海外华人社会中发展出来的一种"宗亲文化"现象。这是因为在海外新环境的社会文化脉络下，华人的祖先崇拜活动在形态和社会功能方面呈现了新的特质——"共祖"现象，即祖先或先人不仅指与祭祀者有血缘关系的死者，甚至也包括没有血缘关系的死者。在勿洞华人社会，凡是华人社团，如八桂堂、泰南广西会馆、广肇会馆、客家会馆等都存在这种"共祖"现象。无论是进入哪间华人会馆，一进门都可以看见在会馆室内的正厅或侧厅的墙上挂满了创会人、前几任会长或理事长等的照片。

[①] 乡绅阶层是中国封建社会一种特有的阶层，主要由科举及第未仕或落第士子、当地较有文化的中小地主、退休回乡或长期赋闲居乡养病的中小官吏、宗族元老等一批在乡村社会有影响的人物构成。他们近似于官而异于官，近似于民又在民之上。

在会馆悬挂照片的人有许多现已不在人世，而他们的照片仍然挂在那里，似乎向人们述说着他们对该会馆所作的种种贡献。而每个进入会馆的人，都会带着一种崇敬的心情来瞻仰他们的照片，特别是在每年的春秋两祭，还会为他们上香，祭祀他们，这外在地表现了一种祭祀先人的仪式，无形之中体现了一种"共祖"文化现象。而这种文化现象起到了团结同族群，凝聚同乡之心的作用。

（二）民间宗教信仰的原乡文化

一般来说，庙宇是海外华人集体的祭祀中心，家宇则是海外华人的个体祭祀中心。无论是所谓的春秋两祭，还是平时的节假日，海外华人都会不约而同地前往庙宇祭祀各路神灵，或在家宇虔诚地祭祀先人和家神。调查发现，华人在庙宇和家宇祭祀的神灵大多是原乡神灵，构成了原乡的祭祀文化。

1. 会馆的原乡神灵

在勿洞华人社会，有一个特别的现象就是当地的许多华人会馆都有其祭拜的神灵，这些神灵则主要来自原乡，而这些原乡的神灵构成了方言群（帮群）的地缘祭祀圈。

在勿洞有一座慈善堂，它既是整个勿洞华人社会的最高机构，又是当地华人的主祭祀圈。在慈善堂，主要供奉着宋大峰祖师、观世音娘娘、林姑娘、福德正神、哪吒等神灵，这些神灵都是出自原乡的神灵。

宋大峰祖师是来自原乡的神灵，据说宋大峰系宋朝高僧，闽人也，由福建云游潮州等地，因神通广大，慈悲为怀，其圆寂后，潮州地区的居民建成庙堂于朝阳县和平里，名为"报德堂"。后潮人移民泰国，也将其信仰带到当地，"旅泰朝阳同侨，崇拜祖师者尤多"[1]。泰国曼谷的"报德善堂"便是重要的庙宇之一，也成为现今泰国华社的慈善中心。勿洞的慈善堂，似乎也与泰国曼谷的"报德善堂"具有同样的功能。

除慈善堂外，作为勿洞华人重要的崇拜场所——观音寺也供奉着许多原乡的神灵。观音寺位于泰国勿洞市区街道的主干道边上，即坐落在三岔路口的中间，这是原乡建庙的常规模式。一般认为路口之处是各种鬼怪出没或必经之地，以神灵坐镇此地，便可以震慑邪气，收灭鬼怪。而勿洞华人的观音寺建在此地段，从风水学来说应该也有这种神奇的作用。

---

[1]［泰］郑彝元编著：《宋大峰祖师传略》，曼谷，1993年印，第20页。

据访谈，勿洞观音寺已有近百年的历史了，是勿洞华人祭祀神灵的主要庙宇之一。观音寺内的一块重建寺庙的碑文记载道：

溯自壬辰之春，明通大师云游此间，绿水青山流连不置，欲此安禅施教，后商得仁翁郑佛生先生同情，慨送地皮。其时简用木板建造，名曰：观音阁。迨乎庚子之秋，明通大师将圆寂间，遗嘱中有请宗耀辉大师主持之语，迄宗耀辉大师住持以来，已六易寒暑矣，其间虽曾几度修葺，唯当时建筑期间陋，每当风雨来临时有倾倒之虞，是以宗耀辉大师乃发宏愿，重新建筑土库庙宇，分上下二堂及二横与外围墙，并转移方向，唯原有之地不敷应用，商诸地主，再蒙赐予地基，是邀集各檀越组建筑委员会，协商其事，共促厥成，并将观音阁原名改为观音寺，兹幸建筑告竣。

勿洞观音寺建于泰国佛历2508年，即1965年，而重建于2009年。观音寺建筑分为四个主要的部分，分别为七层塔、哪吒神坛、主院和后院。在观音寺供奉着来自原乡的观音菩萨、关帝圣君、福德正神、玉皇大帝、孙悟空大圣、济公活佛、华佗仙师、天后圣母、红孩儿等神灵。

在由福建人建立的勿洞福建会馆里，也供奉许多原乡的神灵，其主神有广泽尊王，次神为宋大峰祖师、林府娘娘（林姑娘）、清水祖师和妈祖娘娘。广泽尊王是福建的神灵，据说广泽尊王宝姓郭氏，名忠福，系五代后晋天福年间人氏，16岁盘膝于古藤上坐化得道成神。广泽尊王圣号为"威镇·忠应·孚惠·威武·英烈·保安广泽尊王"，简称广泽尊王，此外尚有郭圣王、郭王公、圣王公、保安尊王诸称。广泽尊王成仙登神后，神通广大，有求必应，行仁赐福，兴神助战，功勋卓著。自宋至清，获历朝皇帝六次敕封祭典。广泽尊王作为福建原乡的神灵，自然获得勿洞福建籍华人的祭祀。不过，妈祖是福建人主要祭祀的神灵，为何没有成为勿洞福建籍华人的主神，这是一件值得探讨的事情。也可能是勿洞的福建籍华人，对于广泽尊王的"神通广大、有求必应、行仁赐福、兴神助战"这种特有的神功，情有独钟而将其作为主神来祭拜。

勿洞福建籍华人祭祀的宋大峰神灵，并作为左次神来祭拜，是因为该神灵出自福建。福建人为何没有将源于福建的宋大峰祖师神灵作为主神来祭拜，极有可能是由于慈善堂已将宋大峰作为主神了。右次神林府娘娘则是来自泰国华人在地化创造的一个神灵，她在福建会馆也作为一个主要的神灵来祭祀，她也是源自福建。至于清水祖师也是福建原乡的神灵，其成仙于宋朝，是宋泉州永春县小姑乡人，其神功似乎也与广泽尊王相似，不过在海外，清水祖师也有药神或医神之称，也自然成为勿洞福建籍华人求医问药的神灵。

勿洞的潮州会馆也有自己原乡的神灵。勿洞潮州会馆坐落在勿洞市内的苏打尔大街25号，其是一个两层楼的建筑。在勿洞潮州会馆的二楼，设置有一间"德教紫虹阁"，这是勿洞潮州籍华人崇拜原乡神灵的场所。

资料显示，由潮阳县和平人杨瑞德创立的德教，是以道为主的宗教。德教的宗教活动场所称为"阁"。在阁中，德教供奉老子（道教的太上老君，即道德天尊），左右两侧奉祀柳春芳和杨筠松等师尊。在前面供奉玉皇天尊、关帝、吕祖。另外，还设有道济师尊（济公）和观世音的拜殿。具有明显的五教合一的趋势。即儒教的忠恕，道教的崇德，佛教的慈悲，基督教的博爱，伊斯兰教的慈恕。进入勿洞潮州会馆的紫虹阁里，可以看见儒教、道教、佛教、基督教和伊斯兰教的神圣标志高高挂在上方，而在这五教的下面确有一尊金光灿灿的何玉琼仙师神像，这是原乡的神灵。此外，还供奉着田大元帅，这也是来自原乡的神灵，从另一个侧面来说，潮州会馆的前身是娱乐性的社团。在八桂堂，也就是广西籍华人较早建立的社团，其会馆的顶层也设置了一个供奉神灵的场所，其神龛中供奉着观音、关圣帝君和孔圣先师，以及天官和土地公。在八桂堂祭拜的这些神灵中，主神是观音。而在广西籍华人的另一个社团，即"勿洞泰国广西会馆"则供奉福禄寿三星，福禄寿三星也是原乡的神灵，他们是起源于中国对远古的星辰自然崇拜，此三星属于道教神仙。这福禄寿三星神灵也为广府人所祭拜，一进广肇会馆，一眼就可以看见这三个神灵的神龛摆放在进门的大厅。其实，无论是广西籍华人在八桂堂供奉的观音、关圣帝君、孔圣先师，还是福禄寿三星，其都是来自原乡的神灵。

与海外其他华人社会一样，勿洞华人会馆供奉的原乡神灵具有其特有的功能与作用。正如有学者所指出的："中国海外移民以血缘和地缘为纽带，华侨华人寺庙多由统一祖籍地的华侨华人创建。这样，华侨华人寺庙就成为共同祖籍地缘的华侨华人联系接触的最早公共场所，并由此导致华侨华人地缘认同的建立。反过来地缘社团也管辖这些寺庙，并以其中某一寺庙为地缘社团的核心寺庙，而核心寺庙的主祭神灵则称成为地缘社团认同的一种象征，并有增强地缘社团凝聚力的功能。"[①]

---

① 郭志超：《泰国华侨华人的清水祖师崇拜》，《泉州文博》第3期，福建省泉州市博物馆1996年编，第42页。

2.家户的原乡神灵

佛教、道教是华人宗教文化的主体，而华人的民间宗教信仰则深深地嵌入其宗教结构。在泰国勿洞华人社会，佛教和道教具有最大的影响力。其实，泰国勿洞华人信奉的民间宗教，不仅具有中华传统宗教文化的影子，同时拥有自己鲜明的特色。泰国勿洞华人的家户神灵信仰虽然赋予了一些在地化的色彩，但主要仍是以原乡神灵为主。

（1）天公

只要一走到勿洞华人市民的家，一道亮丽的风景就会映入你的眼帘，这就是村民们家门外供奉的"天公"神位。其实，"天公"神，即"天官"，其是道教的神灵。资料显示，道教奉天、地、水三神，亦叫三官，天官即其中之一。

勿洞华人把供奉的天公（天官）叫作"天神"，在他们的心中是最大的神。在村民们家门外供奉天公的神龛一般都会写着"天官赐福"的字样，用花红来装饰一个插香的香炉和两旁插蜡烛的烛台、三只茶杯。有些人的家里则是买了大型的"天公"神龛，就放在大门口的左边，侧着朝向家里，里面放"天官赐福"的牌子，然后就是香炉和蜡烛台、三杯茶、一碟水果或者是发糕。也有一些村民在家中放有"天公"的神龛，并在其上贴有这样的对联，上联"吉庆有余"，下联"天官赐福"或"受天百禄"。其周围再配上灵芝或杂宝，多用于祝贺生辰的画稿、礼品装饰等处。还有用于影壁上的方形装饰画——"福字灯"。一般内容为"天官赐福"，画面上除绘有天官和"天官赐福"字样外，再加四季花和祥云等内容，似乎是民间新年装饰品。

据访谈，每天早上一打开门，村民们做的第一件事就是烧三炷香，先祭拜天公，再回房间给祖先牌位上香，祭拜祖先。问这些勿洞的华人，为何每家都似乎有"天公"神龛，为何每天早上起来第一件事就是祭拜天公？他们的答复，只说是他爷爷父亲如此这般，而到底是何原因对天公如此虔诚，都不能一一说出缘由。其实，祭拜天公，可以看作祈求天公在新的一天，赐福给全家人，让合家大小平安，步步高升。据说，天公（天官）是授福禄的神灵，其手执"天官赐福"四个大字横幅，背靠花团锦簇的"福"字，头顶脚下祥云和五只蝙蝠环绕，脚下寿桃，象征着"多福多寿"，天公把美好幸福生活赐予人间。

（2）土地神

土地神观念的产生始于原始社会自然宗教时期万物有灵思想下人类对土地的普遍崇拜。其实，土地神观念的产生经历了一个漫长的过程，土地有灵的意识思维是土地神观念产生的基础。土地神产生之后，土地神的类型、祭仪、形象、职能、神话等文化元素相继产生，且不断地发展、变化，形成了内涵丰富的土地崇拜文化丛。土地神观念是土地崇拜文化丛的核心，其他文化元素都是在土地神观念基础上产生的。

我们在调查中观察到，勿洞华人居民家里一定都会供奉土地神，大约是因为从祖乡来到异地，需要土地神灵的保佑。一般华人家供奉的土地神：在房屋客厅正对门的墙上挨着地板放置有一个土地神的神龛，神龛背靠着内墙。神龛的底座由枣红色的木材制作而成，底座略显单调且陈旧，布满了厚厚的一层灰尘。底座上镶有一个如相框式样的金黄色框架，框架上点缀着金银珠宝。在框架内贴有一张外围白色、内部红色的纸张，纸张的上方写有"聚宝堂"，"聚宝堂"的正下方写有"五方五土龙神，前后地主财神"，两侧还有一副对联"土龙生白玉，地可出黄金"。纸张的外围是双龙戏珠的图案。在神龛的前方摆有一个褐色的香炉，香炉的外壁上有"四脚龙"的浅浮雕，栩栩如生。香炉内插满了残余的香根。香炉旁边叠有几个杯子，是平时祭拜土地神时装酒和茶用的。

（3）祖先崇拜

对祖先的祭祀源于古人的灵魂不灭的观念和鬼魂崇拜。鬼魂观念是中国祖先崇拜的前提，祖先崇拜便是在这一基础上演变而来的。祖先崇拜是鬼魂崇拜中特别发达的一种，人对于子孙的关系都极密切，以死后其鬼魂还是想在冥冥中视察子孙的行为，加以保佑，予以惩罚。

在勿洞华人社会，有许多居民起来的第一件事，就是开门祭拜"天公"。祭拜天公后，一定不会忘记给祖先牌位上炷香，这其实就是祭祀祖先的表现。这种祭祀虽然没有刻意性，但似乎是"习惯性的"，表明了勿洞华人居民的祭祖习俗。

据调查，勿洞华人的记忆是，其先辈在祖籍地时在自家的香火堂（厅堂）祭拜祖先时，是用一张大红纸贴在厅堂正中间，上面写"某氏历代祖先始太高曾祖显考妣"，或下面放有已故祖先之神位，其两边写有祝福子孙后代绵延不绝的对联，比如"祖德流芳千载远""宗枝发远万年长"之类的。而来到泰国后，由于忙于生计，以及在地化的影响，首先是下一辈的华文水平逐渐下降，慢慢不太熟知原乡香火堂上的字了，但在记忆中记得爷爷或父亲在世前挂在家中厅堂的大红纸，所以有许多家庭就变成了只在厅堂中间贴一张大红纸来代表祖先神位了。另外，泰国勿洞神料行业的发展迅猛，现在的祖先牌位一般是工厂批量生产的，村民只要去神料商店买回来就可以了，因此勿洞华人很多家庭的祖先神龛都是从市场上请回来的。

勿洞华人居民的祖先神龛有的比较简单，有的比较复杂，即做成像衣柜类的，神龛边框有镶着边的。勿洞大部分华人供奉祖先神牌，并且还在祖先神牌四周用上乘红漆的木框做出一个较大的方形，其实就是在回溯最初祖先神龛的样子。大多是红底金字金边框，上面的字略有不同，但是大同小异，都是传宗接代长长远远的意思。其中有些人已经不记得自己具体祖籍哪个村镇了，但是他们依然会在家里为自己的祖先设位置来拜祭，他们认为即使不知祖源何处，也要记得祖宗生恩。有祖先才有我们，应该在家里放个祖先牌位才可以。①

祖先神龛一般要放在家里门口正对位置，漆红的木框是比祖先牌位更大的方形，在红木框的上面是祖先牌位，内书写许多字。上面一行字是"孝恩堂"，其下中间书写"某某堂上历代祖先之神位"，左右分别为"祖德延流远，宗枝奕叶长"。祖先牌位上方两个角贴上金花，背面衬一块红布，前面左右各放一个放烛台，中间一个香炉，还有一个果盘，以及三个茶杯。有的家庭每天早晚都会上香供奉，有的家庭是每个月的初一、十五上香供奉，也有的家庭只是在大日子的时候才会上香供奉。我们在观察中发现，玻璃口新村广西籍华人在祭拜时一般要按照顺序进行：先拜屋子外面的天神，再拜家里供奉的神如关公、观音②，之后再拜家里供奉的土地神，最后才能够拜祖先。这似乎说明，在勿洞华人的传统信仰世界中神灵也存在着等级差异。

（三）饮食中的原乡文化

一些学者指出，"不同民族的饮食文化，包含着其特定的民族饮食记忆，而这些记忆和其民族的身份认同密不可分"③。在勿洞华人社会，虽然当地的华人已经在那里生活了将近上百年，但他们在饮食上似乎仍保持着原乡的传统习俗。每天的早晨，勿洞市华人的餐馆挤满了各种食客，他们在那里喝早茶，在那里津津有味地品尝目前在广州、南宁和福州能吃到的各式各样的早点，如油

---

① 2019 年 7 月 28 日笔者与勿洞 YH 的访谈录。
② 在勿洞华人的公共信仰体系中，观音和关公是主要的神灵。而在家户信仰体系中，观音和关公也是勿洞华人居民家中祭祀的原乡神灵之一。
③ 韦玮、陈志明：《食物的节律与认同：基于贵州荔波布依族的饮食人类学考察》，《西南民族大学学报》（人文社会科学版）2018 年第 3 期。

炸鬼、虾饺、肠粉、叉烧等。

勿洞华人的饮食特征，既表现了饮食传统习俗的传承，又体现了地域性特点。比如，广西人和广府人的饮食较为常见，这也说明广西文化和广府文化在勿洞的畅行。正如安德森总结的，"作为族群特征标志的地方性食物被有意识地食用，这些食用方式成为地方主义的有趣内容"。[1]其实，勿洞华人的饮食原乡化特征体现了一整套包括植物识别、饮食调整和文化含义等的地方性知识逻辑，勿洞华人通过原乡性的食物，与周边的其他民族相区别，形成了自我认同。换句话说，勿洞华人通过饮食加深了自己的文化认同，借饮食而形成"自我"和"他者"的区分。

三、泰国勿洞华人原乡文化固守的原因

勿洞华人虽生活在"异国他乡"，但依然保持着较强的族群认同感和传统的生活习惯，一直固守着自己的原乡文化，其主要原因有以下几个方面。

（一）区隔的地理与政治空间：勿洞华人在历史与当代所显示出的炽烈参政度

泰国南部边陲的也拉府勿洞地区，似乎处于一种区隔的政治空间，即自成政治运作体系。在早期马共和泰共的影响下，当地华人的政治意识或参政愿望高于泰国其他华人社区，从而形成了勿洞华人的政治生态。

在20世纪50—60年代，马来亚共产党由于与英国殖民当局发生"6·20"事件[2]，马共开始进行地下活动，并组织游击队进入森林。如在吉打东部华玲县抗日军队士兵及进步社团成员，迅速武装反击英军。至1948年8月，英殖民军千余人作重点进攻马共游击队，因力量对比悬殊，当时名为八支独七分队的民运单位和中心不断受到严厉冲击，联系中断。[3]为了躲避英军的围剿，马共游击队从马来亚的霹雳州和吉打州向泰境转移，据马共的一份文件记载：

玻璃市与吉打北部八支的一个部队，也在敌兵的大规模进攻下向泰边境

---

[1] ［美］尤金·N.安德森：《中国食物》，马孆、刘东译，江苏人民出版社，2003。
[2] 1948年6月20日晚上，英国殖民当局在全国范围内对马共进行大搜捕，逮捕了600多名马共成员和群众，接着封闭所有争取国家独立的政党、工会和人民团体，宣布全国进入"紧急状态"，实施"紧急法令"，并出动大批军警试图一举扑灭马共及其领导的争取马来亚独立的运动。
[3] 勿洞马共历史文物馆提供。

转移，抵达昔罗地区，在该地森林驻扎和组织乡村群众，形成边境的北部根据地。1951年初，第十二支队的队伍北上到达呲叻河上游，建立有名的"甘榜勿隆"基地。1952年与1953年之交，"甘榜勿隆"被英军残酷摧毁，十二支队进泰境，开入也拉府。1954年初，第十支队长征翻过哈拉河流域都顺园马族地区，组织当地乡村马族群众，建立起东部的根据地。边区根据地连贯马泰边境全线，成为支持武装斗争的依靠。群众工作直至陶公府边境的都顺园马族地区。[①]

泰马边境全长506公里，除东段以哥洛河主流边界外，其余多是天然山脉分水岭，两边重峦叠嶂，原始森林延绵曲折覆盖广阔，森林边缘多是胶园、乡村和市镇，中经霹雳与也拉府勿洞边境，直至吉兰丹与陶公府边境，各段基本连成一片。资料显示，马共八支独七分队在向泰境转移时，获得泰共的支援，在勿洞西部万二莱和热水湖立足，马共八支独七分队在勿洞地区消灭了当地的土匪武装，赢得城乡居民的信任和支持，从而打开局面，并建立了各种群众组织，勿洞因而成为马共的根据地之一。至1952年底，独七分队主力调到仁丹活动，留守部队由大成（马共的领袖之一）带领。1953年3月，阿苏（马共的领袖之一）等领导抵达勿洞，把大成队整编为第十五独立分队，并吸收当地青年参加。正是在这一时期，勿洞的许多华人加入马共的游击队，还有许多华人成为马共外围的组织——共青团和少先队的成员。

据调查，20世纪80—90年代泰国勿洞华人参与政治的热情不减，许多华人由于在经济上崭露头角，所以积极参与当地的政治活动。例如，广西籍华人覃庆钊曾任勿洞吧咙区地方议会议员，乡村发展委员；广西籍华人梁同昌曾被选为也拉府参议员，在任期间，每次议会上力争勿洞之米哥打须取消，今时勿洞人能吃到平价米，其功不可没。此外，还有广西籍华人吴萼周曾当选也拉府参议员、彭秀荣被选为勿洞也隆区第九村村长、刘统任当选勿洞也隆区第七村村长等。

值得一提的是，福建籍华人陈进森1980年参加勿洞市议员竞选，如期当选出任副市长，1990年又当选勿洞市市长。他出任市长后，落实防治抱负对社会贡献即开放市政建设，寻求平衡发展。任市长期间，获得广泛支持，先后委派到欧洲、中国、美国及加拿大等地考察，启发独特的思维观念及塑造群众思想，积极进取。在市政建设、经济发展、文化组织、社会发展上，计划长远多

[①] 勿洞马共历史文物馆提供。

元化，提倡"精明合作"的观念。在推进市政的发展中，陈进森能完全自如地运用中泰两国语言与文字，被称颂为独一无二的"中泰两通"的"华裔市长"。由于以克己奉献的精神投入市政工作，卓越突出的表现，在1987年荣获泰皇陛下御赐五级皇冠，1992年御赐四级皇冠，较后再御赐白象三级，1998年荣获马来西亚霹雳州苏丹封赐A.M.P准拿督衔，2002年封赐DAMP拿督勋章。[①]

目前，现任勿洞市市长仍然是华人，他就是广西籍华人容志江，他对于勿洞的发展有一套自己的理念与设计，拟将勿洞打造成曼谷的后花园。其他籍贯的华人，如客家籍华人、广肇籍华人、福建籍华人和潮州籍华人也在也拉府的各个地方议会担任议员，发挥着他们应有的作用。

（二）社会自治管理体系：勿洞华人帮权结构下的五大方言群社团

正如以上所述，与东南亚其他华人社会一样，勿洞华人社会有着五大方言群，即广西人、客家人、广府人、福建人和潮州人。此外，还有少数的海南人。从调查的资料来看，勿洞的五大方言群各自所成立的社团（会馆）在20世纪50—80年代，其很多社团会馆的前身似乎都是以音乐社的名义进行的。资料显示，其原因可能是受到当时泰国一些政策的影响，如勿洞福建会馆的简介这样介绍道：

凡炎黄华胄，多关注群众文化传统精神，承传发扬光大，闽籍亦不例外，公元一九四七年，由当地名孚富商先贤陈汉诗等人召集团乡发起座谈会。当时顾虑环境，社团注册之问题所困扰，协商先成立"福建鸣凤音乐社"，兼南管古乐对，集率同乡于工作空闲时，娱乐消遣，并参加朝野活动，为同乡喜庆，丧礼义务服务。[②]

成立音乐社的原因，也为勿洞广肇会馆成立的缘由所证明。广肇会馆前身也是被称为"勿洞广肇音乐社"，之所以先成立音乐社是"因鉴当年至法令，除各种宗教神庙及慈善福利之团体外，鲜有能获准注册为合法社团者，职是之故，特利用此娱乐组织作基础，而后再图良机，以达成为合法社团"。

在勿洞，当地的华人社会是一个帮权结构下的五大方言群社会，他们自己管理自己，如广西籍华人的管理机构有两个，即八桂堂和广西会馆。福建籍华人的管理机构是福建会馆，潮州籍华人的管理机构是潮州会馆，客家籍华人的管理机构是客家会馆，广府籍华人的管理机构是广肇会馆。勿洞华人各方言群

[①] 勿洞福建会馆编：《勿洞福建会馆年刊》2008年印，第12页。
[②] 黄淑雯撰稿：《福建鸣凤音乐社之创办》，《福建会馆》2000年印，第34页。

的会馆虽然成立的时间有先后，但宗旨似乎相同。如勿洞广西会馆的宗旨一是为团结乡情，并互相交换意见与知识；二是为提倡教育事业并谋求会员间福利；三是扶助谋求正当职业；四是与政府及其他会社、善堂机构、俱乐部等合作，以推广公益事业，以上各项都不涉及政治。

在这些不同籍贯华人会馆（社团）的上面，还有一个当地华人的最高管理机构，即勿洞慈善堂，这既是勿洞华人的一个神庙，又是一个勿洞华人社会的总部。慈善堂成立于1962年，由客属会馆、潮州会馆、广肇会馆、八桂堂、福建会馆五属会馆各选派7人，共35人组成理事会，理事30人，监事5人。理事长1人，每届以五属会馆理事长年龄最高者先后轮流担任，直至轮流满后，则依照该秩序轮流担任。副理事长4人，由其余四属理事长分担。勿洞慈善堂的宗旨为：管理中华学校；管理祝八带义冢；设立佛堂，祭奉宋大峰祖师、观世音娘娘、林姑娘、福德正神、哪吒；等等。

勿洞各华人方言群正是依靠这种地缘性的、以及血缘性、业缘性和神缘性等组织，构成了勿洞华人社会的运行机制。这种机制既体现在团结各方言群的乡情，又体现在处理华人内部的各种事务，其大到调解和处理华人内部的矛盾与纠纷，小到协助华人婚丧事的操办等。在勿洞华人社会，不仅华人各方言群之间保持着自己的方言，而且仍保存着较为完善的后事料理机制。在勿洞，人去世了怎么办？当地的华人有自己的一套系统，人去世后可以到公祠里面或人寿互助社里面去办理丧事。在勿洞华人社会，每个籍贯的华人都建立了自己的后事料理机构——公祠，如广西籍华人建立了"八桂公祠"和"报恩祠"、客家籍华人建立了"客家公祠"、福建籍华人建立了"福建公祠"、潮州籍华人建立了"潮州公祠"。

除公祠外，勿洞华人还建立了互助社，如"勿洞人寿互助社"，这些社团也是办理丧事的机构，此外，在勿洞还有华人的义山（义冢）。这些较为完善的后事料理机制，使当地的华人死之后其亲友可以方便地去为他办理丧事，免去了后顾之忧。

结　语

勿洞华人是一个颇有特色的族群，其分为广西籍华人、福建籍华人、潮州籍华人、广肇籍华人、客家籍华人和海南籍华人。这些华人族群虽然来勿洞的时间有先后，且人数或多或少，但他们都为勿洞的发展作出了突出的贡献。

勿洞华人的先辈历经千辛万苦来到此地，至今已有上百年的历史，其子孙已有三四代了。随着时代的变迁，勿洞华人虽然在生活习俗上有一些在地化的趋势，不过当地的华人仍保持着祖辈遗留下来的文化，即原乡文化。其主要表现在华人社团和宗亲会的"乡绅文化"或"乡贤文化"，华人社团的"共祖文化"。此外，原乡文化也表现在勿洞华人民间信仰，以及饮食习俗和婚姻丧葬仪式方面。

由于勿洞作为泰国的最南端，大有所谓政治上的鞭长莫及，中央王朝政府对当地的干预较弱，促使勿洞的华人文化得以保存与发展。再加上当地的华人人数众多，在勿洞的商业与经济中基本上掌握了主动权，这可以从勿洞华人的商店遍布勿洞街区，以及市内的大小酒店都为华人所经营而证明。此外，由于华人人数众多，华人大多数从事商业，而当地的马来人和泰人一般是在市郊或乡村地方从事农业种植业，造成华人与当地其他民族较少互动，所以华人社会似乎处于一个"族群孤岛"状态。

勿洞华人存在的这个"族群孤岛"，应该是"文化孤岛"，即各华人方言群内部相互讲自己的方言，而在勿洞市（街）面上则讲着"白话"（粤语），吃着与原乡一样的饮食，享受着原乡的饮食文化，以及华人之间大多数保持着"族内婚"，即较少与当地的其他民族，特别是不与当地人数较多的马来人通婚。换句话说，由于华人的婚姻大多在族群内部缔结，特别是在自己的同乡方言群范围内缔结，而每一个同乡方言群都是局限于一地的孤立的内婚单位，所以在同化的道路上构成了双重内婚屏障，既有华人建立的屏障，又有华人内部的方言群所建立的屏障，结果成为华人文化聚合的补充成分。[①] 正是由于这些因素，勿洞华人社会的原乡文化特征就显得更加明显了。

[①] 郑一省：《东南亚华人的社会文化情况初探》，《世界民族》2008年第2期。

明代东南亚华人使臣初探

李未醉①

(长江师范学院　重庆　408000)

东南亚由中南半岛和马来群岛两大部分组成，共有11个国家，包括越南、老挝、柬埔寨、缅甸、泰国、马来西亚、新加坡、印度尼西亚、菲律宾、文莱和东帝汶。这是一个历史悠久、文化多元的地区。在明代，中国和东南亚有着密切的交往。

关于海外华人使臣的研究，前人有一些研究成果。清代学者赵翼在《廿二史札记》中曾有一条"海外诸番多内地人为通事"，专门记载海外通事情况。陈学霖在1962年的《大陆杂志》第24卷第4期发表了《记明代外番入贡中国之华籍使事》，记载了华人使臣出使中国的情况。陈尚胜的《"夷官"与"逃民"：明朝对于海外国家华人使节的反应》（载张国刚主编《中国社会历史评论》第四辑，商务印书馆，2002年版）对明朝海外国家华人使臣出使中国的反应进行了探讨。本文拟在前贤的基础上，对明代东南亚一些国家如安南、占城、暹罗、满剌加、爪哇等国华人使臣的来源、出使中国的目的、作用和影响等问题做一个初步的探讨。

明代东南亚国家纷纷来华朝贡，使团中不乏华人使臣，其中最早来到中国的华人使臣是暹罗所遣，据有关文献记载，洪武五年（1372年），暹罗来明使臣中有华人李清兴担任通事，洪武六年（1373年）有华人陈举应担任使团副使。陈举应即是最早来到中国的东南亚华人使臣。此后，华人曾寿贤［永乐三年（1405年）、八年（1410年）］、陈宝提［宣德元年（1426年），正使］、黄子顺［宣德二年（1427年），贡使］、谢文彬［成化十三年（1477年），副使］先后作为暹罗使臣来华。此外，东南亚的安南、爪哇、苏门答腊、满剌

---

① 李未醉，长江师范学院教授，研究方向：华侨史、中外关系史。

加、占城等国亦陆续遣使来华。华人都充当了使团的正使或副使。

一、华人使臣的来源

在东南亚各国，都有华人流寓当地。其中一些华人被任命为使臣。东南亚华人使臣的来源如何？下面拟作一些分析。

1.移民后裔

明成化四年（1468年）十一月，安南黎朝遣使如明，杨文旦、范鉴、黄仁等岁贡。①杨文旦是华人移民后裔。杨姓出自古杨国（今山西洪洞县东南）。郑和下西洋后，闽浙粤一带的杨姓人士即开始向海外传播，其中不少人到达越南。天顺八年（1464年）十一月，黎朝遣使如明，范伯珪进香，黎友直、杨宗海、范庆庸贺即位，黎宗荣、范琚、陈文真谢赐彩币。②越南姓氏多来自中国，如阮、陈、黎、范、郑、李等姓氏。这些奉命使明的使臣都是华人后裔。值得一提的是，黎朝皇帝亦是祖籍中国，前黎朝的黎桓是蜀人后裔，而后黎朝的黎利则是闽人后裔。

2.海外贸易商人

暹罗国使臣谢文彬，福建汀州人，长期在沿海贩运私盐。正统十三年（1448年），他偶然遇风漂流到暹罗，获得暹罗国王信任，晋升为"岳坤"等官职。成化十三年（1477年），他作为暹罗副使出使中国。③

3.漂流者

漂流者成为华人使臣，除了上面提到的谢文彬，还有马用良等人。正统三年闰六月壬辰（1438年7月21日），爪哇国遣使来华朝贡，在此使团中有使臣亚烈马用良，通事良殷、南文旦等人，他们在接受明朝皇帝的召见时自称："臣等本皆福建漳州府龙溪县人，因渔于海，飘堕其国。"④由于遭受海难漂流到爪哇国，后来因国王信任而成为使臣和通事。弘治十年（1497年）九月，暹罗国通事秦罗亦自称福建清流县人，因渡海飘风，流寓暹罗国。⑤

---

① 《大越史记全书》标点校勘本，第634页。
② 《大越史记全书》标点校勘本，第606页。
③ 参见陈学霖《暹罗入明贡使谢文彬事件剖析》，香港中文大学历史系《史薮》第二期（1996年9月）；陈尚胜：《"夷官"与"逃民"：明朝对于海外国家华人使节的反应》，载张国刚主编《中国社会历史评论》，商务印书馆，2002，第569页。
④ 《明英宗实录》卷43。
⑤ 《明孝宗实录》卷129。

4.被倭所掳

明正统元年六月戊午（1436年7月8日），爪哇国遣使入贡，在使团中有一人名为财富八致满荣，自称"初姓洪，名茂仔，福建龙溪民，取鱼为业，被番倭掳去，脱走于爪哇，改今名"。①如洪茂仔一样的人，在东南亚国家普遍存在。

二、东南亚华人使臣出使中国的目的

明清时期，东南亚国家的国王派遣使臣来华，其目的是多样的，归纳起来，主要有以下几种：

其一是遣使以朝贡为名追求经济利益。

朝贡贸易是以物易物的官方贸易，明清王朝按照"厚往薄来"的原则对朝贡国家进行给赐。这有利于朝贡国获得利益，因此东南亚国家的国王为了获得中国的丝绸、瓷器、书籍、药材等，纷至沓来，乐此不疲。安南等国多次遣使中国进行朝贡贸易。明天顺元年（1457年）六月甲午，安南国培臣黎文老奉命出使中国，奏告明英宗，曰："诗书所以淑人心，药石所以寿人命。本国自古以来，每资中国书籍、药材，以明道理，以跻寿域。今乞循旧习，以带来土产香味等物，易其所无，回国资用。"②弘治九年（1496年）三月戊午，安南国王黎灏遣陪臣黎峻等来贡，回赐王锦缎等物。③弘治十二年（1499年）十一月己未，安南国世子黎晖派遣陪臣阮观贤等来贡，明朝回赐黎晖锦缎等物。④

占城亦多次遣使进行朝贡贸易。明弘治十八年（1505年）六月庚午，占城国王子沙古卜洛遣使臣沙不登古鲁来贡方物。⑤弘治十八年秋七月丙申，明朝赐占城国入贡使臣沙不登古鲁等金织衣、彩缎等物有差，遂以回赐王子沙古卜洛锦绮付之。⑥

暹罗多次遣使进行朝贡贸易。明洪武五年（1372年）正月，暹罗斛国遣使臣奉表贡黑熊、白猴、苏木等物。⑦明洪武十四年（1381年）二月丙寅，暹罗斛

---

① 《明英宗实录》，江苏国学图书馆影印本，1940。
② 《明英宗实录》卷279。
③ 《明孝宗实录》卷123。
④ 《明孝宗实录》卷156。
⑤ 《明武宗实录》卷2。
⑥ 《明武宗实录》卷3。
⑦ 《明太祖实录》卷71。

国遣其臣陈子仁等奉表贡方物。[①]明永乐八年（1410年）十二月，暹罗国王遣使臣曾寿贤等贡马及方物。[②]明成化十二年（1476年）四月，暹罗国王派遣使团入明朝贡，其使团副使为谢文彬。谢文彬，福建汀州人，以贩运私盐为生。正统十三年（1448年）遇风漂到暹罗，此后被暹罗所重视，晋升为"坤岳"等官。暹罗使团通过经纪人周璋所订购的织造缎匹，由于周璋多次以各种借口不肯付货，暹罗使团于是向南京官府控告周璋诈骗暹罗国王银两。明朝政府经过调查，裁定周璋等人私通外国使臣交易番货罪，而谢文彬在早年亦触犯了擅自出海与外国互市的律令。由于谢文彬是暹罗使臣，最后获得明朝赦免，由明朝政府提供船只助其回国。[③]明天顺六年（1462年）九月，暹罗国王遣使来朝，"贡马及盔甲、佩刀等物"[④]。暹罗此行，其实是从事朝贡贸易。

老挝亦多次遣使贡献。明永乐三年（1405年）秋七月丙午，老挝军民宣慰使刀线歹遣头目浑典等来朝，进象及方物。明朝赏赐纱、绮、帛等物。[⑤]永乐五年（1407年）九月老挝军民宣慰使刀线歹遣头目来朝，贡金银器、方物。[⑥]

真腊在明洪武十年（1377年）十二月遣使奉表，贡方物，贺明年正旦。[⑦]明永乐三年七月，真腊又遣使来朝，贡方物。[⑧]明景泰三年（1452年）八月戊子，真腊国遣使臣那答洪文荣等来朝，贡马及方物。[⑨]本人认为那答是真腊的官职。洪文荣是流寓到真腊的华人。

满剌加国亦遣使朝贡。明永乐三年九月，满剌加国王遣使，随奉使中官尹庆朝贡。[⑩]明永乐五年（1407年）九月，满剌加再次派遣使臣来朝，贡方物。[⑪]正德

---

① 《明太祖实录》卷135。
② 《明太宗实录》卷111。
③ 陈学霖：《暹罗入明贡使谢文彬事件剖析》，载香港大学中文大学历史系主编《史薮》第二期（1996年9月）。转引自陈尚胜：《"夷官"与"逃民"：明朝对于海外国家华人使节的反应》，载张国刚主编《中国社会历史评论》，商务印书馆，2002，第570页。
④ 《明英宗实录》卷344。
⑤ 《明太宗实录》卷44。
⑥ 《明太宗实录》卷71。
⑦ 《明太祖实录》卷116。
⑧ 《明太宗实录》卷44。
⑨ 《明英宗实录》卷219。
⑩ 《明太宗实录》卷46。
⑪ 《明太宗实录》卷71。

三年（1508年），满剌加国贡使火者亚刘等奉命来华朝贡。①亚刘，即江西万安人萧明举，以罪叛入其国，为通事。正德三年（1508年）与贡使端亚智一起来华。②

爪哇亦多次遣使入贡。如明洪武十四年（1381年）冬，爪哇国王遣使臣贡方物及黑奴三百人。③明永乐三年（1405年）九月，爪哇国王遣使臣八智陈惟达等奉表贡方物。④明永乐四年（1406年）春正月癸卯，爪哇国王都马板遣使臣陈惟达等来朝，贡珍珠、珊瑚、空青等物。⑤由此看来，八智陈惟达与陈惟达是同一个人，而且是华人。八智是其官职。明洪熙元年（1425年）夏四月壬寅，爪哇国王杨惟西沙遣头目亚烈黄扶信贡方物。⑥黄扶信亦为华人，亚烈是其官职。明宣德元年（1426年）十一月壬寅，爪哇国王遣使臣亚烈郭信等来朝，贡方物。⑦

其二是作为中国的藩属国来华朝贡。

作为朝贡国，必须奉表纳贡。越南、占城与明王朝建立了宗藩关系，故多次遣使奉表入贡。越南在明朝多次遣使来华，这在中越两国史料中有大量的记载。越南学者黎贵惇在《北使通录》中记载，越南的使臣，分正使、甲副使、乙副使。越南遣使朝贡，既有政治上的因素，也有经济上的考虑。明永乐元年（1403年）十二月，安南胡㿯遣使如明贺明年正旦，进方物。⑧明成化四年（1468年），安南黎朝于"十一月，遣使如明，杨文旦、范鉴、黄仁等岁贡"。⑨明万历四十二年（1614年）五月丁巳，安南都统使黎维新差夷官刘廷质三十八员进贡方物表文，补三十三年额贡。⑩明天启六年（1626年）秋七月癸巳，安南都统使黎维新嫡子黎维祺遣使臣阮进用等补贡方物。⑪

占城亦多次遣使朝贡。如明洪武二年（1369年）九月丙午，"占城国王阿

---

① 《明武宗实录》卷45。
② 《明武宗实录》卷59。
③ 《明太祖实录》卷139。
④ 《明太宗实录》卷46。
⑤ 《明太宗实录》卷50。
⑥ 《明仁宗实录》卷9。
⑦ 《明宣宗实录》卷22。
⑧ 《明太宗实录》卷26。
⑨ 《大越史记全书》标点校勘本，本纪实录卷之十二，第634页。
⑩ 《明世宗实录》卷489。
⑪ 《明熹宗实录》卷74。

答阿者遣其臣蒲旦麻都等贡方物"。①明洪武三年（1370年）八月辛酉，占城国王阿答阿者遣其臣打班舍利等来贡方物。②

其三是寻求明朝的支持。

东南亚国家之间存在纷争，它们因此多次遣使来华诉求，寻求明朝的支持。

越南与占城长期对抗。明代越南多次派遣使臣前往中国，奏告占城入侵、骚扰边境。明成化五年（1469年）三月，"占城人乘船航海，寇边化州"③。明成化六年（1470年），"冬十月，遣使如明。阮廷美奏占城骚扰边事，郭廷宝奏偷采珍珠及地方侵扰事"④。明成化十年（1474年），"冬十月，遣使如明。黎弘毓、阮敦复、吴雷等岁贡。汧（qiān）仁涛、阮廷美等奏占城溃乱扰边事"⑤。而占城亦多次遣使赴明，控告安南派兵入侵其国。永乐元年（1403年）秋七月丁酉，占城国王占巴的赖遣使婆甫郎等奉金叶表文来朝，贡方物，且言其国与安南接壤，数苦其侵掠，请降敕戒谕。⑥《明实录》记载：明永乐四年（1406年）八月庚子，占城国王遣其孙来朝，"贡白象、方物，且言安南黎贼数侵掠其境土、人民，请兵讨之"⑦。天顺八年（1464年）三月庚申，占城国王遣使臣奏："安南国侵扰本国，求索白象等物，乞照永乐年间，遣使安抚，置立界牌碑石，以免侵犯，杜绝仇衅。⑧"明朝兵部商议后，让通事省谕占城来使，还语国王："俾谨守礼法，保固境土，以御外侮，勿轻构祸。"⑨

满剌加与暹罗之间亦有冲突，满剌加遣使向明朝控告其罪行。宣德六年（1431年）二月壬寅，满剌加国头目巫宝赤纳等至京，说："国王欲躬来朝贡，但为暹罗国王所阻。暹罗欲侵害本国，本国欲奏，无能书者，今王令臣等三人，潜附苏门答剌贡舟来京……"⑩

其四是向明朝请赐请封。

---

① 《明太祖实录》卷45。
② 《明太祖实录》卷55。
③ 《大越史记全书》标点校勘本，本纪实录卷之十二，第635页。
④ 《大越史记全书》标点校勘本，本纪实录卷之十二，第639页。
⑤ 《大越史记全书》标点校勘本，本纪实录卷之十三，第659页。
⑥ 《明太宗实录》卷21。
⑦ 《明太宗实录》卷58。
⑧⑨《明宪宗实录》卷3。
⑩ 《明宣宗实录》卷76。

明代东南亚诸国多次派遣使臣来华请赐。在东南亚各国中,有一些国家认为自己有功于大明王朝,有必要受到明朝皇帝的奖励,因此遣使来华邀功请赏。如明洪武六年(1373年)八月戊戌,占城国王阿答阿者遣其臣阳宝摩诃八的悦文旦进表,贡方物,"且言海寇张汝厚、林福等自称元帅,动掠海上,国王攻败之,汝厚等溺水死,获其海舟二十艘,苏木七万斤,及从贼吴第四来献"。明太祖对其进行奖励,"命赐其王织金文绮纱罗四十匹,使者纱罗二匹、文绮四匹、衣一袭、钱一万二千,从人各赐有差"[1]。真腊国亦曾遣使邀功。据《明实录》记载:明万历八年(1580年)八月壬戌,柬埔寨西郑青捕逆贼杨四并金书牙腊来献。"四,通贼林道干党也。"柬埔寨西郑青曾"乞通贡于内",明朝以为"俟获道干后再议"。[2]

要求明朝给赐冠带,在东南亚各国使行中比较普遍。以明成化年间为例,可见一斑。在已经给赐冠带的情况下,有些国家使臣仍然坚持要求给赐冠带,如占城国。明成化五年(1469年)十一月丁未,占城国副使阿离等奏:"乞给赐冠带。"[3]礼部官员因此奏告明朝皇帝:"阿离及舍人翁木等五人,事宜如所请;其通事周公保并舍人翁贵等六人,先已给赐,不可再给。"[4]明朝皇帝采纳了其建议。明嘉靖二十二年(1543年)秋七月甲寅,占城国使臣沙不登古鲁等来华援例奏乞冠带。[5]暹罗等国也多次要求给赐冠带。安南也起而效之,要求明朝给赐冠带。明成化十八年(1482年)秋七月,暹罗国差使臣来朝请封,贡方物。[6]明成化二十三年(1487年)八月辛未,安南国王黎灏派遣陪臣黎德庆等奉表,贡方物,要求明朝给赐,"乞如暹罗、爪哇、占城等国使臣事,给赐冠带"。明宪宗同意安南使臣的请求,"命后不为例"[7]。

遣使请封,是东南亚各国遣使中国的原因。明正统十二年(1447年)秋七月己亥,故占城国王占巴的赖侄子摩诃贵来遣使臣赴明,奏告:先王逊位舅舅摩诃贲该,摩诃贲该不久在与安南的战争中被俘,"国中臣民,以臣先王之姓,在昔已有遗命,请臣代位,以掌国事。臣辞之再四,不得已乃于府前治事,其王位未

---

[1] 《明太祖实录》卷84。
[2] 《明神宗实录》卷103。
[3][4] 《明宪宗实录》卷73。
[5] 《明世宗实录》卷276。
[6] 《明宪宗实录》卷22。
[7] 《明宪宗实录》卷255。

敢自专。伏乞特降赐明诏，以慰远人之望"①。明英宗根据其请求，遣给事中陈宜为正使、行人薛干为副使，持节册封摩诃贵来为占城国王。占城还利用朝贡的机会进行请封。如明弘治十八年（1505年）六月占城国王子遣使臣来明贡方物，"乞命大臣往其国，仍以新州港等处封之"②。明正德五年（1510年）秋七月庚辰，占城国署国事世子沙古卜洛遣其叔叔沙系把麻等请封，并贡方物。③安南亦多次遣使请封。明正统八年（1443年）夏四月丁酉，安南国故王黎麟嫡子浚遣陪臣黎傅等赍捧国人表文请封，及贡方物。④明万历三十四年（1606年）二月甲辰，安南都统使黎维潭子黎维新贡方物，请封黎氏。⑤

遣使请降。明嘉靖十八年（1539年）二月癸丑，安南国头目莫方瀛遣使臣阮文泰奉表，款镇南关请降，因籍其土地、户口以献。⑥

遣使谢罪。明永乐三年（1405年）六月己丑，安南胡奃遣使臣阮景真等随监察御史李琦等入朝上奏谢罪。⑦自称"权理国事以主其祭"，否认窃夺陈朝权位的罪行，提出"臣请迎归天平，以君事之"。⑧

进香等。明正统元年（1436年）夏四月戊午，安南国权署国事黎麟以宣宗皇帝宾天，遣使黎笼等进香；以上新登宝位，尊圣祖母为太皇太后，圣母为皇太后，各遣使进表及方物称贺。⑨

告讣，亦是东南亚与中国有宗藩关系国家遣使的缘由之一。如弘治十一年（1498年）闰十一月丁丑，安南国王黎灏卒，世子黎晖遣陪臣潘综等以讣闻。⑩明孝宗命行人司行人徐钰往祭。

在上述的东南亚使臣中有相当多的华人，如安南的黎德庆、潘综、刘廷质等人，暹罗的陈子仁、曾寿贤、谢文彬等，真腊的洪文荣等，满剌加的火者亚刘（萧明举）等，爪哇的陈惟达、黄扶信等，都是华人。

---

① 《明英宗实录》卷156。
② 《明武宗实录》卷2。
③ 《明武宗实录》卷65。
④ 《明英宗实录》卷103。
⑤ 《明世宗实录》卷418。
⑥ 《明世宗实录》卷221。
⑦⑧ 《明太宗实录》卷43。
⑨ 《明英宗实录》卷16。
⑩ 《明孝宗实录》卷144。

三、东南亚华人使臣出使中国的作用和影响

东南亚华人使臣出使中国，有其不同的目的，所发挥的历史作用亦有明显的不同。就越南而言，华人使臣出使中国，除外交活动之外，还从事经贸活动和文化交流。对于非宗藩国家而言，东南亚的暹罗、马六甲等国，除解决有关争端外，多进行贸易活动。

东南亚华人使臣出使中国，发展了中国与东南亚的政治关系，加强了中外经贸往来，推动了文化交流。

但是东南亚华人使臣的不法活动，对中外关系也产生了一些消极影响。不法活动的表现主要有以下几种。

其一，夹带私货，劳民伤财。

据史料记载，越南在朝贡使行中，越南使臣多夹带私货，动用了大批劳动力。明朝对安南国王，要求"今后所差陪臣行人，俱照洪武年间事例，止许五人，亦不许夹带私货"[1]。但越南方面依然我行我素，到清代，"动用人夫，少则二千，多则三千"[2]。

越南贡使借机购买北货，甚至违禁购买，在回国之后受到惩处。如明宣德九年（1434年）的黎伟、阮传，多买北货，达到30余担。[3]

越南使臣夹带私货，甚至违禁购买，这给两国人民带来了沉重负担，干扰了边境人民的生活，也影响了中外关系的发展。

其二，非法贸易活动。

东南亚国家的使臣还从事非法贸易活动，对明朝主导的朝贡体制造成了很大的冲击。明朝对东南亚国家的非法活动早有发觉，并采取了一些措施。如却贡，"绝其往来"。《明实录》云：

（洪武二十六春正月）甲寅，禁民间用番香、番货。先是，上以海外诸夷多诈，绝其往来，唯琉球、真腊、暹罗斛许入贡。[4]

---

[1] （明）李文凤：《越峤书》，卷11《书疏移文》。
[2] （清）汪森：《粤西文载》，载卷5《土官阻留贡物疏》，清文渊阁四库全书本。
[3] ［越］吴士连：《大越史记全书》，东京大学东洋文化研究所，1986，第581页。
[4] 《明太祖实录》卷231。

本人以为，所谓的"诈"，就是一些国家打着朝贡的幌子，从事非法贸易活动。甚至有些国家的商民，冒充朝贡使团前来中国贸易。

明成化十七年（1481年）秋七月丁酉，暹罗、苏门答剌二国使臣朝贡还，舟人教其途中买贫民子女、多载私盐，且为诸不法事。①

正德九年（1514年）六月丁酉，广东布政司参议陈伯献奏："岭南诸货出于满剌加、暹罗、爪哇诸夷，计其产不过胡椒、苏木、象牙、玳瑁之类，非若布帛、菽粟，民生一日不可缺者。近许官府抽分，公为贸易，遂使奸民数千驾造巨舶，私置兵器，纵横海上，勾引诸夷为地方害，宜亟杜绝。"事下礼部议，令抚按等官："禁约番船，非贡期而至者，即阻回，不得抽分以启事端，奸民仍前勾引者，治之。"报可。②

以上材料说明，国内一些商人伙同东南亚商人从事非法贸易，为了利益而不惜武装走私，纵横海上，还多次勾结外夷以朝贡为名前来贸易，这不仅阻碍了中外关系的发展，也给中国沿海地区的人民生活带来了消极影响，给明朝的海上安全带来了较大的隐患。

结　语

东南亚华人使臣的来源，主要有移民后裔、海外贸易商人、漂流者、被倭所掳等。越南华人使臣的来源主要是移民后裔，而东南亚其他国家则有海外贸易商人、漂流者等多个来源。

明代东南亚华人使臣奉命出使中国，主要有政治和经济方面的目的。越南和占城是与明朝有着宗藩关系的国家，它们的朝贡既有政治上的目的，也有经济上的目的。其他如暹罗、爪哇、苏门答剌等国，遣使来华的目的多是以朝贡为名，其实是为了追求经济利益。

东南亚华人使臣在华活动，有其积极影响，发展了明朝与东南亚各国的政治关系，加强了中外经贸往来，推动了中外文化交流，总之有利于中外关系的发展。东南亚华人使臣在华的不法活动，有其消极影响，即夹带私货，加重了人民负担。外国使臣和不法海商勾结，给明朝的海上安全带来了安全隐患，阻碍了中外使团的正常往来，不利于中外关系的发展。

---

① 《明宪宗实录》卷217。
② 《明武宗实录》卷113。

印度尼西亚邦加岛华人文化认同的历史与现状探析

张小倩[①]

（丽水学院华侨学院　浙江丽水　323000）

前　言

　　早期邦加岛的华侨几乎都为来自广东和广西的客家人，作为"契约华工"在荷兰殖民者的管理下过着集体生活。职业的一致性、祖籍和语言的同一性、聚居的生活环境，客观上保证邦加华侨能够较完整保留其传统习俗和文化，即使与当地人通婚也不易受其影响。

　　20世纪40年代以后，邦加的契约华工大批返国，爪哇工人代替了契约华工的位置，留下来的华工及其后代人口比例降低，并受到马来文化的影响，特别是在如省会邦加槟港等与外岛交往较多、现代化程度较高的地区的华人。其他居住在原来矿区如哲布斯、勿里洋等地的华人因为当地没有怎么开发，受到外界影响较小，传统文化和习俗包括方言能够较好保存。

　　然而，在苏哈托统治时期，华人特征同样在邦加的公开场合消失。20世纪90年代以后，中国国际地位提升，与印度尼西亚的关系也大幅改善。印度尼西亚华人迎来族群文化复兴时期，爪哇、苏门答腊和加里曼丹等地区的华文学校、华人社团纷纷建立，推动这一场"文化复兴运动"。作为历史上曾经的华人聚居地，当前邦加华人的文化认同状况及其问题值得我们关注。

一、邦加岛华侨华人概况

　　1860年以前，荷属东印度华侨大多居住在爪哇岛和马都拉岛，外岛华侨人数

[①] 张小倩，丽水学院华侨学院讲师，研究方向：印尼华侨华人。

较少。此后，外岛华侨人数逐渐增加。①特别是邦加、勿里洞及廖内群岛，华侨人数剧增。原因在于1870年后，荷印政府加强了对这些岛屿的征服和开发，开采锡矿和兴建各种经济作物种植园急需劳力，新来的移民或契约华工从此大量移入此地区。邦加岛成为契约华工的聚集地，岛上人口曾经高达半数以上为华侨，其中又以客家籍华侨占据多数，可以说这些华侨是邦加岛的开拓者之一。

"契约华工制"，俗称"卖猪仔"。"卖猪仔"这一用词与契约华工的运输方式及受到的待遇息息相关。当时"沿海人民或被骗，或被劫，·入番舶，如载豚豕"②。可见，华工的待遇在未踏上异国土地之前就注定是卑微且低贱的。

在全盛时期，邦加与勿里洞的契约华工人数分别为4万人和2万人。其中以广东籍的居多，尤以客家人占多数。③1960—1963年厦门大学南洋研究所为了解契约华工的情况，组织调查组对海南岛兴隆农场、福建晋江双阳农场、厦门同安竹坝农场、漳州云霄常山农场等回国华工进行调查访谈。其中就有72位华工曾在邦加矿厂工作。他们之中广东籍者42位，广西籍者24位，以客家人最多。④

1930年以后，荷属东印度经济受到世界经济危机的影响，逐渐停止"猪仔"输入，邦加的契约华工人数逐渐减少。⑤至印度尼西亚独立以后便不再输入契约华工，而由爪哇劳工所代替。⑥随着契约华工的逐渐消失，爪哇工人的输入，岛上的华侨或回祖国，或去往他岛谋生。目前邦加华侨华人在该岛的比例已经降到6%以下。⑦

二、邦加岛华侨华人的文化认同演变

（一）20世纪初至30年代

邦加岛在1905年，有将近43700名华侨，占总人口的38%；1920年估计有

---

① Dutch East Indies, Departement van Landbouw, Nijverheid en Handel, Chinese and other non-indigenous orientals in the Netherlands-India. Volkstelling 1930. Vol. VII. Batavia, 1935, p.48.
② （清）李钟珏：《新加坡风土记》，南洋书局有限公司，1947，第17页。
③ 戴鸿琪：《印尼华侨经济》，海外出版社，1956，第27页。
④ 吴凤斌：《20世纪初邦加锡矿契约华工调查报告》，厦门大学南洋研究所资料辑存，第413期。
⑤ 戴鸿琪：《印尼华侨经济》，海外出版社，1956，第25—26页。
⑥ 吴凤斌：《20世纪初邦加锡矿契约华工调查报告》，厦门大学南洋研究所资料辑存，第413期。
⑦ Sensus 2000.Data dipublikasikan BPS hanya bila termasuk&etnis terbesar diprovinsitsb（2000年印度尼西亚部分地区华人人数情况）。详见印度尼西亚中央统计局网站：https：//www.bps.go.id/。

67398名华侨，占总人口的44.6%。[1]邦加华侨作为邦加岛的"开拓者"，这一时期在该岛的人数比例将近一半，这就表示邦加华侨社会更不易受外界影响而改变其原有的文化认同。

同时，19世纪末20世纪初是契约华工输入邦加岛的高峰期，因此估计这些华侨人口中大部分是新客华侨。新客华侨的势力，特别是在建立会馆、推动经济和传播中华文化方面的影响极大。

邦加岛的土生华侨与爪哇的土生华侨情况也有所不同。爪哇土生华侨通常被称为"Peranakan"，其在母系方面注入了原住民的血液，并局部地接受了原住民的生活方式。爪哇土生华侨的日常生活用语为马来语或爪哇语等当地方言，处于社会中上层男性仍着中国传统长衫。女性则身穿娘惹装，和她们的母亲一样，接受妇女一般的教养。[2]爪哇土生华侨在新客大批涌入之前，当地化倾向明显。邦加岛的土生华侨情况则不一样，虽然他们也有原住民血统，但是职业和生活环境的相似性使父系血统对他们的影响更大，生活方式仍延续父辈传统。由于矿工的生活环境相邻且类似，他们使用的交流语言仍是客家话，只是逐渐受到了当地语言的影响。

邦加岛的华侨与其他民族的关系融洽。这对他们的政治和文化自由产生了深远影响。邦加原住民认为大量华侨生活在邦加很平常（biasa saja），即使是华侨在辛亥革命时期对祖籍地政治热情的高涨，也不曾导致在当地发生族群间的暴动。主要原因在于：首先，在20世纪40年代之前，邦加契约华工占据岛上人口的主要部分。华侨被视为邦加历史、语言和文化的贡献者，甚至不同的宗教和习俗也没有影响双方的交往。在农历新年，邦加原住民拜访他们的华侨好友，华侨会招待他们穆斯林客人能够接受的饮食。在穆斯林开斋节的最后一天，华侨会上门做客，对穆斯林朋友表示尊敬。[3]就笔者实地观察，这一传统一直延续到现在的邦加华人社会。其次，这时期邦加华侨普遍与当地民族之间的阶级差异不大，当地土生华侨像原住民那样生活，职业除矿工以外，还包括农

---

[1] Dutch East Indies, Departement van Landbouw, Nijverheid en Handel, Volkstelling 1920. quoted from Mary F. Somers Heidhues, Bangka Tin and Mentok Pepper: Chinese Settlement on an Indonesian Island. Singapore: Institute of Southeast Asian Studies, 1992, pp.175-176.

[2] 廖建裕：《爪哇土生华人的政治活动（1917—1942）》，正中书局，1985，第9页。

[3] Mary F, Somers Heidhues, Bangka Tin and Mentok Pepper: Chinese Settlement on an Indonesian Island. (Singapore: Institute of Southeast Asian Studies, 1992), p.225.

民、劳工、渔民和小商贩、职员等。

这一时期邦加华侨的文化认同与其政治认同密不可分。

20世纪初，随着孙中山领导的同盟会在东南亚宣传革命活动，1907年，在革命党人的支持下，荷属东印度的华侨在巴城小南门（Pintu kecil）成立了第一个同盟会支部。不久，为了掩人耳目，防止荷兰殖民政府的破坏，同盟会改名为寄南社，并开始在荷属东印度各地成立书报社，以便推广革命思潮。

邦加岛虽然只是一个小岛，但是长期处于荷兰殖民者的压迫和剥削下的大量契约华工的存在，迫切要求有一个强有力的祖国可以保护他们在当地的权益。清政府的腐败使他们被迫离开家乡，远走南洋谋生的主要原因之一，因此他们对清政府并不抱有希望。革命派的到来使其艰苦凄凉的矿工生活迎来了一丝希望，在革命党人的宣传活动下，他们的希望被点燃，产生了爱国热情，形成了对祖国的政治认同，开始在邦加当地积极建立同盟会分会、书报社等组织，支持革命活动。

据不完全统计，中华民国建立前的1908—1911年，荷属东印度的同盟会大致有13个分会，包括巴城分会、三宝垄分会、泗水分会、邦加槟港分会、邦加烈港分会、邦加勿里洋分会、棉兰分会、坤甸分会等。[①]这些支部几乎都在外岛，仅邦加一岛就成立了3个分会。在槟港、烈港、勿里洋、门托克以及岛上其他地方都有书报社的存在，华侨苦力较多特别是客家人较多的地区则普遍存在。[②]可见处于社会下层的工人受革命鼓动的程度更大，但是在爪哇大城市的华侨也有较高的革命热情。

这一时期的荷属东印度书报社多附属于华校之内，因此书报社多以所属学校冠名。邦加岛上有邦加槟港中华书报社、邦加文岛中华书报社、邦加烈港明德书报社等。书报社提供华文读物，推动中华文化在荷属东印度华侨中的发展，而且讨论国内局势，商讨革命事宜。书报社在荷属东印度的发展有力推动了华侨，特别是土生华侨参与爱国民主主义运动，形成对祖国的政治认同和文化认同。

在印度尼西亚其他各岛广泛开展新式教育时，邦加岛的华侨也十分重视子女的华文教育和文化传承。中华会馆建立的头15年里，在全印度尼西亚开设了25个中华学校分校，其中邦加岛就占了4个，其他几乎都在爪哇岛。这4个学校

---

① 杜永镇：《辛亥革命时期的华侨》，中国华侨出版社，1991，第42—43页。
② Lea E.Williams, *Overseas Chinese Nationalism: The Genesis of the Pan-Chinese Movement in Indonesia*, 1900-1916.（The Free Press, 1960）, pp.103-106.

分别是1907年的槟港中华学校，1908年的勿里洋中华学校，1910年的烈港中华学校以及1912年的都保里中华学校。[①]1919年大约有800个华侨子弟在中华学校就读。到1930年，岛上共有华校40所，其中槟港有9所华校，门托克有2所，烈港有11所，南邦加共5所华校，北邦加（勿里洋、哲布斯）共13所华校。为保证教学质量，邦加华校董事会也从中国聘请教师以普通话授课。[②]

邦加华侨学校的发展不仅促进了当地华侨社会统一文化认同，接受新式教育，而且派侨生前往祖国学习，加深了当地土生华侨与祖国之间的联系，推动了当地华侨对祖国产生政治认同。土生华侨不再局限于方言教育，同时接受了祖国的主流文化教育和爱国教育，形成了对祖国的政治认同和统一的文化认同。

（二）中国抗战时期的邦加华侨

20世纪30年代初客观环境的制约，诸如经济危机的影响、荷兰殖民政府对荷属华侨参与民国政府活动的限制等，使荷属东印度华侨压抑了对祖国的关切。在日本侵华初期，只有少数华侨组织或个人表达对祖国抗战的支持。但是在1937年全面抗战爆发之后，越来越多的荷属东印度华侨开始公开支持国内的抗战，他们订阅当地宣传抗日的报纸、积极捐款捐物、回国参与抗战，以各种形式支援抗日战争。比如邦加岛九莲堂华侨共募得大洋602元8角8分。[③]再如上海华侨爱国义捐总收款处对1933年5月经收的款项进行统计并发表报告，其中邦加槟港中华商会共捐1200元。[④]

1937年8月2日印度尼西亚华侨抗日救国的联合组织——华侨捐助祖国慈善事业委员会应运而生。[⑤]该会下辖34个团体会员，包括邦加勿里洋华侨赈灾委员会以及邦加槟港华商公局。1940年早些时候，邦加华侨社团带领当地华侨募集大约11000荷币寄往中国的解放组织。[⑥]

[①] Nio Joe Lan, Riwajat 40 Taon dari Tiong Hoa Hwe Koan-Batavia（1900 - 1939）. Batavia, 1940, pp.70-74.
[②] Hooyer, D.G, Memorie van Overgave, Bangkalpinang, 1931. Mary F. Somers Heidhues, Bangka Tin and Mentok Pepper: Chinese Settlement on an Indonesian Island. Singapore: Institute of Southeast Asian Studies, 1992, p.163, note 153.
[③]《巴达维亚侨胞捐款供制飞机》，《申报》1932年6月11日；《爱国侨胞捐助义军》，《申报》1932年7月10日。
[④]《华侨爱国义捐报告》，《申报》1933年6月12日。
[⑤] 黄慰慈、许肖生：《华侨对祖国抗战的贡献》，广东人民出版社，1997，第37页。
[⑥] Mary F, Somers Heidhues, Bangka Tin and Mentok Pepper: Chinese Settlement on an Indonesian Island.（Singapore: Institute of Southeast Asian Studies, 1992）, p.181.

抗战胜利后，邦加爱国华侨社团、华校教育和华文报刊发展迅速，为土生华侨宣传爱国主义思想，普及中华文化。

1945年后，邦加的华校数量增长迅速，许多城镇开办了新的华校。到1946年，官方资料估计在邦加有67所华校，已有超过200名教师和9213名学生。与战前1930年的40所相比，邦加华校总数增加了27所。1947年1月华校新学期开始，在邦加就估计有12387名学生入学。同时只有大约700名华侨学生进入国民学校学习。[①]20世纪50年代中期，邦加岛有华侨学校84所，学生20700余人。

邦加华校的发展表明中国抗战胜利后，爱国主义和中华文化在华侨社会继续传播和发展。

印度尼西亚共和政府成立后，领导人开始处理境内华侨问题，华侨的国籍问题也被提上议程。但是无论共和政府执行的是主动制还是被动制国籍选择政策，大多数华侨坚定不移地选择中国国籍，出现了对中国政治和文化认同的新高潮。

（三）印度尼西亚民主改革时期的华侨华人

这一时期可分为两个阶段，即苏加诺的指导民主时期（1949—1966）以及苏哈托的"新秩序时期"（1966—1998）。[②]

1.指导民主时期（1949—1966）

据威尔莫特估计，1950年印度尼西亚的土生华侨为150万，超过70%，而新客华侨估计为60万人。[③]其中，据不完全统计，1951年邦加居民有45%为华侨，多住在矿区，而在哲布斯、勿里洋等矿区的华侨比原住民还要多。[④]

印度尼西亚独立后，第一任总统苏加诺统治时期，与印度尼西亚华侨发展息息相关的一项重要议题就是外侨国籍问题。虽然国籍政策表面上也不针对华侨，但是正如上文所言，华侨占据了印度尼西亚外侨的绝大多数。实际上，针对外侨的国籍法内容主要也是针对华侨来制定的。在20世纪40—60年代印度尼

---

① Mary F, Somers Heidhues, *Bangka Tin and Mentok Pepper: Chinese Settlement on an Indonesian Island.* (Singapore: Institute of Southeast Asian Studies, 1992), pp.200-201.
② 1966年苏哈托上台后，为了体现自身政权在政治、经济等各方面的进步性和优越性，遂分别以"新秩序"（Orde Baru）和"旧秩序"（Orde Lama）指代他本人和苏加诺的统治，后学界以"新秩序时期"作为苏哈托统治时期的代称。
③ Donald E. Willmott, *The National Status of the Chinese in Indonesia*, 1900-1958. (New York: Cornell University Press, 1961), p.68.
④《新报》，雅加达，1951年9月14日。摘自厦门大学南洋研究院剪报合辑本，编号：NY-03-0274。

西亚政府陆续出台了几次国籍政策。

1946—1954年印度尼西亚政府采取被动式的国籍政策。在被动制国籍法实行期间，印度尼西亚华侨并不重视印度尼西亚国籍，例如邦加岛大部分华侨希望成为新中国的一员，他们对印度尼西亚国籍没有兴趣，其他的人则不关注政治。①华侨报纸持续登载华侨青年脱籍的盛况。如《新报》就报道了邦加华侨的脱籍情况。"因邦加脱籍者人数颇多，故法院前每晨人数挤拥，因脱籍时限已迫，为便利脱籍申请，邦加法院通融申请人可以先签脱籍证，其他证件以后再行补缴。"②

那时的邦加华侨社会似乎存在一种迷思和狂热，认为脱籍才是爱国（中国）的，不脱籍的如同不爱国。这一现象的出现，主要有以下几个方面的原因：第二次世界大战后，中国以战胜国的地位出现在国际舞台上，加强了当地华侨的民族自豪感。而中华人民共和国的成立，再一次激发了华侨的民族主义感情，他们以自己作为大国的公民感到光荣。甚至同印尼军民并肩战斗抵抗英国、荷兰殖民军的少数华侨，也高举中国国旗参加战斗。③此外，当时《新报》提及，印尼政界和舆论界总有一小部分人受到蒙蔽宣传，对于新中国的立国精神不甚了解，甚至有的人疑心中国的强大而怀有戒心，进而采取不必要的更正政策，使华侨心理蒙受强烈影响。苏加诺把全体华侨不分皂白等量齐观，也使侨生伤心脱籍。④

1955年"双重国籍条约"的制定以及1958年印尼政府颁布《第62号法令》后，华侨面临又一次选籍的机会。到1961年3月，印尼政府官员估计，65%的华侨选择了印尼国籍，而印尼国籍协商会估计为70%至90%。⑤选择保留中国籍的华侨中，很大一部分人返回中国。例如，总统十号法令颁布后，在1959—1961年，不少邦加岛华侨出于对印尼的失望和恐惧，以及对在印尼生活的不确定性，于是怀抱对中国的巨大希望而离开印尼去往中国。离开印尼的许多都是出

---

① Mary F, *Somers Heidhues*, *Bangka Tin and Mentok Pepper: Chinese Settlement on an Indonesian Island.* (Singapore: Institute of Southeast Asian Studies, 1992), p.201.
② 《为便利脱籍申请，邦加法院通融办法》，《新报》，雅加达，1951年11月9日。
③ 周南京：《印度尼西亚华侨华人研究》，香港社会科学出版社有限公司，2006，第140页。
④ 《谈谈华侨的脱籍》，《新报》，雅加达，1951年12月19日。
⑤ Mary F, *Somers Heidhues*, *Peranakan Chinese Politics in Indonesia.* (New York: Cornell University press, 1964), P.34.

生于印尼的年轻华裔,他们希望能在中国继续他们的学业或事业。①

2."新秩序时期"(1966—1998)

1965年苏哈托掌权后,印尼华人被迫改名,华人社团、华文学校、华文媒体以及一切与中华文化特征有关的活动都被关闭或禁止在公开场合出现。国外华文刊物、媒体影像等被禁止进口印尼。印尼华人陷入了长达32年的强制同化时期。

与此同时,印尼与中国的关系也陷入低潮。1967年10月,印尼单方面与中国政府断交,双方停止了一切来往,印尼华人与中国的直接联系被迫断开。随着20世纪90年代中印尼关系恢复正常化,两国经贸往来频繁,带动了两国文化、学术、旅游各方面的交流,华文在印尼的价值提高。出于吸引港台、新加坡资本的需要,印尼政府的华人政策终于从华文教育开始有所松动。从苏哈托的继任者哈比比总统开始直至目前新上任的总统佐科,逐渐放弃了强迫同化政策,并逐步撤销了某些对华人族群的歧视政策,印尼华人的社会地位得到提升。

当今印尼华人已经在政治上认同印尼为自己的祖国,积极参政议政,参与各项社会活动。中国对他们来说已经成为祖籍国,是与自己的族群文化同宗同源的,更易合作的生意伙伴。但是老一辈和部分年轻华人在经历30多年的强制同化而"重获自由"后,开始致力恢复华人社团、华文教育和华人文化。

虽然之前在几次国籍选择时都有不少华侨选择回到中国,但对于这一时期仍留在邦加的华侨华人来说,不管是否为印尼籍,他们意识到"归国"已经不是一个可行的选择。20世纪80年代以前,仍有为数不少华侨,包括土生华侨没有选择印尼籍。虽然总统十号法令也威胁到他们的生活,按照规定只有首府槟港以及烈港是外侨可以居住的地方。但实际上仍有很多华侨居住在以前的矿区,如勿里洋、哲布斯、科巴或都保里等。总统十号法令从1959—1961年甚至到1965年后都持续在印尼的一些省份和地区推行,但是邦加却始终是一个例外。或许因为当地华侨华人与其他族群之间的关系一向和谐,因此相比爪哇、苏门答腊等排华情绪较为浓重的地区,邦加地方政府没有真正彻底执行这一法令。到20世纪80年代,因为邦加华侨华人已经长期融入当地生活,再加上国籍法的简便化,大多数华侨选择了印尼籍。②这也从侧面证明,即使不通过强制同

---

① Mary F. Somers Heidhues, *Peranakan Chinese Politics in Indonesia. Unpublished Dissertation* (Cornell University, 1965), p.209.

② Mary F, *Somers Heidhues*, *Bangka Tin and Mentok Pepper: Chinese Settlement on an Indonesian Island*. (Singapore: Institute of Southeast Asian Studies, 1992), p.220.

化，已经适应印尼生活，并且认同印尼为自己祖国的土生华侨，在政府实行简便入籍政策的情况下也会自动选择入籍。

在邦加，除了跟印尼其他地区的华人一样在国籍和社会环境发生变化外，华人人口也发生变化，由于邦加的工作机会少，大量华人子女前往印尼其他城市学习或寻求更好的发展，老一辈人则大部分继续留守邦加。

3.这一时期邦加华侨华人的文化认同状况

"新秩序时期"，一直对邦加华人造成重要影响的两个华人中心发生了变化。第一个是苏门答腊巨港。历史上邦加隶属于巨港苏丹的管辖范围，某些程度上，由于地理上的亲密性，来自苏门答腊的宗教和政治影响一直对邦加起到重要作用，如同盟会和书报社兴盛时期。但是从其他方面看，如今，邦加与雅加达的关系则更为密切。每天从邦加到雅加达的航班比到巨港的航班多得多。作为教育中心，雅加达和日惹也吸引着大量的邦加年轻人前往，因为岛上的机会太少。

第二个则是新加坡。从19世纪开始，新加坡作为东南亚华侨华人政治、经济和文化中心，影响着华人移民和商业的发展。在推进资本流通、苦力贸易、胡椒交易、组织秘密会社、为中国募捐等方面起着重要作用，并且一直作为中华文化传播的亚中心。但是随着苏哈托对印尼华人各方面的控制，新加坡对邦加华人的影响力逐渐减少。然而，随着印尼政治的开放，又有越来越多的邦加富裕华人将其子女送往新加坡深造。不仅因为新加坡是国际化大都市，同时因为它拥有深厚的东南亚华人历史底蕴和文化。[1]

20世纪80年代以后，邦加华人大量移居外岛而外岛原住民又不断移入，致使邦加华人与人口全盛时期相比，对邦加社会的影响日趋减弱，全岛的原住民色彩日益鲜明。但是，由于历史上华人与原住民的通婚及其密切交往，岛上邦加人口中存在相当一部分的混血华人，即在当地被称为"半唐番"的华人。这一现象使邦加原住民社会有别于印尼其他地区。最为典型的就是这里的原住民颇像华人且会讲客家话。[2]与印尼许多地区的华人是不断地"原住民化"相反，邦加却出现了原住民"华人化"的有趣现象。邦加华人与原住民之间的和谐关系也为其能保留华人传统文化提供了前提条件。

---

[1] 2014年6月于邦加胡椒商家访谈资料。
[2] 杨启光：《〈邦加的锡与胡椒〉——一部印尼华人研究新著的启示》，载《华侨华人历史研究》，1993年10月1日，第67页。

三、邦加岛华侨华人文化认同现状

根据2000年印尼政府的人口统计,邦加—勿里洞的华人人口仍占全省的11.54%。[①]而且岛上华人仍大多数是客家人,他们的日常用语是夹杂客家话和当地话的混合语言。

为了进一步考察邦加岛华人文化认同的现状,笔者针对邦加岛的华人,随机做了一份关于《印尼华人文化认同现状》的问卷调查,并对个别受访对象进行深度访谈。笔者的问卷调查涉及城镇包括槟港(Pangkalpinang)、高木(Koba)、哲布斯(Jebus)以及烈港(Sungailiat),共收回有效问卷104份。

(一)受访对象总体情况

表1 邦加受访对象性别比例

性别	人数	比例(%)
男	58	56
女	46	44
空白	—	—

表2 邦加受访对象职业比例

职业	商人	主妇	职员	工人	其他	空白
人数比例(%)	54	18	9	8	4	7.69

注:商人56人;主妇19人;职员9人;工人8人;其他4人;空白8人。

表3 邦加受访对象年龄比例

年龄	人数比例(%)
20岁及以下	4.81
21~30岁	38.64
31~40岁	19.23
41~50岁	16.35
51~60岁	4.81
60岁以上	13.46
空白	2.88

注:20岁及以下5人;21~30岁40人;31~40岁20人;41~50岁17人;

---

① 资料来自印度尼西亚国家统计局 BPS 2000 年对雅加达等 11 个地区的人口统计数据。

51～60岁5人；60岁以上14人；空白3人。

根据表1～表3，我们可以发现邦加受访对象主要为青壮年，其中以21～50岁的华人为主。在职业构成中，从商仍旧占据岛民职业的绝大多数。据笔者观察，邦加华人的从业方向较为一致，如果条件允许，从商依旧是他们的首选。此外，受访对象中有部分工人，这部分人多住在较偏远的哲布斯地区，是当年契约华工的后代，以往祖辈作为矿工生活，现在的他们则继续作为工人为印尼的发展贡献力量。

同时，根据问卷相关问题答案的分析，在邦加岛居住不满三代的仅有9%，三代以上者有30%，不知道自己为第几代的有62%。然而，通过访谈，笔者了解到不知道自己是第几代华人的受访对象，大多数也已经在邦加居住了三代以上。

邦加受访对象中89人仍有华语姓名。在没有华语名字的13个人当中，有2人想要取华语姓名。邦加华人的华语姓名几乎仍由家族中懂得华语的人取名，姓氏则大部分家庭仍保留。

邦加岛的华人虽居住当地已久，但是仍保留华语姓名，代表自己的华人特征。此外，邦加华人的职业结构较为单一，从商仍是主要就业选择。就业年龄也偏低，所有处于本科以下求学年龄的受访对象已经放弃学业。

（二）受访对象掌握和学习华文情况

问卷调查结果显示，就"是否学习过汉语"一题，除52人没有填写答案外，受访对象中学习过汉语的人数有40人，其中在1998年以前学习的占37%，1998年之后学习的占40%。同时，有23%表示没有学过。

在华文的掌握程度方面，完全不懂华文的占33%，而有68%的受访对象至少能听懂一些汉语。其中有35%懂得方言，主要为客家话，个别懂得闽南语。

"是否想学习汉语及其目的性"一题的结果表明，不想学习汉语的只有18人。而有86人想要学习汉语。其中，有50%的受访对象认为汉语有发展前景，学习汉语对以后的工作或者做生意有帮助。65%的人认为学习汉语对自己的华人身份认同十分重要。半数以上的邦加受访对象都想学习汉语，以增强自己的文化身份认同。

在主观题"华人是否应该保留自己的文化传统，应保留哪一方面"的答案中，有82%的人认为需要保存。其中24%的人认为汉语应作为华人传统文化保留下来。这24%的人里面还包括之前并没有选择"学习汉语对自己的华人身份认同十分重要"这一选项的7人。可见，2/3以上的邦加受访对象认同学习汉语对华人身份认同的重要性。

在"是否去过主要讲华语国家或地区"一题中，有67%的人表示没有去过，29%的人表示去过。主要去往中国大陆和香港地区，其中旅游和探亲是主要目的，也有一部分以学习为目的。

（三）受访对象参与华人社团活动情况

据笔者了解，目前邦加岛的华人社团较少，主要是姓氏协会、孔教总会和客属公会。虽然邦加岛的华人社团十分稀少，但是受访对象中表示会参与社团活动的占68%。其中，认为参与这些活动有利于提升文化认同的占47%，因为关心邦加华人的未来而参与活动的占44%。这部分受访对象参与的活动中63%是同乡会或宗亲会举办的活动，其次是校友会等举办的文教艺术类活动。

不参与社团活动的这部分人，主要原因是家附近没有华人社团，其次是因为忙。其中部分老一辈华人担心社团活动会引发政治问题。显然印尼以前发生的排华事件在他们心中仍有阴影，他们还在为印尼华人的政治安全感到担忧。

（四）受访对象对华文媒体的接受程度调查

邦加岛并没有创办中文报刊。由于运送不便，仅有少数受访对象订阅爪哇岛的《国际日报》和《千岛日报》。经过问卷调查，邦加岛的受访对象中有62%表示没看中文报和华语节目的习惯，38%的人表示有这个习惯。然而，有高达85%的受访对象表示自己会上网找或用卫星电视观看国外华语节目。仅有15%表示不会上网找也没有看国外华语节目的习惯。

邦加受访对象对印尼华文媒体的接受度较低，但是，对国外华语节目的接受度比例却很高。可见，并非所有不懂汉语的邦加华人都没有看华语新闻、节目的习惯。相反，绝大多数人都会去看，而且喜欢看。只是，订阅当地中文报对他们来说更麻烦，而且本地节目的吸引力没有国外的华语节目大。

（五）受访对象的宗教信仰情况与传统节庆传承

邦加华人历史上较少受到爪哇岛的影响，由于地理位置邻近，苏门答腊岛的巨港对邦加华人的影响更大。由于交通不便，除巨港外，邦加华人较少受到其他外界影响，特别是对爪哇岛华人造成极大影响的西方文化。

表4 邦加受访对象宗教信仰比例

宗教	基督教	天主教	佛教	孔教	道教	伊斯兰教	空白
人数比例(%)	10.58	11.54	29.81	48.08	—	—	—

注：基督教11人，天主教12人，佛教31人，孔教50人。

表格结果显示，邦加岛华人的信仰以孔教和佛教占据绝大多数，基督教和天主教只占少数部分。可见，邦加华人仍以传统信仰为主，信仰基督教和天主教的华人主要居住在省会槟港，而其他城镇华人信仰这两种宗教的极少。

表5 邦加受访对象过传统节日比例

节日	过此节日(%)	家庭(%)	家族(%)	家庭参与华人社团活动(%)	与邻居或同村人一起(%)	参与寺庙活动	参与教堂活动
春节	95.23	23.55	37.01	36.95	44.38	—	—
清明节	79.85	21.95	42.64	28.04	41.02	—	—
端午节	77.92	28.25	39.25	32.95	40.00	—	—
中元节	51.92	27.93	41.19	38.84	57.15	—	—
中秋节	51.92	24.07	41.19	41.19	51.85	—	—
元宵节	49.08	24.00	34.00	42.00	40.00	—	—

注：春节98人，清明节82人，端午节80人，中元节54人，中秋节54人，元宵节50人，空白1人。

通过表5结果，我们可以发现邦加华人仍较大比例地保留了华人传统节日。但是过节方式①与其他地方相比有很大区别。与邻居或同村人一起过节成为邦加华人的主要过节方式。这与大多数邦加人仍居住在较为偏僻、少受外界影响的地区有关，另外，许多华裔前往外岛求学、就业，也是家庭、家族过节方式较少的原因之一。同时这一现象也是邦加华人与友族之间相处融洽的有力证明。

由于大部分的邦加受访者信仰华人传统宗教，因此西方宗教对他们来说没有实质影响。目前邦加华人仍较大程度地保留了过华人传统节日的习惯。

---

① 由于邦加岛的问卷调查做得较早，笔者来不及对问卷中印度尼西亚语翻译存在的问题进行修改。实际上，"家庭参与华人社团活动"这一选项中，也包括参与寺庙或教堂的活动。

（六）对邦加岛华人文化认同现状的评估

首先在学习汉语的意愿方面。受访对象有2/3以上想要学习汉语，并且大多数人仍旧认为学习汉语对他们保持自己的华人身份很重要。这与邦加岛的华文教育环境有很大关系。与爪哇或西加等华人比例较高地区相比，邦加岛的汉语学习条件极差。截至2016年，仅有2009年在烈港开设的新中兴学校一所三语学校。正规汉语教师仅有2人，他们于中国大陆留学归来后，在新中兴学校教汉语。在岛上从事汉语教学的人数与邦加华人的人数相比，少得可怜。这主要因为汉语教学目前在邦加还没有发展，有汉语课的学校太少，硬件条件不足。这一现实将打击邦加华人学习汉语的积极性。在访谈过程中，不少邦加华人希望能有注重华文教育的企业家或教育家，帮助推动邦加岛的汉语教学。因为，他们的家庭环境和工作环境不允许自己去往汉语教育发达的地区学习。这一现状阻碍了邦加华人接受华文教育的实现。

华文媒体方面，阅读印尼本土中文报和观看当地华语节目的邦加华人十分稀少。主要是不懂，其次是订阅不方便。但是不少家庭安装有卫星电视收看外国的华语节目，不过这部分人主要为老一辈华人，年轻华裔长居岛上的不多。目前来看，汉语教育在邦加岛的缺失已经成为印尼华文教育界的一个大问题。同时这一现象可能造成当地华人身份认同流失，成为阻碍邦加华人追求华人文化认同的硬伤。笔者也希望通过这一调查结果，能够吸引志在推动印尼华文教育的人们前往邦加岛开辟这块汉语教育的荒地。

邦加的华人社团数量稀少，影响较大的孔教总会和客属公会主席为同一人。但是，这并不影响大多数邦加华人参与社团活动的热情。这些华人社团注重推动传统文化和宗教的保存。这些努力也取得了一定成绩，多数受访对象对华人社团未来的发展表示关注，他们认为参与社团的活动能够提升自己的华人文化认同。

邦加华人的宗教信仰没有发生明显的改变。受访对象总体学历不高，而且历史上邦加地处偏僻，华人聚居，鲜少受到外来文化影响。因此，教会或教会学校对他们的影响力也没有像爪哇岛那么大。与友族相处融洽，也使得华人传统节日在这里仍然能够较大范围地保留。即使在华人文化受打压期间，他们仍然可以选择和邻居私下共同庆祝。随着社会环境的开放，他们的庆祝活动更加无须隐藏，一到节日期间，大街小巷热闹非凡。就连清明节，邦加华人也会在墓地附近的主通道两边挂满红灯笼，以显示这是属于华人的节日。

结　语

历史上，邦加岛华侨华人始终保持较为强烈的华人文化认同。虽然经历过苏哈托时期的文化强制，但是邦加华人的文化认同并未受到太大影响，特别是在偏远地区。

然而，与爪哇岛或其他华人人口较为密集的地区相比，当前邦加岛的华人文化认同似乎更多的是靠身份和文化自觉。20世纪90年代以后，随着中国国际地位的迅速提升，中国经济的发展，印尼政府顺应大流，与中国恢复邦交，同时印尼政府也意识到中文在中印尼双方经贸往来和国际上的使用价值及其重要性。于是印尼政府开始逐渐转变对国内华人的政策，特别是在对华人态度强硬的苏哈托下台后，印尼的社会和政治环境越来越开放。老一辈华人特别是在爪哇的华人开始利用这一机会，寻求族群文化的复兴，特别是通过华文教育来使下一代重新习得华人文化。但是通过我们的实地调查和问卷分析，这一文化复兴运动似乎并没有出现在邦加，特别是华文教育的发展。

当前邦加华人的文化认同更多依靠传统宗教和文化的推动，华人社团也起到一定作用，但是华文教育对他们的影响极小。这一结果似乎也可以影射到其他较为偏僻的岛屿和华人区。

第四篇
侨乡社会与归侨

红河县马帮侨乡纸质史料的收集整理探讨

何作庆[①]

(红河学院人文学院　云南蒙自　661100)

云南省红河州红河县马帮重点侨乡史料的收集整理及研究虽然取得了一定的成果，但长期以来与马帮侨乡拥有的丰富的独特的文献资源极不相称，与沿海地区、云南腾冲等相比差距较大，红河县侨乡纸质史料的收集整理与汇编比较薄弱，尚需努力追赶，填补相关领域的空白。

一、史料与史料分类

（一）史料定义

历史资料（以下简称史料）是能够反映过去发生、存在过的所有事情的文字记载和一切物品，即人们记录过去的史事和人物的资料。史料是无处不在的，但由于时代和人们认识上的局限，并不是所有承载、传递历史信息的资料，都能进入人们，特别是历史学家的视野，发挥其应有的作用。20世纪的史料与人们历史观的变化有直接的关系。同时，由于时代技术的进步，又会有很多新形式的资料进入人们，特别是历史学家的视野，如新的考古发现、县衙中的文书档案、民间材料等，当代网络技术条件下的电子文件、短信、网帖、纪录片等文字、图片、视频资料等，甚至由纸质版向电子版演变的报刊、书籍等。

（二）史料分类

1.多分法

史料是分析研究历史，编撰史书（或论文）所用的资料，它包括文字、文献、档案、文物、遗迹、口碑、现代声像、微缩胶片、多媒体资料等。

[①] 何作庆，男，红河学院人文学院教授，研究方向：侨乡、华侨华人。

2.四分法

我们通常认识并且可以利用的史料大致有四大类：实物史料、行为史料、口述史料和文献史料。在历史编纂过程中，这四类史料都是人类历史记忆的不同形式，凝聚着特定人群的历史记忆，受到人们不同程度的重视和运用。在历史记忆的表达的意义上，因时、因地、因研究对象的不同而各有其自身的价值。

本文限于篇幅，主要探讨四大类中的文献史料类。文献史料是指人类的文字记录、文字材料，它通过刻有文字的载体：碑刻、钟鼎铭文、帛书、文书档案、族谱、账簿（册）、私人书札日记、纸质书籍等。文献史料是历史重构中使用得最多，鉴别其真伪的方法也最成熟。人们常用"白纸黑字"来形容其确定性，说明文献史料具有明确和不易更改的特点，文字的表达方式比起口述更为固定，容量更大，保持原状的时间更长，比起行为和实物也更加具体，更易理解。但文献史料也有其局限性。一般的史所依据的史料只能是反映了一部分历史内容的材料，它所涉及的只是一部分真实的历史。因此，古今中外人们都重视其他类别的史料，用以弥补文献史料之不足。

总之，实物史料、行为史料和口述史料是人类产生后的产物，文献史料是人类发明文字之后的产物。文献史料虽然相对其他三类史料而言，产生晚一些，却成为人类最重要的最受人们重视的史料。在历史研究中，由于文字的记录清晰明确，人们容易理解、传承，文献史料的地位往往得到凸显，并与口述史料相辅相成。对红河县马帮侨乡文献史料进行收集整理，把握它们各自特点，有利于认识它们在红河县马帮侨乡侨史编撰中的不同作用和互补功能。

二、红河县陆疆侨乡纸质史料的收集整理概况

红河县因其独特的区位优势、众多的少数民族，产生了大量的移民。据统计，云南红河籍海外华侨华人有上万人，分布于世界18个国家和地区，红河县作为云南省五大侨乡之一，侨乡文献也独具特色。

文献史料

1.书籍类

红河侨乡文献汇编类的书籍几乎没有，史料散见于地方老版史志资料等中，大部分成果也限于描述性和纪录性的层面，其中大部分资料也是为宣传地方旅游文化资源的文史性读物、风物志等。涉及红河侨乡文献介绍的书籍主

要有：

（1）《云南省志·侨务志》

由云南人民出版社出版的许百均主编的《云南省志·侨务志》卷六十五，是第一部反映云南华侨的综合性省级专志，扼要记述了云南侨务机构、侨务政策、侨乡、华侨农场、华侨社团及贡献等基本状况，涉及红河侨乡与华侨历史的概况。该志内容分为概述、大事、正文七章［机构沿革、侨务政策的执行、侨乡、国营华侨农（林）场、宣传文化教育、归国华侨社团、贡献］、附录等，主要反映云南省侨务工作和省内归国华侨、侨眷、华人眷属、港澳眷属及国外华侨华人的历史与现状。该书图文并茂，论述精练，比较系统地介绍了云南传统侨乡的分布和新侨乡——华侨农林场的基本情况。

（2）王谦、何作庆、黄明生合著的《陆疆侨乡名村——云南省红河州红河县迤萨镇跑马路社区安邦村调查报告》

该书是"当代中国边疆·民族地区典型百村调查"项目的成果之一，同时是国家级项目"中国陆疆侨乡文化研究"的阶段性成果，总结了半个多世纪以来红河县迤萨镇安邦村的政治、社会、经济、民族、宗教、文化等变迁，突出其陆疆侨乡的特点，对了解侨乡迤萨[①]的发展现状有详细描述。

（3）陈斌、何作庆、杨芳、辛利波合著的《多彩时空的交融——云南边境侨乡文化》

该书从纵的侨乡历史叙述与横的侨乡中的事件和人物个案及其文化分析两个方面，阐述云南边境侨乡文化的历史与现状，对人们全面、系统地了解、认识云南边境侨乡文化有一定的积极意义。全书分为导言、正文四章和结论等部分。

（4）钱存广编著的《迤萨旧事》

红河县侨乡文献还散见在云南省、地（州）、县政协文史资料里，许多内容记述着红河县华侨华人的诸多方面，虽是回忆性文章，但事迹大多为作者亲历，故有史料翔实、可靠之利，用于引述、论证相关史实方面，有着不可或缺的价值。如云南政协文史委员会编的《云南文史集萃（十）华侨·社会卷》（云南人民出版社，2004.12）。此外，各省、地（州）、县侨联汇编出版的文集中，也有涉及红河侨乡重要的史料，如红河侨联组织编撰的《红河侨乡60年》《侨乡红河》刊物等，它们对推动侨乡、侨情的收集与整理，有着积极的贡献。

[①] 2005年8月云南省侨办整理统计侨情资料。

2.文章类（含论文集类）

（1）云南省归国华侨联合会编的《云南侨乡文化研讨会文集》

该文章共汇编了40篇文章，涉及云南腾冲、大理、红河、德宏等云南的主要侨乡，涵盖华侨出国史、侨乡的地位和作用、马帮文化、旅游文化、侨乡人文精神和民风民俗等论题，是多侧面、多角度的云南侨乡和侨乡文化研究的集大成者，因文章作者覆盖省、市地方侨联、侨办和高校专家学者，这也是政府机构与云南本地学界相结合推动云南侨乡研究的一项会议成果。有关红河侨乡及侨乡文化方面的论文主要有云南省归国华侨联合会编的《云南侨乡文化研讨会文集》中有关红河县的论文。

（2）红河县人民政府侨务办公室和红河县归国华侨联合会编的《侨乡迤萨》

该书以华侨、侨眷、地方文史爱好者个人撰文和回忆录形式较系统、全面地记述了侨乡迤萨的历史与现状、文化与社会生活，其中不少资料反映了侨乡先民走出去的艰辛与他们大无畏的开拓精神，是一部了解侨乡迤萨形成、发展的代表性文献。

（3）《红河侨乡60年》

该书以专题撰文和回忆录形式反映了新中国成立以来红河县侨乡的变化，较系统、全面地记述了侨乡迤萨为主的历史发展与取得的成就、文化与社会生活，是一部了解红河侨乡形成、发展的代表性文献。

此外，中国知网、万方网、维普网等平台上有不少公开发表的学术文章供查询。其中代表性的论文有：红河学院何作庆、范元昌、彭强《关于中国陆疆侨乡研究的若干思考——以云南省红河（迤萨镇）侨乡研究为例》（云南省归国华侨联合会编：《云南侨乡文化研讨会文集》，2005.12）对中国陆疆侨乡文化研究中的方法选择、组织保证、经费筹措、研究者的使命与基本素养等各方面进行深入的探讨。红河学院人文学院黄明生、王谦《侨乡信息传播的变迁——对边陲陆疆侨乡红河县的信息传播考察》，通过对传统马帮捎传的人工口信与家书到现代信息传播方式的变迁研究，论述了红河县侨眷与海外亲人的信息交流方式的变迁。① 曲靖师范学院人文学院沈干芳《试析侨乡迤萨的形成及

---

① 黄明生、王谦：《侨乡信息传播的变迁——对边陲陆疆侨乡红河县的信息传播考察》，《红河学院报》2013年第3期。

发展前景》探讨了红河侨乡迤萨的形成和发展前景。① 红河学院何作庆、德宏师专丁菊英《红河陆疆侨乡的文化特征探讨》通过对红河陆疆侨乡的形成和文化特征的探讨，论述了以中华传统文化为本，吸收异域各民族文化中的合理成分而形成的陆疆侨乡文化特征及意义。② 红河学院何作庆、德宏州委党校瞿东华、德宏师专丁菊英的《中越红河流域滇境陆疆侨乡"和"文化探讨》在实地田野调查和大量资料收集的基础上，概述了中越红河流域滇境陆疆侨乡的分布格局及现状，分析了中越红河流域滇境陆疆侨乡"和"文化的交融及其特点，提出了建设中越红河流域滇境陆疆侨乡和谐文化的对策。③

3.侨刊乡讯

由红河县侨联（侨办）——侨务系统主办的侨刊、乡讯《侨乡红河》是云南省县级侨刊乡讯之一。红河州红河县归国华侨联合会于2007年创办《侨乡红河》1期，2008年至2009年各3期，2010年2期，2011年至2014年改为年刊，共计20余期，内部刊物，免费交流。该刊以红河县海内外乡亲和归侨侨眷为主要服务对象，是侨乡人民给海外乡亲的一封"集体家书"，主要刊登海内外乡亲喜闻乐见的各种乡闻家讯，为海内外乡亲提供相互了解的渠道。《侨乡红河》设有今日红河、今日侨务、和谐社会、故里变迁、寻根探源、乡人记事、马帮史话、重走马帮路、族亲往来、姓氏寻根、坊间趣闻、家乡美食、他山之石、世界之窗、友好往来、海外乡音、海外迤萨人、侨爱天下、侨乡艺苑、百姓生活、寻亲告贴、简讯、歌曲等20余个栏目，其采编队伍来自红河县侨联侨办的干部、退休教师和其他行业热心人士。该侨刊乡讯通过政府和民间等渠道保证办刊资金。《侨乡红河》是海外乡亲了解家乡的窗口，家乡联系海外乡亲的桥梁；其中不少文章是亲历、亲见、亲闻"三亲"文章，具有很高的史料价值。

4.宗（族、家）谱类

宗（族、家）谱是以文字出现的按辈分排列的血缘宗族内的人际关系网，是家史和宗族文化的重要载体。迤萨镇世居家谱，因迤萨镇地处云南著名侨乡的独特地域，除了继承传统家谱所具有的功能外，还具有侨乡文化的特殊功能。迤萨家谱蕴含丰富侨乡文化，满足海内外华侨回国探亲寻根的需求，迤萨

---

① 沈千芳：《试析侨乡迤萨的形成及发展前景》，《魅力中国》2010年第23期。
② 何作庆、丁菊英：《红河陆疆侨乡的文化特征探讨》，《红河学院报》2012年第3期。
③ 何作庆、瞿东华、丁菊英：《中越红河流域滇境陆疆侨乡"和"文化探讨》，《红河学院报》2008年第4期。

家谱中的侨史资料在研究侨乡文化时有极其宝贵的利用价值,是中国具有侨的特色文化遗产。

家谱亦称"族谱""宗谱""家乘""谱牒"等,是记载以父系男丁为主体的家族文字图集,它可以用来分辨家族成员血缘关系的亲疏远近,是西周封建宗法制度的产物。家谱可以追溯姓氏源流,探寻始祖,找到家族生命的起点,了解家族迁徙演变过程,记载世系脉络。家谱蕴藏着社会、人口、民族、民俗、经济、宗教等多方面的内容,具有重要的学术价值,是中华民族的三大文献(国史、地方志、家谱)之一,是珍贵的人文资料。家谱,是一个家族的生命史,它不仅记录着该家族的来源、迁徙的轨迹,还记录着这个家族生息、繁衍、婚姻、文化、族规、家约等历史文化变化发展的全过程。[①]迤萨邵泽祖撰写的《邵氏族谱》、何作庆主编的《何氏族谱》就是改革开放后,撰写族谱热潮之中的成果,它们主要记录族谱的族源、世系、编撰体例、记事内容及其他方面。家谱的价值,正是赖以正人伦、严世系、清辈分、明亲疏,把"亲亲之谊"作为联系整个社会长治久安的纽带,起到维系社会道德准则,发挥法律所不可及的自我约束功能。

侨乡家谱作为云南侨乡家谱的一部分,除了具有汉族传统家谱同样的功能外,更涉及华侨华人或少数民族侨乡方面材料。我国对于侨乡家谱的研究,海疆侨乡较多,对陆疆侨乡的家谱涉猎较少。总的来看,陆疆侨乡家谱是一个尚待拓荒的新领域。以迤萨世居家谱为例来探讨云南侨乡族谱的收集情况、族源、编撰体例和世居家族的一些情况以及民族成分、与海外华侨华人的关系等方面来阐述探讨云南侨乡文化,也从侨乡家谱的功能变迁来探讨云南侨乡家谱文化的继承与弘扬。

(1)概况

对于侨乡红河县迤萨镇的家谱收集,2015年版《红河县志(1978~2005)》第三篇对收集的家谱做了简单介绍。[②]

本文编纂主要收集了大寨街19号张氏宗谱、郭氏宗谱、刘氏家谱、大寨街王氏宗谱、莲花塘王氏家谱、南门街一号杨氏祖宗家谱、杨家家谱、姚氏宗谱、邵泽祖撰邵氏族谱、李秉宽撰李氏家谱、马传灿撰迤萨马氏宗谱、南门

---

① 王开萍:《浅析家谱的价值与收集》,《四川图书馆学报》2011年第1期。
② 红河县地方志编纂委员会编:《红河县志(1978~2005)》,云南人民出版社,2015,第73页。

街与大寨街的何氏宗谱等。其中最具代表性、比较完整的有大寨街19号张氏宗谱、大寨街王氏宗谱、南门街一号杨氏祖宗家谱、杨家家谱、邵泽祖撰邵氏族谱、李秉宽撰李氏家谱、马传灿撰迤萨马氏宗谱。

红河县侨乡的家谱传统编撰体例主要有三种情况：苏式、宝塔式和牒记式。苏式编撰体例在马传灿撰迤萨马氏宗谱、邵泽祖撰邵氏族谱上有所涉及；宝塔式编撰体例仅有大寨街王氏宗谱没重修之前使用；牒记式编撰体例为迤萨镇的家谱普遍采用，牒记式编撰体例记录下来的主要代表族谱有何氏族谱、张氏宗谱、杨

表1 迤萨家谱概况

姓氏	家谱名称	代数	提供者	地址	记录方式
邵	邵氏族谱	24	邵泽祖	迤萨镇	手抄孤本、重修成册
王	王氏宗谱	29	王存厚	迤萨镇	编修成册
高	高氏家谱	25		迤萨镇	手抄本
马	马氏宗谱	29	马传灿	迤萨镇	重修成册
郭	郭氏宗谱	13		迤萨镇	原谱火毁
杨	杨家家谱	9	杨立功	迤萨镇	手抄本
何	何氏宗谱	20	何作庆	迤萨镇	重修成册
刘	刘氏家谱	21	刘庭芳	迤萨镇	手抄孤本
孙	孙氏家谱	22	孙永璋	迤萨镇	手抄孤本
李	李氏家谱	23	李秉宽	迤萨镇	重修成册
张	张氏宗谱	16	张尧邦	迤萨镇	手抄本

注：表1材料出自调研收集及相关人士提供，本人分析整理。

家家谱、郭氏家谱等。除了上面三种，也有特殊的情况，即混合三种体例再结合自己家族的具体情况，如马传灿撰迤萨马氏宗谱。迤萨镇的家谱中只有邵泽祖撰邵氏族谱、李秉宽撰李氏家谱、马传灿撰迤萨马氏宗谱、王存厚撰王氏宗谱、何作庆编何氏族谱中包括序言、宗规、字派、世系等，基本符合传统家谱的结构，其他的有些只有序加世系或者字辈加世系，更多的仅仅只有世系。红河县迤萨镇的世居家族只有少数是本地土生土长的家族，大多是从外地迁移至此。这些家族宗谱以世系表区分血缘关系疏近，家谱上一般以长子子孙载入家谱，移居其他地方之后不再编入家谱，过继其他姓也不记入家谱。家族一般以字辈排序，一般以名字第二字或者名字第三字相同为同一字辈。有的家谱还定下了后世子孙的字辈。这些大家族很多相信风水学，他们认为一个家族的兴衰

和祖辈所居住、埋葬的地点有很深的关系。迤萨人称到老挝、越南、缅甸等国家做生意为"下坝子",很多家族组织的马帮都选择家族之间联合,用亲情、血缘关系维系族间关系,如杨家家谱中妻氏有王氏、邵氏、马氏、姚氏等,邵氏族谱中妻氏有马氏、杨氏、李氏、王氏等。迤萨商人和迤萨周围土司建立起互利的关系,迤萨商人与各土司关系密切,拜把兄弟、认家门、拜干亲家、互结联姻的情况很多,以亲情血缘关系稳定双方关系。迤萨世居家族与跨境少数民族互相通婚,异族联婚比较普遍,这也一定程度上改善了民族关系,毕竟有血缘关系为纽带。这也改变了当地的民族成分,使当地纯属汉族出生的人,或者纯属少数民族出生的人并不多,即民族成分变得比较复杂。

(2)迤萨家谱涉外婚姻分析

迤萨商人出国经商,有的人去了回不来就只能侨居异国他乡,也有的商人觉得在国外能赚取更多利益,为了方便,就侨居下来,在那里开商号,赚取更多钱财再荣归故里。就比如马帮与老挝苗山的苗家人,这里的苗家人把迤萨商人当作兄弟和朋友。通过长期的交往,迤萨商人和异国他乡的人民加深了相互间的了解,建立了友谊和信任,产生了深厚的感情。有的老挝姑娘与迤萨商人结为夫妻。在其他国家侨居,开商号的人也与侨居国本地居民联姻,在迤萨与侨居国之间来来往往,有的索性直接定居下来,有的侨居异国已有三四代人了。在迤萨的众多家谱上也有记载,他们什么时候去的国外,从事什么工作,婚配什么国家的女子或者续配他国女子。例如,杨家家谱最后记载的三亲六眷家亲外戚,它记录了这些外戚侨居什么国家,从事什么职业,有多少子女,还特别批注了什么时候回国探亲,比如批注二,张宝宽于1992年7月22日携妻回国。[1]这些在家谱上都有记载。正是这些家谱记录着他们的生平,可以让他们数典认祖。这些华侨在国外也时常心系祖国和自己的故土。很多华侨荣归故里时,都兴修家园。即使到了今天,许多侨居他国的华侨都心系故土,出资建设故土等;亦如《侨乡迤萨》上所记录的一封封家信,有旅美华侨李星亮先生家信[2]、老挝华侨胡怀安先生家信[3]等;也有旅法侨胞致县侨联信[4],其他华侨致县

---

[1]《杨家家谱》,尾页批注二。
[2] 红河县人民政府侨办公室、红河县归国华侨联合会编:《侨乡迤萨》,云南民族出版社,1995,第138页。
[3] 同上书,第139页。
[4] 同上书,第141页。

侨联的新年贺词①，里面都包含了浓浓的思乡情。正是众多家谱，以血缘关系为纽带让这种即使侨居异国的侨民也有家能回，纵使漂流在外，也有根能寻。

（3）家谱书写材料和体例的变化

迤萨侨乡的家谱书写材料由单一纸质向纸质和电子资料并存变化。在今天，随着计算机技术的飞速发展，人们不断根据传统格式和现时需求来调整家谱的编撰格式，让其功用根据使用情况有所简化和侧重。现代社会，男女关系平等，家谱也由只记载男性转变为女子及配偶也要求记入家谱，电子书格式的普及让家谱的编撰体例也发生了根本改变。红河县侨乡的家谱传统编撰体例主要有三种情况：苏式、宝塔式和牒记式。而现代的家谱编撰格式主要有这样两种：电子书名册式和壁挂图式。作为比较有代表性的编撰格式，电子书名册式，如同牒记式，它基本是用文字来表述每个人的基本信息，包括字、号、功名、官爵、生辰年月日、葬地、功绩等。但除此之外，电子书名册式采用了连线和线框来表示父母配偶与子女的关系。为了帮助后人分清辈分以及排名，电子书名册式家谱以辈分优先的原则排列代数顺序。因为是名册式一个一个罗列成员，后辈往往不容易从局部领略整体家谱的世系关系，所以电子书名册式大量运用。这让后辈在翻阅家谱时，可以很方便地了解父亲与每个子女之间或者名人与自己的家庭之间乃至与最后的名册表之间的局部联系。壁挂图式，类似传统的宝塔式，这种格式的主要用途不是讲述成员的细节，而是让后辈能够对整体世系图一目了然，并可以广泛用于壁挂、供奉、瞻仰、陈列的场合。

迤萨家谱除了具有上述家谱的功能变化，更因为侨乡家谱而具有独特价值。它记录了迤萨先辈出国贸易，走马帮的辛酸路程，也记录了在不同时期，先辈们艰苦创业，不断探索，在不同的领域创造出不凡的成就，也给后人留下宝贵的经验教训。迤萨侨民有3000余人侨居在世界许多国家，这些家谱也能使他们与迤萨牢牢连在一起。对迤萨家谱的修谱或者续谱，应着重于出国贸易，侨居异国他乡的人，满足海内外华侨"寻根谒祖"的需求。海内外华侨看到祖国繁荣昌盛，也会回国寻根，探访亲友，慷慨解囊，投资家乡的经济建设，家谱作为一个纽带，使一个大家庭紧紧连在一起。

此外，21世纪以来何作庆主持完成国家社科基金西部项目《中国陆疆侨乡

---

① 红河县人民政府侨务办公室、红河县归国华侨联合会编：《侨乡迤萨》，云南民族出版社，1995，第142—144页。

文化研究——以云南侨乡文化为例》（编号：06XMZ038）和云南省社科规划项目《红河侨乡文化研究》（序号：57，登记号：81）、中国侨联项目《云南陆疆重点县乡研究——以红河县为例》等一批国家级、省级项目等，上述科研项目、书籍、论文等成果以文化人类学为主的多学科研究云南红河县侨乡，不仅从宏观的、文化的视角分析和探讨了云南红河侨乡文化，而且从微观上对云南红河侨乡与特色侨乡的事件与人物做了访谈与个案式的详细记录，部分内容在一定程度上形成了纸质文献史料。从上述有关红河县侨乡的史料来看，红河现侨乡史料集中在红河迤萨侨乡为主的汉族，与全县各民族都有外侨的情况不匹配；今后还应加强对各少数民族侨乡的史料的收集，尤其是对迁徙来红河迤萨侨乡的哈尼族、彝族、傣族的相关史料的收集。

三、红河县马帮侨乡文献史料收集整理与汇编的建议

明确红河马帮侨乡文献史料的特点，能使我们在收集和编撰红河纸质史料时具有更大的采择史料的空间，有利于求真目标的实现，有利于红河侨史研究视野的开阔和学术创新。

有关红河马帮侨乡文献的收集整理与汇编相对还比较薄弱，总体上已落后于国内沿海侨的水平，这与红河县人士在东南亚国家的华侨华人以及在云南侨乡研究资源方面拥有的丰富而独特的资源不相称。从研究的机构及人员看，大部分集中在侨乡所在地的高校和教师，且华侨华人及侨乡的研究并非其主要研究方向，大部分为附带研究，即使部分高校设置专门的研究中心，但是也未形成很好的研究团队及研究成果，与沿海闽粤的厦门、广东等高校及专门的学术研究中心相比差距较大。从研究的视野和领域看，还应有所拓展和扩大。由于红河县是一个多民族侨乡，加强对少数民族华侨及侨乡的研究，乃是努力的方向。在研究方法上，突破了传统单一历史学文献研究方法，已尝试将民族学、文化学、人类学的田野调查方法及统计学上的统计分析方法等运用于文献史料及侨史研究，令人耳目一新，但尚需艰苦探索。

（一）文献史料收集整理与汇编的组织建议

作为云南省传统五大侨乡之一，红河县侨乡及侨乡文化的史料收集的基础还较为薄弱，也未能做到有规划、有目的、有组织地进行，因而处于自发状态而未臻自觉境界。改革开放以来红河侨乡的巨大变化和侨务工作的突飞猛进，现当代海外华人社会的急剧变化，都迫切要求我们积极开拓红河侨乡文献资料

的收集、整理与研究这一大有潜力的领域，以便使我们全面地（或有重点地）了解侨乡的过去和现在、发展和存在问题及其与海外华人的关系，从而在国内、国外两个方面深化对华侨华人问题的研究，为侨务工作提供建议。

1.加强与各种学术团体的合作

云南省各高校（特别是地方院校）、社科研究机构设有与华侨华人研究有关的中心或研究所，地州、市/县建有以省、市/县侨联、统战（侨办）为挂靠单位的侨乡研究会，以省、市侨联为挂靠单位的华侨办史学会。各研究所、中心、学会的成员都是专业研究人员、侨务工作者和有志于华侨华人问题研究的归侨和社会人士，他们作为侨务部门的咨询团体或个人，他们既有侨务部门的领导和支持，又拥有一批具有理论或实践优势的人员，因而自然成为侨务部门和研究人员之间的桥梁。由这样的学术团体或个人组织侨乡调查和相关研究是可行的。专题调研要有研究工作者、上一级侨务部门的干部和调查点的侨务干部参加，以利于调查工作的顺利进行和调查研究质量的提高。只要侨务部门、侨务干部和研究工作者都认识到侨乡文献收集、整理及研究的重要性，并积极投身于具体的实践中，侨乡文献收集、整理及研究目前的落后状态是能够迅速改变的。

2.红河侨乡及侨乡文化史料的收集整理要与侨务部门的工作规划和任务相结合

红河侨乡调查必须取得侨务部门经济上、工作上的支持，必须与侨务工作相结合，否则便无法进行。因此，侨务部门要根据侨务工作发展规划，围绕侨务工作任务，制订红河侨乡调查计划，作为本部门的一项基础工程，并以之指导红河侨乡调查工作，研究工作者则予以积极配合，按照计划、任务，做好文献收集、整理及研究工作，在调查中取得第一手资料，熟悉红河侨乡情况。

3.举办红河马帮侨乡史料收集整理与汇编培训会，推动红河侨乡文献史料工作

2016年在红河州举办"云南侨乡文化研讨会"第三届学术研究会打通了红河县政府侨务机构与红河本地学者的联系，促使红河华侨华人及马帮侨乡史料收集整理与汇编获得资金与智力支持，红河学院云南侨乡文化研究中心希望通过举办红河县侨乡文献收集、整理的培训与交流会，也能使红河本土马帮侨乡史料收集整理更上一个台阶，同时加强各界学人、研究机构、政府侨务部门之间的联系，夯实红河华人华侨研究与侨乡研究的基础。

（二）文献史料收集整理与汇编的技术性要求

1.族谱与侨信

（1）电子扫描版（爱普生、惠普等）

（2）照相图片版（JPG等图片）

（3）文字录入版（Word、PDF等文本）

2.调研文稿（口述史）撰写

（1）马帮侨乡调查名单（录音，Word、PDF等文本）

（2）百名马帮红颜（爱普生、惠普等扫描，JPG等图片，Word、PDF等文本）

（3）百名马帮汉子（爱普生、惠普等扫描，JPG等图片，Word、PDF等文本）

3.侨刊乡讯

（1）摘录（Word、PDF等文本）

（2）照相图片版（JPG等图片）

4.其他文史资料

（1）摘录（Word、PDF等文本）

（2）电子扫描版（爱普生、惠普等）

（3）照相图片版（JPG等图片）

总之，注意挖掘出马帮侨乡——地域与民族的优势和特色，加强有关部门、华侨华人和侨乡的协调，得到华侨华人及其侨眷的大力支持，在"一带一路"倡议下，对建设红河新侨乡才能作出应有的贡献。

现代化冲击中的侨乡

——以厦门"兑山村"为个案

王怡苹[①]

(华侨大学国际关系学院华侨华人研究院　福建厦门　361021)

一、前　言

"华侨华人"在中国一百多年来的现代化进程中,被公认为重要的"推手"之一;中国的现代化是全面、系统、开放与合作的现代化,华侨华人的祖籍地"侨乡"亦在国家现代化发展的整体框架下。一直以来,海外华侨华人心系祖国并热心于家乡与血缘宗亲的各项社会公益、教育文化等事业;中华人民共和国成立初期,因国际环境和政治因素,中国大陆应对海外华侨华人的关系由扶持陷入停滞,此时期海外华侨华人对国内则发起侨汇支持,中华人民共和国成立初期这些外汇对恢复民生经济起到莫大的作用[②];之后虽在1955年、1957年中国颁布了《华侨申请使用国有的荒山荒地条例》《华侨投资于国营华侨投资公司优待办法》,但因"文革"造成了中断。到了1977年邓小平在改革开放中提出"海外关系是个好东西"的观点后,海外侨胞率先进入中国广大沿海侨乡和经济特区投资兴业,由此拉开了中国对外开放、引进外资的序幕。从20世纪80年代以来,海外华商对中国大陆和侨乡的投资,使侨乡成为从农业转向工业快速发展为城镇化的先驱,侨乡经济得到了迅速发展,这引起了学者广泛的

[①] 王怡苹,女,华侨大学国际关系学院华侨华人研究院副教授,研究方向:海外华侨华人文物、中外关系移民与贸易等。

[②] 赵红英:《新时期党对侨务资源的认识及思考》,《中共党史研究》2005年第3期。"据统计,从1950年到1958年,中国大陆共争取了侨汇10亿美元。"

关注，从20世纪90年代起华侨华人及侨乡的研究则成为热点。

关于侨乡的研究首推陈达先生，他以社会学的角度实地调查了闽粤侨乡社会生活的面貌，于1938年发表了《南洋华侨与闽粤社会》一书，开启了"侨乡调研"。积累到现阶段的研究中，可以发现学者专家多侧重于华侨华人移民史、侨务政策、国际关系、中外关系、华侨华人传记汇编、侨汇侨批等议题。[①]21世纪初，有学者将"现代化"应用于侨乡研究，如黄昆章、张应龙主编的《华侨华人与中国侨乡的现代化》（2003）中以现代化理论，阐述了华侨华

[①] 有关侨乡研究的论文集与论文大致分为：（1）综合性：如黄重言的《试论我国侨乡社会的形成、特点和发展趋势》（1985），胡大新的《从侨乡永定看华侨华人与祖籍地的关系》（1997），张国雄的《广东五邑侨乡的海外移民运动》（1998），龙登高的《闽粤侨乡的经济变迁——来自海外社会资源的影响》（1999），庄国土主编的《中国侨乡研究》（2000）、《华侨华人与中国的关系》（2001），周大鸣、柯群英主编的《侨乡移民与地方社会》（2003），蔡苏龙的《华侨华人与侨乡关系的演变探索》（2004），张应龙的《都市侨乡：侨乡研究新命题》（2005）。（2）华侨投资与捐赠研究：如林金枝《侨汇对中国经济发展与侨乡建设的作用》（1992）、《析华侨汇款及其作用》（1996）、《近代华侨投资国内企业史研究》（1983）、《近代华侨投资国内企业概论》（1988），向大有的《论中国改革开放与华资投向趋势》（1994），谭天星《华侨华人与中国社会经济发展》（1994），黄清海主编的《闽南侨批史纪述》（1996），陈训先的《论侨批的起源》（1996），龙登高、赵亮、丁骞的《海外华商投资中国大陆：阶段性特征与发展趋势》（2008）等。（3）研究侨乡问题的参考工具书：如方雄普、冯子平主编的《华侨华人百科全书：侨乡卷》（2001）。（4）运用交叉学科或多元研究方法：李明欢主编的《福建侨乡调查：侨乡认同、侨乡网络与侨乡文化》（2005）一书采用了历史学和社会学相结合的研究方法，突破以往仅以历史学为主视角的侨乡研究；郑一省所著的《多重网络的渗透与扩张——海外华侨华人与闽粤侨乡互动关系研究》（2006），主要内容为闽粤侨乡与海外关系的研究；蔡苏龙的《侨乡社会转型与华侨华人的推动：以泉州为中心的历史考察》（2006）以福建泉州侨乡以及福建华侨华人为中心，把个案研究与宏观的思考相结合做历史考察。（5）侨汇专题研究：如杨建成主编的《侨汇流通之研究》（1984）（中国台湾），夏诚华的《近代广东省侨汇研究（1862—1949）——以广、潮、梅、琼地区为例》（1992）（新加坡），李良溪主编的《泉州侨批业史料》（1994），林家劲、罗汝材、陈树森等著的《近代广东侨汇研究》（1999）等，王炜中、杨群熙、陈骅所著的《潮汕侨批简史》（2007）（中国香港）。（6）侨批研究：如李天锡《也谈侨批的起源及其他》（1997），戴一峰《传统与现代：近代中国企业制度变迁的再思考——以侨批局与银行关系为中心》（2004），焦建华《近百年来中国侨批业研究综述》（2006），路晓霞、陈胜生《潮汕侨批行业制度研究——以20世纪三四十年代的潮汕侨批档案为资料》（2013），王晓欧、苏燕梅、喻艮《"中国侨批·世界记忆"国际会议综述》（2013），胡少东、陈斯燕《近代侨批业与制度的共同演化——以潮汕地区为例》（2014），黄清海《金门侨批与金门学研究》（2015），蔡淑琳《福建侨批文化探究》（2019）等。

人与福建、浙江、广东、广西、海南的五大侨乡现代化建设的密切关系；蒋楠在《华侨与侨乡的现代化历程——以泉州为例》（2010）一文以泉州侨乡为案例分析，认为华侨是侨乡"现代化"的绝对主力。

从上述我们所见的相关研究，对侨乡的经济社会文化教育等作用和影响多是正向的；遗憾的是，受到"现代化冲击下"的"侨乡"可能面临：①传统侨乡在消失；②海外华侨华人无根可寻；③宗族文化断层；④五缘等所产生的负面社会形态与变异问题，目前尚未有学者关注。因此，本文希望借助侨乡"兑山村"面临的问题为案例，探讨"现代化冲击下"的"被动消失的侨乡"。

二、厦门集美兑山村

（一）官方简介的厦门与集美

官方对于厦门市集美区的相关介绍简述摘录如下：

厦门市，陆地面积1573.16平方千米，方言以闽南语为主，别称鹭岛，是福建省副省级城市、经济特区，东南沿海重要的中心城市、港口及风景旅游城市，是闽南地区的主要城市，与漳州、泉州并称厦漳泉闽南金三角经济区。1980年10月国务院批准设立厦门经济特区，1984年5月特区范围扩大到厦门全岛。[①]

集美区，是厦门市6个行政区之一，面积275.79平方千米，下辖灌口、后溪2个镇和杏林、集美、侨英、杏滨4个街道，48个社区21个行政村，常住人口约112.6万人。1989年5月和1992年12月，经国务院批准相继设立杏林、集美台商投资区，享受厦门经济特区的优惠政策，使集美区成为海峡西岸一块充满商机的投资热土。厦门大桥把集美与厦门岛连成一体，是进出厦门经济特区的重要门户。[②]

集美区是：

1.著名的侨乡和风景旅游区，海外的侨胞有6万多人。

2.是厦门市的文教区，著名爱国华侨领袖陈嘉庚先生创办的集美学村已有90年的历史，享誉海内外。

3.集美历史文化积淀极为丰富，拥有文化中心、影剧院、体育馆、图书馆、文化广场等良好的文化设施。它"学在村中，村在学中"的学村文化和独具的

---

① 参见厦门市人民政府网站，http://www.xm.gov.cn/zjxm/。
② 参见厦门市集美区人民政府网站，http://www.jimei.gov.cn/。

侨乡文化特色，为投资区的软环境披上了全新霓裳，是福建省文化先进区、一级达标文明城区和厦门市精神文明建设先进区。

4.集美区内有杏林、集美两个台商投资区，在台商投资区的10多年建设大潮中，取得国民经济和社会发展的全面进步，第一产业得以优化，第二产业壮大发展，第三产业成为商家的投资热点。已成功开发集美北部工业区、杏北工业区、灌南工业区、中亚工业城、杏南工业区等。至2002年，集美区引进外资项目610个，合同利用外资26.93亿美元，全区国内生产总值达83.35亿元，集美区实现了以传统农业为主的封闭型经济向以工业为主的开放型经济转变的历史性跨越，基本形成了外向型经济格局。

5.实施厦门海湾型城市发展战略，加快工业化、城市化、现代化建设进程，把集美建设成为生态型的文教旅游区和环保型的高新产业区。集美成为环东海域及杏林湾的一个亮丽城区。

对于上面摘录的官方介绍，厦门集美区已经是现代化城镇，更是"福建省文化先进区、一级达标文明城区和厦门市精神文明建设先进区"。在集美区的"侨乡"有华侨华人祖籍地的"根""血亲""宗族"等，他们对于推动家乡的现代化应是强烈支持的，这是属于正向性的"海外关系"的推力，但是在兑山村经过长达一年的调研与四年的追踪，结果是另一种社会类型的侨乡。

（二）田野调查——集美区兑山村

兑山村紧邻华侨大学厦门校区，是集美区著名的侨乡。2003年，厦门市进行区划调整，决定沿杏林湾打造28平方千米的大学城，把集美建设为文教区。2004年，华侨大学厦门校区在集美大道开工建设。[①]自此以后，兑山迎来了大面积拆迁、全面失地、整体搬迁等社会巨变，"至今（2010年）4000多亩土地被征用，9个村民小组8个自然村的房屋近20万平方米被拆迁"[②]。也是集美区侨英街道唯一整村搬迁的村庄，失去土地的侨乡对海外华侨华人的"五缘"凝聚作用是否依然存在？兑山村是"现代化冲击下"的宗族文化变迁与"被动消失的侨乡"的典型代表。因此，在2013—2014年预先规划对兑山做了5~6次的踏

---

① 2002年夏天新上任的厦门市委郑书记访问华侨大学，并对华侨大学在厦门设立分校提出了邀请，2004年，华侨大学开始在兑山村附近开工建设，厦门校区总占地2000万平方米，首期占地630万平方米，2006年正式投入使用。
② 刘德英：《集美兑山：将军故里展新姿》，http://www.jimei.gov.cn/wx/jmxw_wx/ywkd_wx/201307/t20130703_327299.htm。

查，2014—2015年组成10个成员做细致的田调与口述访谈，2016年至今持续追踪。由于篇幅有限仅记述本文探讨所需。

1.地理与人文

集美兑山村的地理位置为东经118°08′、北纬24°60′，现今隶属于厦门市集美区后溪镇，兑山村背山面海，北面是天马山，西面紧靠杏林湾，占地2.87平方千米，下辖9个居民小组，村中以"李"姓为大族。根据民国三十三年（1944年）编纂的《同安县志·卷十一》记载，当地居民以务农为主，种植有稻豆蔬果粮等。[①]兑山村居委会资料显示，截至2014年1月，兑山村总户数为1796户，总人口数为9632人，原属同安县，古称"地山"，据2009年兑山李氏所修族谱上所载，陈良策于明正德十一年（1516年）第二次修谱的《银同兑山李氏族谱序》内容记：[②]

"余会进请地山李家，静庵朝绎公有志于谱牒之事，诸子侄中有若君佐者，旁稽谱□式，缵述世系，请序于予。"

在民国三十三年版《同安县志》内地名为"兑山"，县志记载了清代及民国时期，同安县的行政区划共分为3乡27都2隅222保，在仁德里：统明盛乡11、12、13都。在县西界30里。11都：西吴、东占、刘山、东莲、板桥、洪塘头、浔尾、岑头、洪林尾、孙厝、兑山、内头、英村。[③]

厦门兑山开基祖排行三十三郎，名仲文，于南宋时从同安南山迁居地山（兑山）。据明朝正德十一年丙子陈良策撰写的《银同兑山李氏族谱序》记载：

"考其先世三十三郎仲文公告，其始光州固县人也，同闽王王审知入闽遂卜于县南人得裹地山保焉。"[④]

可知兑山李氏的先世为李仲文，随闽王王审知从光州固县迁到闽地，占卜后定居在"地山"。他们历经明末倭寇的骚乱，明清鼎革之际郑清间多年的交战的冲击，族众死于兵乱或被迫流徙者不少，但在族中士绅如懋箕、执中、允升、允飞、光辉等倡导下，在万历、康熙、乾隆年间进行了三次修谱睦族活

[①] 福建省情资料库地方志之窗：《同安县志》。"粮食物主要有水稻、大豆、番薯、水芋等，蔬菜类有芥菜。"

[②] 陈良策：《陇西兑山李氏族谱·银同兑山李氏族谱序》，2009。

[③] 上海书店出版社编：《中国地方志集成·福建府县志辑·同安县志·卷一》（民国三十三年版），上海书店出版社，2000。

[④] 陈良策：《陇西兑山李氏族谱·银同兑山李氏族谱序》，2009。

动，使李氏宗族在战乱中仍能得到恢复发展，至万历年间又比正德年间人口成倍增加，"虽未有人，亦得著姓是邦以有今日"。已成为同安著名宗族之一。至康熙年间传至17世，"已藩育千有余丁"，"生聚既盛，人文自兴"。自明末嘉万以后至清初，已出现了一批秀才、贡生、举人，已是同安大族之一，而且已向望族的目标迈进。

关于李氏宗族先世源流在目前福建及台湾各地的李氏宗族族谱中均有记载，但是各个族谱所述不一。据相关学者的调查研究，归纳了5种说法：一为唐太宗李世民后裔，在上杭《李氏史记》中列第57世为李世民。二为李世民兄长李建成的后裔，在《李氏宗支源流》中载有《陇西李氏祖脉源流》，列第58世为李建成。三是李世民的弟弟闽越江王李元祥的后裔，泉州等地《李氏族谱》列第48世为李元祥（闽越江王）。在1959年台湾李炎主编的《李氏族谱》、1967年李秋茂主编《陇西李氏大族谱》、1979年李辉彦编辑的《陇西李氏大族谱》均采用此说。四是台湾李加勉摘引粤东《梅县宗祠族谱》作《李氏祖脉流考》列第57世为李海。五为唐将李伯瑶的后裔，此说见于海澄《渐山李氏族谱》及诏安《李氏族谱》，李伯瑶为唐初名将李靖之孙，唐总章年间跟随陈元光入闽开漳，其后裔遂分布于漳州各地。

兑山李氏人才辈出，马来西亚拿督李雅和、抗日志士李友邦、国民党二十八军军长李良荣等，均是兑山李氏在海（境）外的后裔。改革开放后，海（境）内外宗亲更是纷纷前往兑山李氏宗祠拜谒寻根，并对兑山的建设发展、文化教育等方面作出了不容忽视的贡献，体现了海（境）外宗亲对于兑山李氏存在着一定程度的宗族认同。

2.传统的侨乡

调研中以兑山李氏家祠所保存最新修订的《陇西兑山李氏族谱》以及李友生[①]先生的访谈记录，兑山李氏族人前往海（境）外按时间先后大致可划分为两个时期。前一时期为18世纪初期至19世纪中期，当时统一后的台湾正有待开发，自康熙末年起，兑山李氏便向台湾成批移民垦殖。后一时期为19世纪后期以降，伴随着清末民初广东、福建等地区居民下南洋[②]的风潮，大批兑山李氏族人为了生存，或是更好的生活向东南亚地区迁移并定居，足迹遍布马来西亚、

---

① 李友生，男，1942年生，潘涂人，兑山李氏老人会会计，1960年在集美读书后回到兑山大队。
② "南洋"是中国古代的地理称谓，泛指现在的东南亚地区。清代到民国初年，以江苏以北的沿海省份为"北洋"。

新加坡、泰国等。

（1）凝聚海内外血缘宗亲的李氏家庙

兑山李氏家庙位于侨英街道兑山社区兑山村东南侧。始建于明永乐年间[①]，清代、民国历代均有重修，最后一次重修是1985年，由马来西亚槟城兑山乡谊会主席李典谟出资修建。整体坐西南朝东北，前、后两落大厝，中为天井及两侧廊庑，面宽13米，通进深23米，前有石埕。前落悬山顶，燕尾脊，面阔3间，凹寿门，中门悬"李氏家庙"匾。后落为敞厅，抬梁式梁架，面阔3间，进深4间，两侧依墙夹建"猫巷"通道，专供猫神进出，中厅设寿屏神龛。保留较多石木建筑构件，其中有双喜纹漏雕石窗、抱鼓石、柱础等，形体硕大、精美。现为厦门市涉台文化古迹单位。[②]

李氏家庙是典型的闽南式建筑，大门柱上书对联"陇中孕皇唐，派衍泉郡沾玉牒；西蜀推李白，诗传兑山振文风"。李氏家庙正厅处坐落四根大圆柱，最前方两根上面写着"兑通大道咸尊圣祖，山拥良材丕振家声"；后面两根大圆柱则写着"陇地英才耀宗显祖，西山灵气衍子恒孙"，分别以"兑山""陇西"作为藏头联。门厅、正厅都是三开间，两侧有廊相连，中间形成长6米、宽4.7米的天井。正厅为"孝祠堂"，中间金漆木雕的龛中供着兑山开基祖李仲文公等祖宗牌位。观察家庙的建筑，屋脊为龙脊首、屋檐上有五条筒瓦、大门外两边各有一个圆形门当，说明祖厝后裔中有为官者，可知李氏乃地方望族。家庙外的大埕上矗立了两副新筑的代表性功名旗杆碣，旗杆碣上没有镌刻任何文字，也没有竖立功名旗杆。据家庙管理者李友生[③]介绍，他年幼时，家庙外的大埕上有很多副功名旗杆碣，1995年重修家庙时便重修两副作为代表留念。

家庙特殊之处在于山墙内侧各增加一堵墙，内、外墙间隔48厘米。据李友生介绍，李氏家庙对面的枫林是防风林，当年树林前面是大海，山后的李氏家庙地理位置属于"猫穴"，猫穴招财。枫树林长得非常茂盛，而树林越茂盛，猫的活动能力就越大。家庙前落较低较暗，猫就喜欢暗。家庙天井两边还各有一条猫巷，专门供猫活动。

[①]《兑山李氏族谱·兑山李氏家庙简介》，2009年12月，第23页。
[②] 厦门市集美区志地方志编纂委员会编：《中华人民共和国地方志·福建省厦门市集美区志》，中华书局，2013。
[③] 受访者：李友生，1942年生，潘涂人，兑山李氏老人会会计，1960年在集美读书后回到兑山大队。

家庙的排水口也很特殊，设置在天井里，是唯一的排水口，口径也不大。但是，倒一盆水落地，水很快被排干。有时雨太大，水会上涨，但慢慢地又消退了。新中国成立前李氏家庙重修时，有人把地板挖开，发现地底下放置了一只约1米长的石乌龟。雨水从排水口流进，遇到石乌龟后分开，再汇流排出。[①]"这种设计可以避免排水产生滞流。最关键的还是地势。李氏宗祠坐西南朝向东北，东北是马銮湾，地势比较低，古人设计排水时都知道'水往低处流'的特点，科学设计了排水走向。"[②]

（2）涉台文物——李氏家庙

李氏家庙大门左前方4米处竖立了一座由厦门市政府所立石碑，碑刻正面镌刻"厦门涉台文物古迹：兑山李氏家庙。厦门市人民政府二〇〇七年十月公布"，背面则简要介绍"家庙建于清代（修复），系迁居台湾的李氏宗亲寻根谒祖场所之一。出生于台湾，20世纪三四十年代组织台湾义勇军抗日的李友邦即为兑山李氏后裔。保护范围：西北面至溪边，西南面由文物本体外延5米，东南面至台阶边，东北面由文物本体外延3米"。

李氏家庙大门右前方8米处则是一座戏台，供每年正月期间演戏使用，戏台由"台湾泸洲[③]宗亲李良钦捐资人民币肆万万元建戏台和路 公元一九九一年六月"捐建。戏台前衡梁上镌刻"台湾芦洲宗亲仲文公系第廿二世孙李良钦[④]捐建辛卯年夏月"。两侧对联为"伯祥五岳积德根基厚，代福四海望衡气象新"。

（3）直系血缘传承的兑山李氏祖厅

兑山李氏宗族分为9大角落，皆为大房分衍，分别是双塔、南尾井、西珩、西头、祖厝后、潘涂、宅内、合春、下蔡。每个角落实际上就是一个房派的聚集之处。"支祠就是按照宗族的分支——'房'来建立、奉祀该房直系祖先的祠堂"[⑤]，在兑山李氏各房的支祠，则一般称为"祖厅""祖厝"。祖厅作为本房祭祖与活动议事的公共场所是应家族成员的实际需求而出现的。

---

① 另一种说法是：1949年重修家庙时，工人从进水口一直挖到祖厅的下方，发现地底下有两个大鼎相叠在一起。
② 崔晓旭、詹文：《"兑山李"竟是唐高祖血脉 集美兑山李氏宗祠成全球兑山李氏寻根地》，http://www.taihainet.com/news/xmnews/szjj/2013-0524/1041764.htm。
③ 戏台石碑上镌刻"泸洲"，显系"芦洲"讹。
④ 查《兑山李氏族谱》（2009年12月）知，李良钦乃南尾井李氏支派赴台湾芦洲人。
⑤ 杨国安：《国家权力与民间秩序：多元视野下的明清两湖乡村社会史研究》，武汉大学出版社，2012。

表1　兑山李氏宗族分布

房系	行政划分	居住地	古地名	开基祖	总人口（人）	总户数（户）	祖厅数（个）	备注
大房四世克忠祖	第一小组	双塔		九世子田公后裔	367	107	1	南尾井顶厝祖后裔
	第二小组	南尾井	垅尾井	七世庆质公后裔	545	163	1	
	第三小组	西珩		七世庆隆公后裔	646	190	1	
	第四小组	祖厝后	顶烟墩	九世子稠公后裔	525	159	无	因拆迁全部搬走
	第五小组	潘涂	烟墩儿	十世惟镇公后裔	644	183	4	
	第六小组	宅内		十世惟泽公后裔	589	170	7	包括大三房近100人
		合春		大亨泥小学祖			1	
	第七小组、第八小组	下蔡		六世普显公（大亨泥祖）后裔	1013	306	3	
	第九小组	西头		六世普渊公后裔	299	86	1	兑山里
大二房	第四小组	祖厝后		四世克敬祖后裔	1	无		口述资料
大三房	第六小组	宅内		四世克厚祖后裔	约100人	无		口述资料

注：资料来源为《陇西兑山李氏族谱》（2009年）；兑山居委会计划生育工作情况一览表（2014统计年度数据）。

首先，在宗祠名称上，各祖厅名称随意性较强。祖厝、祖厅是较为普遍的称呼，也有祖祠、祠堂等称呼，甚至还有一些破落祖厅完全没有名字。其次，各角落房派所建祖厅建筑风格并不一致。本房派下同一时期内兴建的基本统一，不同时期建筑也是各不相同。据村民介绍，除兴建时间不同外，各房所请建筑师傅也并不相同。如潘涂新厝祖厅管理者介绍，祖厅建筑师傅来自安溪，宅内二房祖厅族人李吉成[①]介绍，宅内二房祖厅修建所请的师傅则来自同安。此外，各房祖厅多寡不一。这一方面是限于经济实力及重视程度不同；另一方面是由于拆迁进度不同所影响。对于大部分宗族成员来说，"族"固然十分重要，是他们集体荣誉凝聚之所在。然而"房"的意义却是更直接而亲密，与他们的日常生活息息相关。随着宗族人口规模的日渐庞大，婚丧活动的参与则一般只限制在本房内亲同范围，每一个角落都自成一个生活圈。为了祭祀本房近祖，举行本房内的婚丧活动，各房祖厅也依次兴建。

（4）神缘——民间信仰

兑山李氏的各个自然村都有属于个别的祭祀菩萨神明，而全村共同参与祭祀的则是位于金鞍山寺[②]内的保生大帝（又称"大道公"）。每年的正月初六，老人会会组织村民将保生大帝从金鞍山寺请到李氏家庙内安坐三天，宗祠外的戏台则会演三天歌仔戏（古代的芗剧）酬神。正月初八当天是保生大帝"刈香"[③]日，由道士主持"镇符"后，从金鞍山寺请出保生大帝金身巡游各自然村，巡行到各自然村"个别"宫庙前与各自然村的菩萨[④]见面，所经路线村民皆摆设香案，现场做法事，把桃符分发给村民拿回家里的神龛处放置，意味"镇宅"保平安。巡游时间从上午8时至下午4时结束，中午停留一个半小时吃饭、午休。迎神队伍次序：由前一年刚结婚的男子举扛大旗—前阵锣开队—哪吒神辇—马前虎爷、香炉及旗鼓队—大道公神辇—随香队（男女老少举香跟随）。按整个兑山村地理位置分为上旗和下旗，上旗包括祖厝后、西头、双塔、西

[①] 李吉成资料：81岁，曾任，宅内二房子孙。基本会讲普通话，了解较多，逻辑表达清晰。
[②] 兑山金鞍山寺，又称"后山宫"，位于集美兑山里小区，始建于南明永历年间，清代重修，1959年毁于台风，1986年马来西亚槟城李氏族人捐资重修，1992年台湾保和宫捐资重修。清康熙年间（1662—1722），兑山李氏族人迁居台湾芦洲，带去该寺保生大帝、妈祖及池王爷香火，建成保和宫。1988年，台北芦洲李氏族人开始回乡寻根。该寺坐西南朝东北，面宽10米，进深35米，占地面积约350平方米，抬梁、穿斗混合式砖木结构，平面结构为三进两天井式，前殿、中殿屋顶为双翘脊、硬山顶，后殿为重檐歇山顶，前殿为过殿，中殿供奉保生大帝、妈祖、池王爷，后殿供奉如来佛祖。
[③] 正月初八兑山保生大帝巡游活动，又称兑山"刈香"巡境活动，队伍所到之处，村民兴高采烈出来祭拜保生大帝金身，焚香祈福，祈求身体健康、风调雨顺、国泰民安。
[④] 每个自然村的菩萨不尽相同：潘涂村是赵子龙、三姑娘、玄天上帝；宅内村、南尾井村是中坛元帅（哪吒三太子）；下蔡村是山西夫子（关帝圣君）、金吒、木吒、哪吒、阎罗天子、注生娘娘；西头村、西珩村是土地公、关帝爷、中坛元帅、南海佛；双塔村是陈府王爷；英埭头是王爷公、王爷公娘。

珩、南尾井、英埭头，下旗包括下蔡、宅内、潘涂。每年两旗轮流抽签，若是双塔抽到则巡游路线即双塔—英埭头—南尾井—西珩—西头（午休）—祖厝后—潘涂—宅内—下蔡；如若由下蔡抽到，巡游路线则相反。①

演戏酬神一般初六至初八属于全村共有，随后几天则由个人自愿捐款献演。调研时看到李氏家庙戏台的正门梁柱上还贴着一张"甲午年正月初六日弟子：西珩角李志鹏　答谢　保生大帝　演戏壹天"的红榜。

当前，演戏的费用越来越高，以2014年春节为例，老人会请漳州戏团到此演戏，戏团共有二三十位成员，演出时间从上午10时至下午1时，随后戏团人员吃午饭，下午演出时间则从三四点演到7时，这样一天一夜的费用是4600元，三天演戏的费用高达13800元。每位成员一天平均得近200元的出场费，而2013年春节期间的酬神费用一天则是4000元。10多年前，整个"刘香"经费来自全村人口集资，近几年费用基本来自信众添香钱，村民民众较少集资。②

值得关注的是，金鞍山寺的保生大帝信仰分炉到海外各地，1979—1992年，海外回祖厝请香火尚属少数，1992—1998年多是三年回来请香过火一次，中间一度中断。2010年9月19日，海外侨亲奉请11尊神佛重新回到金鞍山寺请香过火，李氏家族理事会派人到机场迎接海外请火队伍，腰鼓队、旗手队以及神辇轿子随同前往迎接。2013年5月，马来西亚槟城兑山李氏宗祠③族人特地组团来集美兑山金鞍山寺"以佛请佛"，恭请保生大帝金身前往马来西亚加持巡游。2013年7月13—14日，马来西亚槟城李氏宗祠举办88周年庆典。近百名集美兑山李氏宗亲组团前往，与中国台湾、中国香港、中国澳门、菲律宾、新加坡等海内外1200名李氏宗亲共襄盛举。此前特地从兑山金鞍山寺空运到槟城的保生大帝金身，参加了14日在当地举行的"保生大帝"巡境大游行。此外，兑山宗亲还向槟城李氏宗祠赠送人民币5万元作为贺礼，以求海（境）内外兑山李氏

---

① 受访者：王丽琼，1967年生，厦门市集美区后溪镇珩山村人，20世纪80年代末嫁到兑山，现为华大凤三宿舍宿管长。访谈地点：凤三宿舍，访谈时间：2014年4月25日。
② 受访者：李友生，1942年生，潘涂人。访谈地点：李氏家庙，访谈时间：2014年4月9日。
③ 李月樵：《槟榔屿李氏新祠落成闭幕发刊词》，1966年12月23日，载槟城李氏宗祠金禧纪念特刊委员会出版：《槟城李氏宗祠金禧纪念特刊》，第233页记载：据考证，早在一八五一年前，兑山李氏宗族就开始远渡重洋到南洋谋生，到民国初年由于战乱，李氏大规模迁居马来西亚槟城，落脚在沿海沼泽的海墘地带，经营浅海舢板转载运输，扎下了生活根基。公元一九二五年间，成立李氏宗祠于槟城大伯公街三十九号，仿照兑山李氏祠堂修建，命名为"怀贤厅"，槟城李氏宗祠由此诞生。

宗亲共聚欢乐盛事。

表2　兑山李氏宗亲一年祭拜神明一览

序号	祭祀日期	祭祀神明	祭祀地点	备注
1	正月初四	各自然村神明	各自然村宫庙	请神回到宫庙里
2	正月初八	保生大帝	全村各角落	兑山"刈香"巡境活动，详见上文
3	正月初九	天公	自家厅头	
4	正月十五	土地公、佛祖	土地公庙、自家厅头、社宫庙、金鞍山寺	正月十五乃新春第一个月圆之日，到土地公庙烧香添油信众最多
5	三月十五	保生大帝	金鞍山寺	大道公生，是日道士手握桃符，作法保佑四境平安；下午、晚上在金鞍山寺前演戏酬神
6	五月初五	佛祖	自家厅头、各自然村宫庙	
7	六月十五	各自然村神明	各自然村宫庙、自家厅头	搓半年圆，先祭祀神明，再祭祀祖先，祈祷团团圆圆，阖家圆满
8	七月十五	普度公	金鞍山寺	普度公生，详见上文"七月半"内容
9	八月十五	月亮	各自然村宫庙、自家厅头	
10	十月二十	大祖厝拜王爷公	大祖厝王爷公庙	演王戏，下午四五点时将纸船在大祖厝的大埕上烧掉
11	十二月廿四	各自然村神明	各自然村宫庙、自家厅头	送神回天庭做年度报告
12	除夕	天公	自家厅头	

注：（1）每月农历初二、十六在自家的厅头拜祭土地公或自然村宫庙佛。

（2）以上资料由田野调查访谈李友生、李吉成、李进宗、李福英等人口述而得。

3.寻根与贡献

（1）海外移民

关于兑山李氏族人向海外移民的相关资料，没有相关学者研究，记录多散落于各时期的族谱之中。本文主要根据2009年12月编修的《陇西兑山李氏族谱》《陇西李氏族谱西头分支海沧水头分谱》《陇西兑山李氏族谱双塔分谱》《陇西兑山李氏族谱南尾井分谱》《陇西兑山李氏族谱西珩分谱》《陇西兑山李氏族谱东园西头分谱》《陇西兑山李氏族谱祖厝后角分谱》《陇西兑山李氏族谱潘涂分谱》《陇西兑山李氏族谱宅内（包括合春派）分谱》《陇西兑山李氏族谱下蔡分谱》《陇西兑山李氏族谱大二房分谱》《陇西兑山李氏族谱大三房分谱》等族谱资料按房派进行梳理，归纳后发现兑山李氏主要迁移地区是东南亚，多集中于马来西亚的槟城，泰国、新加坡、菲律宾也有一定的分布人数，此外也有少数人前往美国、日本等地。其中下蔡和潘涂地区的移民时间稍早，在18世、19世就有部分人迁移海外，而大部分向海外移居则是从20世开始的，据统计，移居海外的兑山先民及村民共有359人（这仅是族谱中反映的人数，不包括族谱失记的部分）。而兑山的海外移民多集中于：下蔡99人，占海外移民总数的27.6%；潘涂95人，占总数的26.5%；宅内62人，占总数的17.3%，这与2009年12月新修的《陇西兑山李氏族谱》的编者在编后语中体现的分布情况基本保持一致。

兑山李氏明末清初远渡重洋，到海外谋生，民国初年大规模南移到马来西亚槟城，为照应南来宗亲，1925年筹资购买了槟城大伯公街39号店铺，仿照家乡祠堂结构模式翻新粉刷装修，槟城李氏宗祠由此诞生。在马来西亚的兑山李氏宗亲繁衍至今已有5000多人。虽然当年前往海外的兑山李氏大部分已至暮年甚至不少已经离世，他们的后裔在海外出生成长，有的已经脱离了与祖籍地的联系，但是他们大都热心宗亲及宗祠的发展，积极捐款回馈，涌现不少爱乡爱国的优秀代表，例如足以让兑山李氏骄傲的马来西亚拿督李雅和。

马来西亚拿督李雅和，祖籍集美区后溪镇兑山村，1944年出生于槟城，早年肄业于槟城韩江中学，深受中华文化的熏陶，具有传统的儒家思想，少壮时刻苦耐劳，奋发创业，成为槟城的殷商俊彦，身兼海内外多家大企业公司的要职。他在槟州商界声誉显赫，历任槟州中华总商会财政部长、副会长和该会慈善基金会副主席等要职。如今，是槟城成功大酒店、得宝有限公司、佳宝有限公司、豪立有限公司的董事经理，成功控股（香港）有限公司董事及海内外多家产业发展公司的董事要职。除此之外，还出任槟城李氏宗祠署理主席、槟城兑山李氏乡谊会主席和槟城明德学校常务董事等多所学校董事要职。于1989年、1995年、2013年、2014年四度率槟城兑山李氏乡谊会族亲回乡谒祖省亲，并先后集资90余万元捐建兑山小学教学楼等家乡的公益事业。他豪爽仗义，服务社会，献身州国，深受槟州当局和民众的器重和赞赏，1983年荣膺PJM勋衔，1990年受委为JP太平局绅，1995年被晋封为拿督勋衔。

和移居台湾的先民一样，百年前，从兑山迁到槟城的李氏族人，带去了保生大帝吴真人的过炉香火，并在槟城修建了金鞍山寺供奉。每年农历三月十五日保生大帝诞辰，槟城金鞍山寺都会举行庆祝联欢宴会。2013年1月6日，马来西亚槟城李氏宗亲一行18人到集美侨英街道兑山金鞍山寺谒祖。此行率团回乡的马来西亚拿督李雅和向厦门兑山李氏宗亲发出邀请参加，当年7月在槟城李氏宗祠举行的88周年庆典，由于当时举办保生大帝巡境游行，海内外各地李氏宗亲汇聚于槟城，共同庆祝。团员中有5名"80后"，他们有的是第一次回到兑山，有的已经多次跟家人回乡谒祖。32岁（2013年）的李连成是第一次踏上祖籍地，他笑着说，这里和槟城差不多，环境相似，人也感觉很亲切。李雅和说，这些年轻人是槟城李氏的第四代，这次他特意带他们回乡谒祖，就是要让后辈不忘祖籍地，继续保持与家乡的密切感情联系。①

2013年7月兑山李氏宗亲近百人应邀组团远赴马来西亚槟城，参加槟城李氏宗祠88周年祠庆暨"怀贤厅"历史文化中心开幕。7月13日，槟城李氏宗祠旧址正式以李氏历史文化中心"怀贤厅"的新面貌迎接来自世界各地的集美兑山李氏宗亲。7月14日，保生大帝金身圣驾巡境游行活动在槟城盛大举行，为世界李氏族人祈福，全程法会将由来自集美的资深道士主导。为此，当年5月，槟城兑山李氏特地组团来集美兑山金鞍山寺"以佛请佛"，恭请保生大帝金身前往马来西亚加持巡游。②

2013年11月，集美兑山李氏宗亲代表团一行21人，赴泰国曼谷参加一年一度的世界全球李氏恳亲大会暨世界李氏宗亲总会成立40周年庆典。大会上，集美兑山代表团与20余个国家和地区的69个代表团欢聚一堂。在会上集美兑山代表团和李氏宗亲用闽南语亲切交流，向宗亲们介绍祖籍地集美兑山一年多来的发展变化，邀请宗亲们有空多回家乡走走看看。③

正是因为存在着这一份亲情以及精神的纽带，世界各地的兑山李氏宗亲们

---

① 郭妮妮：《马来西亚李氏宗亲集美兑山谒祖》，厦门市集美区人民政府网，2013年1月12日。
② 陈季玉：《槟城李氏宗祠88周年祠庆集美兑山将组团庆祝》，厦门市集美区人民政府网，2013年7月7日。
③ 郭妮妮：《兑山李氏赴泰参加恳亲会》，厦门市集美区人民政府网，2013年12月3日。

积极捐资兑山发展。槟城李氏乡谊会于1986年向1919年被台风夷为平地的金鞍山寺捐资重建，1992年，槟城、中国台湾以及香港等地的李氏宗亲又捐资对金鞍山寺进行重修。1979年，槟城李氏宗亲李友务先生、王玉明女士捐资6000元人民币重建茂山宫，1992年槟城李氏宗亲李偕老、巫秀容夫妇捐资4600元人民币修建石路挡土埠等。菲律宾李氏宗亲李成立、刘佩琼夫妇于1989年捐资24000元人民币重修建南尾井祠堂。

（2）台湾

陈正在[①]、余丰[②]、陈支平[③]三位学者，均在不同时期对兑山李氏向台湾地区迁移做过相关统计的记录，其主要资料来源于：光绪年间编修的《兑山李氏烟墩兜房族谱》简称《烟谱》、《兑山李氏垅尾井房族谱》简称《垅谱》、《兑山李氏垅尾井下盾二房支谱》简称《垅二谱》、1980年李开忠《重修兑山垅尾井下厝二房李氏族谱》简称《垅下谱》、民国年间编修《芦洲田野美本支世系族谱》简称《田谱》、1987年赵振绩编写《台湾区族谱目录》简称《谱录》、1980年杨绪贤撰《台湾区姓氏堂号考》简称《姓氏考》、1990年李鼎元主编《李氏源流》、1990年李清知编《陇西李氏兑山族谱》简称《新谱》等，有关族谱及姓氏资料的记载。本文在上述研究的基础上，参照由台湾兑山李氏后裔修编的《兑山西头支派族谱》以及2009年12月编修的《陇西兑山李氏族谱》《陇西李氏族谱西头分支海沧水头分谱》《陇西兑山李氏族谱双塔分谱》《陇西兑山李氏族谱南尾井分谱》《陇西兑山李氏族谱西珩分谱》《陇西兑山李氏族谱东园西头分谱》《陇西兑山李氏族谱祖厝后角分谱》《陇西兑山李氏族谱潘涂分谱》《陇西兑山李氏族谱宅内（包括合春派）分谱》《陇西兑山李氏族谱下蔡分谱》《陇西兑山李氏族谱大二房分谱》《陇西兑山李氏族谱大三房分谱》等新收集的资料，将兑山李氏族人向台湾地区移民的部分资料整理统计，与三位学者研究互相印证，得知在这一时期内，兑山李氏向台湾移民共计142人，这也与陈正在、余丰、陈支平的统计数据相一致。

就目前资料显示，最早入台者为第15世的伯谟（1701—1791），时间大致是在康熙末年雍正初年，在乾隆年间渡台80人，占渡台总人数的56.34%；嘉庆

[①] 陈正在：《同安兑山李氏宗族的发展及向台湾移民》，《台湾研究集刊》1995年第3/4期。
[②] 余丰：《十九世纪中叶以前厦门湾的历史变迁》，博士学位论文，厦门大学，2007。
[③] 陈支平：《清代福建向台北移民的历史考察：以同安县兑山李氏家族为例》，《第二届台北学国际学术研讨会论文集》，2006，第139—148页。

年间渡台41人，占渡台总人数的28.87%。乾嘉时期合计渡台人数121人，占渡台总人数的85.21%，似乎在乾隆、嘉庆年间是兑山李氏族人入台的高峰期。依此是否也可印证有学者提出"福建、广东向台湾移民的高潮在乾隆、嘉庆年间，至了嘉庆十六年（1811年），台湾人口已近200万，取得耕地已不容易，移民的人数也就下降了"[1]的说法？

移居台湾后的兑山李氏，历经几百年不断地发展，人口繁衍，今已遍布台湾。陈绍馨的研究表明，按1956年1/4人口抽查统计，兑山李氏移民集中区域在台湾云林县元长乡，为该乡第二大姓，仅次于吴姓；在李氏5000余族人中，就有不少是兑山李姓公腾、公鸣的后人。在屏东万丹乡则成为第一大姓，李氏族人中不少为兑山李伯唐、伯发、公尝、论夫、士担等人后裔。台南盐水镇亦有相当多的李姓人口。[2]他们在台湾形成新的李氏聚居区，有的务农，有的从事工商业，对发展台湾经济作出了自己的贡献；有的行医，治病济世；有的读书任教，培育人才；有的参加抗日，为国牺牲。仁爱济世的人道主义精神、百年树人的教育精神和热爱家乡、热爱祖国的爱国主义精神，成为李氏优良的宗族传统，如台湾义勇队队长、抗日英雄李友邦将军。

此外，还有部分兑山李氏族人于20世纪上半叶移居台湾，这批人在中国大陆出生，青少年时期便加入国民党，进行抗日战争，一部分人战功显著，终成抗日名将。1949年国民党退守台湾后，他们也随同一起前往。黄埔一期学生、福建省前政府主席、国民党二十八军军长李良荣将军就是其中的代表。

虽然大陆与台湾地区近几十年来波折不断，两岸之间的交流也时常受到政治环境的影响，沟通渠道时常受阻，但是两岸李氏的亲缘血脉却并没有因此而隔断。

1998年初，台北芦洲李氏乡亲几经周折终于在厦门市找到了集美兑山村这个祖地，随后，每年芦洲乡亲都要组团前来集美兑山寻根谒祖。随着闽台交流的日益深入，在各方推动下，该活动已成为海峡两岸李氏宗亲交流乡情乡谊的平台。自2003年开始，富裕起来的集美兑山李氏成立了宗亲联谊会，加强与台北芦洲乡亲的往来和联系。随后两年，已先后4次组团前往台北芦洲探亲访友与旅游。[3]

---

[1] 陈孔立：《清代台湾移民社会研究（增订本）》，九州出版社，2003，第12页。
[2] 陈在正：《同安兑山李氏宗族的发展及向台湾移民》，《台湾研究集刊》1995年第3/4期。
[3] 郭妮妮：《集美兑山李氏宗亲28日赴金门参加世界李氏宗亲会》，厦门市集美区人民政府网，2010年10月24日。

2010年10月28—31日，"世界李氏宗亲总会"①第13届第三次会员代表暨全球华人李氏恳亲大会在金门举行，来自新加坡、越南、泰国、美国、加拿大、马来西亚、印度尼西亚、韩国和中国台湾的李氏宗亲齐聚一堂。10月29日，由集美区侨联常委李吉良带队的厦门李氏宗亲团来到金门，与来自10多个国家和地区的61个李氏宗亲代表1100多人齐聚，参加全球李氏金门恳亲大会和祭祖大典。恳亲大会上，厦门李氏宗亲受到世界李氏宗亲总会理事长李常盛和当时的金门县县长李沃士的亲切会见，现场洋溢着浓浓的宗亲情。

据相关报道，当时刚从集美兑山来到金门的马来西亚槟城李氏宗亲会的李雅和，见到高雄李氏宗亲便和他们分享起集美兑山的新变化。他告诉高雄的宗亲，华侨大学厦门校区就建在集美兑山，许多乡亲搬进了新的安置房，祖厝经过了整修，金鞍山寺旁边建起了小公园。在清朝末年，万丹乡首富李仲义，回到祖地集美兑山，捐款20万两白银，建了一座陇西小学。为了保障学校的运转，李仲义还特地在漳州开设了"五湖四海"农场，用农场的创收来支付学校的所有费用，这种以"场"养"校"、"自力更生"的做法使学校一直保存了下来，现在陇西小学已经改名为兑山小学，但是屏东、高雄李氏宗亲仍习惯性地称之为"兑山陇西小学"，每次回到兑山都要特地到学校参观。

清时李氏从万丹乡入高雄港，并在高雄繁衍生息，至今已有3.8万人，成为当地一方望族。乡土有情，落叶归根。李清利清楚地记得，在万丹乡李氏祖坟上，刻着"兑山"两个字，这两个字告诉他们这些后辈，自己的祖籍地就在集美兑山。

2012年10月，祖籍兑山村的抗日名将李友邦之子李力群，回到兑山寻根祭祖。在兑山李氏家庙和南尾井祠堂，李力群在族亲们的陪同下，进行了庄重严肃的祭拜仪式。此次李力群受邀到厦门参加台湾光复67周年福建纪念活动，（李友邦之妻）严秀峰特交代，无论多忙也要回到兑山祭拜祖先。②

2014年3月下旬，兑山李氏宗亲一行18人赴台湾参加台湾李氏宗亲总会20周年庆典，并前往新北市芦洲区李友邦将军故居参访。李力群接待了宗亲团一行，他带领大家参观了将军故居、纪念馆，介绍了李氏家族为保护文化资产和成立文教基金会所做的工作。李友邦的故居——芦洲李宅位于市中心，建于清朝末年，

---

① "世界李氏宗亲总会"是李氏宗族组织中规模最大、机构最完整的世界性李氏宗亲会，成立于1971年10月29日。
② 郭妮妮：《抗日名将李友邦之子兑山祭祖》，厦门市集美区人民政府网，2012年10月22日。

是一座三落四合式的古宅院，被当地人称为"李氏祖厝"。目前李宅被核定为台湾地区三级古迹，也成为台湾第一座列为民宅古迹的范例。2006年，筹建多年的"李友邦将军纪念馆"，作为历史承传与文化学习的场所对外开放。李友邦将军故居的保存和利用，是对先人的祭告，也体现了李氏族亲的人文精神。①

除了愈加频繁的互访之外，台湾兑山李氏宗亲宗族认同的另一个表现在于积极出资修建祠堂和戏台等设施，一方面支持家乡的建设发展，另一方面也是对始祖崇拜的一种反映。例如，台湾芦洲宗亲李良钦捐资修建的李氏宗祠戏台、李良钟捐资修建的南尾井祠堂戏台以及台湾李氏宗亲总会捐资修建的西头新厝祠堂等。

（3）宗族联系纽带的远祖墓祭

分房祭扫近亲的墓地和坟山并修葺墓碑，重立碑记，是兑山李氏宗族慎终追远的重要祭祀，如今，在岁月的变迁中春祭发生了很多改变。兑山李氏的墓祭有两种祭祀形式：一是宗族式的远祖（一世祖仲文公）墓祭；二是家庭式的近祖墓祭。

为了保证远代祖先的坟墓每年得到妥善的祭扫，十多年来，每年清明节前夕，兑山李氏老人会会动员各个房派均派代表参加，于清明节当天一同到天马山以隆重礼仪祭祀一世祖仲文公，参与祭祀之人多为各支派的老人会成员及海（境）外李氏宗亲回乡祭拜人士。受各种政治因素的影响，20世纪90年代前中断了上山祭祀一世祖的传统，到了世纪之交，海（境）外兑山李氏宗亲对兑山原乡清明祭祖一事的影响越来越大，在他们出资重修一世祖祖墓的推动下，每年清明节又恢复了祭祀远祖的传统。我们在李氏家庙的捐献芳名榜上，看到如表3披露的信息。

表3　兑山台湾宗亲捐献修建仲文公祖墓（公元一九九九年十月立）

姓名	币种	金额	姓名	币种	金额
李鹤宗	人民币	三万四千元	李木毕	人民币	三万四千元
李隆宏	人民币	三万三千元	李贤传	人民币	五千元
李恒裕	美元	五百美元	李严秀峰	美元	二百美元
李志雄	人民币	一千元			

注：该表信息镌刻于李氏家庙的捐献芳名榜上。

---

① 郭妮妮：《兑山李氏宗亲参访李友邦台湾故居》，厦门市集美区人民政府网，2014年4月8日。

由表3可知，兑山台湾宗亲共捐计人民币170000元，700美元。这笔捐款作为重修一世祖坟墓及恢复祭祀远祖的启动基金。

1999年重修天马山始祖仲文公茔墓时，兑山裔孙为了不让后世子孙数典忘祖，还在仲文公墓旁立一块碑刻，介绍始祖生平、李氏昭穆、重修祖陵事由，以示李氏后人。兹将碑铭文字节录于下：

重修兑山始祖仲文公茔墓志

谱载：一流相传几百秋，宗枋谱牒此时修。前人功业诚专美，今日勋庸许正休，木本水源心更切，天经地义孝虽传，披园祖宗昭然见，籍籍芳名时代流。又载：始祖仲文公行称三十三郎，二子：子祥、子玄。公生卒失记，婆姓氏，生卒亦失忆。葬本处后莲山。生乙向辛，俗呼倒插金钗形，稽考渊源：始祖来自河南光州固始县，即：五世分歧有周仙祖派，山灵毓秀自唐帝王家。

吾族昭穆：致仲子汝，克光普庆，绎职惟彬，孟尔殷伯，侯公夫士，孝友良芳，文章永世，懿德常怀，家声可继。祖陵年久失修，众裔孙募资于公元一九九九年元月十二日动土重修，保留原有墓碑，新旧结合，竟为：世而缔之，世而修之，采数斯绝还爷，让子孙知有吾身，知有今日，权在予此。愿众子孙兴旺事业发达。

兑山裔孙
于一九九九年二月五日

三、现代化冲击下"被动"消失的侨乡

现代化冲击下的集美区，兴起了规模最大的迁村，让传统侨乡兑山村处于"直接在地凋零而走向消失"的状况，新的安置地点是被建造的现代化城镇，它是否能等同海外华侨华人寻根侨乡的"新侨乡"？探讨如下：

1.搬迁后利用安置房的居民房去布置新祖厅成为李氏祖厅的一个新形态，如西头村整体搬迁后在安置房六号楼的第2层设立新的祖厅，[①]而在安置房二号楼

[①] 在安置房新建好的祖厅里一部分放置原有祖宗的神牌，另一部分放置清水祖师像。在功能上，祖厅似乎依然发挥着它的作用，但如今的祖厅受选址和位置等因素影响，调研实地考察与访谈时让人觉得空间很压抑。之前的祖厅是祖宗住过的房子演变而来的，在祖宗住过的房子里放置祖宗的牌位，有提醒族人勿忘先人等作用，但是现在的祖厅只是利用一个空房子放置祖宗牌位和清水祖师像，"慎终追远、莫忘祖训"的功能逐渐弱化。

第1层则成为西头村的公共活动场所,供村民举办婚礼等喜庆活动,可以办置40桌酒席,这个公共的活动场所是通过村里的旧有的仓库换来的。

目前兑山李氏约有1400人入住安置房。其中西头村300多人、西珩250人、祖厝后约500人、潘涂70人、部分双塔人。[①]由于各角落拆迁程度不同,因此各房祖厅的保存情况并不一致。截至目前总体保存较好的是潘涂、宅内、下蔡地区,当前主要的古建筑也集中在这一区域;该区域从总厅到各房祖厅,再到各房支房祖厅,分衍网络与功能基本完整,尽管有的破落失修,有的新建不久,但其祖厅也多保持闽南建筑风貌。在对拆迁问题上,这些角落的族众往往认为个人的可以拆迁,对祖厅的拆迁则不能接受。他们[②]大多认为,祖厅是宗族联系的重要公共场所。没有祖厅,当地族众不能凝聚,宗族情感无处寄托。同时,祖厅是一房之公共财产,牵涉众人,意见难以统一,其中还包括迁往海外的族人是否同意的问题。

另外,祖厅也是海外华侨认祖寻根的重要载体,祖厝已毁,祖厅无迹,那海外族人又谈何认祖归宗呢?必须注意的是,持这样观点的族众多以老年人为主,对中年人和青年人来说,他们对宗族的归属感相对较弱,比较注重个体家庭的经营,因此对拆迁主要关注点在经济赔偿上。老年人与青年人的看法出现明显区别。

2.由于华侨大学扩建厦门校区的需要,侨乡居民原有土地丢失。在2007年12月24日的《厦门晚报》的报道《兑山"不得了"的小村》中向大众揭露了"兑山村已纳入华侨大学新校区征地的范围,在现代化校区拔地而起之前,记者随龚老探寻'兑山三李'的踪迹"。由于华侨大学的扩建,兑山村大部分土地被划入拆迁的范围,村民被集体迁移至安置房。随着土地逐步被征用"(2010年)至今已有4000多亩土地被征用,9个村民小组8个自然村的房屋近20万平方米被拆迁"。李氏宗祠与兑山村原有的祖厅都将面临被拆的危险,那么当地的侨乡文物、涉台文物可能荡然无存。

---

① 资料来源:兑山居委会2014统计年度数据。各个角落由于搬迁人数较多,因此祖厅稀少凋零。祖厝后500多人基本全部搬往安置房,因此祖厅不复存在。西头近300人于2010年全村搬到安置房,旧有的5个祖厅被拆毁。西珩也有三分之一以上的人搬往安置房。2013年,同个支派祖先的西珩、西头共同在原祖厝的旧址上翻建西珩祖厝。尽管称为"西珩祖厝",但该祖厝实际是西珩、西头共同出资共同祭拜的空间。
② 李吉成,男,81岁,属兑山宅内二房一脉,曾任村委会、老人会干部;采访地点:兑山宅内。

3.现代化冲击了原有的宗族文化,如:①邻里交往逐渐淡化。"现在,虽然住在拥有现代化设施的安置房里,可是我觉得我的生活愉快程度在下降。以前,邻里之间的关系特别和睦,家家户户都不用锁门,吃饭时大伙都习惯于把碗端出来,边吃饭边聊天。但是,现在,家家户户的门都是紧闭着,一扇门就把整个世界隔绝了,相互之间交流很少。即使是本族成员相互之间的沟通交流也比以前少很多。"[1]另外,据村民[2]介绍,在未搬迁之前,角落中各房祖厅,每到祭祖之时,全村之人都会聚居在各自的祖厅周围,热闹非凡,宗族集体观念相当浓厚。搬到安置房后,不像之前聚集而居,而是拆散在安置房内的各层楼居住,村民的集体观念淡化,平时没有聚会的热情,除非有大事情才会通知村民聚在一起讨论。特别是年轻人,由于搬迁到安置房以后宗族活动的减少,对宗族情感和归属感逐渐变弱。②民间信仰的消失。各个自然村内共同供奉的当地神祇逐渐消失,直系宗族的纽带联系更显淡薄。③宗族文化的维系出现断层。实地调查访谈发现的一个现象,对于兑山村的宗祠、祖厅的历史渊源以及婚庆、丧葬习俗的了解,年青一代普遍都是知之甚少,加之,现在大部分青年劳力外出打工,平日里与宗族的联系也不断淡化,后续力量的不足,无疑会导致原有的宗族文化的消亡。

随着拆迁的进行,侨乡兑山村逐渐由传统的农耕村庄转变为以出租房子、打工为主的现代化城镇。由于居住形式变化,生产方式转变,社会权威转移,侨乡也被动地卷入了现代化轨道,宗族功能逐渐弱化乃至出现新的发展与变异。现代化的大潮像一只张牙舞爪的巨兽,汹涌而来,作为海外华侨华人祖籍地的传统侨乡已经或正在被动地消失,抑或是以一种新的形式再生呢?

---

[1] 受访者:李福英,1945年生,祖厝后人,祖厝后自然村老人会成员之一;采访地点:兑山里小区兑山居委会。
[2] 受访者:李福相,男,74岁,属兑山祖厝后一脉,原兑山小学校长;采访地点:兑山居委会。

侨乡社会的代理人
——以粤东客家侨乡为重点考察对象

夏远鸣[①]

(嘉应学院客家研究院　广东梅州　514015)

前　言

以前有关侨乡研究中,注重的是两端的研究,即海外部分与原乡内地部分。对于其中间的连接与通道的研究多是集中在水客的研究上。但是,水客只是财富、信息、人员的输送者,而不是最终落实者。

华侨长期在海外,有生意事务牵挂以及空间上的隔离,海外侨居者无法亲身操持家中大小事务,所以需要家里的某位信任的人帮忙打理。有学者将这种角色称为"代理人"。[②]本文在行文中也借用这种说法。代理人不但是侨居者家中事务的主持者,也是将海外财富落实到侨乡的重要一环。但在乡间的芳名碑或题名碑中,多是记载出资者的姓名并借以彰显其声名,而实际主持者一般却没有署名,这导致一般的研究者对这个角色很少关注,因此一般的研究中很少提及。本文以梅县客家地区为重点的考察对象,以对上述现象进行探讨。

梅州是近代著名的侨乡,其侨居者主要分布在东南亚,另外在非洲也有分布。进入梅县地区,华侨留下的景观随处可见。这些景观正是海外华侨财富输入的体现。而这些景观得以形成,与侨乡社会的代理人有着密不可分的关系。

[①] 夏远鸣,嘉应学院客家研究院助理研究员,研究方向:侨乡、华侨华人。
[②] 郑振满:《国际化与地方化:近代闽南侨乡的社会文化变迁》,《近代史研究》2010年第2期。

一、跨域家庭中的代理人

海外侨居，是东南沿海家庭生计的一种重要策略。传统的家庭是共同奉献，共同分享。一些成员离开家庭，但家庭成员的身份并没有改变，更不意味着家庭的解体，而是家庭在空间上的延伸，家庭成员的责任与义务仍然还在。对于一个受传统中国文化影响的海外侨居者而言，家庭（家族）层面的责任与义务是其最先考虑的。这些家庭事务包括尽孝悌、尽义务、尽责任等。有些工作可以通过通信的方式解决，如对子女的教育、信息的传递等。但有许多事情需要有人在家中操持，这必须托付一位可信任之人代其行事。这些在家中帮助操持事务的人，就是侨居者的代理人。

1.主持房屋建造的代理人

建造房屋是传统中国人重要价值观之一，是人们成家立业的重要标志。在乡村社会，一个成熟理性的成年男子都会通过建造一幢房子来体现自己的人生价值，从而在整个社群里获得必要的尊严，海外侨居者当有了一些积蓄以后，首要的一件事往往是建造自己的房子。所以，侨乡社会里，最直观的景观、最能体现侨乡社会风貌的景观便是侨资兴建的房子。

梅县的侨乡中，今天可以看到大量晚清民国时期的建筑，这些建筑成为一道最直观的景观。这些景观是海外华侨财富流入的结果。这些大大小小的房子的主人及其后裔基本在海外，由于建造房子的时间较长，有时长达十余年，这样长的时间，房子的主人由于空间的阻隔，没有办法长期待在家中亲自监督建造，而是通过代理人为其操办。

（1）松口崇庆第"古秀阶"

崇庆第位于梅县松口镇大塘村的鹧鸪岇，这幢建筑称为"崇庆第"，其题字者为清代最后一任榜眼朱汝珍，但当地民众俗称其为"古秀阶"。这个名字实际上是建造这幢房子督工的名字。

崇庆第是东南亚历史最悠久的中药行"仁爱堂"第四代掌门人古国监、古国耀、古国均等五兄弟出资兴建的一幢中西合璧的围龙屋，落成于1948年。督工者为古秀阶。古秀阶，是南洋仁爱堂中药行的其中一任掌柜人。古秀阶祖父古石泉下南洋槟城创办了仁爱堂。1796年，松口的古石泉来到槟城创立了仁爱堂，这是东南亚历史最悠久的中药行。这是一个家庭企业，经过几代人的经营，成为享誉南洋的大企业。由于兄弟一直在南洋打理生意，自然无法回原乡主持兴建如此庞大的建筑,所以在槟城的兄弟特别委派其伯父古毓元回乡监造。古毓元,号秀阶,人称"古秀阶"。因为古秀阶一直为工程监督,所以当地人将这幢建筑俗称为"古秀阶"。①

(2)福智堂

叶剑英父亲五兄弟建的房子,由叶剑英的父亲在家主持修建,前后达9年。根据现陈列于福智堂厅堂内的"福智堂记"一文介绍,福智堂是由叶剑英的祖辈叶福智的5个儿子叶铭祥、叶钦祥、叶鉴祥、叶锡祥、叶钻祥五兄弟合力建造,为纪念其父,取名"福智堂"。福智公出身贫穷,他以及上几代人都寄居于宗族老屋,后其五子下南洋,在马来西亚做工。五兄弟节衣缩食,有少许积蓄便寄钱回来建房。具体建造事务由叶钻祥回乡主理。福智堂于1911年开工建造,因经费不足,兄弟在外有点钱就寄回来,一点一点地慢慢建造,前后历时八九年才基本建成。房屋的结构为两堂、两横的典型客家民居。据其后裔讲述,当时在家操持建造事务的叶钻祥感到非常劳累。据说叶钻祥曾经对外面的兄弟说:"你们也要回来看一看啊,我实在是太累了。"房子建好后不久,叶钻祥便因操劳过度于1921年去世。叶剑英也于1921年因回家办理父亲的丧事而第一次回到这间新宅。现在这幢房子由其在家的后裔居住并看管。

(3)万秋楼

除了委托自己家庭的成员充当代理人外,有的也请专业人士作为代理人。房子的建造需要专门技术,其中都需要的工料、人工费用等都需要专业人士操持才能应付过来。程江镇著名的华侨建筑万秋楼,便是托付给一位钟姓的泥水匠帮助打理。万秋楼位于梅县程江镇,由马来西亚华侨夏万秋所建,落成于1932年,是一座中西合璧的围龙屋,现被人改造用于经营饭店。万秋楼的主人夏万秋因为在怡保经营矿业,无法回到家乡亲自督工,便请了当地一位钟姓泥水师傅主持整幢房子的建造。泥水匠在乡间被称为"大师傅",是建造一幢房子的技术总指挥,对于各种工料与人工花费非常熟悉,所以常常被委托做房子的主持者。房子落成以后,夏万秋本人基本没有在家住过。

(4)联芳楼

除了万秋楼外,位于梅县白宫镇富良美村的联芳楼也是由家中代理人帮助

---

① 王琛发:《马来西亚的"仁爱堂":阅尽两百余年世局沧桑的老招牌》,张继焦、刘卫华主编《老字号绿皮书:老字号企业案例及发展报告(2013—2014)》,中央文献出版社,2013。

建造。联芳楼主人兄弟俩在印度尼西亚经商，致富后汇钱回家建造联芳楼。该楼于1931年动工，1934年落成。结构上是三堂四横，外观上是西洋巴洛克风格。丘氏兄弟一直在印度尼西亚经商，所以无法回乡建筑房屋。该楼从购地到建筑，都由家乡的丘氏族人打理，包括购地、买材料、督工等多项工作。

其实在侨乡乡村社会，这种代理侨居者建造房子的情况具有普遍性。由于家族共产制的发达以及中国人特有观念，一般都选择自己家里的兄弟作为委托人。如上述叶姓福智堂、古秀阶等，其代理人也是产权所有人之一。尽管他本人可能没出钱，但仍然享有这个产权。这种源自民间的人伦价值观念是被接受与默认的，一般不会发生争执与纠纷。但也有个别特殊的不和谐的案例。

（5）善庆楼

在福建永定县上洋镇初溪村，有一幢建于1979年的土楼，额曰"善庆楼"。善庆楼的主人为新加坡华侨，寄钱给回家，委托他的弟弟修建土楼。所以他弟弟在家专门打理土楼建造事宜。经过两年的修建，这幢土楼占地1200平方米，高3层，直径31米，三层加在一起有几十个房间，虽与其他大型土楼相比略显小巧，但一家人住已经非常宽裕。土楼建好后，这位新加坡华侨没有回来居住，由其弟弟居住。在传统观念中，弟弟帮忙操持建了这幢土楼，哥哥又没有回来，弟弟一家住在这里是没有任何问题的。但后来情况发生了改变。

20世纪90年代，这位新加坡屋主之子回到中国，开始申诉要回这幢楼的产权，不让他的叔叔一家居住。这个行为从法律的角度来看有其合法性，但回到具体的文化背景下，这个要求是有违伦理的。受委托人不但帮忙主持建造了土楼，还帮忙守了这幢房子多年，从民间的情理上讲是完全行不通的。正如这位受委托人的儿媳所言："他一个人，怎么住得了那么多房子，给我们家住一下又怎么样呢？"这场紧张的关系一直持续着。这是委托人与代理人之间出现矛盾的一个案例。

但总体上看来，这样的个案在侨乡社会属于少数。正是这些代理人在家乡的操持，让这些财富得以转化为实体可见的建筑，成为侨乡社会的一道风景。

2.处理其他日常家庭事务

家庭日常事务代理行为，在侨批中比比皆是。我们在处理侨批时，发现整个家族的信件通常是写给某个人，这个人是家里的族内亲属，也有可能是亲戚。这个收信的人往往是代理人。这里我们以民国期间一组从槟榔屿写给梅县白宫大河背的信件为例进行说明。

这组信件由于品相较好，被收藏者收于梅县"松口记忆"博物馆内，笔者参观时从展窗内拍得这些批信。信的书写者并非一人，而是在大河背在槟城的一群钟姓"兄弟叔侄"。收信者为多为"春帆""迪人"。写信人称春帆、迪人为叔，由此判断写信人与他们是叔侄关系。在信中，多处出现请求春帆叔、迪人叔打理种种事务。

这些需要处理的事务分成两类：一是家族中与祖先祭拜有关的事务，如祖堂祭祖、祖堂的修护、祖坟的维修等；二是家中财产的问题，这里主要指田产、屋产的赎买等。

在一封写于民国二十六年（1937年）4月14日的信中，槟城诸兄弟叔侄委托家中的迪人叔在家成立"龙灯会"，以使自己祖堂更加热闹一些。对于自己上代祖坟，也提议要维修。如果家中要修，这些礼仪性的活动的参与，也是一个侨居者与家乡联系的重要纽带。但这些家中的礼仪性社会活动的组织，需要在家的人来执行。

墓地、祠堂的修建也是常见需要委托的事务。敬宗是华人重要的观念，所以祖先墓地的扫祭是一件重要的事情。但远在千里，不可能每个人回到家里来做这件事，所以多是委托家乡人来完成自己的孝行。如现代著名美术家林风眠晚年在香港居住，一生未曾回家乡。晚年时曾寄钱回来托家中的侄女为其父修护墓地。

有的宗族共同先祖的墓地，也是海外华侨捐资的主要对象。这些钱多由宗族内部派专人组织募捐，由这些人出面向海外宗亲劝募。他们成为联系海外与内地的沟通人，成为华侨在家乡的代理人。在具有深厚宗族文化传统的华南地区，这是非常常见的现象。

3.从侨居地派员回乡处理特殊事件

有时在家的代理人无法处理的一些事情，也会由侨居地全权委派一人回家处理。仍然以上文引述的槟榔屿写给梅县白宫大河背的批信为例说明。我们在落款为"丙子元月廿八日"的一封信中就有这种情况。当时这里有位族人将产业出卖了，所以必须侨居者自己派人出来处理。于是便派出了其弟弟铸章作为全权代理处理这件事。在信中这样写道：

春帆五叔台鉴：

去冬得惠大函，因无甚事，迟延至今，疏懒未复，望希原宥。铸侄在省，本十八函云，决廿间回梓一行，纯系料理家事。因近年胡章在家常有越轨行为，大家人物产亦敢公开盗卖，各兄弟因之深恶痛绝。□铸章回港之便，在槟各兄弟议定，着铸章回家，将父遗下房产以及些小旧业一概作五份划开；至未赎之田，各兄弟谁人有力则谁人赎回耕种，不致似宝伯屋脊之细丘子，先或年侄与张廉赎回，间又被胡章盗卖。冻水老隆之产，系先人经营所置，乘兄弟南渡谋生，亦敢公开盗卖，其目珠之白，实已已极，因之，宫门首之田，善取弟兄我代赎之后，本应如数早日致回，因鉴前车，不得不慎重一点。此刻划开，仍有屋有田未赎者，任何兄弟能赎则任由管业耕住。宫门口之田，如一家赎则一家耕，两家赎两家人耕，五家能够共赎则五家所有，未赎之屋亦然。我母之上正间不能分，因母尚健在要住。该间未分之日，兄弟中谁人用出此数，该间归其管业。超过此佰员外之数则五份均派。上代风水如祖父母及我父之坟俱未安葬窗。他日哪个兄弟有力则哪个负责，两个有力则两个负责。如此类推，此为人子者，是本分之事。最当前之急务也，至铸回理家事等，望叔台鼎力赞助。外头兄弟已委诸铸章全权，即如何分法，亦得全权主意，如何，各兄弟皆喜欢也，采叔名下所有者，亦不能分挂在祖父母名下每年共同祭扫。予上代分授仍有上塘面稈（同"秆"）棚位一所，侄亦有函铸章要收回（一间系胡章手措与□妹），□他年久借荆州，此我五家之业，非胡章一人可能主意。……

安祺

列绍叔兄弟均祈

丙子元月廿八日少乐

从信的内容可判断，这是外面几兄弟与家中五叔的通信。这些兄弟的父亲已经去世，母亲尚健在。家中有个名叫胡章的人，盗卖了家中共同的家产，所以派人回来处理这个问题。这也是代理人的另一种方式。即侨居地的兄弟派出一员回来全权处理家中的事务。这种情况也比较常见。如前文福智堂的情况也属于这种情况。即福智公的五个儿子全部在南洋谋生，后派一人回来主持建房。这些说明，代理人是以传统家族组织为基础形成的，只有少数人是以信任的专业人士组成。

二、跨域公共事务的代理人

除了家族外,海外侨居者捐资参与家乡的公益或慈善事业,在这侨乡地区是一种普遍现象。在乡村地区,在捐资修建路、桥、祖堂、凉亭等公益事业后,都会留下芳名碑,以表彰捐资者的善行义举。但对于主事者却少有记载。然而,这一切能得以实现,在家乡的主事者功不可没,他们是实现海外侨居者在家乡进行跨域活动的重要支撑点,也是侨乡社会网络"最后一公里"的联结点。

这些公益事业代理者主要是一些熟悉地方人际关系的人,他们常常外出南洋募捐,主动代理家乡的事务。我们在《岭东日报》中看到,在清末时期兴学,南洋地区的侨居者之所以能够资助家乡的教育事业,家乡这些代理者功不可没。据当时的一些条例,可以通过提成的方式,提高这些外出募捐者的积极性。

除了地方公益外,在国家层面上,一些海外侨商为了与祖国官方发生联系,也往往需要一些代理人从中运作。随着晚清政府侨务政策的改变,从原来敌视侨民转向"用侨",这使得海外一些富侨开始有机会与政府接触,并通过捐资等方式获得荣衔,参与国家的建设。

常年在海外侨居的富商,与原乡社会脱离已久,对于家乡许多事实不熟悉,如何步入家乡的政治场合,需要有人"带路"。以晚清客家富商为例,从张弼士、张榕轩等人与清政府接触的过程来看,其中就有这样的领路人或引见人。这些人帮助代理各种事务,如募捐、购买衔职等。这里代理人主要是温颢。这位代理人曾经帮助张榕轩在潮汕铁路投资、回乡捐官等方面提供了非常多的参考意见。

三、跨域商业行为中的代理人

侨居者在商业拓展过程中也常常需要代理人。这里以胡文虎为例进行说明。胡文虎在1920年开始回国拓展他的生意,其代理人便是他自己房上的一位亲属。胡文虎永安堂1921年开始在东南亚各地设分号,1929年,永安堂在上海宁波路595号设立分行,此为国内最早的永安堂分行,其经理为胡桂庚。[①]胡桂

[①] 李逢蕊主编《胡文虎研究专辑》,闽西客家学研究会,1992,第73页。

庚也是胡文虎的亲宗。这位宗亲扮演了代理人的角色。这类商业代理行为在家族企业中也是非常普遍。另一个例子便是梅县南口著名的潘氏家族。潘氏家族从清末开始在东南亚以及日本横滨建立商业网络，每个节点性城市都是自己家族成员在代理，以保证生意的正常运作。

另外，在跨埠的商业行为中，一些商人甚至通过建立家庭的方式，确立自己的商业代理人。以韩江上游客家地区为例，从梅县到松口，再到潮州、汕头、香港、南洋各埠。这些跨埠的生意人通常在每个埠娶一名妻子作为该地生意的主管。自己也常年在这条线上奔波，每处都有自己的一个家，也有自己的生意。

四、代理人制度的变化

后来这种代理人制度被一些组织或机构取代，部分被政府或组织取代。民国建立初期，便成立了华侨联合会。华侨联合会是中国最早的华侨组织，原名南洋华侨联合会，1912年3月在上海张园成立。由云集上海的一批南洋归侨组成。发起人为吴世荣、庄啸国等。在筹备过程中得到孙中山的大力支持。其宗旨是"本会对于祖国则代表华侨协助实业政治之进行，对于华侨则联络各界加谋保护发展之方法"，并"联络海外团体互通声气以坚华侨内向之心"。[1]胡文虎初回祖国内地，便是依靠华侨联合会出面打点一些事情，如购置国货到缅甸，参观各地的工厂等一系列社会活动。后来胡文虎捐款给祖国，有的也是通过华侨联合会实现。1928年1月，广州受灾，1月9日胡文虎、胡文豹兄弟与上海华侨联合会联系，向粤省灾民捐款3000元大洋赈济粤灾民。[2]胡文虎的个案说明，除了通过自己的族亲外，还可以由机构或组织代理国内社会活动，胡文虎便是通过这两种方式进行结合来开拓自己的商业。

随着侨务机构的不断成熟以及侨务政策的深化，官方机构也逐渐帮助代理侨居者的事务。除了私人领域外，侨居者在公共领域的许多活动可以通过专门的机构得以实现。

五、20世纪80年代以来的产业管理代理人

这种代理人所代理的事务也各有不同，并且随着时代的变化而变化。如20

---

[1] 周南京主编《世界华侨华人词典》，北京大学出版社，1993，第292页。
[2] 《虎标永安堂捐振粤灾之函告》，《申报》1928年1月10日第13版。

世纪80年代以后，代理人多帮忙管理华侨在家乡的屋宅。

20世纪80年代，随着华侨政策的落实，一些原来在土改时被分掉的华侨大宅又重新归还给了他们。但经过30多年，多数华侨已经定居在海外，他们的子女也在海外定居，对家乡的认同感也没有其祖辈或父辈那样强烈，不可能再回到家乡，并且整个家庭通过再次的"离散"，移流到世界各地，一幢房子真正产权所有者在空间上已经与房子脱离了关系。如何维持这些房子，仍然需要代理人。

所以这些遗留下来的住宅往往都是通过委托人来看管。可以预见，这些由晚清自民国以来，在侨乡地区由华侨建造的豪宅，以后还会由这些代理人看管下去。如上文提到的"古秀阶"到了20世纪80年代侨务政策落实又归还华侨，现仍然由其远房亲戚看管。

也有一种情况，便是移交给政府托管。如松口张榕轩的旧居，便在最近由其曾孙装修完毕，改成纪念馆，交由松口镇政府管理，但这种情况还属于少数。张榕轩故居是因其本人在中国历史中有着重要的地位而被重视，类似这样的华侨建造的大屋还广泛地散落在侨乡地区的乡村。这些老宅现在一般仍然还是请家中的亲人看管。这些看管旧宅的人员也是海外华侨与家乡的联系人。但是，如何处理庞大的遗产，确实也是一个沉重的负担。这些在家族共产制下合力建成的房子往往都有很大的体量，由于常年没有人居住，这些房子破败得很快，如果要进行大修，是一笔不小的开支，没有一定的经济实力无法完成这项任务。这也往往让侨居者以及代理者感到无奈。

但是代理人还是有必要的。以侨捐项目为例，一些建于20世纪80年代产权不明确的侨捐项目，随着时代的发展而渐渐被拆除。根据目前相关侨务政策，华侨有权过问侨捐建筑的处理情况，但事实上有的很难执行。特别是乡间捐赠的一些公共建筑，由于没有明确的所有权，随着时代的发展，许多已经被拆除，如纪念亭、小型桥梁甚至学校等，这些捐款的芳名碑也随之被弃。这些都是没有明确产权而没有代理人管理的结果。而一般的私宅因为有产权，所以往往能够得以保存。这也显示了在新时期代理人有一定的作用。

结　语

侨乡社会里，外地的侨居者虽然与家乡一直在联系，但其技术手段与机制一直被人们所忽视。对于中国移民与家庭之间的关系，孔飞力曾总结道：

长期以来，中国人家庭在空间上的分布模式，连同其外出务工、寄钱回去养家的策略，无不显示出我们正在考察的，是一种假定移民及其家乡（"侨乡"）之间存在持续联系的"劳动力分布系统"。因而，事情的本质不是"分离"，而是"联系"。虽然许多移民事实上在中国以外的地方安了家，但这并没有减少原先语境的重要性；大多数人与其说是确定性地"离开中国"，还不如说是他们正在扩展劳作者和家庭之纽带的空间维度。①

移民扩展了家庭的空间的纽带，便是移民社会网络。在近代东南地区与海外华人社会网络中，有多重链接在其中发挥着关键性功能。这些链接包括节点性城市、交通工具、传递财物与信息的水客等，这些链接连接着侨居地与原乡社会两端。实现了将海外财富输入原乡，从而根据传统价值观与实际需求使用这些财富。这些对财富进行实际操作的人便是代理人。他们是将财富实施于原乡社会的最终操作者。这个最终的操作者代理侨居者家乡的事务。

在家庭层面，往往在差序格局的家庭结构基础上，侨居者安排自己在家乡的代理人，一般是父母。随着侨居者在海外的成长与变化以及家中情况的变化，代理人开始转向其他亲属，如当侨居者家中的父母去世以后，往往选择叔辈的人物来代理主持家中的事务。这也就是我们常常看到批信都是写给家中的叔辈人物的原因。如果没有叔侄辈，便是本房派中兄弟辈的人物。随着自己家族的人不断在海外定居，只能找关系更加疏远一点的亲属来充当代理人。

很多时候，为了家庭某件大事，如房屋的建造等，侨居地的移民往往会指派一名成员回乡主持工程。正如松口的"古秀阶"（崇庆第）、雁洋叶剑英故居"福智堂"的情况。当处理完这件大事以后，代理人又回到南洋。当然，也有指派信任的专业人员充当代理人的情况，如梅县程江镇的万秋楼便是这种情况。

新中国成立以后，在世界冷战格局下，侨乡与侨居地交流中断，一般侨居者的直系亲属多在海外居住。20世纪80年代侨务政策落实以后，侨产归还，这时的代理人往往是家中比较疏远一点的亲属。

在跨域的商业行为中，也往往通过代理人来实现。商业网络往往通过在各个节点性城市设立代理人的方式实现。这些代理人主要为侨居者代为管理生意事务。在跨域政治参与中，也往往需要代理人引路。这些公共领域的捐资，

---

① [美]孔飞力：《他者中的华人：中国近现代移民史》，李明欢译，黄鸣奋校，江苏人民出版社，2016，"前言"第5页。

往往由募捐人来作为代理人。这些代理人的行为,形成侨乡社会特有的人际关系。

其实无论是在私人层面还是在社会层面,这些代理人都一直存在并且发挥着重要作用。他们是实现侨居者跨域政治参与、商业经营、家庭建设的直接实践者。大量的财富通过代理人转化成为家乡的私人建筑、公益事业、墓地、桥梁等,成为侨乡社会的景观。

血缘性、全球化与飞地侨乡的建构

——以上王家村为实证

徐华炳[①]

（浙江大学城市学院马克思主义学院　浙江杭州　310015）

桐庐县位于浙江省西北部，是一个远离大海，有山有水的中国最美县城。钱塘江中游富春江贯穿整个县境，将全县自然分割为江北和江南两大区域。江北的上王家村是该县重点侨乡，也是县境内唯一的侨眷集聚村。最早关注该村的华侨研究者是周望森先生。他在其撰写的《浙江华侨史》中如此描述："改革开放后，故乡青田出国热潮再起的信息先后传递到这些地方……桐庐小王家本村约有70人出国，成了当地少见的'华侨村'"。[②]刘基故里的青田与范仲淹称赞的"潇洒桐庐"，虽同为浙江省两个小县，但一南一北，相去300多公里4个多小时的现代快客车程，又是如何在华侨这个群体上关联起来的呢？这就是本文的问题出发点和论证的逻辑起点。

一、上王家的村史侨事

（一）上王家村概况

上王家村现属浙江省杭州市桐庐县瑶琳镇永安村所辖自然村。上王家村旧名王村，清末有王姓在此繁衍成村，名王家，后来分居上、下两家，故名[③]。至2004年5月浙江省政府《关于桐庐县行政区划调整的批复》发布之前，该村范围

[①] 徐华炳，浙江大学城市学院马克思主义学院教授，研究方向：华侨华人。
[②] 周望森：《浙江华侨史》，中国华侨出版社，2016，第126页。
[③] 桐庐县地名委员会编：《浙江省桐庐县地名志》，内部发行，上海中华印刷厂印刷，1984，第184页。

几乎没有变化。同年12月，瑶琳镇村规模调整，上王家村和方吴村并入永安行政村①。村域总面积为587.65万平方米，其中建设用地面积为38.34万平方米，人均建设用地面积为211.12平方米/人。耕地1739亩（约115.93万平方米），种植水稻、蚕桑、菜竹为主。山地面积达2580亩（约172万平方米），主要为生态林，不用于种植开发。

1990年，桐庐县首次调查登记在册华侨华人有87户395人。1978年至1990年7月出国的41人中，毕浦乡31人，其中上王家村27人②。到2014年，上王家村人口1833人，其中海外移民人口160余人（含华侨85人、侨眷76人、归侨7人）。该村华侨集中分布在德国、美国、奥地利，侨居德国的最多，绝大多数从事个体经营业或技工。

表1 上王家村行政隶属变化

时间/年份	归属县级	隶属乡镇
明朝（1368—1644）	分水县	安定乡
宣统（1909—1911）	分水县	三管
1941	分水县	永安镇（安定乡分四镇）
1949	分水县	永安乡
1956	桐庐县	新安乡（永安乡并入）
1958	桐庐县	毕浦公社（辖王家大队）
1981	桐庐县	毕浦公社（王家大队更名上王家大队）
1984	桐庐县	毕浦乡（辖上王家村）
2004	桐庐县	永安村（方吴村和上王家村并入）

（二）上王家村移民简史

1.移民先锋：王春和

在历史上，整个桐庐县人口规模都不大，又得益于境内的山水资源，人地关系较为宽松，所以极少有人口流出现象，更不用说会产生海外移民的情形。然而，改革开放后，上王家村几乎一夜成名，成为杭州地区有名的华侨村，本村数名华侨成为浙江省侨联关注的重要侨领。追本溯源，上王家村成为"从天而降"的侨乡，关键性人物为王春和。

王春和是上王家村第一位走出国门的人。他幼小时，因家中贫困而给人放

---

① 桐庐县地方志编纂委员会：《桐庐县志：1986—2005》，浙江人民出版社，2012，第56页。
② 同上书，第741页。

牛以补贴家用,长大后又替人耕田来维持生计,从没有上过学。他最大的愿望就是能让一家人吃饱饭,本以为一辈子就是庄稼汉的命,没想到却突然发生了改变。1972年,他接到一封信件,信件是村里人从青田带来的,大致意思是让他去德国继承表哥遗产。[①]这对于一个小县城的农村村民来说,"是一件让人兴奋让人困惑又让人好奇也让人害怕的事"。

1972年,国内正处"文化大革命"时期,想要去罪恶的资本主义国家,并不是一件个人的小事,而是属于组织上的大事。因此,当地公社、村镇、县城领导对此事层层商讨,最后才批准王春和去神秘的德国。虽然出国手续是办妥了,但王春和心里还是发愁,去这"远在天边"的德国,旅费如何着落呢?或许周围的亲友觉得这个能去国外的汉子以后一定能有番作为,不再会给人耕田,结果纷纷借钱给他,居然东拼西凑了700元路费。揣着这沉甸甸的巨款,他心中五味杂陈,怀着不安的情绪出发了。当年的交通十分不便,王春和先徒步七八个小时到横村镇,吃了便饭、休憩片刻,再花两三个小时坐车到桐庐县城。幸运的是,在去杭州长途车上,他遇到一位热心知青,因此顺利到达杭州并坐上开往北京的火车。颠簸20多个小时后,到达了以前只曾听闻而心中向往的首都北京。当时北京是"红色风暴"中心,一个乡巴佬要出国实在是太困难。为了办理签证,王春和在宾馆里整整等了2个月。好在过程虽波折烦琐,却总算在1972年6月19日出国了。由于当时中国和联邦德国并没有建立外交关系[②],王春和不得不先飞往奥地利办签证,再前往慕尼黑的表哥住处。

到达德国后,王春和从没有文化的庄稼汉转变为餐馆帮工。一边是每天10个小时的重复工作,一边是每月500马克的工资(约合当时人民币为300多元),孰轻孰重,他自然无暇顾及思念之情、孤独之感,拼命干活赚钱是唯一的头等大事。他除留点生活费,剩余钱都寄回国,养活一家妻儿老小。出国的汉子寄钱回乡的消息立马传遍全村,邻居们惊讶道,原来出国打工能挣这么多钱,羡慕不已,心中也不免萌生出国发家致富的念头。寄钱回家虽能让一家人吃饱饭,但见过了世面的他并不甘心只做个小工,也盘算着开个中餐馆,自己当老板,然后接家人来德国团聚。定下目标的王春和更加发奋工作,空闲时留心学做菜,学些德语。他从后厨帮工到配菜人员,再到大厨师傅,最终是

---

① 其实当时王春和表哥尚未去世,只是因无子嗣,所以提前写下遗嘱。
② 中国与联邦德国1972年10月正式建交。

无论做菜手艺还是经营管理,都驾轻就熟。1975年,妻子和大女儿来德国一起打拼。1977年,开始自己经营中餐馆。1978年儿子出生,1980年将两个女儿接到德国,阖家团圆。此后,在他的帮助下,弟弟、妹夫、表兄弟陆续到欧洲各国。

王春和是上王家村第一位出国者,没有这位"华侨先锋",也就形成不了侨乡上王家村。其他村民中,最早经由他安排出国的是留林。他先在王春和的餐馆打工,一年后,自己也开起中餐馆。紧接着用同样的路径依赖法,亲带亲、故帮故,带出一群亲友。最终,40多年来,到德国开中餐馆的桐庐人越来越多,仅上王家村就达近百人。而上王家村的华侨分布地也从最初的德国扩展到西班牙、奥地利,甚至日本等国。

上王家村从没有华侨到一个华侨再到100多位华侨,核心人物是青田华侨的表哥,核心力量来自王春和与表哥的血缘关系。所以,可以说,人类最基本的血缘关系肇始了这个飞地侨乡。但这并不意味着侨乡的生成可以理所当然,没有其他新的要素去推动更多的人群加入移民队伍或没有更强烈的主观愿望移民,侨乡依然无法产生。

2.移民路径:从青田到上王家村再到欧洲

华侨出国的原因,国内外已经有诸多理论和研究范式。19世纪末莱文斯坦提出的推拉理论是解释移民现象的最为常见的理论,尤其是20世纪以来,随着世界全球化的加速,各国劳动力被纳入整个国际劳动力市场后,推拉作用尤为加速。地处改革开放前沿的浙江人尤为了悟,上王家村人口也被吸引进入国际移民潮。

从上王家村出国第一人王春和的身份及经历来看,在一定程度上已经证实上王家村华侨的产生与本村的青田籍村民不无关系。那么,青田人为什么来到上王家村?上王家村又为何移民不断?

(1)迁徙浙西北:求生存、保性命

上王家村是桐庐县著名的移民村,村民既有来自浙南地区的青田人、浙西地区的义乌人和浙西北的建德人,也有来自附近乡镇的水库移民。从地理环境来看,上王家村处在桐庐县与安徽省黄山地区的重要交通线上等地,省道线和富春江的重要支流分水江都经过村口,是多桐庐县丘陵地形中的一块较为宽敞的小平地。这些自然优势,应该是吸引外来移民落脚安家的拉力。而访谈发现,推动青田人迁移此地的因素主要为经济原因和政治原因。

青田县土地有"九山半水半分田"之说,人稠地狭,自古封闭贫困。清朝举人徐上成曾概括了青田的"四无",即"无平田衍土以耕,无柔桑良葛以织,无鱼盐商贾之利,无畜牧贩卖之饶。东南之硗壤也"[①]。

王春和1945年出生于青田,9岁时因母亲改嫁而迁移到上王家村。

我父亲过世得很早,母亲后来认识的叔叔(继父)是上王家村的人。母亲嫁给他,就带着我一起来上王家村生活了。……叔叔是新中国成立之前到桐庐的,怎么来的具体我也不知道,但穷是一定的,青田山多田少,没出路就想法子去外面挣钱。……叔叔那时候回青田看望亲戚,周边的邻居牵线做媒。我母亲丧夫,叔叔未婚,邻居就撮合他俩结婚了。[②]

受访的其他村民也如此回答迁来此地的理由:

我老头子是青田人,大概是15岁时跟着他爸妈来的。青田那时候穷,田也没得种,公婆就带着我老公出来了,也是阴差阳错地来到了上王家村。我们家应该是青田那边最早过来的。

那时候青田穷苦。我爸16岁的时候就和同村的一些朋友决定出村,一路打工,到上王家村的时候,认识了这里的一户人家,后来这户人家招亲,我爸就入赘了。

上王家村偏安一隅,群山环绕,有江河流经,在战争年代也算得上个世外桃源之地。所以,一些村民的父辈或祖辈,为躲避战乱而逃难于此:

我是本地出生的,我爸是青田人。……抗日战争的时候逃难。……我的伯伯叔叔和我说,我爸最远去过南美洲。不过,他在我5岁的时候去世了,所以其他的我也不清楚了。

我父亲是青田人。……大概1944(年)吧……那时候打日本鬼子,日子不太平,青田又穷,日子过不下去一家人就出来了。一路要饭就到了这里。

(2)奔向欧洲:求发展、满虚荣

土地贫瘠逼使青田人大量出国,而一些暂时未直接出国的民众虽然选择了上王家村这样的县外地方生存。但这些国内目的地,并不是他们后代的终极所,而是年青一代出国的起点。特别是改革开放后,青田农村山区富余劳动力越来越多,为扩大收入、脱贫致富,他们纷纷去外县外省打工、经商。这些人有相当一部分获得了外地户籍,积攒了资金,有了出国资本,然后通过合法或

[①] 高晓洁、吴玉鑫:《跨国移民——来自侨乡青田的研究报告》,《社会》2002年第11期。
[②] 文中涉及访谈时间为2016年3—5月,地点为上王村各侨眷家中。

不合法的渠道出国，转化成海外的劳工、经商者，成为新华侨。[①]

移民先锋王春和的出国动机是被动式的，或者说没有出国意愿，但他的出国行为就是一条转变空间获得发展的路径。

青田那时候穷苦，很多人出去打工，干很辛苦的活。表哥应该是和朋友一起偷渡出去的，从上海坐海船，在船上做点苦工当路费这么出去的。……表哥在新中国成立前就去了德国。"二战"时德国把中国人都遣返回来了，表哥一家就在青田住了3年吧。之后管得松了，又偷渡回德国。……当时我表哥去青田找我，可那时候我早就住在上王家村了。那个时代通信交通都很不方便，他一时间也找不到我，就在村里留了一张字条，上面写了他的住址。后来（上王家）村里的吴某去青田的时候，碰巧知道了这件事，就把信带来给我。我就让朋友给我表哥回信，一来二去，表哥就让我出国去。

笔者采访发现，上王家村最初去德国的几位华侨都是祖辈就从青田迁移来上王家村定居的村民，后来才有祖籍本村的村民出国。但无论哪种情况，村民选择出国的主要原因还是当时国内外经济的差距。初期出国的几位村民都是来自在当地生活条件贫困，甚至难以为继的家庭。再加之受前述的王春和寄钱回家的直接刺激，上王家村村民出国的主动性大大提高，都渴望通过国际移民手段改变自己命运。而随着先期出国并发迹的华侨汇款回村，产生"炫耀性消费"的盖房修坟等景象后，越来越多的村民通过王春和等移民先锋或青田老家的海外关系走向海外。

上王家村出国史从王春和开始，再发展至留氏和崔氏，三人又以各自家庭为单位，提携帮衬更多亲友出国，以此类推，从而形成上王家村的移民网络。而留氏和崔氏是经由王春和最早安排出国的两位村民，他们的父亲都是王春和的朋友，因战乱逃难来上王家村。所以，青田同乡、父辈交情，以及上王家村的生活共同体经历使得王春和难以拒绝两家人的出国请求。同时，国外经营的事业也需要更多的帮手，聘请德国人还不如请知根知底的身边人更好，不仅能节约人力成本还能让别人欠下一份人情并增加在地方的声望。笔者采访发现，大多数华侨在国外的第一份工作就是为亲友开设的餐馆打工，再经几年打拼，积累一定资金后，独立开办自己的餐馆或者从事其他工作。

（3）出国渠道：正规移民

上王家村人出国始于20世纪70年代初期，改革开放后至21世纪的全球化加

[①] 周望森：《浙江华侨史》，中国华侨出版社，2016，第126页。

速期是主要移民阶段。加之他们出国主要依托祖籍地青田的第一、第二位华侨，所以其出国相对成熟、平稳，没有出现偷渡现象，也不可能有类似"猪仔"出洋的悲惨往事。上王家村人都是通过办理正规手续的合法途径出国，申请理由最多的自然还是基于血缘的家庭团聚。王春和一家团聚德国的过程就是典型的家庭式移民，一人先行，立稳脚跟，陆续接家庭成员出国，全家创业国外：

问：您妻子是什么时候出国的？

答：1975（年）带着大女儿一起来德国的。

问：当时三个女儿分别几岁？

答：大女儿8岁，二女儿5岁，三女儿3岁。

问：大女儿到了德国年纪还很小，在德国上学吗？

答：先去幼儿园学德语，然后从一年级读起。她很聪明，毕业于慕尼黑大学，又在浙江大学学习了两年的中文再回德国。

问：大女儿很了不起，那个年代大学生还很少啊！您的妻子到了德国从事什么工作？

答：我妻子就和我一起，在同一家饭店干杂活，她主要就是洗碗。我们在慕尼黑的那个小镇打工了4年，然后再到雷根斯堡自己开了饭店。

调查发现，上王家村的已婚华侨都是全家人生活在国外，妻儿都是在丈夫出国定居后再接出去的。然后，夫妻一起操持事业，孩子则在国外或上学或工作。在孩子们的暑假期间，会携儿带女回国探亲探望父母长辈。

20世纪以来，中国人向海外移民的主要方式是家族连锁移民。这种基于血缘与地缘方式而形成的移民网络，强调家族、集体的利益而非个人荣耀。[①]所以，先期出国的华侨在侨居地生活有所稳定，经济有一定资金积累后，会迅速设法将妻儿接出国，共同经营小规模的手工业或服务业。待到事业进一步扩张后，需要更多的劳动力介入时，他们又会基于血缘、地缘因素而从夫妻各自家族中寻找合适的出国人选，加入他们的经济活动中。当然，国内外劳动力的价差，也是他们更倾向选择国内亲友为帮手的客观因素。

2个儿子、1个女儿都在德国。大儿子是跟着王春和出去的。我老公与王春

---

① 肖文燕：《华侨与侨乡社会变迁——清末民国时期广东梅州个案研究》，华南理工大学出版社，2012，第42页。

和是表兄弟，王春和出国回来后，大家都知道国外挣钱多，我老公就让大儿子跟着他出去了。……大儿子在国外饭店打工。那时候出去什么都不懂，语言也不通，出国只能干这个。小儿子也是二十几岁出去的，先在饭店里打工，后来做厨师，现在开餐馆了。女儿出去比较晚，30多岁出去，也在德国开餐馆。

3个孩子，1个儿子、2个女儿。女儿在德国，儿子在巴塞罗那。女儿是侄子带出去的，那时候22岁，在饭店里打工。儿子是叔伯带出去的。

4个孩子，3个儿子、1个女儿。原来3个都在国外，后来1个回来了，其他2个还在德国。大儿子先出去的，二十几岁吧，在国外有27年左右，小儿子差不多也20岁出去，都是当厨师。大儿子是村里的留林带出去的，他是我家的娘舅，小儿子是大儿子带出去的。

在整个上王家村，不是依托血缘、地缘关系而出国的现象极少。采访中只有一个以劳工身份定居美国的个案，但这却证实了全球化之于这个小乡村的作用：

我是本地人。我老婆在美国，30多岁出去的，算起来她在国外有17年了。她原来是个缝纫工，美国的外贸公司来厂里招人去国外，她就去了。先去的塞班岛，后来在洛杉矶定居了。……孩子都在国内。

王春和出国从名义上看是继承青田籍旅德表哥的遗产，但因其表哥当时尚未过世，他出国后又是在餐馆做工，所以事实上也是一种境外劳务输出行为。整个桐庐县的境外劳务输出在20世纪80年代是空白状态。从1999年开始，县政府大力宣传"出国一人、富裕一家、带动一片、安定一方"。是年，被外商录用的劳工就有24人。至2005年，全县向美国、日本、新加坡、马来西亚、越南、马达加斯加输出服装、针织、电子、机械类劳动力139人。[①]

二、上王家村的社会变迁

上王家村从一个无侨村发展成为桐庐县重点侨乡，侨民从1人增长到如今的150多人，海外分布国从德国扩散到奥地利、西班牙、美国等。这些数量、规模的变化对侨村上王家村乃至全县都产生了直接和间接的影响。如外汇（见图1）金额增多、助推地方慈善公益、涉侨事务明显增加等，而最大的变化自然是上王家村的村容村貌、风俗文化的变迁。

---

① 桐庐县地方志编纂委员会：《桐庐县志：1986—2005》，浙江人民出版社，2012，第741页。

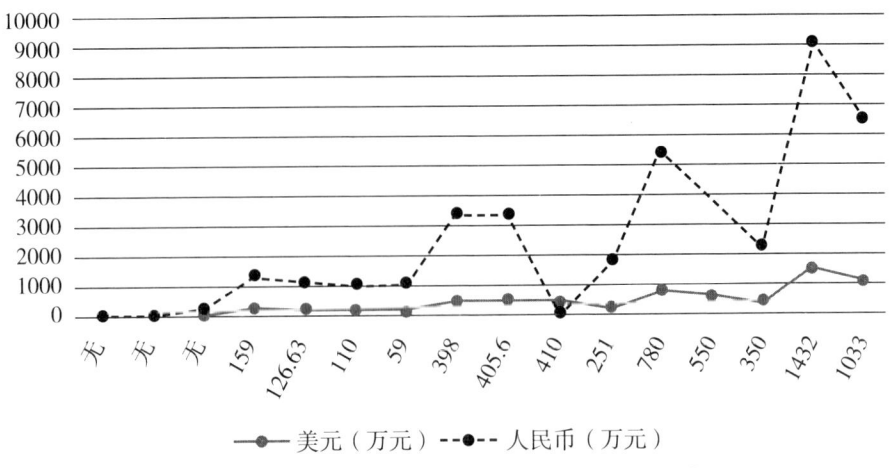

图 1　桐庐县1999—2013年侨汇变化趋势[①]

1.建筑：中西合璧式

侨乡建筑作为侨乡社会的物质文化，是华侨生活生产尤其是海外创业经历的在侨乡空间的最显要表征。华侨在海外奋斗多年，有了一定经济基础后，一般回乡投资首先就从改造家乡的民居开始。从20世纪90年代开始，上王家村华侨掀起一股回国建房的热潮，众多"中西合璧"式小洋房拔地而起，直接影响了全村的建房风格，使得乡村面貌发生了重大改变。

20世纪80年代以前，当地村民建屋只考虑实用，并不在乎建筑的美观。但在国外见识了西方建筑文化的华侨则有更高的审美要求，他们追求时尚。当然，房屋的建造并不是由专业设计师构图，而是依旧由本地工匠施工，只是要根据华侨从国外带回来的各种西洋建筑图修建而成。华侨常常采取"拿来主义"做法，只要在国外看见美观的造型就会仿制在自己的建筑上，从而产生杂糅多种建筑风格现象。所以，一座小洋楼既会有罗马柱，也能看见西欧风格的外廊栏杆、几何造型的窗户等。

上王家村民在20世纪80年代之前建造的房屋较为简陋，建筑材料一般就是石块、劣质水泥、黄泥和砖块，多以平房为主，周边无围墙。本村华侨不仅注重建筑风格，还采用新材料和讲究空间舒适感。华侨小洋楼取用钢筋混凝土，使得房屋更为坚固，也更能承重。在建筑空间上，上王家村洋楼是在传统民居的基础上加入西式建筑装饰风格，显得既大气又端庄。洋楼以三层半为主，地

[①] 资料来源于桐庐1999—2013年年鉴。

面一层为车库兼做杂物间，主要用于停放车辆和摆放农具以及一些闲置物品。二层为客厅和厨房，三层为卧室，楼顶的半层为西式的斜阁楼。洋楼前后围成一个较为宽敞的院子，院内或开垦一块地用于种植蔬菜，或用于停放家中车辆，或构造一个相对独立的有草坪、假山和鱼池的庭院等。为适应湿热多雨的气候，洋楼每层都采用外廊式阳台，既能遮阳挡雨又能吹风纳凉，既可满足日常休憩也能晾晒衣物。小洋楼的窗户在材质上也用混凝土结构和钢制材料代替传统民居的木质材料，款式上则采用欧洲教堂的高而宽样式。

华侨回乡造屋，往往带有强烈的乡土情结。他们生活在海外，虽然获得比国内更为丰厚的报酬，但由于文化差异、种族差别和历史情结等，在与西方人的交流中存在着或多或少的障碍，无法完全融入当地社区，甚至还会受到歧视和排挤，继而寄托情感于故乡。

那时候德国人看不起中国人，会骂中国人。我还记得那时候有客人来吃饭，我端菜上去，他们会骂人。刚开始我听不懂，后来知道他们骂我们卖国贼。连一些年轻人也骂我们卖国贼。因为他们的历史课本上有写中国鸦片战争后的事。清政府把香港割给英国，学生在历史课上都有学到，所以就认为中国人是卖国贼。中国当时弱小，我们在国外经常会感受到国家的弱小，很自卑很屈辱的。

改造家庭住房还是华侨衣锦还乡最有力、最直接的体现。华侨以西式的洋楼这一象征符号表达富裕的家产与身份的转变，更希望迅速地扩大本族或本房在乡族社会中的地位。[①]

2.民俗：仍具青田风尚

桐庐县因富春江由西南向东北横贯县境，人们习惯将两岸称为"江南"和"江北"。江南人民多为土著，祖辈多生于桐庐终于桐庐，而江北人民的先辈多为外来流动人口。因此，两岸人民无论是在语言上还是在民俗民情上都有着较大差异。

（1）传统节日

以清明节为例。桐庐地区清明节的特色食物是清明粿，但具体样式上存在着差异。江南地区人民制作的是圆形甜馅的青色清明粿和山包形咸味的白色米粿。而江北的上王家村只有饺子形的咸口清明粿，与今天的青田、温州地区保

---

① 陈志宏：《闽南侨乡近代地域性建筑研究》，博士学位论文，天津大学，2005，第68—133页。

持相同的外形和口味。考察发现，中国"快递之乡"①的桐庐县钟山乡也食用饺子形清明粿，这就是因为本乡乡民几代之前也是从温州的永嘉、瑞安等地迁徙而来。

（2）丧葬习俗

桐庐县江南地区以信佛为主，少数信仰基督教，但并没有道观也不存在道士。除信仰基督教的村民会采用教会仪式举行葬礼外，一般村民遵从传统习俗，并没有特殊的丧礼仪式。而上王家村民虽也以信仰佛教居多，但在丧事操办上却遵循道教方式，请道士作法唤魂，此俗实为少见。丧礼一般持续3天，"道士"并非来自道观的道士，而是来自周边镇的具有作法技能的人员，类似于孔飞力《叫魂》中提及的中国农村"游方道"。

由此可见，上王家村的丧礼习俗与江南地区有着显著差异。另外，在坟制上，上王家村的老式墓葬是盛行于温州、青田地区的椅子坟，也与江南地区的馒头坟完全不同。

（3）信仰：多元化面相

上王家村许多家庭的祖辈是经历了多次辗转才迁徙于此的，来自不同祖籍的移民汇聚一地，在日常生活中将随身而来的信仰呈现出来，使得该村形成祖先崇拜、佛教、道教和基督教共存不悖现象。调查信仰祖先崇拜的华侨家庭，笔者看到每户人家在一楼客厅顶部都贴有一张关于祖先的字符，目的是为寻求祖宗庇佑。而在清明节时，一面要上山扫墓，一面要在家中祭拜祖先。祭祖不一定隆重，但很注重仪式感：在厅堂朝正大门处放置一张八仙桌，除正面外桌子三边均摆放椅子。桌上摆设一个香鼎、两支红烛。菜肴以9道菜居多，有水果、素菜、肉菜以及清明粿。桌面的左、右、上三侧各摆设两副碗筷和酒杯。桌子前的地面和大门口放置两个火盆，内铺着各类纸钱冥币。祭祖仪式开始时，家中长辈首先要一一大声喊叫先辈"回来过清明，吃饭喽"等话语，再将装有红糖水的酒壶给桌上的酒杯倒入1/3的量。然后点燃火盆中的纸钱冥币直至烧尽，再给酒杯倒入1/3的量。同时，家中晚辈一起点香叩拜，每个人可以轻声说出一些希望祖先保佑之类的愿望。将手中的香插入香鼎，再给酒杯倒入1/3的量，嘴中说着"吃好喝好"一类的招待语。最后将酒杯中的红糖水全部洒入火盆中，双手合十叩拜。整个仪式一般持续1小时左右，家中每个成员都要参与。

---

① 申通、圆通、中通、汇通和韵达快递的创始人都来自桐庐县钟山乡。

(4)饮食:青田味趋向西洋味

上王家村华侨家庭,尤其是祖籍青田的侨眷村民,口味上较为清淡,不食或少食辣。这与桐庐县江南地区口味偏重、喜食辣有较大差别。而海外生活多年的华侨又将国外的饮食习惯逐渐带入侨乡。比如,与油条加豆浆的中式早餐相比,华侨及其眷属更偏好喝咖啡和吃面包。笔者在王春和家中采访时,王氏夫妇每次都以德国奶茶为招待,而不是中国茶。他们也坦言,在德国居住时间久了,口味上也偏德国饮食了。因为已经吃不惯国内的一些食物,所以每次回国都得带很多食品。与饮食习惯相匹配,咖啡机、净化水壶等西式生活用具逐渐替代华侨国内家中的传统日常用具。

(5)价值观:更具国际视野

上王家村因为华侨渐多,与国外接触也频繁了,村民视野更为开阔,日常关注事务亦不再局限于农村的家长里短,邻里之间谈话的内容多半是海外亲人状况,外币汇率涨幅成为他们最为关心的经济问题。村中老人以去过国外生活为荣,谈起自己在国外的生活经历滔滔不绝,普遍关心国家大事和国际形势。

而对于下一代的发展,许多家庭倾向于让子女去海外打工或者去海外上学。"以后送去国外读书,回国还能是个海归。""国外读书,压力没这么大。""学习成绩不好,去国外打工能见见世面。""国外的钱值钱,工资高。""现在国内大学生的文凭不值钱,国外去读过书还能值钱些。"这些"出国改变命运"的观点不一定正确、合理,但很显然,却是侨乡社会崇尚出国风气的真实写照。村民直观华侨及其眷属的变化,感受到出国成为华侨,不仅可以改变物质生活,而且社会地位也会随之上升,整个家族也就能够在当地村镇获得尊重并拥有一定的话语权。在王春和家里,挂着不少照片,除家庭照外,最为显眼的是温家宝访德时接见包括他在内的德国华侨联合会代表的合影照。2013年,瑶琳镇和永安村成立"新侨村建设海外顾问团",王春和被聘任为海外顾问,对村中建设、邻里纠纷、维护侨益等问题具有一定的发言权。正是有王春和这样的示范效应,引导着上王家村民纷纷出国,出国理念也不同于其他村镇农民那样只为去国外旅游赏景购物,而是去国外求发展,努力追求社会声望。

上王家村的社会变迁证实,海外华侨不仅促进了当地乡村的发展,成为融有海外风格的侨乡,而且通过血缘关系联结着祖籍地青田,使得本村依旧保留了青田文化传统,从而让上王家村呈现出既区别于周边乡村又具备侨乡特征的双重特色村。"飞地侨乡"的内涵就在于此,既有国内移民迁徙特征,又有国际移民跨国印记。

三、飞地侨乡的特征

（一）飞地及"飞地侨乡"

飞地，原本属于地理学名词，常指因历史原因、资源分布与开发、城市经济发展与人口疏散等需要，在行政区以外，但属行政区管辖并与之有经济等方面密切联系的土地。依据《地理学词典》的释义，一指属于某一行政区管辖，但不与本区毗连的土地；二指属于某人所有，但与其成片的土地相分离而坐落于他人土地界线以内的零星土地等。[1]后经其他学科借用，继而衍生成一个极具包容性的概念，如有"飞地经济""民族飞地"和"飞地型城镇"等。

浙江省侨乡数量众多，重点侨乡主要集中浙南的温州地区和青田县。这些传统侨乡在改革开放后，一方面在移民习性的作用下，继续产生新移民，在区域内衍生出新侨乡。另一方面，在血缘关系和全球化力量的共同作用下，早年流出这些区域但选择国内迁移的人口与传统侨乡重新联络，并经由血缘、地缘纽带而开启出国之旅，最后在国内定居地形成新的国际移民路径依赖，产生跨地侨乡。"青田县劳动力向外省输出，多数人在外地获得了户籍后积累一部分资金出国，转为海外劳动力成为华侨，推动了居民点的侨乡化。桐庐小王家村在民国时期就存在青田移民，繁衍多代后扎根于当地社会，有一部分人依旧保持青田文化传统，与故乡亲戚保持联系。当青田的出国热潮信息传播到这些地方，不少青田移民为之心动，在故乡青田亲友的帮助下出国，成为当地少见的华侨，同时带动了与他们有密切关系的当地亲友。"[2]我们将这种不与传统侨乡或重点侨乡毗邻，又与它们在血缘地缘、信息沟通、人员流动和文化传承等方面密切关联的跨地侨乡，称为"飞地侨乡"（偏重动态考察）或"块状侨乡"（偏重静态考察）。

（二）飞地侨乡发展模式

浙江作为重点新侨乡，除了在浙南一带的传统侨乡内部衍生出新侨乡外，在浙西北和浙北各地也散落着众多新侨乡。如龙游七都，金华古方、白龙桥，兰溪黄泥岭和游埠一带，杭州市临安区昌化镇和余杭区闲林镇沈家店居民点，诸暨五泄乡西青村、湖州南浔镇和嘉兴澉浦镇等都是块状新侨乡。浙北地区小

---

[1] 上海辞书出版社编：《地理学词典》，上海辞书出版社，1983，第76页。
[2] 周望森：《浙江华侨史》，2016年，中国华侨出版社，2016，第126页。

侨乡的形成，有些是自身的出国传统发展而来，有些则是通过浙南传统侨乡村民国内迁徙定居再跨国移民而成。所以，并非所有零星分布的侨乡都属于飞地侨乡，呈块状分布的侨乡各有各的移民路径和区域发展模式。

就上王家村个案来看，属于经济基础薄弱，发展有特色但无张力的一种模式。上王家村在成为侨乡之前，是一个移民村，村内多数村民祖籍属青田、义乌、建德等地，早年祖辈因为战乱、贫困、修建水库等自然或非自然因素迁徙定居至此。这种多因素而来的移民汇集而成的移民村，在经济发展起点上就差于其他本地村落。加之桐庐县有较为稳定和特色的第二产业和第三产业，这样的内外经济差序格局导致了上王家村经济不可能靠原有路径获得发展，也不可能靠自身力量获得创新，直至祖籍地青田带来跨国移民的拉力。

桐庐县的经济重心为第二产业和第三产业，乡村发展道路不外乎两条：乡镇企业和依赖旅游业的服务业。乡村村民或在村镇企业上班，或自我经营农家乐和便利店。多数人一辈子安居在桐庐这方乐土上，出国对于他们没有吸引力，至多也就是经济宽裕时去国外旅游，甚至随着中国经济快速发展，一些本村华侨也想归国创业。

我儿子19岁就去学做厨师，去杭州、东阳都做过厨师。他去国外也是做厨师，就是去带着他出去的那个人饭店里做厨师。他主要是想去国外看看，见识见识，他在国外挣的工资和国内其实没差多少。现在中国经济好了，不是以前，去国外挣的钱换一下人民币有很多。他就在德国待几年就回来。

所以，当上王家村成为侨乡之后，形成了独具特色的"侨汇经济"，村中的一排排洋楼在省道线旁尤为醒目，但其发展模式并未产生群体效应，周边乡村并没有受其影响而发展成为新侨乡。究其原因，一则在于该村的华侨实力尚未及浙南华侨，不具备传统侨乡那样的经济辐射力。本村出国从零起步，至今又只有40年历程，而且不到200人规模的华侨群体主要从事的又是传统的中餐业。二则是与之相对的周边邻村经济并不逊色。旅游业近年来红红火火，足不出户的外贸经济也日益成为邻村人的新经济来源。

上王家村所在的瑶琳镇，拥有2个4A级国家旅游景点瑶琳仙境和垂云通天河，以及红灯笼外婆家、天目溪漂流等5个重要景区。年接待游客量达到150万以上，被誉为华夏旅游第一镇。家门口的丰富旅游资源不仅可以轻松地就地解决村民就业，而且给他们带来了不菲的收入，民众不需要通过万里跨国来增加经济收入和提高生活质量。所以，上王家村基于其独特历史资源而打造侨乡品牌，这是一条适合其自身情况的全新发展模式，邻村是无法复制的，也是没有必要效仿的。然而，从长远、可持续发展来看，上王家村的"侨汇经济"如果不创新，极可能走向浙南传统侨乡"人去楼空"或"993861"[①]的老龄化、空巢化和妇幼化的窠臼。或许嫁接、利用瑶琳镇的现有旅游资源，打造有特色的侨乡文化是一条值得尝试的发展路径。

（三）飞地侨乡基本特征

经过上述对上王家村、青田和桐庐乡镇的比较，可以窥见作为飞地侨乡的上王家村与传统重点侨乡、同区域邻村的差异性。这些差异性也就是飞地侨乡的基本特征，具体可以归类为空间特征、社会特征和经济特征。

1.空间特征上，存在一定物理距离而表现出分离性

飞地本义就是飞来或者飞去的一块地，是游离的土地。正是这种物理空间造就了"飞地侨乡"，而且不雷同、不受制于传统侨乡，一旦形成，即可以独立运作跨国移民行为。这种距离可以远近不等，但在空间上，一定无法将其纳入传统侨乡范围。我们可以宽泛地称浙江境内所有侨乡"浙江侨乡"，但很显然，浙北新侨乡与浙南传统侨乡属于不同形态的侨乡。即便是距离青田最近且同属于丽水地区的飞地侨乡——丽水市莲都区，也无法与青田合称"青田侨乡"或"丽水侨乡"（事实上，至今没有学者提及"丽水侨乡"，最多有"丽水华侨"之说）。相反，人们习惯于将温州侨乡与青田侨乡相提并论，甚至青田华侨有意无意地喜欢称自己为"温州华侨"，其理由则是青田与温州接壤，历史上还一度归属温州管辖。

2.社会特征上，保留有一定原籍文化习性而表现出关联性

"飞地侨乡"的形成源于飞出地人口的国内流动，既然是移民行为，承载祖籍地文化的移民在流动过程中必定会显露、传播这些原乡文化。即使在定居异地之后，吸收了当地文化，在产生的"新乡文化"中仍然会嵌入原乡文化，这也就是移民文化的生成路径。[②]无疑，上王家村具有以青田文化为主导的多元文化融合的移民文化的特质。讲青田方言，有相似礼俗、相同饮食口味和多神崇拜，还有移民的善流动性和抱团性，都足以证实其与原乡青田的文化同质性。尽管这种文化的同质性在飞地侨乡表现得越来越弱化，但并无法割裂两地的血缘关系，就如中国的宗族赓续千年，依然可以寻根。相反，在一定时空或某种情形中，飞地

---

① 指九九重阳节、三八妇女节、六一儿童节，此处概指老人、妇女、儿童。
② 关于浙南移民文化生成，可参见徐华炳：《区域文化与温州海外移民》，《华侨华人历史研究》2012年第3期。

侨乡社会的移民文化会被激发或提升。如当有出国需求时,"青田"在文化意义上被构建成飞地侨乡的空间共同体;当与周边邻村本土人存在现实矛盾时,"青田人"在经济意义上被构建成飞地侨乡的利益共同体;等等。

3. 经济特征上,有一定自我发展模式而表现出独特性

"飞地"是一种特殊地理区域,是指在周围环境异常不同的条件下,唯有这一地理区域具有某种或某些丰富而特殊的资源,从而具有某种特殊的场,产生了增长点或极或核心。[①]飞地侨乡的特殊资源自然是华侨及其经济。虽是国内移民村,但在20世纪80年代之前,背山靠江的上王家村毫不起眼。没有直接的旅游资源,也没有村镇企业,村民唯一收入来自一亩三分田。而进入20世纪90年代,在海外发财的华侨陆续归国兴建小洋楼,村中面貌焕然一新,这在当时当地是极为少见的致富现象。而上王家村的"侨汇经济"更是让那时旅游资源未被完全挖掘的瑶琳镇其他乡村顿感相形见绌,成为全镇乃至全县有名的富裕村。很显然,这种依赖侨汇的经济增长方式是同区域其他村所无法复制的,飞地侨乡经济因此往往与周边区域经济构成"同区异质"现象。

不过,"侨汇经济"终究是一种没有内驱力的经济形态,它易受海外华侨的个体发展情形和国际汇率等情势而波动。21世纪以来尤其近10年来,瑶琳镇大力开发旅游资源,加快推进下辖乡村的城镇化步伐,地处镇中心边缘的上王家村未能享受发展的直接红利,侨乡经济的优势正逐步式微。更为令人担忧的是,随着飞地侨乡青壮年劳动力的减少,这种经济会因国内外人口倒挂而最终衰败。

四、一点建议

本文以上王家村为个案,梳理该村与青田的血缘关系,通过叙述该村的出国史和社会变迁,建构一种华侨出国新场域——飞地侨乡,并简要概括其特征。但飞地侨乡不止于该村,也不止于浙江,安徽黄山地区、福建宁德地区等也有不少的温州村、青田村。所以,要想深入解读此类侨乡的生成机制与发展路径,还需要做更多的个案调查。同样,虽然笔者提出了"飞地侨乡"的概念,也勉强地下了定义,但作为一种不成熟的新事物、新话题,肯定还有诸多未及思考的问题。所以,笔者作此文仅仅为抛砖引玉,希冀更多的学者关注此现象,共同推进该方向的研究。

[①] 王先锋:《"飞地"型城镇研究:一个新的理论框架》,《农业经济问题》2003年第12期。

民国时期华侨投资华东地区研究（1911—1945）

——以江苏、浙江为中心的考察

吴 元[①]

（福建社会科学院　福建福州　350001）

以江苏、浙江为中心的中国东部沿海地区自明中后期始逐渐成为中国经济重心，国民政府定都南京后，以上海、南京、杭州三地为中心的长三角地区经济发展迅猛，成为华侨在华东地区投资的重要区域之一。关于近代华侨在上海地区的投资，林金枝在《近代华侨投资国内企业史资料选辑》（上海卷）中已有概述，但对于长三角的其他地区未有涉及。[②]早在20世纪初已有华侨投资南京城市建设及公用事业、开发浙江三门湾等，本文主要利用档案及报刊中有关华侨投资江苏、浙江的资料，对民国时期华侨投资华东地区的情况进行研究，以期丰富近代华侨投资内陆的研究。

一、华侨投资的初衷与激励

吸引侨资、发展国内实业是自晚清以来历届政府的一贯传统。南京国民政府成立初期，即制定了"华侨回国兴办实业者，须予以特别保护"的侨务政策。[③]1929年，国民政府立法院、农矿部先后颁布了《华侨回国兴办实业奖励办法》《华侨投资国内矿业奖励条例》等条例，对华侨在国内投资兴办实业予

[①] 吴元，福建社会科学院，助理研究员，历史学博士，研究方向：华侨华人、侨乡。
[②] 林金枝：《近代华侨投资国内企业史资料选辑》（上海卷），厦门大学出版社，1994。关于民国时期华侨投资华东地区的专题性研究较少，仅在涉及部分侨资企业或侨资产业时偶有提及，如菊池敏夫、陈祖恩：《战时上海的百货公司与商业文化》，《史林》2006年第2期；邢向前：《1927—1937年南京住宅建设问题研究》，硕士学位论文，南京师范大学，2012；等等。
[③] 华侨革命史编纂委员会：《华侨革命史》（上），正中书局，1981，第106页。

以奖励和保护,以此吸引侨资。抗战爆发后,国民政府提出了"抗战"与"建国"并重的口号,"不抗战则建国无从实行,不在抗战中以建国,则抗战无从进展。……抗战与建国,必要同时进行,互为关系的"①。建国即需要大量资金,因此吸引华侨投资成为国民政府的必然选择。②1928—1941年,国民政府、农矿部、农林部、侨委会等接连发布关于奖励华侨投资的条例,内容涉及工业、农矿业、金融业等各方面。

1929年爆发的世界经济危机给作为欧洲殖民地的东南亚带来重创,"泗水最大布商远大号俞建英之破产,共负损失约二十七万余盾。有一某输入商,单独受损九万余盾。陇川之远茂号损失负债亦达十三万盾。北加郎岸林庆达商号亦宣告破产,所负债项约二万盾。……综计各埠侨商所受损失,共约计七十万盾"③。至1932年年底,仅南洋华侨归国者就超过二十八万人,约占南洋全体华侨十分之三。④不仅东南亚,美国、加拿大、墨西哥、澳大利亚、朝鲜、苏俄的华侨工商业也因不同原因受挫。⑤如何寻找新的经济增长点,摆脱经营困境,成为海外工商业界华侨亟须解决的问题,而国内熟悉的环境即成为他们的首要选择。

此外,自辛亥革命时期国民党与华侨之间就结下的密不可分的政治联系,华侨与国民政府之间也形成了天然的接近。1927年南京国民政府成立,华侨为了自身政治、经济考虑,急于通过某种途径向国民政府表达政治效忠,投资祖国建设即成为其手段之一。

二、投资城市建设

1927年国民政府定都南京后,即着手对首都城市建设进行规划,并于1928

---

① 陈安仁:《华侨对于西南后方建设注意的要点》,《华侨先锋》1940年第5期。
② 关于抗战时期国民政府侨务政策的研究可参考武菁:《抗战时期的侨务政策与华侨的历史作用》,《安徽大学学报(哲学社会科学版)》2006年第10期;陈国威:《1924—1945年国民党海外部与侨务工作考论》,《华侨华人历史研究》2008年第3期;任贵祥:《抗日战争时期国民政府侨委会侨务工作述评》,《史学月刊》2016年第1期。
③《荷属各埠华商多家破产》,《华侨半月刊》1933年第24期。
④《南洋华侨归国者逾二十万人》,《聚星》1933年第3期。
⑤ 叶绍纯:《从几种统计数目上来观察南洋华侨的苦况》,《南洋情报》1933年第3、第4、第5、第6期;林作梅:《华侨之危厄及救济》,《新闻前锋》1931年第1期;杨世海:《加拿大第四批失业华侨被遣回国》,《南洋研究》1936年第6期。

年初形成了一份详细的《首都大计划》。建设即需花钱，根据首都建设委员会主席张人杰的预计，"首都建设经费约五千万元"，而未来"十年内首都建设将需花费白银七千九百八十万两"。至于当时的南京财政收入，根据马俊超的统计，1927年南京的市财政收支情况为赤字167万元[1]，不必说拨款建设了，即便维持现有的运转也颇为吃力。于是，向各省筹措经费成为南京城市建设的不二选择。市长刘纪文即以"南京既为国都所在……各省协助首都建设费皆有至充足之理由"请求拨款建设新都。并提议，"南京的道路由哪个省承担建筑经费，就以该省命名"，如"华侨担任之路，即名华侨路"。[2]南京市宣传股科员李寒秋也署名在《新闻报》上发表《为建设南京市政告华侨同胞书》一文。文章从南京的重要地位谈起，认为华侨投资"既可立国，又复自利，宁非一举两得者乎"[3]。不久，即有"华侨捐款一百五十万元，作为修筑首都中山路之用"[4]。随后，南京市政府又于1928年10月4日特意在市政厅"设备茶点，招待自海外回国侨胞"，共有侨胞及侨务委员会成员50余人到会。市长刘纪文发表演讲，"望侨胞继续前此精神，以促总理建设计划之实现"。部分侨胞代表也相继发言表态，并"希望政府对于侨胞回国应予优待，……海外富有资产者一定可以移资回国，参加建设事业"[5]。

次年，印度尼西亚华侨汤腾汉向中央侨务委员会提出"颁布实业计划以作华侨归国兴办实业之指南"，希望"各省市政府将各辖内各种实业合于华侨投资开发者"征集详拟计划书，以便华侨投资之用。[6]不久，上海、武汉、广东、江苏等地方政府均有所回应。鉴于此时正值城市建设时期，南京市政府社会局提出"士敏土、造纸、砖瓦、机器、农具、电车、皮革、织造等事业"，可为华侨公开投资兴办。[7]次月，为向侨务委员会提交"南京实业计划书表"，又召集土地、工务、社会、教育、财政等部门联合拟定计划书，这次计划书中有

---

[1] 马俊超：《十年来之南京》，南京市政府秘书处编印，1937年。
[2] 《刘市长向五中全会建议整理首都》，《南京市特别市市政公报》1928年第18期。
[3] 李寒秋：《为建设南京市政告华侨同胞书》，《新闻报》1928年3月6日。
[4] 《中国国民党中央执行委员会公函》，《中央党务月刊》1932年第3期。
[5] 会见事宜以《本府招待海外华侨》为题，相继见于《新闻报》《首都市政公报》。
[6] 《中国国民党中央侨务委员会主任委员萧吉珊函国民政府文官处据爪哇中华会馆代表汤腾汉呈请颁布实业计划以作华侨回国兴办实业指南等情转陈通饬征集详细计划书以便转知》，台北"国史馆"，档案号：00101282000005006。
[7] 《拟定公开投资实业方案》，《首都市政公报》1929年第48期。

关华侨投资的行业又增加了纺织、榨油、打米、磨麦、打蛋、罐头等。①但此份计划书并未获得关注，至1930年实业部长孔祥熙再次提出"发展首都新工业"提案，"将现应举办之各项工厂逐一说明，如创办罐头厂、水鲜厂、砖瓦厂、水泥厂、制纸厂、印刷厂、面粉厂、棉织厂、榨油厂、制革厂、酒精厂等"。②此提案后以"欢迎华侨投资之首都实业"为题连载于《中央侨务月刊》，对于各项实业附以详细说明。③与此前的几次提案相比，这份计划书更为翔实，涉及的行业也远远多于此前，仅调查详细的就有砖瓦窑、芦苇造纸、丝织品、榨油厂、电车、水泥厂、平民住宅、自来水、百货店、无轨电车、农具制造厂、缫丝厂、造纸厂13个部门，此外尚未详细计划的还有43种，涉及人民生活及城市建设的方方面面。同时，这份计划书还开列出兴办理由、开设地点和所需资金，这些工厂的设立或为"日用之品需要极大"，或为"若设立大规模工厂必获大利"，或为"挽回国产利权获利甚大"。④同时，为配合华侨来南京投资的安全与便利，工商会议委员、中央侨务委员会委员陈安仁提出"在首都划出区域，安集准备投资之华侨"⑤提案之后，首都建设委员会以"事关首都建设，应由主管机关先行计划，再行转知，复请实业部查照办理"为由被搁置。⑥

关于华侨筹办首都自来水，并非始于"发展首都新工业"提案。早在1921年南京地方士绅仇继恒即有筹办自来水计划，并欲联合华侨巨商梁炳晨共同投资，后因"军事发生，困难横出"而暂停。1929年，梁炳晨自爪哇回国，以南京"人口倍增，自来水之设，尤为极不容缓"为由，"拟联合大批华侨投资兴

---

① 《函送本市实业计划书表案》，《首都市政公报》1929年第50期。
② 《行政院函国民政府文官处为奉交中国国民党中央侨务委员会函据汤腾汉等呈请颁布实业计划以便华侨回国兴办实业之指南一案经饬据工商部拟呈发展首都新工业提案请核转中国国民党中央侨务委员会宣传海外侨胞等情函请查照转陈鉴核转送》，台北"国史馆"，档案号：00101282000005013。
③ 《欢迎华侨投资之首都实业》，《中央侨务月刊》1930年第3/4期，与前一提案相比，增加了电车、自来水、平民住宅、无轨电车、农具制造厂、缫丝厂等内容。
④ 《欢迎华侨投资之首都实业》，《中央侨务月刊》1930年第3/4期。
⑤ 《华侨投资国内宜加保障并请政府在首都划出区域安集准备投资之华侨俾资乐心经营振兴中国工商业案》，《中央侨务月刊》1931年第9期。
⑥ 《函海外各埠总支部直属支部中华商会为检送首都划区安集投资华侨议案希查找转知各殷实侨商由》，《中央侨务月刊》1931年第9期。

办自来水，并将各种计划呈送各当局，以备采择"。①但此事并未受到南京市政府及首都建设委员会的重视。

至1930年召开首都建设委员会全体大会，孔祥熙提"规定各省分筑首都路线并奖励海外华侨捐资兴建案"，再次将华侨投资与南京城市建设联系起来。②同年11月，槟城侨商许文麻来京观光，"鉴于首都市尘之密，人口之众，而此种菜市近未设备，一任鱼腥肉臭瓜果菜蔬排塞街衢而不取缔，其妨碍交通、危害卫生之处固无待言，即于市政之整理上及国际之观瞻上亦有不合"。遂由槟榔屿书报社驻京代表张伊卿函中央侨务委员会，并与南京市政府接洽协商"愿独力投资建设南京菜市"。③12月9日，张伊卿前往首都建设委员会，列席该组及工务、卫生两局第二次会议，会上张伊卿代表许文麻说明了预定投资菜场的数量及意见，并递送投资意见书。后迭经磋商，约定"于全部建筑完成之日起，十五年为专利期间"，并嘱"俟建设委员会决定招商承办后，即可前往承领"。事情的转变发生在次年的6月，首都建设委员会突然发布"建筑首都第一期大小菜市场计划方案"。此事一出，张伊卿立即前往首都委员会进行接洽，并通过中央侨务委员会与首都建设委员会、南京市政府进行协商，后决定"保留许文麻对京市菜场之优先承办权，在许文麻未回国与政府确定承办规约之前，暂勿转招其他商人"。④事情之后的发展未见有详细报道，但根据1930年10月23日公布的"南京市工务局招商承办菜市场规则"，可知华侨许文麻最终并未投资南京菜市场建设。

1932年，马来西亚华侨吴世荣再次书函中央侨务委员会，称"现拟邀集殷实华侨回国投资，在南京地方兴办实业，或建筑，或路政，或商业，有合华侨投资建社者，请求详示计划"。中央委员会后将该函转交至南京市政府。九月，南京市政府整理出一份"华侨投资兴办各项事业说明书"，拟定侨商可以投资的五项事业，包括屠宰场、菜场、国货大商场、公墓及下关工商区。⑤同时，计划书还针对每项事业的投资理由、所需经费、开设地点等方面进行了详

---

① 《华侨筹备首都自来水》，《时报》1929年1月17日；《华侨筹办自来水》，《新闻报》1929年1月17日。
② 赖琏：《首都建设委员会全体大会情形及其提案之分析》，《时事月报》1930年第6期。
③ 《令饬核议侨商许文麻在京独资建筑市场案》，《首都市政公报》1930年。
④ 《函南京市政府暨首都建设委员会据槟城华侨张伊卿呈请转函维持原案准将市菜场归侨商许文麻承办等情特函查核办理见复由》，《中央侨务月刊》1931年第11期。
⑤ 《函送侨商投资兴办本市各项事业说明书案》，《南京市政府公报》1932年第114期。

细说明。这份计划书后全文转载于同年的《华侨半月刊》《华侨周报》《复兴月刊》等期刊。与前述1930年的华侨投资计划书相比，除国货人商场仍开列其中外，其余四项均为新增内容，且更契合同时期正在进行的首都建设计划。至1934年，南京市政府仍将此份说明书作为招徕华侨投资的重要指导手册，但可供华侨投资的事业中多了一条"无轨电车"，下文将对此内容展开详细论述。

此外，华侨还将投资目光转向房地产业。1927年国民政府奠都后，出于居住和租售盈利的需要，指定由个人、各类房地产投资者兴建独新住宅区（花园住宅区）。由于这类住宅多为栋式别墅、联排式住宅和普通公寓，无论从投资金额还是建筑能力来看，都绝非国内一般投资者可以担负。[1]1933年，华侨温菊朋来南京考察，"除购买京中基地多亩，以备建筑外"，又向华侨集资二百万元承领下关至新街口中间的花园住宅区第一区，四百余亩，建筑房屋四百余所。[2]根据陈岳麟的调查，温菊朋购买西华门四条巷地10.1715亩，每方丈地价28.2元，[3]用于修建南园。[4]

三、投资公共交通

公共交通是华侨投资南京的另一重要方面，早在1927年制定的《首都大计划》中就曾对南京公共交通做了规划，后在1929年公布的《首都计划》中，决意将电车及无轨电车作为城市建设的重点，并对其优劣之处各做比较。但市政府"限于经费不能亲自经营，于是招商承办"，前后共有六家公司参与筹办。1929年初，赵于朔"爱集侨资"成立振裕汽车公司，并"视营业成绩如何，以为投资首都建设事业之预备"。[5]后因"营业迭受军警滋扰，资本亏损过半"，

---

[1] 根据徐智考察，抗战前购买南京土地的有房地产公司、营造厂、银行界、首都各机关单位有资历的高级官僚和各界名流，徐智：《改造与拓展：南京城市空间形成过程研究（1927—1937）》，博士学位论文，复旦大学，2013。
[2] 《归国华侨拟在京建新村》，《华侨半月刊》1933 年第 26 期；《首都拟辟花园住宅区由华侨投资建筑》，《中南情报》1934 年第 2 期。
[3] 南京市地方志编纂委员会：《南京房地产志》，南京出版社，1996，第 123 页。
[4] 陈岳麟：《南京市实习调查日记》，萧铮主编《民国二十年代中国大陆土地问题资料》，成文出版社，1997，第 102 册，第 53883 页。根据抗战后温菊朋报告，其位于南京的南园在南京大屠杀期间被日寇没收两大镜柜书籍，价值约 12000 元，孟国详编《侵华日军对南京文化的破坏》，南京出版社，2007，第 176 页。
[5] 《保护振裕汽车公司行驶汽车案》，《首都市政公报》1929 年第 39 期。

于当年12月停闭。① 次年，华侨黄享彦、罗永葆两人募集资本额十万元于6月17日在湖北路成立兴华汽车有限公司。② 在江南汽车开行前，"兴华公共汽车公司，为本市城区唯一之公共交通事业"。该公司"组织较为简单，上设总副经理各一人"，初有职工50人，汽车14辆；后增至百人，33辆汽车；至1934年，内部职员30余人，司机60人，机匠20人，售票员、警卫、工役90人。③ 该公司成立之初形势一片大好，还曾因票价问题得国民政府主席蒋介石亲自发布训令，"凡兵警乘车照票价四分之一纳费。并每车只准乘坐兵警七人，如遇兵警较多时应依次分乘各次车辆中，以免拥挤而维营业"④。至1932年起，因成本暴涨、军警滋扰等原因导致收支不敷，数度停业。1933年初，在首都市政府的协调下，兴华公司改组为官商合办，公司以其职员、车辆等认股七万五千元，工务局认股五千元，并成立管理处，负责今后运营事业。⑤ 至于营业状况，由于"公司为旧式商民，事守秘密，不肯将其营业真相透示于人，数次探诱卒不肯告，盈亏至何程度固不得而知之，即询之工务局内主管人员，彼亦若在五里雾中也"⑥。根据外人观察，"兴华"似乎赚钱蚀本都满不在乎。⑦ 但调查数据显示，1933年度兴华公司开支26万元，营业额18万余元，已处亏损状态。⑧ 1935年，兴华公司与市政府签订第一期合同到期，公司鉴于"年亏蚀达十五万元，决停办所有车辆，由江南汽车公司收买"⑨。

---

① 中共南京市委党史工作办公室：《南京百年风云（1840—1949）》，南京出版社，1997，第89页。
② 韩兆岐：《南京市工务行政总报告书》，《南京市政报告之财务工务行政》，第29—30页。兴华汽车公司经营主体、成立时间、投资金额均有不同说法，成立时间另有7月10日、8月两种，南京市地方志编纂委员会：《南京公用事业志》，海天出版社，1994，第20页；建设委员会经济调查所统计课：《中国经济志·南京市》，第87页。至于经营主体与投资金额，一说为华商，承办方为南京市市政府，投资额为八万元，《南京市公用事业及公用主管机关详述》；《南京市公共汽车情况》，《道路月刊》1935年第3期。根据《组织兴华汽车公司管理处案》可知，这一说法应是1933年初改为官商合办时的情形，《组织兴华汽车公司管理处案》，《南京市政府公报》1933年第128期。
③ 周汉章：《最新首都指南》，上海民智书局，1931，第108页。
④ 《陆海空军总司令部训令》，《首都警察厅月刊》1930年第4期。
⑤ 《组织兴华汽车公司管理处案》，《南京市政府公报》1933年第128期。
⑥ 韩兆岐：《南京市工务行政总报告书》，《南京市政报告之财务工务行政》，第31页。
⑦ 《南京市公共汽车情况：兴华与江南之比较调查》，《道路月刊》1935年第3期。
⑧ 建设委员会经济调查所统计课：《中国经济志·南京市》，正则印书馆，1934，第87页。
⑨ 《京兴华汽车公司停办》，《新闻报》1935年5月20日。

华侨投资无轨电车事业稍晚于公共汽车，1931年南洋侨商王振相、刘玉水书函中央侨务委员会，"拟自行集资在京兴办无轨电车"，望转呈南京市政府，予以具体办法。①因受时局影响，此事不了了之。1934年4月，实业部部长陈公博赴南洋宣慰华侨，其在出行前曾发表讲话谈及"外传本人此次放洋之目的，乃在劝令侨胞投资祖国，诚属毋庸讳言，但此事究否成功，侨胞是否愿意投资祖国，尚在不可知之列"。②视察起见，陈公博数度向南洋华侨出示"侨商投资南京市兴办各项事业说明书"，并提及首都"区域辽阔，主要干路已择要先后开辟，亟应筹办无轨电车，以利公共交通。惟预算须需款一百五十万元，此为华侨可以投资之事业五也"。③随即，即有槟城华侨"愿投三百万至五百万，以经营首都无轨电车"，并"声明电车每辆载重八吨，不知市内已成各道能否负载"，请实业部函首都市工务局调查核办。对于此事，工务局积极筹备，"举行测量事宜"，俟测量完竣，即"与各投资华侨会商"，"俾可早日行驶，以利京市繁荣"。但市长石瑛则持不同意见，指出"侨胞愿投资举办本市无轨电车，本府自应欢迎"，但目前首都两家公共汽车公司"其营业状况，大都获利甚微，且有亏蚀者，如兴办无轨电车，诚恐难于获利，本府为慎重侨胞资本，免其对国内投资折耗发生反感起见，自当据实以告"。④至于后情如何，虽"无从探悉"，但根据调查"最近一二年内不一定能实现"。⑤

四、投资农矿业

（一）开发三门湾

农业是抗战时期华侨在江浙地区经营的一个重要方面，当然这里指的是广泛意义上的农业，包括垦殖、渔盐等相关行业，其中首推华侨对于三门湾的开发。三门湾地处浙江省海宁县南门外，"交通便捷，且可容轮舶停留，借以作货物轮转之处"⑥，是一个天然的优良港口。华侨在三门湾开发史上占有重要

---

① 《京市利用外资举办无轨电车》，《新闻报》1931年10月1日。
② 邱致中：《陈公博赴南洋考察实业》，《中南情报》1934年第3期。
③ 《首都拟辟花园住宅区由华侨投资建筑》，《中南情报》1934年第2期。
④ 《南洋侨胞拟投资举办本市无轨电车案》，《南京市政府公报》1934年第144期。
⑤ 韩兆岐：《南京市工务行政总报告书》，《南京市政报告之财务工务行政》，第35页。
⑥ 高寒梅：《论华侨投资屯垦三门湾》，《上海报》1935年1月11日第1版。

地位，其中以1920年、1932年的两次开发较为充分。①1918年爪哇华侨邹辉清组织考察团游历浙东各属，考察林矿渔牧垦殖各事项，经过8个月的调查，邹氏发现三门湾地理、气候形势均是华侨回国投资经营的理想之地，为此邹辉清呈文要求政府特许华侨开辟三门湾。这一建议得到浙江督军卢永祥、省长齐耀珊以及中华工商研究会徐春荣等人的大力支持，并写成《开辟三门湾报告书》转呈北洋政府，力促华侨回国投资兴办实业。1920年4月15日，北洋政府发布大总统令，决意将三门湾定为试办模范自治农垦区域，以期"优待侨民，振兴实业"，②并建立三门湾模范自治农垦区域筹备处于杭州、石浦两地，浙江省实业厅厅长云韶兼任处长。云韶即刻将此事电函各埠中华商会及中华会馆，并通过外交部令其"公举代表来杭与会"。海外侨胞接到消息后，纷纷撰文表达设想，这些文章大都刊载于宁波当地的《时事公报》，内容涉及自治区权限、组织架构、投资方法等各个方面。③同年10月，来自新加坡、小吕宋、苏门答腊、暹罗、神户、墨西哥、罗梭、泗水、澳大利亚等地的海外侨胞代表共计37人在杭州会商，《时报图画周刊》记录了此次华侨代表的影像，并录有名录，华侨代表分别为黄弼庭、李清泉、谭镜明、曹讓之、梁创游、师君、周子庭、江政卿、林紫垣、戴正中、黄展云、尤列、谢碧田、蔡忠杰、王丙庆、马聘三、周祖烺、谭吉生、黄月亭、张孝吉、邹辉清、郑淇郁、丘心荣、谢复初、阮紫阳、吴荫培、温菊朋、唐伯瑚、郭顺、马玉山、周益卿、王荫乔、孔兆成、柴丙生、李南麟、杨纯美、朱香青。④会前华侨代表集体赴三门湾进行实地考察，并由郭春秧拟定开发方针十九项及特许条例四项，并出台"浙江三门湾试办模

---

① 关于近代三门湾开发历史可参考郭华巍主编《潮起潮落：近代三门湾开发史事编年（1899—1949）》，上海人民出版社，2010；赵福莲：《民国时期三门湾开发失败的原因及对当前开发的重要启示》，《浙江学刊》2012年第6期；郑霁：《实业救国的一曲悲歌——民国三门湾开发研究》，硕士毕业论文，宁波大学，2012。
② 《中国大事记》，《东方杂志》1920年第9期。
③ 日本大阪中华总商会商董王丙庆：《三门湾开埠意见书》，《时事公报》1920年8月30—9月1日；大阪华侨朱芍青：《三门湾开埠意见书》，《时事公报》1920年10月22—23日；日本神户中华商务总会代表马聘三：《开辟三门湾之意见书》，《时事公报》1920年12月25日；郭祯祥：《三门湾农垦计划书》，《时事公报》1920年11月1日。
④ 《筹辟三门湾之华侨代表来沪》，《新闻报》1920年10月22日；《浙省三门湾华侨全体摄影》，《时报图画周刊》1920年第27期。部分欧洲华侨因路途遥远，指派国内代表参会，其中不少人是近代华侨投资国内的先驱，如李清泉、谢复初、温菊朋等。

范自治条件草案"①，俨然意将三门湾打造为一世外桃源之地。②至于经费来源，由浙江省财政厅出资八千元，侨商集资数千元。③

虽然地方政府要员对于华侨投资开发三门湾一事极力表示赞同，但实践过程中还是遭到了很多阻力。省议员王爱斯针对特许条例向省公署提出质问书，对投资金额来源、华侨实力、土地处置、投资内容等方面要求省长齐耀珊在三日内作出答复。④议员杜棣华、汪展等27人则以华侨并非中华民国公民为由，要求浙江省政府就华侨开发三门湾详加考察。⑤此外，内务部特派办事员郑国贤亲赴三门湾调查，认为"三门湾实无荒地可作农垦，水浅不能泊大船，若大施工程，费巨而获利少。此次为招徕华侨回国兴办实业之第一声，苟大亏血本，后来者闻而生畏，殊于实业前途有碍，不如另筹他法为佳"。另外，部分投机商人"组织地皮公司预先收资该处地亩，当初每亩数元或十数元之价值，现竟有增至十倍百倍者"⑥。

受此影响，华侨投资开发三门湾之事阻滞不前，以致邹辉清"前预备为三

---

① 《三门湾之自治草案》，《大公报》1920年10月22日。
② 郭春秧拟定的十九条开发方针详细如下：（一）设银行以为收集股本及流通市面；（二）开各种矿期取地利；（三）开垦农业种植天然出产；（四）新法渔业以收天然海利；（五）开辟马路以为利便交通；（六）开水道以资灌溉田园；（七）开自来水以利人之卫生；（八）设自来火以便人之乐业；（九）建筑码头利便行人货之出入；（十）建船坞以便船只往来之停泊；（十一）建市区以便四方八达贸易之交通的地二千亩；（十二）建铁道南通福建北接宁波以便商务发达；（十三）设火帆船海业南通香港北达上海以通行旅货物之运输；（十四）开辟地段一万亩择山水明秀之区以通招徕华侨建筑居宅；（十五）建筑兵房以为兵工之住居；（十六）建筑公园以便居人游玩而保公众之卫生；（十七）建设参政会以保自治范围之安乐；（十八）建孔庙行孔圣大道养成区域内居民人格戒贪淫杀皆守道德以为中国文明模范村；（十九）以外事业及各种制造厂均作本国人内外公共事业听人方便惟遵守三门湾自治区域章程约束不得有出范围惟外国人不存此例。《经营三门湾最近消息》，《工业杂志》1921年第3期；一、本区域内各港地非自由自治议会同意不得开放商埠等事。二、本区域内非有国防需要不得驻各项军队，但由自治团体请派者不在此例。三、本区域内应永远不设厘卡及类似厘卡之捐税局所，其物产及工业出品凡出口或入内地者应永远一律免抽厘税及类似厘税之杂捐。四、本区域内司法机关应由自治议会公举陪审员陪审。《农垦区会议之结束》，《时事公报》1920年11月25日。
③ 《浙江：三门湾开埠近闻》，《银行月刊》1921年第4期。
④ 《三门湾开垦之质问》，《时报》1920年5月31日。
⑤ 《议员杜棣华等请政府限制有外国籍之华侨不得至浙江三门湾农垦区域营业案》，《众议院公报》第3期第2册。
⑥ 《三门湾开埠近闻》，《时报》1921年4月22日。

门海湾初步建设所需之各种器械已到有三十余箱,现均搁置热河路隆泉公号内,而查查沉沉之三门湾开埠事终不知如何结果"。①

进入20世纪30年代,浙江省建设厅再次发起开发三门湾计划,有感于此,柴连复、周梅阁决议成立三门湾华侨建设委员会,并"自备川资,前往南洋群岛宣传,召集侨胞归国,共同合作,开辟三门湾"②。次年,柴连复偕同南洋侨胞领袖黄丕安,与暨南大学南洋文化部长刘士木组织三门湾华侨建设委员会,并与实业家徐信乎、刘宝余、刘秉森等一行三十余人于9月25日至10月3日实地视察三门湾。同行者徐伯陶、王衷海分别在《东方评论》和《海事》(天津)连载此次考察活动。考察毕,于同年底在上海召开三门湾华侨建设委员会第一次会议,确立了基本组织章程。其后,由于华侨"进湾考察之后,一时殊感无从下手",后经柴连复奔走联络,与以许廷佐为代表的沪商共同出资二十万成立三门湾兴业公司,合作开发三门湾。③至于此次开发三门湾的目的,徐信乎在接受《时事公报》记者采访时表明"拟将海外失业侨胞、国内被灾同胞,设法尽量移往湾内,从事垦辟,以救灾弭患,而充实湾中人力,以推进垦辟事业,同时亦可稍尽赈济灾民之心力"。除此,王阁臣、徐信乎等人还组织四十人合作社,"以十万元基金,一千亩地产,专种瓜菜,创办一种新村事业"④,"以期群策群力,众擎易举"。

1932年6月24—29日以三门湾华侨建设委员会为主体,美国工程师、浙江省政府及各界代表约三十人再次赴三门湾考察。⑤此次活动除记录三门湾气候、环境外,对三门湾目前开发状况进行了详细考察,探得除许廷佐"集资在三门湾巡检司左近购地、筑码头、设堆栈、建旅馆、开商店"外,亦有"南洋侨胞亦已购定鳌山村南一带地方为建筑住屋及兴办工厂之用,故该处收用地价每亩已在百元以上,至盐场之地每亩三百元"。⑥年底,许廷佐因"个人所办商业数起,精力不能兼顾",遂将承办开发三门湾的特权出让,以沪商为主体改组成立三门湾辟埠公司,华侨身影渐退。

---

① 《三门湾开埠近闻》,《时报》1921年3月2日。
② 《三门湾华侨建委会昨在沪开第一次会》,《申报》1931年11月20日。
③ 《三门湾兴业公司昨开发起人改组会议》,《申报》1931年11月21日。
④ 《浙属三门湾辟埠将从小组入手》,《大公报》1932年5月24日。
⑤ 《三门湾视察记》(一),《申报》1932年6月30日。
⑥ 《三门湾视察记》(二),《申报》1932年7月1日。

1933年，浙江省民建两厅开始筹辟三门湾，并在《上海宁波日报》发表社评，提出"三门湾开发主权，仍纯属于国家经营计划之一部，而无关于个人企业者，此为扼要之实业政策"，否则"将使地方事业成为私产，国民经济限于无救，是实不堪其可虑者也"。① 随后，形势急转直下，个人投资三门湾遭到阻滞，但华侨投资仍然得到鼓励。同年，徐醒夫在《南洋情报》上发表《欢迎华侨开发三门湾》，并附《国民政府工商部中央建设委员会浙江省政府派员会勘三门湾港埠报告》《三门湾华侨建设委员会调查摘要》。次年，三门湾健坝区领户组织华侨三门湾视察团于4月1日赴三门湾考察，"研求开港与兴发该地市面各业状况"②。

至1935年，虽然仍有政界及媒介人士等在报刊上呼吁华侨投资开发三门湾③，但华侨投资开发三门湾的日渐减少。④

（二）建设华侨新村

1920年旅美华侨李殷宏等16人"鉴于中国为以农立国之国家，而国内农业则不发达，耕耘种植，一仍旧法，不特无改良之望，而且有崩溃之虞，因在美国发起组织农业公司"，"先后得英国及墨西哥等处之华侨之赞助，乃募集股本"于首都南门外四十里之板桥镇建筑新村，并合资创办华兴农业畜牧侨迁有限公司（以下简称华兴公司）。⑤ 公司以"种植畜牧、侨迁，谋公共独立之精神，实行兴华主义"。根据规定，"公司不分党派，不分省界、县界，凡属中国人有志入股者，一律欢迎"，唯"不招洋股，凡股友亦不得将股票卖与洋人"。⑥ 公司首先在板桥镇购入一千亩地，其中部分用于修建大小洋房六十余幢，剩余的则用于耕种。此外，还在安徽明光购入四千余亩土地，租给佃户耕

---

① 《开发三门湾问题》，《上海宁波日报》1933年9月8日。
② 《三门湾建栈埠开航路》，《申报》1934年3月24日。
③ 高寒梅：《论华侨投资屯垦三门湾》，《上海报》1935年1月11日；萧吉珊：《华侨拟投资屯垦三门湾》，《时事月报》1935年第2期。
④ 至1935年后，华侨投资开发三门湾的还有黄丕安、毕文光、袁法章等联合柴连复、胡佩珍、周美介等组织三门湾拓殖公司，从事农垦开发，赵镜元：《浙江省亟应开辟的一个港埠——三门湾》，《浙江青年》1935年第6期；华侨集资在龙游县开设农场种植油桐，《令浙江省建设厅龙游县私立华侨务本林场呈请饬主管官署特别保护等情抄同原呈件转饬保护由》，《实业部公报》1937年第322期。
⑤ 刘清斋：《中华门外华侨新村之调查》，《华侨周报》1932年第13期。
⑥ 《华兴农业畜牧侨迁有限公司招股小引》，《华侨周报》1932年第13期。

种。至于村中住户，则大多是由美返国的华侨及其家属，籍以广东为主，职业则多为农民，兼及其他各种工作。由于新村发起人大多在美国生活过较长时间，对于西方民主感受颇深，对于新村建设采取"乡人组织乡政厅，实行自治，并采三权分立之精神"①。至于公司经营状况，最初试种美棉，因土地不宜，乃试种甘蔗，复以交通不便，生货运费浩巨，亦归失败，1927春，开始创办蚕种制造厂，始见成效。②

（三）投资开采矿产

华侨在华东地区投资开矿主要集中江苏、安徽、山东三省交界处。白土寨煤矿原由商人倪道杰领办，"因积欠矿税，屡催不缴"，于1928年收归省营。1930年侨务委员会电函各省征集华侨投资实业指南，随后江苏省复函称"查有省营萧县白土寨煤矿"可供华侨"筹款归国举办"。③此外，江苏省南部的横山铜矿、安徽省北部的烈山煤矿、浙江奉化的金矿开采也都曾有华侨涉足其中。④值得注意的是，华侨在江苏、安徽等地投资开采的矿产大多是此前已有开发，但"因管理不善，以致营业减色，产量减少"者。

民国时期海外华侨掀起了一场声势浩大的投资国内热潮，政府积极的侨资引进政策、华侨寻找新的经济增长点、对新政府表示政治忠诚等均是这一时期华侨积极投身于祖国建设的原因。通过近代华侨投资华东地区的研究，为我们展现出这一时期华侨在国内除闽粤侨乡以外的内陆地区的经济活动，同时丰富了民国时期外商在华投资研究。1937年12月13日日军进占南京，此后不久江苏全部、浙江大部沦于日军手中，曾经繁荣一时的长三角洲地区陷于一片孤寂。伴随着沿海工厂内迁进渝，华侨投资华东地区的身影也渐渐消失，直至抗战胜利后华侨才又重新投入对华东地区的投资开发中来。

---

① 《大中华兴业公司的新村计划述略》，《道路月刊》1924年第3期。
② 《华兴新村创办之蚕种制造厂》，《农矿通讯》1929年第3期。
③ 《行政院函国民政府文官处为据江苏省政府呈送合于华侨投资之萧县白工寨煤矿计划及矿图函达查照》，台北"国史馆"，档案号：00101282000005009。
④ 《浙江奉化金矿由南洋华侨投资开采》，《矿业周报》1935年第324期；《烈山煤矿招华侨资本谋发展》，《矿业周报》1934年第316期；《侨商拟集资开探横山铜矿》，《工商半月刊》1934年第14期。

丘汉平华侨教育思想与实践述略

路 阳[①]

(华侨大学国际关系学院华侨华人研究院 福建厦门 361021)

前 言

民国时期，华侨教育问题作为华侨社会的关键议题，也是华侨研究的重要问题，受到中国政府、海外华侨社会、广大侨胞及研究者的高度关注。[②]如王赓武指出，民国成立以后"相较于来自中国的直接的政治影响，在它长时期的影响中，更重要的是对于南洋华人新式教育的传播"[③]。华侨教育思想研究是华侨教育研究的重要方面。目前，学术界重点对陈嘉庚、黄炎培、郑洪年、何炳松、端方、胡文虎和张国基等华侨实业家、教育家的教育思想和实践进行了相关研究，产生了有价值的成果。[④]

[①] 路阳，华侨大学国际关系学院华侨华人研究院副教授，硕士研究生导师，中国人民大学政治学博士，研究方向：国际移民与华侨华人、华侨文化与教育。
[②] 民国时期学者有关华侨教育的代表性论著主要有：翟世英：《华侨与平民教育》，中华平民教育促进会，1928；刘士木、钱鹤：《华侨教育论文集》，1929；钱鹤：《南洋华侨教育会议报告》，1930；林珠光、朱化雨编：《南洋华侨教育调查研究》，1936；朱华雨：《华侨社会生活与教育》，商务印书馆，1936；余俊贤：《侨民教育实施方案》，1943。
[③] 王赓武：《南洋华人简史》，张奕善译注，水牛出版社，1969，第165页。
[④] 主要成果有：雷克啸、章炳良：《陈嘉庚的教育实践与教育思想》，《中国高教研究》1995年第1期；潘懋元：《教育事业家陈嘉庚教育思想新探》，《民办教育研究》2007年第5期；杨建华、孙芳芝：《陈嘉庚教育思想与实践研究的历史及特征》，《集美大学学报（教育科学版）》2013年第1期；蔺致远：《爱国华侨陈嘉庚的教育实践》，《兰台世界》2012年第34期；杨雪萍：《陈嘉庚教育思想新探》，《兰台世界》2014年第7期；别必亮：《黄炎培的华侨教育实践及其思想（二）》，《教育与职业》1998年第12期；于锦恩、徐品香：《民国时期黄炎培华侨汉语文教育思想探析》，《阅江学刊》2009年第1期；（转下页）

丘汉平是我国近代知名的法学家，在法学尤其是罗马法、法制史等领域享有很高声望。[①]20世纪30年代，丘汉平留美归国后进入当时华侨最高学府——暨南大学从事法律及华侨问题的教学研究，并曾主持南洋美洲文化事业部工作。丘汉平作为华侨教育的倡导者、力行者和研究者，对于华侨教育问题始终加以密切注意。自20世纪30年代至抗战胜利期间，丘汉平就在相关论著中讨论华侨教育的性质与意义、目标与使命、优势与不足等内容，尤其关注华侨学校现实中有关经费、管理、师资及教材等方面的实践，并就战后侨教复员之准备，和侨民教育的方针等问题专门提出政策建议。

目前，学术界缺少对于丘汉平有关华侨研究，尤其是华侨教育思想与实践的专门研究。本文基于已掌握相关文献资料，对于丘汉平有关华侨教育的思想发展、教育实践、主要观点、研究特点、学术贡献等方面加以较为全面的考察。作为民国时期有关华侨教育的一种代表性观点，丘汉平有关华侨教育的论述，具有较高的学术价值和现实功用，是民国华侨研究的重要内容。

一、丘汉平华侨研究与华侨教育概况

无论是从华侨背景、工作关系还是学术研究来看，丘汉平都与华侨有密不可分的关系。他从事南洋及美洲华侨问题的研究，投身于暨南大学华侨教育并主持南洋美洲文化事业部，抗战期间又积极从事服务侨胞的实际工作，在中国近代华侨研究中具有重要地位。

（一）丘汉平生平简况

丘汉平（1904—1990），字衡理，英文名Chiu Han-Ping，福建海澄（今厦

（接上页）肖庆璋：《郑洪年的华侨教育思想述略》，《上海高教研究》1988年第3期；马兴中：《郑洪年的华侨教育思想与实践》，《暨南学报》（哲学社会科学）2001年第1期；刘红光：《郑洪年华侨教育思想与实践》，《兰台世界》2016年第16期；房鑫亮：《何炳松对华侨高等教育的贡献》，《历史教学问题》1990年第2期；夏泉：《何炳松的华侨高等教育思想和办学实践》，《教育评论》1999年第1期；郑可敏：《何炳松与华侨高等教育之发展》，《高等理科教育》2000年第3期；戴学稷：《端方对清末留学教育和华侨教育的贡献》，《教育评论》1990年第3期；胡芸：《近现代华人华侨的教育贡献——以侨领胡文虎兴学业绩为例》，《前沿》2013年第18期；林卫国：《毛泽东的同窗 华侨教育的先驱——张国基人生素描》，《党史文汇》2001年第1期。
① 具体参见丘宏义、丘宏达编辑：《丘汉平先生法律思想和宪法问题论集》，正中书局，1973；何勤华、洪佳期编：《丘汉平法学文集》，中国政法大学出版社，2004；李安山：《中华民国时期华侨研究述评》，《近代史研究》2002年第4期；王伟：《中国近代留洋法学博士考（1905—1950）》，上海人民出版社，2012；等等。

门海沧）人，生于缅甸仰光，幼年自缅甸回国，先入读厦门集美学校，后到鼓浪屿英华书院就读。①1921年至1924年，丘汉平考入上海国立暨南大学攻读商科毕业。此后，他又在1925年和1927年分获中国公学商学士和东吴大学法学士学位。1928年春，丘汉平赴美留学，取得美国国家大学（The National University of the United States）②法学博士学位（S.J.D）。1930年，丘汉平赴欧洲考察，成为意大利皇家大学罗马法学院名誉会员，后返回上海执律师业务。

回国后，丘汉平历任国立暨南大学法学院教授、外交领事专科主任、海外文化事业部主任兼中学部主任，同时兼任东吴大学法律学院教授，中国公学宪法教授，交通大学商事法教授。③在此期间，他参与创办华侨中学、侨光中学、华海中学，兼为上海各大学教职员联合会主编大学杂志，创办中国经济信用合作社，并任上海市社会局顾问。作为归国华侨，丘汉平积极参与上海各华侨社团的各项活动。1933年6月，他当选上海华侨联合会执行委员和常委。④1939年秋，丘汉平先后担任福建省政府委员兼福建省银行总经理。1945年1月，丘汉平任福建省政府财政厅厅长，后任国民政府交通部直辖驿运管理处处长，创办省立福建大学，并兼校长。1947年夏，丘汉平辞去本兼各职，8月返回上海从事律师业务。1948年国民政府"行宪"后，当选立法委员。1949年内战结束前夕，丘汉平赴台，后继续担任"立法委员"，立法院财政和预算委员会召集人。此外，他曾出任台湾华侨人寿保险公司董事长、东吴补习学校（台湾东吴大学前身）校长、铭传女子商业专科学校董事长等职。

（二）丘汉平华侨研究概览

从20世纪30年代初至抗战胜利前后，丘汉平先后出版了《华侨问题》与《战后华侨问题》两部专著，同时在《东方杂志》《南洋研究》《中南情报》《闽政月刊》《公余生活》《新福建》等杂志发表文章十余篇。从学术和工作经历来看，丘汉平华侨研究主要分为两大阶段：①回国任教至全面抗战前夕（1930年至

---

① 王伟：《中国近代留洋法学博士考（1905—1950）》，上海人民出版社，2012，第86页。
② 也有一些论述提及丘汉平为乔治·华盛顿大学或华盛顿大学法学博士视为谬误，美国国家大学1954年并入乔治·华盛顿大学，已有国内学者对此问题加以考证。王伟：《中国近代留洋法学博士考（1905—1950）》，上海人民出版社，2012，第57—58页。同时，也有学者提出丘汉平具有留日出身背景，但未有直接证明。参见徐国栋：《中国的罗马法教育》，http://www.romanlaw.cn/sub2-54.htm。
③ 何勤华、洪佳期：《丘汉平法学文集》，中国政法大学出版社，2004，"前言"第1页。
④ 《华侨联合会全体就职》，《申报》1933年6月20日第11版。

1937年)。这一时期,除从事执业律师工作外,他主要在暨南大学等校任教,主要是从法律视角对于华侨社会相关问题,如华侨国籍问题、侨民权利、华侨教育等问题进行研究。②全面抗战爆发至抗战胜利前夕(1937年至1945年)。这一时期,丘汉平先后担任福建省政府委员兼福建省银行总经理、福建省政府财政厅厅长、国民政府交通部直辖驿运管理处处长等职务。这一时期的华侨研究主要涉及华侨经济、侨汇、战后华侨复员等与现实工作密切的问题。

(三)致力华侨教育,从事华侨研究

1.参与创办华侨中学。1931年春,由丘汉平与于右任、戴槐生、陈清机、马璨汉等人在上海发起成立华侨中学(后更名为"侨光中学")。丘汉平任校长,马璨汉任副校长,马璨荣为教务长,并租定校舍于西摩103号。① 有关建校之原因,在于"各属居留政府压迫华侨日甚,前之放任华侨自由兴学者,今则束缚取缔备极苛酷,影响所及险象日呈,或缩小规模,或完全停辍。华侨教育权行将近丧,华侨国民性亟须维持,爰联热心侨界,发起组织华侨中学,经由教育当局核准设立"②。1933年春,华侨中学经上海市教育局核准立案,同年夏又获教育部及侨务委员会备案。当年上半年,学校即有学生四百余人,后该校由西摩路迁至南园,更添设小学部,学生增至七百人。③ 丘汉平指出,华侨中学之设立,"一方训练海外归国之侨生,俾其所学有所用,一方培植国内之青年,使其注意华侨事业及明了殖民方法并授以实用智识"④。在课程设计上,既有中英文、历史、地理、物理、化学、政治、经济等基本课程,也有商科及师范科课程。1932年12月,丘汉平因自身"担任各大学校教师及律师职务之忙,对于本校,事实上未暇兼顾",乃竭力辞去校长之职,后改任该校校务发展委员会主席。⑤ 1934年10月,侨光中学校长马灿汉因病辞职,丘汉平重任校长。⑥ 他上任后,重振校务,开设国文、英文等科补习班,免费补习学生,提升教育水平。当时的报道对于侨光中学的教育成绩加以赞誉,"本埠新闸路南园侨光中学原名华侨中学创办至今,已届四载,历次毕业生升入国内大学者成绩斐

---

① 私立侨光中学:《私立侨光中学校三周年纪念特刊》,私立侨光中学,1934,第10页。
② 《华侨中学即将开办》,《申报》1931年12月22日第10版。
③ 《侨光中学》,《申报》1939年1月13日第13版。
④ 丘汉平:《华侨教育之意义及本校之使命》,《侨光》1932年第1期。
⑤ 私立侨光中学:《私立侨光中学校三周年纪念特刊》,私立侨光中学,1934,第12—13页。
⑥ 《侨光中学新校长就职》,《申报》1934年10月21日第16版。

然，其赴国外留学者，亦不乏人"①。

2.任教暨南大学。无论是从华侨背景、工作关系还是从学术研究来看，丘汉平都与华侨有密不可分的关系。丘汉平回国后，任国立暨南大学教授，历兼任暨南大学外交领事系主任、海外文化部主任兼中学部主任。他在暨南大学大学部十周年纪念册专门撰文就该校发挥自身地位与使命提出三点建议：一是注重侨界需要。暨南大学作为培养侨界人才之所，应适应侨界之需要。"既可解决毕业生之出路问题，而亦不失母校之为最高华侨学府也。"二是研究华侨问题。"华侨问题为吾国民族问题之一。其影响国计民生，至深且钜，本校为华侨之最高学府，故负有研究之责任。母校之设立海外文化事业部本为此也。"学校应扩充该部之事业经费，罗致专家人才，以适应时事之需要。三是联络侨界领袖。学校位居上海，联络侨胞较易，学校应注意侨胞之联络。②抗战胜利后，丘汉平也就暨南大学未来发展提出具体建议。丘汉平指出，"以华侨人数之众，移民区域之广，须有专科大学以培植高级人才，自属当然。③"暨南大学应通过增设或补充现有院系、学科，以担负培养侨胞专门人才之重任。丘汉平认为，暨南大学应注重以下各点：①恢复外交领事系，以训练外交及领事人才，并灌输移民专门学识。②充实海外文化事业部，扩大其组织，以资沟通中南文化及促进中国之联系。③设立南洋博物馆收集南洋各地之土产。④增设师资学院，大量训练南洋中小学校及职业学校师资，以补救侨校师资之缺乏。⑤增设农学院以训练垦殖人才。⑥加强现有之商学院。⑦加设西班牙、荷兰、马来、泰国等外国语文等科。④

二、华侨教育的性质与使命

丘汉平对于华侨教育的性质与意义加以分析，并深入探讨华侨教育的目标与使命，优势与不足，华侨教育与民族文化、民族意识的关联等问题。

（一）华侨教育的性质与意义

丘汉平指出，华侨是移民而不是殖民，这是中国政府对华侨应有之认识。"我们以为祖国政府对华侨应有一个认识，认识华侨是移民不是殖民。既是移

---

① 《侨光中学毕业生多人留学》，《申报》1935年1月18日第15版。
② 丘汉平：《暨南大学与华侨教育》，国立暨南大学编：《国立暨南大学创校三十一周年完成大学十周年纪念刊》，国立暨南大学，1937。
③ 丘汉平：《战后华侨教育改革议》，《改进》1944年第9卷第5期。
④ 同上。

民，就不能实行同一的政策，而华侨的居留地主权不是属中国，当然不能准许华侨对他们有不利的行动，明白这一点，我们才可谈保护华侨，继可谋华侨的切身利害！"①在此基础上，丘汉平对民众教育、侨民教育、殖民教育等概念专门加以论述。他指出，华侨教育有广义和狭义之分。广义的华侨教育是指"华侨的民众教育，一般教育"。狭义来说，华侨教育是指"中国政府对于华侨所设施的教育而言"，又称"侨民教育"。与此相对，丘汉平将"殖民地或居留地对华侨特别设施的教育"称为"殖民教育"，也就是"奴化教育"。②

丘汉平指出，对于华侨教育问题的讨论应基于华侨社会及经济、社会状况的现实环境来考察。同时，他注意到华人社会内部的复杂性和差异性，"受过教育的又可分为土生与唐山客。土生侨胞大都接近洋种，唐山客则为纯粹之侨胞，保留中国头脑。所以就受教育部分来说。土生与唐山客俨若两界，要他们合作一起，真是不容易。何况大多数的侨胞是文盲呢？"③

丘汉平注意到，就占华侨最大多数的劳工而言，经济因素对于华侨教育的影响甚大。他因此提出应基于华侨的现实环境（尤其是经济、生活等方面）来切入华侨教育问题。他指出："教之，育之，这固然是很重要，但自个人生活方面来看，比这教育问题还更重要的，就是经济问题了。兴学是一件不易的事，入学也是要增加父母辈的经济负担。子女能够入学，必在家庭生活不发生问题之后。现在华侨的失业，不论士农工商，都一天一天地多起来，所谓侨教更是限于可怜的状态了。"④因此，随着华侨失业问题的日益增多，华侨教育更陷于不利的状态。

（二）华侨教育的目标和使命

早在20世纪30年代，丘汉平就对华侨教育的目标与使命问题加以阐述。他认为，缺乏科学知识和缺少团结能力为侨胞失败、国家衰落之主因，而华侨教育负有灌输科学知识及训练团结能力两重使命。丘汉平提出："此二端本为吾国衰弱之主因，侨胞亦未能外此。吾人欲使侨胞自救救人，必须去此症结，欲去此症结，则华侨教育尚矣。""华侨教育者，即负此二重之使命也。一方灌输科学知识，一方训练团结能力。前者兴侨胞之应付知识，后者兴侨胞之应付

---

① 丘汉平撰述、庄祖同助编：《华侨问题》，商务印书馆，1936，第89页。
② 同上书，第78页。
③ 丘汉平：《救济华侨方案之讨论》，《南洋研究》1934年第1期。
④ 丘汉平撰述、庄祖同助编：《华侨问题》，商务印书馆，1936，第78页。

能力。二者并行，国势虽弱，侨胞地位之增进犹可期也。"①

抗战胜利前夕，结合当时南洋各地形势及侨胞概况，丘汉平着重从增进侨胞民族意识和知识技能两方面论述华侨教育的重要性。他指出，适当教育可以加强侨胞祖国观念，免于被同化。同时，华侨教育有助于提升侨胞之知识技能。丘汉平认为，华侨教育的缺乏导致侨胞"智识技能"的落后。"质言之，南侨事业前途，除民族意识与道德而外，复聚于侨胞之智识技能。"②他认为，作为华侨事业建设之根本，华侨教育应注重培养侨胞民族意识及知识技能。他指出："盖教育原为发扬文化灌输智能之利器，过去侨教缺乏一定方针，乃无可讳言之事实。今后侨胞事业之建设，首应发挥教育力量以配合民族道德与科学智能，方不致日趋险境，故华侨教育实为华侨一切事业建设之根本，而为吾人战后首当重视者也。"③

（三）华侨教育与民族意识、民族文化的培养

丘汉平指出，欲培养华侨的民族意识，首先是"如何使华侨认识其自身的地位及祖国的关系"。具体而言，第一，诚实宣扬中华民族历史上丰功伟绩及民族伟大，使侨胞发生眷怀祖国的观念。第二，如实论述中华民族近百年来受人侮辱及民族衰落的原因以及最近力图复兴的经过事实，使侨胞信仰祖国政府的卧薪尝胆，挽救国难。第三，赞扬他国民族的刻苦耐劳爱国精神，与当前的中国人生活相比照，以便自己勤勉起来图谋团结改善。④他进而提出，应以教育来改进华侨文化及社会，"则此后的侨教，应要站在民族的立场，对于民族意识及民族文化这两方面，要特别着力"⑤。因此，增强华侨的民族意识，灌输他们民族文化，改进华侨社会文化成为此后华侨教育的中心问题。丘汉平指出："况民族意识与民族文化，互为表里，民族文化既以教育未能普及而超于衰落，民族意识自以文化未能发扬而愈形淡薄。吾侨耳濡目染，多为洋化土化。苟无适当教育，加强其祖国观念，则环境移人，难免数典忘祖，渐被他族同化，遑论发展。"⑥也就是说，民族文化因无教育普及而衰落，而与民族文化相

---

① 丘汉平：《华侨教育之意义及本校之使命》，《侨光》1932 年第 1 期。
② 丘汉平：《战后华侨教育改革议》，《改进》1944 年第 9 卷第 5 期。
③ 同上。
④ 丘汉平撰述、庄祖同助编：《华侨问题》，商务印书馆，1936，第 90 页。
⑤ 同上书，第 102 页。
⑥ 丘汉平：《战后华侨教育改革议》，《改进》1944 年第 9 卷第 5 期。

表里的民族意识自然愈加淡薄,因而教育对于培养侨胞民族意识、祖国观念十分重要。

（四）华侨教育的优势与不足

早在20世纪30年代中期,丘汉平就对华侨教育的优缺点进行了论述。在《华侨问题》一书中,他对于华侨教育概况,诸如侨校数量、学校组织、经费来源、学校教职员、课程与教科书、学生等方面分别加以分析。[1]同时,他注意到华侨教育的特殊性,并重点从民族意识、教科用书、职业教育、补习、失学儿童和教育师资六个方面具体探讨。[2]丘汉平认为,尽管面临困境,华侨教育仍具有部分优势,为中国国内教育所不及。"华侨教育,似已濒于破产之途,实则华侨教育,并未绝望,尚有几种优点,是国内教育所不及的。"[3]他进而指出,国内的学校"不是受军事影响,便是受政治干涉",南洋各侨居地虽有法令加以限制,但华侨教育仍能得到相当的设施,有教育发展的空间。

丘汉平认为,华侨教育的优点主要体现在国语通用、学风优良、办学负责等方面。他指出,华侨社会原以各地方言作为交流语言,自华侨学校设立并以国语教学,其日渐由学校推行到整个华侨社会当中。"这是华侨教育上,最大的长进。现在尚继续提倡,不久的将来,或许有普及的希望!"[4]在他看来,华侨教育的缺陷主要体现在职权不专、经费困难、师资缺乏、教材低劣等方面。丘汉平指出:"有许多侨胞,对于华侨教育,都抱怀疑的态度,大失所望。华侨教育在今日,办学无人,经费困难,师资缺乏,教材窳劣,此为其大弊。"[5]因此,"我们要谋华侨教育的进展,少不了要使优点增高继长,劣点切实改善,尽力求进,华侨前途,才能有发扬光大的希望"[6]。

丘汉平对于侨校学生的素质和爱国热情给予赞扬和肯定。他指出,侨校多有中国尊师重道之风,侨生"多最俊秀英华,灵敏活泼,容易教化",对于祖国多有向往和认同之情。因此,"如果有良好的教师,把他们好好的去培养出来,将来华侨的希望,未可限量"[7]。他提出,"华侨教育上最令人满意之事,

---

[1] 丘汉平撰述、庄祖同助编:《华侨问题》,商务印书馆,1936,第78—81页。
[2] 同上书,第90—93页。
[3][4] 同上书,第82页。
[5] 同上书,第81页。
[6] 同上书,第83页。
[7] 同上书,第82—83页。

即为侨生之纯良。大多数学生均勤俭纯笃,活泼英俊,易于教化。年事较长之侨生,每闻教师讲述祖国之事,必忠义愤发。此种效忠祖国之热忱及英武有为之精神,如能更得优良教师之诱导,则侨教前途,未可限量"①。

三、华侨教育之经费、管理问题

丘汉平充分肯定华侨对于发展教育事业所发挥的重要贡献。他关注到华侨学校运作管理及经费方面存在的一些困难和问题,提出发挥政府及教育协会作用的建议。

（一）肯定华侨对教育的贡献

1940年6月,在福建省各界欢迎南洋华侨回国慰问团欢迎会上,丘汉平对于华侨兴办教育的贡献,以及侨胞持久不懈的办学精神给予充分肯定。他指出,"华侨先辈可以说是没有受过教育,他们赤手空拳走到海外,披荆斩棘,惨淡经营,创造新天地,可是他们却知道欲与外国人竞争,非有智识学问不可。华侨先辈本身虽没有机会受教育,但是他们却不愿意子孙没有受教育的机会,于是积极倡办各种文化事业"②。

历史已经证明,侨胞注重集资兴学,重视文教之风有助于教育文化事业推进。对于华侨倡办教育的功绩,丘汉平给以充分肯定,"华侨既有志提倡华侨教育,对于学校经费,都能切实负责筹募"③。每当学校面临财源等问题,华侨社会总能齐心协力,多方设法维持。侨校董事,有志提倡华侨教育,切实负责维持学校发展。他指出,"虽遇困难,亦能勉力齐心,共同维护,此种竞争与办学之责任心,堪称特点"④。

（二）华侨学校的运作与管理

丘汉平认为,缺乏办学经验是华侨教育的一大缺陷。对于学校的运行管理,校董和学校教职员之间的职责分工和团结协作便极为关键。他对于校董的作用和地位予以肯定,"校董是办理华侨教育的人,掌管教育的命脉,华侨教育的兴衰,大部全在董事手中"⑤。他同时认为,校董不宜直接参与而宜从旁协助,以

---

① 丘汉平:《战后华侨教育改革议》,《改进》1944年第9卷第5期。
② 丘汉平:《欢迎南洋华侨回国慰问团》,《闽侨月刊》1940年第2卷第2期。
③ 丘汉平撰述、庄祖同助编:《华侨问题》,商务印书馆,1936,第83页。
④ 同①。
⑤ 同③,第84页。

使学校和教职员都能各行其职,各善其长,各尽其责。丘汉平指出,侨校职权不端之弊病在于,"侨校校董负筹划经费之责,于是对一校行政率多干涉。各校董原属工商界领袖,于教育未必擅长,校长乏权亦难展其抱负,殊足妨碍侨教之改进"①。他继而建议:"一、不过做校董的,对于学校大政方针,虽应考虑周详,但对学校里教员的进退,学额的推广,学制的变更。应不宜直接加以干涉,该让学校切实负责的教职员们,自己去计划,自己去办理,校董们从旁赞助,从旁督促,具最勉的精神,无干涉的态度。这样一米,校长和教职员们,都能畅抒抱负,以协谋华侨教育的进展,这便是校董应有的态度。"②丘汉平认为,学校之行政等项事务应由专门人才来加以管理。"但于负实际学校行政之责者,则宜适选受有教育专业训练品学兼优之人士担任,由祖国政府预为储才。"③

(三)华侨学校的经费问题

丘汉平指出,华侨学校多无基金和校产,"综观华侨各校鲜有筹足固定基金以供发展之用者"。华侨学校经费多赖校董等多方筹措以及月捐、学费以为负担,学校如无固定经费,势必严重影响学校的正常运作和发展。④他认为,侨胞商业失败、经济紧缩等因素都将对于侨校之维持产生不利影响。丘汉平建议,应从校董及中国政府两方面设法筹集基金,以使华侨教育经费有稳固的保障。他提出,"校董应该召集有力侨胞,切实地计议,募集相当款项,连同捐款,经营稳健生产事业,把收入的租金或利息,充作学校常年经费。同时祖国政府亦应普遍地筹集巨额侨民教育补助费,借减华侨的负担。遇到不足的时候,再设法募集月捐"⑤。

丘汉平认为,华侨教育今日之基础得益于侨胞悉心捐助之功,政府对此应加以奖励。他指出,筹集基金是华侨教育及学校发展之基础。无论学校创办者还是中国政府都应通过募款、投资、拨款、外汇等方式给予支持。他指出,"其设立学校之董事及创办人,固应从实计议,募集巨款,投资稳健事业,以平息所入充作学校常年经费,而祖国政府亦应拨付巨额,外汇,以为侨教补助基金,视学校成绩及需要优予补助"。⑥

(四)发挥政府及教育协会的作用

丘汉平指出,"侨胞居留地区辽阔,社会复杂,教育之推进既必须当地教界人士之协力,同时各地教育上特殊问题亦赖若辈贡献意见,故教育协会之

---

① 丘汉平:《战后华侨教育改革议》,《改进》1944年第9卷第5期182页。
② 邱汉平撰述、庄祖同助编:《华侨问题》,商务印书馆,1936,第85页。
③④⑤⑥ 同①。

组织，对促进侨教上极具价值"①。他建议，各地华侨教育界人士应组织教育协会，并加强机构以促进华侨教育之发展。同时，丘汉平认为，政府对于华侨教育的指导十分必要。他建议，应强化现有侨教指导机构，并选派侨教专家赴驻外领馆，"负责办理侨教设计及视导事宜，而收实地改良负责推进之效"②。

四、华侨教育之方向、师资、教材问题

丘汉平认为，培养国内优秀青年以移民知识与培养侨胞同样重要，同时提倡推动华侨职业教育、补习教育的发展。他注意到师资和教材对于华侨教育的重要意义，并有针对性地提出具体意见建议。

（一）华侨教育的方向问题

华侨教育应重视国内青年。与传统华侨教育关注于培养侨胞不同，丘汉平认为培养国内优秀青年以移民知识同样重要。他指出，"今之提倡侨教者，只注重培植南洋侨胞子弟而已。至于培养国内优秀青年，界以殖民智识，向外发展，则未顾及。殊不知由内而外之移民，实与教养侨胞子弟一样重要"③。具体而言，一是培养归国侨生授以实际智识，使之吸收祖国文化，适应南洋社会之智识技能；二是培植国内优秀青年，使之适应南洋社会之智识技能，研究华侨失败原因并谋改进之道。④

华侨教育重在"实行"。丘汉平认为，教育应"重实行，重以身作则"，华侨教育更应如此，否则"其不良影响比无教育还来的大"。他同时指出，"我们对于华侨的教育，要能灌输若干的精神，切切实实使青年不尚虚伪。这一点不是理论问题，而是实行问题。希望从事教育的人能切实自己检讨"⑤。

发展华侨职业教育。针对如何解决华侨社会技术所面临的人才缺乏问题，丘汉平建议提升侨生教育程度，尤应注重实用课程及职业学校的发展。他提出，"提高侨生教育程度，注重实用课程，诚属急务，观南侨所设学校，中学既寥寥无几，职业学校更未之见，战后南洋，竞争更烈，技术人才之需要，必益迫切，亟应增设中学，以为造就专科人才之准备；增设职业学校，以应当地之需要"⑥。他具体指出，华侨多从事工商业，因此职业教育十分必要。丘汉平

---

① 丘汉平：《战后华侨教育改革议》，《改进》1944 年第 9 卷第 5 期。
② 同①。
③④ 丘汉平：《华侨教育之意义及本校之使命》，《侨光》1932 年第 2 卷第 1 期。
⑤ 丘汉平：《战后华侨问题的认识》，《新福建》1943 年第 4 卷第 3 期。
⑥ 丘汉平：《战后华侨教育改革议》，《改进》1944 年第 9 卷第 5 期。

提出，"我们只看到普通中学的提倡，却没有看到职业中学的设立。这都是因为办教育的人不能观察华侨的需要是什么"。鉴于华侨对祖国的教育制度有些失望，因此宜集中物质与精神，倡导建立适应华侨环境的职业学校。

发展补习教育。在海外华侨社会中，华侨多数是工商劳工，且多数为文盲，因此推行补习教育十分必要。丘汉平认为，教育与华侨的生存发展相关，华侨也有读书识字的期望，因此较易推进补习教育，这是不宜忽视的问题。他指出，"普及国民教育提高大众智识，实为侨民教育最基本之工作"。他建议，中国政府应在华侨聚居地区普设免费之国民学校以方便侨童入学。同时，应利用电影、戏剧、音乐、图书等多种形式，以达普及教育，提升侨社文化水平的目的。①丘汉平注意到华侨社会中的失学儿童问题，建议通过推行设立识字学校和扩充免费小学等途径解决失学儿童问题。②

（二）华侨学校的师资问题

丘汉平指出，教育师资是华侨教育应特别注意的问题，也是华侨教育取得良好成绩的前提。他认为，"优良师资，在办理侨民教育是格外需要的。做老师的，应该要有科学的头脑，丰富的常识，教育学的智识，教授的能力，以及高尚的品格"。他具体指出，各华侨学校受专业训练之师范毕业生为数甚少，无法适应教学之需要。同时，战前华侨学校的教职员待遇因受当地经济情势所影响，难以吸引优良师资在此长期任职。③丘汉平进而建议，应对现有的教员加以补充训练，并制定奖励办法，使他们安心侨教。④

针对师资问题，丘汉平从师资培养、资格甄选、薪酬制度等方面为改善侨校师资问题提出具体建议。他具体指出，"至于甄别教员的资格，予以切实的审查，亦属重要。遇有师资良善的教员，应该予以种种便利，减少他们去国离乡的感想，薪酬采用年功加俸的制度，使他们安心久于服务。更须集合几处的华校，合设一图书馆，广置各种书籍，供给教师们进修和研究"⑤。他认为，优良师资是侨校发展之重要条件，应兴办师范学校培养师资，对原有师资进行教育培训，并制定师资保障奖励办法，使他们安于教职。⑥

---

① 丘汉平：《战后华侨教育改革议》，《改进》1944年第9卷第5期。
②③ 同①。
④ 邱汉平撰述、庄祖同助编：《华侨问题》，商务印书馆，1936，第92—93页。
⑤ 同④。
⑥ 丘汉平：《战后华侨教育改革议》，《改进》1944年第9卷第5期。

（三）华侨学校的教材问题

丘汉平指出，由于华侨教育受侨居地政府的种种限制，加之国内教材未能适合侨生的环境与需要，因此使得华侨学校无论正式教材还是普通读物都有所缺乏，"此乃侨教之最重要问题，而不容吾人忽视者也"①。他认为，国内教科用书有很多地方不适用于华侨学校，教科书应切合华侨社会的需要。"华侨散布的区域甚广，所处的环境不同，因此国内的教科用书就有许多地方不适用于华侨设立的学校。一般研究华侨教育的人，都认为有重编教科书的必要。"②

丘汉平认为，应依据华侨教育之方针加以拟定教材，以适应侨胞之需要。③他具体提出，"侨教书本，既受当地政府，严切的限制，新颖的智识，很难灌输。加以采用祖国旧教本，非但思想陈腐，并且不适当地的需要。所以编辑教材，是一件急不容缓的工作"④。对此，丘汉平提出来具体的建议：一是现有服务华侨教育的教员们自行编辑，在一校试用后再分发各校试用，再送回祖国审定，交书局印售。二是在侨居地方设立研究会，由各校校长和教员商讨，制订编辑计划，分任收集材料从事编辑，后交研究会发各校试用，此后再经修改订正，而后出版。三是由侨务委员会拟订编辑南洋教科书的计划，聘任当地资深人士担任编辑工作，亦可完成这个工作。⑤

五、战后侨教复员问题

丘汉平注意到华侨教育对于华侨复员、华侨地位的重要性，并指出侨民教育方针是战后华侨教育的重要基础，并就华侨教育改革和华侨教育复员问题重点加以分析考察。

（一）战后侨教复员之准备与措施

抗战胜利前夕，丘汉平专门刊文论述华侨教育对于华侨复员、华侨地位的重要性。他在《战后华侨教育改革》一文中提出，"国人对于归复华侨地位，论议虽多，而咸认最要者厥为改革侨教"⑥。丘汉平着重从以下四个方面加以阐述：①侨教复员机构。侨教复员为今后侨教必经之阶段，关系侨教前途至巨，

---

① 丘汉平：《战后华侨教育改革议》，《改进》1944 年第 9 卷第 5 期。
② 邱汉平撰述、庄祖同助编：《华侨问题》，商务印书馆，1936，第 92—93 页。
③ 同①。
④⑤ 同②，第 86—87 页。
⑥ 丘汉平：《战后华侨教育改革议》，《改进》1944 年第 9 卷第 5 期。

故有成立专门机构之必要。这一机构，"应由有关机构，如侨务委员会，海外部，教育部，与热心办学之侨领组织之，筹足充裕经费，设专人以办理侨教复员之一切事宜，举凡调查、设计、协助复校，以及员生之集合、甄别及训练等项，均应切实办到"①。②员生。一方面注重侨教人员之保育，重视内迁之原有侨教人才，同时积极训练新师资；另一方面注重内迁侨生之教育，发挥侨生个性，依其志趣授以实用智能。③设备及学校分布。一是交涉损失赔偿，应切实调查侨校损失情形，以便依据国际法向敌国索取赔偿，同时政府应筹款以补助侨校复员；二是侨校分布合理化，战后中小学及职业学校重建应就各地区之环境、侨胞人口及经济情况而进行合理调整。④思想。一是培养爱国情绪，纠正奴化思想；二是对身处沦陷区的教员，宜集中补训纠正思想使其重担教责。②因此，"如何利用优点改革缺陷，以纳教侨于发展之正轨，俾得巩固侨胞事业之基础"，成为战后侨教的中心问题。③

（二）侨民教育的方针

丘汉平指出，侨民教育方针是战后华侨教育的重要基础，既应适合中国发展之要求，也应考虑侨胞具体情况并与环境相适应。他认为，战后侨民教育方针应着重培养民族意识、实行公民生活与研习实用技能三个方面的内容。④第一，培养民族意识。通过努力宣扬民族文化唤起侨胞民族意识，同时宣扬外国民族之优点。他提出，"以励侨胞见贤思齐之志，而收截长补短之效。果能如是，则侨胞自能深切认识其自身之地位与祖国间之关系，进而信赖政府，眷怀祖国，自不难养成高度之民族意识，与强大之团结力量"。第二，实行公民生活。由于过去祖国无力保护，侨胞历来遭受他国政府之歧视，而缺乏自治精神也是原因。他认为，侨民教育应训练侨胞实行公民生活，"使人人对国家社会，恪尽厥职，服从政府法令，维护民族利益"。第三，研习实用技能。他指出，"今后侨胞欲保持昔日之地位，自非迎头赶上，改善经营方式，应用科学技能不可。故提倡科学研究，传习实用技能，授以居留地外国语，以发展南洋之经济，维持过去之地位，应为侨民教育之一大方针"⑤。在此基础上，丘汉平着重从奖励侨胞兴学、筹集侨教基金、培养师资保障待遇、编订适用教材、普及国民教育、增设中学及注重职业学校、充实国立暨南大学、强化教育协会和

---

① 丘汉平：《战后华侨教育改革议》，《改进》1944年第9卷第5期。
②③④⑤同上。

加强政府对侨教之指导九个方面论述战后侨教改革问题。①

结　语

华侨教育作为华侨社会的关键议题，也是华侨研究的重要问题，始终受到中国政府、海外华侨社会、广大侨胞及研究者的高度关注。作为民国时期华侨教育的倡导者、力行者和研究者，丘汉平既积极参与创办华侨中学，也投身暨南大学从事华侨研究，同时撰写论著考察华侨教育。丘汉平有关华侨教育的论述，集基础性、应用性与政策性于一体，既涉及华侨教育的性质与意义、目标与使命、优势与不足等重要内容，也聚焦于华侨学的经费、管理、师资及教材等具体实践问题，同时就战后侨教复员之准备、侨民教育方针提出政策建议。

学术界普遍认为，丘汉平华侨研究的重要贡献在于，从法学角度出发从事南洋及美洲华侨相关问题的研究，具有较高的学术价值和现实功用。华侨教育是丘汉平华侨研究的重要方面，作为一种代表性观点，是民国时期华侨教育理论发展和具体实践的重要篇章，也获得了学术界的充分肯定。虽然受到所处社会历史条件的限制，丘汉平的不少思想观点和教育实践仍可以为我们提供一定借鉴和参考。

---

① 丘汉平：《战后华侨教育改革议》，《改进》1944 年第 9 卷第 5 期。

有效运用信息资源，精准服务侨界群众

夏 雪[①]

（上海社会科学院　上海　200235）

大数据对于各个领域的重要作用已被认可，有效利用大数据创新运营模式可以改善和优化服务也是人们的共识。从国家层面来看，国务院常务会议曾指出，运用大数据等现代信息技术是促进政府职能转变、简政放权、放管结合、优化服务的有效手段。从全国侨务工作层面来看，许又声同志曾指出，在为侨服务方面，要更加注重质量并举、以质为先，扩大为侨服务有效供给。从上海市侨务工作层面来看，《上海侨务工作发展纲要（2016—2020）》提出要提升上海侨务工作的信息服务能力，除了利用新型网络社交平台和新媒体互动平台与海内外侨界人士开展多形式的互动交流之外，还需要"完善各类涉侨信息数据库建设，收集和积累侨情资料，实现信息资源共享"。以此为指导建立的侨情数据库不仅是一个数据资源库，而且是促进政府职能转变、有效为侨提供公共服务的工作平台。

黄浦区侨办在利用互联网和大数据开展侨务工作方面一直具有前瞻性，创办于2006年的"海燕博客"和辖区内瑞金二路街道的大数据行政管理系统是利用"互联网+"和大数据技术开展侨务工作的优秀成功案例，为黄浦区利用信息技术开展侨务工作提供了实践经验。当前，黄浦区侨办已具备了运用大数据理念建立本区侨情数据库的信息基础和经验，需要进一步增强利用信息数据精准惠侨、助侨的能力，尝试打造新时期侨务工作新模式。

[①] 夏雪，上海社会科学院讲师，研究方向：华侨华人。

一、黄浦区侨务工作中互联网及大数据利用的经验

"海燕博客"是黄浦区利用互联网开展侨务工作、涵养侨务资源的优秀成功案例。多年来,"海燕博客"在为侨服务的同时积累了大量侨情数据,并利用数据分析指导设计项目提升为侨服务精准性。

辖区内瑞金二路街道的大数据库于2017年初步建成后,利用数据库进行社区管理已经初见成效。此数据库通过数据标签区分本辖区涉侨资源,为侨务工作精准服务提供了经验借鉴。

(一)"海燕博客":与时俱进利用互联网技术开展工作并汇集侨情数据

"海燕博客"创立之初即利用当时盛行的MSN空间创建平台,逐步发展为规模化网络组织,并成为涉侨社会组织孵化器,不但孵化培育了20个子社团,还成为联系数百家社会组织的核心,后发展为"上海市黄浦海燕博客公益发展中心",继续为推动新侨工作做出努力。

1.开创工作新模式,结合信息和数据新技术提升为侨服务能力

创立之初,"海燕博客"的资料收集也是以原始的"扫楼"方法,通过挨家挨户拜访企业,结识工作对象,了解需求,介绍侨务工作,"招募"白领青年参与活动。但是如果仅仅依靠这种方法,需要投入大量的时间,工作资源拓展较慢。于是"海燕博客"结合当时流行的MSN,通过建立"群",利用共享空间发布活动内容,引导侨务工作对象通过网上报名参与,提升了工作效率,也将与工作对象的联系从"八小时"扩展到"二十四小时",创立了基于互联网技术的侨务工作新模式。此后,"海燕博客"从MSN空间到新浪博客、微博、微信群、微信公众号,紧紧追随新媒体的脚步拓展工作阵地。"海燕博客"的经验显示了快速使用新技术与提升为侨服务能力是相互促进、相辅相成的。

2."虚""实"结合,将虚拟数据资源落实为现实工作资源

"海燕博客"并未局限于虚拟空间所获得的数据资源,而是利用虚拟空间联络的"无边界"性,吸引"粉丝""会员",成立线下自组织,设计和组织各类活动。在举办活动的过程中,不但凝聚了各类侨务资源,还根据大都市年轻人的业余爱好谱系,孵化培育出20个子社团。现在每个子社团都能够自主组织活动,使得"海燕博客"的辐射力、影响力、凝聚力成倍扩展。通过虚拟空间与实体组织相结合,汇集资源,培育侨务工作积极分子,"海燕博客"开拓了一条在工作中收集汇总数据的模式,并将虚拟数据资源落实为现实工作资源。

3.利用工作渠道汇集数据，利用数据分析反哺服务工作，引领自组织共同发展

"海燕博客"并没有在组织兴旺的时候"一家独大"，而是不断创新工作思路，一方面本身不断孵化子社团；另一方面，通过课题调研的成果转化，联合其他自组织共同发展。比如，调研沪上读书会时，他们发现上海存在许多小型读书会，成员通常只有二三十人，彼此缺少互动，无法形成合力推动"全民阅读"。于是，"海燕博客"的子社团"书虫部落"联合多家民间读书会开发了"书声"项目，仿照TED演讲形式举办读书人交流会。按照同样的方式，"海燕博客"子社团"东方雅集"与上海文庙管理处推出的"文庙讲堂"，聚集了沪上一批国学类社团；"海燕博客"的子社团"都市原点剧社"发起上海市首届"梦想戏剧节"，为在沪民间剧社搭建起交流切磋平台。"子社团与沪上其他同类社团形成'联盟'，这是对社会组织的再组织。""海燕博客"有效利用工作渠道汇集数据，并通过数据分析、探索针对不同涉侨群体精准设计服务项目，推动涉侨社会组织与其他社会团体的合作、互动，为统战工作作出贡献。

（二）瑞金二路街道数据管理系统：为侨情大数据建设提供经验借鉴

1.利用大数据，通过设置涉侨特殊数据标签的形式，做到精准为侨服务

随着专业分工日益精细化和社会事务的复杂化，在公共服务供给方面，部门之间的配合非常重要。如果信息不能及时联通，就会出现各部门之间协调性不足、职能重叠的现象，这些既会影响服务工作的效果，也可能引起服务对象的厌烦。瑞金二路街道建立本辖区工作管理数据库，提升了智能化水平，利用数据库，可以归并同类服务项目，解决轮流"敲门"现象，集中人力、物力把工作做得更加精细。侨情数据作为该数据库的一个组成部分，通过加载特殊数据标签的形式与其他数据进行区分，可以精确提取本辖区的涉侨数据，尤其有利于针对低保、低收入的归侨侨眷家庭、生活有特殊困难的大病归侨等实行精准帮扶。

2.利用大数据方式识别公共服务的需求并进行数据监测，提高为侨服务供给的有效性

侨务干部根据社工日常工作中收集的侨界人士参与公共服务的类别和频率，通过大数据系统分析辖区内侨务资源的需求分布，并据此及时进行工作项目调整，优化配置有限的公共服务资源为有需求的侨界人士提供精准服务，提升了民众感受，维护了社会和谐。

3.利用大数据方式即时评估服务供给计划的执行结果，及时改善公共资源配置和工作项目设计

数据库与办公OA系统、智能手机App互联互通，社工每执行一项工作任务，都可以通过手机App上传工作记录，因此，数据库能够随时记录和更新街道各类工作计划执行情况。在需要的时候，可根据需要查阅工作完成速度和进度，对相关工作完成情况进行评估，有利于区分社区工作的轻重缓急，并及时调整配置。通过这些工作数据记录，即时更新大数据库中的侨情数据记录和服务情况，保证为侨服务工作的落实。

综上所述，黄浦区在利用互联网和大数据开展侨务工作方面已经取得了一些成果，具有一定经验，对利用信息技术创新工作模式有着敏锐的触觉。当前，黄浦区需要利用大数据技术，解决侨情数据分散保存的短板，通过完善数据管理顶层设计，实现全区侨务资源的汇总、共享，从而能够协调全区资源，优化服务供给设计，提升为侨服务的精准性。

二、黄浦区侨情数据管理的不足

（一）侨情数据概况及特点

当前，黄浦区的侨情资源可分为几个类别：一是定居于本区的归侨、侨眷。这部分人群居住状况比较稳定，通常被纳入户籍居民的管辖范围，享受本区专为"侨"身份人口设置的各种服务项目的同时，也享受为户籍居民设置的各类惠民项目。这类人群的数据信息，可以作为户籍人口从公安系统获得，因此，其数据信息非常固定、明确、完善。二是落地于黄浦区的涉侨企业。数据显示，良好的城市环境、政策环境、人文环境使上海成为华侨华人和归国留学生到中国创业、就业、生活的首选地之一。黄浦区下辖的南京东路、外滩、瑞金二路、淮海中路、豫园、打浦桥、老西门、小东门、五里桥、半淞园10个街道都是营商环境较好的区域，服务经济、楼宇经济、涉外经济特征明显，吸引涉侨企业落户当地，汇集了许多涉侨资源。三是涉侨社会组织和自组织群体。诸如欧美同学会、黄浦区华商会、集聚在"海燕博客"麾下的各类自组织群体等涉侨社会组织和自组织群体的资料各有特征。其中一部分是固定、详细的，比如欧美同学会由于其组织制度完善，会员入会有一定的程序，因此资料清晰、完整、详细。一些自组织群体的领导核心和志愿者数据也相对明确。另一部分资料，由于参加活动的人员较为临时、分散，尚无法较好掌握。四是分散

的新侨群体。近年来，随着上海市人才引进政策不断推进，越来越多的新华侨华人选择在上海就业、安家。他们就业后分布在各个楼宇中，日常生活与普通白领无异，侨务干部很难区分他们的涉侨身份，为有针对性地提供为侨公共服务供给带来难处。

（二）黄浦区侨情数据保存管理的不足

为了了解黄浦区侨情数据保存管理现状，课题组先后走访了黄浦区统战部侨办、瑞金二路街道、外滩街道、南京西路街道等，与区侨务干部、街道干部、街道侨务干部、侨界志愿者等进行座谈，了解当前侨务工作档案管理情况，发现当前侨情数据管理尚有几点不足。

1. 档案保存方式为纸质档案与计算机单机档案并存，利用效率不高

调研发现，黄浦区的涉侨档案数据仍是纸质版本或者Excel数据库单机版本。纸质版本的档案材料在填写、保存、查找等方面都比较费力，更新过程更是烦琐，一旦没有及时标记旧资料，就有可能造成数据混乱；而旧资料若是销毁，就影响资料的连续性。纸质文本还需要专门的存储空间，这对紧张的办公环境是一种压力。Excel数据库虽然节省了数据保存空间、查找较为方便，但是一旦原文件被更新覆盖，就无法溯源，即在数据更新过程中较难保存历史数据痕迹。这些都是造成当前数据利用效率不高的原因。

2. 全区侨情资源互不联通，致使工作中无法宏观观察本区侨情变动情况并造成工作资源重复投放

黄浦区拥有多个创意园区和现代楼宇集聚地，多个街道辖区都是侨务资源集聚区，侨务干部对本辖区的侨务资源非常熟悉。但是，全区数据的互联互通并不活跃，各区域的数据系统各自独立，数据收集整理也没有统一标准，信息资源未实现全区统一管理，涉侨资源在全区的变动情况无法追踪，侨情资料和服务供给都无法有效共享。因此，虽然收集数据时用力甚勤，付出了较多的人力、财力成本，但是数据使用效率并不高。这种数据管理的分散性，使作为统领部门的黄浦区侨办也无法即时、快速掌握本区域侨情数据变迁状况，可能会造成公共服务产品在辖区各地的重复投放。

3. 当前的侨情信息保存和管理模式，会导致工作资料随着侨务干部的流动而有所损失

调研了解到，各个街道所掌握的侨情数据是由侨务干部和社工通过日常采访即俗称"扫楼"的方式一点一滴地获取并确认的，时任街道侨务干部对自己

所辖资源都能如数家珍。但是，街道侨务干部平均流动时间大约是两年。就目前的数据档案保存方式而言，新上任的侨务干部重新梳理和查对既有档案需要大量时间，影响工作效率。而且随着侨务干部的流动，一部分没有及时更新的资源数据会随之流失，造成信息损失。考虑到前期收集此类信息耗费的成本，这是十分可惜的。

三、侨情数据管理传统模式与大数据模式的SWOT分析与理论评估

（一）数据收集方式比较

1.传统数据收集模式的优势

（1）事前调研，资料准确性高。传统的侨情数据收集，是由基层侨务干部"扫楼"获得。虽然"扫楼"方式遭遇困境，但实际上，侨务干部就是这样一步一步、挨家挨户地拜访辖区内的各家企业，从而获取本辖区内侨务资源资料。所以，这样获得的资料准确性很高，非常扎实。

（2）直接接触工作对象，增强双方信任感。上门拜访的过程中，侨务干部有机会与工作对象面对面，直接接触、交流，以诚心、诚信打动人，可以发挥个人魅力和公关技巧，建立双方的信任感。在以后的工作中，就有了相对较好的切入点。

2.大数据模式数据收集的优势

（1）远程收集，节省人力。通过智能手机软件发布信息收集页面，不需要面对面，即可获得录入者的资料。这极大地节省了工作人员收集资料的时间。

（2）事后调研，相对更具针对性。通过远程获取的数据资料，仍旧需要侨务干部和社工通过事后调研进行确认，保证侨情资料的真实、扎实，为以后进一步开展工作打下基础。由于前期已经积累了一部分数据信息，因此调研目标相对明确，更有针对性。

（3）可以即时保存数据。通过智能手机软件收集的信息，可直接被后台数据库抓取。后期只要稍加审核，即可将数据归入所需类别。这节省了手工输入数据的时间，释放了人力，提升了效率。

综上分析可见，相较于传统数据收集方式，大数据模式在节省人力方面优势显著。利用大数据管理侨情数据，可以解放一部分人力，更多地转移运用到其他工作，如活动设计、服务投入、精细管理等方面。但是，基于手机智能软件的数据收集方式，面对面交谈已不是必需手段，数据仰赖录入者提供，工作

人员没有机会在工作对象犹豫的时候及时提供进一步服务,数据的真实性和确凿性无法完全保障,需要通过事后调研予以确认。

（二）数据保存、管理与使用的比较

在数据保存和使用方面,传统纸质版本的数据保存、管理和使用,存在以下不足：①占用较大空间；②查阅比较麻烦；③随着相关人员的流动而损失；④更新时易造成资料重复或丢失。

相较于纸质资料,单机数据库查阅相对方便,更新时减少重复率。但是也存在几点不足：①较难打破地域资料限制形成全区数据联动,通观全局的精准性较弱；②可根据需求进行简单排列和比较,但是数据间关联性表述能力较弱；③数据更新更多地依赖人力,更新即时性较弱；④数据溯源能力弱。

相比而言,大数据模式的比较优势就更加明显了。通过建立全区侨情资源总数据库,不仅解决了资料保存占用空间、资料无法互联互通等问题,还可以做到根据需求对数据进行整体分析。①可以根据需要与个人信息数据库相关联,确定数据的完全真实性；②随时更新数据库基础资料,描述资料对象,并在一定程度上可以追踪其迁徙轨迹；③数据更新及时、即时,不会因为操作者和管理者的变动而流失；④记录社团的变动与历史活动。

通过以上比较可以看出,大数据应用可以较大限度地避免数据资源因外部人员流动和环境变迁而造成损失。同时,数据具有更强的关联性、即时性、可追溯性。但是,数据库尚不能自主判断所抓取信息的真实性,在实际工作中仍需落实。

（三）运用侨情数据库提升精准为侨服务的理论评估

第一,建立全区统一的侨情数据库,实现资源统一更新和管理,能够提升公共产品供给有效性。建立全区侨务资源大数据库后,侨务干部不仅可以根据权限从中调取自己所需的工作资料,也可以获知其他区域的侨务公共活动信息,有利于立足全区统一调配公共资源,也有利于区域间集中人力物力共同开展活动,为侨服务,涵养资源。

第二,可以根据需要即时分析工作对象群体状况,为活动设计提供数据支持,加大精准服务力度。除了每年固定举办的各类活动外,侨务部门也会根据当年的中心工作和重点工作方向设计一些新的活动项目,吸引侨界人士参与。通过数据记录,可以对往年活动项目的参与情况进行评估,为新的工作设计提供分析依据。比如,通过数据库资料分析,发现20~30岁的侨界人士群体在创业、就业有关的活动中参与比例相当高。那么，在工作设计中，可以针对这一群体适当增加此类活动的频率，以服务更多有需求的侨界人士，通过精准服务增进与他们的联系，加强互动，增进信任。

第三，可以有效标记专业人才，为人才供需对接做好资料基础。目前，新侨人士"大分散、小集聚、人户分离"的特点造成数据收集困难，大数据库则可以规避这一困难，它不必一定通过户籍信息记录人员信息，而可通过各类数据标签对人群进行分类，能够有效标记专业人才。比如，某一工作对象的专业标签是"钢琴演奏"，那么，侨务活动中有需要钢琴演奏或者培训的活动时，就可以根据这条数据信息，对其进行定向邀请。通过数据库，为供需双方提供信息搭桥，为自身工作提供方便的同时，也为侨界人士的交流提供帮助，通过参与活动增强相互之间的信任。

第四，通过数据分析可以筛选社团和志愿者积极分子，并在工作中重点招募和培养。侨务志愿者活跃在助侨第一线，是侨务工作的重要支撑。但是，侨界志愿者招募比较困难，当前更是存在"四多四少"现象，即退休人员较多，在职人员相对少；年龄大的较多，年龄小的相对少；女性较多，男性相对少；提供一般服务的较多，提供技能服务的相对少，尤其缺少具有医疗、教育等专业知识的志愿者。依托数据库，可以筛选参与各类活动的积极分子，对他们进行关注和培养，引导他们发挥服务热情和专业长处，服务于侨界发展，这也能提升为侨服务精准性。

第五，为上海市地方志提供翔实资料。每年的上海市地方志和黄浦区地方志编纂，都需要各个部门提供相应市情资料。数据库建立后，各种活动的数据都会得以保存，如召开次数、参与人次、活动主题等。可以利用这些数据对活动进行纵向比较，看出其发展趋势；也可以进行横向比较，看出其在同类活动中的影响力。这些都可以丰富志书资料，使其中关于黄浦区侨务工作的资料更加翔实。

由分析可以看出，建立侨务资源数据库，对今后的侨务工作方式方法将有一定的启发和创新意义。但是数据库并不以掌握工作对象的私人信息为目的，仅仅通过刻画工作对象的虚拟形象从而对侨务工作方式和成效进行评估，为侨界人士的交流提供服务，以便及时配置公共服务产品，提高为侨服务精准性。

四、建立侨情资源数据库的对策建议

虽然黄浦区侨办已经具备了一定的数据基础和工作经验，但是建立侨情数据库也不是朝夕之事，需要一开始就做好顶层宏观设计，以推动其可持续发展。

第一，重视和加强信息安全管理。数据库建设不可避免地遭遇安全威胁，这些威胁来自多个方面，可能是合作伙伴、互联网、黑客等，操作系统的开放性和复杂度也增加了安全风险。因此，在数据库建立之初，就要重视信息安全，要明确信息开放和共享的边界，构建信息安全保障体系，对信息利用制定严格的标准制度、规范信息使用行为，严防泄露，保障信息安全。

第二，加强专业技术人才队伍建设。"术业有专攻。"大数据建设和发展，需要有专业人才队伍作为支撑。在建设侨情大数据库的过程中，一方面，通过加强对现有信息专业人才的培训，有针对性地提升工作人员参与大数据库建设的能力。另一方面，需要招募新技术人才，从而拥有自主设计和开发能力。如此方可跟上"互联网+"和大数据技术发展速度，即时更新侨情大数据库建设思路，也能够在顶层设计框架下自主修改细节使之更加符合实际工作需要。

第三，设置专门预算项目保证大数据库建设与后续维护及发展投入。大数据库建设需要软件设计、硬件支撑，除了设计费用之外，每年还会产生相应的维护费用。数据更新也需要人员保障，因此也会产生知识产权、人力资源等费用。建议每年设置专门的预算资金为侨务资源大数据库的建设与发展做好保障。

在上海市2011年进行的第三次侨情大调查数据基础上，七八年来，黄浦区侨办一直不断更新本区侨情数据，新增补数据量已经极其可观。目前，需要一个统一的数据库进行汇总存档，并将这些数据转化为精准服务指导。城市的发展最终是为"人"服务，根本上是促进人在城市中更好地生活和发展。因此，在上海市建设新型智慧城市的进程中，黄浦区侨办以"信息技术"为出发点，以"人"为落脚点，建立侨情数据库，立足精准为侨服务，是大数据时代创新工作模式的有效尝试。

引智与引资并重 促进侨乡社会经济发展

——福建永春县侨情实地调研对策建议

邓达宏[①]

(福建社会科学院华侨所 福建福州 350001)

  永春县是福建省著名侨乡，旅外侨胞有120多万人，足迹遍布世界40多个国家和地区，在各行各业都建树颇多。永春海外侨亲，素有爱国爱乡的优良传统，在异乡拼搏创业，扎根发展的同时，始终不忘敦睦乡谊，回报家乡，造福桑梓，与家乡人民保持着密切联系，结下了深厚情谊。近年来，永春县委、县政府十分重视华侨文化资源的保护和发展，按照"乡愁故里、生态桃源、美丽永春"的发展目标，主动涵养侨源，关注传统与现代结合，兼顾自然与人文融合，打造美丽侨乡和谐家园。为了提炼和培育侨乡文化内涵，助力侨乡、侨村振兴发展，福建社会科学院华侨所课题组深入侨乡永春，走进田间地头，实地开展"侨乡文化与侨村振兴"调研，掌握第一手侨情"源数据"。

  笔者随调研组先后在永春县的苏坑、仙夹、岵山、吾峰、东关和桃城等乡镇进行了走访和调研，在感受到当地党委、政府以侨乡文化助力侨村振兴发展并取得良好成效的同时，也发现侨村振兴发展中的一些瓶颈问题。带着问题意识，笔者对侨乡文化如何助力侨村振兴，如何持续巩固精准脱贫成果，如何形成侨资与侨智的双"回流"、培育侨村造血新动能等问题，进行了思考，提出了解决问题的五大新对策。

一、永春侨乡华侨文化建设的经验与成效

  2019年7月3—6日，调研组先后调研了永春县的苏坑镇嵩安村、仙夹镇夹际

---

① 邓达宏，福建社会科学院华侨所副所长、研究员，研究方向：侨批。

村和龙水村、岵山镇塘溪村和北溪村、吾峰镇吾顶村、东关镇外碧村、桃城镇丰山村和花石村,在6个镇9个村的走访中,课题组发现侨乡在文化助力侨村振兴发展的过程中,呈现出以下几个经验与成效。

1.政府关注重引导,激发捐赠热情

在推动侨乡文化发展方面,永春县委、县政府高度关注,按照"乡愁故里、生态桃源、美丽永春"的发展目标,县侨办结合各阶段实际情况,开展了服务侨乡(村)经济社会发展的几项重大举措:《永春县"十二五"侨务事业专项规划》《关于进一步加强和推进全县社区乡村侨务工作的通知》《关于"提升拓展侨务工作服务 建设美丽永春"七项行动的措施意见》《关于进一步加强和推进我县社区、乡村侨务工作示范点建设的通知》等一系列文件,指导和推进乡村社区开展侨务工作,有力地推进侨乡经济社会发展,为侨资企业营造良好的发展环境。

在县侨办的引导下,永春县从2006年开展了侨情普查,2008年启动乡镇侨捐资料的摸底调查,从2010年起开展全县侨捐项目资料库建设,经过不断整理充实,逐渐形成的"四个一"工作成果:编印一本《永春县侨捐项目汇编》(第1辑,2013年7月;第2辑,2017年11月);建设一批侨捐展示馆;设立一个侨捐项目数据库;形成一套初步的侨捐管理制度等。这项工作的开展,将永春县重点侨乡镇石鼓镇、桃城镇、东关镇、岵山镇、仙夹镇等侨捐项目家底摸得一清二楚,不仅有侨领的大手笔捐赠,更有众多侨亲合力捐献。摸清侨源,有利于海外宣传展示,弘扬海外侨胞乐善好施的精神,展现海外乡亲情系桑梓、热心公益、建设家乡的情怀。通过出书、建库、设馆、立制,侨捐项目规范管理进一步加强,全社会形成爱侨护侨的良好氛围,有力激发侨胞捐赠的热情。

2.镇村联动见成效,营造护侨氛围

为打造美丽侨乡和谐家园,县里把侨务工作考核列入乡镇党建工作考核内容,持续加强侨务工作网络建设。建立乡镇党政主要领导亲自抓,确定一位分管领导具体抓的领导机制,由统战干事、专(兼)职干部负责具体的管理,建立乡村社区主要负责人为组长、侨联委员,老年人、工青妇参与的村级侨务(联)小组,设立正副组长和联络员,努力形成有人管侨事、有址议侨事、依规办侨事的局面,使侨务管理服务进村入户。对于华侨的工作,镇、村干部都十分热心和投入。第一,特别注重维护华侨侨胞的权益。第二,特别注重保护和维护好华侨侨胞的"根"。要把华侨侨胞的祖屋、祖坟等保护好、维护好、利用好。用闽南浓浓的乡愁文化情结来牢牢地牵引住海外侨胞对家乡的一种思乡之情。第三，重视海外侨胞的事情国内认真做。与永春县原侨联副主席、现仙夹镇侨联主席郑梓敬老人进行座谈时，他讲了一个日本华侨侨领郑达源祖母祖墓纠纷维权的故事。[①]郑梓敬先生介绍：20世纪90年代初，邓小平访问日本的时候，日本侨领郑达源先生向邓小平反映其祖母的墓地受到别人的毁坏事宜，影响了整个家族的情感。邓小平指示军委专程从北京派人到永春解决了其祖母墓地的纠纷问题，日本侨领非常感谢，铭记在心。这就是维护华侨侨胞权益的一个很好的例子，后来郑达源先生常带全家回村祭祖，组团为永春侨乡捐资捐物，对侨乡社会文化、经济发展起到极大的作用。

3.建设展馆系侨情，弘扬崇高精神

重视凸显侨乡侨村特色，挖掘华侨人文内涵，建设一批侨文化展览馆、纪念馆，如在吾顶村建立"梁披云梁灵光纪念馆"、在侯龙村建设"陈其挥生平事迹展示馆"、在龙美村建立"仙夹侨捐项目展示馆"、在丰山村建立"《丰山侨魂》史馆"等，各馆都翔实地展现出各村华侨为桑梓建设的丰功伟绩。丰山村是永春县的重点侨村。海外丰山籍人口达5000多人，归侨30多人，俗称家家是侨眷，户户有侨屋，主要分布在马来西亚、新加坡、菲律宾、印度尼西亚、加拿大、美国、中国香港、中国澳门和中国台湾等国家和地区。他们当中，有一次带数百亲友下南洋创立基业的陈臣留先生，有最早经营侨批的陈若锦先生，有援建新加坡整个国家自来水工程的新加坡自来水之父陈金声先生，有每年捐资100万美元资助中央电视台第四套西洋棋比赛的东南亚富豪陈振南先生，还有澳门同乡会创会会长陈竞洪、陈利群等。"《丰山侨魂》史馆"弘扬华侨华人爱国爱乡的崇高精神，展示了侨乡侨村社区侨务工作的丰硕成果。据不完全统计，海外丰山籍乡亲热心支持家乡公益事业和各项建设累计达2000多万元[②]，华侨为丰山村侨村振兴发展建设的初步成效作出了丰实贡献。

4.示范引领促发展，打响品牌效应

努力发挥各级各类美丽乡村示范村示范作用，以点带面，形成了一批各具特色的闽南示范侨村！东关镇外碧村"乡土记忆馆"，馆长陈剑虎先生介绍了其家族数十年来遗存的侨史、侨批、民俗、农具等乡土记忆史料原件，勾起参

---

① "日本华侨侨领郑达源祖母祖墓纠纷维权的故事"系与永春县原侨联副主席郑梓敬先生座谈时所得。
② 该数据来自《桃城镇丰山村侨务工作汇报材料》。

观者、海外侨胞深深的思乡之情,其家族良好家风传承而出现了多位就读清华大学、北京大学的学子,每年逢重大节日,整个家族从马来西亚、新加坡等东南亚国家回来聚会三次,人数多达60余人,家族良好的家风传承,从而更有凝聚力。泉州市档案局局长夏丽清女士亲自为"乡土记忆馆"授牌"世界记忆遗产侨批档案展示点";该馆成为永春县纪委家风教育基地,陈馆长介绍:他要把"乡土记忆馆"打造成这片区的"耕读传家馆""儒学社区馆"。

北溪侨村位于永春县岵山镇西南部,面积3.4平方千米,全村4个村民组,总人口535人,耕地0.17平方千米。森林面积3.064平方千米。2004年着手建设生态农家乐体验游,引进侨文化和生态园项目,又赢得了香港永春同乡福利基金主席郑文红会长的爱心投资,打造"北溪桃花谷生态旅游区",同时引入了北京大学著名史学教授、书画名家徐寒先生的支持,撰写《北溪游记》,引入"北溪文苑"生态旅游区概念,打造"文化北溪·人间仙境"品牌,为国内外宾客提供高品质的服务[①]。调研中我们了解到闽南永春侨乡,每个镇每个侨村各具特色,主要有四大类:一是打造文化侨村,以"乡愁故里"工程助推侨村发展;二是打造项目侨村,以项目带动侨村发展;三是打造侨村"生态公益型",助力侨村发展;四是打造"特色产业型"侨村,推动侨村发展。侨村的发展经常是综合性的发展,取得了良好的发展态势。仅丰山村就先后获得了国家生态村、国家民主法治示范村、全省宜居环境建设试点村、国家侨务明星村等荣誉称号。

二、侨村振兴发展尚存在着诸多短板问题

1.人是制约基层侨村发展的最大短板

调研组通过点面结合、上下联动方式走基层,走访了永春县6个镇9个侨村后总体发现:首先,基层侨村"两委"相对年龄结构老化,没有形成梯队,基层经验丰富,但知识结构弱化;且两委中大学生学历极少,仅苏坑镇嵩安村"两委"中有一位年轻的福建师范大学毕业生进入"两委"。其次,侨村青壮年较少,都在外地打工,制约了侨村经济的发展。最后,有专业特长的技术人员、能回乡创业创造的更少,急需这样的人员回乡回村,带领全村人共同致富。

2.规划长远性不足,特色品牌打造不够

9个村在规划上长远考虑不足,品牌打造各显神通。桃城镇丰山村、岵山镇

---

① 该资料来自永春县岵山镇北溪村美丽乡村简介。

北溪村规划前景比较明显。侨乡并不都是华侨，其人员组成结构与谋生的方式还有多种。这一点，陈达先生在《南洋华侨与闽粤社会》早已经指出。从大的地区层面上讲，一个被称为"侨乡"的地区，并不是每个地方都有华侨。我们走访的苏坑镇嵩安村就少有华侨。甚至我们可以说，侨乡的形成是地区"小传统"的结果。我们考察的桃城镇丰山村，就是一个具有地区"小传统"的著名侨村，几乎每户都有华侨，出现了丰山村侨务工作开展与美丽乡村建设同步规划、同步创建的景象。几十年来，丰山籍侨亲返乡支持家乡建设，薪火相传，累计捐资达到2000多万元人民币。捐建华侨会馆，修建幼儿园，建设通村道路，创办茶花观光园等，实现了道路硬化、民房美化、环境优化，村庄面貌焕然一新，乡村侨务工作蒸蒸日上，获评"全国社区侨务工作明星社区"。与桃城镇不远的苏坑镇嵩安村，从空间距离来讲并不远，在侨力资源的发挥、规划上却是较为薄弱的。吾峰镇的吾顶村，以农业为主，侨源较为丰富，但在规划上尚需多谋划，培育具有闽南地域特色、叫得响的闽南侨乡文化品牌尚需时日。

3.慈善公益事业捐资丰富，产业资本投入较少

永春县各镇侨乡侨村慈善公益事业非常丰富。近年来，永春县海外侨亲捐资慈善公益事业累计突破7亿多元。据《永春县侨捐项目汇编》记载，重点侨乡镇石鼓镇、桃城镇、东关镇、岵山镇、仙夹镇等侨捐项目广泛，不仅有侨领的大手笔捐赠，更有众多侨亲合力捐献。现仅以岵山镇为例，岵山镇华侨捐款捐物历史久远，侨捐工程丰富，有大批中小学教学楼、乡村水泥路、桥梁、老年活动中心、镇卫生院大楼等项目；岵山籍港胞陈少煌多次回乡捐建了永春六中文体馆、新礼堂等，并带头筹建校董会奖教金，短短几年时间，捐资1000多万元；港胞陈荣助多次带子孙参加各种活动，回乡捐200万元支持岵山中心幼儿园建设，牵头成立永春县首个幼儿园董事会——港永幼儿园董事会等①，他们是岵山镇乃至永春县发展不可或缺的重要力量。但是，在围绕永春县发展战略和乡村社区总体规划，大力推进有条件的乡村社区发展地方特色优势，有针对性地扩大推介招商，开展特色招商、产业招商还须进一步努力；主动邀请政治上有影响、社会上有地位、经济上有实力、专业上有造诣的海外侨胞回到乡村、故里进行商务洽谈、投资创业，对接合作，融入乡村社区发展还须进一步积极而

---

① 永春县人民政府外事侨务办公室、永春县海外联谊会编：《永春县侨捐项目汇编（第1辑）》，内部资料，2013年，第222页。

为；引导侨资侨智，培育支柱产业，树立发展品牌，形成产业集群，服务永春县发展方面还有待进一步提升。

4.红色文化品牌建设尚需加大宣传力度

永春县是闽南革命老区，老区资源、红色文化相当丰富，但在侨村总体开发利用方面，还不够重视。侨村中丰富的红色史志、老区史志的整理、挖掘，还须努力。讲好老区故事、红色经典故事，弘扬老一辈革命传统，将红色文化纳入侨乡文化旅游项目中，还须镇（村）一级政府的积极组织、协调和规划。

5.机制不活，保障尚不够到位

多为兼职人员从事相关工作，专业人员更是缺乏；经费保障，未能很好地满足发展需求；未形成长效机制，制约了工作深入开展；各项规章制度，有待进一步激活与完善；人力物力有待进一步整合、提升；投入保障有待进一步加强。

三、推进永春县侨乡侨村发展的五大对策

新时代，随着习近平总书记"大统战""大侨务"思想的不断深入，永春县华侨工作也得到了大发展。针对基层侨村振兴发展的一些瓶颈问题，笔者提出解决问题的五大对策。

1.进一步推进"根""魂"文化载体建设，凝聚侨心

一是建立涉侨展示馆。永春县有着悠久的华侨史和丰富的侨务资源，亟须将这些资料整理并永久保存。努力做好华侨史馆、闽南文化生态博物馆等项目规划建设，在新落成的永春县世永联大厦设立华侨文化馆，以翔实的文字、生动的图片及珍贵的涉侨文物，展现旅外侨亲开拓进取、念祖爱乡的奋斗精神、奉献精神。向归侨侨眷展示，向回乡交流活动的重点人士和团组、华裔新生代展示宝贵的华侨精神，促进传承弘扬，也促进侨情延续。二是保护、开发好名人故居旧居。着力建设好梁披云梁灵光纪念馆等永春名人名家展示中心，着力提升侨乡文化软实力和城市吸引力。许多重点侨乡保留着大量的海外侨亲参与兴建的古屋、古厝，留下深厚的根祖文化和丰富的建筑艺术。各姓氏、房头的祖宇、著名的古民居，海外乡亲十分重视及维修保护，都倾注不少心血，花巨资修建保护。"因为祖先能保佑我们，不拜祖宗，家庭就会不安，财气和子孙，都要被害了。"①要围绕乡村振兴建设规划，持续修炼好内功，开展古侨

---

① 陈达：《南洋华侨与闽粤社会》，商务印书馆，2011，第133页。

居修缮行动,华侨祖屋祖坟保护工作,守护家乡的"根"和"魂",守护海外游子对家乡的感念和情谊。三是保护、建设好古镇、古街,留住乡愁记忆。持续推进岵山古镇、古街建设,让这些祖宇、古民居、古镇、古街重放光彩,从而提升侨乡文化软实力和城市吸引力,既美化了侨乡,又保留海外侨亲乡愁"根",助推"大永春"的发展。

2.积极联通海外侨亲、侨团、侨社,增强文化认同

着力增强海外永春籍侨胞的归属感和向心力,努力地引导他们为永春侨乡侨村文化建设、经济发展作出贡献。在永春县侨捐摸底项目的基础上,每年逢重大节假日,诸如中秋节、春节等节日,以县、镇、村委名义向海外的侨亲、侨领发贺信或慰问信,通过有温度的情感问候,传达一种强烈的乡情文化联结。以家乡文化认同激发海外永春籍侨胞对中华文化根源的怀想。文化认同是基础,没有文化认同,就没有民族认同和国家认同。长期的海外生活,永春籍海外侨胞,顽强地延续中华文化传统根脉。值得注意的是,由于融入当地社会,加上所在国的教育,第二代华人对中国历史、中国文化知之甚少。海外永春侨务统战工作,要着眼于文化交流,让第二代华人了解中华文化,了解永春侨乡侨村乡土文化,对故土文化产生兴趣,就能对中华文化产生温情和敬意,以中华文化为纽带连接海外侨胞,以民族认同激发海外侨胞珍惜中华民族骨肉同胞之心。对侨团、侨社组织发出邀请,邀请海外侨团、侨社组团回乡观光,感受祖国建设的欣欣向荣,感受新中国成立70年来侨乡的重大变化。由此激发海外侨胞爱国、爱乡的情怀,引导海外侨胞树立正确的历史观、民族观、国家观、文化观。切实引导和增进海外侨胞的"五个认同",即习近平总书记提出的"对伟大祖国、中华民族、中华文化、中国共产党、中国特色社会主义的认同"[1]。同时,也有利于进一步充分发挥好海外侨团、侨社在"一带一路"倡议中的积极作用。并争取每5年出版一本《永春县侨捐项目汇编》,进行宣传。

3.深度挖掘老区红色文化品牌,推进侨乡艰苦奋斗精神建设

永春县是闽南革命老区,曾是中共永春县委机关常住旧址,是安(溪)南(安)永(春)德(化)革命的发祥地之一,具有丰富的红色资源,极具传承

---

[1] 2013年6月25日,中共中央习近平总书记在主持中央政治局第七次集体学习时强调,历史是最好的教科书。学习党史、国史,是坚持和发展中国特色社会主义、把党和国家各项事业继续推向前进的必修课。这门功课不仅必修,而且必须修好。

之需要。以桃城镇花石社区为例，这里红色资源突出。1927—1931年，花石曾是中共永春县特支和厦门中心市委进行革命活动的据点，需要把中央苏区红军入永、苏区血火、抗战烽烟、胜利解放等内容好好地挖掘、梳理，并培育一支红色讲解员队伍，进一步展现永春县悠久的革命历史传统，把红色文化不断发扬光大。

吾峰镇吾顶村是省定革命老区，也是爱国侨领梁披云和革命家、原广东省省长梁灵光这两位梁氏双豪杰的家乡，有着丰富的红色资源；吾顶村还是一个农业侨村，是第四轮（2014—2017）省级扶贫开发重点村、省定建档立卡贫困村、国家乡村旅游扶贫村、泉州市扶贫协会帮扶联系点、泉州市科技局"四下基层"活动联系点，也是省定实施乡村振兴战略的试点村。经过省、市、县的帮扶，吾顶村终于在2016年脱贫，尤其需做好精准脱贫后续工作。弘扬和宣传爱国侨领梁披云和革命家、广东省原省长梁灵光这两位梁氏双豪杰的事迹和精神，通过浓厚的闽南红色文化宣传，用老区红色基因来引领、实施乡村振兴发展，让广大村民、海外侨胞接受党史教育、爱国主义教育，铭记历史，不忘初心，将有助于脱贫后侨乡贫困村，保持艰苦奋斗精神，持续巩固脱贫成果，继续走绿色发展之路，建设好美丽家园。

4.增强为侨服务意识，促进侨乡资本的跨国流动，引导侨乡资金的有效使用

永春县政府、涉侨部门还须转变观念，增强为侨服务意识，进一步提升侨资企业的竞争力，促进侨乡资本的良性运转。主动深入了解侨资企业在中美贸易战的不断升级中，生产经营、贸易往来出现了哪些新问题，资本运转在生产经营转型中存在的实际困难，帮助企业加强与有关部门的联系，疏通中间环节，努力解决企业遇到的实际困难，促进侨资企业持续健康发展。尤其根据国际与国内经济环境的变化，有意识地抓住侨商面临转型再投资的契机，完善优化扶持政策和服务机制。既研究、设计适合侨商投资的领域，帮助寻找适合侨商有效投资项目，建立侨商投资项目库，又深入开展促成海外侨商回乡投资的专题调查研究，对有关制度进行改革完善，着力破解制约海外侨商回乡投资的体制障碍和政策短板，以优惠的政策和一流的服务，使永春侨乡成为广大侨商最理想的投资热土。

根据形势所需，有关部门要积极作为，积极创办各种创业平台，有效引导侨商投资创业，推动侨胞抱团回乡投资。目前仍有部分侨商在投资方面还处在迷茫、跟风的状况，有必要组织侨商开展多层次的投资研讨，探索拓展投资渠

道与空间。采用"走出去""请进来"等方式,民间、官方工作共同进展,共同开展,多渠道宣传侨乡经济良好环境和投资优惠政策,引导海外侨商回国投资创业,主动牵线搭桥,组织华侨到侨乡考察。既着眼于民间,更着眼于长远,着眼于永春籍青年侨一代,关注老侨,发动新侨,为侨乡发展服务。对已回国投资创业的侨商积极引导他们经营高科技、文化艺术类等行业,着力提高投资效益和经营水平。如仙夹镇龙水村漆篮文化特色与美丽乡村建设结合,是一项侨商回村投资发展的典型事例。漆篮文化作为非物质文化遗产,漆篮深受海内外闽南人尤其是永春人喜爱。旅菲侨亲郭从愿出资建立了龙水漆篮工艺有限公司。仙夹镇集聚漆艺、漆篮、漆画等传统漆文化,打造"1234"漆文化产业工程,即一个目标,做大做强漆文化产业;两个市场,国际和国内市场;三个精品,漆艺日常用品、工艺品、珍藏品;四支队伍,一线生产工人和产品创新研发、宣传营销、现代企业管理团队。同时建立了漆篮历史文化馆、精品展览馆、主题公园、文化广场等,成为全省百侨助百村、建设美丽乡村的示范村。这项举措进一步达到重视华侨人文资源、文化资源的挖掘、利用,推进了将资源优势转化为能够为侨村建设添砖加瓦的软实力的发展。

5. 引智与引资并重,加大造血新动能的培育

乡村振兴,人才是关键。落实乡村振兴战略,让闽南侨乡文化助力侨村振兴发展,永春县委、县政府在注重引资的同时,更需重视引智工作,加大造血新动能的培育。一是在原有引资发展的基础上,若能大量引智,引入海外永春华侨华人高层次专业人士,"智力"直接参与闽南侨乡建设,有助于培育侨乡积极的造血功能,更有助于侨村振兴发展,海外永春华侨统战工作也将更有作为。二是海外华侨华人对于侨乡经济社会发展的参谋作用若能得到充分发挥,借助"外脑"有助于推动闽南侨乡产业结构调整和企业转型升级,增强侨资企业的国际竞争力。三是持续建构永春县侨情"三大数据库",即海外永春重点侨商数据库、海外永春重点社团数据库、海外永春华侨华人专业人士数据库。精准掌握海外侨情新情况,更能为今后永春县引智工作大发展服务。

调研中,我们发现岵山镇北溪村做到侨资与侨智的双"回流",是引智与引资并重的典范。2004年北溪侨村着手建设生态农家乐体验游,引进侨文化和生态园项目,大力取得了由香港永春同乡福利基金主席郑文红会长的支持,打造"北溪桃花谷生态旅游区"。郑文红先生还将"中医生态药业工程"等高科技研发产品引入,吸纳国际一流学者、人才回乡服务,打造北溪村高科技产业

园。北溪村有了新侨郑文红先生的支持，明确自身定位，做好顶层规划设计，侨村的发展因地制宜，突出差异化，讲究科学化，追求产业规模化，在做好规划之后能稳扎稳打，取得了综合性的良好发展态势。

当前，在习近平新时代中国特色社会主义思想的指引下，永春美丽侨乡建设无疑进入了一个新阶段。在新的起点上若将引智与引资并重，加大造血新动能的培育，闽南侨乡文化一定能在更大范围内助力侨村经济高质量发展，从而落实好习近平总书记给福建省寿宁县下党乡乡亲们的回信中关于"继续发扬滴水穿石的精神，坚定信心，埋头苦干，久久为功，持续巩固脱贫成果，积极建设美好家园"批示精神[1]，将永春县侨乡建设得更加美好。

---

[1] 2019年7月，下党乡6位党员干部群众受乡亲们委托给习近平总书记写信，汇报下党脱贫的喜讯，表达了对党中央和总书记的感恩之情。2019年8月4日，中共中央总书记、国家主席、中央军委主席习近平给福建省寿宁县下党乡的乡亲们回信，祝贺他们实现了脱贫，鼓励他们发扬滴水穿石精神，走好乡村振兴之路。

二十世纪中期越南华侨对中越边境解放的协助

——以广西防城港市防城区为例

洪 雨[①]

(广西师范大学历史文化与旅游学院 广西桂林 541001)

前 言

现有的以民族国家为研究对象的"次区域划分",使得东南亚华侨华人问题研究无处安放。其实,从国与国之间的接触区出发,我们可以看到,正是其跨越国界的流动性及其"既在此处又在彼处"的心态构成了东南亚华人的一个重要特征。[②]东南亚是一个华侨华人众多的地区,中国广西防城港与越南的接触地带更是交流密切的场所,从这方面探究历代中越的关系,可以找出华侨华人对中越两国的影响,尤其是在战争时期发挥的作用。

华侨具有一定的爱国情怀,特别是在外国侵略和本国内乱时,很容易偏向正义的一方。在中国的解放战争期间,海外华侨为了促进我国解放战争的胜利,积极参与革命。尤其是在越南的华侨,为广西的解放提供人力、物力的支持。所以,广西得到解放,有一部分也要归功于越南华侨的无私奉献。

当前中越关系研究主要集中在中国对越南的援助上,往往忽略了双方交往的双向互动性。在这个特殊的、敏感的中越边境地区,将中国与越南之间的连接处作为分析的起点,从华侨华人的角度,梳理这一区域的历史,从而帮助人们对当前这个中国—东盟(特别是广西与越南)区域合作的桥头堡地区——边

[①] 洪雨,女,广西钦州人,广西师范大学历史文化与旅游学院硕士研究生,研究方向:中国近现代史。本文获广西大学生创新创业训练计划项目资助。
[②] 刘宏:《中国—东南亚学——理论构建·互动模式·个案分析》,中国社会科学出版社,2000,第6页。

境地区有更加深刻的认识。

广西与越南山水相连，中越边界广西段（陆界）有1000多公里长，其中，广西防城东接粤海，西毗越南，北靠十万大山，南部临北部湾，依山、临海、沿边的地理位置，特殊而重要，远在秦汉时期，即为兵家要地。因其地处中越边境，为广西的第二大侨乡，早在秦汉时期，就有防城人赴越南滞留不返，此后历代都有人移居海外谋生。①其与越南隔北仑河而望，在解放战争时期，更是紧密连接中越、促进中越相互协助的纽带。

而十万大山山脉横贯于两国三县一市之间（中国、越南两国，防城、上思、宁明三县，钦州一市），山脉全长130公里，其主要山峰有18座，都在海拔1000米以上，是我国南大门的一道屏障。属于沟漏山系，山脉呈东北—西南走向，十万大山北麓，在上思县境内场约90公里，军事上易守难攻，便于掩蔽和转移，为险要之地。②同一地理单元交通便利、居民相近等因素，使上述地区一直是双方边民的热闹接触区。中法战争期间的黑旗军，中国政府援越抗法创造的奠边府大捷、援越抗美期间建设的海上胡志明小道等，其实都是地理因素对现实历史的突出作用。本文所关注的越南华侨对我国的协助，其实是上述双向互动交往的一个组成部分。在广西解放战争中起指挥作用的十万大山地委和粤桂边纵队司令部，便是设在这里。

一、入越解放军与在越华侨的互动

（一）"老一团"动员越南华侨

"老一团"全称"南路人民解放军第一团"。原在雷州半岛活动，1945年9月国民党重兵压境，部队在雷州半岛将被动挨打，而十万大山地区是国民党统治的薄弱地区，中国共产党在这里有一定群众基础，且这里与越南接壤，地形好，有利于部队隐藏和行动。在这种情形下，9月20日，中共南路特委决议把部队转移至十万大山地区。然而十万大山地势险要，地瘠民贫，部队筹措物资相当困难，且国民党当局集中兵力对十万大山进行"围剿"。因此，在取得越盟政府同意之后，中共南路特委决定让老一团暂时转入越南境内进行休整。1946年3月初，当国民党部队又一次到十万大山围剿时，老一团在越方的支持下进入

---

① 防城县志编纂委员会编《防城县志》，广西民族出版社，1993，第2页。
② 上思地方志编纂委员会编《上思县志》，广西人民出版社，2000，第65页。

了越南境内的海宁省。

按照上级部署，部队开赴北江省抗法和做华侨工作，对内称"越南人民军某某中团"，对外称"越北华侨自卫团第一支队"。北江省的华侨很多，越法战争爆发后，当地一时没有做好他们的工作，致使不少人逃离本地，少数人甚至持枪上了山。越南政府要求部队派人帮助他们搞好华侨工作，动员回家的华侨回来生产。部队从保下走访到陆南，深入华侨聚居的村寨调查访问，向华侨宣传越南政府的华侨政策。并讲法国殖民主义者的侵略，给越南人民和华侨造成的深重苦难。动员他们去掉思想顾虑，迅速回家乡生产，和越南人民一道把法国侵略者赶出去。经过一段时间的工作，大部分外逃的华侨陆续回家。①

（二）越南华侨援助"新一团"

"新一团"全称为"粤桂边人民解放军新编第一团"，团长金耀烈，政治委员李晓农。1947年10月，蒋介石为了保住华南，任命原行政院长宋子文协调两广军事。宋子文上任之后，对雷州半岛游击根据地，派重兵进行扫荡。为了保存革命武装力量，1948年初，粤桂边区党委决定，将粤桂边人民解放军新编第一团和十九团从高雷地区转移到十万大山。②

当时十万大山战火纷飞，上级党委研究决定将新一团从十万大山北部撤入越南解放区进行休整。支队党委派王次华率领部队，派交通员农金保作为向导，于1948年11月初进入越南估支冷解放区。据新一团卫生员林超老兵回忆："十一月的时候，新一团因为水土不服和条件困难，需要休整。可是那个时候在十万大山没有地方给他们休整，所以就去了越南解放区。有400到800人这样吧。"③

在估支冷保卫战胜利结束后，新一团继续行军，在1948年12月中旬胜利到达越南北江省布下解放区。在这里，新一团幸运地碰上了一位华侨开明人士梅志楠先生，林超老兵还记得："在越南遇到了一个华侨，叫梅志楠。他们家可有钱了，供应了我们三个月的粮食呢。"④在他的帮助之下，新一团部队顺利解决了住宿问题。

---

① 沈耀勋：《回忆人生路》，广西民族出版社，1993，第72页。
② 中共上思县委党史办公室编《上思武装斗争回忆录》，广西新闻出版局，2006，第272页。
③④ 2013年8月6日，在上思县党史办公室对林超老兵的采访。

二、华侨军队在中国

华侨中团的前身是越北华侨民众自卫团,成立时是中共组织的越北抗法自卫武装,后归属越南国家军队,改编为独立中团。当时越北与我国广东、广西、云南毗连,与广西交界处有十万大山,崇山峻岭的自然条件便于躲避围剿和开展游击战。1949年6月,华侨团加入中国人民解放军粤桂边区纵队回国,开赴十万山区防城县参加广西解放战争,为广西的解放作出了不可忽视的贡献,他们是战争中别具特色的一支军队。

(一)华侨团的演变

1946年冬,法国侵越战争爆发。第二年1月,中共越南华侨工作委员会委员余明炎、庞自计划建立华侨抗法自卫武装,胡志明对此表示支持:"你们建议组织华侨抗法武装,我很赞同。但是这会遇到很多困难,希望你们要谨慎小心,我一定大力帮助。"余明炎与中国入越整训的第一团武工队干部等10余人逐步向越南北部解放区和法占区发展,向华侨群众宣传筹建抗法自卫武装。

1947年5月,当华侨武装发展到200余人时,越北华侨民众自卫团成立,由黎汉威任团长,余明炎任政治委员,庞自任政治处主任,隶属中共越南华侨工作委员会领导。团长黎汉威(1917—1985),原名黎文雅,壮族,大塘乡那罗村人,曾入南宁警官训练所学习。[①]这支发展到200余人的华侨自卫团,建立之初是为了抗法自卫。他们在第18号公路线广罗村和左堆街袭击法军军官等,多次在抗法战斗中取胜,还帮助越盟政府宣传抗法,支援越南人民抗法战争。华侨华人社团一直被视为海外华侨社会的支柱之一,越北华侨民众自卫团在越南抗法的历史中扮演着不可忽视的角色。他们"既在此处又在彼处"的心态以及对越南和祖国侨乡都包含的热情眷恋,使得无论哪一方有难他们都竭力支援,特别是在外国的侵略和本国的内乱下,很容易偏向正义的一方。

1947年7月,越方主动提出将华侨部队按越南部队中团的建制,编入越南人民军序列。周楠同意了越方意见,命越北华侨自卫团第一支队部分人员随入越部队回国,其余人员包括在越南北江省的林中发展的爱国华侨100余人、张贤在谅山省发展的爱国华侨100余人,以及在广安省活动的华侨自卫团200余人,则编为越南国家军队独立中团,下辖4个大队。在两国为亲密合作的兄弟关系这一

[①] 卢文主编《战斗在十万大山》,广西民族出版社,1995,第685—691页。

特殊背景下，独立中团既受越方指挥，又受中共领导，除了承担援越抗法任务外，还支援祖国边区斗争。

独立中团开创了越南海宁省华侨抗法武装，同时还派廖辉、张贤率1个大队由北江沿1号公路向谅山推进，拟开拓抗法游击根据地，使之与十万大山北部游击根据地相连。抗法游击地的建立拓展了粤桂边区走廊，为之后中越两国军事协作提供了便利。

前后经过300余次大大小小的抗法斗争，独立中团开辟新区，采取边发展边巩固的方针，特别注意对华侨群众和部队干部战士进行中越人民团结抗法、支援祖国解放战争的教育。① 同时，中团也注意扩充军队力量，不断壮大，到1948年夏全中团增至1000多人，由原先的4个大队扩编为8个大队，建立了地跨4个省区18县市的根据地，与我国十万大山游击根据地连成一片。独立中团主动在前线抗法、积极开拓巩固敌后根据地，得到越南共产党和政府的高度评价，越南人民军总司令武元甲甚至在太原某次作战经验交流会上"号召向自卫团学习"。

1949年4月上旬，粤桂越边统一指挥部成立，由越南国家军队与民军部队、越北联区司令黎广波任司令员，陈明江任政委。根据陈（明江）黄（文泰）② 会谈协定，越南华侨武装部队回国参加解放战争。1949年5月，华侨独立中团选出一个主力小团在越南保下集结，整编为粤桂边区人民解放军第三支队第二十八团。第二十八团下辖2个营600余人，林超老兵作为联络员，负责带领这支队伍进入中国，他回忆道："独立中团啊，是中共东芒地下党在越南组织的，士兵大多数是华侨，里面的干部全部都是中国人。有700多人吧，来十万大山参加了解放运动。"③ 部队从保下出发，经过越南北江、谅山和广西明江、思乐等县，穿过中越边境法国和国民党军队的重重封锁线，并于6月下旬抵达防城十万大山区游击根据地，参加广西的解放战争。

（二）第二十八团参与的战役

第二十八团回到祖国时，粤桂边区党委和临时军委正在指挥主力东西挺进，组织打通从雷州半岛到十万大山走廊的战役。第二十八团也跟随大部队一起，对驻扎在十万大山的敌人发起进攻。第二十八团回国后还未来得及休整，

---

① 中共钦州市委党史研究室等编著《中国人民解放军粤桂边纵队第三第七支队史》，广西人民出版社，1996，第92页。
② 时为越军总参谋长。
③ 2013年8月6日，在上思县党史办公室对林超老兵的采访。

便投入竹山的战斗中,其中华侨子弟兵所表现出不顾疲劳、不怕牺牲的勇猛顽强精神令人钦佩。

竹山圩位于我国大陆海岸线最西南的海陆交汇处——北仑河的出海口。其南部为北部湾海域,西面与越南隔河相望,是海陆交通要隘。其三面临海,地势平坦,易守难攻,且敌军防守十分严密。为了确保东兴镇军需补给航线的畅通,竹山圩原来驻有国民党保安团1个连和1个乡自卫中队,6月中旬敌保安一团加了1个营300多人进驻竹山圩,企图保住这一海上门户、保住补给和潜逃通道。为了切断敌人的补给线,1949年7月初,第三支队司令部准备调集各团,进攻东兴的出海口竹山据点。①第二十八团的主要任务是配合别团在江平打援,确保主攻侧翼的安全。6日清晨,竹山之战打响。经过两天的围困和激战后,第二十八团很快占据上风,歼敌50余。但最后由于敌人的碉堡坚固,地形易守难攻,部队5次攻击未果,敌人的增援部队又由陆路赶至,第三支队决定保存实力,撤出战斗。第二十八团则留在防城县活动。②虽然没有夺下竹山,但敌军会合后,仓皇放弃竹山退入东兴,也为我军顺利实现了农村包围城市、东进打通西属至高雷走廊做好了准备。

竹山之战结束后,第三支队司令部对第二十八团进行整编③,并对主要军事负责人进行调整,从第二十八团抽出200余人补充南龙中团,将原来的2个营合编为1个营,另从独立中团抽出3个连组成一个营,全团仍保持着2个营的建制。

为了配合进攻东兴这一仗,朱守刚等总领导人计划派曾保和骆振意率2个连300多人在龙门港牵制敌人。龙门岛位于钦防交界,钦州湾(茅尾海)口靠近防城陆地,是钦州出海的咽喉,为军事重地。7月20日,二十八团第二营2个连从企沙出发奔袭钦县龙门港。舰队从企沙起航,乘强劲的西南风,于午夜时分直达龙门港,在沙背村登陆,按原计划部署进入阵地,以一个排占领制高点观音岭,控制全岛;另一个排在观音岭的另一高地,掩护突击队进攻,留一个排把守撤退之路。骆振意指挥突击的2个排,勇猛直冲,攻入敌营,当场击毙敌人5人,伤7人,余敌惊慌失措,四散奔逃。曾保带领2个排攻打南村盐警队,直捣

---

① 中共东兴市委党史办公室编《中国共产党东兴历史(第一卷)》,中共党史出版社,2009,第343页。
②③ 中共广西钦州地委党史办公室编《钦州地区党史资料——纪念中国人民解放军粤桂边纵队第三、第七支队成立四十周年专刊》,1989,第92、第26页。

申葆藩洋楼，控制了龙门街一带。经过一天两夜的战斗，全歼敌钦县水上联防中队，并截获广东省保安第二团运输船一艘，俘该团政工室主任以下48人，缴获长短枪100余支、子弹9万余发和军用物资一批。这次袭击龙门，极大地扩大了十万山区革命武装的政治影响，给敌人巨大的震惊，把十万山区武装斗争推向高潮。

第二十八团的华侨团回国后，即驻扎在防城茅坡思罗小学，时为防城县南区的镇平乡人民政府。茅坡一带成为地方中共党员公开活动的中心，同时成为国民党军队打击的重点。8月8日，驻东兴的国民党兵分两路进攻茅坡。第二天上午，敌军占领了茅坡思罗小学左边的茅山高地，对学校进行密集扫射。第二十八团第一营3个连在马路一带阻击，一营第六连撤上小学附近的老陈山。第一连迂回敌后，到扁柑墩向敌人发起进攻，恰好击中设在该处的敌团指挥所。顿时枪声大作，冲锋喊杀声响彻马路江畔。此时的敌军猝不及防，顿时乱成一团，一营第一连乘胜追击，其他连也迅速跟着出击，将敌军驱出10余里。茅坡之战歼敌30余人，第二十八团的政治指挥员沈鸿盛和一名战士负伤。

8月11日，中共十万大山地委派委员、第三支队政治部民运科科长阮洪川前来茅坡，开展军民联欢大会，庆祝此次战役胜利。会上表彰了华侨子弟兵不畏牺牲、英勇杀敌的精神，并嘉奖有战功人员。①

8月中旬，第二十八团推进防城县中区，包围攻击集中在县城的敌军。在历时20天的激战中，副政治教导员吴窦华不幸牺牲。9月4日，防城县警察大队480余人出城抢粮，遭到曾保、张贤率部队截击，敌军中队长以下5人被击毙。敌军仓皇撤退，被第二十八团第五连在那阳村成功截击。第二十八团推进防城县城的行动顺利完成。②

（三）改编为第七支队第二十团与之后的战事

1949年秋，中国人民解放军第二、第四野战军向两广挺进。敌军向南撤退，欲将粤桂边区作为紧急撤退云、贵、海南岛或越南的跳板。中共中央迅速制定了防止敌人溃逃的作战方针，"先迂回包围，再予以围歼"。此时正活动在雷州、高州至十万大山区中越边界广大地区的粤桂边纵队与两大野战部队共同担负起切断敌军退路、歼灭逃敌的重任。为了提高部队的机动作战能力，粤

---

①② 中共东兴市委党史办公室编《中国共产党东兴历史（第一卷）》，中共党史出版社，2009，第344、第346—347页。

桂边纵队预备成立另一支主力部队——第七支队。[①]原在第三支队的第二十八团于10月上旬开到钦县小董地区,编入第七支队第二十团,参加粤桂边战役。

1949年10月初,粤桂边纵队根据9月中旬中共中央华南分局制定的作战任务,将第七支队调到湛江。第七支队接到命令后,立即集结队伍,开赴高雷地区了。[②]10月22日,在黎汉威的率领下,第二十团随第七支队从钦县小董开始东进。23日,第二十团到达钦县那彭举行誓师大会。第二十团挥戈东进,由于一路都是低矮的丘陵平原,他们仅行军7天便赶到了当时粤桂边纵队司令部所在地——遂溪县附近的肖村。

11月7日,南下野战队西、南、中路大军先后发起了围歼白崇禧集团的攻势,活动于高雷地区的第七支队随即参与战斗。野战军和粤桂边纵队统一指挥,根据当时分工,第二十团随支队负责扫清湛江周围地方反动武装,于是第二十团奉命东进吴川县杀敌。当时国民党吴川县政府官员、自卫大队以及地方反动势力头目等已经从县城逃进龙头岭。龙头岭水陆交通较方便,他们企图龙头岭一旦失守,能方便逃到湛江或海南岛。11月16日,在吴川大队的协助下,第二十团成功将龙头岭之敌重重包围。经过一天一夜激战,敌方被迫在黄昏缴械投降。在该战役中,全支队俘获国民党吴川县县长为首的文职、武装等人员400余,缴获大批物资。这是东进高雷第一场战斗的胜利。

11月25日,白崇禧发动了"南线攻势",欲图打通雷州半岛至海南岛的潜逃路线。26日起,粤桂边大围歼战第一阶段战事开始。经过两天激战,白崇禧策划的"南线攻势"被击破。29日,当敌军的残部逃至廉江时,二野2个师立即挥师廉江包围他们,第二十团随支队布阵于廉江、遂溪境马头岭一带,执行阻击由湛江北援及从廉江向湛江潜逃之敌的任务。

庞荫平,"合浦县护航总队"总队长,其武装为第十九团和独立营所击溃,后庞荫平集结反动武装一再反扑,仍被击败,其本人被击伤,侥幸逃脱。在逃回其家乡北通后,他仍不死心,妄想与海南的国民党沟通,请求支援。1950年春,第七支队派独立营回北通,转战张黄、马栏、三合等地,追歼庞部。庞荫平即将少数的兵力留在北通圩,部分兵力分散到附近的山上和村庄,想凭此加上复杂险要的地形逃避第七支队打击。3月中旬,第七支队移师北通,

---

[①][②] 中共广西钦州地委党史办公室编《钦州地区党史资料——纪念中国人民解放军粤桂边纵队第三、第七支队成立四十周年专刊》,1989,第92、第21—22、第346—347、第21—22、第23—24页。

首战全歼北通之敌,并且了解到大部分敌人在山猪头岭、深湖村等地活动。[①]第二十团即往山猪头岭追击敌军,但终因山上地形复杂,战斗一打响,敌人便逃入山林,天黑后又逃进山村,第二十团难以有效追歼。最后,第二十团在山猪头岭之战中付出了很大代价,却未能达到全歼敌方的目的。

大陆解放后,蒋介石集团加紧策划大陆股匪的反动活动,派遣大批特务潜入大陆,策反革命,潜入钦廉地区的特务与该地区杨志英、庞荫平等暗中串联。1950年3月底,庞荫平股匪500余盘踞在北通南蛇一带,第七支队派第二十团和独立营包围附近的天井麓,南蛇围歼战开始。在天井麓的100多个敌人先是挣扎,后因天黑被其突围逃脱,南蛇村之敌亦突围逃脱了一部分。在这场较激烈的战争中,第七支队共歼敌200多人。战斗结束后,中共灵山县委、县人民政府送来慰问信,慰问剿匪荣立新功的第七支队全体指战员。[②]

1950年4月7日,第七支队奉命整编,部队中的越南华侨留在了祖国,为保卫和建设祖国作出了更多的新贡献。越南华侨团的侨胞回国帮助中国解放事业的故事青史留名,正如张贤在后来的回忆录中所说:"越南华侨团……以艰苦奋战流血牺牲的伟大实践,在中国人民解放战争史上谱写了光辉的一页。"[③]

华侨军团在越南自卫抗法,加速了越北殖民政权的瓦解;在解放战争时期华侨尤其是越南华侨积极回国参战,还为广西的抗战提供人力、物力的支持,推动了岭南地区的解放进程。所以,广西得到解放,有一部分也要归功于越南华侨的无私奉献。战争时代华侨在边境区跨境来往互助的活动,无论对中国还是对越南,都产生了相当大的影响。他们的行动还说明了,中越边境华侨华人的活动是双向性的、灵活互动的,而非传统看法中以中国为中心的华侨入越援越的单向观点。而在接触区中越双向互动关系也只是整个"南洋视角"下,各次域、边界地区多层次、多种类、多向关系中的一对关系。

结　语

我们试着在"边界视角"下看解放战争时华侨军团回国参战的历史,这类军事和地缘政治方面的案例也是中越边界问题研究的重要组成部分。以往的边界研究过于关注贸易生产及经济竞争等问题,而忽略了国家军事问题及其面临

[①②③] 中共广西钦州地委党史办公室编《钦州地区党史资料——纪念中国人民解放军粤桂边纵队第三、第七支队成立四十周年专刊》,1989,第92、第21—22、第346—347、第21—22、第23—24页。

的挑战。比如把关注点放在安全因素方面，法国在"二战"后对越南一再的入侵行为可能对与越南接壤的中国构成威胁。军事力量是国家关系中非常关键的因素，边境尤其如此。以边界视角来研究越南华侨与两国在军事上的互动，发现边界问题中军事、地缘政治因素的重要价值，有利于我们更深入地去理解华侨华人引导的边界地区的军事互动及其重要性。

第五篇
移民与文化传播

差异性离散：
清代彭田人向台湾的移居及其与祖乡的关系

李勇 姜照 王娟[①]
（华侨大学华侨华人研究院　福建厦门　361021）

前　言

（一）离散研究的对象、内涵及其理论阐释

伴随着全球化兴起的离散族裔（diaspora）研究是近年来国际学术界关注的一个热点话题。离散的基本含义，是与祖乡/祖籍国（homeland）[②]分离，伴随着的是移民的过程。科恩将截至21世纪初的离散族裔研究总结为四个阶段：第一个阶段是到20世纪六七十年代离散研究从犹太人扩展到希腊人、亚美尼亚人和非裔人等族裔身上的第一个扩展期。第二个阶段是研究对象的进一步扩展期。这一时期，离散研究不仅包括初始苦难和被逐意义上的离散族群，也包括一般迁移意义上离国别乡的人群。第三个阶段是20世纪90年代中期与后现代主义和社会建构理论合流后，离散概念的反思和重构期。科恩认为，在后现代语境里，认同正在被"去疆域化"和以弹性和情境的方式建构和解构，相应地，离散概念必须彻底地予以重组以应对此种复杂性。第四个阶段是重构后的发展

[①] 李勇，男，华侨大学华侨华人研究院副教授，研究方向：华侨华人、侨乡；姜照，男，华侨大学华侨华人研究院硕士生；王娟，女，华侨大学华侨华人研究院硕士生。

[②] 在英文中，Homeland 通常指一个人的出生地，运用到离散语境，它不仅可以被理解为一个具体的地域空间，也可以是一个特定地域空间里的政治实体，抑或是一个由文化纽带维系的共同体。因此，本文将其中所包含的地域空间祖乡（祖籍国）并列，以囊括该词所指层次不同的家国地域空间以及兼顾前现代民族国家时期的历史纬度。参见黄怡：《古巴的华裔家族传奇——〈猎猴记〉中的离散身份政治与空间表征》，《当代外国文学》2017年第3期。

期，社会建构观点进一步地整合进离散表达，科恩将其概括为"社会建构话语的离散"（social constructionist critiques of diaspora）。①

在上述四个阶段中，一方面，离散研究不断扩展到包括诸如"移民、侨民、难民、客工、异族社区、海外社区、族裔社区"等几乎无所不包的移民群体；②另一方面，离散研究陷入"泛化"（universalization of diaspora）窠臼，引起学界的关注。布鲁巴克撰文指出，"如果每个人都成了离散者，那么，谁还不是离散者呢？术语便失去了区分力"。继而，他指出应将"离散"限定在该词与生俱来的揭示移民与其祖乡关系的内涵上，无论该词扩大使用到任何其他的移民群体，"却仍然包含着此一初始基本意涵"。进一步地，他提出界定"离散族群"的三个基本标准，即家乡以外的多点散布（dispersion）；作为价值、认同和效忠源泉的真实与想象的故乡（homeland orientation）；主观认同和变迁情境中的族群边界的规定性，也即族群边界的维持。③毋庸置疑，在将离散研究限定在"移民与祖籍国/祖乡关系"这一点上，学者达成共识。譬如，最早以离散话语在新的当代背景下诠释犹太人离散经验的耶路撒冷希伯来大学政治学系教授加比·谢夫（Gabi Sheffer）认为："永久地居住在原籍国以外，但仍保持与原籍家乡人们的联系"，即可视为离散者。进而他从离散政治的视角，认为离散现象的实质是："这些离散群体在祖乡之外体现了他们独特认同以及与祖乡和与该国其他离散群体联系的持久政治斗争。"④上述将"离散"的基本内涵限定在"祖籍"相关性阈限之内的观点，也相继得到将之引介国内的蔡苏龙、李明欢、范可、段颖、张康、周雷、牛忠光等学者的认可。⑤

换言之，在新的全球化背景下兴起的离散问题研究中，原本仅使用于犹太人身上的首字母大写的"离散"概念经历了外延和内涵的变迁。在其外延扩大

---

① Robin Cohen, *Global Diasporas: An Introduction (Second Edition)*. Routledge, 2008, pp.1—12.
② K.Tololyan, "The Nation-State and its Others: in Lieu of a Preface", *Diaspora:A Journal of Transnational Studies*, Vol.1, No.1, 1991, p.4.
③ Rogers Brubaker, The "diaapora" diapora, *Ethnic and Ricial Studies*, Vol.28. No.1. 2005, p.3.
④ Gabriel Sheffer, *Diaspora Politics: At Home Abroad (preface and introduction)*. (United Kingdom: Cambridge University Press), 2003.
⑤ 譬如：李明欢结合全球化背景的国际移民现象和国际学术界对于离散的理解和运用，从社会人类学的视野将其内涵核心总结为：一是人员的四处"流散"；二是虽流散四海仍情系同一的"族群"。段颖在梳理近年来西方学界离散理论体系及其论述时，总结道："简单来说，diaspora 指寓居异域，却又与故乡保持密切联系的族群。"张康认为，离散族群的（转下页）

到包括犹太人在内、同时兼具了空间上的多点散布和与祖乡维系联结的人群以外，在内涵上原本包含在犹太人离散经验里面的"苦难""漂泊"等意味逐渐淡化，而"移民与祖籍国/祖乡关系"的基本内涵得以保留和凸显，离散因而成为分析移民与其祖籍国/祖乡关系的特定概念和分析术语。

逐渐地，当影响移民与祖籍国/祖乡关系的各个因素进入研究者视野的时候，离散研究也就在越来越大的程度上演变为对移民移居国以及祖籍国政策影响下的离散经验的深入分析上，离散族裔研究因而不仅限于"母国中心论"所聚焦的二者互动和"回归"的意象，而且延伸到移居国离散人群的跨国生存模式、社会融入以及身份认同的广泛领域，并与既有的跨国主义及族群与族群身份理论相互嵌入和契合，形成自身独特的话语体系和语境，从而使得离散不仅包含了传统上对于移民经验及其社会融入的研究、空间位移以及由空间位移所搭建的与祖乡关系的"多点联结"和"跨国社区"上，还包括了无论对于祖籍国而言还是对于移入国而言的离散移民的政策取向及其施政结果的评价和影响等。此外，离散作为族群形态自身所具有的工具性和建构性，还使其在移民、祖籍国、移居国三角关系和空间推演中的每一方都可以对其所认定的离散对象做出界定，由此所产生的认同边界的交叠和冲突更增强了其理论张力，使得"离散"在理论上呈现极强的整合性、时代性以及政治和政策的特性。

"离散意象"又在跨国生存，甚至在并不鲜见的多次跨国迁徙中形成的"多点情感依附"（multi-local attachment）和跨国婚姻中形成的杂糅性中被消解和解构，这挑战了"祖籍中心主义"，随之而来的是对"去中心化""多边联系"和"世界主义"的思考，并由此引发人们对于传统国家、主权、公民

（接上页）普遍特征，即为"与祖（籍）国（实体或文化）间延续不断的关系维系"。周雷、牛忠光则指出："与祖源地联系（homeland connectedness）便是 diaspora 的核心所在。"而对于华人离散族群，蔡苏龙将其界定为："在全球化跨国移民活动过程中，将其移居地与自己的出生地和原有的族群联系起来，并维系着多重关系的居住在中国境外的移民群体。"陈志明则谨慎有所保留地认为，"Chinese Diaspora 应该指那些还与中国有千丝万缕的关系并认同中国的移民群体。那些已经入籍、定居下来的华人不应该被认为是 Diaspora"。以上分别参见李明欢：《Diaspora：定义、分化、聚合与重构》，《世界民族》2010 年第 5 期；段颖：《diaspora（离散）：概念演变与理论解析》，《民族研究》2013 年第 2 期；张康：《离散华人族群与祖（籍）国关系变迁述论》，《华侨华人历史研究》2017 年第 2 期；周雷、牛忠光：《国际移民视域下的"Diaspora"话语：概念反思与译介困境》，《世界民族》2018 年第 3 期；蔡苏龙：《全球化进程中的华人离散社群问题探讨》，《东南亚研究》2006 年第 5 期；陈志明：《从海外华人研究谈迁移、本土化与交流》，《复旦》2010 年第 839 期。

身份等的反思和再界定。与此同时,有关离散动力和限度的研究正处于反思之中。一些学者发现,将生活在不同国家的人们联结起来的,不是客观上同一的家或祖源(a home and a place of origin),而是作为社会和意识(a social form and a kind of consciousness)的离散如何被动员和建构;离散既非跨国移民生存的唯一模式,亦非必然地产生于移居,而是在历史性重大事件所营造的情境中经由社会动员和建构实现的,将散布在跨国空间中的人们联结起来的正是共享的同一认同而非其他,离散族裔的核心是"想象的跨国共同体"。[1]还有一些学者发现,在全球化下那些选择主动离散的人,特别是那些离散到西方多元文化主义国家的人们,面对"自己选择的新乡",其地域空间认同凸显了与经典犹太人离散经验所不同的自愿离散特征,因而在人地关系上更加认同于移居地。[2]还有与"边界维持"(boundary-maintenance)同样不容忽视的"边界侵蚀"(boundary-erosion)问题。人们发现,当原来维持着族群边界的离散者开始逐渐地融入当地社会而消解自我族群意识的时候,边界侵蚀便会发生。通常,它表现为随着时间延伸(temporally extend)和代际推移(inter-generational process)的同化进程。问题是它以何种程度和以何种方式以及在何种情境下被移民的2代、3代等维持(或消解)?尚有待回答。[3]

在当代全球化与国家主义并立时代空前丰富的移民跨国经验呈现中,离散逐渐得到多元视角的诠释和理解,成为一个以跨国移民为研究对象、以阐释移民与祖籍关系为研究内涵,同时整合了人类学、社会学、国际政治和国际关系学等学科理论的实证话语体系,囊括了有关全球整体联系中移民与祖籍国、移居国关系,以及族裔身份认同、社会融入、离散政治、全球移民治理等广泛而深刻的时代命题。正因如此,离散研究其自身意义已然超越了之前人们对将它使用到华人移民身上的疑虑,正在被越来越多的学者接纳和认可。在国内学界,特别是近两年来,除一直很热的离散文学研究外,在其他人文与社会科学领域离散研究的相关成果在数量上激增的同时,议题方面更是超越前期理论引介的层面,将之运用到中国离散族裔研究和海外民族志书写之中的作品日益增

---

[1] Martin Sokefeld, "Mobilizing in Transnational Space: A Social Movement Approach to the Formation of Diaspora," *Global Network*, Vol.6, No.3, 2006.
[2] 欧洲华文作家协会著、麦胧梅、王双秀主编《欧洲不再是个传说》,广东旅游出版社,2014。
[3] Rogers Brubaker, The "diaapora" diapora, *Ethnic and Ricial Studies*, Vol.28, No.1, 2005, pp.1-19.

多。中国是一个历史悠久的海外移民大国，离散研究拥有坚实的土壤，亟待开发和挖掘。①

（二）华人离散族群的分类

类型学是一个新领域研究首先必须回应的问题。在有关离散族裔的分类中，科恩的分类颇具代表性。他从群体特征和移民历史经验出发将离散族裔主要划分为五类：受难型（victim）、劳工型（labour）、帝国型（imperial）、商贸型（trade）和去故土型（deterritorialized）。其中他将华人离散群体归于商贸型和劳工型两类，并重点分析了东南亚和北美商贸型华人离散群体的特征。认为东南亚华人商贸离散大致经历了三个阶段，即作为"中间商"的离散华商在殖民地早期与"家"（home）保持着超强紧密联系的时期、19世纪末以降经过动员的中国民族主义时期，以及"二战"以后逐渐放弃传统离散模式与祖籍中国疏离的"本土化"（localized或indigenized）时期。而对源自劳工型的北美商贸型离散华人，科恩主要归纳了其当代特征，指出此种商贸型离散华人成长于日益增长的美国经济对于中国台湾、香港和大陆太平洋华人经济的依赖性之中，许多西海岸的华人因而成为"超级流动的人口（hypermobile migrants），他们在一个地方建立家庭，而在另一个地方开始他们的生意，不断地在两地之间往来。这种'太空飞人'（spacemen）有职业技能或者（譬如在中国台湾）有生意，却在洛杉矶安家以寻求子女教育机会的最大化或将之作为一个都市安

---

① 代表性作品如：刘东旭：《坦桑尼亚早期华人家族的形成与离散》，《世界民族》2018年第6期；黄怡：《古巴的华裔家族传奇——〈猎猴记〉中的离散身份政治与空间表征》，《当代外国文学》2017年第3期；郭世宝著、丁月牙译：《从国际移民到跨国离散：基于北京的加拿大华人研究的"双重离散"理论建构》，《华侨华人历史研究》2017年第3期；朱骅：《19世纪北美"猪花"离散群体的社会资本分析》，《妇女研究论丛》2017年第4期；周海霞：《"文化飞地"：中餐馆与德国华人题材影像的空间叙事》，《华文文学》2018年第3期；霍然：《侨乡节庆活动中的权力运作与社会区隔——基于对菲律宾某侨乡省份民间节庆的田野调查》，《苏州大学学报》（哲学社会科学版）2018年第6期；张英美：《离散体验：解放前来华朝鲜文人的"民族认同"意识》，《延边大学学报》（社会科学版）2017年第3期。即使是曾经对将"离散"运用于东南亚华人身上表示疑虑的马来西亚华人学者陈志明在其21世纪的诸多著述中亦采用了离散作为命题来诠释全球各地的华人，参见 Tan C B., *Routledge Handbook of the Chinese Diaspora*, London: Routledge, 2013; Tan C B., *Chinese in Malaysia. in Newyork Encyclopedia of Diasporas*. Springer US，2005。有关离散理论探讨的近著参见朱骅：《离散研究的学术图谱与理论危机》，《世界民族》2018年第3期；周雷、牛忠光：《国际移民视域下的"Diaspora"话语：概念反思与译介困境》，《世界民族》2018年第3期。

乐窝。另一些纯粹的商人运用他们在原乡及其离散网络（homeland and diasporic networks）在跨太平洋间经商，他们的这种流动性受益于市场的区域化和全球化以及新自由主义在中国大陆的兴起，他们是新兴的华人商贸离散者的代表，充满了活力"①。

科恩的上述分类着眼于全球范围的离散族裔，故未及对华人离散群体作出细致的分类。事实上，截至目前，专门针对华人离散群体的分类还不太多。1998年由华人学者潘翎主编的《海外华人百科全书》一书中曾约略提出华人离散的圈层说，将以中国大陆为内圆A的外围离散圈层依次划分为：B层为第1代移民、学生、香港和台湾（aspiring migrants, students, Hong Kong and Taiwan），C层为海外华侨（Overseas Chinese），最外围D层为同化者（the assimilated）。②在国内学界，蔡苏龙在全球化视角下提出离散华人的分类，将之区分为再次移民者和新移民两类。再次移民者，即从传统的华人移居地（东南亚）迁至发达国家的早期移民，这些移民在新旧移居地之间形成跨国网络，因中国大陆的改革开放和经济发展而与大陆重新建立密切联系；新移民是近数十年来的新现象，包括专业技术移民、家庭团聚移民和非法移民。③以上分类各有其合理之处，问题在于均忽略了历史的纬度。事实上，离散研究固然一向被视作当代全球化的产物而获得了新的生命力，实质上却是一个历史因果的进程和由历史为其提供动力的，离散华人的分类不应不兼顾历史。

由于中国是一个历史悠久的移民输出国，其大规模朝海外移民及其与家乡关系发生有意义的转向主要开始于16—17世纪东西方接触的近世时期，其中又以第二次世界大战为界呈现鲜明的一般阶段性特征。因此，本文主张将自近代以降华人离散群体的分类分作两个时段分别探讨。在分类的标准上，当将离散研究内涵限定在"移民与祖籍国/祖乡关系"上时，离散研究也就在相当大的程度上演变为揭示移民、移居地与祖籍地三角关系，其中移居地的社会环境因素构成相对重要的变量，直接影响着离散经验的多样性，从而具有了作为分类标准的依据。此外，本文对于离散还基于这样的理解，即认为离散是从一个自己

---

① Robin Cohen, *Global Diasporas: An Introduction (Second Edition)*, (Routledge, 2008), pp.16-18, 83-91.
② Lynn Pan, ed., *The Encyclopedia of the Chinese Overseas*, (Cambridge, Mass: Harvard University Press, 1998), p.14.
③ 蔡苏龙：《全球化进程中的华人离散社群问题探讨》，《东南亚研究》2006年第5期。

熟悉的"家园"原点离开，到一个陌生和未知的环境中时，伴随着个中空间位移，移民为回应来自移居地陌生环境（或相对友好，或相对敌对）的生存挑战时，所表现出的适应、融入以及应对策略中离散身份的建构及其与祖乡/祖籍国的关系。因此，分类上亦同时兼顾祖籍因素的影响。基于此，本文将"二战"前华人离散群体分为以下三类：

第一类为北美强势异文化压力环境中离散身份建构的模式。在一般离散研究语境中，离散族群通常被描述为作为社会中的少数和边缘群体，因而遭遇歧视、偏见而与主流的"他者"社会处于一种紧张状态，饱受压力。出于抱团取暖的需要，他们采取以退缩到"族裔飞地"（ethnic enclaves，如美国唐人街）寻求避风港的策略予以回应，借此建构了他们介于母国和移居国的"第三空间"，使其离散身份的建构呈现"在此处，又在彼处"的特征。这是一种在强势异文化环境中外部压力型离散身份建构的模式。

第二类为东南亚弱势土著异文化和殖民压力环境中离散身份建构的模式。与美国华人不同，同样作为少数族群，华人移民在东南亚面临着的是两个异族的"他者"：强势的白人统治和弱势的当地土著，这反而使华人移民获得"居间"的生存机会和空间。出于攫取经济利益最大化和为制衡敌对土著的目的，华人移民被刻意塑造成为辅助白人殖民者达到其目的的功能性族裔，充当白人与土著之间的商贸"中间商"，从而制造了优势的华人经济和华、土族裔的阶级分层；更为重要的是，当殖民者意识到让华人保持自身族群性和文化传承在保证和推进其殖民利益上不仅不矛盾，而且有利的时候，华人族群文化身份得以在一个相对自由的空间中自我塑造和发展；这恰恰与同时期急切地想在海外侨民中推进民族主义的祖籍国政府的政治需要相适应，在同一和共享的中国近代屈辱和苦难集体历史记忆及寻求救亡出路中塑造了东南亚华侨不仅是意识形态上而且是实践上的民族主义，建构起一种以民族主义为突出特征的强烈"中国人"离散身份认同，尤其使得本时期后一阶段的华人离散特征印上了华侨民族主义的浓郁色彩。

第三类为中国台湾汉人移植型离散身份建构的模式（因台湾的情形有其特殊性，这里仅分析汉人大规模渡台与汉人社会形成的清治时期）。此一模式具有三个突出特征。一是同属大清子民的身份归属弱化了迁台汉人与国家的疏离感，离散呈现空间位移上"去乡不去国"的特征。二是族群身份建构的"他者"角色和地位不同。迁台汉人社会中的"他者"土著是弱势的高山族和平埔族，汉人作为强势的族群得以在一个没有太多"排异"的环境中移植祖乡的文化和制度，加之国家政权力量运作的制度和文化移植，使得台湾汉人离散身份建构处于一种相对自在和自然的状态。三是生计模式上与土地的紧密结合。大陆人民迁台以追逐土地为主要目的，成为土地的主人、聚族而居和农业宗族社会，这成为解读台湾汉人离散身份建构的关键词。在上述诸因素的共同作用下，台湾汉人社会形成了与前述两种类型完全不同的以农业定居和强势移民族群离散身份建构为特征的另类范式。

以上分类仅就"二战"前中国海外移民主要聚居区域而言。限于篇幅和囿于资料，本文仅拟结合内地涉台族谱史料，分析清治时期台湾汉人的离散经验，并借助提出"差异性离散"的分析术语，透过移民进程、移民世代和家户类型的离散差异分析揭示之。

（三）离散视域下台湾汉人社会的"内地化"和"本土化"

有关清代台湾社会变迁的研究，大致形成了两种基本观点。一种是"内地化"观点，认为清代台湾社会变迁在经由宗族重建、（不同籍贯方言族群间）民性融合和士绅精英领导权确立等内地化过程之后，多数地区最终变得与"中国本部各省完全相同的社会"；台湾现代化的实质其实是内地化。[1]另一种是"土著化"观点，该观点从族群意识变迁出发，认为台湾汉人社会经历了以"本地地缘和血缘关系上的新宗教和宗族团体取代过去的祖籍地缘和血缘团体"的变迁过程，并从祖籍分类械斗由极盛渐趋于衰减、寺庙神信仰形成跨越祖籍人群的祭祀圈，以及宗族的活动由前期以返唐山祭祖的方式渐变为在台湾立祠奉祀三个指标性变化上具体体现出来。[2]由此引发了一场有关"内地化"和"土著化"是是非非的论争。[3]

事实上，"内地化"和"本土化"论争反映的均是与祖乡（祖国）关系的实质。因此，如若置于离散的语境，则不难发现，二者并无本质上的对错之

---

[1] 李国祁：《中国现代化的区域研究——闽浙台地区（1860—1916）》，《中研院近代史所专刊》（44），1982，第197—198、第576页。
[2] 陈其南：《台湾的传统中国社会》，允晨文化实业有限股份公司，1987，第195页。
[3] 对于本土化观点用于论证群体分类意识本土化变迁的同治年间宜兰平原西皮、福路之斗，就有学者指出这既不是"地方性的冲突"，也不是"以现居地为团结原则"的械斗。而在关键的建立宗祠和祖先崇拜的问题上，亦有学者指出，"直到现代，台湾各地祠堂、公厅、家庙所供奉的，既有渡台始祖，也有唐山祖"。相关论争参见陈孔立：《清代台湾移民社会研究（增订本）》，九州出版社，2003，第65—75页。

分，而只是处在离散关系呈现的两个不同层次和阶段而已。台湾汉人社会移植性离散身份建构的特征，决定了"内地化"与"本土化"是离散谱系必然经历的两个时间先后不同和亲疏关系不等的进程。早期移民建立社会和国家层面的"汉化"政策，将内地社会制度和文化移植台湾，社会变迁特征因而主要表现为"内地化"；当台湾基本社会制度和人伦常理秩序确立时，台湾社会也进入移民后裔的世代，台湾社会的发展也就越来越带有自身的独特色彩和轨迹，表现出土著化特征，个中过程反映于与祖乡离散关系的纬度上便表现为由强至弱，乃至逐渐中止的变化过程，但其变化并非整体与社会同步的，而是具体地反映于移民进程、移民世代和家户类型中的差异性。对此，本文将之称为"差异性离散"。

族谱是记录聚族而居的地理空间内（通常为一个村落）开基祖先及其裔孙繁衍生息与迁徙流转的有关其家族成员血缘和世系的谱系记录，是传统中国宗族社会建构"共祖"身份认同的文本形式，亦是共祖身份的自我确认和"他者"确认的文本记录，因而可运用于离散问题的研究。在台湾汉人主要祖籍地的闽南地区，至今保留着记载了大量迁台和迁居外洋族人的族谱，映射着过往散布各处空间里相互联结的人们，一部族谱便是一部贯穿数个世纪族人外迁及其与祖乡关系维系和推演的历史，独具离散研究的价值。基于此，本文选取笔者于福建泉州石狮市彭田村田野调查所获的系统族谱文献，通过"差异性离散"视角的考察，管窥台湾汉人的离散经验，并回应学术界关于台湾"内地化"与"本土化"的论争，将个中离散经验看作整个闽南地区迁台民众与祖乡关系历史的缩影，由此村落放大到彼整个区域，通过离散话语的整合，丰富和重构台海两岸历史关系的现有叙述和研究。

一、离散迁徙：族谱所见清代彭田人向台湾的移居

离散首先开启于从祖乡到异族他乡的空间位移。因此，这里首先聚焦于彭田人向台湾的移居及其进程。

彭田村地处闽南海洋移民核心区域，隶属石狮市灵秀镇管辖，自蓝田公于明初开基彭田始，迄今已历32世、600余年，为历史悠久的闽南沿海村落，现有村民5000余人。彭田为蔡姓单姓村，自明清以降，彭田人渡台湾、下南洋，开枝散叶，延绵不绝，现后裔广泛分布于菲律宾、中国、日本、美国等十几个国家和地区，其中又以迁台和迁菲移居移民进程萌发为最早且最是聚居。此外，

蔡姓亦为台湾最大姓氏之一和福建祖籍渊源占比最高的姓氏（占台湾蔡姓人口总数的93%），研究具有一定的代表性。①

本文采取量化统计的方法展开研究。在统计上，以"生年+20岁"即弱冠渡台一般惯例来计算族人迁台时间，统计样本取自彭田于1998年续修的《彭山蔡氏家谱》（共计17册）全谱，有生年记载的迁台族人，据此分别建立年代和朝代统计口径样本数据库，进而生成彭田人迁台量化数据和趋势图表，比较样本则取自同期无生年记载但载有"殁台湾""往台湾"等字样的迁台族人及相关迁菲族人数据。

统计结果发现，彭田人迁台总体趋势具有以下特点：第一，从终明一代未发现族人渡台记载来看，明代汉人渡台在闽南地区似乎并非十分普遍的现象。第二，以有明确生年记载254位迁台族人统计，自第13世有首位约于康熙乙丑年（1685年）渡台族人始，至最晚第19世约于光绪己丑年（1889年）渡台族人止，彭田人迁台与200余年清治时期相始终，表明有清一代为大陆民众成规模渡台的时期。第三，从迁台人数和规模上看，包括有生年记载和无生年记载在内的全部396位迁台族人，占相同世代内谱载族人总数6602人的6%。②换言之，在整个迁台行为发生期内，彭田有6%的族人渡台生计。若将此一可观比例放大至整个闽南地区衡量，则有清一代大陆迁台离散人口规模之大，人数之多可见一斑。

再以有确切生年记载的254人为样本考察迁台移居进程。图1显示，自康熙中期以降，彭田人迁台进程持续高涨，先后在乾隆中期和道光年间达到两个峰值，形成乾嘉道三朝迁台高潮期，至咸丰年间转入历史低点以后遂呈下降态势，直至19世纪80年代时渡台行为终止。其中以道光年间为移民规模之最的情况在晋江施氏《续修房谱序》中亦有类似记载，其时施氏迁台"以房数论，去者半；留者半。以人数论，行者十之七；居者十之三"，比例之高、规模之大堪称盛极一时。③不过，此持续性移民高潮在咸丰年间戛然而止，显示出实际上

---

① 刘祖陛：《闽台血缘关系述略》，《福建史志》2018年第2期。
② 由于辈分参差，在彭田族谱中，迁台最晚年份约为1889年（第19世），最晚世代为第22世（生于1844年，约于1864年渡台），最晚世代比最晚年份族人出现此种不一致的主要原因在于辈分的参差。绍总生于道光甲辰年（1844年），为第22世族人，算其渡台时间为1864年，而文论为第19世，渡台时间却在1889年，由于辈分问题迁台时间比最晚的文论早了45年，比第22世的绍总整整迟了45年。这里以世代口径计算迁台族人总数。
③ 吴艺娟、吴幼雄：《略谈泉台施氏的历史渊源及交往》，《福建史志》2014年第6期。

在甲午战后割台事件发生之前一段不算短的时间内，大陆民众迁台已经陷入持续低潮期，乃至光绪初年官府出资诱招大陆民众赴台垦殖台东地区，已难以招募，只好改为招募岛内农民移垦。①彭田人迁台个案在很大程度上反映了大陆民众迁台进程的一般规律，呈现自康雍萌兴及初步发展至乾嘉道移民高潮，其后转入低潮乃至终止的阶段性特征。

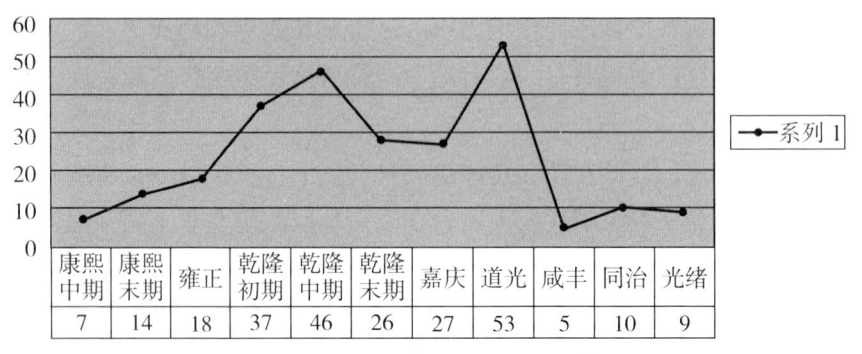

康熙中期	康熙末期	雍正	乾隆初期	乾隆中期	乾隆末期	嘉庆	道光	咸丰	同治	光绪
7	14	18	37	46	26	27	53	5	10	9

图 1 彭田人迁台朝代趋势②

彭田人迁台进程何以自道光高潮陡然跌入咸丰低潮？图2将彭田迁台移民进程与迁菲移民进程置于同一时间轴上考察，便不难发现，两个移民进程恰恰呈现相反的趋势：迁菲移民进程在17世纪初偶现2例后，直到19世纪40年代长期徘徊于极低的水平上；与之相反，迁台移民进程则持续高涨，继而至19世纪50年代当迁台进程跌入低潮之时，迁菲进程却突飞猛进，出现爆发式增长，显示出同一移民系统内的两个进程构成鲜明的负相关性。此种此涨彼落的情势，尽乎是中国海洋移民史进程的普遍特征。研究显示，在有着悠久东西洋航海和移民历史的漳州月港地区，台湾归属清治以后，九龙江下游两岸民众前往台湾人数的规模逐渐超过了下南洋的民众。③另一项针对泉州七县市200余部族谱、1万余条族谱出洋史料的研究同样显示，泉州地区下南洋人数由鲜少到激增的转折点

---

① 李国祁：《中国现代化的区域研究——闽浙台地区（1860—1916）》，《中研究院近代史所专刊》（44），1982，第175—176页。
② 图1按照康熙中期（1683—1702）、康熙末期（1703—1722）、雍正（1723—1735）、乾隆初期（1736—1756）、乾隆中期（1757—1776）、乾隆末期（1777—1795）、嘉庆（1796—1820）、道光（1821—1850）、咸丰（1851—1861）、同治（1862—1874）、光绪（1875—1908）11个时期分别统计。
③ 苏惠萍：《从族谱史料看明清时期月港家族闽台海洋活动》，《沈阳农业大学学报》（社会科学版）2016年第2期。

亦在19世纪50年代，至19世纪60年代转折性特征更是明显。①换言之，在两个负相关移民进程的影响下，南洋移民进程的迅猛发展是直接导致19世纪五六十年代迁台移民进程出现由盛至衰转折的重要原因，反映了近代中国被迫向西方列强殖民地开放劳动力市场之后，在闽南传统海洋移民区域另一轮持续性移民潮的兴起。

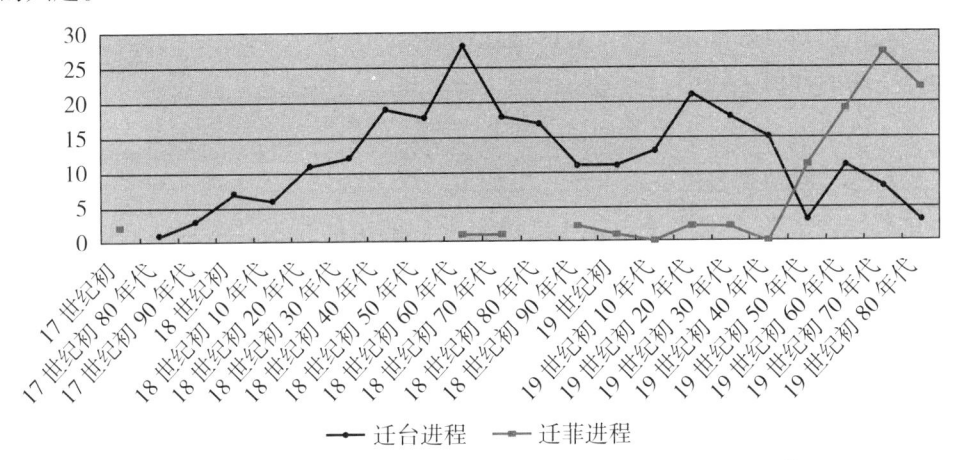

图2 彭田人迁台年代趋势（兼与同期迁菲进程比较）②

这里确定移民进程由盛转衰的时间节点对于离散研究的意义在于为研究离散关系变量提供人口学的依据。由于台湾清治初期人口统计资料尤其匮乏，此类数据并不容易取得，系统族谱移民人口史料便可为此提供有价值的参酌。如上文所言，随着19世纪50年代以降大规模迁台移民进程的逐渐结束，台湾人口结构中本土出生人口比例和移民人口比例发生升降的逆转，继而反映于人地认同关系与祖籍地关系的逐渐疏远和对移居地认同的逐渐增强，台湾社会许多指标上因而发生了具有社会学意义的变化，从而使此一时间节点具有了评判社会整体转型和衡量离散程度的指标性意义。就此而言，现有台湾社会变迁的研究尽管所采用的分析指标和视角各不相同，但一般均以19世纪60年代为转型时间节点。譬如陈孔立对台湾移民社会向定居社会过渡的讨论、李国祁从现代化

---

① 李勇：《族谱与新加坡"福建人"方言族群移民史研究》，《世界民族》2010年第1期。
② 图2以年代为统计口径，统计期内自17世纪80年代至19世纪80年代共计21个时段内迁台具体数值如下：1、3、7、6、11、12、19、18、28、18、17、11、11、13、21、18、15、3、11、8、3；迁菲进程除17世纪初零星2人以外，自18世纪60年代至19世纪80年代13个时段内数值分别为1、1、0、2、1、0、2、2、0、11、19、27、22。

视角下对台湾内地化转型的讨论,以及陈其南从祖籍分类意识变迁视角对台湾"土著化"过程的考察等。换言之,以19世纪五六十年代大陆迁台移民人口规模大幅萎缩为标志,大陆迁台民众与祖乡的关系经历了从强离散到弱离散的转变,离散差异性表现出前后阶段性亲疏不等和强弱不同的特征。

此外,在回应科恩对于华人离散群体的分类问题上,如果以移民动机和生计模式作为划分标准,则闽南地区民众在漫长的应对人多地狭矛盾向海洋拓展生计空间的移民进程中,台湾移民则主要表现为土地需求式和农业生计式。此种模式既非科恩所言之商贸型,亦非劳工型,而当属另类华人离散类型,本文将之归为"移植型离散"。不过,类似台湾汉人这种为了土地从祖乡主动离散和在移居地成为土地之子,是否会增强他们的定居意识,消解他们的旅居心态,从而表现出较之商贸型和劳工型的相对弱离散,以及在多大程度上的弱离散,尚有待探讨。

二、迁移与世居:代际间离散差异

代际间离散差异为离散研究的重要内容之一。就一般观察而言,离散意识随着世代的推移由强趋弱,第1代移民较之在移居地出生的后裔表现出更强的与祖乡联结的意愿。随着代际的推移,联结的意愿日趋减弱,终至中断联结,结束离散状态。那么,台湾移植型离散体现出怎样的代际差异呢?由于离散意识往往首要地仰赖于亲情维系,族谱名姓世系等记载作为亲情维系和外迁族人仍然抱持对祖先及祖源地认同的文本表征,可以反映他们的离散状态。具体方法是通过制作迁台族人家庭谱系图,考察其离散关系维系的代际差异(下文谱系图示中深色框表示迁台族人,浅灰色框表示作为比较参数的迁菲族人,白色框表示彭田在乡族人)。

(一)廷素家庭谱系图

如图3所示,第12世廷素四子中有长子御西和四子御回二人迁台,谱载二人迁台后与其后人一直居住于台湾牛骂头公馆庄(今台中市清水区),其间历第14世扬辈子时谱载名字及生年具详,至第15世君辈时,则仅见御西长子后裔世系(御西其他三子均无后裔记录,其情况是无后嗣抑或有后嗣无载未知)和御回单传世系,自第16世开辈时谱载名字已现缺漏,历第17～18世谱系完全中断。表明廷素家庭迁台支系与祖乡联系呈现如下特征,即自第13～14世于迁台后两个世代内与祖乡保持着强离散关系,自第15世以降逐渐地由强变弱,至18

世完全中断，廷素家庭与祖乡保持联系的离散世代最大值为5代，约历100年。

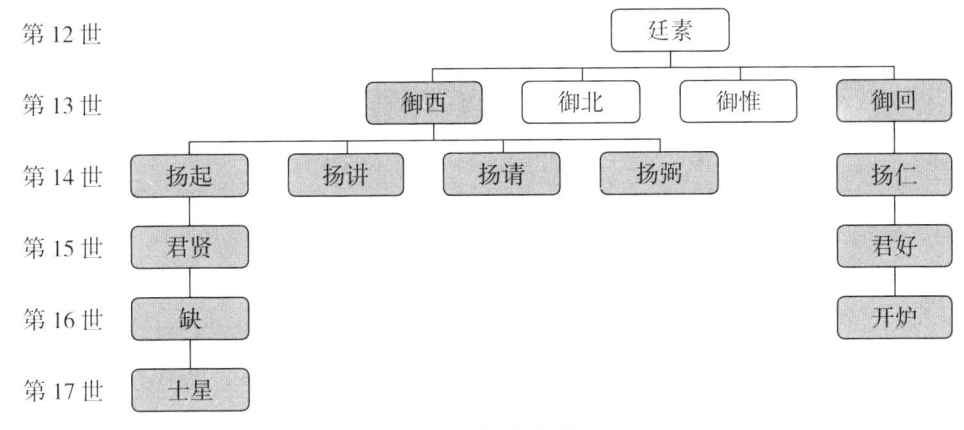

```
第12世                    廷素
                ┌──────┬──────┬──────┐
第13世         御西    御北   御惟   御回
           ┌────┬────┬────┐           │
第14世   扬起  扬讲 扬请 扬弼        扬仁
           │                           │
第15世   君贤                         君好
           │                           │
第16世    缺                          开炉
           │
第17世   士星
```

图 3　廷素家庭谱系

像廷素家庭这种在台湾繁衍4～5代后由于联系上的渐趋稀疏而终至在祖乡族谱中完全断载的现象，很大程度上反映了彭田迁台族人家庭在台湾形成世居后随着人地认同关系的变迁而体现在离散意识上由强至弱的变化。这种繁衍4～5代后便在祖乡族谱中断载、离散关系亦相应中断的情况在彭田族谱中较普遍，以下再以居弼等家庭情况说明之。

（二）居弼家庭谱系图

如图4所示，第14世居弼两子中自次子君联迁台至第18世选辈子之后谱载世系中断，显示居弼家庭与祖乡联系亦大致维持在4代以内。

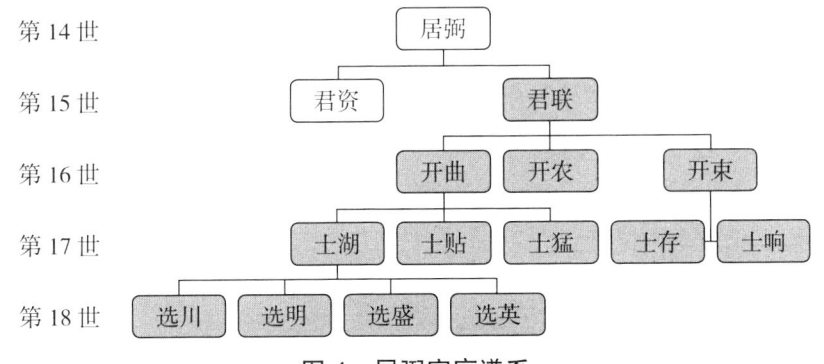

```
第14世              居弼
                ┌────┴────┐
第15世         君资      君联
                    ┌─────┼─────┐
第16世            开曲  开农   开束
                ┌───┼───┐   ┌───┴───┐
第17世         士湖 士贴 士猛 士存  士响
           ┌───┬───┬───┐
第18世   选川 选明 选盛 选英
```

图 4　居弼家庭谱系

再以迁台时间最早的5位族人家庭为例进一步说明。他们是：第13世显纮约于1685年迁台，第14世扬珍约于1698年迁台，第15世君泰约于1695年迁台、君老约于1700年迁台，第16世开聪约于1693年迁台。

（三）显纮家庭谱系图

如图5所示，显纮为彭田蔡氏族人最早渡台先祖，族谱记其"考殁在台湾"，不过其三子中却无一人渡台，其后自第15世至第17世各房支时有人员渡台迁台。总计迁台5人中，君向、开串、士查谱载"殁台湾"，均无后嗣记载。其余2人，开沾2子迁菲，士秤1子迁台，其后再无后嗣记载，表明显纮迁台家庭

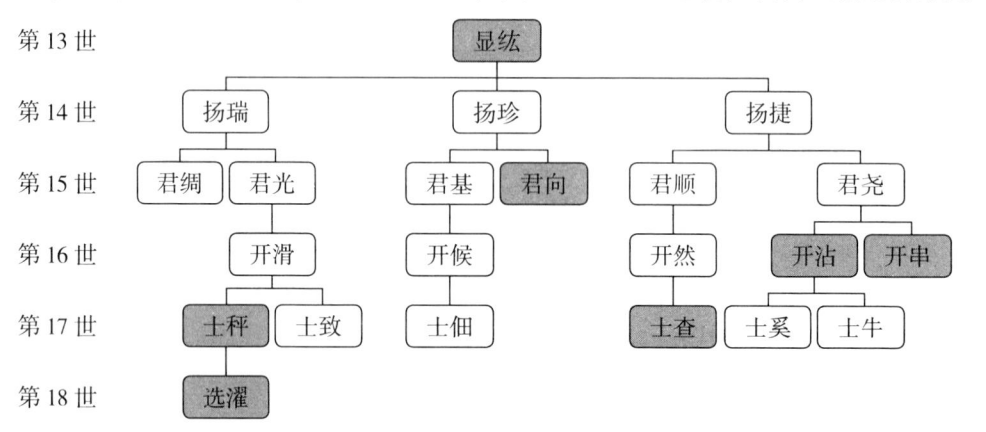

```
第13世                    显纮
                  ┌────────┼────────┐
第14世          扬瑞       扬珍       扬捷
              ┌──┴──┐   ┌──┴──┐   ┌──┴──┐
第15世       君绸 君光  君基 君向  君顺 君尧
                  │        │        │    ┌──┴──┐
第16世           开滑     开候      开然  开沾 开串
              ┌──┴──┐     │               │
第17世       士秤 士致   士佃            士查 士奚 士牛
              │
第18世       选濯
```

图5 显纮家庭谱系图

已与祖乡中断联系。且自第17世（19世纪二三十年代）显纮家庭出现菲律宾移民分支，谱载4人均"殁吕宋"，除士致在祖乡有过继一子并遗有2孙居乡以外，其余3人均无后嗣记载。因此，显纮家庭与祖乡维系联系的离散世代数，两支中迁台族人若仅算士秤至选濯约为2代，而迁菲族人基本在1代以内就失去了与祖乡的联系。

纵观彭田全谱，迁菲族人与祖乡关系维系的世代数明显低于迁台族人，族谱中大量"考殁吕宋""殁吕宋"的彭田迁菲先人无后嗣入谱，他们有可能终其一生，未能重回故土，抑或在菲律宾有幸另立家室，总而言之，均在1~3代便与祖乡失去了联络，像台湾那样能够延续4代与祖乡保持联系的情况，在菲律宾甚是少见。个中原因，路途远近固然是一方面，但其中是否与离散类型相关？台湾移垦型离散与土地结合的特征，以及迁台后的聚居情势，是否有助于他们传承和保持故土的文化和宗族观念？值得思考。

（四）扬珍家庭谱系图

如图6所示，与显纮家庭类似，扬珍家庭自其本人迁台后连续3代无后人迁台，直到第18世选酒才又迁台，根据族谱记其"神择四月廿六日为忌辰"判断，选酒当属殁外无考类。另一个与显纮家庭类似的情况，是至第19世（19世

纪五六十年代），迁移同样出现台、菲分流。不过，迁菲族人与迁台族人在族谱中均仅记"殁吕宋"或"往台湾"。可见，无论迁台抑或迁菲，扬珍家庭均在1代以内与祖乡失去了联系。

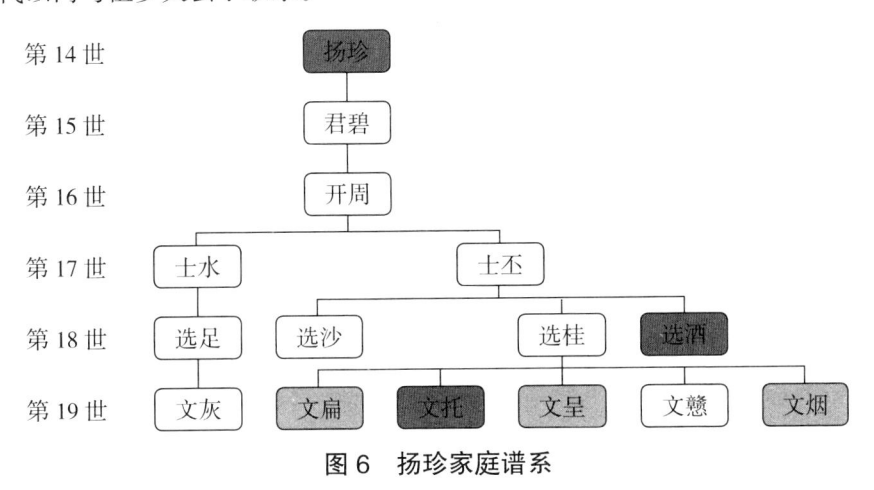

图6 扬珍家庭谱系

（五）延长家庭谱系

如图7所示，延长两子君泰、君老二人迁台后，其后人除君泰次子开哲在家乡以妆戏为生外，余皆留居台湾，两家俱住"台湾凤山县下溪州小得里"，小得里为仅次于牛骂头的另外一个彭田迁台族人聚居地。两家在台湾形成世居以后，与祖乡联系仅维持了2~3代，其中开是娶台湾女子为妻，但无其后嗣记载。

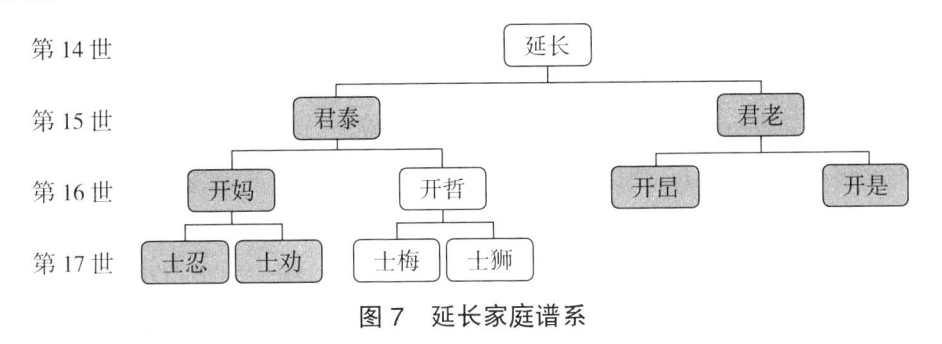

图7 延长家庭谱系

（六）君普家庭谱系图

如图8所示，君普家庭谱系较简单，两子中长子开聪和三子开悌迁台。开聪迁台后，自第16~18世一家三代均留居台湾，住牛骂头；开悌仅记其"殁在台湾六斗门"，无后嗣记载。总体观之，君普家庭在台后人与祖乡联系亦维持在3

代以内。

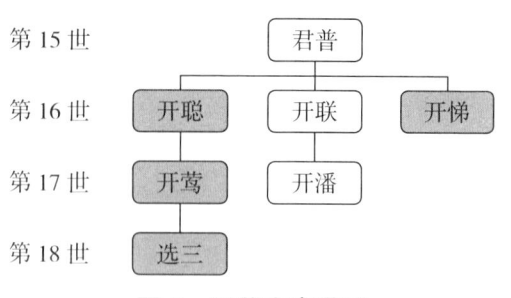

图 8 君普家庭谱系

可见，在同一个移民家庭内部同样呈现代际间由强离散到弱离散变化的连续谱。基于此，本文提出"离散世代数"变量为衡量离散家庭与祖乡关系维系的世代指标，该指标反映的是离散的时间长度和代际限度。上文研究显示，在迁台垦殖型离散中，离散世代数下限多则5代，少则1代，其中1~2代为强离散期，3~4代为渐趋弱离散期，一般5代以外达至离散界值，其后为后离散时期。其中，长子世系一般又较其他子嗣与祖乡维持的离散世代数更长。而南洋商贸型离散世代数一般较短，为1~3代。以上不过就普遍性而言，离散世代数还与移民家庭的个体差异有关。一般而言，富户、强户因有较强的光耀门楣的财力基础和意愿，离散世代数较普通户为长。譬如据张侃、壬氏青李对越南会安明乡社望族陈氏家族的研究，该家族在最初南迁的约50年时间内（1~2代）与故乡保留着较密切的联系，有回乡省亲或小住，甚或娶故乡女为室，迄120年时间内（约6代）仍有一定的往来，此后联系越来越少。[1]表明越南陈氏家族2代内为强离散期，此后渐趋弱离散的世代数超过一般值，在5代以外。再如本文彭田个案中较有声望的文送家庭，离散世代数为4，但直到第3代仍然与祖乡保持着强离散状态（详见后文），至第4代趋弱。此时约相当于清末光绪宣统年间，台湾已发生中日甲午战争后的巨大变故，此一政治变故，加之移民进程早已跌入低潮和自然离散作用，致使彭田迁台族人与祖乡联系逐渐地完全中断，此后他们成为彭田后离散人口。

这里提出"后离散"的概念，以反映移民后裔已与祖乡失去联结但仍然维持着本民族文化根性认同的人们，因而不排除他们重建与祖乡离散关系的潜在

---

[1] 张侃、壬氏青李：《华文越风：17—19世纪民间文献与会安华人社会》，厦门大学出版社，2018，第250页。

可能性。在此，本文认同这样的观点，即认为族群是离散的实质，因而具有主观性和建构性，当某种特定诱发离散情结的因素出现时，原本已经处于非离散状态的移民族群仍然有可能重新建构和回到离散状态。从这个意义上讲，没有完全绝对的非离散，有的只是后离散或作为一种潜伏状态的离散。

此外，在回应"土著化"和"内地化"论争的问题上，土著化观点所提出的19世纪60年代以后四个衡量祖籍意识淡化的指标为人所诟病的反证，是即便在此后台湾仍然存在着诸如漳泉同籍械斗，抑或同样有返唐山祭祖或在台立祠既拜渡台始祖又拜唐山祖的现象。[1]事实上，个中矛盾结合本文移民进程和离散的世代差异性并不难理解。因为，在某一时间点上，迁台时间不同的家庭总处在"本土化"和离散谱系的不同位置，迁居时间早的一般较迁居时间晚的更早发生"本土化"和更早地与祖乡疏离。当然，此一差异性"本土化"进程又受到整体迁民进程的制约，当迁民进程放缓和渐至终止时，台湾汉人社会也就在越来越大的程度上进入整体"本土化"或者整体离散的时期，尽管此时稍晚迁入的家庭可能还处在与祖乡保持密切联系的强离散阶段。内地化和本土化实质上是台湾迁民社会体现于与祖乡离散关系中的两个阶段不同和亲疏不等的社会进程，其中既有受整体迁民进程影响的规律，又有迁民家庭的个体差异。从这个意义上讲，19世纪五六十年代迁民进程的转折点影射的是台湾本土化整体转向的指标意义，而离散世代数则反映的是迁民家庭通常在3~4代后与故乡保持弱离散期时的加速本土化进程。

就移民现象而言，移民最初总是携带着原生地文化和社会关系进入移居地生活，并尝试运用祖籍文化资源重建移居地的人群社会，在台湾由于与内地处于同一政权之下还存在着清政府政权运作其间使之"内地化"（变得跟内地一样）的强大力量，整个移民社会因而与祖乡维持着强离散的关系；同时，又在长期移居地生活中形成新的亲属和利益关系后最终随着代际推移发生人地认同关系的变迁，从而在政治、经济和文化社会结构上变得与内地趋同的同时，在人地关系认同上越来越认同于台湾本土，与祖乡的关系上形成由亲近到疏远的连续谱，进入弱离散状态。因此，本土化即是人地认同意识上的与祖乡离散关系和程度日益淡化的过程。因此，上述差异性事实上产生于这样的一个与祖乡

---

[1] 相关论争参见陈孔立：《清代台湾移民社会研究（增订本）》，九州出版社，2003，第65—75页。

日渐离散的进程：在某一时间点上，迁台时间不同的家庭总处在"本土化"和离散谱系的不同位置，迁居时间早的一般较迁居时间晚的更早发生"本土化"和更早地与祖乡疏离。

三、家庭与婚姻：家户类型离散差异

族谱以记载族人世系子嗣传承为要。此一记载特点为从家庭类型和移民世代视角通过统计与分析研究迁台族人家庭与祖乡的离散关系提供了难得的系统数据。本部分在前文分析的基础上，进一步采撷族谱家庭嗣系载录信息较全的迁台族人为离散差异分析的统计样本，计得有嗣系线索的迁台家庭共计140条，在将其中无后嗣或后嗣均为居乡未再迁台，因此不产生离散问题的迁台族人信息忽略以后，计得移民世代差异分析83户有效样本，家户类型差异分析87户有效样本。

（一）移民世代与差异性离散

在对83户有效分析样本依据相应各移民世代离散世代数加总后统计结果显示，第1代移民计有45个家庭户，加总离散世代总数为113，以户数除离散世代总数得出第1代移民家庭平均离散世代指数为2.5，意即第1代移民与祖乡离散关系平均值在2~3代。其他移民世代计算方法如上（见表1）。

表1 移民世代与差异性离散

移民世代（总83户）									
第1代移民（总45户）			第2代移民（总29户）			第3代移民（总9户）		
离散世代数	户数（%）	离散世代总数	离散世代数	户数（%）	离散世代总数	离散世代数	户数（%）	离散世代总数
2	29(64.4)	58	1	9(31)	9	1	3(33.3)	3
3	9(20)	27	2	14(48.3)	28	2	6(66.7)	12
4	7(15.6)	28	3	6(20.7)	18			
	45	113		29	55		9	15
平均离散世代指数	2.5			1.9			1.7	

表1显示，迁台移民家庭中，与祖乡离散关系维系的移民世代下限为第3代（至第4代因族谱只载名姓而未载家庭情况，故以家庭为统计口径仅只能计算至第3代移民止）。综观表1移民世代离散谱系，其变化呈现如下两个主要趋势：

一是平均离散世代指数自第1~3代移民呈递减趋势，说明移民家庭的确存在

着随世代推移与祖乡联结由强离散趋向弱离散的规律性。不过，具体数值上2代与3代又似乎差距不大，皆在1~2代。推究缘由，与家户性质有关。一般而言，至第3代仍能与祖乡维持关系者通常为强离散户，特别是族谱中载有品官或庠生的家庭，往往能够与祖乡维持更为持久的离散关系，长子嗣系亦然。如表1第3代移民家庭中，9户中有3户来自同一个品官家庭，5户为长子或迁台长子嗣系，类似这般强离散特征的家庭户，较之普通户二者间存在着较为明显的离散差异性。

二是纵观每一个移民世代相关数据，则第1代移民户中，离散世代数为2，意即与祖乡关系的维系在父子2代以内的家庭户占了六成以上，而第2代和第3代离散世代数并未映照世代推移离散世代数递减的趋势，反而是以第2代者为最多，究其缘由，与上文第3代移民家庭离散情况由家户性质所决定的情况异曲同工，再次说明离散世代数不仅与离散世代有关，与移民家庭自身性质亦有相当关联。大致而言，第1代移民更多地受到移民世代的制约，而至第2代特别是第3代以降，个中制约因素也就在越来越大的程度上来自家庭性质而非移民世代。一般而言，具有强离散性质的家户譬如强户、富户和长子嗣系户等，较之普通户与祖乡关系的维系时间更为持久。换言之，移民世代决定着第1代移民家庭的离散时间限度，而由家庭性质所影响的离散程度的强弱，则决定着移民后裔世代内是否与祖乡保持联系，以及保持何等程度的联系，而成为影响离散关系延续主导作用因素。

就此而论，与此前通常学界所认知的离散延续主要受到移民世代影响的普遍认识有可能需要修正和完善。

（二）家户分类及其离散差异分析

族谱编修是家族事务中一项庞大而重要的工程，民间有"三十年一小修，六十年一大修"的说法，事实上由于种种主、客观原因时常不能实现。时间弥久，则不免有所疏漏，造成族谱族人信息的缺失，给分析和研究带来滞碍。彭田蔡氏族谱历史上曾分别于乾隆己卯年（1759）、宣统辛亥年（1911年）和共和己巳年（1989年）重修三次，时间跨度甚大，信息记载亦时有不全，迁居外洋者更是由于消息阻隔，考妣子嗣生卒死葬等必要家庭信息缺漏问题更是凸显。鉴于此，本文根据族谱的实际载录信息，以尽量减少误差为原则，将族谱涉台家庭户分为以下六类：

第一类为父子住台户，即家庭男性嗣系全部已转往台湾的家庭户。由于族谱重父系而轻母系的记载特点，母系记载往往语焉不详，故为尽量减少归类误差，在此采取忽略母系而以男性嗣系为主的思路进行分类；当然，此种分类的另一重要原因，在于契合考察重心转往移居地家庭的离散分析要求。此类迁台家庭户数量最多，共计有33户，占所有87户的37.9%。

第二类为分居户，指家庭核心成员（父母子女）分居于台湾和祖乡。如第15世君七，妣杨氏居乡，男四长子、四子住台湾，次子、三子与母留居祖乡，成为典型的分居户。此类可辨识户共计有14户。

第三类为随夫渡台户（或携眷渡台户），指女方随夫渡台从而全家留居台湾的家庭户。如第16世开从，妣扬氏为本乡女，谱载"考妣俱葬台湾益膏店"，便为随夫渡台户。此类家户因辨识条件苛刻，故能够清晰辨识者数量并不多，统计仅有5户。但须要说明的是，部分原因只是因为女方记载信息不全所致，并非意味着实际如此，因妣记载信息不全很可能隐藏于其他家户类型之中，故实际数量应当超过统计数量。

第四类为在台娶妻户，指娶当地女子为妻的住台家庭户。在台湾出生后裔其家庭类型多属于此类，当然亦不乏第一代迁民即在台湾娶妻生子的家庭户。如族谱记载较详细的第18世选章家庭，至迁台第2代文送谱载其"生长台湾"，官至六品，家族世系记录因而比较详细，自第1代选章娶台湾女为妻后（为两头家户），子、孙两辈妣均为台湾女。此类家庭户亦颇多，共计有33户。

第五类为两头家户，指在台湾和祖乡分别娶妻生子的家庭户。此类家庭须支撑两边家庭生计，故家境殷实，家户数量亦不多，仅有2户。图9为选章家庭"两头家"图谱。

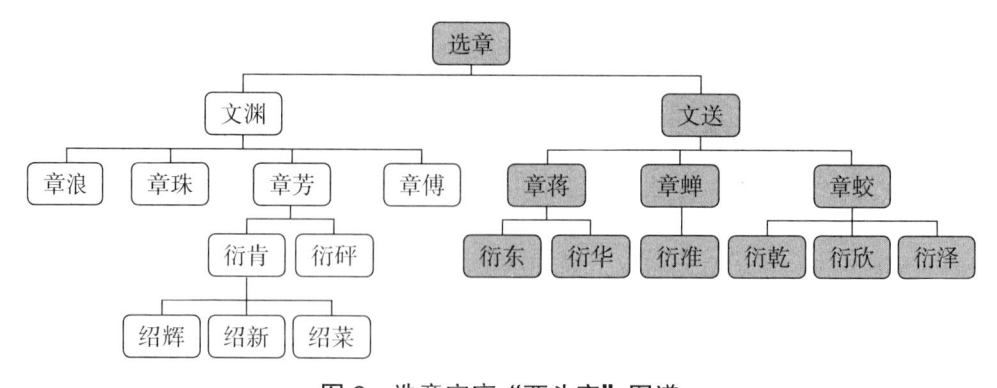

图 9　选章家庭"两头家"图谱

第六类为嫁至彭田的"台湾女"家庭户，即娶回台湾女子为妻的居乡家庭户。此类家户族谱妣亦载为台湾女，只是男方为居乡而非渡台。因此，此类家庭户当发生于渡台娶妻又归乡的族人身上。为族谱重在记录族人世系传承和生死卒葬载录特点所囿，归乡族人的渡台经历往往为族谱记载所忽略。在彭田族谱中，可识别的此类家庭户有15起。并不鲜见的此类涉台家庭户的存在，表明两岸之间不仅有随夫渡台的大陆女，亦有至今为学界所忽略的随夫返乡的台湾女，全面反映了"闽台一家"的血脉亲缘。同时，随夫渡台户的存在，对于批驳由于清朝长期厉行禁止携眷渡台而普遍流行于台湾的"有唐山公，无唐山妈"的说法，乃至对更别有用心者由此得出台湾汉人后裔只有一半大陆血统的错误观点，应予以纠正和厘清。

在以上六类涉台家庭户中，第六类为特殊涉台家庭户，非本文离散讨论的对象，故以下分析仅就前五类迁台家庭而言。为考察"在台娶妻户"中第1代移民与第2代及以后家户离散差异，表2将二者数据分别列出，以供比较。此外，统计中，若一个家庭同属于两种家户类型，譬如第14世望弼往台湾卒，姚陈氏卒葬祖乡，男一住台湾，女一在乡出嫁，因此，子与父居台，母与女居乡，同属于分居户和父子住台户。再如，第15世君泰，姚王氏为祖乡水头女，卒葬台湾，很显然为随夫渡台户，复因男二长子住台，次子居乡，又属于分居户。此类家户则分别计入相应类型家户离散指数之中。具体计算方法是将各类型户家庭离散世代数加总，与相应类型家户总数相除，由此得出各类型户离散世代平均数，本文称为"家户离散指数"。计得：第一类父子住台家庭共计33户，离散世代总数为81，则该家户类型离散指数为2.45，意即与祖乡关系维系的世代平均值在2~3代。其他家户类型离散指数的计算方法依此类推。

表2　家户类型与家户离散指数

家户类型	父子住台户	分居户	随夫渡台户	在台娶妻户 第1代	在台娶妻户 第2代及以后	两头家户
数量（总87户）比例（%）	33 37.9	14 16.1	5 5.7	7 8	26 29.9	2 2.3
离散世代总数	81	33	9	13	48	8
平均离散世代指数	2.45	2.36	1.8	1.86	1.85	4

表2数据显示，各类型家户离散指数中，以两头家户4为最高，其次为父子住台户和分居户，离散指数均大于2，也即离散世代数维持在2~3代；在台娶

妻户按照原先的假设以为离散指数第1代会高过第2代及以后，但实际上看来差别似乎并不太大，他们与随夫渡台户一起构成离散指数最低的家户类型。换言之，各种家户类型与祖乡离散关系的维系大致呈三角形结构，处在底端的是与祖乡关系维系时间最长的两头家户，最顶端为家庭重心彻底转向台湾的随夫渡台户和在台娶妻户，他们的离散指数呈现大致相当的水平，处在中间的为由于部分亲人仍然居住祖乡而维系着较为密切联系的父子住台户和分居户。此种趋势表明各类型户与祖乡离散关系的维系，表现出受家户性质和祖乡亲缘关系程度制约的由强离散至弱离散的连续谱。

综上所述，从移民离散的家户层面上考察，由于代际差异和家户类型性质的不同，表现出较为明显的家户间差异性离散，不同的家户，第1代移民与第2代移民情形不同，同1代移民中因家户性质不同，离散关系亦呈现差异，不同家户类型其离散关系维系的情形更是各不相同，呈现受家户性质和与祖乡亲缘关系程度影响的差异性，从而反映了离散的复杂性和多纬性，此种个体差异，是离散研究中须特别予以关注的。

结　语

自全球化兴起以来的离散研究，已发展成为一个以探讨移民与祖籍国（祖乡）关系为核心命题的国际性学术话语，对于像中国这样的海外移民大国而言，在现有的研究中理论引介固然重要，但尤需实证研究，尤其是不应囿于某些成见一味地将之排斥于研究之外，因噎废食并不利于学术的推进和发展。

台湾是中国人大规模走向海洋的第一站，为我们考察中国海洋迁民离散现象的多样生态提供了难得的分析样本和参照。在此，作为台湾汉人主要移居输出地的闽南地区族谱迁台族人史料为契合此一分析提供了十分宝贵的系统文献来源。本文通过对石狮彭田村迁台族人的进程、迁民世代以及家户类型视角的离散差异性的分析，对于包括理解离散现象本身，以及整合有关台湾"内地化"和"土著化"研究话语，均具价值。

当然，离散意识作为族群现象的一种主观范畴的社会建构，同样具有主观性、建构性和工具性，本文认同上述理解，因而认为离散状态的中断并非意味着过程的终结，而是进入一个可以被称为"后离散"的时期。这个时期的离散只是处于潜伏和休眠状态，只要条件允许，已经中断的联结都有可能重续和重建。在台湾由于种种政治和历史的原因所造成的长期隔绝之后两岸重新恢复联系的20世纪80年代起所兴起的回乡寻根热持续至今并仍在民间很是活跃即是明证。在彭田，由于弥久失联，台湾彭田族人寻找祖乡和重建与祖乡连带直到2011年方才实现。该年，就在族谱记载彭田迁台族人最为集中的牛骂头（现台中市清水区），当大陆蔡氏宗亲访亲团行至此地后，当地彭田宗亲主动找上门来认亲，终于实现了与祖乡重续联结的心愿。此后，他们多次返回祖乡，并修撰了彭田在台族人的各房支家谱，书写了台海一家亲的感人篇章。诸如此类认祖归宗的故事在闽南地区不断上演。它表明了作为"共祖"的族群，通过共祖意识的建构，重建离散是完全可能的。

本文所针对的只是闽南一个普通村落的迁台离散经验的分析，其中所揭示的诸种离散差异性以及台湾移植型离散与其他华人离散类型的比较等，尚期待有更多可供参照和检验的作品问世。

浅层融入、深层区隔与多层跨国实践

——以牙买加东莞移民为例

黎相宜　陈送贤[①]

（中山大学国际关系学院　广东珠海　519000）

一、研究缘起

20世纪90年代初期，美国学者戈里珂·席勒（Glick Schiller）等人提出了移民跨国主义（Immigrant Transnationalism）的概念，用于理解国际移民领域的新现象与新特征。[②]已有的跨国主义研究主要聚焦于"南—北"移民的跨国实践。通常讨论的是位于世界体系核心区的移民群体如何将政治、经济、社会与文化资源，如移民汇款、社会捐赠、经济投资和政治支持等，分散传送到半边缘区与边缘地区，以便更有效地实现自身的社会适应与地位提升。[③]而近年来发展中国家之间的国际移民，即"南—南"移民的快速增长为已有的国际移民与跨国主义理论

[①] 黎相宜，女，社会学博士，中山大学国际关系学院副教授、博士生导师，中山大学东南亚研究中心、华侨华人研究中心研究员，研究方向：华侨华人、侨乡、国际移民；陈送贤，男，中山大学国际关系学院硕士，研究方向：华侨华人。

[②] Nina Glick Schiller, Linda Basch, Cristina Szanton Blanc, *Nations unbound: Transnational Projects, Postcolonial and Predicaments and Deterritorialized Nation-states*,（Langhorne: Gordon and Breach, 1994）, p.8; 丁月牙：《论跨国主义及其理论贡献》，《民族研究》2012年第3期。

[③] 黎相宜：《移民跨国实践中的社会地位补偿：基于华南侨乡三个华人移民群体的比较研究》，中国社会科学出版社，2019；黎相宜、周敏：《跨国实践中的社会地位补偿——华南侨乡两个移民群体文化馈赠的比较研究》，《社会学研究》2012年第3期。黎相宜、周敏：《跨国空间下消费的社会价值兑现——基于美国福州移民两栖消费的个案研究》，《社会学研究》2014年第2期。

注入了新的活力。"全球南方"（Global South）①的跨国实践图景不再遵循"移居国—祖籍国"的二元分类。发展中国家本身的高速发展为前来的移民提供了巨大的经济机会，但由于这些国家的政治制度与社会保障大多仍不完善，不少移民的基本人身财产安全缺乏保障，他们对于当地的主流社会文化认同度有限，整体移民的意愿也不高。这些移民的适应模式并不完全遵循"迁移—融入"的传统路径。事实上，不少"南—南"移民的适应模式呈现浅层融入、深层区隔②的强工具性特征，其跨国模式也随之呈现不同于以往的新特点。相比前往发达国家的移民，"南—南"移民试图通过跨国实践寻求更好的生活机遇的意愿更为强烈，而单一的祖籍国或移居国并不能够完全满足他们获取多种资源的需求。因此，他们试图采取多层弹性策略，不断流动于世界的多个空间（不仅限于祖籍国与移居国），在其中居住、经商甚至参与当地政治、社会生活，以便寻求利益最大化。这种跨国模式是国际移民试图巩固经济所得、实现地位提升与分散政治风险的重要方式，其跨国实践呈现不定向、多空间、多层次的特征。本文将其称为"多层跨国实践"。这种跨国实践模式并非只局限于发展中国家的移民群体。王爱华就曾指出，一些前往西方发达国家的香港移民拥有高经济文化资本以及多国护照，游走于多重政治版图与全球贸易中，努力维持着"弹性公民身份"（flexible citizenship）。③发展中国家移民的跨国实践模式也呈现类似特征，但影响其跨国模式的动力机制不尽相同。总的来说，目前学界对此的探讨还较为缺乏。

基于此，本研究试图以牙买加东莞移民为个案，探讨以下相关问题：牙买加东莞移民在当地的社会适应呈现何种状态？这种适应模式如何进一步影响了其多层跨国实践？其多层跨国实践呈现何种特征？笔者将基于这一群体的调查资料④的分析对上述问题进行探讨。

---

① 蓝佩嘉：《跨国灰姑娘：当东南亚帮佣遇上台湾新富家庭》，吉林出版集团，2011，第 8 页。
② 参见周大鸣、杨小柳：《浅层融入与深度区隔：广州韩国人的文化适应》，《民族研究》2014 年第 2 期。
③ Aaihua Ong, *Flexible Citizenship: The Cultural Logics of Transnationality*. Durham, (NC: Duke University Press, 1999).
④ 牙买加东莞移民主要来自中国东莞 F 镇。笔者于 2018 年 4 月、7—8 月和 2019 年 3—4 月到东莞 F 镇进行调查，具体资料收集方式为访谈法与文献法。我们对 20 位新移民进行了访谈（包括面谈、使用微信和 QQ 进行跨洋访谈）。他们主要在 20 世纪 80 年代后期至 21 世纪前往牙买加务工、经商。基于研究伦理，笔者对本文涉及的人名均做了匿名化处理。

二、浅层融入：零售业的"少数中间人"

牙买加东莞移民的多层跨国实践首先与其社会适应模式有着密切关系。受其迁移历史及华人社区形态的影响，东莞移民在牙买加当地表现为一种基于生存需要和经济发展的"浅层融入"。

（一）就业模式

牙买加华人以客家人为主，目前有2万~3万人[1]，主要分布在金斯敦、蒙特哥贝、安东尼奥港，其大规模的迁移历史可追溯至19世纪中叶。当时，广东惠东宝地区（今东莞、惠州惠阳区、深圳宝安区、龙岗区）的大量客家人作为"契约劳工"被输送至作为英国殖民地的牙买加。[2]不少华工合同期满后，发展出介于殖民者与土著之间的零售业经济，在高度种族隔离的社会结构夹缝中生存。20世纪20年代中期，牙买加30%的零售业执照都掌握在中国商人手中。[3]改革开放后，上述地区的客家人在亲戚朋友的帮助下申请签证进入牙买加，其中大部分人持劳工签证。新移民需要为雇主（通常也是亲戚朋友）工作两年到三年，偿还清迁移债务后，才在亲戚朋友的支持下新开零售店铺。

东莞移民的零售店主要分布在牙买加城中心的闹市区，也有些分散在郊区。首都金斯敦的"下城"（Downtown）（主要集中在黄街、橙街、公主街、下街）分布着大大小小的华人零售店，在当地形成了一定规模的族裔经济聚集区。当代东莞移民的就业模式深受中国、牙买加两国经济结构及牙买加当地社会结构的影响：在经济结构方面，牙买加国内制造业落后，市场秩序不规范，基础物资紧缺。而中国制造业在价格、种类和性价比上具有明显的竞争优势。牙买加东莞移民频繁往返于两国，巧妙地利用祖籍国与移居国在经济发展水平与产业分工上的差异，利用其"中介商"的角色从中获益。这种人与物品在低资本投入和非正式经济（非合法或非法）背景下进行的跨国流动，其组

---

[1] 2018年7月13日，笔者通过微信电话对现任牙买加东莞同乡会主要负责人的访谈了解得知。
[2] Patrick Bryan, "The Settlement of the Chinese in Jamaica: 1854–c.1970", *Caribbean Quarterly*, 2004, Vol.50, No.2; WaltonLook Lai, *The Chinese in the West Indies, 1806–1995: A Documentary History*, Kingston, Jamaica: The Press University of the West Indies, 1998.
[3] 参见〔美〕胡其瑜：《何以为家：全球化时期华人的流散与播迁》，周琳译，浙江大学出版社，2015，第172页。李安山：《生存、适应与融合：牙买加华人社区的形成与发展（1854—1962）》，《华侨华人历史研究》2005年第1期。〔美〕欧爱玲：《血汗和麻将：一个海外华人社区的家庭和企业》，吴元珍译，社会科学文献出版社，2013，第12页。

织形态常与发展中国家联系在一起，发展为低端全球化网络（Low-end Global Network）。[1]处于这种低端全球化网络中的零售业主很可能只是租用一些集装箱和货车运送货物，或是向特定的中国贸易企业大量批发购入廉价的日用百货，甚至包括一些山寨的欧美名牌货。这种经济模式进一步拓展了牙买加华人乃至中南美洲华人的跨国商业网络，也将牙买加、中国乃至更大范围的国家或地区紧密联系在一起，构成全球化版图的重要组成部分。

在社会结构方面，东莞移民在牙买加当地更多扮演着"中间人弱势族裔企业家"[2]的角色，利用族群优势和市场需求发展族裔经济。东莞移民的零售店铺一般营运成本低、操作简单及资金周转快，其消费目标人群主要定位为被上流社会隔离的中下层普通大众。这些店铺也主要销售满足普通大众日常所需的生活用品，如面粉、大米和餐饮调料等。[3]东莞移民采取的是"薄利多销"的模式：很多店铺没有公休假日，员工轮流值班。而在华人看来，当地中下层阶级大多"无储蓄观念，重消费，有多少钱花多少钱"。这种生活理念与华人的零售业恰好互补，进一步形塑了东莞移民在当地的就业与适应模式。

（二）经营方式

为了在牙买加立足，东莞移民在经营场所与雇用模式上均采取了本地化的策略。但移民的这种调适策略受到当地社会情境与种族分层结构的影响，呈现浅层与工具性的特征。

在经营场所方面，东莞移民将零售店铺设在了最本土化的老城闹市区内。牙买加老城区的贫困、高犯罪率和低回报使得大型高档的百货公司敬而远之，这为华人提供了开办零售批发业的"空白地带"。华人店铺大多聚集在首都金斯敦中心老城区——"下城"，也即下层民众居多的旧"闹市区"。这些"闹市区"的治安环境比较糟糕，大多处于黑社会势力范围内。为了保障自身的人身财产安全，牙买加东莞移民在自己的店铺中安装防盗网，大门在营业时间都是紧闭的。这种独特的经营模式是东莞移民对本地经济结构与社会治安环境进

---

[1]［美］麦高登：《香港重庆大厦：世界中心的边缘地带》，杨旸译，华东师范大学出版社，2015，第19页。
[2] 周敏将少数族裔商家和企业家处于中间人地位的（简称中间人）弱势族裔企业家与聚居区族裔企业家分为两大类。参见周敏：《少数族裔经济理论在美国的发展：共识与争议》，《思想战线》2004年第5期。
[3] 根据2019年4月7日，笔者在中国东莞F镇对郑贤省进行的访谈。

行调适后的产物:"……将店铺布置成'围栏封闭式',即四周用铁栏围着,中间留一个小窗口传送货物,价格表贴在墙上,有需要买东西的黑人在外面喊一声就可以了。"①

在雇用模式方面,尽管零售店优先聘请华人,但也会雇用当地黑人员工,并按照法律规定为他们缴纳各项保险和基金,以宣示自己在当地经营的道德合法性:"我们在这边做生意,肯定也要照顾当地人……"②黑人员工被视为华人店主与本地顾客的沟通桥梁:除了能给当地黑人消费者带去亲切感,也能在销售纠纷发生时充当调解员的角色。但无形的族群界限仍然存在于雇主与黑人员工之间:华人称当地黑人为"乌鬼"③,并对他们心存戒备,收银、仓库验货等重要工作只交付给值得信任的华人员工。

(三)交往形态

除在就业模式与经营方式上采取浅层融入外,不少东莞移民还在个体、社会和政府三个层面与当地展开交往:

在与当地个体交往层面,东莞移民努力学习当地语言,并尽量在顾客面前只讲当地语言。同时,移民也试图理解当地文化,保持铺面整洁,了解当地节庆,并积极与顾客进行互动,以便更好地融入牙买加当地。在与当地社会交往层面,东莞移民在理解牙买加主流文化价值观的基础上,积极参与当地教会和学校的活动,开设中华文化课程和举办爱心捐赠活动等,关注当地的社会发展问题,谋求扩大华人群体的影响力。在与当地政府交往层面,不少东莞移民与牙买加官方保持着有效沟通,要求政府在黑恶势力冲突地区建立协调组织,并在犯罪率高的地区增设警力保护。一些知名华商通过保持与上层社会人士的"友好"关系,为其维持与扩大经营提供坚实后盾。

牙买加东莞移民的就业模式、经营方式和交往形态都呈现一种浅层的工具性调适模式,反映其"寄居者"(Sojourner)心态:牙买加华人尤其是新移民更多基于经济理性的目的,将牙买加看作积累原始资本的系统世界而非长久定居的生活世界。在移居地社会的制度环境中,他们通过对自己既有的以及拓展的各种资源及社会关系网络的利用,使自己的经济行为得以完全展开的过程和状

---

① 2018年10月22日,笔者通过微信电话对陈志华进行的访谈。
② 2018年10月22日,笔者通过微信电话对何文进行的访谈。
③ 笔者注,"乌"在广东客家话中有"黑色"的意思。

态。[1]这种经济上的浅层融入具有明显的工具性，深刻影响了牙买加东莞移民的跨国实践模式。他们的跨国实践具有很强的灵活性、情境性和可变性，以满足因浅层融入所产生的各种深层次需求。

三、深层区隔：自我防御机制

作为"少数中间人"，牙买加东莞移民的商业成功一定程度上招致了牙买加当地社会的反感。这些群体的关键特征为经济上的高度成功，但政治权利以及社会地位的保证相对缺失。[2]东莞移民的"少数中间人"[3]地位与其边缘化境遇进一步导致其发展出"深层区隔"的模式。

（一）相对隔离的居住形态

与经济上的浅层融入不同的是，牙买加东莞移民在居住形态上一直相对隔离。东莞移民的居住模式有两种：一是散居在郊区的高档住宅区。拥有一定经济实力的华人店主一般喜欢在城郊购买别墅，每天上下班来往于"闹市区"和所谓的"安全区"，很少在其店铺所在的社区居住："这片区域比较脏、乱，住不了人，我们两公婆还有我弟，晚上忙完之后还是回家里住。"[4]但他们主要遵循"店铺—家"两点一线的生活方式，与来自中高阶层的黑人邻居接触并不多，尤其很少有深度的社会交往。二是聚居在城区的店铺仓库区。东莞移民的零售店一般将二楼用作仓库及员工宿舍，收入不高、刚到牙买加不久的劳工移民主要居住在这里，居住环境普遍比较狭窄、阴暗。对于这些移民来说，由于居住空间与工作空间高度重叠，华人员工除与黑人消费者及黑人员工有浅层交往外，其日常交往主要局限于同族裔内部。

东莞移民的居住形态既受制于当地种族结构及群体的边缘化境遇，也是东莞移民主动选择的策略性结果，既反映出移民群体在牙买加当地的深层区隔状态，也进一步制约了牙买加东莞移民的融入程度。

---

[1] 马晓燕：《移民适应的行为策略研究——望京韩国人的创业史》，中国政法大学出版社，2013，第25—26页。
[2] [美]欧爱玲：《血汗和麻将：一个海外华人社区的家庭与企业》，吴元珍译，社会科学文献出版社，2013，第10页。
[3] Aaron Chang Bohr, "Identity in Transition: Chinese Community Associations in Jamaica", *Caribbean Quarterly*, 2004, Vol. 50, No.2.
[4] 2018年10月20日，笔者通过微信电话对陈逸成进行的访谈。

（二）互助自立的社会网络

牙买加东莞移民在当地政治结构中被长期边缘化，人身财产安全一直得不到有效保障。受害者的心态和自我保护的需求迫使华人更重视建立群体内部的互助自立的社会网络。牙买加东莞移民日常的社会交往主要局限于惠东宝客家人群体，与来自中国其他地区的新移民（如福州人）的接触频率次之。[①]族裔内部的社会支持网络不仅为成员提供安全感，也能够帮助他们解决实际的生存困难，是群体应对外部主流社会歧视的一种策略性回应。

东莞移民建立族裔网络的诉求与祖籍国开展统战工作以实现对外交流的需求不谋而合。2011年，东莞同乡会在中国驻牙买加大使馆和东莞市侨联的联合支持下成立。每逢中秋、春节等传统节日，社团会组织会员聚餐，举行文化展演等活动。在遇到针对当地华侨华人的暴乱事件时，社团也会第一时间跟牙买加警察部门与中国驻牙买加大使馆沟通，并对受害会员及其家属进行慰问，必要时甚至会举行集会等抗议活动。此外，东莞移民成立的社团组织还发挥着解决群体内部利益分歧的作用。牙买加华人内部也存在着残酷的内部竞争，如低价竞争等。社团组织为了解决这一问题，计划成立商业协会，并制定相应规则，以期能合理调节价格，进而避免或减少族群内的恶性竞争。[②]

互助自立的社会网络与社团组织是东莞移民在面临牙买加社会结构压力时进行自我防御的产物。这些组织为东莞移民提供了安全感，帮助成员更好地适应当地生活的同时，进一步强化了现有族群边界，加剧了移民与当地社会的深层区隔。

（三）自我防御的身份认同

相对隔离的居住形态与互助自立的社会网络使东莞移民发展出"抵御性族裔身份"[③]，依靠延续与强化原有族裔身份认同来应对地位变动和社会排斥。

在个体层面，一些移民即使离开中国大陆几十年，仍持有中国护照，对中国带有强烈的政治认同与情感："我们'中国人'与那些'乌鬼'不一样。"[④]这些东莞移民通过"中国人"的"抵御性"族裔身份认同表述，试图进一步与

[①] 2019年4月7日，笔者在中国东莞F镇对蔡瑜翔进行的访谈。
[②] 2018年10月22日，笔者通过微信电话对黄国庆进行的访谈。
[③] ［美］曼纽尔·卡斯特：《认同的力量》（第2版），曹荣湘译，社会科学文献出版社，2006，第6页。
[④] 2018年10月22日，笔者通过微信电话对何文进行的访谈。

牙买加社会实现区隔。在社团层面，东莞同乡会自成立以来与中国驻牙买加大使馆和东莞地方政府始终保持密切而频繁的联系，积极参与祖籍国的政治与经济活动。

由此可见，牙买加东莞移民无论在居住形态、社团组织还是在身份认同上均表现出由自我防御所导致的深层区隔形态。这种模式与其工具性调适的浅层融入是互成映照的。东莞移民学习语言，掌握新文化中那些对他们的经济发展有用的部分，但他们更倾向于保留自身的语言、文化和价值观。移民经济上的成果是通过有限的工具性文化适应（Instrumental Acculturation）和对民族认同与价值观的精心保护而实现的。[1]深层区隔进一步导致了东莞移民弹性、多变以及流动的心态。很多东莞移民愿意在牙买加积极储蓄，然后将所积累的资本投入多层跨国实践中。

四、多层跨国实践：工具性调适的后果

国际移民跨越民族国家边界，试图寻求更好的生活机遇以及社会地位的提升。但由于受到移入国政治、经济制度以及社会文化结构的影响，不少移民群体发展出浅层融入、深层区隔的适应模式，正如本案例所体现的。但作为能动性的个体，东莞移民并不满足于这种"夹缝求生"的工具性调适。[2]在全球化与跨国主义的背景下，他们试图利用自身的边缘性地位，多线层、多维度、多形态地不断穿越不同的民族国家边界，以期实现在多重社会空间下的利益最大化。

（一）边缘层："衣锦还乡"

虽然侨乡是牙买加东莞移民进行多层跨国实践的首要空间，但在其多层跨国实践中处于边缘层。

在跨境消费方面，与很多地区的华人移民一样，牙买加东莞移民回乡，尤其是第一次回乡都需要给亲戚朋友带"见面礼"甚至摆酒。这既能体现移民的特殊地位与身份又不会招致嫉恨，能够将移民的经济地位表现出来。何文祖籍河源，其丈夫是东莞F镇的新移民。何文第一次回国，在处理完在婆家的杂事后，就匆匆赶回河源娘家摆酒，酒宴一共设了12桌，何文在酒宴上给每位到场

---

[1] Ivan Light, *Ethnic Enterprise in America*, (Berkeley: University of California press), 1972, pp. 226-298.
[2] ［日］广田康生：《移民和城市》，马铭译，商务印书馆，2005，第67页。

的老人家200元人民币，以表"孝顺"。父老乡亲都纷纷夸何文，羡慕何文父母"生了好女儿，嫁得好又会赚钱，此番酒宴可谓是庆祝何文衣锦还乡的喜事啊"①。这种跨境消费带有很强的"互惠"与"福利"的性质，以不"惹人妒忌"的方式获得在熟人社会中社会地位的提升。何文并没有在婆家摆酒，因为在侨乡，其通过跨境消费获得"面子"的成本更高："F镇那些华侨大把钱，经常有华侨回国，我当时还是一个打工妹，还摆什么酒啊，笑死街坊噢。"②可见，多层跨国实践空间的选择是根据移民需求进行不断调整的。

在社会捐赠方面，改革开放初期，许多牙买加华人移民响应国家支持家乡建设的号召，将大量的人力、物力投入家乡公共事业（如学校、医院等）："过去镇上的公共设施都是一些老华侨集资捐建的，比如现在的东莞华侨医院大楼、东莞市华侨中学教学楼等。"③这些社会文化馈赠一定程度上弥补了由于侨乡地方公共财政有限而导致公共物品供给不足的状况，有力地促进了当地社会文化的发展。但随着东莞本地经济的快速发展，无论是地方公共财政还是私人收入都有了很大的提升。当这些移民在返回侨乡协调自身社会身份与所属阶层时发现，他们的收入在祖籍地已经没有很大优势，身上顶着的"海外华侨"的光环早已逐渐黯然失色："现在哪里还需要我们这些华侨捐款捐物啊，东莞人自己都大把钱，生活好到尽，应该是由他们来照顾我们这些在牙买加的华侨了。"④"现在政府财政配套资金很充足，很多民生工程我们政府都有实力包办了，不需要那些华侨捐资捐物了。"⑤"昂贵"的社会地位补偿成本削弱了移民回乡参与非营利性跨国实践的能力和积极性，使东莞移民的多层跨国实践更多转向了营利性。

在资本投资方面，东莞市曾被誉为"世界工厂"，发达的制造业一度引来大量工厂进驻和"新东莞人"的涌入，带动了当地房产租赁行业的快速发展。因此，在家乡购置房产是东莞移民巩固家庭财富与获取经济收入的重要投资方式之一。20世纪90年代末，祖籍东莞的陈方安和几个朋友在牙买加亲戚的帮助下前往牙买加务工。而后陈方安在牙买加开零售铺，生意逐渐兴旺。他认为钱留在牙买加相当不安全，便将赚到的钱大笔汇回中国，主要用于自建楼、购买

---

①② 2019年3月6日，笔者通过微信电话对何文进行的访谈。
③ 2018年4月11日，笔者在中国东莞F镇对李军进行的访谈。
④ 2019年4月7日，笔者在中国东莞F镇对程黄翔进行的访谈。
⑤ 同③。

商品房和铺面，由其父母代为打理。在房地产经济迅速发展的那几年，陈家通过买卖房产、铺面，大发"房市财"，现在依旧靠不菲的铺面租金收入保持财产稳定增长。①购置与租赁房产除为移民提供资本支持和经济保障外，也为移民向熟人社会展示自身的华侨身份与炫耀其地位提供了可能。还有不少移民及其代理人利用在牙买加赚取的"第一桶金"回乡投资服装业或发展其他产业，从而成功转型为跨国企业家。在陈方安的支持下，其弟陈志安开办塑料模具厂和服装厂，在市区还开设服装直销店。

此外，不少东莞移民采取了跨国家庭模式，即分住两地或多地的家庭成员通过现代通信或定期跨国旅行来维系亲缘关系。海外移民将孩子送回家乡上学，由亲人照料，这种跨国模式一方面是为了降低移民在牙买加养育孩子的成本，另一方面也反映了移民希望子女接受华文教育、维持华人认同的心态。当然，这种跨国家庭在与祖籍国官方力量的互动过程中面临着许多问题，此外，远距离跨国养育也存在着父母教育缺位、祖孙隔代教育等问题。但随着微信、QQ等社交软件的普及，父母在遥远国度也能积极参与孩子的日常生活，一定程度上弥补了亲子教育"不到位"的缺失。东莞移民的这种一家多国模式与家庭成员的空间分散实际上也是多层跨国实践得以实现的重要策略之一。通过家庭跨国这种方式，华人可以实现风险分担以及整个家族的利益最大化。

作为浅层融入、深层区隔的工具性调适的后果，牙买加华人在祖籍国的跨国实践呈现多元化与多维度的特征。牙买加华人通过跨国经济与社会实践一定程度上实现了身份归属的补偿、经济利润的获得与社会地位的提升。

（二）中间层："香港客"

牙买加东莞移民的多层跨国实践不仅表现在其形式的多样性上，还表现在其多线层的跨国路径与多重实现空间上。一部分较有经济实力的东莞移民除与家乡保持着密切联系外，还试图在全球范围内寻找宜居地点，以此实现更高层次的需求。香港在牙买加华人的多层跨国实践中占据着中间层。

历史上，东莞和香港两地一直联系紧密，两地民众语言相通，许多东莞移民都对香港有一份独特的情感："以前大家都羡慕那些香港客，他们都很有钱，穿得光鲜亮丽的。很多人都希望自己的女儿能够嫁到香港去。"②不少东莞

---

① 2018年4月10日，笔者在中国东莞F镇对陈亦梅进行的访谈。
② 2018年7月25日，笔者通过微信电话对李华军进行的访谈。

移民因各种原因，在亲戚朋友的帮助下，"借道"国际交通枢纽——香港，流向牙买加，香港也因此在牙买加华人的跨国实践中扮演着中介角色。不少东莞移民将香港作为批发供货商源或中转站。①

而且香港得天独厚的地理位置和优越的生活条件，一直吸引着不少东莞籍华人的目光。香港护照的免签国（地区）高达165个②，这给经常来往于世界各地商务考察、旅行的华人带来了很多便利。同时，香港是亚洲的国际金融中心。一些华人会将赚取的外汇通过国际银行汇入香港，交由专业的基金投资管理公司打理。不少东莞籍华人始终与香港保持着密切的资金和信息流动："有些华侨赚了钱之后，也喜欢在香港消费，买房子啊，在香港的银行存钱啊，还有送自己家的孩子去香港读书啊。在香港住满七年就可以拿到香港的身份证。"③

无论是就世界政治经济体系而言，还是从东莞移民的多层跨国实践来看，香港属于"半边缘"的地区。与世界"中心"（北美）相比，香港更多扮演的是备选角色，在华人多层跨国实践中扮演着补充但又极其关键的角色。

（三）中心层："北美梦"

北美在东莞移民的多层跨国实践中占据着中心层的位置。在全球化时代，牙买加东莞移民的跨国模式不再只遵循"落叶归根"的传统观念，而是在"衣锦还乡"的同时孜孜追求着"北美梦"。

这种"北美梦"有着坚实的物质背景作为支撑，如稳定的治安环境、丰富的教育资源和完善的社会福利制度等。而且牙买加俗称美国在加勒比海的"后院"，不少东莞移民都会选择美国、加拿大作为新的移居地或是跨国实践地点。从20世纪70年代开始，加拿大的多伦多、温哥华以及美国的迈阿密等地已经逐渐形成一定规模且联系紧密的牙买加华人社群及相应的组织，如"惠东安""崇正总会"和"加纳比华人协会"等。这也进一步为牙买加东莞移民的多层跨国实践提供了组织与网络基础，很大程度上支撑了移民的多层次需求。

牙买加东莞移民的跨国实践发生于北美、牙买加以及中国等多重空间之内，且其发生路径呈多线层特征。他们不仅频繁回中国，而且与牙买加的亲戚

---

① 2019年4月8日，笔者在中国东莞F镇对郑雨权进行的访谈。
② 香港特别行政区护照免签证或落地签证情况一览表，参见：https://www.immd.gov.hk/hkt/service/travel_document/visa_free_access.html，2019年7月1日访问。
③ 2019年4月8日，笔者在中国东莞F镇对程黄翔、李华军进行的访谈。

朋友也保持着密切联系。方志国早年从东莞移居牙买加，主要从事餐饮行业。2004年，方志国由在加拿大工作的孩子申请，入籍加拿大。目前，他在多伦多经营多家连锁美食坊，专营蓝山咖啡批发零售、牛肉酥包和鸡肉咸包等牙买加特色小吃。美食坊遍布多伦多的唐人街、万锦市（Markham）等地。他的顾客除大量牙买加裔黑人外，还有不少想要感受牙买加风情的加拿大民众。方志国与牙买加的华人代理商一直保持着密切的联系，定期从牙买加进口咖啡以及食材。

而李华军的跨国实践则显得更加流动与多变：20世纪80年代末，他在叔公的帮助下"借道"香港辗转来牙买加，靠零售业起家，成为牙买加当地著名的侨领。李华军将子女送往加拿大读书，而后孩子们定居多伦多。目前他手持加拿大护照并拥有牙买加的永久定居权，常年往返于多伦多、金斯敦以及中国东莞等地。在多伦多，他除了照顾孙辈外，还积极融入当地华人圈，与华人朋友听粤剧、打麻将。在金斯敦，他将生意交付给侄子，自己退居幕后，其重心主要放在牙买加华人社区发展及社团事务上。此外，他还积极回东莞参与家乡的政治活动，列席政协会议等。李华军游刃有余地穿梭于牙买加、中国与加拿大，积极为牙买加华人社会及当地政府、中国政府搭建交流平台。

由此可见，多层跨国实践是牙买加东莞移民为了分散风险与寻求利益最大化，基于迁移历史及所处的政治、经济环境作出的灵活反应与策略性选择，极大地弥补了浅层融入、深层区隔模式给他们所带来的深层次需求的缺失。

结　语

与已有跨国主义理论对话的基础上，本文试图以牙买加东莞移民为例，结合宏观的民族国家层面、中观的群体境遇层面，以及微观的个体地位层面来考察"南—南"移民进行多层跨国实践的动力机制及其特征呈现。研究发现，东莞移民在移居国浅层融入、深层区隔的社会境遇，引发了移民深层次的多元需求。他们试图利用自身的边缘性地位，多线层、多维度、多形态地不断穿越民族国家边界，发展出一系列多层跨国实践。

牙买加东莞移民的多层跨国实践具有不定向、多空间、多层次的特征。他们在祖籍国、移居国多层次区域内进行人员、资金、信息与观念的流动、转化与整合，保持与上述多重空间的地理、情感、经济、社会、文化和政治纽带，以谋求经济利润的获得、社会地位的提升与政治风险的分散等多元需求。在这种多层次跨国流动的实践情境中,东莞移民通常与两个乃至更多的物理空间发生不同层面以及不同维度的联系,并由此带来了更为流动与弹性的认同。但东莞移民的多层跨国实践仍扎根于祖籍国与迁入国的劳动分工和地方网络共同体之中。[1]一些华人及其家人虽早已移居北美或者香港,但仍会定期返回牙买加,打理在牙买加的生意或度假。在牙买加,他们认为能够找到在北美或香港无法获得的归属感与成就感。一些华人也会回到东莞,参与祖籍国的政治、经济与文化事务。中国和牙买加为东莞移民在世界范围内频繁的多层跨国实践中提供了情感、信息与资金支持,促进了华人多层跨国实践网络的形成和扩展。

当然,由于生命历程与政治经济实力的区别,不同东莞移民的多层跨国实践在实施范围上是存在着差异的:有的东莞移民能够在多个社会文化空间中持续利用由此产生的多元经济和政治机会。而有些东莞移民由于实力所限,只能选择在祖籍国和移居国活动。不少东莞移民是在多次跨越多个空间后,才最终寻找到最优的资本配置方式。而更多的移民仍在不断流动与漂泊中进行人员的调整、资金的流动、信息的传播与观念的整合。可见,这种多层跨国实践是持续的、多变的、流动的和复杂的。

我们试图通过多层跨国实践的理论视角来重新探讨当代国际移民跨国实践的新特征与新模式。然而,必须强调的是,我们的分析主要是基于当代牙买加东莞移民的经验现象而展开的,不可避免地具有局限性。多层跨国实践能否用于解释其他华人群体乃至其他的"南—南"移民的跨国实践仍有待日后的深入研究。

---

[1] 周敏:《美国华人社会的变迁》,上海三联书店,2006,第198—199页。

另类的守望者
——国内外跨国留守儿童研究进展与前瞻

王　晓　童　莹[①]

（福建农林大学/福建社会科学院　福建福州　350001）

20世纪60年代以降，全球化进程不断加速，世界人口的跨国流动呈现汹涌澎湃之势。据最新统计，2017年全球约有2.58亿人生活在出生国之外的其他国家或地区，占全球总人口的3.4%。[②]这意味着，世界上每30人中便有1人是国际移民。然而，受限于劳工合同及僵化的移民制度，翻腾滚滚的移民浪潮在全球范围内（主要是发展中国家和地区）衍生出一个特殊的人口群体——跨国留守儿童。数据显示，摩尔多瓦31%的儿童（14岁以下），其父母至少有一方远在异国他乡；[③]在墨西哥，每25个儿童中便有1人的父亲移民美国，11个孩子中便会出现1个可能在15岁之前，其父亲就已跨国流动；[④]由于政策对跨国迁移的鼓励，在菲律宾的跨国留守儿童人数更是高达900万，占整个青少年人口的27%；[⑤]我国的跨国留守儿童至今虽无一个精确的人口统计，但近些年随着越来越多的人移

[①] 王晓，男，福建农林大学经济学院（海峡乡村建设学院），研究方向：侨乡社会、治理讲师；童莹，女，福建社会科学院华侨华人研究所助理研究员，研究方向：印尼华侨华人。
[②] United Nations, *Department of Economic and Social Affairs*, Population Division , "International Migration Report 2017", 2017, p.1, http: //www.unmigration.org/.
[③] Vanore M. , Mazzucato V. , Siege M., "'Left behind' but not left alone: Parental migration & the psychosocial health of children in Moldova", *Social Science and Medicine*, Vol. 132, 2015, pp.252-260.
[④] Jenna N., "Migration and Father Absence: Shifting Family Structure in Mexico", *Demography*, Vol. 50, No. 4, 2013, pp.1303-1314.
[⑤] Rhacel Parreñas, "Long distance intimacy: class, gender and intergenerational relations between mothers and children in Filipino transnational families", *Global Networks*, Vol. 5, No. 4, 2005, pp.317-336.

民海外,其数量一直处于急速增长的状态。以福建省闽江入海口处的福清、长乐、马尾、连江等传统侨乡为例,据不完全统计,仅拥有外国国籍的跨国留守儿童就有2万多人。[1]

与广受关注的国内留守儿童不同,跨国留守儿童具有一定的自身独特性。首先,他们受到的时空撕裂更为严重,与父母分离的时间更早、更长,空间距离拉得更远,而且受到诸多行政障碍,导致家庭教育主体长期缺席,思想和情感培养都处于真空状态。其次,他们与父母分别处在政治制度和社会文化存在巨大差异的不同国家之中,甚至有些先是在国外接受过一段时间的学校教育才回到故国,身上有着明显的文化张力。因此,跨国留守儿童实际上已经发展成为一个新的处境不利的边缘群体。然而,这一"另类的守望者"的现实遭遇并没有引起国内外学者同样的重视。无论是学者规模还是研究成果的丰富性和深入性,都远滞后于对国内留守儿童的探讨。对我国来说,跨国留守儿童是潜在的侨务资源,通过对他们进行深入研究并解决其成长困境,能有效提升未来一代华侨华人的向心力,有助于以侨为桥,顺利推行中国特色的大国外交及国家软实力的提升。鉴于此,本文将系统梳理和归纳国内外相关研究成果,指出其中存在的问题并对未来国内相关研究进行展望,为进一步深化认识我国跨国留守儿童乃至进城务工人员留守儿童提供参考。

一、国外的研究现状

半个多世纪以来,南北半球之间日益不平衡的发展及漏洞百出的边界导致了越来越多的来自发展中国家的劳工移民,为寻找更好的工作机会而跨越国界,迁移到发达国家和地区。面对随之而来的数量庞大的跨国留守儿童,相关学者不约而同地将关注重心放在了父母跨国迁移行为对留守儿童造成的诸多影响上。然而,几乎在每一个领域,已有的研究都存在相互矛盾的研究结果。

(一)身心健康

儿童健康对家庭结构和组成的变化十分敏感。[2]越来越多的文献表明,父母因跨国迁移而缺席家庭生活,会对留守儿童的身心健康产生不良影响。Jones等学者指出,父母移民国外的孩子遭受情感问题的可能性是非移民家庭中同龄人的两

---

[1] 冯军、王磊:《留守的"洋娃娃"》,《新京报》2012年12月6日第A16版。
[2] Fomby P., Cherlin A J., "Family instability and child well-being", *American Sociological Review*, Vol. 72, No. 2, 2007, pp.181–204.

倍。[1]Suárez-Orozco等人也发现，经历过跨国留守的孩子有更高和更明显的焦虑和抑郁症状。[2]在斯里兰卡，相关研究表明，母亲的跨国迁移造成留守儿童尤其是青少年普遍脾气暴躁、食欲不振，时常感到孤独和悲伤。[3]另外，有研究强调了父母的连续移民会对亲子关系造成极大的破坏，并发现时间似乎并不能起到完全有效的修复作用。[4]Morgan和他的同事甚至认为这种不良的心理状态会波及未来，通过检验伦敦的加勒比移民，他们发现精神疾病与早期的亲子分离存在显著关联。[5]

近年来，鉴于女性移民异军突起，学者越来越认识到，相比父亲，母亲的缺位是一个更大的风险因素，更有可能引起留守儿童的身心困扰。比如，通过对印度尼西亚、菲律宾和越南不同形式跨国家庭中的儿童进行比较，Jordan和Graham发现母亲移民国外的孩子比生活在其他家庭中的孩子更容易感到沮丧和无助。[6]留守期间，虽然直系亲属或朋友、邻居等扩大家庭成员可能会帮助填补护理不足问题，但总的来说替代工作是不充分的。当妻子迁移时，丈夫要承担更多的照顾角色，面临更大的压力，于是很多人开始酗酒和吸毒，以此逃避监护责任。[7]在这种情况下，由于留守儿童缺乏情感支持，风险大大增加，逐渐变得孤僻和冷漠。[8]而且，当母亲角色退出后，年长的孩子尤其是女儿可能会承受

---

[1] Jones A. Sharpe J., Sogren M., "Children's experiences of separation from parents as a consequence of migration", *Caribbean Journal of Social Work*, Vol. 3, 2004, pp.89-109.

[2] Suárez-Orozco C., Bang H J., Kim H Y., "I felt like my heart was staying behind: psychological implications of family separations and reunifications for immigrant youth", *Journal of Adolescent Research*, Vol. 26, No. 2, 2011, pp.222-257.

[3] Save the Children in Sri Lanka., "Left behind, Left out: The impact on Children and Families of mothers migrating for work abroad", 2006, p.14. http://www.savethechildren.lk/.

[4] Smith A., Richard N L., Johnson A S., "Serial Migration and Its Implications for the Parent-Child Relationship: A Retrospective Analysis of the Experiences of the Children of Caribbean Immigrants", *Cultural Diversity & Ethnic Minority Psychology*, Vol. 10, No. 2, 2004, pp.107-122.

[5] Morgan C., Kirkbride J., Leff J., et al., "Parental separation, loss and psychosis in different ethnic groups: a case-control study", *Psychological Medicine*, Vol. 37, No. 4, 2007, pp.495-503.

[6] Jordan L P., Graham E., "Resilience and well-being among children of migrant parents in South-East Asia", *Child Development*, Vol. 83, No. 5, 2012, pp.1672-1688.

[7] Hewage P., Kumara C., Rigg J., "Connecting and Disconnecting People and Places: Migrants, Migration, and the Household in Sri Lanka", *Annals of the Association of American Geographers*, Vol. 101, No. 1, 2011, pp.202-219.

[8] Senaratna B C V., "Left-Behind Children of Migrant Women: Difficulties Encountered and Strengths Demonstrated", *Sri Lanka Journal of Child Health*, Vol. 41, No. 2, 2012, pp.71-75.

更重的负担，她们凡事必须自己拿主意，同时还要照料兄弟姐妹。①Mazzucato等人发现，女性移民在为留守子女争取稳定的照顾安排方面会遇到更大的困难，孩子们被迫不止一次地更换监护人，而护理人员的频繁更换只会导致儿童的健康状况变得更差。②当然，也有学者将父亲的角色放在与母亲同等重要的位置上。Salgado de Snyder的报告认为，当丈夫移民后妻子不得不独自承担照顾孩子的责任，由于身心承受更大的压力而产生抑郁和被遗弃的恐惧，留守儿童很容易受到波及，从而造成他们不良的身体反应。③Schmeer的研究则发现，当父亲不在时，移民家庭可以利用的资源锐减，孩子生病的概率要比父亲在家时高出39%。④

然而，也有大量的文献表明，跨国留守儿童的身心健康并不比非移民家庭的孩子差，甚至在某些方面可能还要更好。Battistella和Conaco在菲律宾的研究发现，几乎没有任何证据证明移民子女的心理问题比正常家庭的孩子差很多。通过标准的测量方法，移民儿童的社会焦虑略高于非移民儿童，但在孤独程度上，两类孩子的得分几乎是一样的。⑤相似的结论也出现在撒哈拉以南的诸多非洲国家的研究中，在那些地方，传统的社会文化规范从一开始就确保了孩子对不断变化的家庭结构的适应能力，因此完全不会把父母移民与病耻感联系在一起。⑥

（二）教育状况

大量证据表明，父母参与国际移民提高了整个家庭的经济收入，从而大大提高了家庭的教育支出，对留守儿童的教育产生了积极影响。墨西哥的一项研究指出，只要留守儿童不把移民看作未来经济成功的可替代路径，父母的跨国迁移将

---

① Rhacel Parreñas, *Children of global migration: Transnational families and gendered woes*, （Stanford: Stanford University Press, 2005）, p.67.
② Mazzucato V., Cebotari V., Veale A., et al., "International parental migration and the psychological well-being of children in Ghana, Nigeria, and Angola", *Social Science & Medicine*, Vol. 132, 2015, pp.215-224.
③ Salgado de Snyder V N., "Family Life Across the Border: Mexican Wives Left Behind", *Hispanic Journal of Behavioral Sciences*, Vol. 15, No. 3, 1993, pp.391-401.
④ Schmeer K., "Father absence due to migration and child illness in rural Mexico", *Social Science & Medicine*, Vol. 69, No. 8, 2009, pp.1281-1286.
⑤ Battistella G., Conaco M C G., "The Impact of Labour Migration on the Children Left Behind: A Study of Elementary School Children in the Philippines", *Sojourn*, Vol. 13, No. 2, 1998, pp.220-241.
⑥ Cebotari V., Mazzucato V., "Educational performance of children of migrant parents in Ghana, Nigeria and Angola", *Journal of Ethnic and Migration Studies*, Vol. 42, No. 5, 2016, pp.834-856.

对他们的教育表现产生正向的推动作用。[1]在Davis看来，移民汇款可以让孩子免于家庭劳作，从而消除接受正规教育的结构性障碍。[2]在菲律宾，至少在小学阶段，留守儿童经常被移民父母安排进教育条件更好的私立学校，与非移民儿童相比，他们在学校表现得更好，能够获得更高的分数和更多的奖学金。[3]Edwards和Ureta的研究则发现，移民汇款能够大大降低留守儿童辍学的风险。数据显示，对城市中的一年级至六年级学生而言，有接受移民汇款的学生比其他的辍学率低54%，六年级以上低27%，对农村学生而言，相比之下低25%。[4]

但是，移民汇款并不能抵消父母缺席对留守儿童造成的心理伤害。[5]而不良心理反应的积累，则很容易转化成一系列学校问题行为以及普遍缺乏完成学业的动力。[6]尤其是在跨国迁移的早期阶段，由于移民工作的不稳定性，汇款时断时续，甚至随着时间的推移，还会因为移民与原生家庭逐渐失去联系而中断。[7][8]Moran-Taylor在危地马拉的研究显示，大部分移民父母本来都打算定期向原生家庭提供经济支持，但在实际生活中，支付的减少乃至断绝联系的现象并不罕见。[9]因此，留守儿童很可能会被迫辍学去找工作或帮忙做家务。[10]Alcaraz

---

[1] Kande W., Kao G., "The Impact of Temporary Labor Migration on Mexican Children's Educational Aspirations and Performance", *International Migration Review*, Vol. 35, No. 4, 2001, pp.1205-1231.

[2] Davis J., "Educación o desintegración? Parental Migration, Remittances and Left-behind Children's Education in Western Guatemala", *Journal of Latin American Studies*, Vol. 48, No. 3, 2016, pp.565-590.

[3] Yeoh B S A., Lam, T., "The costs of (im) mobility: Children left behind and children who migrate with a parent", *Perspectives on Gender & Migration*, 2006, pp.1-37.

[4] Edwards A C., Ureta M., "International Migration, Remittances, and Schooling: evidence from EI Salvador", *Journal of Development Economics*, Vol. 72, No. 2, 2003, pp.429-461.

[5] Cortes P., "The Feminization of International Migration and Its Effects on the Children Left Behind: Evidence from the Philippines", *World Development*, Vol. 65, 2015, pp.62-78.

[6] Adams C J., "Integrating Children into Families Separated by Migration: A Caribbean-American Case Study", *Journal of Social Distress and the Homeless*, Vol. 9, No. 1, 2000, pp.19-27.

[7] Menjivar C., Davanzo J., Greenwell L., et al., "Remittance Behavior among Salvadoran and Filipino Immigrants in Los Angeles", *International Migration Review*, Vol. 32, No. 1, 1998, pp.97-126.

[8] Amuedo-Dorantes C., Pozo S., "The Time Pattern of Remittances: Evidence from Mexican Migrants", *Well-being and Social Policy*, Vol. 2, No. 2, 2006, pp.49-66.

[9] Moran-Taylor M J., "When Mothers and Fathers Migrate North: Caretakers, Children, and Child Rearing in Guatemala", *Latin American Perspectives*, Vol. 35, No. 4, 2008, pp.79-95.

[10] Frank R., Wildsmith E., "The grass widows of Mexico: migration and union dissolution in a binational context", *Social Forces*, Vol. 83, No. 3, 2005, pp.919-947.

等以2008年的经济危机为切入点，系统考察了墨西哥移民家庭入学率与美国汇款之间的关系。研究结果显示，汇款收入的锐减导致了童工数量的显著增加和学校出勤率的明显下降。[1]然而，有意思的是，有学者发现在移民汇款大量涌入的社区，留守儿童的入学率却依旧不增反降。推究缘由，相关学者认为经济移民的巨大成功使这些社区形成了一种独特的具有笼罩性的移民文化，在其文化影响下，孩子们期望追随父母的脚步而成为未来移民，因此他们会低估当地的教育价值而提前终止学业。[2][3]

（三）社会行为

相比较而言，国外学者对跨国留守儿童社会行为的关注要远少于对其身心健康和教育状况的关注。即使这样，学者们的观点仍未达成统一。其中，部分学者坚持认为，父母跨国迁移并不必然会导致留守儿童社会行为失范。或者说，与非移民家庭孩子相比，跨国留守儿童的社会行为如果不是表现更好，至少也不会差别太多。比如，菲律宾的一项研究显示，父母迁移对留守儿童的社会化及价值观和精神品质的传递乃至形塑并不十分重要，在家的监护人可以成功填补父母不在身边时的角色空缺，在强有力的社会支持下，他们通常能够很好地适应社会，与其他家庭成员相处得也很好。[4]对留守儿童发生吸烟、喝酒和婚前性行为的可能性而言，来自印度尼西亚的证据表明，父母移民与此并无显著关联。[5]相同的结论也存在于Jones和Kittisuksathit对泰国的研究中，通过对719户农村家庭的对比考察，他们认为很少或者根本没有任何证据说明跨国留守儿童的社会问题发生率更高。[6]

---

[1] Alcaraz C., Chiquiar D., Salcedo A., "Remittances, schooling, and child labor in Mexico", *Journal of Development Economics*, Vol. 97, No. 1, 2010, pp.156-165.

[2] Davis J., Brazil N., "Disentangling fathers' absences from household remittances in international migration: The case of educational attainment in Guatemala", *International Journal of Educational Development*, Vol. 50, 2016, pp.1-11.

[3] McKenzie D., Rapoport H., "Can migration reduce educational attainment? Evidence from Mexico", *Journal of Population Economics*, Vol. 24, No. 4, 2011, pp.1331-1358.

[4] Yeoh B S A., Lam T., "The costs of (im) mobility: Children left behind and children who migrate with a parent", *Perspectives on Gender & Migration*, 2006, pp.1-37.

[5] Choe M K., Hatmadji S H., Podhisita C., et al., "Substance Use and Premarital Sex Among Adolescents in Indonesia, Nepal, the Philippines and Thailand", *Asia-Pacific Population Journal*, Vol. 9, No. 1, 2004, pp.5-26.

[6] Jones H., Kittisuksathit S., "International Labour Migration and Quality of Life: Findings from Rural Thailand", *International Journal of Population Geography*, Vol. 9, No. 6, 2003, pp.517-530.

对此，有很多学者持反对意见，认为相关研究之所以未能发现移民与非移民子女之间的差异，深层原因在于敏感事件或情绪未被充分报道。实际上，父母移民与儿童社会行为之间存在着较强的关联性。[1]一项有关泰国的研究显示，父母的陪伴成长可以有效降低15~19岁的青少年发生吸烟、喝酒和婚前性行为的可能性。[2]在洪都拉斯、墨西哥和萨尔瓦多，父母外出致使留守儿童不满、情绪高涨，从而造成一些人混入青年帮派或接触容易得手的毒品。[3]Dillon和Walsh在牙买加的研究表明，很少甚至几乎没有跟母亲接触，或经历过多次护理安排变化的留守青少年，表现出行为问题的可能性更大。在被监禁之前没有跟父母住在一起的问题青少年大约占了80%，其中92%的人经历过2~6护理安排的变化。[4]

（四）亲子沟通

受制于地理空间的隔离，跨国移民父母面临着向留守在家的子女提供情感关怀的挑战。为了保持跨越国界的亲密关系，移民父母通常采取两种应对方式：一是商品化的物质连接；二是基于现代通信技术的虚拟连接。一项在斯里兰卡的研究发现，在海外从事家政服务的母亲，为了弥补自己的缺失，会尽力给孩子带去物质上的好处。孩子虽然不得不经历亲子分离带来的困扰，但由于得到了商品化的爱，便能够承受住这些苦难。[5]尤其是现代信息技术的发展，使得父母在离开本国后仍然能够承担照顾孩子的大部分责任。对移民父母来说，长途通信技术大大提高了他们在远处施加影响的能力，可以对孩子的饮食、家庭作业和纪律问题进行微观管理，重塑了他们作为有效父母的角色。[6]更重要的

---

[1] Bryant J., "Children of International Migrants in Indonesia, Thailand and the Philippines: A Review of Evidence and Policies", 2005, p. 7. http://www.unicef.org/ire.

[2] Choe M K., Hatmadji S H., Podhisita C., et al., "Substance Use and Premarital Sex Among Adolescents in Indonesia, Nepal, the Philippines and Thailand", *Asia-Pacific Population Journal*, Vol. 9, No. 1, 2004, pp.5-26.

[3] Davis J., "¿Educación o desintegración? Parental Migration, Remittances and Left-behind Children's Education in Western Guatemala", *Journal of Latin American Studies*, Vol. 48, No. 3, 2016, pp.565-590.

[4] Dillon M., Walsh C A., "Left Behind: The Experiences of Children of the Caribbean Whose Parents Have Migrated", *Journal of Comparative Family Studies*, Vol. 43, No. 6, 2012, pp.871-902.

[5] Ukwatta S., "Sri Lankan female domestic workers overseas: mothering their children from a distance", *Journal of Population Research*, Vol. 27, No. 2, pp.107-131.

[6] Madianou M., Miller D., "Mobile phone parenting: Reconfiguring relationships between Filipina migrant mothers and their left-behind children", *New media & Society*, Vol. 43, No. 3, 2011, pp.457-470.

是，有研究发现，通过这种虚拟的跨界看护，留守儿童会对父母的迁移产生更深刻的理解，并逐渐意识到父母的巨大牺牲。[1]他们因此不会对父母怀有怨恨，也不会有被抛弃的感觉。[2]

但也有学者认为，无论是物质连接还是虚拟连接，都不足以挑战跨国分离造成的沟通障碍，尤其是涉及家庭生活的情感层面。身体的疏远为日益增长的情感分离铺平了道路，物质连接很可能使亲子关系变成一种干瘪的金钱转移关系。[3]虽说远距离通信能在其中起到一定的积极作用，但并非所有的家庭都能够负担起这样的沟通费用，经济上的差异会直接影响到跨国关系的维持能力。[4]而且，在Skrbi看来，远距离通信完全弥补不了实际的身体接触或眼神交流所提供的亲密关系。[5]特别是随着时间的流逝，当父母的身体缺席和跨国电话成为例行公事时，孩子会变得漠不关心。Hoang和Yeoh在越南的研究表明，除非有提示，不然已经习惯了跨国分离的孩子不会再提及缺席的父母。尽管大多数孩子在被要求的时候仍然会通过电话与移民父母交谈，但他们对同一个问题上的重复谈话越发失去兴趣，甚至那些年长的孩子还把移民父母通过电话等表达爱和关心的手段看作一种遥控和监督。如此一来，可直接语音交流的通信设备反倒成了一种负担，而不是一种对成长中孩子的关爱。[6]

二、国内的相关探讨

我国的跨国留守儿童主要集中在浙江、福建和广东的沿海侨乡。历史上，这些地区便存在着高频率、大规模的跨国移民实践。改革开放后，随着国际化进程的加速尤其是侨务政策的放宽与落实，出国移民人数更是逐年增长。与之相伴而

---

[1] Dreby J., "Children and Power in Mexican Transnational Families", *Journal of Marriage and Family*, Vol. 69, No. 4, 2007, pp.1050-1064.

[2] Mazzucato V., Cebotari V., "Psychological Well-being of Ghanaian Children in Transnational Families", *Population, Space and Place*, Vol. 23, No. 3, 2017, pp.1-14.

[3] Boccagni P., "Practising Motherhood at a Distance: Retention and Loss in Ecuadorian Transnational Families", *Journal of Ethnic and Migration Studies*, Vol. 38, No. 2, 2012, pp.261-277.

[4] Vertovec S., "Cheap Calls: The Social Glue of Migrant Transnationalism", *Global Networks*, Vol. 4, No. 2, 2004, pp.219-224.

[5] Skrbi Z., "Transnational Families: Theorising Migration, Emotions and Belonging", *Journal of Intercultural Studies*, Vol. 29, No. 3, 2008, pp.231-246.

[6] Hoang L A., Yeoh B S A., "Sustaining Families across Transnational Spaces: Vietnamese Migrant Parents and their Left-Behind Children", *Asian Studies Review*, Vol. 36, No. 3, 2012, pp.307-325.

生的是，跨国留守儿童在东南沿海大量涌现，而且有往内地反向扩散的趋势。然而，国内学界对此没有做到应有的关注，绝大部分学者的研究对象均指向进城务工人员留守儿童，跨国留守儿童遭到有意或无意的忽视。实际上，"留守儿童"一词于1994年被一张首次使用时，原本指的便是跨国留守儿童群体。[1]只不过后来因为受到声势浩大的进城务工人员跨区域迁移的影响，进城务工人员留守儿童受到了政学两界更为广泛的重视。截至目前，笔者以"留守儿童"为主题词在中国知网期刊库中检索发现，研究进城务工人员留守儿童的文章竟然高达10000余篇，而对比鲜明的是，有关跨国留守儿童的论文和研究报告仅有27篇，且大多数还是宏观、抽象的一般性论述，真正有深度的经验研究只有寥寥10篇左右，这显然与跨国留守儿童作为"特殊中的特殊群体"的地位极不相称。

总的来说，这些研究依据内容的不同，大体可以划分为如下三类。

（一）跨国抚养原因

从移民及其家庭的主观态度看，跨国抚养并不是一个理想的选择。之所以如此，胡启谱认为主要受三个方面的影响和推动：其一，移民父母自身的处境使国外抚养困难重重，尤其是对于那些非法移民父母，他们在社保和工作方面存在诸多不平等待遇，根本没有能力和时间照顾孩子；其二，国内抚养不仅能为孩子提供更好的照看条件，而且有益于整个家庭的和谐团结；其三，签证手续、交通通信及侨乡相关服务业务等外部环境的改善，也大大减轻了跨国抚养的阻力。[2]除以上三个方面原因外，Bohr和Tse还发现，中华文化传统、规范和家庭期望也是其中非常重要的因素。在提到隔代照顾时，几乎超过一半的移民父母都认为这是一个预期习俗的延续。于是，让孩子回到过去的文化中，实现大家庭的愿望，也能解决儿童保育议程，便成了一个可以接受的解决方案。[3]

（二）成长与发展困境

这方面的研究根据视角不同又可细分为两类：第一类是问题视角，集中考察跨国留守儿童所遭遇的成长困境与主要问题表现。何毅指出，受限于家庭环境、学习需求和发展方式的影响，跨国留守儿童与父母的沟通更少、更程式化，日常亲情互动严重缺失，家庭教育残缺，人格发展受阻，郁郁寡欢、脾气

---

[1] 一张：《"留守儿童"》，《瞭望新闻周刊》1994年第45期。
[2] 胡启谱：《福州侨乡跨国抚养原因研究》，《科教导刊》2015年第11期。
[3] Bohr Y., Tse C., "Satellite babies in transnational families: A study of parents' decision to separate from their infants", *Infant Mental Health Journal*, Vol. 30, No. 3, 2009, pp.265-286.

古怪，在人际交往中有明显的自卑感，对学习也普遍缺乏动力。①此外，文峰发现，因为身份特殊，跨国留守儿童还表现出一定的文化困顿，对未来选择感到迷茫。②于是，很多孩子过分沉迷于网络，有的甚至走向极端化，最终扭曲了人生方向。③然而，与此不同的是，另有学者持较为乐观的看法。谢履羽认为，受益于物质条件的提高及移民父母对亲子沟通的重视，跨国留守儿童的心理健康总体状况处于正常水平，并未因父母缺席而受到损害。④

第二类是比较视角，主要探究跨国留守儿童与其他群体的差异，尤其是心理和行为的差异。在这方面，大部分研究认为，与其他类型的留守儿童相比，跨国留守儿童的心理健康水平最差，亲社会行为最少，反社会行为最多。刘艳飞在比较了省内留守、省际留守和跨国留守三种类型留守儿童的心理状况后发现，跨国留守儿童比另外两种类型的留守儿童表现出更明显的敌对、偏执、人际敏感、抑郁、焦虑、适应不良和情绪不稳等症状。⑤一项有关朝鲜族跨国留守青少年的研究指出，非留守青少年的自我概念和心理健康水平都明显高于跨国留守青少年，同时由于朝鲜族是父系社会，父亲外出的负面影响比母亲更大。⑥赵定东等则将跨国留守儿童与犯罪富裕型留守儿童和一般富裕型留守儿童进行对比，发现其他两者的心理健康皆比跨国留守儿童要好，相对孤独感更轻，安全隐患更小。⑦潘玉进等的研究表明，跨国留守儿童的家庭教育资源远不如国内留守和非留守儿童，使得他们在外向性、宜人性、谨慎性、开放性等人格各维度上的得分显著要低，而违纪更多。⑧然而，潘佳丽等的研究却显示，虽然跨国留

---

① 何毅：《侨乡留守儿童发展状况调查报告——以浙江青田县为例》，《中国青年研究》2008年第10期。
② 文峰：《侨乡跨国家庭中的"洋"留守儿童问题探讨》，《东南亚研究》2014年第4期。
③ 王佑镁：《"跨国寄养"背景下我国农村侨乡留守儿童媒介素养研究》，《现代远距离教育》2013年第4期。
④ 谢履羽：《海外留守儿童心理健康与亲子沟通状况的关系研究》，《长江大学学报》（社会科学版）2012年第11期。
⑤ 刘艳飞：《东南沿海留守儿童类型及心理健康状况比较——以福州连江为例》，《福州党校学报》2010年第6期。
⑥ 朴婷姬、秦红芳：《朝鲜族海外留守青少年自我概念、家庭结构与心理健康的相关研究》，《东疆学刊》2011年第3期。
⑦ 赵定东、葛颖颖、陆庭悦：《富裕型留守儿童的生活状态问题探析——基于浙江省若干区域的调查》，《贵州大学学报》（社会科学版）2017年第1期。
⑧ 潘玉进、田晓霞、王艳蓉：《华侨留守儿童的家庭教育资源与人格、行为的关系——以温州市为例的研究》，《华侨华人历史研究》2010年第3期。

守儿童的社交问题比国内留守和非留守儿童更严重些,但在其他问题行为上,三者并无太大差异,反倒是在群体内部,因为性别和年龄的不同存在明显的区别。[1]

(三)产生的社会影响

陈日升通过对"小美国人"的实地考察,发现跨国抚养对地方社会产生了相当程度的影响。首先,移民汇款提升了寄养家庭的经济状况。其次,移民父母更加关注家乡的各项基础建设和文化教育发展,从而整体上改善了当地的生活条件和办学质量。再次,基于照顾留守儿童形成的服务行业间接地为移民迁出地引进了青壮年劳动力,有利于优化当地的人口结构,促进地方经济发展。最后,由于跨国留守儿童的侨眷身份,尤其是其中很大一部分人拥有的还是外国国籍,在政治和法律上对当地政府提出了如何正确应对中外关系的新课题。[2]高哲运用跨国主义理论对跨国抚养期间的跨国主义联系进行了重点分析,认为虽然跨国留守儿童系未成年人,尚未完成基本社会化、独立拥有资源,但由于身份特殊,其跨国主义联系超越了家庭内部的经济及情感界限,具有国际政治及社会交往方面的内涵,是促进家庭成员及中外联系和交流的纽带。[3]

三、已有研究的特点与不足

(一)主要特点

不难看出,学界围绕跨国留守儿童已进行了较为广泛的讨论,并产生了一定数量的富有洞见的研究成果。总的来说,已有研究有如下几个典型特征。

(1)研究对象主要以幼小儿童为主,或者未做任何界定,笼统地将所有年龄层的留守儿童都纳入考察范围,极少量涉及青少年群体。

(2)研究内容主要聚焦在心理健康和教育问题两大领域,其相关研究成果几乎占了跨国留守儿童研究的半壁江山,其他方面的探讨稍显薄弱。

(3)在研究方法上,以问卷、量表为工具的定量分析占统治性地位,只有极少数采用的是访谈、观察和体验等质性研究方法,而将跨国留守儿童与非留守儿童进行对比则是众多研究在方法上的一个共同点。

---

[1] 潘佳丽、李丹、张雨青:《海外初中留守儿童的问题行为及其影响因素》,《心理研究》2011年第3期。
[2] 陈日升:《福建亭江的"小美国人":一个跨国寄养的新移民子女群体》,《华侨华人历史研究》2006年第2期。
[3] 高哲:《浙江侨乡地区跨国抚养的跨国主义联系研究》,《中国市场》2017年第34期。

（4）在研究视角上，绝大部分学者站在客位的立场，视跨国留守儿童为父母移民的被动受益者或受害者，只有极个别学者注意到了留守儿童在移民决策中的能动作用。

（5）在研究水平上，由于国内学界过分重视农民工留守儿童而忽视跨国留守儿童，导致其在研究的丰富性和深入性上均落后于国外。学者们并没有真正挖掘出跨国留守儿童区别于农民工留守儿童的特有属性，依旧将其作为普通留守儿童看待。

（二）存在的问题

1.主体性丧失与群体无相[①]

前文述及，定量分析在跨国留守儿童研究中占据绝对核心位置。学者们大多抱着一种局外人的立场，泛用技术化的资料收集工具和统计分析方法。这种研究路径虽然可以快速抓住跨国留守儿童与其他不同类型儿童之间的共性与差异，但同时，跨国留守儿童本身也极易被模式化、简约化，沦为没有血肉，没有人生经历、情绪体验和主观能动性的抽象研究客体。其结果是，跨国留守儿童集体失语，我们只看到父母移民对留守儿童产生的影响，却唯独看不清留守儿童作为一个个活生生的人的本来面目及他们自己对留守生活的能动反应。

值得留意的是，近年来国外学界正在经历一个学术转向，即不再视留守儿童为消极的接受者，相反将他们看成自己生活的积极参与、建构与阐释者。相应地，研究视角也从局外人的立场切换到儿童自身的内部视角。Hoang等认为，尽管父母移民导致了留守儿童生活受限，但通过抵抗、韧性和改造的策略，他们完全能够成为有意识的能动者和他们自身发展的代理人。[②]通过对墨西哥农村的田野调查，Dreby发现，作为家庭中没有权力的成员，孩子对移民的决定几乎没有影响，但他们往往会以负面的行为和态度表达不满，以此与父母讨价还价，最终影响家庭的迁移轨迹。[③]Olwig也曾以加勒比4个留守儿童的生活故事为

[①] "无相"本是一佛教用语，意指心无所住，不被任何事物束缚的精神状态。这里借用其本意，即没有行迹、没有具体形象，用来指跨国留守儿童被高度抽象化，使人们看不到其主体性的一种研究结果。

[②] Hoang L A., Lam T., Yeoh B S A., et al., "Transnational migration, changing care arrangements and left-behind children's responses in South-east Asia", *Children's Geographies*, Vol. 13, No. 3, 2015, pp.263-277.

[③] Dreby J., "Children and Power in Mexican Transnational Families", *Journal of Marriage and Family*, Vol. 69, No. 4, 2007, pp.1050-1064.

个案，深度考察过儿童对父母移民与自己跨国留守的理解。①毫无疑问，这些研究对于还原留守儿童活生生的本来面目，重塑儿童主体性价值甚大。但遗憾的是，截至目前，这方面的研究仍只占很小比例，相互之间难以形成强有力的理论对话。

2.过程与结果呈混乱局面

（1）研究对象界定不明

明确清晰的概念界定是开展科学研究的必要前提。但迄今为止，对于什么是跨国留守儿童这样一个最基本的问题，尚缺乏统一、明确的界定。

首先，跨国留守儿童别称众多，五花八门。国内学者多称之为"洋留守儿童""洋留守华裔""侨乡留守儿童""华侨留守儿童""海外留守儿童"等，国外也有学者将其称为"卫星儿童"。其次，有关跨国留守儿童内部的细分类型，不同学者间也远未能达成共识。有学者认为，跨国留守儿童特指在国外出生，已经取得了外国国籍，但因为移民父母忙于事业无暇顾及或为了学习中文等目的，被送回国内抚养的孩子。②但另有学者也将国内出生，父母于其幼年时远赴海外而被迫留守家中的孩子归入其中。③最后，不同研究所指的跨国留守儿童的内涵和外延差别甚大，尤其在留守儿童的年龄方面，标准明显不一。

（2）研究过程缺乏规范

首先，研究方法比较简单随意。对若干质性研究来说，学者只是通过报刊网络等媒介或实地访谈获取几个个案资料便展开主观评议，并没有真正深入留守儿童的生活予以整体式理解，资料碎片化，结论空洞无物、泛泛而谈。而且，由于报刊网络的报道和他人评价多是负面导向的，从而致使研究者很容易夸大跨国留守儿童自身的问题。而对定量研究而言，又普遍存在研究设计简单化、抽样方法不科学等问题。有些学者甚至对问卷设计、抽样过程及结果检验只字不提，研究结论难免会产生偏差。

其次，研究内容重复现象普遍，缺乏成果之间的相互借鉴与积累。在这一点上，国内学界表现得尤为明显。许多学者在进行研究时，很少会去回顾国内

---

① Olwig K F., "Narratives of the children left behiand: home and identity in globalised Caribbean families", *Journal of Ethnic and Migration Studies*, Vol. 25, No. 2, 1999, pp.267-284.
② 乔志华：《恩平的"洋留守儿童"问题一窥》，《黑龙江史志》2015 年第 9 期。
③ 夏凤珍：《试析对"洋留守华裔"华文教育的路径选择——以浙江重点侨乡青田县为例》，《八桂侨刊》2015 年第 1 期。

外已有的研究文献,更不会主动与前沿理论观点进行对话。因此,无论在深度还是广度上,国内研究都远滞后于国外研究。目前,国内学者对跨国留守儿童的研究依然停留在心理健康和教育问题两大方面,且大部分文章都是靠一些零碎资料或简单的统计分析拼凑而成,内容杂乱并多有雷同。此外,研究视角和叙事方式仍是问题式的,缺少理论关怀。

（3）研究结论南辕北辙

从文献梳理可以看出,在父母跨国移民对留守儿童所造成的影响问题上,学者们的观点相去甚远,甚至有时针锋相对。其中有一部分是客观实在,因为跨国留守儿童所处的国家不同,面临的政治社会文化有异,问题表现自然会有差别。但问题恰恰在于,面对同一背景下的跨国留守儿童群体,不同学者之间的观点仍旧会相互抵牾。这种矛盾的存在决定了我们有必要转换研究视角,寻求其他替代性解释。

四、未来国内研究的可拓展之处

在国内,跨国留守儿童虽然客观存在了比较长的时间,但成为一个引人关注的社会问题则比较晚近,甚至可以说至今都还没有引起学界应有的重视。所以,与农民工留守儿童相比,跨国留守儿童的相关研究明显滞后。鉴于此,基于上述文献梳理及存在问题的挖掘,提出几点可以在未来研究中拓展的地方。

（一）研究对象

截至目前的跨国留守儿童研究基本上是将研究对象集中在幼小儿童身上,或是直接不加区分,将所有年龄层的孩子视为同质化的个体进行泛化的统一考察,比较缺乏对青少年群体单独、深入的关注。然而,我们应该知道,青少年正值青春期,也正处于人格形成的关键节点,极易受到家庭结构变化及周遭外部环境的负面影响。特别是,他们即将完成基本社会化,准备或已经开始作为社会成员进入社会生活,面临着比幼小儿童更多、更复杂的成长与发展问题。因此,未来研究的焦点可适当从幼小儿童转向青少年群体。此外,在已有的比较研究中,比较的对象多限于农民工留守儿童和非留守儿童,未来研究可进一步拓展至与其他不同国家、不同类型儿童（如流动儿童或父母离异儿童等）进行比较,探寻其间的共性与差异,以了解不同形态的父母分离对儿童的影响。

（二）研究方法

已有研究大多采用定量的研究方法,注重的是作为群体而非作为个体的跨国留守儿童，客观上造成了跨国留守儿童集体失语并丧失主体性。对此，新儿童社会学的代表人物James和Prout的意见或许可以借鉴。他们认为，儿童作为积极的社会行动者，应该从其自身进行理解，因此人类学民族志是一个非常有益的研究方法。[1]人类学民族志主要采用主位取向的研究策略，尤为强调走入研究对象的生活世界，倾听他们的声音并移情理解。未来研究可遵循此路径，选取若干典型侨村或学校作为田野调查点，融入跨国留守儿童的家庭生活及其人际交往圈子，对他们的日常生活进行参与式观察，同时实施无结构深度访谈，以了解其真实的生活状态及内心感受。

（三）研究内容

近年来，由于我国人口大量地跨国迁移，跨国留守儿童数量进一步扩大。特别是随着越来越多的留守儿童开始作为社会成员进入社会生活，研究主题和内容也需要进行新的拓展。其中，以下几个方面尤其值得关注。

一是跨国留守儿童的教育期望和成就动机。当一对父母决定迁移时，背后最大的推动因素往往是希望给留守在家的孩子提供一个更好的教育机会。[2]尤其是随着海外移民父母自身的教育水平越来越高，子女教育更成为他们关注的重中之重。已有研究虽多有涉及跨国留守儿童的教育表现，但对他们的教育期望和成就动机并未做相关深入探讨。他们对待教育的态度如何？是否会受移民文化的影响而在主观上轻视教育价值？其成就动机又是什么？是否与父母的殷切期望保持一致？这些问题都需要在未来研究中进一步探究。

二是跨国留守青少年的人际交往与社会参与。与幼小儿童不同，处于青春期的青少年个体往往具有脱离家庭及成年人掌控的内在诉求。在他们身上，家庭的影响功能趋向弱化，家庭外部因素的作用逐渐增强。其中，人际交往和社会参与承担了关键一环，这是青少年认识自我、他人及社会的最主要的形式和途径。作为他人眼中物质丰富但精神空虚的特殊人群，跨国留守青少年的人际交往和社会参与会呈现怎样的鲜明特征？对这一问题的回答，关系到留守青少年的正常社会化发展与身心健康，具有十分重要的价值。

三是跨国留守青少年的职业期望与职业适应。由于受到父母跨国迁移和当

---

[1] James, J., Prout, A., *Constructing and reconstructing childhood: contemporary issues in the sociological study of childhood*, (Oxon: Routledge, 1990), p.207.

[2] Victor C., Valentina M., "Educational performance of children of migrant parents in Ghana, Nigeria and Angola", *Journal of Ethnic and Migration Studies*, Vol. 42, No. 5, 2016, pp.834-856.

地移民文化的影响，出国成为大部分跨国留守青少年的主要人生目标。他们当中的一部分人辍学后便马上会被父母带去国外参加工作，更多的则是到家乡附近几个重要的城市打工，目的是先闯一闯外面的世界，为出国做准备。对这么一个受跨国移民实践影响至深的群体来说，其职业认知是怎样的？他们选择职业的价值标准有什么特点？那些已经辍学并开始工作的，是否很好地适应了职业发展的需要？这同样是未来研究需要重点关注的问题。

四是跨国留守青少年的婚恋与家庭观念。婚恋与家庭观念是个人应对恋爱、婚姻和家庭问题的根本价值取向及道德选择，也是青少年社会化过程中的一个重要内容。作为成长于特定社会与家庭环境中的特殊群体，跨国留守青少年在这方面的表现有什么特点？尤其是在移民文化的作用下，他们的婚姻家庭之路会呈现出怎样的轨迹？又会出现怎样的难题？这亦需要我们在未来研究中予以集中探讨。

五是跨国留守青少年的国家认同与文化认同。国家认同和文化认同是青少年政治社会化过程中的两个重要内容。由于具有潜在或正式的洋身份，以及会受到身居海外父母潜移默化的影响，跨国留守青少年身上普遍存在着较为明显的中外文化张力。在此背景下，他们的国家认同和文化认同是否会表现出独有的特征？他们究竟会在多大程度上接纳和认可自己所生长的国家和耳濡目染的传统文化？在其群体内部，是否又会因为政治身份归属的不同而有所差异？深入研究这些问题，无疑有着十分重要的现实意义。然而至今，学界无一相关研究成果出现，亟须进行探索性调查和深入探究。

六是跨国留守儿童对家庭及地方社会的反向影响。已有研究大多关注的是特定社会和家庭背景对跨国留守儿童造成的影响，相对忽视了跨国留守儿童对家庭及地方社会的反向作用。尤其是随着跨国留守儿童群体的扩大，其价值观念和行为方式不可避免地会影响到地方社会的方方面面。因此，我们在留意他们所遭遇的问题与困境的同时，也要深入研究其带给家庭及地方社会的新挑战。

2010年以来"中国寻根之旅"夏令营发展探析

李嘉郁[①]

(北京华文学院 北京 102206)

夏令营是国务院侨务办公室(以下简称国侨办)创立的华文教育工作的一种方式,即国侨办与地方有关单位合作,邀请海外华裔及港澳台地区的青少年来中国参观访问、学习交流,开展不同类型的文化体验。初衷是为了激发华裔青少年学习中文和中华文化的兴趣,增进对祖(籍)国的认知和情感,推动中外文化交流。该活动发端于1980年,1999年被正式定名为"海外华裔(及港澳台地区)青少年中国寻根之旅夏令营(以下简称"中国寻根之旅"夏令营),至今已有来自113个国家和港澳台地区的30余万名青少年参加了这项活动,目前仍保持在每年约300期2.5万人参营的规模。

"中国寻根之旅"夏令营成效斐然,海内外社会影响力不断扩大。2010年正值夏令营创办三十年,"中国寻根之旅"夏令营由规模化发展向完善和细化的办营模式转变,注重提升夏令营的内涵和深度。当年7月,时任中共中央政治局常委、国家副主席的习近平出席了第七届"中国寻根之旅"夏令营北京集结营开营式,首次提出"根""魂""梦"的主张,在海外华人社会和港澳台地区引起强烈反响。"中国寻根之旅"夏令营作为华文教育工作的一个重要而知名的品牌项目,自此获得更广泛的社会认可。

"中国寻根之旅"夏令营可谓华文教育工作中最具侨务特色的一项,随着侨情、世情、国情的发展,其也不再是单纯的寻根访祖、参观游览,各国移民的文化寻根热潮、华人社会的族群构建、中国的崛起及其带来的机遇,以及新时期侨务工作面临的形势,都对"中国寻根之旅"夏令营产生了深刻的影响,

---

[①] 李嘉郁,女,历史学博士,北京华文学院教授,研究方向:华文教育理论、文化教学。

"寻根之旅"业已进入提质增效、内涵发展的新时期。

2018年3月，国侨办并入中央统战部，华文教育的职能保留在中央统战部，但是其中的"中国寻根之旅"夏令营移交中国侨联承办，2019年是中国侨联承办"中国寻根之旅"夏令营的第一年。5月14日，中国侨联"寻根之旅"夏令营工作会议在北京召开，各地侨联和夏令营工作的相关人员参加会议，原国侨办负责"中国寻根之旅"夏令营工作的人员应邀到会，介绍了历年来"中国寻根之旅"夏令营办营的做法和经验，中国侨联方面对办营工作作了具体部署。[1]

本文即通过对"中国寻根之旅"夏令营自2010年转型后的有关情况进行考察分析，归纳其变化脉络与特点，以期有助于相关方面利用前数十年积累的办营经验和社会资源，同时与海外组办单位实现顺利对接、磨合，并在此基础上统筹规划，充分体现新机构特色，发挥更大效用。

一、发展历程

"中国寻根之旅"夏令营发源于"游教"，即"旅游教学"，这是国侨办系统几所华侨补习学校自20世纪80年代起实行的一种特殊教学方式。1982年5月，国侨办在北京召开华侨补习学校教育工作座谈会，确定华侨补习学校的主要任务是"面向国外，传播祖国的语言文化"。这项会议是华侨补习教育向中国语言文化教育过渡和多形式、多层次办学方向发展的转折点。而夏令营这种"旅游+汉语文化教学"的模式恰好适应了补习学校要求的短期、灵活、偏重文化体验的教学需求。1980年4月，广州华侨补习学校首先举办华裔青少年夏令营，这是华裔青少年夏令营活动的初始，其后逐渐扩展到五校所在地之外的中国其他省份，主要是侨务大省，由各省侨务部门承担。90年代，华裔青少年来中国的旅游、寻根以及短期学习不断升温，针对性极强的夏令营活动备受青睐。[2]1999年，国侨办将此项活动正式定名为"海外华裔（及港澳台地区）青少年中国寻根之旅"夏令营，明确由国侨办牵头、各地侨办、全国华文教育基地院校等单位承办，国侨办不定期举办北京大型集结营，届时邀请国家领导人出席。

海外华裔青少年的中国语言文化学习需求的大规模、多方面扩展与中国华

---

[1] 中华全国归国华侨联合会：《中国侨联召开2019"寻根之旅"夏令营工作会议》，http://www.chinaql.org/n1/2019/0516/c419643-31088660.html。
[2] 林蒲田主编《华侨教育与华文教育概论》，厦门大学出版社，1995，第146—149页。

文教育工作的纵深细化发展共同催生了"中国寻根之旅"这种特殊的华文教育形式。

二、现状

目前，夏令营的承办单位已由原来的侨务大省发展到遍布全国31个省、自治区、直辖市，50个华文教育基地单位成为实施骨干。一般营团的组建是由中国政府方面审核通过的华文学校和华人社团统一组织报名协调事宜，这样的单位目前共有700余家。2012年，国侨办建立了夏令营网上交流平台（http://summercram.hwjyw.com），以便发布相关信息。夏令营营员包括领队和学生两部分，领队为华校教师或学生家长，每团规模在50~300人。虽然在华文化活动因地制宜，但是在程序上仍有所规定，如在开营式和闭营式期间进行授（夏令营）旗仪式、领队和学生代表发言、展示所学才艺等。很多营团回国后，组办单位也会邀请其进行汇报展演，以展示夏令营成果、激发学生们学习中文的热情。

夏令营活动包括课堂教学、游览参观、交流访问等内容，其中学习时间不少于营期的一半，这些学习有汉语、史地、书法、绘画、手工、才艺等，与当地中国学生和民众的交流也是必要的内容。针对海外华裔青少年学习中国文化的不同特点，结合各地的现有资源及地域特色，夏令营活动逐渐不拘泥于形式，有的侧重学习体验，有的侧重旅游交流，有的侧重寻亲祭祖，还有的侧重经贸参访等。但是不管是哪种类型的夏令营，具体采用了哪些教学方法，都强调让华裔青少年更多地了解中国，加强文化认同。近年来，针对性更强的"专题营"逐渐增多，所谓"专题营"，就是为某项技能或某种文化学习，或为某些特定人群而开设如武术、戏曲、舞蹈、音乐等的专题营。

除了这些常规营，国侨办也有一些直接筹划经办的特殊营团，以委托形式交给相关单位。一是根据政府间协议组办的来华学生营，或称"协议营"。借助"中国寻根之旅"夏令营这一形式，建立起正面宣传介绍中国的有效渠道。二是国侨办特别邀请的某些特殊团体营，如海外优秀华裔青年营、港澳台优秀青年营、领养儿童营、国侨办举办的"海外华裔青少年中华文化知识大赛"优胜者营等。"优秀华裔青少年营"自2004年举办；邀请在当地知名高中或大学就读且成绩优异，或在科技、文学、艺术等领域获得一定级别奖励的优秀华裔学生回国参加专题夏令营活动，其参访活动侧重对中国国情的了解以及与国内同龄学生的联谊交流。被领养中国儿童是新出现的一个华人群体，自2012年起举办的"领养中国儿童外国家庭夏令营"为其创造了了解中国现状及文化的条件，最近一期即2016年的第13期"领养中国儿童外国家庭夏令营"有来自美国、加拿大、澳大利亚、荷兰、芬兰、西班牙6个国家的100多个家庭的200余人参营。①

"中国寻根之旅"夏令营在创办之初就有意营造品牌形象，1999年设计了营徽"小龙人"，活动中使用的营旗、营帽、营服等用品的标志图案都是一个身上背着书包、肩上扛着写有"根"字小旗的黄色小龙人，他朝气蓬勃、充满活力，仿佛正迈开步伐向前走，简单形象地表达出了"中国寻根之旅"夏令营的主题和活动的主要内容。2015年，国侨办面向全球征集"中国寻根之旅"夏令营营歌的歌词，要求紧扣"汉语·文化·寻根"的主题并富于时代感和艺术感染力，能够充分展示海外华裔青少年昂扬的精神风貌和对祖（籍）国的眷恋之情。征集活动得到海内外热心华教人士的积极响应，国侨办从海内外投稿的400余件作品中选出50件优秀作品，并将其中11件歌词谱曲。2015年"寻根之旅·四海一家"海外华裔暨港澳台地区青少年大联欢活动中就选取了其中的一首——《四海一家》作为主题曲。

"中国寻根之旅"北京集结营在夏令营系列活动中最具社会影响力，即组织一批在全国各地参加夏令营的华裔青少年集中几天到北京学习、观览，集结营最重要的活动是在人民大会堂举办的营员大联欢，国家领导人应邀出席。1999年，国侨办第一次发起了"中国寻根之旅"集结营，营员和国内外媒体反响热烈。经过这次有益的尝试之后，每隔几年都在北京举办一期大型集结营，至2018年共举办了九次。集结营的规模不断扩大，1999年为500人，2004年为4000人，2006年为5000人，2010年达到空前的6000人。②2010年，习近平同志参加在人民大会堂举行的"中国寻根之旅"夏令营开营式并作重要讲话，提出"根、魂、梦"的主张。一方面，说明了"中国寻根之旅"夏令营活动得到了党和国家领导人的高度重视和认可；另一方面，习近平对"根、魂、梦"的阐述也给夏令营活动乃至华文教育工作的进一步推进指明了方向。2018年，国侨办并入中央统战部，7月举办第九届"中国寻根之旅"夏令营北京集结营，来自

---

① 王雪雯、宫世雯：《"中国寻根之旅"夏令营发展情况概述》，《世界华文教育》2017年第2期。
② 王梦黎：《留下一片足迹，带走一份乡情——海外华裔青少年"中国寻根之旅"夏令营活动分析》，《对外传播》2016年第11期。

40个国家和港澳台地区的3000余名青少年参加,尤权部长出席开幕式,为营员代表颁授营旗并发表重要讲话。

三、特点

"中国寻根之旅"夏令营已历经四十年的发展,现阶段在稳定规模的基础上,有关各方着力于完善办营的组织运作模式,更加重视夏令营活动的内涵、深度和效果,表现为专题营的细化和深化,教学层次的专业化和高端化。夏令营除在文化传承与传播方面继续发挥作用,也在促进华人族群构建以及青少年个体发展等方面显示出巨大潜力,因而承载了更为丰富的功能。

(一)从以游为主到游学结合,夏令营活动趋向教学化、高端化

中国的高速发展促使华人家庭更加重视子女的中文教育,由此带来华裔青少年汉语和中华文化水平整体的显著提高,不同群体对于来华体验学习的个性化要求愈加突出;同时,各地活动项目的差异化愈加明显,地区优长得以发挥,营员的个性化学习需求得到更好的满足。"中国寻根之旅"夏令营本质上是一种教学活动,因而目标明确、内容充实、过程规范、教师教学教材的科学配置是其必然的要求。实际上,外界印象中"游览+少量教学"的模式只是夏令营早期的状态,近年的普遍趋势是保持游览项目的同时,学习体验的成分不断强化。自1999年起"中国寻根之旅"正式定名后,华裔青少年夏令营在中国各地蓬勃展开,量的增长一度成为夏令营的总体特征,2004—2006年,一些地方政府部门和承办单位陆续提出夏令营"平台期""瓶颈期"的问题。经过数年的常规性经营,"创新"成为大家共同思考的问题,而社会资源尤其是教育资源比较优厚的地区,已经在教学规范化上有所成就,亟须完善和固化。而这一时期的海外华文教育也普遍面临提升质量、完备功能的迫切问题,基于此,2014年,在第三届世界华文教育大会上,国侨办明确提出了华文教育向"专业化、标准化、正规化"转型发展的目标,在海内外引起强烈反响,"三化"成为各项华文教育工作的指挥棒。2015年由国侨办主办并承办的北京集结营,便突出了"中华才艺"的教学导向,设置各种才艺专题并安排有关单位延请专业教师进行指导。这一年的舞蹈营由首都师范大学承办;戏曲营由中国戏曲学院承办,其间不仅有戏曲观赏,还组织营员学习戏曲身段、服装及化妆体验、脸谱绘制;武术营由首都体育学院承办,选择国内外武术比赛冠军级别的年轻教师,安排了防身术、双节棍、南拳北棍、太极拳、太极球等体验式课程;书画

营由北京市少年宫承办，充分发挥了其在书法、绘画教学方面的特长；手工艺营由崇文少年宫承办，使营员们接触了原汁原味的非遗传统工艺；等等。①承办方均为极具专业知识和教学经验的院校和专业团体，营员和家长领队对此评价很高，认为这样既保证了大型集结营的活动效果，又做到了精细化的教与学。

努力丰富活动内涵、强调效果而非泛泛开展、按照教育教学规律经办营团活动成为"中国寻根之旅"夏令营组办者的一致追求。针对不同来源的学生，夏令营举办前后的调研和总结、跟踪反馈以及营员数据库的建设已成为比较普遍的做法，各承办单位基本能够做到针对营员的来源，事先了解当地的华人社会、侨务资源以及华裔青少年的基本情况，做到活动安排有的放矢。

专题营的出现和发展即为因材施教的整体部署。中华武术、舞蹈、音乐、陶瓷以及侧重汉语考试辅导的HSK等专题营为具有相关特长或学习愿望的海外华裔青少年提供专业技能的训练和交流；此外，还有针对地区特色的"魅力冰雪冬令营"等。专题营之"专题"呈逐年递增之势，2016年各类专题营营员达3000余人。鉴于近年来海外华裔青少年中文水平的普遍提高，寻根之旅中侧重深度学习体验的专题营也不断拓展。2017年，温州首次举办"中国寻根之旅·相约温州营之经典文化营"，这是一个以读经为主的夏令营，半个月内，通过大量的经典诵读，提高海外华人青少年的中文水平，同时加强其对传统文化价值的认同，唤起其文化归属感。

关于课程研发。例如，上海华东师范大学第一附属中学自2010年起，设立并不断完善"上海A to Z"系列课程，主题是上海文化资源，据此讲授与上海有关的中国历史名人、科技、艺术、体育、饮食等，这是为了方便海外学生更快更全面地了解上海文化而特别设计的，并且每年都会更新一些内容，及时补充信息，意图通过一次夏令营，让学生对上海这个城市有全面深刻的了解，实为夏令营活动教学化的成功尝试。江苏夏令营的课程则是以规定教学活动的形式展现出来，其在全省夏令营安排中提出"七个一"的硬性要求，即组织一场特色演出、感受一次城市面貌、参观一批人文景点、学唱一首地方民歌（戏曲）、学习一套文化技艺、撰写一篇主题文章，另外还要学会唱国歌等。②不难

---

① 《海外华裔与港澳台地区青少年在京畅享"一家亲"》，中国华文教育网，http://www.hwjyw.com/bigcamp2015/content/2015/08/09/32132.shtml。
② 《江苏省侨办2018"中国寻根之旅"工作会议在宁召开》，搜狐网，http://www.sohu.com/a/234689898_99894511。

看出，对应这些学习内容的是类似专题讲座的教程，有关的探索研发成为夏令营特色教学的根本支撑。

（二）创新意识加强，夏令营的功能不断丰富，尤其在配合国家内政外交方略和促进华裔青少年个体发展等方面拓展显著

"中国寻根之旅"夏令营的基本宗旨是使海外华裔"了解""喜爱"乃至热爱、认同中华文化，过去较为偏重传统文化的教育教学。近年来，在保持这些传统模式的同时，国家内政外交方针战略得到明显体现，提倡国内国际并重，促进中外交流和理解，建设人类命运共同体的理念成为新时期侨务工作的指导思想，[1]这也在寻根之旅的规划项目中得到切实的体现。

"文化中国·水立方杯"海外华人中文歌曲大赛是由北京市人民政府侨务办公室等主办的一项大型公益性中外文化交流活动，自2011年起举办，在依托海外民间力量开展人文交流、讲好中国故事、传播北京声音等方面凸显了独特优势。2015年"中国寻根之旅"夏令营北京集结营即结合了"水立方杯"颁奖典礼，展示了华人四海同源的夏令营主题；并且这一年的集结营也召集了"四海一家"香港青年创新创业交流团团员，近4000人齐聚人民大会堂，共同参加了以"寻根之旅·四海一家"为主题的海外华裔、港澳台地区青少年大联欢及"水立方杯"颁奖典礼。杨洁篪国务委员出席本次集结营并作重要讲话，他指出，应让营员充分领略中国蓬勃发展的态势，增进他们对中国市场和创新创业的认识，希望通过参访能够增强香港青年海外华裔对中国的认识，创造创新创业的机会。[2]"寻根之旅"与其他侨务工作及港澳台青年活动的紧密结合在这里得到典型体现。2016年，"一带一路"倡议提出后，"中国寻根之旅"夏令营活动在统筹部署上也更加侧重与"一带一路"沿线国家的交流。2017年，江苏侨办在夏令营工作会议上明确提出，办好"中国寻根之旅"夏令营是讲好江苏故事、践行文化自信、策应国家"一带一路"倡议的有效方式。这一年江苏承办了历年来最大规模的夏令营，各项活动充分体现了这一工作理念。[3]

---

[1] 张国雄：《"中国方案"对侨务工作转变的新要求》，《五邑大学学报》（社会科学版）2017年第3期。
[2]《2015"中国寻根之旅"夏令营北京集结营圆满结束》，广东侨网，http://www.qb.gd.gov.cn/news2010/201508/t20150810_670298.htm。
[3]《华裔青少年"中国寻根之旅"工作会议在南京召开》，http://www.sohu.com/a/149452353_268755。

（三）运营管理方面，制度建设不断推进，组织程序逐渐完善，夏令营呈现常态化规范化发展趋势

早期的"中国寻根之旅"夏令营通常是作为侨务系统中一项青少年"活动"来开展的，对于各地侨务机构和承办单位来说，无论是活动内容还是运营管理，某种程度上都具有较大灵活性。自2010年最大规模的集结营后，夏令营办营模式和组织方式趋于明确与细化，这来自多年的经验总结，是考量各种社会资源优化配置的结果，也是今后教育教学活动安全高效的基本保证。

国侨办陆续编制了针对海外营员、家长和领队的《家长同意书》《领队须知》《营员须知》以及反馈问卷，对领队素质、师资配备、活动主题、标识使用、安全保卫及媒体参与等皆有详细规定。同时，各承办单位也根据本地实际情况制定了相关制度，以保障夏令营的规范有序。每年大型夏令营活动开始前，各地侨务系统组织召开工作会议并对有关承办单位进行有针对性的业务培训，已成为常态。尤其是"中国寻根之旅"夏令营作为一项大型涉外活动，主体为未成年人，安保尤其显得重要，某种程度上直接关系到活动的成败，各地除建立得力的管理员队伍外，更加注重制度建设。2014年，温州侨办在夏令营工作会议上已经明确提出"抓制度建设，落实目标分解"的工作原则。①

寻根之旅作为政府组织的针对海外华裔的一项大型活动，面向国内、国外的宣传介绍都是非常重要的一个环节。各地均已建立了相对固定的媒体传播渠道，邀请当地媒体对夏令营活动进行实时报道，在涉侨网站及时发布资讯，并鼓励营员通过微博、微信等通信手段对参营感受进行分享等，这都是比较成熟的运作方式。除国内媒体外，寻根之旅的发展还需要海外华人的认知和支持，应重视海外媒体对夏令营的正面评价和报道。因此，在做好内宣的同时，近年来各方也非常重视利用海外媒体在华人中的影响，2018年，日本《中文导报》、澳大利亚《大洋日报》《大洋时报》、加拿大《加中时报》、俄罗斯《龙报》均刊发专版介绍有关夏令营的活动情况。

现阶段夏令营规模不断扩大，营员和家长的要求更加细致；而办营一方除强化组织程序、制度建设外，对于出现的新情况、新问题，也着力于利用现有条件和资源，争取形成常态化的应对机制，并以这种机制促进华文教育工作的

---

① 《温州市侨办召开"寻根之旅"夏令营筹备工作会议》，华龙网，http://news.cqnews.net/html/2014-05/15/content_30763632.htm。

整体拓展。例如，营团增长和办营经费的矛盾问题，以江苏为例，近年来办营规模虽不断扩大，但仍难以满足海外华裔的参与需求，因此，省侨务部门通过开展文化交流项目等方式实现了营员额数的增扩。

（四）发动社会各方共同参与，充分展示大侨务工作格局

涉侨工作不但包括各级人大华侨委员会、侨务办公室、政协港澳台侨委员会、致公党和侨联"五侨"，也涉及与统战、商务、外事、教育等部门的协调与合作，把各方面的优势利用起来，发动全社会力量共同参与的"大侨务"概念早已成为共识。近年来，"大侨务"的工作格局在寻根之旅中得到充分展现，一方面是"大侨务"总体原则的贯彻，另一方面更是寻根之旅自觉深化调整的必需。由侨务外事部门主办的夏令营在组织、教学、社会保障等方面需要教育、文体、旅游、卫生、安保乃至基层群众组织如街道办等各种机构的配合支持，这些资源的协调利用是夏令营质量的根本保证。各地侨务系统不仅积极开发利用地方社会资源，而且充分发挥了统筹指导的作用，在实践中逐渐形成了行之有效的多方协作模式。例如，传统侨乡，自2010—2018年上半年，共举办了27次"中国寻根之旅"夏令营活动，参与学生达2000余名。市侨务系统对包括夏令营在内的华文教育工作的"细"化要求亦成为指导全市夏令营工作的基本精神，所谓"事无巨细、在细中见感情、在细中见内容、见特色、见安全、见成效"[①]。南京市侨务部门在近年夏令营活动中注重基层涉侨单位的作用，并通过这些单位动员了本地区的文化教育旅游等机构，一些新兴的华文教育基地如浦口行知体验基地在夏令营的经办上多有拓展创新。

作为政府开展的三项主要华文教育工作，较之华文教师培训、华文教材编写和发行，"中国寻根之旅"夏令营活动在海内外具有更高的知名度和社会参与度，对华裔青少年的作用也更直接、有效。"寻根之旅"自创办、发展直至今天，规模、影响的扩大和功能的多元，是中国侨务部门秉持为侨服务、涵养资源，以及以侨务工作配合国家文化发展方略的结果，亦是华侨华人与祖（籍）国的联系在需求和层次上不断变化深化以及中国方面积极因应的结果。"中国寻根之旅"模式的建构和发展趋势也从一个方面显示了海外华文教育的多样性、差异性，引发我们对于华文教育功能以及华文教育工作目标的思考。

---

① 《福建召开2017年"中国寻根之旅"夏令营专题工作会议》，闽侨网，http://minqw.fjsen.com/2017-12/15/content_20498682.htm。

冼夫人文化在东南亚

唐若玲[①]

(海南师范大学马克思主义学院　海南海口　571158)

  冼夫人(512—602)出生于岭南高凉郡俚峒一个世代都是南越首领的大家庭,是我国古代伟大的政治家、军事家。她自小聪慧过人,且公正刚直、疾恶如仇、乐为民众排忧解难,深受俚民拥护,年轻时便被推举为大首领。与世代为仕的高凉太守冯宝结秦晋之好后,她的理政才能得到了淋漓尽致的发挥,"戒约本宗,使从民礼",使俚郡各族人民和睦相处,备受俚民爱戴。她扶助梁朝统一岭南,健全政权;扶助陈朝铲除内乱,巩固政权;扶助隋朝完成统一祖国大业,厥功至伟。她"请命于朝,置崖州",使海南在游离大陆政治版图580多年后,重新回归中央政权管辖。她一生历经战火不断、政局动荡的梁、陈、隋三朝,毕生为维护国家统一、维护民族团结,为促进岭南和海南的社会安定和经济发展作出了巨大贡献,深受历代朝廷的尊重和民众的崇拜。

  在她生前,梁朝赐其为"保护侯夫人"。陈朝赐其为"中郎将""石龙太夫人"。隋朝赐其为"宋康郡夫人""谯国夫人",逝世后谥为"诚敬夫人"。唐朝赐其为"懿美夫人""正顺夫人"。南汉朝赐其为"清福夫人"。宋朝赐其为"显应夫人""柔惠夫人"。明朝赐其为"高凉郡夫人""陈村夫人"。清朝赐其为"慈佑夫人"。

  民间则尊称其为"圣母""郡主""婆祖""境主""一品夫人""锦伞夫人""护国夫人""懿德夫人""南天圣娘""南天闪电火雷感应圣娘""南天娘娘""火懿圣娘""感应妃仙""感应娘娘""万应娘娘"等。

  一千多年以来,岭南地区的人民群众对冼夫人的敬仰和热爱已演化为民间

[①] 唐若玲,女,海南师范大学马克思主义学院教授,研究方向:华侨华人、侨乡。

信仰，积淀为历史底蕴深厚、个性特色鲜明的地域文化。仅在海南一地，就建有462座纪念冼夫人的庙宇。[①]其规模可见一斑。

历史上，岭南地区不管是广东还是海南，都是中国人下南洋的主要地区之一。岭南民众在下南洋谋生时，也把故土的神祇请到居住地，希望来自故乡的神灵保佑他们在新的环境安定平安、财源广进、逢凶化吉；在神灵的感召中团结一致、相互帮扶、共同发展；在祭拜神灵的活动，寻找源自故乡的心灵安慰与寄托。

一

位于泰国曼谷帕拉玛六路的正顺圣娘庙是海南华侨华人于1965年所建。据建庙碑文所载，建庙乃因"佛历二五零八年岁次甲辰秋八月，仝人（又名'同人'）等提及吾琼诸神圣在泰国皆有巍峨之阙如，而使深念吾婆之恩德者则礼拜无所。仝人等有见及此乃于同月中旬招集选出建庙筹备委员会，以负其责"。在众人的热情捐赠下，建庙资金有了保障，并"蒙冯姐隆献捐地皮一幅以为庙址，建庙乃能顺利进行。历三阅月而月廿三日揭幕廿四日，奉圣登龛开光点燿"。于是"仝人工作渐告完满"。

庙宇落成后，据庙中另一块碑文所载"本庙自甲辰年落成以来，圣娘显赫，泽荫万民，祈福求财，有求必应。医病施药，有求则安，四方景仰，不绝于途。香火鼎盛，甲于一时"。以至于"人众既多，庙宇不形中变为狭隘"。于是"仝人等再经会商决议，另建右现状之所需"。在众人的努力下，第二年，即1966年寻成开廊，有效地扩大了庙宇的使用面积。

今天的正顺圣娘庙，殿堂金龙缠柱，雕梁画栋，一派中国传统庙宇建筑风格。整座庙宇的装饰无不彰显冼夫人的丰功伟绩；殿堂的横梁上挂着"一片娘心"的匾额，殿堂的柱子上写的对联为"圣迹溯高凉安百越晏诸州功绩辉煌凭正气，庙宫镇网赐凌九霄朝活水香烟鼎盛兆中兴"。

正顺圣娘庙在一年中最重要的节庆，一个是中国农历春节后连续35天的时间，安排相关庆祝活动（该庙公期），前后持续六天；另一个是农历十一月廿四冼太夫人的诞辰日，前后活动持续三天。在这两个活动中，庙里都要举行庄严而隆重的祭祀仪式，以表示对冼夫人的尊敬，祈祷冼夫人显灵庇护众生。此

---

① 李金云主编《海南冼庙大观》，南方出版社，2015。

外，庙里还要摆设宴席，招待进香的善男信女，并请唱琼剧，人神共赏。

自圣娘庙建成以来的半个世纪间，顶礼膜拜者众多。进庙烧香，祈求冼夫人保佑的，不但有海南华侨华人，还有其他族群的虔诚信众。

正顺圣娘庙的经费来源主要靠信众捐献的香火钱，作为泰国海南会馆一个下属机构，会馆也给予一部分资金用于日常开销。

在马来西亚，据马来西亚学者郑庭河的田野调查，认为目前在海南人祭拜的庙馆或会馆中，有11家供奉着冼夫人。具体见表1。

表1

序号	庙宇/会馆名称	地点	成立时间（年）
1	排海庙	佛柔州昔加末武吉仕砗新村	1958
2	海南会馆/天后宫	佛柔州居銮	1936/1945（天后宫）
3	海南会馆/天后宫	佛柔州永平	1902（新馆1958）
4	海南会馆/天后宫	佛柔州古来	1923（新馆1948）
5	海南会馆/天后宫	佛柔州峇株巴辖	1958
6	天后宫	佛柔州淡杯	1975
7	水尾圣娘庙	雪兰莪适耕庄	1982
8	崇真堂	吉隆坡增江南区	1953
9	海南公会/三圣娘庙	霹雳州江沙	1939（新馆1986）
10	海南会馆/天后宫	霹雳州安顺	1928（新馆1982）
11	海南公会天后庙	砂拉越邦古晋	1885

从表1中不难看出，早在19世纪末20世纪初，冼夫人的香火就被海南人请到了马来西亚。但是，一般而言，冼夫人都不是这些庙宇或会馆的主祭神祇。"在有奉祀冼夫人的天后宫或水尾圣娘庙中，冼夫人一般被安置在天后或水尾圣娘的右边。不过也有例外情况，比如淡杯天后宫中，冼夫人就被安置在天后的左侧，右侧是水尾圣娘。一些庙中都有专供冼夫人的香炉（如江沙、古来、居銮），乃至签筒（如江沙、古来、居銮），有些庙还有冼夫人印章（如江沙）。"①

之所以出现这种情况，应该与华人信仰特点相关。中国人一般是多神崇拜，在华人庙宇中，同时供奉诸神是普遍现象。而在南洋，海南人祭拜的神祇除了海神天后外，还有水尾圣娘和昭应英烈壹佰零捌兄弟公。因为这两个神祇

---

① 郑庭河：《马来西亚海南社群冼夫人信仰和文化初探》，吴永坤主编《走向世界的冼夫人文化：2019中国海口冼夫人文化论坛文集》，第66—67页。

都诞生于海南。

一般认为水尾圣娘诞生在文昌东郊坡尾村,至今该村的水尾圣娘庙依然香火鼎盛。该庙有两个宝物:一是"慈云镜海"匾,为清代海南探花张岳崧所赠。传说张岳崧进京赶考途中寄宿某一地时,梦见有人欲放火加害自己,有一美女劝其离开。梦醒后,张便赶紧离开此地,果然不久,房子即失火。后来张岳崧一路追问救他的美女为何方神圣,一直找到东郊的水尾圣娘庙。于是,便写下此匾,以示谢意。二是铸于同治四年(1865年)的一口大钟,钟上铸有"水尾圣娘"与"沐总南港埠船装琼盛利公司邢文杰符开礼仝众敬奉"字样,落款时间为"同治四年春月吉旦"。南港埠应该是南洋的某个地方,此钟应该是到此地谋生的海南人所赠。水尾圣娘是下南洋的海南人最崇拜的本地海神。

昭应英烈壹佰零捌兄弟公一般认为是早年文昌铺前的108个年轻人下南洋到越南谋生,被诬为海盗遇害,后被越南官方平反后,化为海神,为海上奔波的人们保驾护航。

早年下南洋的海南人主要是通过海路到达居住地的,因此作为海神的水尾圣娘和昭应英烈壹佰零捌兄弟公受到重祭,也在情理之中。

马来西亚海南社群中,有关冼夫人的活动主要以祭祀为主,且各处祭祀的时间各有不同。昔加末武吉仕砗新村排海庙的冼夫人祭拜庆典时间为每年农历二月十一,居銮海南会馆在农历二月十二,古来海南会馆和淡杯天后宫在二月十三,而江沙、永平及峇株巴辖海南会馆则于农历六月十二(江沙)或十四(永平、峇株巴辖)。

为何同是祭祀冼夫人,各处时间怎么会不一样呢?这要从海南本土流行的冼夫人文化说起。先说风靡海南各地的军坡节。

海南军坡节习俗源于当年冼夫人阅军比武点将出征的军事行动。

据《定安县志》载:"二月十二为夫人出兵日,俗人每年此日必列旗鼓,显往日威风。"[①]又载:"谯国夫人庙在邑城南门外三里许潭览村。……二月十二为夫人生前行军之期。届期,各县行香者云集,舟车络绎,士女殷轸,滇南第一赛场也。"[②]这当中说到的"夫人出兵"和"生前行军",说的就是冼夫人当年阅军比武点将出征的军事行动。崖州治迁到汉珠崖郡治(今海口市琼山

---

① 清光绪《定安县志·杂志》,海南出版社,2004,第796页。
② 清光绪《定安县志·建置志·坛庙》,海南出版社,2004,第195页。

区旧州镇旧州村）后，为了振兴武备，树立朝廷威严，冼夫人于二月十二在州治隔南渡江西岸的沙源峒，举行阅军比武点将出征仪式，全岛各县峒的令长、峒主率团前来参加。随后，冼夫人指令各县峒也仿效沙源阅军的程式，各自在当地举行相应活动。这些活动称为"装军"。又因举办装军大都在宽阔的山坡上举行，故亦称"闹军坡"。

各峒遵照冼夫人的指令进行装军比武活动，但各地情况不同，筹备难易有别，进度不一，故各地的装军日期，亦即"闹军坡"的时间也有先有后，不是同时进行，全岛的军坡节日期，从年头到年末都有。因此，马来西亚各地海南社群祭祀冼夫人的时间不一，就不难理解了。

再有就是，冼夫人的诞辰、忌日、军坡节等都是冼夫人庙的节期。有些多祀的庙，每个神祇都有节期，由于一年中难以举办几次节庆，就视其实际挑出某一"节期"来，予以祭祀。

在海南，军坡节活动主要有祭祀、求谶、祈福，最具特色的是舞虎、舞狮、装军、上刀梯、过"火山"、穿杖、婆祖巡境安民等。当然，海南各地闹军坡的具体形式也不尽相同。比如在三亚，"'装军'节是崖州古城民间纪念冼夫人的节日。每年旧历四月初八到十二，古城及周围各村举行'装军'，抬公、游神。队伍有令旗队、骑马勇兵队、抬台队、游神队、金童玉女队、八音队、腰锣队等，模仿冼夫人出兵巡游村坊，表示接受冼夫人的检阅，抵御外辱，保家卫国求平安的决心"[1]。

冼夫人祭祀到了马来西亚，闹军坡的内容肯定有所减少，但在早期，其内容还是比较丰富的。比如，古来海南会馆，曾有过"火山"仪式、演酬神戏、"扶乩"、分享羊肉等内容，但由于后来因为观念改变、经济条件和后继无人等因素，这些活动基本上停止了。而在峇株巴辖海南会馆，以杀猪和羊为祭品的"扶乩"仪式在20世纪80年代尚盛行，但经会馆执委的改革之后已不再。昔加末武吉仕砵新村排海庙在2017年还有举行过"火山"仪式，自2018年后过"火山"仪式改为过平安桥。此外，在供品方面，也从有水果、猪、鱼、羊肉改为采用纯素（斋）供品。[2]

---

[1] 黄怀兴：《郡主冼夫人庙遗址》，载《三亚史迹叙考》，南方出版社，2006，第94页。
[2] 郑庭河：《马来西亚海南社群冼夫人信仰和文化初探》，吴永坤主编《走向世界的冼夫人文化：2019中国海口冼夫人文化论坛文集》，第66—67页。

在马来西亚，以冼夫人为主祭神祇的庙宇，建的最早的是位于吉隆坡增江北区的冼太庙。由广东高州籍人士所建。据该庙1973年出版的《增江冼太庙特刊》中记载：该庙的建庙建议最早是在1960年12月4日，由二十几名高州同乡，假增江民兴茶室，召开筹备建庙座谈会议。成立建庙机构，以吴德辉、周瑛琦为临时主席。

1960年12月18日，假周耀汉怡隆茶室，召开第二次座谈会议，有40余人参加。会议选出以周瑛琦为主席的筹委会。

1961年12月31日，假广琦昌板厂，召开第三次筹备座谈会，通过该会临时章程，并推荐周瑛琦、邓周荣、陆兆熊三位向雪兰莪州社团注册官申请该会建庙注册及向当地政府拨给庙地事。

1962年六七月间，陆兆熊回乡探亲，从高州冼太庙引香到马来西亚。

1963年4月7日，假广琦昌板厂，召开筹备建庙职员会议，通报3月24日已获社团注册官批准注册准证，但庙地未获批。会议表示，如获政府批地，应同心合力建成冼太庙。

1963年8月5日，又在广琦昌板厂召开筹委会会议。陆兆熊提议，请主席周瑛琦借广琦昌板厂背左边空地十六尺合十八尺地位，先建一间临时冼太庙，得到主席接受，即日动工，一星期内建成。8月13日，拜请冼太夫人、观音圣母、刘三仙姑三位显灵大神进庙以敬祀之。继造有双凤朝阳神龛，三位大神金身，农历十一月廿四日，请道师开光，供信众奉祀。

1964年1月5日，在该庙临时办事处，召开1964至1965年第三届第一次董事会议改造职员。

1964年8月1日，该庙办事处召开第三届第四次董事会议，会议主席通报，7月30日收到政府批准冼太庙地在增江北区增江路，空地卅尺合八十尺为冼太夫人之庙址。

1967年8月13日，召开特别会议，按政府要求，选出周瑛琦、赖均隆、邓周荣为冼太庙受托人，限三年一任，连选连任，并选拿督李长流为该庙名誉顾问，继选雪兰莪州上议员陈强汉为该庙顾问。后因福泽堂理事人与政府磋商，邀求前批准卅尺合八十尺的地位，让给福泽堂以改建为福泽堂大庙事。后经政府召集该村地方议会主席李俊锋，该庙主席周瑛琦、总务陆兆熊、顾问陈强汉，与对方庙堂理事人在甲洞副县署会议，经县长批准改在增江北区龙山宫庙前空地三六二五号，为冼太夫人永久庙址。

1968年农历五月十九，召开建庙委员会议，讨论于农历六月初九动工兴建冼太庙。经多方努力，耗资102000余元的冼太庙终于建成。整个庙宇建筑规模和外观与高州的冼太庙相似，一进三间式，腾龙缠柱，色彩斑斓，顶脊双凤朝阳，祥云鸱吻，颇为壮观。堂内混凝土梁柱，正间供奉冼太夫人，左间供奉观音菩萨，右间供奉刘三仙姑，左前间还供奉冼太夫人马军。庙门对联为："名著高凉，功昭社稷；泽敷南国，威震乾坤。"堂内柱联为："冼太矢贞忠，率行伍，佐元戎，卫国保民安社稷；夫人真勇敢，剿崔符，除暴寇，兴邦守土镇乾坤。"

1970年1月1日，即农历庚戌年十一月廿四日子时，请道师开光神像，巳时请拿督蒲进光临剪彩，并请道师启建开光大醮，功德三昼四夜，又请粤剧助庆。冼太庙终于告成。

冼太庙建成后，诚如建庙发起人之一的陆兆熊先生所言："为效忠马来西亚政府，联络民族亲善，祈祷和平，国泰民安。"几十年来，冼太庙一直秉承这一宗旨，为促进马来西亚社会和谐、凝聚信众情感、联络与祖籍国的乡情，作出不懈努力。目前到冼太庙祭拜的信众，不但有华人，还有越南籍、菲律宾籍、印度籍人士。

在马来西亚，冼太庙资助过华文小学，支持华文在马来西亚扎根。

2008年中国四川汶川地震发生后，冼太庙为此专门募集资金援助，表示海外赤子对祖籍国血浓于水的亲情；捐3万令吉给高州冼太古庙，表示海外冼庙对祖庙的虔诚之意。

在冼太庙的影响下，祖籍高州的热心人士黄关兴先生捐出8000多平方米地皮，准备在吉隆坡根登建第二座冼太庙。他们有信心把即将建设的这座冼太庙建得更加富丽堂皇。

高州人士近年来对冼太夫人在马来西亚的传播颇具热心。2013年，马来西亚高州总会从广东茂名迎请10尊冼夫人神躯提供给各分会纪念、供奉。据马来西亚高州会馆胡朝栋会长介绍，目前全马来西亚有27家高州会馆，大部分都供奉冼太夫人神躯。即将重修完工的马来西亚高州总会会馆八层大厦，规划专辟一层，建成冼夫人和高州历史博物馆。

"日久他乡即故乡，晨昏须上祖宗香。"如今，当年的侨居南洋的华侨们早已实现了从"叶落归根"到"落地生根"的转变，华人也融入马来西亚社会而成为其中一部分，但他们从未放下这份来自原乡的信仰，深情地奉祀冼夫人。

新加坡有座冼夫人圣堂，位于淡宾尼区的政府组屋内，目前为一家私家庙堂。此处的冼夫人神躯是这家女主人周爱梅早年从海南请来的。周爱梅年轻时，通过看花占卜断卦，甚为灵验，信者众多，曾经香火旺盛一时。

二

总体而言，冼夫人文化传播，就泰国、马来西亚、新加坡三国而言，马来西亚发展要快一些，规模更大一些，分布要广一些。但不可否认的是，今天，冼夫人信仰在泰国、马来西亚、新加坡呈现逐渐弱化的现象。其表现为：

第一，对冼夫人的祭拜越来越肤浅化、表面化。在马来西亚的海南社群，在祭祀冼夫人的庙宇或会馆中，原来祭祀冼夫人中具有特点的过"火山"、宰羊、演酬神戏等仪式，由于各种原因逐渐停止了。

昔加末武吉仕砗新村排海庙直到2017年还保留着过"火山"仪式，随后改成过平安桥，理由是找不到会画符的负责人，加上近年来难以找到生火的橡胶木材，而且之前也发生过举行仪式过程中有信众受伤的意外，导致越来越少的信众敢于参与其中。甚至曾请来主持祭祀的乩童（济公）都鼓励取平安桥代之。

20世纪80年代，受当时流行的佛教不杀生观念的影响，江沙三圣娘庙、峇株巴辖天后宫、雪隆天后宫等先后停止杀生祭神，改用全素供品，而后其他地方的天后宫也逐步仿效。

在各地的祭祀中，演酬神戏也越来越少，甚至不演了。其根本原因是经费不足，加上观众流失。昔加末武吉仕砗新村排海庙原来还演琼剧，后来由于经费困难，偶尔改为木偶戏酬神。

所有这些改变，不只是祭品、仪式不同的问题，更是与冼夫人信仰的内核息息相关的信息也随之消失。以至于即使供奉了冼夫人的神躯，而不知其含义的现象。比如在古晋海南公会，在天后庙神台上供奉着一块绿色神牌，上刻有"陈村懿美正顺柔惠夫人"，这便是冼夫人的神牌，是海南先辈早年从家乡带过来的，但由于岁月流逝，后人已不知其意。

第二，信众人群老龄化。当然，这是海外华人社会中华传统文化传承中普遍存在的问题。随着华侨社会向华人社会转变，新生代华人越来越融入当地社会，成为当地社会的一分子。他们没有先辈的经历，没办法切身感受先辈的情感、文化追求。

就马来西亚海南社群而言，目前活跃在冼夫人文化传承第一线的，基本上是第一、第二代华侨华人。第一代华侨华人，自小受冼夫人文化熏陶，对冼夫人顶礼膜拜，自不待言。比如昔加末武吉仕砵新村排海庙在紧急法令期间，被逼紧急搬迁，当年是五位热心的海南媳妇：郭开基夫人、云大光夫人、黄遇春夫人、符祝春夫人和云凤阳夫人四处筹款、游说，庙中诸神才有了安身之地。随后郭开基、云大光、王学耿、云昌鎏、曾毓琳、孔庆旭、云惟浓、云昌洲、陆建就、林明美等出钱出力、四处奔走，几经曲折，最后才申请到现在的地址。没有对来自故土神祇的真切情感，是做不到的。第二代华侨华人，父辈的影响历历在目，从小耳濡目染，情感犹在。但随着岁月的流逝，他们的年纪越来越大，对各种祭祀仪式的记忆，以及祭祀仪式背后所代表的文化意义也越来越模糊。很多海南人只是凭借集体记忆和习惯履行各种祭礼和庆典，随着老一代成员逐渐退去，新生代海南人中的相关记忆和习惯便逐渐剥落、淡化，乃至湮没。①

泰国曼谷的正顺圣娘庙虽然有零星新成员加入其中，但总体上也面临着理事会会员减少、人员老龄化的情况。

新加坡的冼夫人圣堂问题更严重。因为其为家庙，且家中只有周爱梅一人熟悉冼夫人文化，儿孙对其不甚了了。随着周爱梅上百岁痴呆离世后，冼太庙面临后继无人的窘境。

三

岁月或许会失去某些东西，但冼夫人文化当中维护国家统一、维护社会安定、关心民众福祉、促进社会进步的内核永远不会过时。

在马来西亚，高州人群中的冼夫人信仰方兴未艾。继吉隆坡增江冼太庙后，吉隆坡根登高州会馆会长黄关兴正在张罗在自己捐出的8000多平方米地皮上，建第二座冼太庙，而且标准很高，他希望将其建成具有地标意义的建筑，成为当地的景点，带动旅游业的发展。为此还在2018年到海南考察冼夫人庙的建筑规模和格式。

2013年，马来西亚高州总会从广东茂名迎请10尊冼夫人神躯提供给各分会

---

① 郑庭河：《马来西亚海南社群冼夫人信仰和文化初探》，吴永坤主编《走向世界的冼夫人文化：2019中国海口冼夫人文化论坛文集》，第69—70页。

纪念、供奉。据马来西亚高州会馆胡朝栋会长介绍,目前全马来西亚有27家高州会馆,大部分都供奉冼太夫人神躯。即将重修完工的马来西亚高州总会会馆八层大厦,规划专辟一层,建成冼夫人和高州历史博物馆,传承冼夫人文化。因为冼夫人,高州籍马来西亚华人与原乡的关系日益紧密。

2018年12月至2019年1月,海口市冼夫人文化交流团一行到泰国、新加坡、马来西亚进行为期十一天的文化交流。所到之处都受到当地海南会馆和高州会馆冼太庙的热情接待。宾主对冼夫人文化的方方面面进行了广泛的讨论,取得了高度共识。在泰国正顺圣娘庙,泰国海南会馆理事长冯尔真,尽管中文说得不甚流畅,但他表示:"冼夫人文化在海南、广东、广西等地有很大影响,但现在曼谷的冼太夫人庙不多,影响力还有待提升。冼夫人文化需要加大推广力度。希望未来在泰国南部、北部、东北部等地区,能够有更多冼太夫人庙兴建起来。"

新加坡海南会馆潘家海会长一行在与海口市冼夫人文化交流团接触后,引起了他们重新振兴冼夫人文化的关注,他们正在研究如何将后继无人的冼夫人圣堂中的冼夫人金身迁入会馆旗下的庙宇,接受更多人供奉的可能性。

当然在传承冼夫人文化过程中,如果东南亚这些社团加强与国内广东、海南相关机构的联系,形成双向互动,效果应该会更好。

真心希望看到冼夫人庙的香火,在东南亚各地越来越旺;冼夫人文化的影响力在东南亚各地越来越大。

关公信仰的国际传播及跨国网络

石沧金[①]

(暨南大学 广东广州 510632)

如果说有海水的地方就有华侨华人,那么,有华侨华人居住、生活的地方,就有关公信仰(关公崇拜)和观音信仰,就会建有奉祀关公、观音的庙宇。尤其是关公信仰,它在海外华人社会似乎最为兴盛。

一、关公信仰的国际传播

早期华侨移居他国,要在陌生甚至凶险的异域外土打拼,他们往往先要祈求神灵的护佑加持。英武果敢的关公成为华侨的首选,因而他们首先奉祀关公。

由于相关史料的缺乏,我们不能确定华侨何时、何地最早奉祀关公,最早创建了关帝庙。不过,根据现有资料来看,华侨奉祀关公、创建关帝庙的时间较为悠久,并且分布地域十分广泛。

1592—1597年,应当时朝鲜王朝的请求,明朝两次出兵援助朝鲜抗倭,并最终取得胜利。明朝军队的到来使关帝信仰开始在朝鲜半岛传播。韩国最早的关公庙是江津古今岛的关圣庙和星州的关王庙,均建于1597年。前者的主使者是明将水军都督陈璘。星州的关王庙,据称是明朝游击将军茅国器建立的。这两座关帝庙是朝鲜半岛最早的关帝庙,也是海外历史最为悠久的关帝庙。另外,1598年,抗倭战争获胜后,明朝官兵为感谢关公"显灵"护佑,在汉城为关公建庙,此座关帝庙又称"南庙"。

在日本,1623年,三江帮华侨在长崎创建了兴福寺,寺内的妈祖堂左旁供奉关帝。1628年,福建泉州、漳州籍华侨在长崎创建福济寺(因此又称"泉州

[①] 石沧金,暨南大学教授,研究方向:华侨华人。

寺"，俗称"漳州寺"），原为妈祖庙，寺内的青莲堂左旁奉祀关帝。次年，当地福州籍华侨创建崇福寺，寺内的护法堂也奉祀关帝和观音。[①]日本华侨较早创建的关帝庙还有函馆关帝庙（中华会馆）、横滨关帝庙、神户关帝庙等。函馆关帝庙由当地华商于1877年组织成立"同德堂"，内祀关羽神像，是函馆中华会馆的前身，1907年被大火焚毁，后于1911年在原址建成了关帝庙。横滨关帝庙建于1862年，位于横滨中华街。神户关帝庙于1887年创建，金堂内供奉关帝，陪祀观音、天后。该庙设在神户中华会馆内。

会安关公庙是越南所有关公庙中最为古老、最为壮观的一座庙宇。以前明乡人称之为"澄汉宫"，当地越南人则称之为"翁寺"（CHUA ONG）。会安关公庙建造的确切年代至今未有定论，有据可考的是1753年该庙第一次重修，当时所立石碑保存至今。根据其中碑文"关圣帝庙、观音佛寺，本乡所建，百有余年矣"，该庙创建年代应在1653年以前。[②]另一个华侨聚居的城市堤岸，当地的七府武庙由粤、闽、泉、漳、潮、琼、客家七州府华侨集资公建，并有明乡人协助，于越南阮朝明命元年（1820年）建成，奉祀武帝关圣帝君。

马来西亚最早的华人寺庙之一马六甲青云亭，创建于1673年，主祀观音，陪祀关帝、妈祖等诸多神祇。至于马来西亚历史较悠久的关帝庙，则有槟城宁阳会馆武帝庙，约于1833年建立。沙巴纳闽广福宫于清朝道光年间创建，中间神龛为玉虚协天宫，供奉玄天上帝和关帝，左右两边神龛陪祀福德正神、天后等。有咸丰二年楹联："义结桃园贯天地　心存两汉跨西川。"沙巴山打根三圣宫于1887年创建，供奉刘备、关羽、张飞，有光绪十三年（1887年）"天后元君""文武二帝"仪仗牌。雪隆广肇会馆关帝庙于1888年创建，陪祀天后、金花娘娘等10多位神祇。

新加坡历史较久的关帝庙是冈州会馆关帝庙，于1840年创建。

华侨移居印度尼西亚的历史颇为久远，当地的关帝庙创建历史也比较悠久。东爪哇杜板关圣庙约于1773年创建，它是印度尼西亚华侨最早建立的关帝庙之一。雅加达南靖庙由福建南靖人戴良辉于1842年创立。邦加岛槟港关帝庙于1841年或之前就已创建，庙中有清朝道光廿一年（1841年）铜钟。坤甸关帝庙于1850年或之前创建。邦加岛烈港关帝庙于1864年或之前创建。巨港关帝庙于1883年或

[①] 郑土有：《关公信仰》，学苑出版社，1994，第8页。
[②] 谭志词：《关公崇拜在越南》，《宗教学研究》2006年第1期。

之前创建，又名"义合庙""协天宫"。万隆协天宫于1885年创建，又名"圣帝庙"，有光绪十一年（1885年）《万隆建造圣帝庙乐捐芳名碑》。棉兰关帝庙由著名侨领张榕轩（张煜南）于1885年创建，副祀财帛星君、福德正神等。

泰国吞武里府达叻蒲区关圣帝庙约于1781年创建，又名"忠仁古庙"。它可能是泰国华侨最早建立的关帝庙之一。泰国其他历史久远的华侨关帝庙还有：苏梅岛那邺粗贝庙，1863年创立，属于当地海南公所；苏梅岛关帝庙，1872年前创建；叻丕府关帝庙，1881年建成；佛丕府关帝庙，约1883年建成；洛坤关帝庙，1887年创建；曼谷月亮路关圣帝君古庙，有100多年历史，1988年重修；等等。

八莫关帝庙是缅北地区历史最早的华侨寺庙之一。它始建于清朝嘉庆十一年（1806年）。勃生三圣宫于清朝咸丰五年（1855年）创建，奉祀观音、天后与关羽，故名。

东帝汶首都帝力市关帝庙建于1936年，1993年重修。

以上是邻近我国的东亚和东南亚地区早期华侨创建的供奉关帝的庙宇。在其他大洲，华侨也很早就在居住地建立了奉祀关帝的庙宇。

美国旧金山冈州古庙由来自广东五邑地区（新会、鹤山、台山、恩平、开平）的华侨于1849年创建，供奉主神关帝。1854年改名为冈州会馆。北加州门多西诺武帝庙创建于1852年，供奉关圣帝君。北加州威弗维尔云林庙约创建于1852年，主祀北极真武玄天上帝、关圣帝君，配祀陈老官、财帛仙君、观音等。北加州奥罗维尔中国古庙，创建于1863年，华人俗称"欧城（奥路委）圣列宫"，庙中供奉天后、关帝及华佗三座神像。

加拿大不列颠哥伦比亚省巴克维尔关帝庙，1862年建于巴克维尔洪门致公堂。维多利亚列圣宫，清朝光绪十一年建于维多利亚中华会馆内，祀奉关羽、天后、孔子、华佗等。

澳大利亚华侨聚居较多的地方建有多座四邑庙，由祖籍广东新会、台山、开平及恩平的华侨创建。1856年，墨尔本四邑会馆创建关帝庙，1864年扩建为四邑庙，供奉关公等。悉尼四邑庙建于1898年，供奉关帝及财神像。塔斯马尼亚岛上的维多利亚女皇博物馆内有一座关帝庙，神龛供奉关帝，庙中还珍藏着早期当地华侨淘金时代的关帝庙香炉、楹联、匾额、木雕。

在非洲，华侨最早移居毛里求斯。当地的关帝庙在非洲华侨寺庙中历史也最悠久。首都路易港关帝庙由毛里求斯侨领陆才新于1839年发起修建，1842年1

月29日落成。在路易港,还有跑马场、新仁和会馆、陈宅、霍宅、刘关张(姓氏会馆)等多座关帝庙。在毛里求斯的邻国马达加斯加,迭戈—苏瓦雷斯华侨总会馆关帝庙创建于清代光绪年间,正殿主祀关羽。另一邻国留尼旺,位于其南部的圣皮埃尔关帝庙,创建年代不详,奉祀主神"忠义神武关圣大帝",陪祀包公、吕祖大仙、各路财神等。

从以上海外华侨华人的关帝信仰及关帝庙的创建时间及分布来看,关帝信仰及关帝庙先由华侨传播到了邻近的朝鲜半岛、日本及越南等地,再传至东南亚其他国家,进而带到了非洲、美洲、大洋洲等其他地区。

二、海外华人关公信仰的形态及动因

根据上文来看,早期华侨除了建立独立的庙宇,主祀或陪祀关公,此外,很多的会馆,也建有关帝庙供奉关帝,或者在会馆中敬奉关帝。其实,不少华侨会馆的前身就是关帝庙,或者会馆和关帝庙合二为一。比如,在越南,胡志明市是目前越南华侨华人最为集中的地方。早在18世纪、19世纪柴棍就已成为华人聚居之地,这里不仅有关公庙,还有许多华人会馆亦奉祀关公,在该市11个华人会馆中,有7个会馆奉祀关公。[①]胡志明市潮州义安会馆建于1866年前,其建筑中间即为关帝庙。在马来西亚,马六甲惠州会馆关帝庙前身是1805年成立的海山公司,它供奉关帝。1844年,海山公司改名鹅城会馆。1967年在祈安街建成三层新会所,会馆迁入,旧会所辟为关帝庙。雪兰莪嘉应会馆于1907年正式建成神庙式会所,其中设有关帝神龛。雪隆惠州会馆前身为惠州公司,成立于1864年。成立之初即在公司内设置关帝神位及祭祀关帝。1889年,公司从中国定制关帝、关平、周仓金身、香炉和关刀,安奉于会馆。雪隆茶阳(大埔)会馆创建于1878年,原称"茶阳公司",创立初期即在馆内供奉关帝。[②]柬埔寨潮州会馆也设有协天大帝庙,奉祀关帝。在巴拿马,首府巴拿马城老城有唐人街,1877年,客家华侨组建了"人和会馆",并于1898年建成关帝庙,成为当地历史最悠久的华人庙宇。在塔希提(华侨俗称"大溪地",法属波利尼西亚)首府帕皮提市,该市中心有一座关帝庙,是当地唯一的华人寺庙,由当地华人社团"信义堂"创建,庙内供奉关帝。1987年,信义堂发起重建了帕皮提关帝庙。

---

① 谭志词:《关公崇拜在越南》,《宗教学研究》2006年第1期。
② 王见川、苏庆华、刘文星:《近代的关帝信仰与经典:兼谈其在新、马的发展》,博扬文化事业有限公司,2010,第193—210页。

关帝信仰还有其他具体形态，进而使关帝信仰更加盛行，并在华人社会产生了更强烈的影响。

目前在东南亚华人社会比较流行的德教会，始创于1939年的广东潮汕地区。第二次世界大战结束后，德教开始向东南亚传播。截至2012年，马来西亚德教会阁已超过170家，而加入泰国德教慈善总会的有80多家，印度尼西亚有6家，老挝则增至5家，澳大利亚有4家，文莱有2家，中国澳门有2家，新西兰有1家，加拿大有1家。德教是一个宣扬道德教化的民间宗教，主张五教同宗，诸善归一德。德德社是德教所崇奉的仙佛师尊的总称，会集了儒教、佛教、道教、基督教、伊斯兰教及民间信仰中的各路神灵。除了五教教主，还有玉皇大天尊关圣帝君及柳春芳、杨筠松、张玄同、吴梦吾四位掌教师尊，还有道济佛尊（济公活佛，他被奉为德德社的外相）、八仙之一的吕纯阳祖师（他被奉为德德社的内相）等。实际上，德教根据《洞冥宝记》和《中外普度皇经》等中国民间流传的宝卷，以关圣帝君为其真正的教主，称为"玄穹第十八圣主武哲天皇上帝""第十八世玉皇大天尊"，接替原来的玉皇大帝。德教信众经常念诵的《心典》，其中反复称颂的"玄旻高上帝、玉皇大天尊""南无大慈大悲伏魔大帝德德社至上古佛玉皇大天尊"，其实就是在崇奉关帝。很多德教会阁都崇奉关帝圣像，考虑到德教会的领导层主要有东南亚华人中的商界人士的构成，这也是崇奉关帝的德教会能够在当地流行起来的重要因素之一。

在一些华人业缘性社团中，也供奉关帝。在华人店铺中，供奉关帝更是"约定俗成"，他们供奉的关帝，必然是财神的化身。

而在一些华人私会党（秘密会社）中，也积极崇奉作为忠诚、节烈之神的关公。比如，在马来半岛的槟榔屿，早期影响非常巨大的华人秘密会社义兴公司约于1799年创建，它就以关帝爷为主要守护神，其成员限于广东人，其首领来自广州府台山县。

关帝是海外华侨华人最为崇奉的中国民间神祇。关帝信仰在海外华人社会的兴盛，由于以下几点因素：

早期华侨崇奉关帝，由于移居他乡和谋生、发展过程的艰辛，他们既祈求关公保佑他们克服路途的遥远和凶险，平安、顺利到达目的地，又希望关帝庇佑他们在陌生的环境中对抗外来的压力，进而能够得到发展。

海外华人普遍虔诚奉祀关公，还由于他是忠诚、义气、节烈的象征。这些特征也是海外华人在生活、事业中颇为需要的。

海外华人社会尤其是东南亚华人社会较强的工商业性质,也使作为财神的关公被广泛崇敬。在东南亚各国"生意场"上长袖善舞的华人,当然希望关公能够保佑他们发财致富。

关公信仰是中国传统文化的重要组成部分,海外华人要传承、发扬中华传统文化,必然会重视对关公信仰的坚持和传承。

三、关帝信仰的主要活动及其跨国网络

海外华人关帝信仰的内涵十分丰富,这一点尤其体现在关帝信仰的相关活动和仪式上。

雪隆广肇会馆关帝庙每年都要举办关帝诞祭拜活动。每年农历六月二十四,会馆举行祭拜关帝诞辰仪式,不仅会馆会员可以参加,也开放给一般信众(各籍贯都有,不限于广肇籍)。一早,关帝庙请来四位道士举行"请神"诵经仪式,道士们按照道教仪轨诵经拜三清、拜斗仪式;之后会馆董事部成员以及信众举行祭拜关帝仪式,分为呈献祭品、焚香祭拜、恭读祭文;接着,道士们进行为善男信女求福、求寿的诵经祭拜。中午,道士再举行"解散"(去秽)诵经仪式,接着在庙门口举办"施阴"(发放食物给阴间鬼神)诵经仪式。至此,关帝诞仪式正式完成。[①]雪隆广肇会馆不仅举办关帝诞,还举办关平太子诞、周仓将军诞。

2018年3月2日(农历元宵节),柬埔寨潮州会馆在协天大帝庙举行一年一度的"岁暮酬神敬拜活动"暨"新狮点睛开光仪式"。会馆福利组准备了香烛、果品、牲礼和鲜花等祭品。在上午举行集体敬拜仪式期间,潮州会馆大锣鼓班演奏潮乐助庆、南北醒狮起舞献瑞。2019年2月19日(农历元宵节),柬埔寨潮州会馆在协天大帝庙再次依例举办敬拜协天大帝及诸神仪式,祈求关帝保佑风调雨顺、国泰民安、家业兴旺。

在日本,神户关帝庙自1892年创建后,每年农历七月中旬举行隆重的盂兰盆节。

在大洋洲的塔希提,每逢农历春节、清明、端午、中秋等传统节日,帕皮提市关帝庙都有庆祝活动。每逢农历初一、十五,当地华人都来庙里烧香。

---

① 高静宜:《吉隆坡广府与客家民俗文化的传承与发展——以广肇会馆与惠州会馆为视角》,博士学位论文,拉曼大学中华研究院,2019,第145—151页。

值得我们关注的是，近年来，随着全球化的深化，海外华人关帝信仰的活动和仪式日益出现跨国网络的明显特征和趋势。一方面是源于国内相关政府部门和相关庙宇方的积极推动；另一方面是海外华人也对包括关帝信仰在内的中华传统文化日益重视，他们热心于寻根溯源，进而更深入推动中华传统文化的传承和发扬。

近年来，国内有关关帝信仰和关帝文化的重要纪念地一直都重视关帝文化的传承和发扬，也希望借助关帝文化这一平台，加强海内外华人的密切联系。比如2015年，国内三大关庙举办关公节庆的祭祀大典时间分别为：9月21日，湖北当阳举行全球华人关公祭拜大典暨关陵庙会；9月23日，山西运城举行关公文化旅游节金秋大祭；9月25日，河南洛阳举行关林国际朝圣大典。当阳每年举行关陵庙会、祭祀大典等民俗活动，吸引众多海内外关公信众谒祖进香。20世纪90年代后，当阳市已连续举办25届关陵秋祭大典，关陵庙会被国务院公布为国家级非物质文化遗产，已成为全球华人增进联络与合作的一个重要平台。

2016年9月初，马来西亚第二届国际关公文化节在柔佛新山市举办。来自中国河南洛阳关林、有着900多年历史、塑造于金元时期的关帝圣像，和来自中国台湾显明殿的关圣帝君神像〔清朝康熙十八年（1679年）塑造〕，与马来西亚关老爷文化协会的关帝圣像并驾巡游，成为此次文化节的最大特色碑。此次文化节由马来西亚关老爷文化协会、马来西亚关公文化社区推广中心、中国台湾中华关圣文化世界弘扬协会和关公网主办，山西解州关帝庙文物保管所等国内四大关庙协办。庆祝活动主要包括：台湾振宗艺术团的战鼓、关公旗阵、女子八家将表演；马来西亚的华人戏曲、舞龙、舞狮、原居平易近舞蹈；福建南少林寺表演的少林五祖拳；等等。

2017年11月，赊店国际关公文化节举行，此次文化节也由马来西亚关老爷文化协会、广西恭城关帝庙会理事会、关公网协办。

即使是远在近万里之遥的非洲留尼旺，2017年9月22—28日，当地华人联谊联合会会长周贤忠率领关帝信众，开展了以谒拜关公圣迹、朝圣关公故里为主题的活动。

闽粤侨乡有些地位显赫的传统庙宇，它们在海外都分香，当地的华侨把家乡庙宇的香火带到海外，在聚居地创建庙宇。比如，泉州通淮关帝庙、漳州东山关帝庙等，都在东南亚地区有不少分灵庙宇。源于"一脉相承"的香火"血缘"关系，再加上华侨们对祖籍地的款款深情，以泉州通淮关帝庙、漳州东山关帝庙等这些重要的侨乡关帝庙宇为纽带和平台，海外华侨华人与祖籍地的庙宇之间也形成了密切的跨国网络。

泉州通淮关帝庙，因位于泉州涂门街，俗称"涂门关帝庙"，又因邻近泉州古城通淮门，又称"通淮关帝庙"。相传创建于南唐至北宋初年间，至今有1000多年历史。明朝嘉靖年间（1522—1566）重修，当时该庙有左堂、右堂，左堂奉祀汉寿亭侯关羽，右堂奉祀平浪侯晏。明朝万历年间（1573—1620），涂门关帝庙再次重修时，右堂改为三义庙，奉祀刘备、关羽、张飞，附祀诸葛亮。民国三年（1914年），涂门关帝庙增祀岳飞，此后改成通淮关岳庙，但民间仍习称"帝爷公（庙）"。目前，泉州通淮庙是省级文物保护单位、是福建省现存最大规模的关帝庙。在台湾、港澳地区和东南亚，通淮庙均匀分灵庙宇。

自1983年恢复活动以来，至1994年，泉州通淮庙接待过来自缅甸、马来西亚、越南、日本、美国、加拿大、澳大利亚、法国、瑞典等18个国家和地区的众多"三胞"，年均人数达2万人次以上；同时，该庙还与新加坡、菲律宾、马来西亚等地的30多座庙宇建立了联系。

漳州东山关帝庙，当地人称为"铜山关帝庙"，位于东山县铜陵镇岵嵝山下，目前是全国重点文物保护单位。该庙与山西运城关帝庙、山西解州关帝庙、河南洛阳关帝庙、湖北当阳关帝庙，并称"中国五大关帝庙"。据史料记载，唐朝垂拱二年（686年），陈政、陈元光父子率领87姓将士开拓闽南，其中64姓建置漳州，驻军东山岛，为安抚将士，从家乡光州引来关圣帝君香火。明朝洪武二十年（1387年），江夏侯周德兴率兵来东山建铜山城，设水寨以防倭寇，并鼎建关公祠。明朝正德三年（1508年），东山关帝庙扩建，历数年而成。

漳州东山关帝庙闻名海内外，是台湾及东南亚众多关帝庙的香缘祖庙，每年都有许许多多的台湾同胞和海外华侨华人前来进香，朝圣观光。东山关帝庙内存放许多碑刻，其中，部分碑刻刻有南洋华侨捐款者的芳名。1991年后，每年农历五月十三的关帝诞日，东山县当地政府都会组织举办"海峡两岸关帝文化旅游节"，届时有大批台湾和海外信众、香客前来东山关帝庙朝圣祭拜。2016年10月11日，东山关帝庙关帝神像金身首次前往台湾，举行环台巡安祈福仪式，同时弘扬关帝文化精神。

"海上丝绸之路"上的《落番长歌》

萧 成[①]

(福建社会科学院 福建福州 350001)

众所周知,近代中国底层民众曾因自发外出谋生、务工、商贸、逃荒、避难而形成三次大规模的人口迁徙:"闯关东""走西口"和"下南洋"[②]。"闯关东"和"走西口"均属于国内移民;"下南洋"在闽粤方言中又称"落番""来番"或"过番",是中国人大规模移民海外的肇始。特别是鸦片战争之后,东南、华南沿海及其周边地区的民众因"人稠地狭,田园不足于耕",故不得不"望海谋生",成为"下南洋"的先驱,形成了闽粤、客家等方言族群先辈移民海外的共同历史记忆。长路漫漫的"下南洋"之旅充满了血泪辛酸,却也更显恢宏壮阔,不仅时间上长达百年之久,而且其所达国家与地区范围之广,更具有跨国、跨洲、跨洋之色彩。大量华人的"落番",既缓解了国内人口和经济压力,又靠着勤劳、勇敢和智慧在他乡闯出了一片广阔新天地,不少人也因此发财致富,从而彻底改变了自己与家族的命运和家乡的变迁,同时极大推动了侨居地的经济、文化发展。可以说,东南亚的近现代历史是土著族群与海外华人共同书写的,其历史意义与文化影响可谓更加深远与广泛。

香港当代著名作家东瑞不仅在中短篇小说上叙事技艺娴熟,近年来在长篇小说的探索上也收获颇丰,他根据多年以来广泛收集的"下南洋"的历史资

[①] 萧成,女,福建社会科学院副研究员,研究方向:华文文学。
[②] "南洋"的地理概念主要是指包括当今东盟10国在内的广大区域,也就是人们通常所理解的"海上丝绸之路"核心区域。在中国古文献中,这一地区曾先后被称为"南海""西南海""东西洋",清代则泛称"南洋",后沿用至20世纪中叶。历代封建王朝末年,大多伴随着天灾人祸、农民起义、外族入侵和王朝更替,不堪战乱的普通百姓和权力失落的前朝贵族纷纷移居海外。由于地缘上山水相连的毗邻关系,东南亚成为中国移民的首选迁徙地和避难所,这种迁徙即"下南洋"。

料为文学素材，凝心汇成的《落番长歌》这部长篇历史小说，奋勇夺得了2018年"第14届浯岛文学奖小说组优等奖"。作为"海上丝绸之路"核心区域的东南亚地区乃近代华人移民最为集中的区域，至今在东南亚与中国侨乡中存留的、产生于近代的"落番"故事，可谓华人移民历史在"海上丝绸之路"上最生动的文学印记和最确凿的史料鉴证之一。《落番长歌》反映的是在共同"下南洋"的时代背景下，中国侨乡民众海外移民历史上挥之不去的共同历史记忆，作者力图把新与旧的时间隧道打通，以涓细的血和奔腾的情，倾注在饱满的生活细节里，丝缕交织地呈现了黄、许两个家族同"落番"相关主要成员的命运与家国变迁轨迹。它所吟唱的那些背井离乡、流离失所、侨居异域的海外华人不是我们的陌路人，他们的"落番"之路与中国近现代历史紧紧相扣。从"落番"的故事中，我们不仅依稀看见了先辈的身影，领会到中华民族历经的磨难，更感受到了中华儿女坚贞的品性和开拓进取的精神，其间所蕴含的充满血泪的丰富情感的意义自不待言。倘若将其置于华人移民史的研究方面，由于作者在抒发创作主体的欢愉或忧伤、惆怅或激愤、质疑或感慨的同时，他的笔触所及总是侧重对社会的公共生活的关注，始终联系着影响时代进程的重大事件，《落番长歌》亦具有"文学地理学"与"文学历史学"的双重价值，同时无意间实现了"讲好中国故事"这一意图。

　　《落番长歌》的故事主要发生在金门[①]和印度尼西亚山埠这两个地方，小说所叙述的漫长的"落番"故事却不同于那种烽火连天中浪漫和英雄想象结合话语弥漫下的"战地文学"或"战地书写"；也不是那种神秘诡奇、异域风情的喃喃臆想，而是在命运拨弄下身不由己地卷入大时代旋涡的小人物的悲欢离合的"私史"，融会了作者关于家国历史深入思考的创作经验。作者以朴素的文学叙事，以家族史书写方式，通过对"孤悬海外"金门岛上黄、许两个家族中的成员命运浮沉的描摹，勾勒了中国近现代移民家族命运嬗变的双向路径。小说将底层百姓的生存轨迹还原到时代背景中去演绎，并将历史风云掩藏之下的隐晦的近现代移民史拉出地表。而故事中对中国近现代重大事件的纵横交错的

---

① 金门，历史上曾被称为"浯岛""浯洲""仙洲"及"沧海"，曾经是"孤悬海外"的中国岛县之最，位于福建东南部，处于厦门岛和台湾岛之间，历史上在行政区划上属于福建省泉州府，但1949年之后一直由台湾当局实际管辖；且近代以来，金门一直是以战地前沿而知名，备受战火侵袭，历经倭寇海盗劫掠骚扰、日军侵略攻陷、国共对峙内战、两岸分裂炮战，一直到1992年11月7日金门"战地政务"终止，才最后结束了"战地前沿"的命运。

展示，对"时间"之流的精神感知——带着写就"金门地方志"近现代章节的企图，在作者东瑞的数十年的文学创作历程上，这应算是一部具有特别意义的长篇小说。

《落番长歌》以"离散"与"此心安处便是吾乡"为主题讲述了一个近代中国移民"下南洋"的古老故事。作者深情回溯的历史是："从民国二十四年（1935年）写到2002年，关于金门人黄富临和许巧女的一生，才结婚不多久，富临即得去印尼山埠落番赚钱，从此因为战争而被迫分离，夫妻天各一方，道尽金门人在时代缝隙间寻求生存的困境。"①在这一段风雨如晦、云谲波诡的岁月，乃"以两岸分离为背景，家史融入国史，背景有金门近代沧桑的历史。"②由此将近代时空中移民起伏跌宕、动人心魄的人生传奇成功聚焦于一个特别的"落番"故事中了。

小说采用的叙事模式与传统戏曲"薛平贵与王宝钏的故事"似乎一脉相承。薛平贵与王宝钏新婚不久，即逢战事突起。薛平贵入伍后，王宝钏独自在寒窑中苦度18年。后来薛平贵在番邦娶西夏公主，平寇立功，衣锦还乡，再将发妻王宝钏接入府中，夫妻团聚，皆大欢喜。《落番长歌》则写金门青年黄富临新婚两月，即在天灾逼迫下被迫离乡别妻"落番"印度尼西亚山埠，其妻许巧女金门苦守23年。黄富临"落番"扎根，却由于抗战、内战、"八二三"金门炮战，以及"文革"先后爆发、海峡两岸分治等多重原因，导致其和许巧女被迫长期分离。在战乱和命运的拨弄下，黄富临几次三番返乡受阻，夫妻不得团聚，在事业发展需要助手、精神上的情感需求与身体欲望日益强烈的折磨下，因"酒后乱性"而另娶番女妮娜为平妻，苦心将从二叔那继承来的"糕丕店"经营发展成了印度尼西亚山埠最大的糕饼店，此后黄富临历经千难万阻终于在20多年后与发妻许巧女于香港再次聚首。在家乡苦苦"守活寡"的许巧女，在青春早已远逝的暮年终于守得云开见月明，得以夫妻团圆，随夫"落番"。纵览整部小说，作者在叙事方法上不像一般内地作家那样深受西方影响，而是采取了本土化的"全知全能"的传统叙事方式。小说时间线索清晰，故事发展完全沿着预定的历史轨道运行，人物命运几乎完全被套入历史地图中去演绎，逼真而生动地呈现了近代闽粤移民"下南洋"的艰辛经历和"落地生

---

①② 参见东瑞的《落番长歌》所附"第14届浯岛文学奖小说组优等奖"评审张国立的意见，金门县文化局，2018，第216页。

根"的共同历史记忆。

虽然整部作品的故事情节并不复杂,甚至有些平淡,但是作者对情节的设置和具体场景细节的处理非常细腻,对每个人物都灌注了深沉的感情,对男女主人公感情发展的铺垫也相当到位。特别是在战争面前,在海峡两岸对峙分治的状况面前,在时代洪流身不由己的裹挟之中,个人的命运卑微如草芥。在作者笔下,人类几乎所有的情感——爱恨、喜怒、怨离、感激、压抑、焦虑、无奈、取舍、悲伤、痛苦、悔恨、愧疚、团圆和遗憾等,轮番上场表演,所有的情绪和欲望都如大海一般,只能默默将其间所有涌动的暗流藏于心底。譬如当新婚堪堪才两月的黄富临夫妇因"落番"而被迫离别时,出现了这样的场景:

"富临说:这两年金门人去了很多,在金门赚吃坎坷,这两年可以走的都走了。我们水头姓黄的多数都到印度尼西亚了,珠山区姓薛的多数去菲律宾的吕宋,烈屿的都去了文莱……我也决定在下个月跟着水头村的一些人走。

"巧女问,也是去印度尼西亚吗?……

"昨晚他对巧女说,明天你就在门口,马上关门,不要看我的背影慢慢地小去,我也不再回头,跟平时一样啊。这样我会好受一些。你也当我普通的出门吧。

"巧女哈哈大笑,富临哥,你这是自欺欺人呀。说完,发觉自己的眼眶也早已忍不住,湿湿的一片了。

"富临想到此,还是强忍住不回头,不敢看巧女是否还站在家门边送他,一直到走得远了,他才回头,看到那扇家的门正好慢慢关上了。他于是知道了巧女其实一直躲在门后目送他的背影,一直到他的影子渐行渐远,最后完全看不到。"

也许,正是因为对底层百姓为贫穷所迫的"落番"的深刻体察,让作者笔下的人物懂得了这种心酸无奈的告别艺术——"不回头",在呈现这个"离散"主题时,却无意中写出了"延迟的伤痛",说是延迟,实则是一种绵延不绝的哀伤和前途渺茫的踌躇。小说用这种缓慢、这种必须从心头润湿过的方式,刻画夫妻双方曾经在"落番"和"留守"之间的窘迫、苍凉及无奈。因为夫妻双方都明白:巧女躲在后面的"那扇家的门正好慢慢关上了",目送着丈夫的"影子"渐行渐远,直到"完全看不到"的情景,正是被遮蔽、被"离散"渐渐拉远、拽长的爱情、亲情和乡愁。这种类似从泪水中收集盐晶的离别叙述过程,仿佛历经沧桑的人在光阴中雕刻着虚无,情感会变得像秋天之树,越来越疏朗，越来越苍耄，如同世间的风也会在岁月的沧桑中一次又一次地把身体里的泪水带走，只剩下眼角的盐霜。

众所周知，历史与文学之间并不是对立的存在，因此当历史"失语"时，小说就可以适当"修史"了。虽然今天谈论的"落番"似乎已经是古早的故事了，但历史小说叙事中所表现出的大量关于历史"真实"的文学虚构性特征，的确在宏大叙事的"正史"之外，令《落番长歌》这样的文学作品，以细腻的情节设计生动填塞了某些历史的缝隙和空缺。譬如这样的"乡愁"描写："富临躺在床上，翻来覆去无法睡着，想到了二叔对他落番后的一路照顾，真是如同己出啊，也许本身没有子女，下意识里待他如同亲生儿子那样亲吧。他佩服二叔的努力，钱赚够了，也亏得他和二叔母善于储蓄，很快就租下一个店铺，说干就干，许多事亲力亲为，店铺里不少需要的设备都因陋就简，连门面也靠自己简单装修，山埠第一间糕丕店就这样开张起来了。想到此，富临坐了起来，从床边台面上的555牌子香烟包抽出一支香烟，叼在双唇间，再取火柴盒里的一支火柴棒擦了边缘一下，'嚓——'的一声，火光一闪，点着了他嘴中的烟。他的眼前霎时出现了二叔从海员那里买了五包香烟，将其中一包送给他的情景，当时还交代他'少抽一点''苦闷、想家时才抽一支半支吧！'他在黑暗中抽着，抽着，烟丝在黑暗中一明一灭，烟圈飘向远方。他仿佛看到，那些小圆圈，一圈一圈的，都幻化成了故乡巧女的面孔。不抽还好，一旦抽起来，乡愁就越发浓重起来。阿巧啊，好想飞到家里，与你过结婚后的第一个农历新年啊！"夜深人静时，黄富临兴起的这种"乡愁"心境，在"落番"的日子中也并不能常常在空暇给予他，他首先要想的是怎么样生存下去，当大大小小的烟圈飘散之后，他依旧面临着那种情感的空虚、生理欲望的煎熬和对未来无望的焦虑。

与此同时，虽然在中国历史的演变之中，男性似乎一直是历史所首先选择的主角、是历史大潮的参与者，甚至创造者，但是以男性为中心进行讲述的历史是否便是客观的历史呢？其实"历史学家对于历史的编纂并不是简单的事件记述，而是在文本之下隐藏着故事性的编排"[①]，这其实很值得深思。同黄富临与许巧女夫妇因"落番"而造成"离散"故事的冗长、细腻的情节描写不

[①] [美]海登·怀特：《作为文学虚构的历史文本》，张京媛主编《新历史主义与文学批评》，北京大学出版社，1993，第160页。

同,《落番长歌》中并未选择以大篇幅的笔墨去重现历史中轰轰烈烈的场景,只是截取历史事件发展之中最为悲切的一些片段,试图站在庶民的角度,以普通百姓的切身感受,重构一段充满血肉的民间历史。例如,在金门沦陷于日军魔掌的时刻,百姓四散避难,日本兵烧杀奸淫抢掠,致使巧女的妹妹许巧璇和富临的弟弟黄福运,不得不于新婚第二天就被迫分别。对于黄福运主动参加国军上抗日战场的事件,小说并没有过多痛彻心扉的描绘,而只是简略交代了一下:黄福运先参加国军抗日,内战被俘后换了一套军装,又成解放军的经历。此外,在"政治正确"的选择下,滞留大陆的巧女的弟弟许聪元不得不在良心煎熬和刻意忘却中参加了对亲人所在的家乡金门长达40天的炮战,以及他在"文革"中所受到的批斗、挨打和侮辱也是如此简略处理的,没有多少对于历史场景的渲染性描绘,只是将之放入特殊年代各种政治运动此起彼伏的大背景中寥寥几节带过。对于黄福运和许聪元这两个留守故乡、未曾"落番"的人物形象,小说以近身,但又站在历史之外的姿态掀开遮掩在其身上的命运帷幕,凸显了战争与斗争的残酷本质,都是那么与人性为敌。这种进入历史的姿态恰恰表现出了作者内心深处对历史的敬畏,即哪怕接触历史,也不愿意轻易加入自己的评论。小说中显然有些刻意地舍弃了对政治风浪的翔实,细致描摹而专取符号性的历史场景中的存在物,力求公正的通过对人物命运流变的诉说,牵扯出顺势而呈现的历史;或许如实地展现历史本真的面目,便是作者面对历史的态度。更甚的是,在小说中,历史还始终以一种看不见的巨大的"力",无孔不入地在细枝末节处对女性的命运加以左右。在席卷时代的鼎革大潮中,小说中的女性虽然一直企图扮演着被遮蔽在黑暗角落里的附属存在物的角色,然而许巧女、许巧璇和妮娜,这三位女性的命运却都不得不与历史的脉搏同频率跳动,历史不断地将她们推向前台,也正是因为有她们这样悲切的"离散"故事的不断上演,才得以不断地填充主流历史叙述的空缺缝隙。而《落番长歌》以走向深处的笔调,使得她们的个人经历与民族国家历史相激荡,如此便不难看出作者对于历史呈现最终指向的思考——在展现历史本真面目的基础上,对于民间底层女性在近现代"落番"移民史重构时,应如何对其所处的地位进行定位,并同时赋予女性以时代在场者的身份,并最终确立女性在近代移民"落番"历史中的存在意义。

倘若对小说所塑造的许巧女和妮娜的形象进一步仔细分析,可以看出,她们都属于福斯特《小说面面观》中所说的"扁平人物"——"女性形象传统,以巧女的大度，容夫纳妾以照顾夫之生活，呼应贞节牌坊的女性守贞精神。相对仍是尊重男权及男性形象的观念。人性冲突性弱，多以和观点为角色性格。"①一方面，作者笔下同黄富临紧密相连的两位女性，其性格完全没有变化，自始至终，一以贯之，无论是许巧女，还是妮娜，都是以真善美的形象出现："巧女像一具幽灵在飘荡似的，很快到了同安渡头。站在码头边，她望着远处，天色阴沉，海水茫茫，近处浪花在海风吹袭下，汹涌跳荡，思绪不禁又飘飞到三十六年前日本人染指金门的悲惨日子，想到了一九四五年他们投降前夕挟持金门马夫逃窜漳浦一带的灾难，想到了多少金门人先先后后从这里上船，踏上了落番的不归路，也有不少乡亲经过千辛万苦从这里出发，到东南亚和至爱亲朋团聚。……巧女感觉到自己的魂儿飞到了金门岛太武山似的，在那制高点上，她无法不望乡！望乡！向这边，是自己先人的原乡，延续了几代人居住的故乡；大海彼岸，是丈夫拼搏几十年的流下血汗的土地，就在那个异乡建立了一个新家！就是那样一个情深义重的男人，虽然有了新人，始终也没有将自己忘记，几十年来千方百计为寻求最后的团圆而几番出发。"由此可见，许巧女对爱情、婚姻与现实赋予了如此庄重且深情的认可，这不是一般意义上对于"贞节牌坊"的背负与认可。在那里，这份烦恼人生、这段不尽如人意的婚姻不仅是她别无选择的现实，而且是她——一个普通女性的全部拥有与财富。而"在妮娜的心目中，巧女不但是她亲密的姐姐，而且名义上与她一起共事一夫，实际上她几乎是有名无实，大半生独守空房！只有纯粹的唐人女子才能做出那样伟大的忍受和伟大的默守。她，确实是值得富临哥钟爱一生的。对于巧女，妮娜的歉意是很难偿还的，大概只有生命吧，如果上天收她，让富临的下半生由巧女陪着那也是完全应该的。她这一生已经很满足了，完全没什么遗憾了"。而故事的结局似乎也就沿着妮娜预定的轨迹徐徐发展着。

另外，或许是因为作者对在金门家乡坚贞苦守、奉养婆母以终的许巧女23年的"守活寡"生涯抱有一种深切的悲悯与同情，小说竟然特意设计了一场意外的死亡事件来使"落番"的爱情显得完满。"一九七六年，富临历经千辛万苦，将巧女从金门迁移到山埠，夫妻生离四十年，终于真正长久团圆了。最令富临伤心的是，巧女落户山埠前的一个月，妮娜竟在一次车祸中死去。

---

① 参见东瑞的《落番长歌》所附"第14届浯岛文学奖小说组优等奖"评审蔡素芬的意见，金门县文化局，2018，第216页。

妮娜与她视为姐姐的巧女始终没有见面。那天富临被通知时火速赶到出事现场，妮娜已躺在一片血泊中不动弹，他大叫妮娜的名字，从血泊里抱起妮娜，浑身都是血，一起倒下去……伤悲过度的他，被人送到医院，在医院住了一周才出院。"而"巧女正式踏上山埠的第一天，就和丈夫一起到郊区的墓园为妮娜扫墓。"这起令人感觉是作者故意制造的车祸，显然是作者对许巧女这个千年之后"王宝钏苦守寒窑"传统女性的牺牲、奉献和守贞所做的一种精神补偿和成全。换言之，黄富临和许巧女、妮娜之间，于金门与印度尼西亚山埠两地的乱离中所产生的爱情与婚姻，就这样以婚姻中"第三者"妮娜的意外丧身车祸，再次让黄富临和许巧女的爱情以"一夫一妻"的团圆结局而画上了完满的句号。

表面上看，《落番长歌》似乎是一个虽有暗流涌动，却如海般沉默平静的"落番"故事，实质上，若是追溯这个故事产生的近现代世界历史的背景，以及国际"冷战"格局的形成与瓦解、海峡两岸因意识形态对立而形成至今的两岸分治情况，并以之探究黄富临夫妻悲喜交加的"落番"命运根源，恰恰可以令人们对这一政治色彩鲜明的"离散"故事所造成的令人唏嘘的结局产生无穷感慨与深刻质疑。显然，《落番长歌》踏出了一行明显的脚印，在充满泪水但又不失冷静的叙述中，在处处忧郁、感伤却又唯实、素朴的文字情调之间，在黄富临和黄福运这对兄弟之间，以及许巧女和许巧璇这对姊妹之间，两对夫妻命运相济而又态度迥异的命运里，作者向我们演绎的不仅是一幕幕"离散"的悲剧或"相逢"的喜剧，而是在寻觅悲、喜剧背后的原因——天灾、人祸以及历史的难以逆料和无法克服。

当然，比起简单的描写"战地金门"底层生活的小说，这部小说显然在努力超越表象的痛苦，直抵命运的本质。作者用一种远离战争的关于"落番"的独特的叙事方式编纂出了一部另类"金门地方志"——以讲"落番"故事的方式发展出一种文学历史学的艺术风格来充分表达作者对历史与现实的看法。这种叙述风格尽管有时也会暴露其历史认知的局限性或盲点，但在其较成功的时刻，的确可以说恰如其分地呈现了作者企图在当代历史小说的创作中，尝试践行其所寻觅的——以最平实、最朴素的语言，最干练、最不加雕饰的风格，以及最明晰、最写实的笔调来演绎历史的文学理想。

值得注意的是，小说尾声中依旧采用了中国古代文论所推崇的"卒章显其志"传统，再次叙述了已经彻底"落地生根"于番邦的黄富临夫妇重踏故乡金门土地上时,"在金门,直属亲人都不在了。巧女巧璇的娘家——金城镇的老厝和富临水头村的老家没人居住,托政府管理,有人装修一番,经营成为著名的民宿。富临建造的番仔屋,也没人住,现在被租用作为'金门文物及老照片'展示馆。他们如同回老家一般,如有神引,也如中了魔一般,走了进去。……雪白的墙壁四周,其中的一壁简单地展示着一组大约有二十来张的'八二三(一九五八年)炮战下的金门童颜'专辑照片。其中有一张,看得巧女眼中含泪,富临内心忧伤:照片画面是一个大广场,一边是被炮弹炸毁的危墙败瓦,一边有几个孩子从坑道爬上地面,照片中央集聚着一群孩子,最大的是三个女孩,衣裤都很简朴,一个八九岁的女孩,在抱着两三岁的小妹妹,脸上笑着。……在展示馆慢慢地走,慢慢地看,巧女看到一幅墙上贴有不知谁的墨宝——'永不再战'四个大字。书法挥写得劲道十足,龙飞凤舞的飘逸中显得凝重沉实,两人都很喜欢,就请了在场的一位女生义工用手机给他们拍了一张合影"。由此,作者终于从容地为小说"主题"寻找到了一个新的归宿,此前饱满的细节、细腻的人物刻画、深情面貌的叙述,全都自然而然地浓缩于"永不再战"这四个字的历史记忆中去了。一般而言,"历史就是关于所说的话和所做的事的记忆"[1],因为如果"把历史学家看作对曾经存在的现实的一种节略的、不完美的再现,看作一种为满足那些以史为鉴的人的需求而对不稳定的记忆模型所做的重新设计和粉饰,既无损于历史学的价值,也无损于历史学的尊严"[2]。而这部历史小说确实在一定程度上做到了"记录了民族生活在思想感情方面漫长而丰富多彩的发展,并且记录了民族未能在行为世界中实现的苦痛或梦想"[3]。在《落番长歌》中,自由无羁的文学想象所勾画的瑰丽传奇,与严谨的历史背景和地方文化习俗征引各显其能,的确在历史真实与文学虚构的相互嵌合、呼应与激荡中,最终产生了真幻相依、虚实相伴的富有张力的审美效果。

伴随着时光的流逝,"落番"的历史已逐渐被人们所淡忘,"落番"故事的大量流失也在情理之中。对时下的新新人类来说,这些陈年旧事犹如天方夜

---

[1] [美]卡尔·贝克尔:《人人都是他自己的历史学家:论历史与政治》,马万利译,北京大学出版社,2013,第197页。
[2] 同上书,第210页。
[3] [美]昂利·拜尔:《方法、批评及文学史——郎松文论选》,徐继曾译,中国社会科学出版社,1992,第3页。

谭般的不可思议。因此，记录和研究这段流失中的"落番"历史业已成为刻不容缓的急务。而《落番长歌》恰当地运用文学与历史、地理的多重交织叙事方式，通过生动真实的故事与虚构想象的互文印证性演绎，组成了《落番长歌》中点点滴滴的历史细节与时代残片，使其"还原"和"修复"了"正史"面貌中残缺的黔首容颜，填充了帝王将相之外的历史缝隙。虽然作者对于"落番"这个题材开掘的深度和广度尚不够，但其间蕴含的"落叶归根"到"落地生根"，这一从被动到主动选择的近现代以来中国移民关于"家国"心态的嬗变，自有其独特的历史价值与文学魅力。换言之，若从历史重述和地理再现这一角度着手分析《落番长歌》中对于人性、战争、运动在历史文化中激荡碰撞的书写，以及在此种书写之下近代移民不同的生存境遇与命运浮沉，可以看出作者确乎有着强烈的重构真实的"落番"历史、地理的文化自觉。《落番长歌》诉说的便是近代以来底层中国人"下南洋"海外生存经验的民间记忆，吟唱的是经济困顿而无奈出国的同胞在异邦披荆斩棘、艰苦奋斗和留守家乡的亲人忠贞期盼的人生咏叹调。故而《落番长歌》当可作为真实反映这段"落番"民间记忆和诉说时代风貌的重要非物质文化遗产之一，亦是另类历史文化的"活化石"。

浙江小百花越剧团海外传播路径思考

徐 辉[①]

(温州大学外国语学院 浙江温州 325035)

随着中国综合国力的不断增强,中国在世界舞台的地位越来越重要。中国与世界交流、中国文化"走出去"的步伐也不断加快。作为中国传统文化的戏剧在海外的传播也日益频繁。据说中国戏剧最早在海外传播的是广东和福建的地方戏,传播的地方是现在的东南亚一带国家与地区。传播途径有舞台演出、剧本出版、艺术家间的民间活动及学者间的学术交流等。

一、文献综述

中国戏曲海外传播研究,不同的学者从不同的视角进行了比较系统的研究。如朱军利、潘英典[②]分析了中国戏曲海外传播历程及遇到的困难,并探讨了以海外孔子学院为平台进行中国戏曲海外传播的思路与模式。他们认为:孔子学院是中国和世界语言文化交流的重要平台,也是世界了解中国的一扇窗口和通往中国的一座桥梁。当今中国戏曲海外传播仍面临市场小、受众面窄、缺乏文化背景、语言障碍等问题。同时,他们也明确指出:戏曲通过孔子学院传播的模式分为在孔子学院开设戏曲体验课、整合资源、牵线搭桥,在课堂上灌输中国戏曲知识及加大中外戏曲学术交流四个层次。

朱恒夫[③]分析了戏曲在海外传播的历史及文化意义。他首先回顾了中国戏曲在海外传播的历史,最后总结了戏曲在海外传播的四种方式:第一,国内戏

[①] 徐辉,男,陕西咸阳人,留日博士,温州大学,研究方向:海外移民。
[②] 朱军利、潘英典:《论以孔子学院为平台的中国戏曲海外传播》,《戏曲艺术》2015 年第 2 期。
[③] 朱恒夫:《戏曲在海外传播的历史及文化意义》,《中华艺术论丛》2011 年第 10 辑。

剧团前往国外演出;第二,海外华人自建剧团,在住在国或海外演出;第三,国内戏剧团改编外国名剧后赴外演出;第四,海外戏剧团改编中国戏剧剧目在本国演出。他认为:戏曲在海外传播具有宣传中华民族的优秀文化、会影响海外戏曲文化、使海外华人坚守本民族传统文化的一个阵地和能够扩大戏曲的观众群体四个方面的意义。他还指出:戏剧在海外传播已经成了国家战略任务之一,并相信戏曲在海外的传播会越走越远。

赵君奇[①]通过文献资料梳理了戏曲在海外传播演出的时间、地点、演出剧目、场次及观众对演出的评价等。他指出:中国戏曲早在明代万历年间就开始流传到海外。梅兰芳是第一个将中国戏曲(京剧)带出海外华侨圈子之外的艺术家。新中国成立后,政府和人们非常重视戏曲在国家发展中的地位和作用,把戏曲作为一项重要的文化事业来发展,而且作为我国与外国对外文化交流的重要内容,鼓励中国戏曲走出国门,踏上世界舞台,传播中华文化。

王汉民[②]在他的专著《福建戏曲海外传播研究》中比较详细地介绍了明清时期、民国时期、新中国成立到2009年福建戏曲海外传播及传播的模式、技巧和福建戏曲海外传播的地位与影响。他认为:福建戏曲海外传播不仅在联络乡情、传播文化方面作出了巨大贡献,同时对福建经济建设、剧团本身的发展等方面有着十分积极的影响。同时,他也明确指出:福建戏曲海外传播具有观众群体逐渐减少、年轻人不怎么热衷于戏曲、部分出访剧团艺术水平有所降低、逐渐出现了以营利性为目的的演出中介等问题。针对以上问题,他建议福建戏剧团在海外演出成功,首先,必须提高戏剧团成员的演艺水平、培养海外新一代戏曲观众;其次,政府应扶持大剧团进行海外交流、降低演出费用、推出精品戏曲、巩固海外演出市场等。

戴文红、王海涛[③]从新媒体(手机)的角度分析了通过手机媒体传播戏曲的现状,并就海外手机媒体传播途径进行了探析。他们在文中指出:目前中国戏曲海外传播过程中存在传播组织偏官方化、固守传统的舞台表演模式、传播媒介比较单一、缺乏对海外观众的研究、海外戏曲传播的评估分析体系不够健全等问题。他们建议:第一,建立跨文化的"产学研用"一体化开发团队,研发

---

① 赵君奇:《戏曲在海外传播考略》,《引进与咨询》2002年第6期。
② 王汉民:《福建戏曲海外传播研究》,中国社会科学出版社,2011年。
③ 戴文红、王海涛:《中国戏曲海外新媒体传播探索——以手机媒体为例》,《江苏社会科学》2016年第4期。

与国外市场和观众需求相接轨的产品,通过手机媒体拉近戏迷与演员、戏曲之间的距离;第二,共同研发出内容和形式丰富的手机媒体传播产品,将以上产品用于欣赏、体验、互动、教学和科研等方面;第三,做好手机媒体戏曲传播产品在海外的媒体融合与推广,做到具有国际化视野、了解国内和国外市场,借助海内外的媒体大力宣传与推广,做到中国戏曲手机媒体传播与文化产业发展双赢的结果。

除此之外,陈思思[1]从跨文化交际角度分析了中国戏曲海外传播。胡娜[2]从国家文化软实力建设与中国戏曲海外传播的关系方面分析了戏曲对外传播的路径。周东颖[3]从清代末期粤剧在海外的传播及其意义,分析了粤剧海外传播的途径与方式以及粤剧在北美和东南亚地区的传播状况。沈有珠[4]分析了粤剧戏班、演员、演出剧目、演出场所的变化以及政府相关政策对粤剧的支持等。董勋、段成[5]探讨了互联网时代川剧海外传播的特点。董新颖[6]探讨了广东汉剧在东南亚的传播及在传播过程中遭遇的主要困境等。

不言而喻,以上文献对中国戏曲海外传播作出了重要贡献。但纵观以上文献我们可以看出,学界就浙江戏曲海外传播的研究寥寥无几。而浙江戏剧在中国戏剧发展史上的地位和作用举足轻重。同时,浙江戏剧也有中国戏剧开创之功。12世纪在温州产生的南戏,标志着"歌舞演故事"的中国戏曲正式登上了中国的戏曲舞台。[7]在中国文化"走出去"战略的指引下,浙江戏剧海外传播研究有着十分重要的现实意义。

二、浙江小百花越剧团的由来

1976年10月,中国共产党和中国人民粉碎"四人帮"反革命集团,结束了长达10年之久的内乱。在党中央的领导下,越剧界开展了拨乱反正工作。在党和政府的重视下,各地纷纷重新建立了越剧团。根据1981年《中国文艺年鉴》的统

---

[1] 陈思思:《从跨文化交际角度看中国戏曲的海外传播》,《黄河之声》2014年第19期。
[2] 胡娜:《中国戏曲海外传播与国家文化软实力建设》,《文化软实力》2017年第1期。
[3] 周东颖:《清代末期粤剧的海外传播及其意义》,《音乐传播》2014年第1期。
[4] 沈有珠:《当代粤剧海外传播的新变》,《戏剧(中央戏剧学院学报)》2015年第4期。
[5] 董勋、段成:《互联网时代川剧海外传播新探》,《四川戏剧》2016年第7期。
[6] 董新颖:《广东汉剧海外演出传播状况与思考》,《中国戏剧》2018年第11期。
[7] 聂付生:《20世纪浙江戏剧史》,浙江工商大学出版社,2014,第2页。

计,到1981年,全国14个省、自治区、直辖市恢复或重建越剧团114个(浙江省66个)。越剧得到了复苏,却出现了青年演员断档等现象。这一系列问题引起了浙江省各级领导和相关部门的高度重视。为了解决这一问题,浙江省推出了举办戏曲"小白花"会演活动,并于1982年9月举办历时22天的浙江戏曲"小百花"会演活动,会演得到了观众的一致好评。会演结束后不久,浙江省有关领导打破地方局限、促进人才流动,在省领导及各级地方的协助与支持下,采用"广育、精选、博采、严教"的办法从全省60多个越剧团中遴选出40名优秀演员,1982年10月成立了"浙江越剧小百花集训班"。最终精选26名优秀演员组成"浙江越剧小百花演出团"于1983年11月16日首次前往香港演出,演出得到了香港观众的热烈欢迎和好评。香港首次演出成功对"浙江越剧小百花演出团"有非常重要的意义。1984年3月3日,"浙江越剧小百花演出团"在上海人民大舞台首场演出《五女拜寿》,再次获得成功并轰动全国。在此背景之下,1984年5月21日,经浙江省人民政府批准,"浙江小百花越剧团"正式成立。[①]1985年4月,浙江省成立了浙江越剧院,"浙江小百花越剧团"为下属剧团之一,内部称为"浙江越剧院二团",对外称为"浙江越剧院小百花越剧团"[②]。

三、浙江小百花越剧团海外传播路径

20世纪五六十年代,中国戏曲曾在中国东南沿海各地,国外德国、越南、苏联、朝鲜等地演出,并引起了轰动。1978年改革开放之后,中国戏曲再次走出国门,活跃在世界艺术舞台。亚洲、欧洲、北美洲、大洋洲等国家和地区都留下了中国戏曲及艺术家的风采。在此背景之下,浙江小百花越剧团也开始了自己的世界之旅。

1983年11月16日,浙江小百花越剧团首次前往香港演出,演出剧目为《五女拜寿》《汉宫怨》《双玉蝉》以及折子戏,在港14天共演15场。香港《新晚报》报道:"想当年,越剧姓了上海,所有成名的演员,几乎都在上海这个大城市安营扎寨,几乎所有的流派,所有越剧代表作,都是上海制作。这一局面自四十年代开始之八十年代,不想竟为浙江小百花越剧演出团一夜之间冲破

---

① 应志良:《越剧史话》,社会科学文献出版社,2015,第89—90页。
② 《浙江小百花越剧团简介》,浙江小百花越剧团官网,http://www.zjxbhyjt.com/index.php。

了缺口。①"受浙江小百花越剧团的影响，浙江绍兴、宁波、杭州、舟山、平阳、桐庐、上虞等地也相继成立了独具特色的小百花越剧团。1986年，浙江小百花越剧团参加了在香港举办的首届中国地方戏曲展，演出剧目为《大观园》《长乐宫》《相思曲》《唐伯虎落第》《三弟审兄》以及《沙漠王子》《二堂放子》等折子戏，共11场。1990年1月、1991年5月和2010年1月10日是浙江小百花越剧团第四次、第五次、第七次赴港演出，演出剧目主要包括《胭脂》《陆游与唐琬》《红丝错》《琵琶记》《梁山伯与祝英台》和折子戏等，受到观众的热烈欢迎。在此期间，除浙江小百花越剧团外，浙江宁波、杭州、绍兴等地的越剧团也多次应邀赴港演出，均受到当地观众的喜爱和欢迎。1986年11月22日，新加坡国家剧场委员会邀请浙江小百花越剧团前往新加坡演出，第一次把中国的越剧介绍给新加坡观众，演出剧目有《五女拜寿》《长乐宫》《大观园》《唐伯虎落第》《三弟审兄》《相思曲》《汉宫怨》及折子戏。此时，新加坡的《联合早报》《联合晚报》等称赞"小百花个个是好花"。

除中国香港、澳门外，浙江小百花越剧团作为第一个越剧团被邀赴中国台湾演出。1993年11月15日，浙江小百花越剧团一行63人应台湾省高瑾越剧团的邀请，赴台演出18天，演出11场，近万名观众。演出剧目包括《西厢记》《陆游与唐琬》《五女拜寿》，并与台湾省高瑾越剧团演员共演《红楼梦》和《梁山伯与祝英台》。3年后的1996年3月，浙江小百花越剧团再次赴台演出，观众起立高呼"明年再来"。台湾《申报》连续两期报道并赞扬："小百花越剧团的越剧如诗如画，不但是太好，而且是太美了。"2010年是浙江小百花越剧团第七次赴台演出，在南投、彰化、台北巡演新编越剧《藏书之家》，再次受到台湾同胞的欢迎与喜爱。

1991年4月，浙江宁波小百花越剧团应新加坡国家剧场委员会邀请前往新加坡演出，共演出10场，演出剧目包括《孟丽君》《康王告状》《桃花梦》《琼浆玉露》《归长安》及折子戏《葬花》《春香传》《杜十娘怒沉百宝箱》《庵堂认母》等。同年9月，以浙江小百花越剧团主要演员为骨干组成的浙江综合艺术团应邀参加西班牙、荷兰、比利时、法国华侨华人为庆祝中华人民共和国成立四十二周年的纪念活动。先后演出越剧折子戏《断桥》《十八相送》《何文秀·算命》等，共演出9场。有一位年轻华人背着摄像机从远在500千米外的阿

---

① 应志良：《越剧史话》，社会科学文献出版社，2015，第91—92页。

利卡特市赶来并告诉记者，阿利卡特市有很多侨胞因工作等原因不能前来看演出，因此，他希望通过摄像机把节目录制下来带回去给大家看，还有观众说："小百花带来的不仅仅是越剧，更是祖国对我们海外侨胞的爱。"同年11月，在日本枥木县的邀请下，浙江小百花越剧团前往宇都宫、大阪、小山市和早稻田大学访问演出。1992年2月，浙江小百花越剧团应邀前往泰国曼谷朱拉隆功大学礼堂演出14场，演出剧目有《五女拜寿》《汉宫怨》《陆游与唐琬》《红丝错》《包公会李后》等，泰国观众被中华文化熏陶。1993年11月21日赴中国台湾演出。1995年6月13日，在阔别9年后，浙江小百花越剧团再次踏上了新加坡的土地，参加"第二届亚洲演艺节"的演出，在嘉龙剧院共演出6场。演出剧目有《西厢记》《陆游与唐琬》《琵琶记》《南唐遗事》等，为演艺节画上了一个圆满的句号。

1997年9月，浙江小百花越剧团受原文化部派遣，参加第二届东京国际舞台艺术节，演出剧目为茅威涛[①]主演的《寒情》6场演出完毕之后前往福井、奈良、横滨、大阪、神户、名古屋、千叶等地商业性演出15场，受到日本观众的欢迎。1998年5月，浙江上虞小百花越剧团受文化部委托，参加了在芬兰赫尔辛基的亚洲艺术节。这是中国越剧第一次进入北欧高纬度国家演出，先后在奥卢大剧院和赫尔辛基的亚历山大歌剧院演出四场《梁山伯与祝英台》和一场折子戏（《打金枝》《哭祖庙》《情探》《十八相送》）。奥卢市议会主席在观看后激动地说："中国越剧是来自亚洲的文化使者，'梁祝'优美的音乐，引人入胜的情节使我们得到了欣赏东方文化难得的机会。"1999年澳门回到祖国的怀抱，浙江小百花越剧团多次被邀赴澳演出，演出剧目主要包括《五女拜寿》《梁山伯与祝英台》《藏书之家》等，受到澳门同胞的喜欢，掀起了澳门越剧热。同年4月15日，浙江小百花越剧团应邀前往美国的洛杉矶，在洛杉矶圣盖博大剧院进行商业性演出，之后，在旧金山、纽约、新泽西州等地的五个剧院，共演出8场，演出剧目有《西厢记》《陆游与唐琬》《红丝错》等。浙江小百花越剧团被称为"艺术使者""中美文化桥梁的美丽小天使"等。中国驻洛杉矶副总领事邓英这样评价浙江小百花越剧团，她说："以迷人的魅力独占鳌头，是开放最艳的一朵鲜花，为中美艺术交流作出了杰出贡献。"

2000年10月18—22日，浙江小百花越剧团赴韩国首尔参加第七届BESETO

---

① 茅威涛，现任浙江小百花越剧团团长、国家一级演员、中国戏剧家协会副主席等职务。

（中日韩）戏剧节①演出，首次实现了中日韩三国艺术家同台演出的梦想，共演的剧目为《春香传》。2012年春，浙江小百花越剧团再次前往韩国，并与韩国艺术家们一起同台演出，受到了热烈欢迎。2003年秋，受文化部派遣，浙江小百花越剧团携《窦娥冤》《赵氏孤儿》等折子戏前往法国演出，演出场场座无虚席。2004年春节前夕，浙江小百花越剧团应邀为香港特别行政区董建华等全体官员进行了专场演出，受到了董建华等全体官员的赞扬。2005年，浙江小百花越剧团应邀第三次前往新加坡演出，演出剧目有《梁山伯与祝英台》《藏书之家》，剧场出现了一票难求的景象。同年，浙江小百花越剧团前往澳门演出，得到当地观众的好评。2006年8月，国际图联管理委员会委员Marian Koren博士、国际图联善本手稿专业委员会前主席Susan M.Allen博士向《藏》剧范容扮演者茅威涛团长表示祝贺。2007年5月，浙江小百花越剧团赴日演出，演出剧目是《春琴传》。同年9月18日，演员一行69人赴新加坡参加"艺满中秋"活动，在滨海艺术中心演出，演出剧目为新版《梁山伯与祝英台》《藏书之家》，中国驻新加坡大使张小康观看演出并致函表彰演出成功。2009年8月27日至9月10日，由浙江省文化厅、第三届"台湾·浙江文化节"代表团率领浙江小百花越剧团一行69人前往台湾省的南投县、澎湖县、台北市、台北县等地共演出9场，演出剧目有新编《梁山伯与祝英台》《新编古装伦理剧》《五女拜寿》《越剧精品折子戏专场》等。2010年5月16—23日，浙江小百花越剧团访问德国，参加在威斯巴登市举行的"五月国际节"，演出剧目有新版越剧《梁山伯与祝英台》。该文化节自1896年举办以来，浙江小百花越剧团是首次被中国戏剧家协会派出参加的越剧艺术团体，受到国际剧协、"五月国际节"负责人及各界人士的高度赞扬。同年11月6—17日，浙江小百花越剧团赴中国台湾演出，在普台高中、台北国父纪念馆等演出，演出剧目有《藏书之家》等。2012年4月3日，为庆祝中韩建交20周年，浙江小百花越剧团赴韩国演出，在韩国首尔龙剧场与上海评弹团、韩国首尔剧团共演韩国古典文学名著《春香传》，受到韩国当地观众的好评。2014年2月15日，前往新加坡滨海艺术中心演出，演出剧目是《江南好人》。

---

① BESETO戏剧节是中国、日本、韩国戏剧工作者联合举办的戏剧节。"BESETO"的名字来源于北京（Beijing）、首尔（Seoul）、东京（Tokyo）三个英文单词的前两个字母。"BESETO"戏剧节连续举办20多年从未中断，是亚洲最权威的戏剧盛会，也是向世界输送东亚新文化的平台。

除浙江小百花越剧团走出国门演出之外,海外相关戏剧团、海外中国戏剧爱好者也纷纷来华访问浙江小百花越剧团。2006年6月8日浙江小百花越剧团接待了来自法国的艺术家。2009年8月16—17日,美国林肯艺术中心访问团访问浙江小百花越剧团。同年12月17日下午,在浙江省新闻办公室、省文化厅外事处等负责人的陪同下,"2010港澳浙江周"港澳媒体访问团一行30人访问浙江小百花越剧团。2015年8月28日,在AIESEC国际组织[①]的组织下,来自波兰、法国、马来西亚、埃及等国的外国大学生以志愿者的身份来到中国学习戏剧。他们表示:希望了解和学习中国的传统文化,观摩越剧排练和演示,以及面对面的互动,很早就有过这个想法,今天终于能够圆梦,对越剧有了进一步的了解。[②]另外,浙江小百花越剧团还代表浙江省文化厅接待海外来宾,如2007年9月28日晚,参加浙江省文化厅为欢迎俄罗斯外宾举行的专场演出等。

四、浙江小百花越剧团海外传播浅析与启示

通过以上我们发现,浙江小百花越剧团正式成立至今,除国内的演出之外,几乎每年均前往海外演出交流,传播中国戏曲文化。根据笔者目前所掌握的资料,截至2018年年底,浙江小百花越剧团在日本、韩国、美国等近40个国家和地区演出。

从演出剧目来看,按照演出频率的高低依次是《梁山伯与祝英台》《五女拜寿》《陆游与唐琬》《藏书之家》《三弟审兄》《唐伯虎落第》《琵琶记》《汉宫怨》《长乐宫》《大观园》《双玉蝉》、折子戏《相思曲》《沙漠王子》《二堂放子》《胭脂》《红丝错》《汉宫怨》《西厢记》《红楼梦》《孟丽君》《康王告状》《桃花梦》《琼浆玉露》《归长安》、折子戏《葬花》《春香传》《杜十娘怒沉百宝箱》《庵堂认母》《断桥》《何文秀·算命》《红丝错》《包公会李后》《南唐遗事》《寒情》《打金枝》《哭祖庙》《情探》《十八相送》《窦娥冤》《赵氏孤儿》《春琴传》《新编古装伦理剧》

---

① AIESEC 是法语 "Association Internationale des Etudiants en Sciences Economiques et Commerciales" 的缩写,意为"国际经济学商学学生联合会",是联合国认可的全球最大的由青年独立运营的学生组织。AIESEC 最初愿景是通过跨文化交流来增进国家间的相互理解和尊重。2002 年 AIESEC 的中国大陆总部成立于北京。参见赵迎:《AIESEC 及其对中国青年影响》,《中国青年社会科学》2016 年第 1 期。
② 《国内外大学生走进浙江越剧团戏曲文化交流》,浙江越剧团官网,2015 年 9 月 17 日。

《越剧精品折子戏专场》及部分折子戏等。

在传播模式方面，主要体现在以下四个方面：第一，海外相关戏剧团体、政府机构、华侨华人社团应邀参加演出；第二，剧团自主或政府派遣参加海外相关艺术节、戏剧活动、学术交流与庆祝海外新年等活动；第三，海外戏曲团体、相关组织机构来华访问与交流；第四，海外商业演出。

在演出效果和影响方面，总体来说，比较成功地把中国戏曲文化通过舞台表演等形式传播到海外，所到之处均受到良好的反映和观众热情的欢迎和喜爱。

从以上浅析中，我们得到以下几点启示：

第一，浙江小百花越剧团海外传播路径比较单一，演出剧目有待创新。上述提到浙江小百花越剧团在境外、海外的传播主要表现在四个方面，而这四个方面可以用"传统的舞台表演"来总结。传统舞台表演有其特点和重要性，但随着现代科学技术的发展，特别是新媒体（如互联网和手机媒体）的发展，传统舞台表演的不足和弱点显露出来。在中国文化"走出去"的战略进程中，戏剧的海外传播通过新媒体传播将会是一种趋势，同时是必要的。[1]此外，从上述演出剧目我们发现，传统剧目比较多，从而形成了海外戏剧观众以华人为中心的局面。中国戏剧国际化需要打破传统，勇于创新。而这种创新不仅仅表现在舞台表演方面，演出剧目的创新也同样重要，因为有什么样的剧目就有什么样的观众。比如，"白先勇之所以搞青春版《牡丹亭》，就是因为他将剧目的接受者定位为年轻的学生，而年轻的学生和欧美观众在价值观、审美观等方面有很多相同之处"[2]。因此，需要把传统和现代相结合，用现代性的理解和世界性的看法充实或创新传统戏剧，使传统戏剧既具有中国传统性又具有时代气息。

第二，浙江小百花越剧团通过境外、海外演出，成为海外华侨华人与祖国和家乡联络乡情的一种重要手段。海外华侨华人身在他国，或多或少会遇到所住国或来自住在国国民的歧视、排斥等现象。特别是做苦力的华侨华人，日常生活除了工作还是工作，没有太多的娱乐活动来解除生活和工作上的压力，而国内剧团的海外演出则使他们从心灵上得到一些安慰。上述年轻华人背着摄像机从千里之外的阿利卡特市赶来看戏充分说明了海外侨胞对祖国和家乡的眷

---

[1] 戴文红、王海涛：《中国戏曲海外新媒体传播探索——以手机媒体为例》，《江苏社会科学》2016年第4期。

[2] 朱恒夫：《戏曲在海外传播的历史及文化意义》，《中华艺术论丛》2011年第10辑。

恋、对祖国戏剧文化的热爱，同时深深地体现了海外侨胞对祖国和家乡浓厚的情谊和对中华文化的喜爱，让人甚是感动！

第三，发挥或借助欧洲华侨华人团体及组织的力量，促进中国戏剧在欧洲各国及地区的传播。从上述浙江小百花越剧团的海外传播路径的案例可以看出，在邻国日本、韩国以及东南亚的传播比较频繁。而在欧洲，特别是南欧（意大利、西班牙、葡萄牙、克罗地亚、罗马尼亚、希腊等）浙江籍华侨华人比较多的国家或地区的传播相对较少。目前，以浙江籍华侨华人为中心的社团有735个，分布在68个国家和地区。根据2014年侨情普查数据推算，2014年仅在意大利有温州籍华侨华人22.68万、法国14.56万、荷兰6.56万、西班牙4.62万人。[①]人们常说"有水的地方就有华侨"，那么，我们也可以说"有华侨的地方就应该有中国戏剧"。因此，如果能够合理、有效地把海外华侨华人，特别是欧洲在住的浙江籍华侨华人团体或组织团结起来，不仅可以增加浙江戏剧海外观众的数量和群体，而且对中国戏剧在欧洲的传播势必有一定的促进作用。

综上所述，在中国文化"走出去"战略的进程中，浙江小百花越剧团作为浙江省的一面旗帜，在海外传播中虽然存在诸多问题和不足，但正如习近平同志在中国越剧一百周年诞辰纪念大会上强调的越剧诞生于浙江，繁盛于上海，流行于全国大部分地区，声名远播东南亚及全球华人社会，逐步成为中国最具代表性的剧种之一。我们也相信，在浙江省政府的领导下，浙江小百花越剧团及其他剧团会以崭新的面貌走向世界舞台，传播浙江人文戏曲精神和中国声音。

[①] 胡剑谨主编：《续写创新史》，浙江人民出版社，2018，第197页。

民国时期南宁私立华侨中学校刊述评

黄文波[1]

(广西壮族自治区图书馆　广西南宁　530022)

前　言

太平洋战争爆发后至中华人民共和国成立前这段时期,由于战争时局的影响,大批东南亚归国华侨集散于广西南宁。为了将其中流离失所的归侨学生集中起来进行更好的管理和教育,国民政府教育部和广西省政府于1944年批准筹建了广西南宁私立华侨中学(本文简称"南宁侨中")。起初,南宁侨中的学生大多数为归国华侨子弟,教职工绝大部分为归国华侨,因此具有鲜明的创校背景和办学特色。后来逐渐招收了不同来源的学生,但华侨学校的本质和特色不但没有变化,而且获得了更好的发展。由于涉及地方华侨史微观研究,关于南宁侨中的撰述成果不多,相关文章主要参看陈英刊发于《八桂侨史》(2000年更名为《八桂侨刊》)的《南宁私立华侨中学述略》[2]一文,其余资料零星散见于《广西通志·侨务志》及各地文史资料汇编,但述及不多。

南宁侨中自1946年12月起开始创办校刊,由南宁侨中校刊编辑委员会编辑,至1948年底,共不定期出版了8期。刊登的栏目内容主要涉及三个方面:一是学校的概况、制度、学则、办法、要闻等,反映出政府当局和社会各界对于南宁侨中的关注和支持;二是教职工关于教学及教育问题的探索和讨论等,既有业务课程的讲解,让侨生广纳新知、触类旁通,也有思政方面的灌输和鼓舞,让侨生具备心系国家和民族的情怀;三是学生们的文艺习作,体现了侨生对南宁侨中的热爱和对美好生活的向往。南宁侨中校刊是了解学校发展、学校要闻、学校事务等

---

[1] 黄文波,男,广西壮族自治区图书馆馆员、编辑,研究方向:华侨华人。
[2] 陈英:《南宁私立华侨中学述略》,《八桂侨史》1988年第1期。

校史的第一手资料,也是了解留邕侨生生存与教育、思想与心理等状态的重要资料,因此从期刊的视角入手,对于微观层面补充广西华侨史,以及进行广西旧期刊研究具有一定的价值。

本文的研究全部基于《侨中校刊》,从纵向度来说,即研究时穷集中于1946年至1948年底,这也是南宁侨中发展稳中有升的时期;从横向度来说,《侨中校刊》的诞生负有三种使命,即发刊词中指出的:一为使社会人士洞悉华侨中学办学真相;二为接受教育贤达的策划和指示,以及社会人士的协助;三为便于侨领指导、侨胞督促培养海外干部人才。[①]总的来说,《侨中校刊》对于当时学校的发展前途寄予了很高的期望。

一、南宁侨中的校史

在1946年第1期的校刊中,校长王业鸿[②]撰写了《校史》[③]一文,重点介绍了学校创办的历史背景和办学特色,并叙述了办学两年来的艰难历程。

1941年太平洋战争爆发后,日寇侵占中南半岛。旅居南洋各地的侨胞,出于各种原因争先回国,南宁成为归国侨胞的集散地之一。1944年3月,国民政府海外部长张道藩莅临广西慰问侨胞,提出中央"以侨救侨""以侨养侨"的侨务政策。与会侨领们深感许多侨胞子弟因战事关系滞留南宁,无处求学,误入歧途,遂集资筹办南宁侨中,以资收容。此为创办学校的历史背景。

南宁侨中筹办之初,各地侨胞热情高涨、踊跃捐输,很快就筹措了初期的建校经费。学校一方面呈报海外部核准备案,并传奉教育部核发的各种规程;另一方面租赁邕宁县模范镇农场13000多平方米地为校址(在今南宁市区),并于当年暑假期间建设落成办公室1间,教室宿舍2座,以及校门、接应室、传达室、厨房膳堂等工程。从1944年6月开始筹办,到8月27日就正式开课,仅仅两个多月的时间,南宁侨中便诞生了。

南宁侨中的办学宗旨为"培植华侨子弟,训练海外基干人才",恭请第四战区司令长官张发奎将军为学校名誉董事长,并推举中央委员会海外部驻越南办事处主任、暹罗党务特派员邢森洲先生为学校校董会董事长,董事徐光

[①] 王业鸿:《发刊词》,《侨中校刊》1946年12月10日第1期。
[②] 王业鸿,又名王清,广东文昌人(今属海南),台湾省高雄市中山大学理学院毕业,曾任国民党国防部保密局少将专员,担任过国民党政府海外政治部副主任及军统北寮情报站站长。
[③] 王业鸿:《校史》,《侨中校刊》1946年12月10日第1期。

英（国民党南宁市警备司令）、许人培（高棉侨领）、潘奎南（东兴军警处长）、朱垣章（驻越南领事）、陈肇基（南洋华侨协会侨领）、王业鸿、陈筠庭（南洋华侨协会侨领）、陈卓峰（大夏大学附中教员）、邓伟贤（归侨辅委会东兴招待所主任）、陈毅强（中央海外部越南办事处干事）、黄立生（南宁图书馆馆长）、云石天（广西省立南宁中学教师）、符兹润（广西省立南宁中学教师）、黄亦颜（广西省立南宁中学教师）共计14人。[①]教职员工36人（专职31人、兼职5人），均为广西、广东两省籍人士，且多为南洋归侨，或毕业于国内外的著名大学，或富有教育教学经验。首批学生生源主要为东兴、靖西、龙州等中越边境地区的归国华侨子弟，先后招录成高中、初中各2个班，共227人。

1944年10月，开课仅两月，豫湘桂战役波及广西，战事吃紧，学校遂组织人员疏散到果德县（今属平果县）果化乡，并于10月30日复课，此时仅有师生员工172人。在极其困难的情况下，师生们除坚持上课外，还开展各种抗日活动，如举办壁报、球赛及游击话剧等提高军民抗战情绪，深受各界称赞。日本投降后，学校迁回南宁原址复课，时有高中2个班、初中3个班。1945年11月，学校董事会获得广西省政府核准立案，以及教育部准予备案，形成坚实的基础，组织规模日益扩大，并开辟农艺劳作园。[②]据创刊前夕的1946年8月统计，当时全校共有高中、初中各5个班，学生593人（高中部男生291人，女生14人；初中部男生247人，女生41人），其中归侨学生172人（来自越南96人，高棉12人，寮国9人，暹罗23人，马来亚29人，香港3人）。[③]

在校刊刊载的头两年的校史撰述中，可以明确的是，南宁侨中创办的初衷是为了服务华侨子弟，因此学校具有华侨教育的特色，以及侨务工作的实质，同时侨胞对该校寄予了很大的希望。在抗战烽火中，南宁侨中作为一所私立中学，通过自筹资金、辗转坚持，并且发展迅速，实属不易，其间许多人付出了辛劳和心血。据报道，学校的经费全部是由南洋特别是越南的华侨筹募的，不但在校学生的经费由华侨负责，就连学校的一切行政设施费用，也都需要通过华侨设在河内的校董会拨发。在短短两年多的时间里，南宁侨中曾先后新建了7

[①]《校董一览表》，《侨中校刊》1946年12月10日第1期。
[②]王业鸿：《校史》，《侨中校刊》1946年12月10日第1期。
[③]陈昇之：《教务概况》，《侨中校刊》1946年12月10日第1期。

座校舍。[1]因此王业鸿校长写道:"本校筹办于抗敌战事最危急之期间,风雨满楼,百般困难,幸赖当地军政长官及社会人士鼎力协助,得底于成,使数百归国侨生不至于流落失学,此为各地侨胞所万分感激而不能眷忘诸优者也。"[2]

二、南宁侨中的校务概况

南宁侨中的校长王业鸿是越南华侨,虽然身为创校校长,但他很少在校,大部分学生从没有见过他一面。[3]代他负责校务的不是教务主任,而是秘书王融[4],亦是校长的亲叔,这更加体现了私立学校的色彩。

王秘书既是一个学校的管理者,也是一位拥有丰富教育教学经验的教师。他对于"南宁""华侨""学校"这三个元素的交织,不但是赤诚的投入,也怀着感激之情。1947年第2期《侨中校刊》刊载了王融撰写的《本校与南宁》一文,对于一些校务问题作出了解释。首先是经费来源,文中写道:"创校的责任及经费的来源,都负担在南洋尤其是越南各地华侨的肩膀上"[5]。尽管学校并没有很雄厚的基金,但经费的来源不成问题,穷困是威胁不到学校的。两年间,侨中曾先后新建了7座校舍,后因班数增多,校舍仍感不敷。而撰文时,王秘书还计划添建校舍,扩大规模。其次是选择南宁的原因,"南宁地接龙州,左控镇南,右揽水口,为我国对越南关防之重镇。越南边界随处都可以入我国,但以龙州、东兴、靖西三处为最重要,且又以南宁为总枢纽……当太平洋战事爆发期间,南洋各地归国华侨,皆以南宁为唯一集散地"[6]。因此,南宁以较为合适的地理位置和历史渊源,可以作为训练旅越华侨子弟及沿越边界青年、培植向外发展基干人才的基地。最后是学校的使命,"除负有与一般学校共同的使命外,还要对边界与越南而作适应环境需要的特殊教育的设施"[7]。更是体现了学校的特色。

在王秘书的主持下,以及社会各界的热心支持下,南宁侨中的校务呈现蒸

---

[1]《后起之秀的侨中——南宁学府巡礼之九》,《广西日报》(南宁版)1946年10月15日第4版。
[2] 王业鸿:《校史》,《侨中校刊》1946年12月10日第1期。
[3] 据称其为特务,参见林静中:《报晓雄鸡唱正遒——回忆在华侨中学的斗争片段》,中共南宁市委党史研究室编:《战斗在黎明——解放前夕南宁地下斗争回忆录》,广西科学技术出版社,1999,第120页。
[4] 王融,广东文昌人(今属海南),优级师范修业,曾任秘书科长,广西省立十二中学、钦州师范、合山教育训练所、琼山县中、广州建国中学教师。
[5][6][7] 王融:《本校与南宁》,《侨中校刊》1947年5月1日第2期。

蒸日上的局面。由于《侨中校刊》是在南宁复课之后创刊出版的，并且是不定期的，因此学校的发展概况可以从校刊中的《校务报道》直观地表现出来，一个重要的迹象就是班级和人数呈阶梯形增长。第1期（1946年12月）提到，由于先前辗转疏散，学生落下功课，各项指标大多达不到相关规定。复课之后，学校方面力谋补救，聘足教师，加紧补授，实行周考制度，举办学科竞赛，提高学习风气。[①]在较为严格的制度下，学生方面也较为自觉，周日也群集教室温习功课，踊跃参加各种学科竞赛。学校的训育原则，除依照训育标准规定外，特别重视教职人员的身教与训导，制定了"管调军事化、生活纪律化、活动团体化、劳作集体化、集会民主化、娱乐大众化"的训导实施办法，以期达到"自信信道、自治治事、自育育人、自卫卫国"的目标。[②]第2期时（1947年5月），班级已由原先的高中、初中各5个班增至各7个班，制定了更为严格的周考制度，考试事前不宣布，临时出题，因此学习风气更为紧张。训导上制定学生守则16条，包括集队严肃、服装整洁、就寝安静、不吸烟、不酗酒、不赌博等。学校增添篮球场、乒乓球台，举办各类体育竞赛等加强学生的体育运动。高中部采取军训管理，施行严格的军事训练，使学生生活养成纪律化。第4期时（1947年11月），组建了侨中学生自治会，经常举办班级体育比赛，形成了浓厚的运动风气。学校的硬件条件也颇为改观，增添了教室1座、图书馆1座、教职工宿舍1座，修筑校内交通道和运动场，安装电话机，等等。针对学生的不同情况，分别给予学杂费全免、半免、四分之一免的待遇。第5期时（1947年12月）高中、初中共增至16个班，近800人，除逐步添置图书仪器、教材教具外，还对专任教师进行了逐步增聘，并且加强对学生的考核。第8期时（1948年12月），高中已经增至12个班，初中增至10个班，生源除中越边境侨生外，还有来自广东、湖南、江西、福建、贵州、江苏等省，以及广西陆川、上林、灵山、博白、贵县各县，说明此时南宁侨中已经声名远播，学生来源广泛。学校对于学生的课业极为重视，竭尽财力添置有利于教学的教材教具、图书仪器等。据统计，历年来邕宁举行各种学术竞赛，南宁侨中学生均有参加，并获奖多次。[③]在王秘书的统筹下，历年来的学校日常事务在建设校舍、购置图书、购置仪器、扩充场地、整理环境、免费学额、奖励升学七个工作方面扎实推进，

---

① 陈昇之：《教务概况》，《侨中校刊》1946年12月10日第1期。
② 吴大同：《训育概况》，《侨中校刊》1946年12月10日第1期。
③ 陈国材：《一年来教务概况》，《侨中校刊》1948年12月29日第8期。

获得了良好的发展。

每期的校刊附录中均刊载有关南宁侨中的各种统计表格,如《本校教职员一览表》《本校各班班代表姓名一览表》《本校各班学生通讯录》等;学校的规章制度,如《广西南宁私立华侨中学学则》《南宁私立华侨中学寝室细则》《学治会规则》等;学校的各类办法,如《南宁私立华侨中学总值日设置办法》《南宁私立华侨中学设置免费及减费学额办法》《数学、图画、音乐、中文书法等比赛办法》等;学校的校务记录,如《第一次教务训育联席会议记录》《第一次、第二次校务会议记录》《校刊编辑委员第三次会议记录》等;此外,还有简明扼要的校内新闻。[1]通过这些附录的完整记录,读者得以详细了解南宁侨中的学校事务。

三、侨刊中的教师论文

作为一所私立学校,南宁侨中汇聚和招聘了一批社会有识之士。相较于同时代背景下的社会普通民众,他们作为有思想的人群,具有自己的主见和抱负,作为教育工作者,又具有对学生思想上引导、行为上示范的义务和责任。在纷乱的年代,《侨中校刊》的创办适时为教师们提供了直抒己见的平台,刊登的一系列论文,既显示了他们的初心,彰显了专业学识,也表达了对学生们的期望,对国家民族前途命运的关注。

《侨中校刊》刊登的教师论文多以教育教学类为主,专门辟出版面,进行教学知识的讲解、强化学生的认知、延展学生的能力,丰富学生的知识。例如,《满江红两篇》《零在运算中的注意》《蒙氏简易英文文法序》《谈谈英文的形容词句子》《英语造句法》《化学方程式的平衡法》等,对各个学科的教学内容进行探索和讨论,也有思想政治方面的灌输和鼓舞,如《经验谈》《我说》《现代需要的青年》《教育与建国》《我们这一代》等,以慷慨激昂的言论激发学生的爱国情怀、促进学生的身心成长。

除教育教学类文章外,教师们也积极投稿撰写涉及各个门类学科的论文,校刊编辑部也不时进行约稿,其中不乏一些洋洋洒洒、水准很高的文章,能够使读者有所启发,试举几例如下。

政治学:罗本三的《谈谈民主的真义》[2],针对社会上高涨的民主潮流,随

---

[1] 参见南宁私立华侨中学校刊编辑委员会编辑的《侨中校刊》各期"附录"。
[2] 罗本三:《谈谈民主的真义》,《侨中校刊》1946年12月10日第1期。

时随地大谈民主的现象,从几个方面驳斥了社会大众对"民主"的肤浅认识和错误理解。梳理了民主运动的历史,从孔孟时代提倡谈起,到柏拉图的西方政治学,再到近现代欧美民主革命运动,以及建立民国实行三民主义等,从古今中西等多个角度论述了"民主"的真正含义共有三项:少数服从多数、尊重公理牺牲私见、"权""能"分开。

教育学:金白水的《青年的通病:懒惰与无礼》[1],认为当时社会青年所患的通病是"懒惰"和"无礼"。懒惰是为害至深的,青年明知懒惰于自身无益,却不想改变,做事情日推一日,并举出了蜘蛛、骆驼、猴子、黄牛等动物先劳后逸的例子,说明作为高等动物的人,没有谁能够先懈怠后永逸。而无礼是由于修养不够,青年常常不把师长放在眼里,藐视老师、傲慢同学、打骂父母,这些行为与禽兽无异,是不可取的。青年守则要求"礼节为治事之本",作为礼仪之邦的中国青年,希望青年能百尺竿头,更进一步,做到"勤奋"与"有礼"。

哲学:陈业芳的《从孔子教义上论"仁"》[2],从五个方面论述了仁之来源及其关系,仁在孔子学上之地位,仁之本质及仁之真义,仁与礼乐、孝悌、忠信、勇谋等诸德的关系,内心之修养、人群之相偶、政治之作用等仁于群己之用,仁对中国思想之影响,完整地梳理了仁对我国思想的影响,即社会伦理化、政治伦理化、生命智慧化,得出结论:仁是我国文化思想的核心,其影响深远。

文学:龙惠周的《左思的文学观及其作品》[3],从西晋诗人左思的《三都赋》入手,考究了他的家庭背景、社会地位和历史局限,评介了他的文学观。认为左思的文学观是进步的、正确的,他写作的严肃与认真的精神是可敬佩的,但由于他为社会地位所限制的人生观以及文学形式的局限性,导致他不能创作出富有艺术价值的作品,是非常遗憾的。

戏剧学:梁开化的《试谈戏剧问题与本校剧运》[4],谈到过去提出戏剧的"民族形式"是"中国的、现代的、大众的",即采用中华民族固有的东西,选择大众喜闻乐见的内容。然而随着民主与科学的刺激和教育,为了赶上世界

---

[1] 金白水:《青年的通病:懒惰与无礼》,《侨中校刊》1946年12月10日第1期。
[2] 陈业芳:《从孔子教义上论"仁"(上)》,《侨中校刊》1947年6月1日第3期。
[3] 龙惠周:《左思的文学观及其作品》,《侨中校刊》1947年6月1日第3期。
[4] 梁开化:《试谈戏剧问题与本校剧运》,《侨中校刊》1947年6月1日第3期。

的潮流和国家的需要,主张提倡新的"民族形式",即形式和内容能够暴露社会罪恶、反映社会光明、启示人生途径、促进国家建设。关于演员的修养,认为一个优秀的演员必须抱有"为演剧而演剧"的态度,具备牺牲一切的精神。最后对本校剧运的情形进行检讨,指出剧本、演员、物质、作风等方面存在的问题,并对本校剧运的前途表达了乐观的态度。

社会学:陆玉的《新贤妻良母观》[1],认为近代以来的婚姻问题、家庭问题经常得不到合理解决,与"贤妻良母"陈旧迂腐的观念影响有一定关系。封建宗法社会对于妇女"三从四德""相夫教子"的奴隶教育,抹杀了许多有为的妇女。而在当代国与国、国与家的界限不再严格之后,现代妇女也有对于国家安危、世界和平的责任。现代的"贤妻良母"不但要规劝丈夫、教育儿女去建设国家、改造社会,自己也要躬亲去进行那些工作,不但要参加妇女运动、争取权利,还要共同努力建设一个富强的国家,创造一个良好的社会。

体育学:史智明的《为什么要提倡民众体育》[2],认为提倡民众体育是复兴国家民族的一种极为有效的方法。首先列举希腊推行奥林匹克竞技大会、瑞典推行民族性的特殊体操训练民众、美国男女老幼均好棒球等例子说明许多国家的兴盛都是由于民众具有浓厚的体育思想,而我国历朝的兴衰也和尚武精神的强弱密切相关。其次指出我国人民死亡率之高、寿命之短、疾病之多,也和不注重体育有很大的关系。最后提出民众体育能够强健国民体格的同时,也能够养成其爱国之心,因此民众体育要和政治教育、科学教育一样形成办法。

金融学:李顺兴的《币制改革之后》[3],叙述了抗战胜利以后,国计民生尤其是金融深受内战的影响,中国经济社会的通货膨胀世所罕见。在法币贬值、物价飞涨的背景下,为平抑物价、安定民生,当局不得不进行币制改革,发行金圆券。然而币制改革之后,民众虽然使用了金圆券,但物价仍旧波动上涨、社会并未安定、民生并未改善,没有取得效果,归咎于推行、管制办法不妥。提出了可采取的四点补救办法:一是利用美国援款作为改革的基础;二是紧缩金圆券面额和发行数量;三是用适当的办法执行严格限价;四是动用国家资本调剂各地市场。

---

[1] 陆玉:《新贤妻良母观》,《侨中校刊》1947年11月20日第4期。
[2] 史智明:《为什么要提倡民众体育》,《侨中校刊》1947年12月10日第5期。
[3] 李顺兴:《币制改革之后》,《侨中校刊》1948年12月29日第8期。

四、侨刊中的学生作品

从南宁侨中校刊办刊的目的来说，除打造校园文化外，服务学生也是非常重要的一项内容。学生文艺习作是校园文化的重要组成部分，因此在校刊中刊登学生的文艺习作，既能够激发他们的参与热情、培养创作能力、提高审美水平，也能够启迪思维、陶冶情操、丰富课余生活。而学校也能从中发掘、培养人才，打造校园文化生态，增强学生对社会价值观的认同。

《侨中校刊》自创刊起就辟出了一个"学生园地"栏目，刊载与学生相关的作品，供学生进行习作训练。意想不到的是，学生们热情高涨，踊跃投稿，产出了一批质量很高、风格迥异的学生作品。鉴于学生稿源质优量足，从第4期起，不再冠以"学生习作"的名称，而是与教师创作的文艺作品一道纳入"文艺"栏目中，并且该栏目中的学生作品占据了较大篇幅的版面，这对于学生作者来说，是莫大的鼓励。

从学生作品的内容来划分，主要有文艺方面的散文、诗歌、小说，这些文艺作品具有生动形象、方式多样、潜移默化等特点，广受欢迎。此外，还有一些关于学校发展的建言献策，文章刊载后也获得了及时的反馈。其中比较有代表性的一些学生作品，如梁必福的散文《母校假日的生活》、陈钟威的散文《生活在侨中》、莫维钊的散文《如此的侨中》、李荣芳的散文《侨中素描》、黄振中的散文《新生的侨中》、葛子昌的散文《我的摇篮》、李开廷的诗歌《我爱侨中》、滕世孝的诗歌《颂侨中》、赵世贵的诗歌《侨中可爱》、覃杰的诗歌《侨中之恋》等从侨中优美的环境、日常生活点滴、融洽的校园氛围、老师的谆谆教诲以及侨中的发展前景等多个方面赞颂母校，体现了对侨中的热爱。穗农的《良庆游记》、黄灿源的《旅行西乡塘记》、马志的《我的旅途：郁江》、陈凯诗的《家乡风景记》、云中鹤的《邕城巡礼》、孙耀东的《梧州纪行》等游记，分享了旅途的体验或家乡的风景，表达了乐观积极的生活态度。林璞的文章《世界的前途》、廖建方的诗歌《希望》、吴尚仁的诗歌《明天》、陆瑞亭的诗歌《生命之火燃了》则表达了对未来美好生活的憧憬。小说创作中，刘松的《更夫》、何宗煜的《燕琼的半生》、周可观的《敏儿》、李坚遥的《割草者》、陆士毅的《一个可怜的女孩》等都是基于一些苦难者的遭遇，反映了一定的社会环境。陆秀川的诗歌《离别：给初二班的同学》、卢兆雄的诗歌《话别》、王海的诗歌《赠别四首》、韦克斌的诗歌《送毕业班同学》则写于毕业离校之时，怀念了美好的青春时光，表达了对母校的眷念和依依不舍之情。曾亚茜的《怎样领导学治会工作？》、曹积玉的《我对学校生活的建议》等则对学校的发展、建设、管理提出了具体的可行性措施，展现了心系学校的责任意识。①

这些出自学生作者之手的文艺习作或建言献策，多是发自肺腑的真情实感，对于能有这样一所收留他们、培养他们、关怀他们的学校，自身不至于流离失学，他们多是出自感激心理的。而其中的文笔娴熟、言语犀利、风格迥异，则展现了那个年代学生的老成，这是当代社会少有的，这或许与他们生于乱世、长于忧患不无关系。总的来说，作为南宁侨中的学生，对未来的前途还是充满期待的。

结　语

由于历史的原因，《侨中校刊》从1949年起便停刊了，南宁侨中于1950年与邕宁县第一中学（今南宁一中）合并②，最终消逝在历史的长河之中。《侨中校刊》的办刊时间不长，但为研究南宁侨中的校史提供了翔实的资料，具有一定的研究价值。南宁侨中在汇聚了社会各路人才的同时，也为社会培养了许多人才，不可否认的是，他们当中的许多人，在学生时代深受《侨中校刊》的影响，树立了远大的志向，坚定了崇高的信仰，其中一批富有激情、思维活跃的学生作者日后成为国家建设事业各条战线的生力军。

---

① 参见南宁私立华侨中学校刊编辑委员会编辑的《侨中校刊》第1期至第8期"学生园地""学生习作""文艺"栏目。
② 广西壮族自治区地方志编纂委员会：《广西通志·侨务志》，广西人民出版社，1994，第287页。